IPSOA Guide Operative

CONTABILITÀ E BILANCIO

A cura di
Alessandro CORTESI
Chiara MANCINI
Patrizia TETTAMANZI

2017

Wolters Kluwer

Fotocomposizione a cura di Integra Software Services Pvt.Ltd

Finito di stampare nel mese di marzo 2017
dalla L.E.G.O. S.p.A.
Viale dell'Industria, 2 - 36100 - Vicenza

Alberto Bertoni, docente di Contabilità e bilancio presso l'Università Bocconi di Milano e l'Università Cattaneo di Castellanza. È revisore legale.

Serena Boldi Cotti, docente a contratto di Contabilità e bilancio e dottoranda di ricerca in Gestione integrata d'azienda presso l'Università Cattaneo (LIUC) di Castellanza. È Dottore commercialista e revisore legale.

Alessandro Cortesi, professore ordinario di Contabilità e Bilancio e direttore del Master CFO - Direzione Amministrazione, Finanza e Controllo di gestione presso l'Università Cattaneo (LIUC) di Castellanza. È Dottore commercialista e revisore legale.

Silvia Fossati, professore a contratto di Revisione aziendale e di Contabilità e bilancio presso l'Università Cattaneo (LIUC) di Castellanza. Professore a contratto di Bilancio presso l'università Luigi Bocconi di Milano. È Dottore commercialista e revisore legale.

Giovanni Ghelfi, professore a contratto di Temi speciali di bilancio e docente del Master CFO - Direzione Amministrazione, Finanza e Controllo di gestione - presso l'Università Cattaneo (LIUC) di Castellanza. È Dottore commercialista e revisore legale.

Giuliano Gini, collaboratore dell'area di Contabilità e bilancio presso l'Università Cattaneo (LIUC) di Castellanza. È Dottore commercialista e revisore legale.

Chiara Mancini, professore a contratto di Bilancio presso l'Università Bocconi di Milano e docente del Master CFO - Direzione Amministrazione, Finanza e Controllo di gestione - presso l'Università Cattaneo (LIUC) di Castellanza. È Dottore commercialista e revisore legale.

Elena Montani, docente a contratto dell'area di Contabilità e bilancio presso l'Università Cattaneo (LIUC) di Castellanza. È Dottore commercialista e revisore legale.

Patrizia Tettamanzi, professore associato di Contabilità e Bilancio e docente del Master CFO - Direzione Amministrazione, Finanza e Controllo di gestione - presso l'Università Cattaneo (LIUC) di Castellanza. È professore a contratto di Financial Reporting and Analysis presso l'Università Bocconi di Milano. È Dottore commercialista e revisore legale.

Il bilancio d'esercizio rappresenta il principale strumento conoscitivo per apprezzare l'andamento reddituale, patrimoniale e finanziario delle imprese.
Il presente volume, suddiviso in tre parti, affronta rispettivamente il tema delle rilevazioni e della costruzione del bilancio, della valutazione delle sue voci più significative e della sua lettura e interpretazione.
Questa edizione del volume presenta significative revisioni, dal momento che è stata completamente integrata e aggiornata per recepire le novità introdotte dal D. Lgs. 139/2015 e dai principi contabili OIC emanati a seguito del citato Decreto.
La prima parte, «Le scritture contabili», curata da Chiara Mancini, illustra anzitutto la logica economica e gli strumenti alla base delle rilevazioni operate dalla contabilità generale, che conducono alla formazione del bilancio di esercizio. Si trattano poi, anche attraverso esemplificazioni, le rilevazioni contabili delle principali operazioni poste in essere dall'impresa nel corso dell'esercizio. Da ultimo, si esaminano le scritture contabili operate in chiusura di esercizio e volte a far confluire nel bilancio dell'impresa i valori registrati dalla contabilità, in coerenza con i principi di competenza economica e prudenza.
La seconda parte, «La determinazione dei valori di bilancio», curata da Patrizia Tettamanzi, è dedicata alle problematiche valutative delle più significative voci di bilancio, oltre che all'esame delle regole e dei principi di base per la determinazione del carico fiscale. L'analisi è condotta partendo dalla situazione italiana (codice civile e principi contabili nazionali, emanati dall'Organismo Italiano di Contabilità O.I.C.), per poi passare all'esame dei principi contabili internazionali (*International Accounting Standard - IAS e International Financial Reporting Standards* - IFRS), avendo cura di sottolinearne le principali differenze.
Oggetto della terza parte, «Le tecniche di analisi e interpretazione», curata da Alessandro Cortesi, sono le tecniche comunemente utilizzate per l'analisi e l'interpretazione del bilancio: riclassificazioni di stato patrimoniale e conto economico, indici, rendiconto finanziario, analisi costi-volumi-risultati, analisi di sensitività e analisi del valore economico mediante l'uso del bilancio d'esercizio. A tale scopo si considera principalmente il punto di vista dell'analista interno, che può disporre anche dei dati contabili raccolti nel bilancio di verifica; le considerazioni e gli strumenti esposti sono comunque validi e adatti anche nell'ottica dell'analista esterno all'azienda, che può avvalersi del solo fascicolo di bilancio.
Dopo la terza ed ultima parte, il lettore troverà un capitolo che riporta una sintesi delle principali modifiche apportate al Codice Civile dal DLgs di attuazione della Direttiva 2013/34/UE del Parlamento Europeo.
Sono inoltre riportati gli schemi di Stato Patrimoniale e Conto Economico previsti dal Codice civile, nonchè una esemplificazione di Piano dei Conti. Il volume è destinato a tutti coloro - studenti o professionisti - che intendano affrontare in modo completo e sistematico le tematiche di costruzione e analisi di bilancio, a partire dalle basi per poi approfondire. Il contenuto di ogni capitolo è arricchito da esempi, con lo scopo di rendere più agevole la trattazione e la comprensione.

Questo volume è il frutto della collaborazione, oltre che dei curatori sopra citati, di tutti i docenti impegnati nei corsi di Contabilità e Bilancio e nel Master CFO - Direzione Amministrazione, Finanza e Controllo di gestione impartiti presso l'Università Cattaneo -LIUC di Castellanza. A loro va un sentito ringraziamento per l'opera prestata.

I curatori.

Castellanza, febbraio 2017.

PARTE I
LE SCRITTURE CONTABILI

1. LE RILEVAZIONI CONTABILI

PARTE II
LA DETERMINAZIONE DEI VALORI DI BILANCIO

2. I PRINCIPI DI REDAZIONE DEL BILANCIO

7. LA VALUTAZIONE DEI FONDI, DEI CREDITI E DEI DEBITI

8. LE IMPOSTE SUL REDDITO DELLE SOCIETÀ

PARTE I

LE SCRITTURE CONTABILI

PREMESSA

L'obiettivo di questa prima parte del testo è introdurre il lettore alle tematiche delle rilevazioni contabili e della formazione del bilancio di esercizio.

Anzitutto si tracciano (par. 1.1) le *linee di inquadramento* delle rilevazioni contabili, descrivendo l'oggetto, la logica economica e gli strumenti che sono alla base della contabilità generale. La contabilità generale, in particolare, «mette i sensori» sulle porte esterne dell'impresa e rileva cronologicamente e sistematicamente i valori originati dalle operazioni di «gestione esterna» dell'impresa medesima; tali valori si riferiscono a flussi di risorse, di natura monetaria o non monetaria, che entrano ed escono dall'impresa nell'ambito di operazioni cosiddette di «scambio monetario». I valori rilevati dalla contabilità generale confluiscono poi nel bilancio di esercizio, che ha l'obiettivo di misurare e rappresentare il reddito e il capitale di funzionamento dell'impresa.

La trattazione prosegue (par. 1.2) descrivendo le *rilevazioni contabili* relative alle principali operazioni poste in essere *nel corso dell'esercizio*. In relazione a ciascuna tipologia di operazioni trattata, in particolare, si evidenziano i flussi di risorse in entrata e in uscita per l'impresa (in coerenza con la logica economica descritta nelle linee di inquadramento) e si illustrano le rilevazioni contabili che ne conseguono. La trattazione si sviluppa attraverso numerose esemplificazioni, che riportano, in relazione a ciascuna operazione, le scritture di libro giornale e le annotazioni sui mastri. Le scritture sono composte sulla base di un piano dei conti riportato in Appendice.

Si esaminano poi (par. 1.3-1.3.9) le rilevazioni contabili operate dall'impresa in chiusura di esercizio, *scritture* cosiddette *«di rettifica e integrazione»*, finalizzate a garantire che il sistema dei valori registrati dalla contabilità generale rispetti due postulati cardine del bilancio di esercizio: i principi della competenza economica e della prudenza. Attraverso le scritture di integrazione, in particolare, si integra il sistema dei valori «inserendo» costi e ricavi di competenza dell'esercizio, che non sono stati rilevati nell'ambito delle scritture contabili operate durante l'esercizio. Attraverso le scritture di rettifica (o storno), invece, si rettifica il sistema dei valori «stornando» costi e ricavi che sono stati rilevati nell'ambito delle scritture contabili operate durante l'esercizio, ma sono in tutto o in parte di competenza di esercizi futuri.

In conclusione (par. 1.3.10-1.3.11), si illustrano le *scritture «di chiusura» e di «apertura» dei conti*. Attraverso le scritture «di chiusura», al termine dell'esercizio, i valori registrati dalla contabilità generale (descritti nei capitoli precedenti) sono fatti confluire nel bilancio di esercizio dell'impresa; attraverso le scritture «di apertura», ad avvio dell'esercizio successivo, i valori confluiti nello stato patrimoniale dell'esercizio passato vengono «aperti» nello stato patrimoniale del nuovo esercizio.

1. LE RILEVAZIONI CONTABILI

di Chiara Mancini

1.1. LINEE DI INQUADRAMENTO

1.1.1 L'oggetto della contabilità generale e lo scambio monetario

L'attività d'impresa si sviluppa tipicamente attraverso un processo articolato che può essere sintetizzato in tre fasi essenziali:

1) acquisizione dei fattori di produzione (gli *input*) necessari per lo svolgimento dell'attività d'impresa (quali, ad esempio, risorse finanziarie, materie prime, macchinari, prestazioni di lavoro, servizi);
2) utilizzo dei fattori di produzione all'interno dell'impresa nell'ambito del processo di "produzione" (intesa in senso lato) di beni o servizi;
3) vendita dei beni e servizi "prodotti" (gli *output*).

La seconda fase del processo sopra descritto si realizza all'interno dell'impresa e si concretizza in operazioni cosiddette di "**gestione interna**", quali, tipicamente, le operazioni di *trasformazione* economico-tecnica dei fattori produttivi/*input* ("acquistati" nella prima fase) in prodotti finali/*output* (destinati ad essere "venduti" nella terza fase). Esempi di operazioni di "gestione interna" proprie di tale fase del processo aziendale sono la lavorazione e trasformazione di materie e altri beni, il trasferimento di materie e prodotti da un magazzino all'altro, l'utilizzo di macchinari e impianti. Tali operazioni attengono a processi aziendali interni; pertanto, tipicamente, non comportano movimenti di denaro, né il sorgere di crediti o debiti.

La prima e la terza fase del processo in cui si sviluppa tipicamente l'attività d'impresa, invece, pongono la stessa in rapporto con soggetti "terzi" (i "fornitori" dei fattori di produzione e i clienti finali) e si manifestano attraverso operazioni cosiddette di "**gestione esterna**", quali operazioni di *acquisto* di fattori produttivi/*input* e di *vendita* di prodotti finali/*output*. Esempi di operazioni di "gestione esterna" sono gli acquisti di materie prime e materiali da utilizzarsi nella produzione, la stipula di contratti di lavoro dipendente, l'accensione di finanziamenti bancari, la sottoscrizione di aumenti di capitale sociale da parte dei soci. Tali operazioni sono tipicamente comprovate da documenti con rilevanza giuridica e fiscale (fatture, contratti, bonifici) e comportano movimenti di denaro (oppure crediti o debiti) tra i soggetti coinvolti.

Le tre fasi in cui si articola tipicamente il processo di sviluppo dell'attività d'impresa sono graficamente rappresentate nella tavola che segue (Tavola 1.1).

Le operazioni di "gestione esterna" sopra descritte si realizzano tipicamente attraverso uno "**scambio monetario**". L'impresa infatti "scambia" con i soggetti "terzi" risorse di natura diversa: acquista o vende beni o servizi dando o ricevendo in cambio moneta o "credito"[1]. In particolare, nella prima fase sopra descritta, l'impresa acquista fattori

[1] Per "credito" si intende una forma temporaneamente sostitutiva della moneta, che consente atti di scambio a regolamento differito. Ad esempio, se l'impresa acquista/vende beni con pagamento a 60 giorni, nasce un debito/credito verso il fornitore/cliente per effetto del regolamento differito dello scambio. Tale debito/credito "sostituisce" temporaneamente (per 60 giorni) la moneta che costituisce il corrispettivo dell'acquisto/vendita.

produttivi dando in cambio moneta o contraendo un debito per il pagamento differito; nella terza fase, l'impresa vende prodotti finali ricevendo in cambio moneta o un credito verso il cliente.

Tavola 1.1 - **Il processo di sviluppo dell'attività d'impresa**

In ogni operazione di scambio monetario, si manifestano dunque *due* distinti *flussi*:
a) flussi di *risorse* (fattori produttivi o prodotti finali), in entrata o in uscita;
b) flussi di *moneta/credito*, lungo la direzione opposta.
Tali flussi sono graficamente rappresentati nella tavola che segue (Tavola 1.2).

Tavola 1.2 - **Lo scambio monetario**

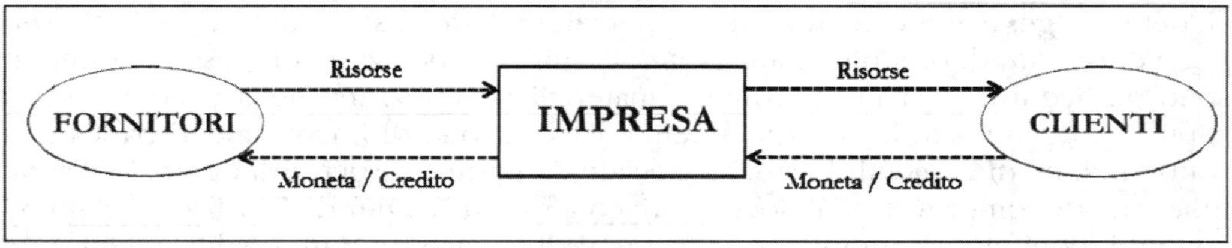

Lo scambio di risorse e moneta/credito tra soggetti distinti (l'impresa e i "terzi") dà evidenza del "**valore**" delle risorse scambiate. Tale "valore", in particolare, viene misurato dalla moneta (o dal credito/debito di moneta) che viene data/ricevuta quale controprestazione delle risorse (fattori produttivi/prodotti finali) oggetto di trasferimento. Tale "valore" è definito a seguito di una negoziazione tra soggetti distinti, l'impresa e il "terzo", aventi interessi economici contrapposti: l'acquirente, in particolare, sia esso l'impresa o il "terzo", vuole sempre minimizzare il prezzo da pagare, il venditore, per contro, vuole massimizzare l'incasso della vendita. Il "valore" che ne risulta, pertanto, presenta profili di attendibilità e "oggettività".

Quando si originano tali valori dotati di "oggettività"? Ogni operazione di scambio monetario si articola in più fasi successive, ciascuna avente specifiche caratteristiche ed estensione temporale variabile:

1. l'incontro delle parti interessate allo scambio;
2. la trattativa tra acquirente e venditore;
3. la conclusione del contratto;
4. l'eventuale pagamento anticipato associato a emissione/ricevimento di documenti amministrativi;
5. la spedizione della merce o la prestazione del servizio;
6. la fatturazione;
7. il pagamento;
8. la scadenza della garanzia.

In ciascuna fase si definiscono alcuni elementi dello scambio. Peraltro, solo nel momento della fatturazione diventano certi la variazione di moneta (o di credito) e, conseguentemente, il valore delle risorse (fattori produttivi/prodotti finali) trasferite. Pertanto, è in tale momento, definito "*momento della competenza numeraria*" oppure "*momento della moneta e credito*", che si originano i valori "oggettivi" generati dallo scambio[2].

La contabilità generale "mette i sensori" sulle porte esterne dell'impresa e registra i valori generati dalle operazioni di "gestione esterna" (o "scambio monetario").
Come visto, infatti, tali operazioni sono le sole che danno origine a valori "oggettivi" delle risorse scambiate, valori "certificati" da soggetti "terzi" rispetto all'impresa e comprovati da documenti aventi rilevanza giuridica e fiscale.

Tavola 1.3 - **I "sensori" della contabilità generale**

Attraverso la rilevazione sistematica e cronologica dei valori originati da tutte le operazioni di "gestione esterna", la contabilità generale ha lo scopo di misurare gli esiti del divenire della gestione aziendale, esiti che si concretizzano nella ricchezza prodotta

[2] Va peraltro richiamato che si manifestano variazioni di moneta o di credito anche nelle fasi sub 4, 5 e 7. Pertanto, come si vedrà più ampiamente nel seguito, anche tali fasi dello scambio monetario determineranno la rilevazione di valori da parte della contabilità generale.

dall'impresa (**reddito**) e nel valore del capitale che l'impresa ha a disposizione per lo svolgimento della sua attività (**capitale di funzionamento**). Tali evidenze confluiscono poi nel bilancio di esercizio, che rappresenta il risultato finale del sistema di rilevazioni della contabilità generale. Tale documento, come si vedrà più ampiamente nel seguito (cfr. *infra* § 1.1.5), costituisce un fondamentale strumento di informativa interna ed esterna dell'impresa.
In sintesi, dunque, può dirsi che la contabilità generale **rileva cronologicamente e sistematicamente i valori originati dalle operazioni di "gestione esterna" dell'impresa, per misurare e rappresentare nel bilancio di esercizio il reddito e il capitale di funzionamento dell'impresa medesima**.
Le operazioni di "gestione interna" dell'impresa, non registrate dalla contabilità generale, sono invece oggetto di rilevazione e registrazione di un altro "ramo" del sistema informativo aziendale: la contabilità analitica o industriale. Quest'ultima, in particolare, cattura e sintetizza le informazioni relative al processo che si sviluppa internamente all'azienda ed è finalizzata a fornire al *management* tutte le indicazioni utili per programmare e controllare la gestione.

1.1.2 I valori originati dallo scambio monetario

Come visto nel precedente paragrafo, in ogni operazione di scambio monetario si manifestano due distinti **flussi**:
a) un flusso di *risorse* (fattori produttivi o prodotti finali), in entrata o in uscita;
b) un flusso di *moneta/credito*, lungo la direzione opposta.
Tali flussi danno origine a due "**valori"** di pari importo e di segno opposto:
a) un valore che esprime una modifica nella disponibilità di condizioni di produzione "non monetarie", dunque diverse dalla moneta e dagli altri mezzi di regolamento dello scambio: cosiddetto "*valore non numerario*";
b) un valore che esprime una modifica nella disponibilità di condizioni di produzione costituite da moneta o altri mezzi di regolamento (credito/debito di moneta): cosiddetto "*valore numerario*".
I "*valori non numerari*" esprimono condizioni produttive diverse dalla moneta (ad esempio, impianti, materie prime, prodotti finiti). Sono inoltre "valori non numerari" i prestiti aventi ad oggetto la moneta (ad esempio, mutui, prestiti obbligazionari, altri finanziamenti) e i valori di capitale (ad esempio, il capitale sociale e le riserve), espressivi dalla sintesi delle condizioni produttive apportate dai soci, durevolmente vincolate allo svolgimento della gestione futura dell'impresa.
I "*valori numerari*" sono costituiti da denaro contante o ogni altro mezzo di regolamento, anche temporaneo, dello scambio assimilabile alla moneta (crediti, debiti, cambiali, ricevute bancarie, etc.).
L'identificazione dei valori numerari e non numerari sarà a breve esplicitata attraverso lo svolgimento di una esemplificazione (cfr. *infra* § 1.1.4).
I valori numerari e non numerari originati dallo scambio presentano sempre importo equivalente e segno opposto. Vale pertanto la seguente equazione:

$$+A - B = 0$$

A	B
Valore numerario (VN) Variazione nella disponibilità di moneta o credito	**Valore non numerario (VNN)** Variazione nelle condizioni produttive non monetarie

Nell'ipotesi in cui l'impresa sia in *posizione di acquisto* - ad esempio l'impresa acquista materie prime per 100 - si ha la seguente equazione:

+	Risorsa acquistata	−	Moneta/Debito	=	0
+	100	−	100	=	0

"Entrata" di condizioni produttive **non numerarie** **segno (+)** **VNN**	"Uscita" di condizioni produttive **numerarie** **segno (−)** **VN**

Nell'ipotesi in cui l'impresa sia in **posizione di vendita** - ad esempio l'impresa vende prodotti finiti per 100 - si ha la seguente equazione:

+	Moneta/Credito	−	Risorsa venduta	=	0
+	100	−	100	=	0

"Entrata" di condizioni produttive **numerarie** **segno (+)** **VN**	"Uscita" di condizioni produttive **non numerarie** **segno (−)** **VNN**

Occorre prestare attenzione ad un aspetto molto rilevante: i **segni** sopra indicati non sono convenzionali, ma sono coerenti con la logica economica dello scambio monetario. Il segno **(+)**, infatti, esprime il *flusso in entrata* nell'impresa (*inflow*) di un valore, numerario o non numerario in funzione della posizione di acquisto/vendita assunta dall'impresa nella specifica operazione (valore non numerario se l'impresa è in posizione di "acquisto", valore numerario se l'impresa è in posizione di "vendita"); il segno **(–)**, simmetricamente, esprime il *flusso in uscita* dall'impresa (*outflow*) di un valore, numerario o non numerario in funzione della posizione acquisto/vendita assunta nella specifica operazione (valore numerario se l'impresa è in posizione di "acquisto", valore non numerario se l'impresa è in posizione di "vendita").

1.1.3 Gli strumenti utilizzati per la rilevazione dei valori

La contabilità generale procede alla raccolta e rilevazione dei valori, numerari e non numerari, sopra identificati e originati nelle operazioni di scambio monetario.
Tale rilevazione avviene attraverso il **metodo della "partita doppia"**.
Per ogni operazione di scambio viene effettuata la cosiddetta "**scrittura contabile in partita doppia**" (o "**articolo di partita doppia**"). Ogni scrittura è: "*doppia*", in quanto vengono simultaneamente rilevate entrambe le categorie di valori originati dallo scambio (numerari/non numerari, in entrata/in uscita), e "*azzerante*", in quanto i valori rilevati presentano importi uguali e segni opposti, pertanto si annullano. Nella rilevazione di ciascuno scambio, dunque, si dà evidenza dell'equazione azzerante (**+ A – B = 0**) sopra riportata.
All'interno di ciascuna scrittura contabile vengono movimentati diversi "conti". Il "**conto**" è lo strumento utilizzato per annotare i valori originati dalle operazioni di scambio in relazione a ciascuna risorsa movimentata; ciascun "conto", in particolare, è intitolato alla "risorsa" (numeraria o non numeraria) di cui accoglie i valori (positivi o negativi). Graficamente, il conto può essere rappresentato come un prospetto, detto "**mastro**", a sezioni contrapposte, ciascuna contraddistinta dal segno (+) o (–). I segni sono espressivi della logica economica dell'operazione descritta nel precedente paragrafo. In particolare:

- nella sezione contraddistinta con il **segno (+)** (denominata convenzionalmente "*dare*"), confluiscono i valori che rappresentano l'"entrata" (*inflow*) della risorsa, numeraria o non numeraria, a cui il conto è intestato;
- nella sezione contraddistinta con il **segno (–)** (denominata convenzionalmente "*avere*"), confluiscono i valori che rappresentano l'"uscita" (*outflow*) della risorsa, numeraria o non numeraria, a cui il conto è intestato.

La tavola che segue riporta lo schema tipico di un mastro.

Tavola 1.4 - **Il mastro**

Oggetto del conto

dare (+)	*avere* (–)
Valori relativi a "flussi in entrata" (*inflow*)	Valori relativi a "flussi in uscita" (*outflow*)

I "conti" sono distinti in:

- conti "monofase", che possono essere movimentati in una sola sezione, quella con il segno (+) oppure quella con il segno (–). Sono monofase i soli conti che accolgono i valori non numerari attivi e passivi accesi alle variazioni dell'esercizio, ossia ai costi e ai ricavi (cfr. *infra* § 1.1.5);
- conti "bifase", che possono essere movimentati in entrambe le sezioni.

Le scritture contabili in partita doppia sono riportate in successione temporale, con numerazione progressiva, in un documento amministrativo denominato "**libro giornale**". Per ogni operazione sono indicati: la data, il numero progressivo della scrittura, la descrizione sintetica dell'operazione, il codice, il nome e il valore dei conti che sono movimentati. Nella scrittura contabile di libro giornale il nome del conto movimentato nella sezione con segno **(+)** ("*dare*") è separato dal nome del conto movimentato nella sezione con segno **(–)** ("*avere*") attraverso la lettera "*a*". Come si vedrà nel prosieguo del presente capitolo, possono presentarsi scritture di libro giornale nelle quali sono movimenti più conti nella stessa sezione in tal caso, il nome dei conti movimentati nella stessa sezione è preceduto dalla parola "*diversi*".

Nel seguito si riporta lo schema tipico di una scrittura contabile di libro giornale.

Tavola 1.5 - **La scrittura contabile di libro giornale**

		n. operazione				
		Dare (+)	*Data*	*Avere* (–)	*Dare* (+)	*Avere* (–)
Codice conto movimentato in *dare* (+)	Codice conto movimentato in *avere* (–)	Conto	a	Conto	Valore conto	Valore conto
		Descrizione dell'operazione				

1.1.4 Una esemplificazione

Nel seguito si presenta una breve esemplificazione di rilevazione dei valori originati da alcune operazioni di scambio monetario. La rappresentazione delle operazioni riportata in questo paragrafo è molto semplificata, al fine di guidare gradualmente il lettore nella comprensione delle rilevazioni contabili.

In particolare, per ciascuna operazione, si evidenziano:

- i valori originati dallo scambio;
- l'annotazione dei valori nei mastri;
- la natura numeraria o non numeraria dei valori;
- l'equazione dello scambio.

1) Costituzione di una società con conferimento di denaro da parte dei soci per 100

Banca	
dare (+)	*avere* (–)
(1) 100 **VN**	

Capitale sociale	
dare (+)	*avere* (–)
	(1) 100 **VNN**

+	Moneta	–	Capitale[3]	=	0
+	100	–	100	=	0

"Entrata" di moneta
segno (+)
VN

"Uscita" per obbligo di restituzione ai soci
segno (–)
VNN

2) Ricevimento della fattura di acquisto di impianti per 50; pagamento differito

Impianti	
dare (+)	*avere* (–)
(2) 50 **VNN**	

Debiti v/fornitori impianti	
dare (+)	*avere* (–)
	(2) 50 **VN**

+	Risorsa acquistata	–	Moneta/debito	=	0
+	50	–	50	=	0

"Entrata" di condizioni produttive diverse dalla moneta
segno (+)
VNN

"Uscita" differita di moneta
segno (–)
VN

[3] Per la società sorgerà un obbligo di restituzione ai soci nel momento di scioglimento del rapporto sociale (ad esempio, per recesso o esclusione del socio) o in quello di liquidazione della società. La restituzione avrà ad oggetto il valore della partecipazione sociale.

3) Ricevimento della fattura di acquisto di materie prime per 80; pagamento immediato con bonifico bancario

Materie prime c/acquisti	
dare (+)	*avere* (–)
(3) 80 **VNN**	

Banca	
dare (+)	*avere* (–)
(1) 100	**(3) 80** **VN**

+	Risorse acquistate	–	Moneta	=	0
+	80	–	80	=	0

"Entrata" di condizioni produttive diverse dalla moneta (materie prime)
segno (+)
VNN

"Uscita" di moneta
segno (–)
VN

4) Emissione di una fattura di vendita a clienti USA di prodotti finiti per 300 (valore determinato sulla base del rapporto di cambio €/$ alla data dell'operazione); pagamento differito

Crediti v/clienti esteri	
dare (+)	*avere* (–)
(4) 300 **VN**	

Prodotti finiti c/vendite	
dare (+)	*avere* (–)
	(4) 300 **VNN**

+	Credito	–	Risorse vendute	=	0
+	300	–	300	=	0

"Entrata" differita di moneta
segno (+)
VN

"Uscita" di condizioni produttive diverse dalla moneta (prodotti finiti)
segno (–)
VNN

5) Liquidazione di salari e stipendi per i prestatori di lavoro per 200

Salari e stipendi

dare (+)	*avere* (–)
(5) 200 **VNN**	

Debiti v/dipendenti

dare (+)	*avere* (–)
	(5) 200 **VN**

+	Risorsa acquistata	–	Debito	=	0
+	200	–	200	=	0

"Entrata" di condizioni produttive diverse dalla moneta (prestazioni di lavoro)
segno (+)
VNN

"Uscita" differita di moneta
segno (−)
VN

6) Pagamento dei fornitori di impianti per 50, mediante bonifico bancario (cfr. operazione 2)

Debiti v/fornitori impianti

dare (+)	*avere* (–)
(6) 50 **VN**	(2) 50

Banca

dare (+)	*avere* (–)
(1) 100	(3) 80 **(6) 50** **VN**

+	Debito	–	Moneta	=	0
+	50	–	50	=	0

È una semplice "*permutazione numeraria*": varia la sola composizione qualitativa dei mezzi di regolamento (da debito a banca)
segni (+) e (−)
VN

7) Riscossione per cassa dei crediti verso clienti esteri per 300 (cfr. operazione 4)[4]

Cassa

dare (+)	*avere* (–)
(7) 300 **VN**	

Crediti v/clienti esteri

dare (+)	*avere* (–)
(4) 300	**(7) 300** **VN**

+	Moneta	–	Credito	=	0
+	300	–	300	=	0

È una semplice "*permutazione numeraria*": varia la sola composizione qualitativa dei mezzi di regolamento (da credito a cassa)
segni (+) e (–)
VN

8) Accensione di un mutuo presso un istituto di credito per 500

Banca

dare (+)	*avere* (–)
(1) 100 **(8) 500** **VN**	(3) 80 (6) 50

Mutui passivi

dare (+)	*avere* (–)
	(8) 500 **VNN**

+	Moneta	–	Prestito	=	0
+	500	–	500	=	0

"Entrata" di moneta
segno (+)
VN

"Uscita" per obbligo di restituzione del prestito ricevuto
segno (–)
VNN

[4] Si assume che il rapporto €/$ alla data della riscossione dei crediti coincida con quello in essere alla data dell'operazione di vendita (operazione n. 4).

9) Pagamento di imposte per 30, mediante addebito sul conto corrente bancario

Imposte

dare (+)	*avere* (–)
(9) 30	
VNN	

Banca

dare (+)	*avere* (–)
(1) 100	(3) 80
(8) 500	(6) 50
	(9) 30
	VN

+	Risorsa acquistata	–	Moneta	=	0
+	30	–	30	=	0

"Entrata" di condizioni produttive diverse dalla moneta (servizi dello Stato)
segno (+)
VNN

"Uscita" di moneta
segno (–)
VN

10) Pagamento dei salari e degli stipendi mediante bonifico bancario (cfr. operazione 5)

Debiti v/dipendenti

dare (+)	*avere* (–)
(10) 200	(5) 200
VN	

Banca

dare (+)	*avere* (–)
(1) 100	(3) 80
(8) 500	(6) 50
	(9) 30
	(10) 200
	VN

+	Debito	–	Moneta	=	0
+	200	–	200	=	0

E' una semplice "*permutazione numeraria*": varia la sola composizione qualitativa dei mezzi di regolamento (da debito a banca)
segni (+) e (–)
VN

L'esemplificazione svolta consente ora di qualificare con maggior precisione i valori che originano dalle operazioni di scambio monetario e sono oggetto di rilevazione da parte della contabilità generale.
Valori numerari: cassa (operazione n. 7); banca (operazioni nn. 1, 3, 6, 8, 9 e 10); debiti verso fornitori di risorse, che temporaneamente sostituiscono l'esborso di moneta per l'acquisto di fattori produttivi (operazioni nn. 2 e 5); crediti verso clienti, che temporaneamente sostituiscono l'incasso di moneta per la vendita di prodotti (operazione n. 4)
Valori non numerari: condizioni di produzione diverse dalla moneta, quali impianti, materie prime e servizi dello Stato, lavoro, prodotti finiti (operazioni nn. 2, 3, 4, 5 e 9); prestiti aventi ad oggetto la moneta (operazione n. 8); valori di capitale (operazione n. 1).

1.1.5 La sintesi dei valori rilevati dalla contabilità generale: il bilancio di esercizio

I valori originati dalle operazioni di "gestione esterna" o "scambio monetario", rilevati sistematicamente e cronologicamente dalla contabilità generale, confluiscono nel bilancio di esercizio, principale documento di informativa interna ed esterna dell'impresa.
Al fine di comprendere come i valori generati dalle operazioni di scambio monetario e rilevati dalla contabilità generale confluiscano nel bilancio di esercizio, è necessario soffermarsi brevemente su scopo e oggetto di tale documento.
Il bilancio di esercizio "*deve rappresentare la situazione patrimoniale e finanziaria della società e il risultato economico dell'esercizio*" (art. 2423, 2° comma c.c.). Esso ha lo scopo di far conoscere il divenire economico della gestione aziendale e, dunque, fornisce informazioni volte a capire se l'azienda produce risultati positivi o negativi. Tale scopo viene raggiunto attraverso il calcolo e la rappresentazione metodica e periodica di capitale di funzionamento ("*situazione patrimoniale*") e reddito ("*risultato economico*"). La "*situazione finanziaria*" viene rappresentata in documento definito rendiconto finanziario di cui si tratterà al cap. 11.
Capitale di funzionamento e reddito sono rappresentati in due tavole di sintesi - stato patrimoniale e conto economico - distinte, ma intrinsecamente e indissolubilmente collegate in un *sistema di valori unitario*.
Tali tavole presentano le medesime caratteristiche prima descritte per i "conti". Lo stato patrimoniale è il "conto" intestato al *capitale di funzionamento*; il conto economico il "conto" intestato al *reddito*.
Il **capitale di funzionamento** è l'insieme delle condizioni produttive che, in un dato momento, sono a disposizione oppure vincolano l'impresa per lo svolgimento della gestione futura. Il capitale di funzionamento è rappresentato nella tavola di sintesi denominata *stato patrimoniale*.

Tavola 1.6 - **La tavola di sintesi "stato patrimoniale"**

STATO PATRIMONIALE		
(+)	***"Capitale di funzionamento"***	(–)
Attività		Passività
		Patrimonio netto

Nella sezione contraddistinta con il *segno (+)* confluiscono i valori rappresentativi di condizioni di produzione e risorse patrimoniali (espresse da valori sia numerari o sia non numerari) che sono "entrate" (*inflow*) nell'impresa e sono a disposizione della gestione futura (moneta, crediti, impianti, etc.). Con differente terminologia, ma significato equivalente, si tratta delle risorse "entrate" che rappresentano gli investimenti o gli impieghi di cui può avvalersi la gestione. Tali condizioni di produzione "entrate" in impresa, che risultano a disposizione della gestione futura, sono definite "*attività*".
Nella sezione contraddistinta con il *segno (–)* confluiscono i valori rappresentativi di condizioni di vincolo della gestione futura. Si tratta delle risorse patrimoniali (espresse da valori sia numerari o sia non numerari) che sono "uscite" dall'impresa, o dovranno "uscire" (*outflow*), a fronte delle condizioni di produzione acquistate e iscritte nelle attività (scoperti di conto corrente bancario, finanziamenti bancari da rimborsare, debiti verso fornitori per l'acquisto di materie o altro, etc.). Con differente terminologia, si tratta delle fonti di finanziamento degli investimenti/impieghi effettuati, ossia di risorse che svolgono la funzione di finanziare la gestione aziendale. Tali condizioni patrimoniali, per la parte riferibile a soggetti "terzi" rispetto all'impresa, sono definite "*passività*" (ad esempio, debiti verso banche, debiti verso fornitori); per la parte riferite ai soggetti titolari dell'impresa (i soci), sono definite "*patrimonio netto*". In entrambi i casi, si tratta, come detto, delle fonti di finanziamento della gestione aziendale, provenienti da terzi e dai soci, soggetti verso i quali l'impresa ha un obbligo di restituzione di quanto ricevuto. Nel caso delle passività, tale obbligo sorge alla scadenza contrattuale del debito o del finanziamento e ha ad oggetto l'ammontare delle risorse inizialmente ricevute dall'impresa; nel caso del patrimonio netto, tale obbligo sorge tipicamente nel momento di scioglimento del rapporto sociale o di liquidazione dell'impresa e ha a oggetto il valore della partecipazione sociale (determinato secondo specifici criteri fissati dalla normativa civilistica).
I valori che formano il **capitale di funzionamento**, come sopra descritti, sono legati dalla seguente relazione:

ATTIVITÀ = PASSIVITÀ + PATRIMONIO NETTO

Passiamo ora a trattare del **reddito.** Esso è la risultante del confronto tra valore dei beni/servizi venduti e valore dei fattori di produzione consumati dalla gestione per realizzare i beni/servizi venduti. Con terminologia più ampia, il reddito è la risultante del confronto tra ricavi (o componenti positivi di reddito) prodotti dalla gestione e costi (o componenti negativi di reddito) sostenuti. Il reddito è rappresentato nella tavola di sintesi denominata *conto economico*.

Tavola 1.7 - **La tavola di sintesi "conto economico"**

CONTO ECONOMICO		
(+)	***"Reddito"***	(–)
Costi		Ricavi

Nella sezione contraddistinta con il *segno (+)* confluiscono i valori rappresentativi di condizioni di produzione/risorse (espresse da valori non numerari) che sono "entrate" (*inflow*) nell'impresa e sono state "consumate" nella gestione. Tali risorse, cioè, sono state interamente utilizzate nel corso dell'esercizio per la produzione dei beni/servizi poi venduti (riflessi nella sezione contraddistinta con il segno (–)). I valori che confluiscono in questa sezione sono definiti "*costi*" o "componenti negativi di reddito". Nella sezione contraddistinta con il *segno (–)* confluiscono i valori rappresentativi delle condizioni di produzione/risorse (espresse da valori non numerari) che sono "uscite" (*outflow*) dall'impresa in quanto cedute a terzi. Si tratta, cioè, dei beni/servizi prodotti nell'ambito della gestione (utilizzando le condizioni di produzione rappresentate nella sezione contraddistinta con il segno (+)) e poi venduti. I valori che confluiscono in questa sezione sono definiti "*ricavi*" o "componenti positivi di reddito".
I valori che formano il *reddito*, come sopra descritti, sono legati dalla seguente relazione:

RICAVI – COSTI = RISULTATO DI ESERCIZIO

Come anticipato, capitale di funzionamento e reddito sono tra loro intrinsecamente e indissolubilmente legati, configurando un *sistema di valori unitario*.
Il reddito, in particolare, è un componente del patrimonio netto e, dunque, del capitale di funzionamento. Infatti, il reddito prodotto in ciascun esercizio, sintesi degli esiti della gestione aziendale (differenza tra valore dei beni/sevizi venduti e valore dei fattori di produzione utilizzati), concorre ad incrementare (o ridurre, se negativo) le complessive *fonti* di finanziamento della gestione aziendale futura. Tale fonte è *generata dalla gestione aziendale dell'esercizio* e va ad aggiungersi al capitale originariamente apportato dai soci (mediante conferimenti di denaro o beni). I soci, in particolare, rinunciano a beneficiare dei risultati prodotti dalla gestione dell'esercizio e "li lasciano in azienda" per finanziare lo svolgimento della gestione futura. I soci poi beneficeranno di tale valore al termine del rapporto sociale, quando avranno diritto a ricevere "in restituzione" la loro quota di pertinenza del capitale originariamente apportato e dei risultati di esercizio prodotti dalla società e non distribuiti.

Per tale ragione il reddito è un componente del patrimonio netto, il quale risulta così formato:

PATRIMONIO NETTO = CAPITALE + RISULTATO DI ESERCIZIO

Il reddito, dunque, rappresenta l'elemento di indissolubile collegamento tra stato patrimoniale e conto economico. Lo stato patrimoniale, all'interno del patrimonio, rappresenta il reddito di esercizio, che è dettagliato nelle sue componenti di formazione (costi e ricavi) nel conto economico.
Le relazioni espressive di capitale di funzionamento e reddito possono essere rappresentate in un'unica equazione, che rappresenta l'unitario sistema dei valori dell'impresa:

ATTIVITÀ = PASSIVITÀ + CAPITALE + RISULTATO DI ESERCIZIO

RICAVI - COSTI

Identificati scopo, oggetto e struttura del bilancio di esercizio, procediamo ora a verificare come i valori, numerari e non numerari, originati dagli scambi monetari e registrati dalla contabilità generale confluiscono nelle tavole di sintesi di tale documento.

Stato patrimoniale

Come visto, le **attività** dello stato patrimoniale - sezione contraddistinta con il segno **(+)** - accolgono i valori rappresentativi di condizioni di produzione e risorse patrimoniali che sono "entrate" (*inflow*) nell'impresa e sono a disposizione della gestione futura. In tale sezione, in particolare, confluiscono i seguenti valori:

- *valori numerari attivi*: valori rappresentativi di moneta o altri mezzi di regolamento (che si trasformeranno in futuro in moneta), "entrati" (*inflow*) nell'impresa e a disposizione della gestione futura; ad esempio, crediti verso clienti, cambiali, ricevute bancarie;
- *valori non numerari attivi* relativi a *investimenti*: valori rappresentativi di condizioni di produzione diverse dalla moneta, "entrate" (*inflow*) nell'impresa e a disposizione della gestione futura; ad esempio, impianti, macchinari, partecipazioni in altre società;
- *valori non numerari attivi* relativi a *crediti di finanziamento*: valori rappresentativi di prestiti/finanziamenti concessi dall'impresa (tipicamente a titolo oneroso) ad altri soggetti, che dovranno essere in futuro rimborsati all'impresa medesima, con conseguente "entrata" (*inflow*) delle risorse prima date a prestito; ad esempio, finanziamenti concessi ad una società partecipata.

Le **passività** e il **patrimonio netto** dello stato patrimoniale - sezione contraddistinta con il segno **(–)** - accolgono le fonti di finanziamento dell'impresa, che dovranno essere "restituite" ai soggetti che le hanno apportate: soggetti "terzi" per le passività, soci per il patrimonio netto. Tale obbligo di restituzione determinerà l'"uscita" (*outflow*) dall'impresa di condizioni di produzione e risorse patrimoniali. Le passività e il patrimonio netto, pertanto, rappresentano le condizioni di vincolo della futura gestione aziendale.

Nelle **passività**, in particolare, confluiscono i seguenti valori:

- *valori numerari passivi*: valori rappresentativi di moneta o altri mezzi di regolamento (che si trasformeranno in futuro in moneta) che sono "usciti" (*outflow*) o dovranno "uscire" dall'impresa e, dunque, sono sottratti dalle risorse monetarie a disposizione della gestione futura; ad esempio, debiti verso fornitori commerciali, conti correnti bancari con segno negativo, debiti verso dipendenti, debiti verso enti previdenziali e assistenziali, debiti verso l'Erario;
- *valori non numerari passivi* relativi a *debiti di finanziamento*: valori rappresentativi di prestiti/finanziamenti che l'impresa ha ricevuto (tipicamente a titolo oneroso) da "terzi", che dovranno essere in futuro rimborsati con conseguente "uscita" (*outflow*) di risorse sottratte alla gestione futura; ad esempio, mutui, prestiti obbligazionari, debiti di finanziamento verso società controllanti.

Nel **patrimonio netto** confluiscono i seguenti valori:

- *valori non numerari passivi* relativi al *capitale*: valori rappresentativi delle condizioni produttive apportate dai soci che dovranno essere restituite alla fine del rapporto societario, con conseguente "uscita" (*outflow*) di risorse; in particolare, capitale sociale e riserve;
- *valore non numerario passivo* costituito dal *reddito di esercizio*: il reddito, sintesi degli esiti della gestione aziendale (differenza tra valore dei beni venduti e valore dei fattori di produzione utilizzati), concorre ad incrementare (o ridurre, se negativo) le fonti di finanziamento dell'impresa. Tale fonte, analogamente al capitale, dovrà essere restituita ai soci alla fine del rapporto societario con conseguente "uscita" (*outflow*) di risorse.

La tavola sintetizza le diverse tipologie di valori, numerari e non numerari, che confluiscono nello stato patrimoniale.

Tavola 1.8 - **I valori che confluiscono nello stato patrimoniale**

STATO PATRIMONIALE

(+)	"*Capitale di funzionamento*" (–)
Attività	Passività
✔ VN attivi ✔ VNN attivi relativi a investimenti ✔ VNN attivi relativi a crediti di finanziamento	✔ VN passivi ✔ VNN passivi relativi a debiti di finanziamento
	Patrimonio netto
	✔ VNN passivi relativi a capitale ✔ VNN passivo relativo al risultato di esercizio

Conto economico

I **costi** (o componenti negativi di reddito) del conto economico - sezione contraddistinta con il segno **(+)** - accolgono i valori rappresentativi di condizioni di produzione che sono "entrate" (*inflow*) nell'impresa e sono state "consumate" nella gestione dell'esercizio.

In tale sezione confluiscono i seguenti valori:

- *valori non numerari attivi*: valori rappresentativi di condizioni di produzione diverse dalla moneta, "entrate" (*inflow*) nell'impresa e interamente utilizzate nel corso dell'esercizio per la produzione dei beni/servizi poi venduti (riflessi nella sezione contraddistinta con il segno (–)). Si tratta, dunque, dei fattori di produzione dalla cui trasformazione sono state ottenute le risorse oggetto di cessione (rappresentate tra i ricavi); ad esempio, costi di acquisto di materie prime, salari e stipendi, costi per servizi.

I **ricavi** (o componenti positivi di reddito) del conto economico - sezione contraddistinta con il segno **(–)** - accolgono i valori rappresentativi di condizioni di produzione che sono "uscite" (*outflow*) dall'impresa nel corso dell'esercizio in quanto cedute a terzi. In tale sezione confluiscono i seguenti valori:

- *valori non numerari passivi*: valori rappresentativi di risorse diverse dalla moneta "uscite" (*outflow*) dall'impresa nel corso dell'esercizio. Si tratta, cioè, dei beni/servizi prodotti nell'ambito della gestione dell'esercizio e poi venduti; ad esempio, ricavi di vendita di prodotti finiti.

Il confronto tra valore dei beni/servizi venduti (ricavi) e valore dei fattori di produzione dalla cui trasformazione sono stati ottenuti beni/servizi venduti (costi) determina il risultato dell'esercizio.

La tavola sintetizza le diverse tipologie di valori che confluiscono nel conto economico.

Tavola 1.9 - **I valori che confluiscono nel conto economico**

CONTO ECONOMICO	
(+) ***"Reddito"***	(–)
Costi	Ricavi
✔ VNN attivi	✔ VNN passivi

Da ultimo, occorre soffermarsi su un aspetto rilevante ai fini della "collocazione" nelle tavole di sintesi del bilancio di esercizio dei valori originati dalle operazioni di scambio: *i valori non numerari diversi dai crediti/debiti di finanziamento e dai valori di capitale confluiscono, in alcuni casi, nello stato patrimoniale e, in altri casi, nel conto economico.* Si è visto, infatti, che entrambe le tavole di sintesi accolgono valori non numerari riferibili a condizioni di produzione "entrate" o "uscite" diverse dalla moneta. In base a quale criterio si opera tale diversa collocazione?

La risposta al quesito risiede nel cosiddetto **principio della competenza economica**. Il sistema dei valori generati dal divenire della gestione aziendale è un "flusso continuo" privo di soluzioni di continuità: inizia con la costituzione dell'impresa, prosegue con le molteplici operazioni di gestione esterna e scambio monetario, si conclude con la liquidazione dell'impresa. Il bilancio di esercizio ha lo scopo di fornire una informativa periodica, esterna e interna, sul divenire economico della gestione aziendale, volta a far capire se l'azienda produce risultati positivi o negativi. Per fare ciò, la contabilità generale "divide" convenzionalmente la vita dell'impresa in unità temporali omogenee, dette "periodi amministrativi", generalmente coincidenti con i 12 mesi. Si parla, infatti, di bilancio "dell'esercizio 2014", bilancio "dell'esercizio 2015", etc. Tale "divisione" della vita dell'impresa è peraltro convenzionale. Restano infatti valori comuni a due o più esercizi che, ai fini dell'informativa di bilancio, devono essere "allocati" in tutto o in parte all'uno ovvero all'altro esercizio. Tale "allocazione" avviene in funzione del principio della competenza economica. In base a tale principio, *un costo è di competenza di un esercizio quando in tale esercizio si è verificata la correlazione con il corrispondente ricavo, ossia quando il costo si è trasformato in prodotti/servizi che hanno dato origine a ricavi di vendita*. È, dunque, di competenza dell'esercizio, il costo relativo all'acquisto di condizioni di produzione che hanno esaurito la loro utilità nell'esercizio, in quanto "consumate" nel processo di trasformazione che ha prodotto i beni poi venduti. Per esemplificazioni e approfondimenti sul principio di competenza economica si rinvia ai §§ 1.3. e ss.

Ora, i valori non numerari, rappresentativi di condizioni di produzione diverse dalla moneta, confluiscono nel conto economico quando si riferiscono a condizioni di produzione consumate/vendute nell'esercizio in cui hanno esaurito la loro utilità per l'impresa e non rappresentano condizioni a disposizione ovvero di vincolo per la futura gestione. Si tratta, ad esempio, dei ricavi di vendita di beni e servizi venduti e dei costi delle risorse tecniche consumate nel ciclo produttivo (tipicamente materie prime e merci, servizi, salari e stipendi, imposte). Si parla, in tali casi, di valori non numerari "accesi alle variazioni di esercizio", che costituiscono dunque "costi" (valori non numerari attivi) o "ricavi" (valori non numerari passivi).

Se, invece, le condizioni di produzione non hanno concluso ed esaurito il loro contributo alla gestione aziendale, in quanto non interamente consumate nel processo produttivo o non vendute, esse confluiscono nello stato patrimoniale. Si tratta, ad esempio, delle immobilizzazioni, quali impianti, immobili, macchinari, partecipazioni, brevetti, marchi; tali condizioni di produzione, infatti, forniscono tipicamente il loro contributo alla gestione aziendale lungo più periodi amministrativi.

Tale allocazione è perfettamente coerente con le caratteristiche delle due tavole di sintesi. Lo stato patrimoniale rappresenta il capitale di funzionamento, ossia l'insieme delle condizioni produttive che, in un dato momento, *sono a disposizione oppure vincolano l'impresa per lo svolgimento della futura gestione*. Il conto economico rappresenta il reddito, risultante del confronto tra *valore dei beni/servizi venduti e valore dei fattori di produzione consumati nell'esercizio* per realizzare i beni/servizi venduti.

Come vedremo nel prosieguo, il principio della competenza economica richiederà altresì di effettuare, in conclusione del periodo amministrativo, scritture cosiddette "di rettifica e integrazione", finalizzate a correggere e integrare i valori registrati nel corso dell'esercizio dalle rilevazioni di contabilità generale, al fine di garantire la corretta allocazione tra gli esercizi contigui dei valori comuni a più esercizi (cfr. *infra* §§ 1.3. e ss.).

1.2. LE SCRITTURE CONTABILI EFFETTUATE NEL CORSO DELL'ESERCIZIO

1.2.1 La costituzione della società

La costituzione di una società è il momento in cui si stipula il contratto con cui i soci (o il socio) si impegnano a conferire beni o servizi per l'esercizio in comune (in forma societaria) dell'attività d'impresa (cosiddetto "contratto di società", ex art. 2247 c.c.). Tale contratto è rappresentato dall'atto costitutivo della società, con cui i soci si impegnano ad apportare un insieme di risorse, monetarie e non monetarie, che saranno utilizzate nella futura gestione sociale. Le risorse apportate formeranno il cosiddetto "patrimonio di costituzione", prima "fonte" di finanziamento dell'attività d'impresa. Tale patrimonio dovrà poi essere restituito ai soci che lo hanno apportato. L'obbligo di restituzione sorge tipicamente nel momento di scioglimento del rapporto sociale e di liquidazione dell'impresa e ha ad oggetto il valore della partecipazione sociale (determinato secondo specifici criteri fissati dalla normativa civilistica).
Nel caso di società di capitali, la costituzione si articola in due fasi successive, disciplinate dal Codice Civile e "fotografate" dalle rilevazioni contabili:
1) stipula dell'atto costitutivo e sottoscrizione di azioni/quote;
2) esecuzione dei conferimenti.

Stipula dell'atto costitutivo e sottoscrizione di azioni/quote
Con la stipula dell'atto costitutivo, i soci sottoscrivono le azioni (nelle società per azioni - S.p.a. - e nelle società in accomandita per azioni - S.a.p.a.) o le quote (nelle società a responsabilità limitata - S.r.l.) che formano il capitale sociale, impegnandosi a conferire alla costituenda società risorse per un valore pari a quello assegnato alle azioni/quote sottoscritte.
Nella prospettiva dell'impresa, che è oggetto di rilevazione da parte della contabilità generale, la *stipula dell'atto costitutivo e la sottoscrizione delle azioni/quote* determinano:
- l'"entrata" (*inflow*) del credito verso i soci per le condizioni di produzione, monetarie e non monetarie, che gli stessi si sono impegnati a conferire all'impresa (attività);
- l'"uscita" (*outflow*) per l'obbligo di restituzione ai soci di quanto sarà oggetto di conferimento (patrimonio netto).

Esempio[5]

In data 05/02 si costituisce la società Alfa S.p.a. con capitale sociale di € 400.000, composto da 40.000 azioni di valore nominale unitario di € 10.

(1) *Dare* (+)	05/02	*Avere* (–)	*Dare* (+)	*Avere* (–)
Azionisti c/sottoscrizione (SP)	a	Capitale sociale (SP)	400.000	400.000
Sottoscritte n. 40.000 azioni del valore nominale di € 10 cadauna				

Azionisti c/sottoscrizione

dare (+)	*avere* (–)
(1) 400.000 VN	

Capitale sociale

dare (+)	*avere* (–)
	(1) 400.000 VNN

Esecuzione dei conferimenti

Le risorse che possono essere oggetto di conferimento in una società sono le seguenti:
- denaro;
- beni in natura e crediti;
- un'azienda già operante;
- nelle S.r.l. "*tutti gli elementi dell'attivo suscettibili di valutazione economica*", per cui anche prestazioni d'opera o di servizi (art. 2464 c.c.).

Alla sottoscrizione dell'atto costitutivo deve essere versato in banca almeno il 25% dei conferimenti in denaro (il 100% nel caso di società unipersonale). Le somme depositate nel conto corrente vincolato possono essere liberate, e dunque "consegnate" all'impresa, solo dopo l'iscrizione della società nel registro delle imprese. Il versamento del residuo 75% dei conferimenti in denaro può avvenire in qualsiasi momento; la società può "richiamare" tali versamenti ai soci in funzione delle sue esigenze finanziarie.

I conferimenti di beni in natura, crediti e aziende devono essere integralmente liberati, ossia eseguiti, al momento della sottoscrizione dell'atto costitutivo.

Nella prospettiva dell'impresa, l'*esecuzione dei conferimenti* determina:
- l'"entrata" (*inflow*) delle condizioni di produzione, monetarie e non monetarie, che i soci si sono impegnati a conferire all'impresa e che resteranno a disposizione della gestione futura (attività);
- l'"uscita" (*outflow*) del credito verso soci precedentemente iscritto che ora risulta "pagato" attraverso l'esecuzione dei conferimenti cui i soci si erano impegnati in sede di sottoscrizione dell'atto costitutivo (passività o riduzione di attività).

[5] In relazione agli esempi svolti nel prosieguo del presente capitolo verranno riportate le scritture di libro giornale e le annotazioni sui mastri. Si precisa che, per semplicità, le scritture di libro giornale non riportano i codici numerici associati a ciascun conto oggetto di movimentazione.

Il "richiamo" ai soci dei versamenti residui in denaro non ancora eseguiti determina una semplice "permutazione" del conto in cui tali crediti erano iscritti (da "azionisti c/sottoscrizione" a "azionisti c/versamenti richiamati"), finalizzata a tenere memoria dell'avvenuto richiamo.

Esempio (segue)

Nell'atto di costituzione, il socio Tizio si è impegnato a versare € 250.000 in denaro, il socio Caio si è impegnato ad apportare un fabbricato, in cui verrà svolta l'attività d'impresa, del valore di € 150.000. Contestualmente alla sottoscrizione delle azioni, il socio Tizio versa il 25% del conferimento in denaro su un conto corrente vincolato intestato alla società e il socio Caio apporta il fabbricato.

(2) *Dare* (+)	*05/02*	*Avere* (–)	*Dare* (+)	*Avere* (–)
Banca X c/vincolato (SP)	a	Azionisti c/sottoscrizione (SP)	62.500	62.500
Versamento del 25% dei conferimenti in denaro				

Banca X c/vincolato *dare* (+)	*avere* (–)
(2) 62.500 **VN**	

Azionisti c/sottoscrizione *dare* (+)	*avere* (–)
(1) 400.000	**(2) 62.500** **VN**

(3) *Dare* (+)	*05/02*	*Avere* (–)	*Dare* (+)	*Avere* (–)
Fabbricati (SP)	a	Azionisti c/sottoscrizione (SP)	150.000	150.000
Conferimento del fabbricato				

Fabbricati *dare* (+)	*avere* (–)
(3) 150.000 **VNN**	

Azionisti c/sottoscrizione *dare* (+)	*avere* (–)
(1) 400.000	(2) 62.500 **(3) 150.000** **VN**

In data 01/03, la società viene iscritta nel registro delle imprese e contestualmente il denaro versato sul conto corrente vincolato viene "liberato" e trasferito in un conto corrente bancario ordinario.

(4) *Dare* (+)	*01/03*	*Avere* (–)	*Dare* (+)	*Avere* (–)
Banca X c/c (SP)	a	Banca X c/vincolato (SP)	62.500	62.500
Ritiro 25% versato su conto vincolato				

Banca X c/c

dare (+)	*avere* (–)
(4) 62.500 **VN**	

Banca X c/vincolato

dare (+)	*avere* (–)
(2) 62.500	**(4) 62.500** **VN**

In data 10/09, la società richiama al socio Tizio il versamento del residuo 75% dei conferimenti in denaro per la fine del mese di settembre.

(5) *Dare* (+)	*10/09*	*Avere* (–)	*Dare* (+)	*Avere* (–)
Azionisti c/versamenti richiamati (SP)	a	Azionisti c/sottoscrizione (SP)	187.500	187.500
Richiamati versamenti per fine mese				

Azionisti c/versamenti richiamati

dare (+)	*avere* (–)
(5) 187.500 **VN**	

Azionisti c/sottoscrizione

dare (+)	*avere* (–)
(1) 400.000	(2) 62.500 (3) 150.000 **(5) 187.500** **VN**

In data 30/09 il socio Tizio versa nel conto corrente bancario intestato alla società il residuo conferimento in denaro cui si era impegnato.

(6) *Dare* (+)	*30/09*	*Avere* (–)	*Dare* (+)	*Avere* (–)
Banca X c/c (SP)	a	Azionisti c/versamenti richiamati (SP)	187.500	187.500
Riscossi importi richiamati				

Banca X c/c

dare (+)	*avere* (–)
(4) 62.500	
(6) 187.500	
VN	

Azionisti c/versamenti richiamati

dare (+)	*avere* (–)
(5) 187.500	**(6) 187.500**
	VN

1.2.2 Gli acquisti di fattori produttivi "correnti"

In questo capitolo si tratterà degli acquisti di fattori produttivi (*input*) necessari per alimentare le combinazioni produttive dell'impresa, dalle quali origineranno poi i beni e servizi (*output*) oggetto di vendita (cfr. *infra* § 1.2.3). In particolare, si tratterà delle risorse tecniche che hanno un ciclo di utilizzo rapido, che tipicamente si esaurisce nell'arco di un periodo amministrativo: sono le cosiddette "risorse tecniche correnti". Per una azienda produttiva, tali risorse sono tipicamente costituite da:

- beni utilizzati nel processo produttivo di trasformazione economico-tecnica, quali materie prime, merci, materiali di consumo;
- servizi utilizzati a supporto del processo produttivo, quali consulenze di professionisti (notai, avvocati, ingegneri, commercialisti) o società, utenze (energia, acqua, gas), manutenzioni di natura ordinaria.

Per l'impresa, il *processo di acquisto di risorse tecniche correnti* determina:

- l'"entrata" (*inflow*) di condizioni di produzione non monetarie (*input*) che saranno utilizzate nell'ambito delle combinazioni produttive dell'impresa e che, presumibilmente, esauriranno la loro utilità entro la fine del periodo amministrativo (costi);
- l'"uscita" (*outflow*) di moneta o di altri mezzi di regolamento, quale corrispettivo da riconoscere per l'acquisto delle risorse acquistate (passività).

Potranno inoltre manifestarsi flussi "rettificativi" di quelli sopra indicati, qualora, nell'ambito del processo di acquisto, venditore e acquirente concordino eventuali "correzioni" del valore delle risorse scambiate.

In ipotesi di regolamentazione monetaria differita dello scambio, si manifesteranno inoltre operazioni di "permutazione numeraria", in cui varierà la sola composizione qualitativa dei mezzi di regolamento (da debiti a moneta).

Prima di trattare analiticamente le diverse fasi in cui si sviluppa il processo di acquisto di risorse tecniche "correnti", è opportuno svolgere alcune considerazioni sintetiche sull'**IVA - Imposta sul valore aggiunto**[6]. Tale imposta, infatti, viene applicata alle operazioni di acquisto e vendita di beni e servizi e, pertanto, ha impatto sulla contabilizzazione di tali operazioni di scambio.

L'IVA, disciplinata dal D.P.R. n. 633 del 1972, è un'imposta indiretta che "*si applica sulle cessioni di beni e le prestazioni di servizi effettuate nel territorio dello Stato nell'esercizio di imprese o nell'esercizio di arti e professioni e sulle importazioni da*

[6] In considerazione delle finalità del presente testo, si trattano le linee generali di applicazione dell'IVA, senza entrare nel merito delle disposizioni applicabili a specifiche operazioni (ad es. *reverse charge*, *split payment*, ecc.).

chiunque effettuate" (art. 1). Tale imposta colpisce il "valore aggiunto" che si crea nei diversi stadi del processo di produzione e scambio di beni e servizi. L'IVA grava, in linea di principio, solo sul consumatore finale; pertanto, essa rappresenta un costo solo per tale soggetto.

L'impresa, di regola, non è un consumatore finale e, dunque, non è soggetto passivo d'imposta. Per l'impresa, pertanto, l'IVA deve essere "neutrale", non rappresentando né un costo né un ricavo. L'impresa è peraltro investita dall'Erario del compito di applicare l'IVA agli scambi posti in essere nella propria gestione: l'impresa paga IVA sugli acquisti e incassa IVA sulle vendite; successivamente deve versare (avere a rimborso) all'Erario l'imposta netta percepita (pagata). Al fine di garantire il *regime di neutralità* dell'IVA per l'impresa, è altresì previsto il meccanismo della "rivalsa", in base al quale l'impresa ha l'obbligo di recuperare l'IVA corrisposta ai fornitori nelle operazioni di acquisto, facendosela a sua volta pagare dai clienti nelle operazioni di vendita. Il consumatore finale, diversamente dall'impresa, non può "recuperare" l'IVA pagata in relazione a propri acquisti; pertanto, per il consumatore finale l'IVA pagata diventa un maggior costo del prodotto/servizio acquistato.

La *neutralità dell'IVA* per le imprese si realizza attraverso il seguente meccanismo:

- l'IVA è addebitata in fattura dal venditore all'acquirente; il venditore, dunque, "riscuote" dall'acquirente l'IVA per conto dell'Erario e ha l'obbligo di versarla a quest'ultimo:
- l'acquirente, a sua volta, deve pagare un maggior prezzo per l'IVA che gli viene addebitata nella fattura di acquisto, peraltro vanta un credito verso l'Erario per l'IVA versata.

Dunque:

- quando l'impresa effettua un'operazione di *vendita*,è tenuta a chiedere al cliente un ammontare maggiore per l'IVA e dovrà versare tale importo all'Erario: maggior credito verso il cliente per l'IVA = debito verso l'Erario;
- quando l'impresa effettua un'operazione di *acquisto*, è tenuta a corrispondere al fornitore un ammontare maggiore per l'IVA e avrà un credito verso l'Erario: maggior debito verso il fornitore per l'IVA = credito verso l'Erario.

Con la "liquidazione periodica dell'IVA", l'impresa confronta debiti e crediti verso l'Erario per l'IVA (debiti relativi alle operazioni di vendita e crediti relativi alle operazioni di acquisto) e versa o incassa il relativo saldo netto.

Si consideri il seguente esempio:

1) l'impresa acquista da fornitori beni per 200, pagandoli 200 + IVA 22% = 244; l'impresa matura un credito verso l'Erario per l'IVA pagata di 44;
2) l'impresa vende a clienti beni per 100, e incassa 100 – IVA 22% = 122; l'impresa matura un debito verso l'Erario per l'IVA incassata di 22;
3) in sede di liquidazione periodica dell'IVA, l'impresa confronta il credito verso l'Erario di 44 (op. 1) con il debito verso l'Erario di 22 (op. 2): ne risulta un credito netto verso l'Erario di 22.

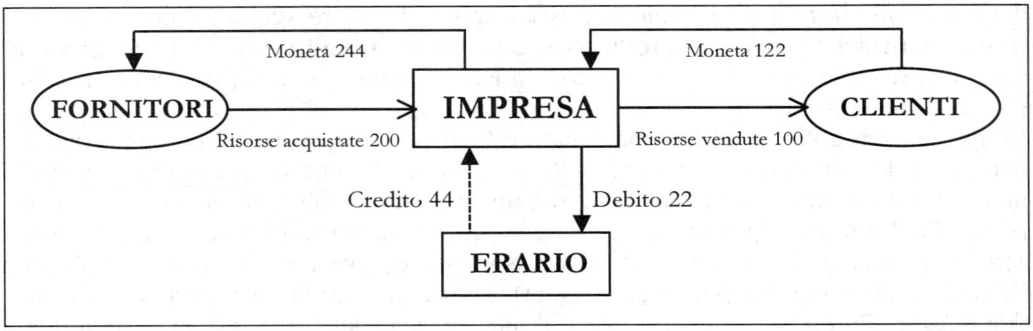

* * *

Le rilevazioni contabili relative al *processo di acquisto di risorse tecniche "correnti"* sono riferibili a tre distinte fasi del processo, che possono manifestarsi (anche temporalmente) secondo differenti modalità:

1) perfezionamento dell'acquisto;
2) regolamentazione monetaria dello scambio;
3) eventuali "correzioni" del valore delle risorse acquistate.

Perfezionamento dell'acquisto

Si ha il perfezionamento dell'operazione nel momento in cui l'impresa riceve la fattura di acquisto emessa dal venditore. È con tale documento, infatti, che vengono definiti in modo "oggettivo" i valori originati dallo scambio: il valore dei beni o servizi acquistati, il debito complessivo verso il fornitore/venditore (comprensivo dell'IVA), il credito verso l'Erario per l'IVA sull'acquisto.

Per l'impresa si ha dunque:

- l'"entrata" (*inflow*) di condizioni di produzione non monetarie che saranno utilizzate nell'ambito del processo produttivo d'impresa e, presumibilmente, esauriranno la loro utilità entro la fine del periodo amministrativo (costi);
- l'"uscita" (*outflow*) di moneta ovvero di altri mezzi di regolamento, per l'importo da pagare al fornitore per il corrispettivo delle risorse acquistate e per l'IVA sull'acquisto (passività);
- l'"entrata" (*inflow*) di moneta ovvero di altri mezzi di regolamento, per il credito verso l'Erario per l'IVA dovuta al fornitore sull'acquisto (attività).

Esempio

In data 20/03 la società Alfa riceve la fattura relativa all'acquisto di merci per € 5.000 più IVA del 22%.

(1) *Dare* (+)	20/03	*Avere* (–)	*Dare* (+)	*Avere* (–)
diversi	a	Debiti v/fornitori-Gamma (SP)		6.100
Merci c/acquisti (CE)			5.000	
IVA ns. credito (SP)			1.100	
Ricevuta fattura n. 200 da Gamma S.p.a.				

Merci c/acquisti *dare* (+)	Merci c/acquisti *avere* (–)	IVA ns. credito *dare* (+)	IVA ns. credito *avere* (–)	Debiti v/fornitori-Gamma *dare* (+)	Debiti v/fornitori-Gamma *avere* (–)
(1) 5.000 **VNN**		**(1) 1.100** **VN**			**(1) 6.100** **VN**

In data 20/03 la società Alfa riceve la fattura relativa alla bolletta ENEL per € 500 più IVA 22%.

(2) *Dare* (+)	20/03	*Avere* (–)	*Dare* (+)	*Avere* (–)
diversi	a	Debiti v/fornitori-ENEL (SP)		610
Energia elettrica (CE)			500	
IVA ns. credito (SP)			110	
Bolletta ENEL febbraio				

Energia elettrica *dare* (+)	Energia elettrica *avere* (–)	IVA ns. credito *dare* (+)	IVA ns. credito *avere* (–)	Debiti v/fornitori-ENEL *dare* (+)	Debiti v/fornitori-ENEL *avere* (–)
(2) 500 **VNN**		(1) 1.100 **(2) 110** **VN**			**(2) 610** **VN**

In data 20/03 la società Alfa riceve la fattura relativa a manutenzioni e riparazioni ordinarie effettuate su un macchinario per € 2.000 più IVA del 22%.

(3) *Dare* (+)	*20/03*	*Avere* (–)	*Dare* (+)	*Avere* (–)
diversi	a	Debiti v/fornitori-Ypsilon (SP)		2.440
Manutenzioni e riparazioni (CE)			2.000	
IVA ns. credito (SP)			440	
Ricevuta fattura n. 400 da Ypsilon S.r.l.				

Manutenzioni-riparazioni *dare* (+)	*avere* (–)
(3) 2.000	
VNN	

IVA ns. credito *dare* (+)	*avere* (–)
(1) 1.100	
(2) 110	
(3) 440	
VN	

Debiti v/fornitori-Ypsilon *dare* (+)	*avere* (–)
	(3) 2.440
	VN

Regolamentazione monetaria dello scambio[7]

La regolamentazione monetaria dello scambio può avvenire con differenti mezzi di regolamento, immediato oppure differito:

- *cassa*: l'impresa versa al fornitore denaro contante;
- *banca*: l'impresa emette assegni ovvero dispone bonifici bancari a favore del fornitore;
- *cessione di effetti attivi*: l'impresa gira a favore del fornitore cambiali attive detenute in portafoglio;
- *effetti passivi*: l'impresa rilascia al fornitore pagherò cambiari (promesse di pagamento) ovvero accetta cambiali tratte (ordini di pagamento) spiccate dal fornitore. Gli effetti passivi hanno una scadenza, in corrispondenza della quale avviene l'effettivo pagamento attraverso l'addebito dell'importo dell'effetto su un conto corrente bancario. Alla scadenza, l'impresa può negoziare con la banca il "rinnovo" degli effetti. In tal caso, l'effetto in scadenza viene annullato e viene emesso un effetto passivo nuovo, di importo superiore all'effetto annullato. L'ammontare dell'effetto originario, infatti, viene tipicamente maggiorato di interessi passivi, "prezzo" della ulteriore dilazione di pagamento concessa, e di spese e provvigioni bancarie, "prezzo" delle procedure di rinnovo.

In tutti i casi, la regolamentazione monetaria dello scambio determina per l'impresa una "*permutazione numeraria*" tra mezzi di regolamento: l'originario debito verso il fornitore viene "sostituito" dai mezzi di regolamento utilizzati per il relativo pagamento. Nel caso di *rinnovo di effetti passivi alla scadenza*, inoltre, si determina:

[7] Non si considerano per semplicità, gli effetti contabili dei pagamenti effettuati oltre i 12 mesi.

- l'"entrata" (*inflow*) di condizioni di produzione non monetarie (costi) rappresentate dai servizi finanziari (dilazione di pagamento) e amministrativi (procedura di rinnovo) prestati dalla banca in occasione del rinnovo dell'effetto;
- l'"uscita" (*outflow*) di moneta per il maggior debito associato all'effetto rinnovato (rispetto a quello originario) a fronte dei servizi ricevuti in occasione del rinnovo (passività).

Esempio (segue)

In data 20/03, contestualmente al ricevimento della fattura per manutenzioni e riparazioni, la società Alfa emette bonifico bancario a saldo del debito verso la società Ypsilon S.r.l.

(4) *Dare* (+)	*20/03*	*Avere* (–)	*Dare* (+)	*Avere* (–)
Debiti v/fornitori-Ypsilon (SP)	a	Banca X c/c (SP)	2.440	2.440
Disposto bonifico a favore di Ypsilon S.r.l. per saldo fattura n. 400				

Debiti v/fornitori-Ypsilon *dare* (+)	*avere* (–)
(4) 2.440 **VN**	(3) 2.440

Banca X c/c *dare* (+)	*avere* (–)
	(4) 2.440 **VN**

In data 05/04 Alfa paga in contanti la bolletta ricevuta dall'ENEL per complessivi € 610.

(5) *Dare* (+)	*05/04*	*Avere* (–)	*Dare* (+)	*Avere* (–)
Debiti v/fornitori-ENEL (SP)	a	Denaro e valori in cassa (SP)	610	610
Saldata bolletta ENEL febbraio				

Debiti v/fornitori-ENEL *dare* (+)	*avere* (–)
(5) 610 **VN**	(2) 610

Denaro e valori in cassa *dare* (+)	*avere* (–)
	(5) 610 **VN**

In data 06/04 Alfa gira al fornitore Gamma cambiali attive in portafoglio per € 1.000.

(6) *Dare* (+)	*06/04*	*Avere* (–)	*Dare* (+)	*Avere* (–)
Debiti v/fornitori-Gamma (SP)	a	Cambiali attive (SP)	1.000	1.000
Girati effetti a favore di Gamma S.p.a.				

Debiti v/fornitori-Gamma

dare (+)	*avere* (–)
(6) 1.000 **VN**	(1) 6.100

Cambiali attive

dare (+)	*avere* (–)
(0)[8] 10.000	**(6) 1.000** **VN**

In data 08/04 Alfa emette a favore del fornitore Gamma pagherò cambiari con scadenza 08/07 per € 5.100.

(7) *Dare* (+)	08/04	*Avere* (–)	*Dare* (+)	*Avere* (–)
Debiti v/fornitori-Gamma (SP)	a	Cambiali passive (SP)	5.100	5.100
Rilasciato pagherò a favore di Gamma S.p.a.				

Debiti v/fornitori-Gamma

dare (+)	*avere* (–)
(6) 1.000	(1) 6.100
(7) 5.100 **VN**	

Cambiali passive

dare (+)	*avere* (–)
	(7) 5.100 **VN**

Alla scadenza, in data 08/07, i pagherò cambiari vengono rinnovati per un altro mese, fino allo 08/08, per un importo maggiorato di interessi passivi per € 200 e di spese e provvigioni bancarie per € 100.

(8) *Dare* (+)	08/07	*Avere* (–)	*Dare* (+)	*Avere* (–)
diversi	a	Cambiali passive rinnovate (SP)		5.400
Cambiali passive (SP)			5.100	
Interessi passivi (CE)			200	
Spese e provvigioni bancarie (CE)			100	
Rinnovo pagherò				

Cambiali passive

dare (+)	*avere* (–)
(8) 5.100 **VN**	(7) 5.100

Cambiali passive rinnovate

dare (+)	*avere* (–)
	(8) 5.400 **VN**

[8] Per chiarezza si è riportato il valore iscritto nel conto prima dell'operazione esaminata, risultante dalle rilevazioni contabili anteriori a tale operazione e non descritte nella presente esemplificazione.

Interessi passivi

dare (+)	*avere* (–)
(8) 200 **VNN**	

Spese e provvigioni bancarie

dare (+)	*avere* (–)
(8) 100 **VNN**	

Alla scadenza (08/08), gli effetti passivi vengono pagati presso la banca incaricata che addebita l'importo su conto corrente.

(9) *Dare* (+)		*08/08* *Avere* (–)	*Dare* (+)	*Avere* (–)
Cambiali passive rinnovate (SP)	a	Banca X c/c (SP)	5.400	5.400
Addebitate in conto corrente cambiali in scadenza				

Cambiali passive rinnovate

dare (+)	*avere* (–)
(9) 5.400 **VN**	(8) 5.400

Banca X c/c

dare (+)	*avere* (–)
	(4) 2.440 **(9) 5.400** **VN**

Può accadere che la regolamentazione monetaria dello scambio avvenga (almeno in parte) in via anticipata rispetto alla consegna dei beni o all'erogazione del servizio. Il fornitore, ad esempio, può chiedere il pagamento anticipato di una parte del corrispettivo per "testare" la solvibilità dell'acquirente ovvero per avere garanzia della futura conclusione dell'operazione in ipotesi di beni prodotti su specifica ordinazione oppure di risorse di valore/quantità elevati.

Si hanno dunque i cosiddetti **anticipi a fornitori**: l'impresa versa al fornitore un anticipo o "acconto prezzo" prima di ricevere le risorse acquistate; conseguentemente, nasce un credito verso il fornitore per la ricezione delle risorse medesime. In base alla disciplina dell'IVA, il versamento di anticipi ai fornitori costituisce una operazione imponibile; pertanto il fornitore, al momento della ricezione dell'anticipo, è tenuto a emettere fattura (fattura "di acconto") con calcolo dell'IVA sull'importo dell'anticipo stesso. Successivamente, la fattura "a saldo" che il fornitore dovrà emettere in occasione del trasferimento delle risorse dovrà tenere conto, ai fini del calcolo dell'IVA, della fattura "di acconto" già emessa; l'IVA, pertanto, dovrà essere calcolata sull'importo pari alla differenza tra corrispettivo complessivo dei beni/servizi e anticipo già versato (al netto della relativa IVA). Per l'impresa, *il versamento di anticipi a fornitori con ricezione della relativa fattura "di acconto"* determina:

– l'"entrata" (*inflow*) di condizioni di produzione non monetarie per il sorgere di un credito verso il fornitore per la futura consegna delle risorse oggetto di scambio (attività). Si tratta di un credito di "finanziamento": pagando anticipatamente, l'impresa infatti "finanzia" il fornitore dandogli moneta prima di ricevere le risorse oggetto di scambio;

- l'"uscita" (*outflow*) di moneta (passività);
- l'"entrata" (*inflow*) di moneta ovvero altri mezzi di regolamento, per il sorgere del credito verso l'Erario per l'IVA pagata al fornitore come risultante dalla fattura "di acconto" (attività).

Al *ricevimento della fattura "a saldo" dell'acquisto* si avrà:

- l'"entrata" (*inflow*) di condizioni di produzione non monetarie che saranno utilizzate nell'ambito del processo produttivo d'impresa (costi);
- l'"uscita" (*outflow*) di moneta ovvero di altri mezzi di regolamento, per l'importo da pagare al fornitore per il corrispettivo delle risorse acquistate e per l'IVA, al netto dell'anticipo già versato (passività);
- l'"entrata" (*inflow*) di moneta ovvero altri mezzi di regolamento, per il sorgere del credito verso l'Erario per l'IVA sulla vendita, al netto dell'IVA già rilevata in sede di anticipo (attività).

Esempio

In data 02/04 la società Alfa corrisponde un anticipo a fornitori per € 1.000 più IVA del 20%, relativo al futuro acquisto di materie prime per € 5.000 più IVA del 20%.

(1) *Dare* (+)	*02/04*	*Avere* (–)	*Dare* (+)	*Avere* (–)
diversi	a	Debiti v/fornitori-Sigma (SP)		1.220
Acconti a fornitori (SP)			1.000	
IVA ns. credito (SP)			220	
Ricevuta fattura di acconto n. 250 dalla Sigma S.p.a.				

Acconti a fornitori *dare* (+)	*avere* (–)
(1) 1.000 **VNN**	

IVA ns. credito *dare* (+)	*avere* (–)
(1) 220 **VN**	

Debiti v/fornitori-Sigma *dare* (+)	*avere* (–)
	(1) 1.220 **VN**

(2) *Dare* (+)	*02/04*	*Avere* (–)	*Dare* (+)	*Avere* (–)
Debiti v/fornitori-Sigma (SP)	a	Banca X c/c (SP)	1.220	1.220
Assegno bancario a Sigma S.p.a.				

Debiti v/fornitori-Sigma *dare* (+)	*avere* (–)
(2) 1.220 **VN**	(1) 1.220

Banca X c/c *dare* (+)	*avere* (–)
	(2) 1.220 **VN**

In data 20/04 la società Alfa riceve le materie prime acquistate e la fattura "a saldo" dell'acquisto.

(3) *Dare* (+)	*20/04*	*Avere* (–)	*Dare* (+)	*Avere* (–)
diversi	a	*diversi*		
Materie prime c/acquisti (CE)			5.000	
IVA ns. credito[9] (SP)			880	
		Debiti v/fornitori-Sigma (SP)		4.880
		Acconti a fornitori (SP)		1.000
Ricevuta fattura a saldo n. 300 dalla Sigma S.p.a.				

Materie prime c/acquisti

dare (+)	*avere* (–)
(3) 5.000 **VNN**	

Debiti v/fornitori-Sigma

dare (+)	*avere* (–)
(2) 1.220	(1) 1.220 **(3) 4.880** **VN**

IVA ns. credito

dare (+)	*avere* (–)
(1) 220 **(3) 880** **VN**	

Acconti a fornitori

dare (+)	*avere* (–)
(1) 1.000	**(3) 1.000** **VNN**

Eventuali "correzioni" del valore delle risorse acquistate

Nell'ambito di operazioni di acquisto di risorse tecniche correnti, possono manifestarsi eventuali "correzioni" del valore delle risorse oggetto di scambio. Tali correzioni possono originare da differenti motivazioni:

a) difetti riscontrati nelle risorse acquistate;
b) sconti "cassa";
c) sconti "quantità".

In tutti i casi si ha una rettifica del valore delle risorse acquistate associata a una riduzione del pagamento da riconoscere al fornitore. Per l'impresa, dunque, si determina:

- l'"entrata" (*inflow*) di moneta o mezzi di regolamento, per il minor importo da pagare al fornitore (attività o riduzione di passività);
- l'"uscita" (*outflow*) per il minor valore delle condizioni di produzione non monetarie acquistate. Si parla in tal caso di *"rettifica indiretta" di costo*: il costo di

[9] L'IVA è calcolata sull'importo pari alla differenza tra corrispettivo complessivo delle materie prime acquistate (5.000) e importo già anticipato, al netto della relativa IVA (1.000). IVA ns. credito = 22% × (5.000 - 1.000) = 880. Ne risulta che l'IVA complessivamente rilevata nelle scritture (1) e (3) è pari a 1.100 = 22% × 5.000.

acquisto delle risorse, rilevato con segno (+) al ricevimento della fattura di acquisto (ad esempio, merci c/acquisti, materie prime c/acquisti), viene corretto "indirettamente" attraverso la rilevazione di un valore con segno opposto (–) in un altro conto (resi, abbuoni, sconti). Tale rettifica è "indiretta" in quanto non si "corregge" il costo rilevato con segno (+) al momento di perfezionamento dell'operazione rilevando un importo con segno opposto (–) nel medesimo conto; si rileva invece la rettifica con segno (–) in un *conto differente* (resi, abbuoni, sconti)[10].

Inoltre, a seconda della motivazione all'origine della "correzione" di valore, cambia la rilevanza (o meno) ai fini IVA dell'operazione e, conseguentemente, si determina (o meno) la variazione della posizione di credito/debito dell'impresa verso l'Erario per l'IVA.

a) *Difetti riscontrati nelle risorse acquistate*

Se le risorse ricevute presentano differenze quantitative o qualitative (difetti) rispetto a quanto concordato, l'impresa può:

– restituire le risorse eccedenti o difettose: si hanno i cosiddetti "resi su acquisti";
– richiedere una riduzione del prezzo per i difetti riscontrati: si hanno i cosiddetti "abbuoni attivi".

In entrambi i casi, il fornitore dovrà emettere una nota di accredito, che "corregge" indirettamente la fattura precedentemente emessa per l'acquisto. Tale "correzione" avrà ad oggetto il valore delle risorse acquistate e l'IVA precedentemente rilevati.

L'impresa pertanto avrà:

– l'"entrata" (*inflow*) di moneta o mezzi di regolamento, per il minor importo da pagare al fornitore (attività o riduzione di passività);
– l'"uscita" (*outflow*) per il minor valore delle condizioni di produzione non monetarie acquistate (rettifica indiretta del costo di acquisto);
– l'"uscita" (*outflow*) di moneta o mezzi di regolamento, per il minor importo del credito verso l'Erario per l'IVA dovuta sull'acquisto (passività o riduzione di attività).

Esempio (segue)

In data 29/04 la società Alfa restituisce al fornitore materie prime risultate non conformi alle caratteristiche richieste per € 800 più IVA del 22%; in pari dati riceve la relativa nota di accredito dal fornitore.

(4) *Dare* (+)	*29/04*	*Avere* (–)	*Dare* (+)	*Avere* (–)
Debiti v/fornitori-Sigma (SP)	a	*diversi*	976	
		Resi su acquisti (CE)		800
		IVA ns. credito (SP)		176
Ricevuta nota di accredito n. 305 dalla Sigma S.p.a.				

[10] Ciò accade a causa della natura "monofase" dei conti relativi a costi e ricavi (cfr. *supra* § 1.1.3), per cui gli stessi possono essere movimentati in una sola sezione.

Debiti v/fornitori-Sigma

dare (+)	*avere* (–)
(2) 1.220	(1) 1.220
(4) 976	(3) 4.880
VN	

Resi su acquisti

dare (+)	*avere* (–)
	(4) 800
	VNN

IVA ns. credito

dare (+)	*avere* (–)
(1) 220	**(4) 176**
(3) 880	**VN**

In data 01/05 la società Alfa riceve dal fornitore una nota di accredito per materie prime risultate parzialmente difettose per € 100 più IVA del 22%.

(5) *Dare* (+)		*01/05 Avere* (–)	*Dare* (+)	*Avere* (–)
Debiti v/fornitori-Sigma (SP)	a	*diversi*	122	
		Premi e abbuoni attivi (CE)		100
		IVA ns. credito (SP)		22
Ricevuta nota di accredito n. 306 dalla Sigma S.p.a.				

Debiti v/fornitori-Sigma

dare (+)	*avere* (–)
(2) 1.220	(1) 1.220
(4) 976	(3) 4.880
	(5) 122
	VN

Premi e abbuoni attivi

dare (+)	*avere* (–)
	(5) 100
	VNN

IVA ns. credito

dare (+)	*avere* (–)
(1) 220	(4) 176
(3) 880	**(5) 22**
	VN

b) *Sconti "cassa"*

Gli sconti "cassa" o sconti condizionati sono riduzioni di prezzo riconosciute solo in caso di pagamento effettuato anticipatamente rispetto alla scadenza originariamente fissata. Essi, dunque, si manifestano tipicamente in un momento successivo al perfezionamento dello scambio ed hanno natura finanziaria. Anche in tale ipotesi il fornitore deve emettere nota di accredito. L'applicazione di sconti "cassa" determina per l'impresa:

- l'"entrata" (*inflow*) di moneta o mezzi di regolamento, per il minor importo da pagare al fornitore (attività o riduzione di passività);
- l'"uscita" (*outflow*) per il minor valore delle condizioni di produzione non monetarie acquistate (rettifica indiretta del costo di acquisto);
- l'eventuale "uscita" (*outflow*) di moneta o mezzi di regolamento, per il minor importo del credito verso l'Erario per l'IVA dovuta sull'acquisto (passività o riduzione di attività).

Esempio (segue)

In data 03/05 la società Alfa concorda con il fornitore Sigma il pagamento anticipato rispetto alla scadenza ottenendo uno sconto cassa di € 80 più IVA del 22%, così come risultante dalla nota di accredito ricevuta in pari data.

(6) *Dare* (+)		*03/05 Avere* (–)	*Dare* (+)	*Avere* (–)
Debiti v/fornitori-Sigma (SP)	a	*diversi*	97,60	
		Sconti cassa attivi (CE)		80
		IVA ns. credito (SP)		17,60
Ricevuta nota di accredito n. 310 dalla Sigma S.p.a.				

Debiti v/fornitori-Sigma *dare* (+)	*avere* (–)
(2) 1.220	(1) 1.200
(4) 976	(3) 4.800
	(5) 122
	(6) 97,60
	VN

Sconti cassa attivi *dare* (+)	*avere* (–)
	(6) 80
	VNN

IVA ns. credito *dare* (+)	*avere* (–)
(1) 220	(4) 176
(3) 880	(5) 22
	(6) 17,60
	VN

c) *Sconti "quantità"*

Gli sconti "quantità" o sconti incondizionati sono riduzioni del prezzo delle risorse praticati dal fornitore in modo incondizionato nel momento di perfezionamento dell'acquisto. Si tratta di sconti concessi tipicamente per finalità promozionali, per elevati quantitativi di beni acquistati, per l'esistenza di un rapporto di fornitura continuativo. Tali sconti possono essere praticati come riduzione diretta del prezzo di listino oppure separatamente evidenziati in fattura. In entrambi i casi l'IVA associata all'acquisto dovrà avere come base di calcolo il prezzo praticato ridotto dello sconto riconosciuto.

In presenza di sconti incondizionati separatamente evidenziati in fattura, il perfezionamento dell'acquisto determina per l'impresa:

- l'"entrata" (*inflow*) di condizioni di produzione non monetarie che saranno utilizzate nell'ambito del processo produttivo d'impresa (costi);
- l'"uscita" (*outflow*) per il minor valore delle condizioni di produzione non monetarie acquistate grazie allo sconto (rettifica indiretta del costo di acquisto);
- l'"uscita" (*outflow*) di moneta ovvero di altri mezzi di regolamento, per l'importo da pagare al fornitore per il corrispettivo delle risorse acquistate (al netto dello sconto) e per l'IVA sull'acquisto (passività);
- l'"entrata" (*inflow*) di moneta o mezzi di regolamento, per il sorgere del credito verso l'Erario per l'IVA dovuta al fornitore sull'acquisto, calcolato sul valore delle risorse al netto dello sconto (attività).

Esempio

In data 01/06 la società Alfa riceve la fattura relativa all'acquisto di materiali di consumo per € 2.000 più IVA del 22%, con uno sconto incondizionato del 10%.

(1) *Dare* (+)	*01/06*	*Avere* (–)	*Dare* (+)	*Avere* (–)
diversi	a	*diversi*		
Materiali di consumo c/acquisti (CE)			2.000	
IVA ns. credito [11] (SP)			396	
		Sconti quantità attivi (CE)		200
		Debiti v/fornitori-Tau (SP)		2.196
Ricevuta fattura n. 300 dalla Tau S.p.a.				

Materiali di consumo c/acquisti

dare (+)	*avere* (–)
(1) 2.000 **VNN**	

Sconti quantità attivi

dare (+)	*avere* (–)
	(1) 200 **VNN**

IVA ns. credito

dare (+)	*avere* (–)
(1) 396 **VN**	

Debiti v/fornitori-Tau

dare (+)	*avere* (–)
	(1) 2.196 **VN**

1.2.3 Le vendite di beni e servizi

In questo capitolo si tratterà delle vendite dei beni e servizi che originano dal processo produttivo di trasformazione economico-tecnica. Si tratta, dunque, delle risorse che rappresentano il risultato finale (*output*) delle combinazioni produttive dell'impresa, che costituiscono la sua attività tipica o caratteristica.

Il processo di vendita di beni o servizi è in tutto simmetrico al processo di acquisto di risorse tecniche correnti. Le movimentazioni originate in termini di flussi in "entrata" e in "uscita" per l'impresa hanno pertanto natura e contenuto analoghi, ma segno opposto, rispetto a quelle originate dal processo di acquisto.

In particolare, per l'impresa, *il processo di vendita di beni e servizi* determina:

– l'"entrata" (*inflow*) di moneta o di altri mezzi di regolamento, quale corrispettivo per la vendita delle risorse vendute (attività);
– l'"uscita" (*outflow*) di condizioni di produzione non monetarie (*output*) risultanti dallo svolgimento delle combinazioni produttive dell'impresa (ricavi).

[11] L'IVA è calcolata sull'importo pari alla differenza tra valore complessivo dei materiali di consumo acquistati (2.000) e lo sconto quantità ricevuto (200). IVA ns. credito = 22% × (2.000 - 200) = 396.

Potranno inoltre manifestarsi flussi "rettificativi" di quelli sopra indicati, qualora, nell'ambito del processo di vendita, venditore e acquirente concordino eventuali "correzioni" del valore delle risorse scambiate.
In ipotesi di regolamentazione monetaria differita dello scambio, si manifesteranno inoltre operazioni di "permutazione numeraria", in cui varierà la sola composizione qualitativa dei mezzi di regolamento (da crediti a moneta).
Le rilevazioni contabili relative al *processo di vendita di beni e servizi* sono riferibili a tre distinte fasi del processo, che possono manifestarsi (anche temporalmente) secondo differenti modalità:
1) perfezionamento della vendita;
2) regolamentazione monetaria dello scambio;
3) eventuali "correzioni" del valore delle risorse vendute.

Perfezionamento della vendita

Si ha il perfezionamento dell'operazione in esame nel momento di emissione della fattura di vendita da parte dell'impresa. È con tale documento, infatti, che vengono definiti in modo "oggettivo" i valori originati dallo scambio: il valore dei beni o servizi venduti, il credito complessivo verso il cliente/acquirente (comprensivo dell'IVA), il debito verso l'Erario per l'IVA sulla vendita.
Il perfezionamento dell'operazione di vendita, in particolare, determina per l'impresa:
- l'"entrata" (*inflow*) di moneta ovvero di altri mezzi di regolamento, per l'importo da ricevere dal cliente per il corrispettivo delle risorse vendute e per l'IVA sulla vendita (attività);
- l'"uscita" (*outflow*) di condizioni di produzione non monetarie prodotte dalla gestione d'impresa (ricavi);
- l'"uscita" (*outflow*) di moneta ovvero di altri mezzi di regolamento, per il debito verso l'Erario per l'IVA ricevuta (da ricevere) dal cliente sulla vendita (passività).

Esempio

In data 20/09 la società Alfa emette fattura di vendita di prodotti finiti per € 10.000 più IVA del 22%.

(1) *Dare* (+)	*20/09*	*Avere* (–)	*Dare* (+)	*Avere* (–)
Crediti v/clienti - Omega (SP)	a	*diversi*	12.200	
		Prodotti finiti c/vendite (CE)		10.000
		IVA ns. debito (SP)		2.200
Emessa fattura n. 100 a Omega S.p.a.				

Crediti v/clienti - Omega *dare* (+)	 *avere* (–)	Prodotti finiti c/vendite *dare* (+)	 *avere* (–)	IVA ns. debito *dare* (+)	 *avere* (–)
(1) 12.200 **VN**			**(1) 10.000** **VNN**		**(1) 2.200** **VN**

Regolamentazione monetaria dello scambio

Analogamente a quanto accade nelle operazioni di acquisto, anche nelle operazioni di vendita la regolamentazione monetaria dello scambio può avvenire con differenti mezzi di regolamento, immediato oppure differito:

- *cassa*: l'impresa riceve denaro contante;
- *banca*: l'impresa riceve assegni o bonifici bancari;
- *effetti attivi*: l'impresa riceve pagherò rilasciati dal cliente (promesse di pagamento) oppure il cliente accetta cambiali tratte (ordini di pagamento) spiccate dall'impresa.

In tutti i casi, la regolamentazione monetaria dello scambio determina per l'impresa una "*permutazione numeraria*" tra mezzi di regolamento: l'originario credito verso il cliente viene "sostituito" dai mezzi di regolamento utilizzati per il relativo pagamento.

Esempio (segue)

In data 20/09, contestualmente all'emissione della fattura di vendita, la società Alfa riceve € 900 di denaro contante e un assegno di € 2.300, a parziale pagamento del credito vantato verso la società Omega S.p.a.

(2) *Dare* (+)	*20/09*	*Avere* (–)	*Dare* (+)	*Avere* (–)
diversi	a	Crediti v/clienti - Omega (SP)		3.200
Denaro e valori in cassa (SP) Banca X c/c (SP)			900 2.300	
Riscossa parte fattura n. 100 emessa a Omega S.p.a.				

Denaro e valori in cassa *dare* (+)	*avere* (–)	Banca X c/c *dare* (+)	*avere* (–)	Crediti v/clienti-Omega *dare* (+)	*avere* (–)
(2) 900 **VN**		**(2) 2.300** **VN**		(1) 12.200	**(2) 3.200** **VN**

In data 15/10, la società Alfa riceve dal cliente Omega S.p.a. un pagherò con scadenza 15.11 per € 9.000 a saldo della fattura di vendita del 20.9.

(3) *Dare* (+)	*15/10*	*Avere* (–)	*Dare* (+)	*Avere* (–)
Cambiali attive (SP)	a	Crediti v/clienti-Omega (SP)	9.000	9.000
Ricevuto pagherò a saldo fattura n. 100 emessa a Omega S.p.a.				

Cambiali attive

dare (+)	*avere* (–)
(3) 9.000 VN	

Crediti v/clienti - Omega

dare (+)	*avere* (–)
(1) 12.200	(2) 3.200
	(3) 9.000 VN

Alla scadenza (15/11), l'effetto viene incassato dalla banca incaricata che accredita il relativo importo in conto corrente.

(4) *Dare* (+)	*15/11*	*Avere* (–)	*Dare* (+)	*Avere* (–)
Banca X c/c (SP)	a	Cambiali attive (SP)	9.000	9.000
Incassato pagherò Omega S.p.a.				

Banca X c/c

dare (+)	*avere* (–)
(2) 2.000	
(4) 9.000 VN	

Cambiali attive

dare (+)	*avere* (–)
(3) 9.000	**(4) 9.000 VN**

Come nei processi di acquisto di risorse produttive, anche nei processi di vendita di beni o servizi può accadere che la regolamentazione monetaria dello scambio avvenga (almeno in parte) in via anticipata rispetto alla consegna dei beni o all'erogazione del servizio. Si hanno dunque i cosiddetti **anticipi da clienti**: l'impresa riceve dal cliente un anticipo o "acconto prezzo" prima di consegnare le risorse vendute; conseguentemente, nasce un debito dell'impresa verso il cliente per la consegna delle risorse medesime. In base alla disciplina dell'IVA, l'impresa è tenuta a emettere fattura per l'anticipo ricevuto (fattura "di acconto") con calcolo dell'IVA sull'importo dell'anticipo stesso. Successivamente, in occasione del trasferimento al cliente delle risorse vendute, l'impresa emetterà la fattura "a saldo", nella quale dovrà tenere conto, ai fini del calcolo dell'IVA, della fattura "di acconto" già emessa; l'IVA, pertanto, dovrà essere calcolata sull'importo pari alla differenza tra corrispettivo complessivo pattuito per i beni/servizi venduti e anticipo già ricevuto (al netto dell'IVA).
Per l'impresa l'*incasso di anticipi da clienti con emissione relativa della fattura "di acconto"* determina:

– l'"entrata" (*inflow*) di moneta (attività);
– l'"uscita" (*outflow*) di condizioni di produzione non monetarie per il sorgere del debito verso il cliente per la futura consegna delle risorse oggetto di scambio (passività). Si tratta di un debito di "finanziamento": incassando anticipatamente, l'impresa è stata infatti "finanziata" dal cliente che le ha dato moneta prima di ricevere le risorse oggetto di scambio;

- l'"uscita" (*outflow*) di moneta ovvero di altri mezzi di regolamento, per il sorgere del debito verso l'Erario per l'IVA ricevuta dal cliente, come risultante dalla fattura "di acconto" (passività).

Al momento di *emissione della fattura "a saldo" della vendita* si avrà:

- l'"entrata" (*inflow*) di moneta ovvero di altri mezzi di regolamento, per l'importo da ricevere dal cliente per il corrispettivo delle risorse vendute e per l'IVA, al netto dell'anticipo già ricevuto (attività);
- l'"uscita" (*outflow*) di condizioni di produzione non monetarie prodotte dalla gestione d'impresa (ricavi);
- l'"uscita" (*outflow*) di moneta ovvero di altri mezzi di regolamento, per il sorgere del debito verso l'Erario per l'IVA sulla vendita, al netto dell'IVA già rilevata in sede di anticipo (passività).

Esempio

In data 01/12 la società Alfa riceve un anticipo da clienti per € 3.000 più IVA del 22%, relativo alla futura vendita di prodotti finiti per € 8.000 più IVA del 22%.

(1) *Dare* (+)	*01/12*	*Avere* (–)	*Dare* (+)	*Avere* (–)
Crediti v/clienti-Zeta (SP)	a	*diversi*	3.660	
		Acconti da clienti - Zeta (SP)		3.000
		IVA ns. debito (SP)		660
Emessa fattura di acconto n. 250 a Zeta S.p.a.				

Crediti v/clienti-Zeta *dare* (+)	*avere* (–)	Acconti da clienti - Zeta *dare* (+)	*avere* (–)	IVA ns. debito *dare* (+)	*avere* (–)
(1) 3.660 **VN**			**(1) 3.000** **VNN**		**(1) 660** **VN**

(2)[12] *Dare* (+)	*01/12*	*Avere* (–)	*Dare* (+)	*Avere* (–)
Banca X c/c (SP)	a	Crediti v/clienti-Zeta (SP)	3.660	3.660
Ricevuto bonifico bancario da Zeta S.p.a.				

[12] Qualora il ricevimento del pagamento dell'anticipo preceda l'emissione della fattura di acconto, e non sia ad esso contestuale come nell'esempio sopra svolto, la rilevazione sub (2) precede la rilevazione sub (1).

Banca X c/c	
dare (+)	*avere* (–)
(2) 3.660 VN	

Crediti v/clienti-Zeta	
dare (+)	*avere* (–)
(1) 3.660	**(2) 3.660 VN**

In data 15/12 la società Alfa consegna i prodotti venduti ed emette la fattura "a saldo" della vendita a Zeta S.p.a.

(3) *Dare* (+)	*15/12*	*Avere* (–)	*Dare* (+)	*Avere* (–)
diversi	a	*diversi*		
Crediti v/clienti-Zeta			6.100	
Acconti da clienti - Zeta (SP)			3.000	
		Prodotti finiti c/vendite (CE)		8.000
		IVA ns. debito [13] (SP)		1.100
Emessa fattura a saldo n. 300 a Zeta S.p.a.				

Crediti v/clienti-Zeta	
dare (+)	*avere* (–)
(1) 3.660 **(3) 6.100** **VN**	(2) 3.660

Acconti da clienti - Zeta	
dare (+)	*avere* (–)
(3) 3.000 VNN	(1) 3.000

Prodotti finiti c/vendite	
dare (+)	*avere* (–)
	(3) 8.000 VNN

IVA ns. debito	
dare (+)	*avere* (–)
	(1) 660 **(3) 1.100** **VN**

Eventuali "correzioni" del valore delle risorse vendute

Nell'ambito di operazioni di vendita, così come in quelle di acquisto, possono manifestarsi eventuali "correzioni" del valore delle risorse oggetto di scambio. Tali correzioni possono originare da differenti motivazioni:

a) difetti riscontrati nelle risorse vendute;

[13] L'IVA è calcolata sull'importo pari alla differenza tra valore complessivo dei prodotti finiti venduti (8.000) e importo già anticipato, al netto dell'IVA (3.000). IVA ns. debito = 22% × (8.000 - 3.000) = 1.100. Ne risulta che l'IVA complessivamente rilevata nelle scritture (1) e (3) è pari a 1.760 = 22% × 8.000.

b) sconti "cassa";
c) sconti "quantità".

In tutti i casi si ha una rettifica del valore delle risorse vendute associata a una riduzione del pagamento da ricevere dal cliente. Per l'impresa, dunque, si determina:

- l'"entrata" (*inflow*) per il minor valore delle condizioni di produzione non monetarie vendute. Si parla in tal caso di *"rettifica indiretta" di ricavo*; il ricavo di vendita delle risorse, rilevato con segno (–) all'emissione della fattura (prodotti finiti c/vendite, merci c/vendite), viene corretto "indirettamente" attraverso la rilevazione di un valore con segno opposto (+) in un altro conto (resi, abbuoni, sconti). Tale rettifica è "indiretta" in quanto non si "corregge" il ricavo rilevato con segno (–) al momento di perfezionamento dell'operazione (prodotti finiti c/vendite, merci c/vendite) rilevando un importo con segno opposto (+) nel medesimo conto; si rileva invece la rettifica con segno (+) in un *conto differente* (resi, abbuoni, sconti)[14];
- l'"uscita" (*outflow*) di moneta o mezzi di regolamento, per il minor importo da incassare dal cliente (passività o riduzione di attività).

Inoltre, a seconda della motivazione all'origine della "correzione" di valore, cambia la rilevanza (o meno) ai fini IVA dell'operazione e, conseguentemente, si determina (o meno) la variazione della posizione di credito/debito dell'impresa verso l'Erario per l'IVA.

a) *Difetti riscontrati nelle risorse vendute*

Se le risorse vendute presentano differenze quantitative o qualitative (difetti) rispetto a quanto concordato, l'impresa può:

- ricevere dal cliente in restituzione le risorse eccedenti o difettose: si hanno i cosiddetti "resi su vendite";
- concedere una riduzione del prezzo per i difetti riscontrati: si hanno i cosiddetti "abbuoni passivi".

In entrambi i casi, l'impresa dovrà emettere una nota di accredito al cliente, che "corregge" indirettamente la fattura precedentemente emessa per la vendita. Tale "correzione" avrà ad oggetto il valore delle risorse vendute e l'IVA precedentemente rilevati. L'impresa pertanto avrà:

- l'"entrata" (*inflow*) per il minor valore delle condizioni di produzione non monetarie vendute (rettifica indiretta del ricavo di vendita);
- l'"uscita" (*outflow*) di moneta o mezzi di regolamento, per il minor importo da incassare dal cliente (passività o riduzione di attività);
- l'"entrata" (*inflow*) di moneta o mezzi di regolamento, per il minor importo del debito verso l'Erario per l'IVA sulla vendita (attività o riduzione di passività).

[14] Ciò accade a causa della natura "monofase" dei conti relativi a costi e ricavi (cfr. *supra* § 1.1.3), per cui gli stessi possono essere movimentati in una sola sezione.

Esempio (segue)

In data 20/12 la società Alfa riceve dal cliente Zeta prodotti finiti non conformi alle caratteristiche richieste per € 1.000 più IVA del 22% ed emette nota di accredito a favore del cliente.

(4) *Dare* (+)	*20/12*	*Avere* (–)	*Dare* (+)	*Avere* (–)
diversi	a	Crediti v/clienti-Zeta (SP)		1.220
Resi su vendite (CE)			1.000	
IVA ns. debito (SP)			220	
Emessa nota di accredito n. 315 a favore di Zeta S.p.a.				

Resi su vendite *dare* (+)	*avere* (–)	IVA ns. debito *dare* (+)	*avere* (–)	Crediti v/clienti-Zeta *dare* (+)	*avere* (–)
(4) 1.000		**(4) 220**	(1) 660	(1) 3.660	(2) 3.660
VNN		**VN**	(3) 1.100	(3) 6.100	**(4) 1.220**
					VN

In data 22/12 la società Alfa emette una nota di accredito per prodotti finiti risultati parzialmente difettosi per € 200 più IVA del 22%.

(5) *Dare* (+)	*22/12*	*Avere* (–)	*Dare* (+)	*Avere* (–)
diversi	a	Crediti v/clienti-Zeta (SP)		244
Premi e abbuoni passivi (CE)			200	
IVA ns. debito (SP)			44	
Emessa nota di accredito n. 316 a favore di Zeta S.p.a.				

Premi e abbuoni passivi *dare* (+)	*avere* (–)	IVA ns. debito *dare* (+)	*avere* (–)	Crediti v/clienti-Zeta *dare* (+)	*avere* (–)
(5) 200		(4) 220	(1) 660	(1) 3.660	(2) 3.660
VNN		**(5) 44**	(3) 1.100	(3) 6.100	(4) 1.220
		VN			**(5) 244**
					VN

b) *Sconti "cassa"*

Gli sconti "cassa" o sconti condizionati sono riduzioni di prezzo riconosciute solo in caso di pagamento effettuato anticipatamente rispetto alla scadenza originariamente fissata. Essi, dunque, si manifestano tipicamente in un momento successivo al perfezionamento dello scambio ed hanno natura finanziaria. Anche in tale ipotesi l'impresa deve emettere una nota di accredito a favore del cliente. L'applicazione di sconti "cassa" determina per l'impresa:

- l'"entrata" (*inflow*) per il minor valore delle condizioni di produzione non monetarie vendute (rettifica indiretta del ricavo di vendita);
- l'"uscita" (*outflow*) di moneta o mezzi di regolamento, per il minor importo da incassare dal cliente (passività o riduzione di attività);
- l'eventuale "entrata" (*inflow*) di moneta o mezzi di regolamento, per il minor importo del debito verso l'Erario per l'IVA sulla vendita (attività o riduzione di passività).

Esempio (segue)

In data 22/12 la società Alfa concorda con il cliente Zeta il pagamento anticipato rispetto alla scadenza concedendo uno sconto cassa di € 100 più IVA del 22%, così come risultante dalla nota di accredito emessa.

(6) *Dare* (+)	22/12	*Avere* (–)	*Dare* (+)	*Avere* (–)
diversi	a	Crediti v/clienti-Zeta (SP)		122
Sconti cassa passivi (CE)			100	
IVA ns. debito (SP)			22	
Emessa nota di accredito n. 317 a favore di Zeta S.p.a.				

Sconti cassa passivi *dare* (+)	Sconti cassa passivi *avere* (–)	IVA ns. debito *dare* (+)	IVA ns. debito *avere* (–)	Crediti v/clienti-Zeta *dare* (+)	Crediti v/clienti-Zeta *avere* (–)
(6) 100		(4) 220	(1) 660	(1) 3.660	(2) 3.660
VNN		(5) 44	(3) 1.100	(3) 6.200	(4) 1.220
		(6) 22			(5) 244
		VN			**(6) 122**
					VN

c) *Sconti "quantità"*

Gli sconti "quantità" o sconti incondizionati sono riduzioni del prezzo delle risorse praticate dall'impresa in modo incondizionato nel momento di perfezionamento della vendita. Si tratta di sconti concessi tipicamente per finalità promozionali, per elevati quantitativi di beni venduti, per l'esistenza di un rapporto di fornitura continuativo. Tali sconti possono essere praticati come riduzione diretta del prezzo di listino oppure separatamente evidenziati in fattura. In entrambi i casi l'IVA associata alla vendita dovrà avere come base di calcolo il prezzo delle risorse al netto dello sconto riconosciuto. In presenza di sconti incondizionati separatamente evidenziati in fattura, il perfezionamento della vendita determina per l'impresa:

- l'"entrata" (*inflow*) di moneta ovvero di altri mezzi di regolamento, per l'importo da ricevere dal cliente per il corrispettivo delle risorse vendute (al netto dello sconto) e per l'IVA sulla vendita (attività);
- l'"uscita" (*outflow*) di moneta ovvero di altri mezzi di regolamento, per il debito verso l'Erario per l'IVA ricevuta dal cliente sulla vendita, calcolato sul valore delle risorse al netto dello sconto (passività);
- l'"uscita" (*outflow*) di condizioni di produzione non monetarie prodotte dalla gestione d'impresa (ricavi);
- l'"entrata" (*inflow*) per il minor valore delle condizioni di produzione non monetarie vendute (rettifica indiretta del ricavo di vendita).

Esempio

In data 01/06 la società Alfa emette fattura relativa alla vendita di merci per € 2.000 più IVA del 22%, con uno sconto incondizionato del 10%.

(1) *Dare* (+)	*01/06*	*Avere* (–)	*Dare* (+)	*Avere* (–)
diversi	a	*diversi*		
Sconti quantità passivi (CE)			200	
Crediti v/clienti-Delta (SP)			2.196	
		Merci c/vendite (CE)		2.000
		IVA ns. debito [15] (SP)		396
Emessa fattura n. 80 a Delta S.r.l.				

Sconti quantità passivi

dare (+)	*avere* (–)
(1) 200 **VNN**	

Crediti v/clienti-Delta

dare (+)	*avere* (–)
(1) 2.196 **VN**	

Merci c/vendite

dare (+)	*avere* (–)
	(1) 2.000 **VNN**

IVA ns. debito

dare (+)	*avere* (–)
	(1) 396 **VN**

[15] L'IVA è calcolata sull'importo pari alla differenza tra corrispettivo complessivo delle merci acquistate (2.000) e sconto quantità concesso (200). IVA ns. debito = 22% × (2.000 - 200) = 396.

1.2.4 La remunerazione del lavoro dipendente

In questo capitolo si tratterà dell'acquisto di un particolare fattore produttivo (*input*) essenziale per alimentare le combinazioni produttive dell'impresa: il lavoro. In particolare, si tratterà della remunerazione che periodicamente l'impresa riconosce ai lavoratori assunti quale personale dipendente. Anche la remunerazione del lavoro subordinato, analogamente al costo di acquisto delle risorse tecniche di cui si è riferito al § 1.2.2, costituisce per l'impresa un costo per acquisire fattori di produzione "correnti"; la remunerazione del lavoro subordinato, infatti accoglie periodicamente (con cadenza tipicamente mensile) il corrispettivo dovuto dall'impresa per l'"entrata" della prestazione lavorativa erogata dal personale nel periodo (tipicamente il mese) cui la retribuzione si riferisce.

La logica sottostante le rilevazioni contabili relative alla remunerazione del lavoro dipendente è dunque analoga a quella utilizzata per le altre operazioni di acquisto di fattori produttivi "correnti" (cfr. *supra* § 1.2.2).

In particolare, la *remunerazione del lavoro dipendente* determina per l'impresa:

- l'"entrata" (*inflow*) di condizioni di produzione non monetarie, costituite dalle prestazioni di lavoro subordinato che concorrono (insieme alle risorse di natura tecnica) all'attuazione periodica delle combinazioni produttive aziendali (costi);
- l'"uscita" (*outflow*) di moneta o di altri mezzi di regolamento, quale corrispettivo da riconoscere per le prestazioni di lavoro ricevute (passività).

Nell'ambito del processo di liquidazione e pagamento della retribuzione del personale dipendente, l'impresa si rapporta inoltre con soggetti diversi dai lavoratori. In particolare, l'impresa versa agli enti previdenziali e assicurativi i contributi richiesti dalla normativa nazionale per il riconoscimento ai lavoratori dei servizi previdenziali e assicurativi. Inoltre, nel processo di liquidazione della remunerazione del personale, l'impresa svolge il ruolo di "sostituto d'imposta", trattenendo parte della retribuzione del lavoratore per versarla, per suo conto, all'Erario a titolo di acconto sull'imposta dovuta dal lavoratore medesimo.

I rapporti con gli istituti previdenziali e assicurativi e con l'Erario determinano per l'impresa semplici "permutazioni numerarie", quando l'impresa funge da semplice "veicolo" per il versamento di contributi/imposte che gravano sul lavoratore. Peraltro, in presenza di oneri a carico dell'impresa, al flusso in "uscita" per i debiti/pagamenti di tali oneri si associa un flusso in "entrata" rappresentativo del maggior costo (ulteriore rispetto alla retribuzione riconosciuta al lavoratore) che l'impresa deve sostenere per l'acquisto della condizione di produzione "prestazione di lavoro".

* * *

Il **costo** (flusso in "entrata" di condizioni di produzione non numerarie) che l'impresa deve sostenere per l'acquisizione della condizione di produzione non numeraria costituita dalle prestazioni di lavoro dipendente si compone dei seguenti elementi:

1) *retribuzione nominale o lorda*: si tratta della retribuzione liquidata mensilmente, cui si aggiungono mensilità ulteriori, quali tredicesima e quattordicesima. Tale retribuzione è determinata in coerenza con le previsioni dei contratti collettivi nazionali per i diversi settori;

2) *oneri sociali a carico dell'azienda*: si tratta dei contributi da riconoscere all'INPS (Istituto Nazionale Previdenza Sociale) e all'INAIL (Istituto Nazionale Assicurazione Infortuni sul Lavoro) in relazione all'attività prestata dal lavoratore subordinato, per la parte che grava sull'impresa;
3) *trattamento di fine rapporto (TFR)*: si tratta di una forma di retribuzione differita che verrà riconosciuta al lavoratore al momento della cessazione del rapporto di lavoro (cfr. *infra* § 1.3.7);
4) *eventuali altri costi sostenuti per i dipendenti*: quali, ad esempio, mensa, asili, corsi di formazione e aggiornamento professionale.

Ai fini della **regolamentazione monetaria** del costo del lavoro dipendente (flusso in "uscita" di moneta o altri mezzi di regolamento dello scambio), occorre inoltre considerare quanto segue:

- l'impresa deve *trattenere* dalla retribuzione lorda liquidata al lavoratore la parte di contributi dovuti all'INPS che grava sul lavoratore medesimo per poi versarla direttamente all'INPS in sostituzione del lavoratore (minor debito verso il personale a fronte di un debito verso l'INPS);
- l'impresa deve *trattenere* dalla retribuzione lorda liquidata al lavoratore le ritenute fiscali a titolo di acconto sulla retribuzione medesima, per poi versarle direttamente all'Erario in sostituzione del lavoratore (minor debito verso il personale a fronte di un debito verso l'Erario);
- l'impresa deve *aggiungere* alla retribuzione lorda liquidata al lavoratore, se spettanti, eventuali assegni per il nucleo familiare e indennità per malattia e maternità; in relazione a tali importi l'impresa vanterà poi un credito nei confronti degli istituti previdenziali (maggior debito verso il personale a fronte di un credito verso gli enti previdenziali e assistenziali).

Esempio

In data 30/04 la società Alfa liquida il costo del lavoro dipendente relativo al mese di aprile:

1) retribuzioni lorde per € 50.000;
2) assegni per il nucleo familiare e indennità di malattia e maternità per € 1.500;
3) contributi a carico dell'impresa per € 15.000;
4) contributi a carico dei lavoratori per € 10.000;
5) ritenute fiscali per € 11.000.

(1) *Dare* (+)	*30/04*	*Avere* (–)	*Dare* (+)	*Avere* (–)
Salari e stipendi (CE)	a	Personale c/retribuzioni (SP)	50.000	50.000
Liquidate retribuzioni lorde di aprile				

Salari e stipendi *dare* (+)	*avere* (–)
(1) 50.000 **VNN**	

Personale c/retribuzioni *dare* (+)	*avere* (–)
	(1) 50.000 **VN**

(2) *Dare* (+)	*30/04*	*Avere* (–)	*Dare* (+)	*Avere* (–)
Istituti previdenziali (SP)	a	Personale c/retribuzioni (SP)	1.500	1.500
Liquidati assegni per il nucleo familiare e indennità di malattia e maternità				

Istituti previdenziali *dare* (+)	*avere* (–)
(2) 1.500 **VN**	

Personale c/retribuzioni *dare* (+)	*avere* (–)
	(1) 50.000 **(2) 1.500** **VN**

(3) *Dare* (+)	*30/04*	*Avere* (–)	*Dare* (+)	*Avere* (–)
Oneri sociali (CE)	a	Istituti previdenziali (SP)	15.000	15.000
Liquidati oneri sociali a carico dell'impresa				

Oneri sociali *dare* (+)	*avere* (–)
(3) 15.000 **VNN**	

Istituti previdenziali *dare* (+)	*avere* (–)
(2) 1.500	**(3) 15.000** **VN**

(4) *Dare* (+)	*30/04*	*Avere* (–)	*Dare* (+)	*Avere* (–)
Personale c/retribuzioni (SP)	a	Istituti previdenziali (SP)	10.000	10.000
Liquidati oneri sociali a carico dei lavoratori				

Personale c/retribuzioni *dare* (+)	*avere* (–)
(4) 10.000 **VN**	(1) 50.000 (2) 1.500

Istituti previdenziali *dare* (+)	*avere* (–)
(2) 1.500	(3) 15.000 **(4) 10.000** **VN**

(5) *Dare* (+)	*30/04*	*Avere* (–)	*Dare* (+)	*Avere* (–)
Personale c/retribuzioni (SP)	a	Debiti per ritenute da versare (SP)	11.000	11.000
Liquidate ritenute fiscali				

Personale c/retribuzioni

dare (+)	*avere* (–)
(4) 10.000	(1) 50.000
(5) 11.000	(2) 1.500
VN	

Debiti per ritenute da versare

dare (+)	*avere* (–)
	(5) 11.000
	VN

In data 05/05 la società Alfa paga le retribuzioni nette al personale.

(6) *Dare* (+)	*05/05*	*Avere* (–)	*Dare* (+)	*Avere* (–)
Personale c/retribuzioni (SP)	a	Banca X c/c (SP)	30.500	30.500
Pagate retribuzioni nette di aprile				

Personale c/retribuzioni

dare (+)	*avere* (–)
(4) 10.000	(1) 50.000
(5) 11.000	(2) 1.500
(6) 30.500	
VN	

Banca X c/c

dare (+)	*avere* (–)
	(6) 30.500
	VN

In data 15/05 la società Alfa versa gli oneri sociali e le ritenute fiscali con modello unitario F24.

(7) *Dare* (+)	*15/05*	*Avere* (–)	*Dare* (+)	*Avere* (–)
diversi	a	Banca X c/c (SP)		34.500
Istituti previdenziali (SP)			23.500	
Debiti per ritenute da versare (SP)			11.000	
Versati contributi sociali e ritenute fiscali con modello F24				

Istituti previdenziali

dare (+)	*avere* (–)
(2) 1.500	(3) 15.000
(7) 23.500	(4) 10.000
VN	

Debiti per ritenute da versare

dare (+)	*avere* (–)
(7) 11.000	(5) 11.000
VN	

Banca X c/c

dare (+)	*avere* (–)
	(6) 30.500
	(7) 34.500
	VN

1.2.5 Le immobilizzazioni materiali e immateriali

In questo capitolo si esamineranno le operazioni relative alle immobilizzazioni. Si tratta di condizioni di produzione, diverse dalla moneta (valori non numerari) destinate a essere durevolmente utilizzate nelle combinazioni produttive dell'impresa e, dunque, a permanere in azienda per più periodi amministrativi. Le immobilizzazioni, infatti, tipicamente formano la struttura tecnica, organizzativa e strategica dell'impresa; esse, dunque, non sono destinate ad essere "trasformate", nell'ambito del processo produttivo, in beni e servizi destinati alla vendita e neppure ad essere trasferite a terzi nel breve periodo; le immobilizzazioni sono utilizzate come strumento di "produzione" e contribuiscono allo svolgimento dell'attività d'impresa tipicamente lungo un periodo di più esercizi. In considerazione delle loro caratteristiche e della loro destinazione, le immobilizzazioni partecipano alla formazione del reddito d'impresa per più periodi amministrativi e vengono dunque definite "costi pluriennali". Esse, dunque, formano il capitale di funzionamento dell'impresa e trovano collocazione nell'attivo dello stato patrimoniale (valori non numerari attivi relativi agli investimenti, cfr. *supra* § 1.1.5).
Sono *immobilizzazioni materiali* i terreni, i fabbricati, gli impianti, i macchinari, le attrezzature industriali e commerciali, gli arredi, i mobili e le macchine d'ufficio, i mezzi di trasporto, i beni quali i precedenti in corso di costruzione all'interno dell'impresa, gli acconti dati a fornitori per l'acquisto dei beni sopra indicati.
Le *immobilizzazioni immateriali*, diversamente da quelle materiali, sono prive di consistenza tecnica. Esse sono costituite da:

- oneri pluriennali, che vengono sostenuti in modo non ricorrente in precisi momenti della vita dell'impresa (costituzione, fase pre-operativa, espansione) e sono destinati a produrre benefici per più esercizi (costi di impianto e ampliamento, spese di sviluppo);
- beni immateriali, che presentano marcate connotazioni di identificabilità e di individualità, rappresentati tipicamente da diritti giuridicamente tutelati (brevetti, marchi, diritti di utilizzazione delle opere dell'ingegno, diritti d'autore, concessioni, licenze);
- avviamento.

Le *immobilizzazioni finanziarie* sono costituite da investimenti in titoli e partecipazioni aventi valenza strategica e, dunque, destinati a permanere all'interno dell'impresa nel medio-lungo periodo (oltre i 12 mesi). Rientrano inoltre nelle immobilizzazioni finanziarie crediti, tipicamente di finanziamento, aventi lunga scadenza (oltre i 12 mesi). Delle rilevazioni contabili relative alle immobilizzazioni finanziarie si tratterà nel successivo § 1.2.6. Nel presente capitolo la trattazione si concentrerà sulle immobilizzazioni materiali. Peraltro, le scritture contabili sono le medesime, ove pertinenti, anche per le immobilizzazioni immateriali.
Nel seguito vengono esaminate le rilevazioni relative alle diverse operazioni che interessano le immobilizzazioni.

1) acquisto;
2) ammortamento;

3) dismissione;
4) permuta;
5) costruzioni in economia.

Acquisto

Per l'impresa, *l'acquisto di immobilizzazioni* determina:

- l'"entrata" (*inflow*) di condizioni di produzione non monetarie che saranno utilizzate nell'ambito delle combinazioni produttive dell'impresa per più periodi amministrativi (attività);
- l'"uscita" (*outflow*) di moneta ovvero di altri mezzi di regolamento, per l'importo da pagare al fornitore per il corrispettivo delle risorse acquistate e per l'IVA sull'acquisto (passività);
- l'"entrata" (*inflow*) di moneta ovvero di altri mezzi di regolamento, per il credito verso l'Erario per l'IVA dovuta al fornitore sull'acquisto (attività).

Esempio

In data 20/03 la società Alfa riceve la fattura relativa all'acquisto di un impianto per € 25.000 più IVA del 22%.

(1) *Dare* (+)	*20/03*	*Avere* (–)	*Dare* (+)	*Avere* (–)
diversi	a	Debiti v/fornitori-Beta (SP)		30.500
Impianti e macchinari (SP)			25.000	
IVA ns. credito (SP)			5.500	
Ricevuta fattura n. 200 da Beta S.p.a.				

Impianti e macchinari *dare* (+)	Impianti e macchinari *avere* (–)	IVA ns. credito *dare* (+)	IVA ns. credito *avere* (–)	Debiti v/fornitori-Beta *dare* (+)	Debiti v/fornitori-Beta *avere* (–)
(1) 25.000 VNN		**(1) 5.500 VN**			**(1) 30.500 VN**

Le *spese accessorie* all'acquisto e necessarie perché l'immobilizzazione possa essere utilizzata dall'impresa devono essere "capitalizzate", ossia portate ad incremento del valore del bene cui si riferiscono, e dunque, iscritte nel medesimo conto. Saranno poi soggette a regolare e sistematico ammortamento insieme al costo di acquisto originario del bene. Esempi di costi accessori all'acquisto di immobilizzazioni sono le spese notarili di registrazione del contratto di acquisto e i costi di installazione, montaggio, trasporto e collaudo.

Esempio (segue)

In data 01/04 la società Alfa riceve la fattura per spese di trasporto, collaudo e istallazione dell'impianto per € 2.000 più IVA del 22%.

(2) *Dare* (+)	*01/04*	*Avere* (–)	*Dare* (+)	*Avere* (–)
diversi	a	Debiti v/fornitori-Beta (SP)		2.440
Impianti e macchinari (SP)			2.000	
IVA ns. credito (SP)			440	
Ricevuta fattura n. 205 da Beta S.p.a.				

Impianti e macchinari *dare* (+)	*avere* (–)	IVA ns. credito *dare* (+)	*avere* (–)	Debiti v/fornitori-Beta *dare* (+)	*avere* (–)
(1) 25.000		(1) 5.500			(1) 30.500
(2) 2.000		**(2) 440**			**(2) 2.440**
VNN		**VN**			**VN**

Le *spese di manutenzione e riparazione* relative a immobilizzazioni tecniche possono essere di due tipologie:

– *spese di natura ordinaria*: si tratta di interventi periodici finalizzati verificare e mantenere la corretta funzionalità, l'efficienza, la durata di utilizzo e la normale produttività del bene. Esempi di tali spese sono i tagliandi delle autovetture, la revisione annuale degli impianti e dei macchinari. Tali spese vengono rilevate contabilmente come ordinari costi per acquisto di servizi (cfr. *supra* § 1.2.2);
– *spese di natura straordinaria o incrementativa*: si tratta di interventi di natura straordinaria e non ripetitiva, finalizzati a incrementare l'efficacia di utilizzo, la capacità produttiva ovvero la vita utile del bene, rispetto al suo stato iniziale. Esempi di tali spese sono i costi di ampliamento, ammodernamento o miglioramento di un fabbricato o di altre immobilizzazioni. Le spese di manutenzione e riparazione di natura straordinaria costituiscono oneri di utilità pluriennale che vanno ad incrementare il valore del bene; esse pertanto devono essere "capitalizzate", ossia portate ad incremento del valore del bene cui si riferiscono, e dunque, iscritte nel medesimo conto. Saranno poi soggette a regolare e sistematico ammortamento insieme al costo di acquisto originario del bene.

Ammortamento

Come visto, le immobilizzazioni sono condizioni di produzione che hanno utilità pluriennale e partecipano alla formazione del reddito d'impresa per più periodi amministrativi. Nell'ipotesi in cui l'immobilizzazione abbia un'utilità limitata a un periodo definito, per cui con il trascorrere del tempo l'utilità dell'immobilizzazione si riduce progressivamente, il valore dell'immobilizzazione viene ripartito tra gli esercizi della sua vita utile attraverso una procedura tecnico-contabile definita

ammortamento. In particolare, attraverso l'ammortamento, si ripartisce il costo pluriennale dell'immobilizzazione tra gli esercizi in cui la stessa viene utilizzata nel processo produttivo aziendale; si attribuisce a ciascun esercizio l'onere (il costo) del deperimento e consumo dell'immobilizzazione in relazione all'utilizzazione che della stessa viene fatta nell'esercizio medesimo. La rilevazione dell'ammortamento avviene in chiusura di ciascun periodo amministrativo, al 31/12, e rientra nelle cosiddette scritture di "integrazione" di cui si tratterà nel successivo § 1.3.4.
Il calcolo dell'ammortamento ha inizio dal momento in cui l'immobilizzazione è disponibile e pronta per l'uso. Esso deve essere effettuato in modo sistematico sulla base di un "piano di ammortamento", elaborato tenendo conto della residua possibilità di utilizzazione dell'immobilizzazione, ossia della vita utile del bene. La quota di ammortamento di una immobilizzazione non è dunque un valore certo e oggettivo, bensì il risultato di congetture e apprezzamenti soggettivi.
Il valore da ammortare è pari a: costo di acquisto (definito "costo storico") + oneri accessori – presumibile valore residuo al termine della vita utile. Le quote di ammortamento progressivamente rilevate confluiscono nel conto denominato "*fondo ammortamento*". Tale conto rappresenta una posta rettificativa del valore dell'immobilizzazione a cui il fondo ammortamento è relativo. La differenza tra il valore originario dell'immobilizzazione[16] (*costo storico*) e il relativo *fondo ammortamento* è definita "*valore netto contabile*". Esso è espressivo del valore "residuo" dell'immobilizzazione a un dato momento, tenuto conto del deperimento che la stessa ha subito per effetto dell'utilizzo nell'attività d'impresa (deperimento riflesso nel fondo ammortamento).
Per l'impresa, *l'ammortamento delle immobilizzazioni* determina:

- l'"entrata" (*inflow*) di condizioni di produzione non monetarie, costituite dalla "parte" dell'immobilizzazione che è stata utilizzata nel processo produttivo aziendale durante il periodo amministrativo. Si tratta, dunque, del costo del deperimento e del consumo dell'immobilizzazione in relazione all'utilizzazione che della stessa è stata fatta nell'esercizio (costo);
- l'"uscita" (*outflow*) di condizioni di produzione non monetarie, per la riduzione (causata da deperimento/consumo) del valore dell'immobilizzazione che potrà essere utilizzato nella gestione d'impresa (passività).

Esempio (segue)

La quota di ammortamento per l'esercizio X dell'impianto acquistato in data 20/03, sulla base del piano di ammortamento elaborato dagli amministratori della società Alfa, è pari ad € 2.000.

---

[16] Costo storico di acquisto, integrato di eventuali spese accessorie all'acquisto e spese di manutenzione e riparazione di natura straordinaria capitalizzate (cfr. *supra*).

(3) *Dare* (+)	*31/12*	*Avere* (–)	*Dare* (+)	*Avere* (–)
Ammortamento impianti e macchinari (CE) *Quota ammortamento*	a	Fondo ammortamento impianti e macchinari (SP)	2.000	2.000

Amm.to impianti e macchinari *dare* (+)	*avere* (–)
(3) 2.000 **VNN**	

F.do amm.to impianti e macchinari *dare* (+)	*avere* (–)
	(3) 2.000 **VNN**

Dismissione

La dismissione di un'immobilizzazione determina la sua uscita dall'impresa e può realizzarsi attraverso la vendita a terzi oppure l'eliminazione.

La *vendita* a terzi di un'immobilizzazione avviene ad un corrispettivo, cosiddetto "valore di realizzo", che tipicamente differisce dal valore netto contabile dell'immobilizzazione medesima alla data di cessione. Si generano, pertanto, componenti positivi o negativi di reddito a seconda dell'esito "profittevole" o meno della vendita In particolare:

- qualora il valore di realizzo sia superiore al valore netto contabile dell'immobilizzazione, si genera una *plusvalenza*, ossia un componente positivo di reddito, pari alla differenza positiva tra prezzo e valore netto contabile;
- qualora il valore di realizzo sia inferiore al valore netto contabile dell'immobilizzazione, si genera una *minusvalenza*, ossia un componente negativo di reddito, pari alla differenza negativa tra prezzo e valore netto contabile.

Per l'impresa, *la vendita di un'immobilizzazione* determina:

- l'"entrata" (*inflow*) di moneta ovvero di altri mezzi di regolamento, per l'importo da ricevere per il corrispettivo e per l'IVA sulla vendita (attività);
- l'"uscita" (*outflow*) di condizioni di produzione non monetarie, costituite dall'immobilizzazione ceduta che non potrà più essere utilizzata nell'ambito delle combinazioni produttive dell'impresa (riduzione di attività); la connessa "entrata" (*inflow*) di condizioni di produzione non monetarie, per la "chiusura" del fondo di ammortamento relativo all'immobilizzazione ceduta (riduzione di passività);
- l'"entrata" (*inflow*) o l'"uscita" (*outflow*) di condizioni di produzione non monetarie, per la minusvalenza o plusvalenza realizzata nello scambio (costo o ricavo)[17];

[17] Dal punto di vista della logica economica, vendere l'immobilizzazione realizzando una minusvalenza significa che l'immobilizzazione, attraverso l'utilizzo, si era consumata/deperita più di quanto non fosse riflesso negli ammortamenti di tempo in tempo rilevati. La minusvalenza è dunque espressiva di tale maggior "consumo" della risorsa nell'ambito della gestione aziendale; essa ha pertanto segno (+), così come le altre condizioni di produzione utilizzate e "consumate" nella gestione. Per contro, vendere l'immobilizzazione realizzando una plusvalenza significa che l'immobilizzazione, attraverso l'utilizzo, si era consumata/deperita meno di quanto non

– l'"uscita" (*outflow*) di moneta ovvero di altri mezzi di regolamento, per il debito verso l'Erario per l'IVA ricevuta (da ricevere) dall'acquirente sulla vendita (passività).

Esempio

In data 30/09 la società Alfa emette fattura relativa alla vendita di attrezzature industriali per € 10.000 più IVA del 22%. Le attrezzature presentavano al 30/09 i seguenti valori: costo storico = € 13.000, fondo ammortamento (comprensivo dell'ammortamento calcolato fino al 30/09) = € 4.000.

(1) *Dare* (+)	*30/09*	*Avere* (–)	*Dare* (+)	*Avere* (–)
diversi	a	*diversi*		
Crediti diversi (SP)			12.200	
Fondo ammortamento attrezzature ind. e comm. (SP)			4.000	
		Attrezzature industriali e commerciali (SP)		13.000
		IVA ns. debito[18] (SP)		2.200
		Plusvalenza[19] (CE)		1.000
Emessa fattura a saldo n. 500 a Beta S.p.a.				

Attrezzature industriali e commerciali

dare (+)	*avere* (–)
(0) 13.000[20]	**(1) 13.000 VNN**

F.do amm.to attrezzature ind. e comm.

dare (+)	*avere* (–)
(1) 4.000 VNN	(0) 4.000[21]

Crediti diversi

dare (+)	*avere* (–)
(1) 12.200 VN	

IVA ns. debito.

dare (+)	*avere* (–)
	(1) 2.200 VN

Plusvalenza

dare (+)	*avere* (–)
	(1) 1.000 VNN

(continua)
fosse riflesso negli ammortamenti di tempo in tempo rilevati. La plusvalenza è dunque espressiva di tale minor "consumo" della risorsa nell'ambito della gestione aziendale; essa ha pertanto segno (-).

[18] L'IVA è pari al 22% del prezzo di vendita: 22% × (10.000) = 2.200.

[19] La plusvalenza è pari alla differenza tra prezzo di vendita delle attrezzature e loro valore netto contabile: 10.000 - (13.000 - 4.000) = 1.000.

[20] Per chiarezza si è riportato il valore iscritto nel conto prima dell'operazione esaminata, risultante dalle rilevazioni contabili anteriori a tale operazione.

[21] Per chiarezza si è riportato il valore iscritto nel conto prima dell'operazione esaminata, risultante dalle rilevazioni contabili anteriori a tale operazione.

L'*eliminazione* di un'immobilizzazione può essere:

- volontaria, se il bene ha esaurito la sua utilità economica e non ha un valore di recupero, per cui viene distrutto;
- involontaria, se il bene viene distrutto a seguito di eventi indipendenti dalla volontà dell'impresa (ad esempio, incendio, furto, calamità naturale).

Il valore residuo dell'immobilizzazione al momento dell'eliminazione, riflesso nel valore netto contabile, dovrà pertanto essere "cancellato" a fronte della rilevazione di un componente negativo di reddito definito "sopravvenienza passiva".

Per l'impresa, l'*eliminazione di un'immobilizzazione* determina:

- l'"entrata" (*inflow*) di condizioni di produzione non monetarie, per la sopravvenienza passiva originata dall'eliminazione (costo);
- l'"uscita" (*outflow*) di condizioni di produzione non monetarie, costituite dall'immobilizzazione eliminata che non potrà più essere utilizzata nell'ambito delle combinazioni produttive dell'impresa (riduzione di attività); la connessa "entrata" (*inflow*) di condizioni di produzione non monetarie, per la "chiusura" del fondo di ammortamento relativo all'immobilizzazione eliminata (riduzione di passività).

Esempio

In data 01/10 un macchinario della società Alfa viene completamente distrutto a seguito di un incendio. Il bene presentava in data 01/10 i seguenti valori: costo storico = € 20.000, fondo ammortamento (comprensivo dell'ammortamento calcolato fino allo 01/10) = € 15.000.

(1) *Dare* (+)	*01/10*	*Avere* (–)	*Dare* (+)	*Avere* (–)
diversi	a	Impianti e macchinari (SP)		20.000
Fondo ammortamento impianti e macchinari (SP)			15.000	
Sopravvenienza passiva[22] (CE)			5.000	
Distrutto macchinario a seguito incendio				

Impianti e macchinari *dare* (+)	*avere* (–)	F.do amm.to impianti e macchinari *dare* (+)	*avere* (–)	Sopravvenienza passiva *dare* (+)	*avere* (–)
(0) 20.000[23]	**(1) 20.000** **VNN**	**(1) 15.000** **VNN**	(0) 15.000[20]	**(2) 5.000** **VNN**	

[22] La sopravvenienza passiva è pari al valore netto contabile del macchinario: (20.000 - 15.000) = 5.000.

[23] Per chiarezza si è riportato il valore iscritto nel conto prima dell'operazione esaminata, risultante dalle rilevazioni contabili anteriori a tale operazione.

Permuta

Nella permuta si ha uno scambio di risorse tra impresa e "terzi" regolato, almeno in parte, mediante assegnazione di beni (immobilizzazioni) in luogo della moneta. Nell'acquisto di una immobilizzazione mediante permuta, in particolare, il prezzo dell'immobilizzazione viene pagato (in parte) "dando in cambio", ossia cedendo, un'immobilizzazione presente in azienda e (in parte) in moneta, per l'eventuale importo eccedente il valore assegnato all'immobilizzazione ceduta. *Si uniscono*, pertanto, *un'operazione di acquisto e una di vendita*.
Qualora il valore dell'immobilizzazione ceduta riconosciuto ai fini della permuta differisca dal suo valore netto contabile, analogamente a quanto accade nelle operazioni di vendita (cfr. *supra*), si generano componenti positivi o negativi di reddito a seconda dell'esito "profittevole" o meno del trasferimento.
Per l'impresa, *la permuta di immobilizzazioni* determina:
- l'"entrata" (*inflow*) di condizioni di produzione non monetarie (l'immobilizzazione acquistata) che saranno utilizzate nell'ambito delle combinazioni produttive dell'impresa per più periodi amministrativi (attività);
- l'"uscita" (*outflow*) di condizioni di produzione non monetarie (l'immobilizzazione ceduta), costituite dall'immobilizzazione che non potrà più essere utilizzata nell'ambito delle combinazioni produttive dell'impresa (riduzione di attività); la connessa "entrata" (*inflow*) di condizioni di produzione non monetarie, per la "chiusura" del fondo di ammortamento relativo all'immobilizzazione ceduta (riduzione di passività);
- l'"entrata" (*inflow*) o l'"uscita" (*outflow*) di condizioni di produzione non monetarie, per la minusvalenza o plusvalenza realizzata nello scambio (costo o ricavo);
- l'"uscita" (*outflow*) di moneta ovvero di altri mezzi di regolamento, per l'importo residuo da pagare al fornitore per il corrispettivo delle risorse acquistate e per l'IVA sull'acquisto (passività);
- l'"entrata" (*inflow*) di moneta ovvero di altri mezzi di regolamento, per il credito verso l'Erario per l'IVA dovuta al fornitore sull'acquisto (attività).

Esempio

In data 30/10 la società Alfa acquista un macchinario dal valore di € 50.000 più IVA del 22%. A parziale regolamento del debito viene ceduta attrezzatura industriale per € 45.000 più IVA del 22%; tale attrezzatura al momento della cessione presentava i seguenti valori: costo storico = € 70.000, fondo ammortamento = € 30.000.

(1) *Dare* (+)	*30/10*	*Avere* (–)	*Dare* (+)	*Avere* (–)
diversi	a	*diversi*		
Impianti e macchinari (SP)			50.000	
Fondo ammortamento attrezzature ind. e comm. (SP)			30.000	
IVA ns. credito [24] (SP)			1.100	
		Attrezzature industriali e commerciali (SP)		70.000
		Plusvalenza [25] (CE)		5.000
		Debiti v/fornitori [26] (SP)		6.100
Permuta				

Impianti e macchinari *dare* (+)	*avere* (–)	IVA ns. credito *dare* (+)	*avere* (–)	Debiti v/fornitori *dare* (+)	*avere* (–)
(1) 50.000		**(1) 1.100**			**(1) 6.100**
VNN		**VN**			**VN**

Attrezzature ind. e comm. *dare* (+)	*avere* (–)	F.do amm.to attrezzature ind. e comm. *dare* (+)	*avere* (–)	Plusvalenze *dare* (+)	*avere* (–)
(0) [27] 70.000	**(1) 70.000**	**(1) 30.000**	(0) [24] 30.000		**(1) 5.000**
	VNN	**VNN**			**VNN**

Costruzioni in economia

Le immobilizzazioni tecniche possono essere realizzate anche internamente all'azienda (qualora la stessa abbia la struttura idonea), utilizzando il personale, la struttura e le risorse tecniche di cui l'impresa si è dotata.

Il processo di produzione interna, o fabbricazione, delle immobilizzazioni, svolgendosi appunto "dentro" l'impresa, non viene rilevato dalla contabilità generale che, come visto, "fotografa" le sole operazioni di "gestione esterna". Vengono peraltro rilevati dalla contabilità generale l'acquisto e il "consumo" dei fattori produttivi che l'impresa utilizza nel processo di fabbricazione: l'acquisto delle materie prime e dei materiali utilizzati, la remunerazione del personale dipendente impiegato, l'ammortamento

[24] L'IVA è pari al 22% di (prezzo di acquisto - valore riconosciuto all'immobilizzazione data in permuta): 22% × (50.000 - 45.000) = 1.100.

[25] La "plusvalenza" è pari alla differenza tra valore riconosciuto all'immobilizzazione data in permuta e suo valore netto contabile: 45.000 – (70.000 – 30.000) = 5.000.

[26] I "debiti v/fornitori" sono pari a: (prezzo di acquisto - valore riconosciuto all'immobilizzazione data in permuta) × (1+22%): (50.000 – 45.000) × (1+22%) = 6.100.

[27] Per chiarezza si è riportato il valore iscritto nel conto prima dell'operazione esaminata, risultante dalle rilevazioni contabili anteriori a tale operazione.

delle immobilizzazioni utilizzate nella fabbricazione. Tali condizioni di produzione, rilevate nel corso dell'esercizio come "costi", non esauriscono la loro utilità entro la fine del periodo amministrativo; esse, infatti, sono state utilizzate per la fabbricazione di un bene che avrà utilità pluriennale. È pertanto necessario a fine esercizio "rettificare" la qualificazione contabile dei fattori produttivi acquistati e utilizzati nella fabbricazione dell'immobilizzazione: da "*costi*", ossia condizioni di produzione consumate che hanno esaurito la loro utilità per l'impresa (valori non numerari attivi che confluiscono nel conto economico), *devono essere "trasformati" in "immobilizzazioni"*, ossia condizioni di produzione che non hanno concluso ed esaurito il loro contributo e saranno utilizzate nella gestione aziendale degli esercizi futuri (valori non numerari attivi che confluiscono nello stato patrimoniale) (cfr. *supra* § 1.1.5). Occorre, pertanto, "stornare" la quota di costi già rilevati nel corso dell'esercizio che però sono di competenza di esercizi successivi.
Al 31/12, in chiusura di ciascun periodo amministrativo, nelle cosiddette scritture di "rettifica" di cui si tratterà nei successivi § 1.3. e ss., vengono pertanto rilevati i seguenti flussi:
- l'"entrata" (*inflow*) di condizioni di produzione non monetarie (l'immobilizzazione costruita in economia) che saranno utilizzate nell'ambito delle combinazioni produttive dell'impresa per più periodi amministrativi (attività);
- l'"uscita" (*outflow*) di condizioni di produzione non monetarie, costituite dai fattori di produzione acquistati e consumati in corso di esercizio per la fabbricazione dell'immobilizzazione (rettifica di costi).

Esempio

Nel corso dell'esercizio, è stata attuata con lavori in economia la ristrutturazione del capannone nel quale viene esercitata l'attività. Per tale attività sono stati sostenuti i seguenti costi: € 5.000 per consulenze, € 7.000 per materiali, € 2.000 per personale dedicato a tale attività.

(1) *Dare* (+)	*31/12*	*Avere* (–)	*Dare* (+)	*Avere* (–)
Fabbricati costruiti in economia[28] (SP) *Capannone costruito in economia*	a	Costruzioni interne (CE)	14.000	14.000

Fabbricati costruiti in economia

dare (+)	*avere* (–)
(1) 14.000 **VNN**	

Costruzioni interne

dare (+)	*avere* (–)
	(1) 14.000 **VNN**

[28] Qualora, al termine dell'esercizio, la costruzione in economia sia iniziata ma non ancora completata, si movimenta il conto "*immobilizzazioni materiali in corso*".

1.2.6 I titoli e le partecipazioni

In questo capitolo si esamineranno le operazioni relative alle "operazioni in titoli" attuate dall'impresa.
I titoli sono valori mobiliari che si negoziano nel corso dell'esercizio. Le operazioni in titoli che effettuano le imprese industriali, commerciali e di servizi costituiscono forme di investimento della liquidità aziendale "eccedente" le necessità operative; esse, dunque, fanno parte dell'attività non caratteristica e riguardano il "patrimonio accessorio" dell'impresa.
I titoli si possono dividere in:

- *titoli di debito*: il detentore dei titoli diviene finanziatore del soggetto emittente, partecipando al suo capitale di debito. I titoli di debito sono tipicamente caratterizzati da una remunerazione predeterminata del capitale investito sotto forma di "interessi attivi", che vengono calcolati sul "valore nominale" del titolo e vengono corrisposti in date prestabilite di godimento (cosiddette "date di godimento"). Esempi di titoli di debito sono i titoli di Stato e le obbligazioni emesse dalle imprese. Nella definizione codicistica, i titoli di debito sono "i **titoli**";
- *titoli di capitale*: il detentore dei titoli diviene socio del soggetto emittente, partecipando al suo capitale proprio. I titoli di capitale sono tipicamente caratterizzati da una remunerazione variabile del capitale investito sotto forma di dividendi; tale remunerazione è connessa al "rischio d'impresa" ed è ancorata ai risultati di bilancio della società emittente; i dividendi sono infatti indeterminati sia nell'*an* che nel *quantum* e la loro distribuzione è deliberata dall'assemblea dei soci. Nella definizione codicistica, i titoli di capitale sono "le **partecipazioni**".

Nel seguito verranno separatamente trattate le rilevazioni contabili relativi a titoli e partecipazioni.

Titoli

Prima di procedere nell'esame delle rilevazioni contabili, è necessario trattare brevemente delle modalità di negoziazione e quotazione dei titoli.
Le **quotazioni** sono i prezzi dei titoli espressi nei listini di Borsa; sono di diverse tipologie a seconda che includano o meno gli interessi maturati sul capitale investito. Al riguardo, si richiama che gli interessi, maturati progressivamente sul valore nominale del titolo, vengono liquidati al detentore dei titoli a predeterminate "date di godimento"; a partire da ciascuna data di godimento, matureranno poi gli interessi da liquidare alla data di godimento successiva.
La quotazione dei titoli in una data specifica, nella quale gli stessi sono negoziati (definita "data di negoziazione"), può essere:

- *a corso secco*: la quotazione riflette il solo valore capitale del titolo alla data di negoziazione; gli interessi in corso di maturazione sono considerati separatamente (corso secco = *valore capitale*);
- a corso *tel quel*: la quotazione riflette il valore capitale del titolo più gli interessi in corso di maturazione (corso *tel quel* = *valore capitale* + *interessi maturati dalla data dell'ultimo godimento alla data di negoziazione*);
- a corso *ex cedola*: la quotazione riflette il valore capitale del titolo, ridotto degli interessi che matureranno fino alla data di prossimo godimento. La cedola in

corso di maturazione è fisicamente staccata dal titolo, dunque è come se si acquistasse un capitale "senza frutto"; il possessore del titolo non avrà infatti diritto alla corresponsione degli interessi attivi che matureranno dalla data di negoziazione a quella di prossimo godimento (corso *ex cedola* = *valore capitale - interessi che matureranno tra la data di negoziazione e la data di prossimo godimento*).

Si consideri, ad esempio, un BTP con le seguenti caratteristiche:

- valore nominale = 100;
- interesse semestrale posticipato = 6%;
- date di godimento degli interessi = 1.3 e 1.9;
- data di acquisto = 1.4;
- corso secco alla data di acquisto = 99[29].

01/03	**01/04**	**01/09**
data ultimo godimento	data negoziazione	data prossimo godimento

i maturati (01/03 - 01/04)

= (100 × 6%) × 1/6 = **1**

i non ancora maturati (01/04 - 01/09)

= (100 × 6%) × 5/6 = **5**

Corso secco	=	valore capitale			=	
	=	99			=	**99**
Corso *tel quel*	=	valore capitale	+	i maturati (1.3 - 1.4)	=	
	=	99	+	1	=	**100**
Corso *ex cedola*	=	valore capitale	–	i non ancora maturati	=	
	=	99	–	(1.4 - 1.9)	=	**94**
				5		

La modalità di quotazione più diffusa è quella "*a corso secco*"; essa pertanto *sarà assunta a riferimento nelle rilevazioni delle operazioni in titoli che verranno svolte nel presente paragrafo*.

Passiamo ora a trattare delle **modalità di rilevazione** delle operazioni in titoli.

Esistono due metodologie alternative per la rilevazione contabile delle operazioni in titoli. A ciascuna metodologia, in particolare, sono associate differenti *qualificazione e modalità di funzionamento del conto nel quale confluiscono i titoli acquistati/venduti dall'impresa*.

[29] I prezzi di mercato possono essere espressi con:
- ✔ quotazione unitaria: il prezzo si riferisce ad un titolo (P = P unitario)
- ✔ quotazione percentuale: il prezzo si riferisce a € 100 di valore nominale
  ad esempio, P = 98 + i
  se valore nominale = 100 P unitario = 98 + i
  se valore nominale = 200 P unitario = 196 + i.

Il conto può alternativamente funzionare secondo le modalità cosiddette "a costi e costi" (modalità più diffusa) o "a costi, ricavi e rimanenze".
Secondo la modalità cosiddetta "**a costi e costi**", il funzionamento del conto "titoli" è analogo a quello visto nel § 1.2.5 per le immobilizzazioni materiali e immateriali. In particolare, il conto "titoli" ha natura patrimoniale (dunque confluirà nello stato patrimoniale) e viene così movimentato:

- nella sezione contraddistinta con *segno (+)*, in occasione dell'acquisto di titoli, si rileva il costo di acquisto di condizioni di produzione non monetarie (i titoli) entrate nell'impresa (attività);
- nella sezione contraddistinta con *segno (–)*, in occasione della vendita di titoli, si rileva l'uscita dall'impresa di condizioni di produzione non monetarie (i titoli) al valore a cui le stesse erano state iscritte nella sezione opposta al momento dell'acquisto (riduzione di attività o passività); viene dunque "scaricato" nella sezione con segno (–) il costo dei titoli venduti, prima iscritto nella sezione con segno (+).

La differenza che eventualmente sussiste tra prezzo di vendita dei titoli e il loro costo originario di acquisto determina l'emergere di componenti positivi o negativi di reddito a seconda dell'esito "profittevole" o meno della vendita ("plusvalenza" o "minusvalenza su titoli").
A fine esercizio, nel conto "titoli" risulteranno pertanto iscritti i titoli rimasti in portafoglio (titoli acquistati - titoli venduti), che saranno a disposizione della futura gestione dell'impresa. I risultati economici delle operazioni in titoli saranno invece rappresentati nei conti di natura reddituale intestati alle "plusvalenze" e "minusvalenze su titoli" (che confluiranno nel conto economico).
Graficamente, il funzionamento del conto "titoli" secondo la modalità "a costi e costi" può essere così rappresentato.

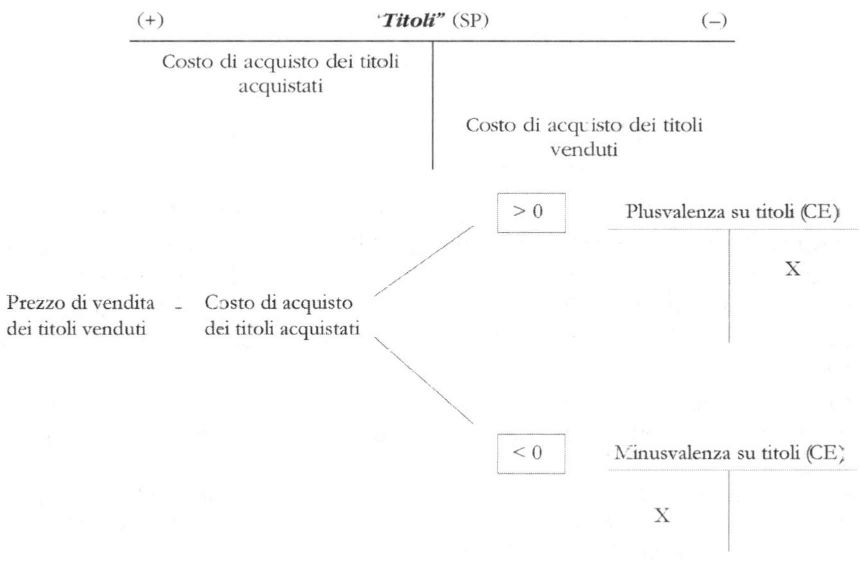

Secondo la modalità cosiddetta "**a costi, ricavi e rimanenze**", il funzionamento del conto "gestione titoli"[30] è analogo a quello di un "piccolo" conto economico che sintetizza i costi e i ricavi, e per differenza il risultato dell'esercizio, relativi alla sola "gestione titoli" (e non già alla complessiva gestione aziendale).
In particolare, il conto ha natura reddituale (dunque confluirà nel conto economico) e viene così movimentato:

- nella sezione contraddistinta con *segno (+)*, in occasione dell'acquisto di titoli, si rilevano i valori di costo delle condizioni di produzione non monetarie entrate nell'impresa (costi);
- nella sezione contraddistinta con *segno (–)*, in occasione della vendita di titoli, si rilevano i valori di ricavo dei titoli ceduti, corrispondenti al corrispettivo di vendita dei titoli usciti dall'impresa (ricavi). Inoltre, al termine dell'esercizio, occorrerà rilevare in tale sezione eventuali rimanenze finali di titoli: si tratta dei titoli acquistati, e rilevati nella sezione con segno (+), che non sono stati venduti e, pertanto, non devono concorrere alla determinazione del risultato dell'esercizio in chiusura, bensì di quelli degli esercizi successivi, in cui i titoli rimasti saranno ancora a disposizione (per la rilevazione e il significato della rilevazione delle rimanenze, si rinvia al § 1.3.8).

Dal confronto tra (i) ricavo dei titoli venduti e (ii) costo dei titoli acquistati, depurato dei titoli ancora a disposizione (rimanenze finali), emerge il risultato della "gestione titoli" dell'esercizio.
Graficamente, il funzionamento del conto "gestione titoli" secondo la modalità "a costi, ricavi e rimanenze" può essere così rappresentato.

(+) "***Gestione titoli***" (CE)	(–)
Costo di acquisto dei titoli acquistati	
	Prezzo di vendita dei titoli venduti
	Rimanenze finali

Le differenti modalità di funzionamento del conto nel quale confluiscono i titoli acquistati/venduti dall'impresa non hanno impatto sulla contabilizzazione dei "frutti" associati a tali investimenti. Tali rendimenti, infatti, se si assume a riferimento la modalità di negoziazione "a corso secco" (cfr. *supra*), sono evidenziati separatamente rispetto al valore capitale del titolo. Essi pertanto sono rilevati in conti separati dai conti "titoli" o "gestione titoli".
In particolare, i rendimenti dei titoli, rappresentati dagli interessi attivi (conto "interessi attivi"), costituiscono condizioni di produzione non monetarie che rappresentano

[30] La diversa denominazione del conto nel quale confluiscono i titoli acquistati/venduti dall'impresa è volta a differenziare i conti utilizzati nelle due diverse modalità contabilizzazione: "titoli" nella modalità "a costi e costi", "gestione titoli" nella modalità "a costi, ricavi e rimanenze".

per l'impresa ricavi d'esercizio associati alla detenzione dei titoli durante il periodo di maturazione degli interessi medesimi. Nell'ipotesi in cui siano acquistati titoli sui quali sono già maturati interessi, che poi verranno liquidati all'impresa, tali interessi già maturati nel periodo di non detenzione costituiscono un costo di esercizio (conto "cedola in corso di maturazione").

Esempio

In data 01/04 la società Alfa acquista 200 BTP di durata 4 anni, aventi le seguenti caratteristiche:
- valore nominale: € 100;
- interessi semestrali posticipati: 6%;
- date di godimento: 01/03 e 01/09;
- corso secco alla data di acquisto: € 99.

In data 01/11 la società vende 100 di questi BTP al corso secco di € 102.
In data 01/12 la società vende 50 BTP al corso secco di € 97.
L'esempio viene svolto seguendo le due modalità alternative di funzionamento del conto titoli.

a) *Funzionamento "a costi e costi"*

(1) *Dare* (+)	*01/04*	*Avere* (–)	*Dare* (+)	*Avere* (–)
diversi	a	Banca X c/c (SP)		20.000
Titoli [31] (SP)			19.800	
Cedola in corso di maturazione [32] (CE)			200	
Acquistati 200 BTP				

Titoli		Cedola in corso di maturazione		Banca X c/c	
dare (+)	*avere* (–)	*dare* (+)	*avere* (–)	*dare* (+)	*avere* (–)
(1) 19.800 **VNN**		**(1) 200** **VNN**			**(1) 20.000** **VN**

[31] Il conto "titoli" è movimentato per: quantità di titoli acquistati (200) × corso secco alla data di acquisto (99) = 19.800.

[32] Il valore rilevato in "cedola in corso di maturazione" è così determinato
= (quantità × valore nominale) × tasso semestrale × mesi di maturazione (01/03-01/04) / 6 =
= (200 × 100) × 6% / 1/6 = 200.

(2) *Dare (+)*	01/09	*Avere (–)*	*Dare (+)*	*Avere (–)*
Banca X c/c (SP)	a	Interessi attivi[33] (CE)	1.200	1.200
Liquidati e pagati interessi attivi alla data di godimento				

Banca X c/c

dare (+)	*avere (–)*
(2) 1.200 **VN**	(1) 20.000

Interessi attivi

dare (+)	*avere (–)*
	(2) 1.200 **VNN**

(3) *Dare (+)*	01/11	*Avere (–)*	*Dare (+)*	*Avere (–)*
Banca X c/c (SP)	a	*diversi*	10.400	
		Titoli[34] (SP)		9.900
		Plusvalenza su titoli[35] (CE)		300
		Interessi attivi[36] (CE)		200
Ceduti 100 BTP				

Banca X c/c

dare (+)	*avere (–)*
(2) 1.200 **(3) 10.400** **VN**	(1) 20.000

Titoli

dare (+)	*avere (–)*
(1) 19.800	**(3) 9.900** **VNN**

Plusvalenza su titoli

dare (+)	*avere (–)*
	(3) 300 **VNN**

Interessi attivi

dare (+)	*avere (–)*
	(2) 1.200 **(3) 200** **VNN**

---

[33] Il valore rilevato in "interessi attivi" è così determinato:
= (quantità × valore nominale) × tasso semestrale × mesi di maturazione (01/03-01/09) / 6 =
= (200 ×100) × 6% × 6/6 = 1.200.

[34] Il conto "titoli" è movimentato per: quantità di titoli venduti (100) × corso secco alla data di acquisto (99) = 9.900.

[35] Il valore rilevato in "plusvalenza su titoli" è così determinato:
= quantità venduta × (corso secco alla data di vendita - corso secco alla data di acquisto) =
= 100 × (102 - 99) = 300.

[36] Il valore rilevato in "interessi attivi" è così determinato:
= (quantità × valore nominale) × tasso semestrale × mesi di maturazione (01/09-01/11) / 6 =
= (100 × 100) × 6% × 2/6 = 200.

(4) *Dare* (+)	01/12	*Avere* (–)	*Dare* (+)	*Avere* (–)
diversi	a	*diversi*		
Banca X c/c (SP)			5.000	
Minusvalenza su titoli[37] (CE)			100	
		Titoli[38] (SP)		4.950
		Interessi attivi[39] (CE)		150
Ceduti 50 BTP				

Banca X c/c

dare (+)	*avere* (–)
(2) 1.200	(1) 20.000
(3) 10.400	
(4) 5.000	
VN	

Titoli

dare (+)	*avere* (–)
(1) 19.800	(3) 9.900
	(4) 4.950
	VNN

Minusvalenza su titoli

dare (+)	*avere* (–)
(4) 100	
VNN	

Interessi attivi

dare (+)	*avere* (–)
	(2) 1.200
	(3) 200
	(4) 150
	VNN

b) *Funzionamento "a costi, ricavi e rimanenze"*

(1) *Dare* (+)	01/04	*Avere* (–)	*Dare* (+)	*Avere* (–)
diversi	a	Banca X c/c (SP)		20.000
Gestione titoli (CE)			19.800	
Cedola in corso di maturazione (CE)			200	
Acquistati 200 BTP				

Gestione titoli

dare (+)	*avere* (–)
(1) 19.800	
VNN	

Cedola in corso di maturazione

dare (+)	*avere* (–)
(1) 200	
VNN	

Banca X c/c

dare (+)	*avere* (–)
	(1) 20.000
	VN

[37] Il valore rilevato in "minusvalenza su titoli" è così determinato:
= quantità venduta × (corso secco alla data di acquisto - corso secco alla data di vendita) =
= 50 × (99 - 97) = 100.

[38] Il conto "titoli" è movimentato per: quantità di titoli venduti (50) × corso secco alla data di acquisto (99) = 4.950.

[39] Il valore rilevato in "interessi attivi" è così determinato:
= (quantità × valore nominale) × tasso semestrale × mesi di maturazione (01/09-01/12) / 6 =
= (50 ×100) × 6% × 3/6 = 150.

(2) Dare (+)	01/09	Avere (–)	Dare (+)	Avere (–)
Banca X c/c (SP)	a	Interessi attivi (CE)	1.200	1.200
Liquidati e pagati interessi attivi alla data di godimento				

Banca X c/c

dare (+)	avere (–)
(2) 1.200 **VN**	(1) 20.000

Interessi attivi

dare (+)	avere (–)
	(2) 1.200 **VNN**

(3) Dare (+)	01/11	Avere (–)	Dare (+)	Avere (–)
Banca X c/c (SP)	a	*diversi*	10.400	
		Gestione titoli[40] (CE)		10.200
		Interessi attivi (CE)		200
Ceduti 100 BTP				

Banca X c/c

dare (+)	avere (–)
(2) 1.200 **(3) 10.400** **VN**	(1) 20.000

Gestione titoli

dare (+)	avere (–)
(1) 19.800	**(3) 10.200** **VNN**

Interessi attivi

dare (+)	avere (–)
	(2) 1.200 **(3) 200** **VNN**

(4) Dare (+)	01/12	Avere (–)	Dare (+)	Avere (–)
Banca X c/c (SP)	a	*Diversi*	5.000	
		Gestione titoli[41] (CE)		4.850
		Interessi attivi (CE)		150
Ceduti 50 BTP				

Banca X c/c

dare (+)	avere (–)
(2) 1.200 (3) 10.400 **(4) 5.000** **VN**	(1) 20.000

Gestione titoli

dare (+)	avere (–)
(1) 19.800	(3) 10.200 **(4) 4.850** **VNN**

Interessi attivi

dare (+)	avere (–)
	(2) 1.200 (3) 200 **(4) 150** **VNN**

[40] Il conto "gestione titoli" è movimentato per: quantità di titoli venduti (100) × corso secco alla data di vendita (102) = 10.200.

[41] Il conto "gestione titoli" è movimentato per: quantità di titoli venduti (50) × corso secco alla data di vendita (97) = 4.850.

Partecipazioni

Le partecipazioni sono condizioni di produzione non monetarie nelle quali le imprese possono scegliere di investire parte della liquidità aziendale.
A seconda che tali investimenti siano destinati a permanere in impresa per più periodi amministrativi oppure a essere ceduti entro 12 mesi, le partecipazioni sono classificate all'interno del bilancio d'esercizio tra le immobilizzazioni finanziarie (destinate a permanere durevolmente) ovvero nell'attivo circolante (destinate a essere cedute a breve).
La classificazione nell'una o nell'altra classe di attività ha impatti in termini di criteri di valutazione delle condizioni di produzione in esame (cfr. *infra* cap. 6).
Dal punto di vista delle rilevazioni contabili delle operazioni relative alle partecipazioni, si segnala che il conto "partecipazioni" viene movimentato con la modalità cosiddetta "a costi e costi" dianzi descritta. In particolare:
- nella sezione contraddistinta con *segno (+)*, in occasione dell'acquisto di partecipazioni, si rileva il costo di acquisto di condizioni di produzione non monetarie (le partecipazioni) entrate nell'impresa (attività);
- nella sezione contraddistinta con *segno (–)*, in occasione della vendita di partecipazioni, si rileva l'uscita dall'impresa di condizioni di produzione non monetarie (le partecipazioni) al valore a cui le stesse erano state iscritte nella sezione opposta al momento dell'acquisto (riduzione di attività o passività).

La differenza che eventualmente sussiste tra prezzo di vendita delle partecipazioni e il loro costo originario di acquisto determina l'emergere di componenti positivi o negativi di reddito a seconda dell'esito "profittevole" o meno della vendita (plusvalenza o minusvalenza su partecipazioni).
Le rilevazioni contabili sono analoghe a quelle descritte per le immobilizzazioni materiali e immateriali (cfr. § 1.2.5), nonché per i titoli contabilizzati "a costi e costi" (cfr. *supra*).

1.2.7 I crediti e i debiti di finanziamento

In questo capitolo si esamineranno le operazioni relative ai crediti e debiti cosiddetti "di finanziamento". Si tratta di valori non numerari rappresentativi di prestiti/finanziamenti di moneta concessi o ricevuti dall'impresa, tipicamente a titolo oneroso.
I crediti/debiti "di finanziamento" si distinguono dai debiti/crediti cosiddetti "di funzionamento". In particolare:
- *i crediti/debiti "di funzionamento"* sono valori numerari che originano da scambi con fornitori/clienti aventi ad oggetto beni/servizi (acquisti di risorse tecniche correnti, vendite di beni/servizi, acquisti/vendite di immobilizzazioni, acquisti/vendite di titoli e partecipazioni);

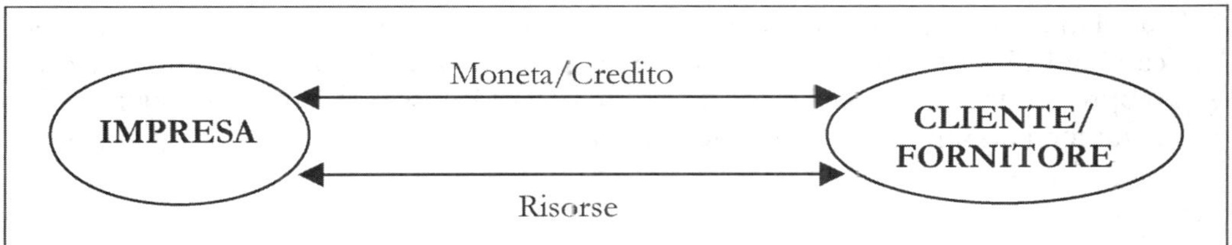

– *i crediti/debiti "di finanziamento"* sono valori non numerari che originano da scambi, tipicamente con istituti di credito, aventi ad oggetto la moneta.

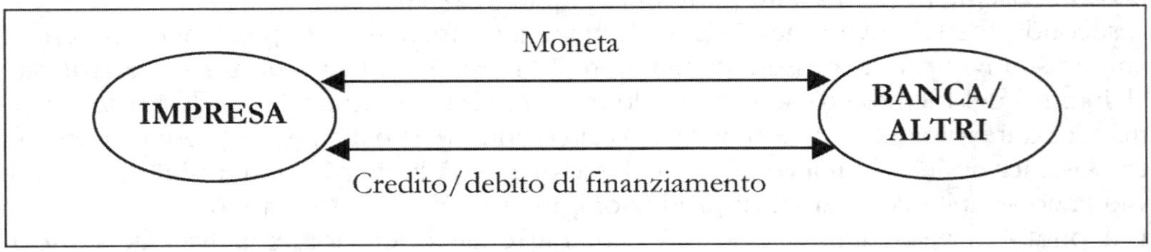

Le operazioni di finanziamento *ricevute* dall'impresa (tipicamente da istituti di credito) determinano:
– l'"entrata" (*inflow*) di moneta, per l'importo del finanziamento ricevuto (attività);
– l'"entrata" (*inflow*) di condizioni di produzione non numerarie, rappresentate dal costo del finanziamento o anticipazione finanziaria ricevuti (costo);
– l'"uscita" (*outflow*) di condizioni di produzione non monetarie, rappresentate dal debito "di finanziamento" espressivo dell'obbligo di restituzione del finanziamento ricevuto (passività).

I finanziamenti *concessi* dall'impresa ad altri soggetti (tipicamente società controllate o partecipate) determinano flussi di analogo contenuto e segno opposto.

Nel seguito si esaminano alcune delle principali operazioni di finanziamento poste in essere dall'impresa:
A) sconto di effetti attivi in portafoglio;
B) mutui;
C) prestiti obbligazionari.

A) Sconto di effetti attivi in portafoglio

Come visto al § 1.2.3, l'impresa può ricevere quale mezzo di regolamento di una operazione di vendita cambiali (o effetti) attive. Al fine di poter disporre prontamente della liquidità associata a tali crediti senza attendere la scadenza delle cambiali, l'impresa può richiedere ad una banca lo "sconto salvo buon fine" delle cambiali medesime.
L'operazione di *sconto di effetti attivi in portafoglio* è così articolata:
1) l'impresa presenta alla banca gli effetti attivi allo sconto, trasferendoglieli mediante "girata";
2) la banca accetta gli effetti ricevuti per lo sconto e anticipa all'impresa il valore attuale delle cambiali con scadenza futura. L'importo anticipato dalla banca mediante versamento sul conto corrente dell'impresa è pari al valore delle cambiali al netto di interessi passivi e spese e provvigioni bancarie; tali oneri rappresentano il "costo" per l'impresa della riscossione anticipata del credito commerciale rappresentato dalle cambiali;

3) se lo sconto è avvenuto "pro solvendo" (ossia con mantenimento in capo all'impresa del rischio di insolvenza del creditore) e se alla scadenza le cambiali scontate non vengono pagate dal debitore principale (il cliente), la banca restituisce gli effetti all'impresa e addebita sul suo conto corrente l'importo delle cambiali insolute; se lo sconto è avvenuto "pro soluto", l'eventuale mancato pagamento resta in carico alla banca.

Esempio

In data 20/05 la società Alfa presenta allo sconto pagherò cambiari ricevuti da un cliente per € 10.000.

(1) *Dare* (+)	*20/05*	*Avere* (–)	*Dare* (+)	*Avere* (–)
Cambiali allo sconto (SP)	a	Cambiali attive (SP)	10.000	10.000
Effetti presentati allo sconto				

Cambiali allo sconto

dare (+)	*avere* (–)
(1) 10.000 **VNN**	

Cambiali attive

dare (+)	*avere* (–)
	(1) 10.000 **VN**

La banca accetta gli effetti ricevuti per lo sconto e versa sul conto corrente intestato alla società l'importo degli effetti al netto di interessi passivi per € 500 e spese e provvigioni bancarie per € 60.
Se lo sconto cambiario è avvenuto **"pro soluto"**, la scrittura è la seguente:

(2) *Dare* (+)	*20.5*	*Avere* (–)	*Dare* (+)	*Avere* (–)
diversi	a	**Cambiali allo sconto (SP)**		10.000
Banca X c/c (SP)			9.440	
Interessi passivi (CE)			500	
Spese bancarie (CE)			60	
Incasso netto degli effetti scontati dalla banca				

Banca X c/c

dare (+)	*avere* (–)
(2) 9.440 **VN**	

Cambiali allo sconto

dare (+)	*avere* (–)
(1) 10.000	**(2) 10.000** **VNN**

Interessi passivi

dare (+)	*avere* (–)
(2) 500 **VNN**	

Spese bancarie

dare (+)	*avere* (–)
(2) 60 **VNN**	

Se lo sconto cambiario è avvenuto "**pro solvendo**", la scrittura è la seguente:

(2)			Dare (+)	Avere (–)
Dare (+)	*20.5*	*Avere (–)*	*Dare (+)*	*Avere (–)*
diversi	a	**Debiti per cambiali allo sconto (SP)**		10.000
Banca X c/c (SP)			9.440	
Interessi passivi (CE)			500	
Spese bancarie (CE)			60	
Incasso netto degli effetti scontati dalla banca				

Banca X c/c

dare (+)	*avere (–)*
(2) 9.440	
VN	

Debiti per cambiali allo sconto

dare (+)	*avere (–)*
	(2) 10.000
	VNN

Interessi passivi

dare (+)	*avere (–)*
(2) 500	
VNN	

Spese bancarie

dare (+)	*avere (–)*
(2) 60	
VNN	

Alla scadenza del 31.8 possono presentarsi due situazioni:

a) le cambiali vengono pagate
   Si chiude la cambiale e il debito verso la banca

(3.a)				
Dare (+)	*31.8*	*Avere (–)*	*Dare (+)*	*Avere (–)*
Debiti per cambiali allo sconto (SP)	a	Cambiali allo sconto (SP)	10.000	10.000
Pagate cambiali scontate pro solvendo				

Debiti per cambiali allo sconto

dare (+)	*avere (–)*
(3.a) 10.000	(2) 10.000
VNN	

Cambiali allo sconto

dare (+)	*avere (–)*
(1) 10.000	**(3.a) 10.000**
	VNN

b) le cambiali scontate non vengono pagate.
Si restituisce alla banca quanto dalla stessa anticipato e si evidenziano le cambiali tra quelle insolute; la banca addebiterà poi le spese di insoluto (ad esempio per € 100).

(3.b)				
Dare (+)	*31.8*	*Avere (–)*	*Dare (+)*	*Avere (–)*
Debiti per cambiali allo sconto (SP)	a	Banca X c/c (SP)	10.000	10.000
Restituito l'importo delle cambiali scontate				

Dare (+)	*31.8*	*Avere (–)*	*Dare (+)*	*Avere (–)*
Cambiali insolute (SP)	a	Cambiali allo sconto (SP)	10.000	10.000
Cambiale insoluta				

Dare (+)	*31.8*	*Avere (–)*	*Dare (+)*	*Avere (–)*
Spese di insoluto (CE)		Banca X c/c (SP)	100	100
Sostenute spese di insoluto				

Debiti per cambiali allo sconto

dare (+)	*avere (–)*
(3.b) 10.000 VNN	(2) 10.000

Spese di insoluto

dare (+)	*avere (–)*
(3.b) 100 VNN	

Banca X c/c

dare (+)	*avere (–)*
(2) 9.440	**(3.b) 10.000**
	(3.b) 100
	VN

Cambiali insolute

dare (+)	*avere (–)*
(3.b) 10.000 VN	

Cambiali allo sconto

dare (+)	*avere (–)*
(1) 10.000	**(3.b) 10.000 VNN**

B) Mutui

I mutui sono finanziamenti a medio/lungo termine (da 5 a 30 anni) erogati all'impresa da istituti bancari e coperti da garanzie reali o personali. I momenti che caratterizzano la "vita" di tali finanziamenti, e che sono oggetto di rilevazione contabile, sono i seguenti:

1) *erogazione/accensione*: la banca versa sul conto corrente dell'impresa la moneta oggetto del finanziamento;
2) *rimborso*: avviene solitamente secondo un piano di ammortamento che prevede il pagamento periodico di rate. Ogni rata include: "quota capitale", pari alla parte di finanziamento che è oggetto di rimborso; "quota interessi", espressiva della remunerazione del capitale ricevuto in prestito e, dunque, del "costo" che grava sull'impresa per il finanziamento ricevuto.

Esempio

In data 30/03 la società Alfa accende un mutuo ipotecario decennale per € 100.000.

(1) *Dare* (+)	*30/03*	*Avere* (–)	*Dare* (+)	*Avere* (–)
Banca X c/c (SP)	a	Mutui ipotecari (SP)	100.000	100.000
Ottenuto mutuo ipotecario decennale				

Banca X c/c

dare (+)	*avere* (–)
(1) 100.000 **VN**	

Mutui ipotecari

dare (+)	*avere* (–)
	(1) 100.000 **VNN**

In data 30/12 scade la prima rata di rimborso per € 10.000, di cui € 6.000 quale quota capitale ed € 4.000 quale quota interessi.

(2) *Dare* (+)	*30/12*	*Avere* (–)	*Dare* (+)	*Avere* (–)
diversi	a	Banca X c/c (SP)		10.000
Mutui ipotecari (SP)			6.000	
Interessi passivi su mutui (CE)			4.000	
Pagamento della prima rata del mutuo ipotecario				

Mutui ipotecari

dare (+)	*avere* (–)
(2) 6.000 VNN	(1) 100.000

Interessi passivi su mutui

dare (+)	*avere* (–)
(2) 4.000 VNN	

Banca X c/c

dare (+)	*avere* (–)
(1) 100.000	**(2) 10.000 VN**

C) Prestiti obbligazionari

L'emissione di prestiti obbligazionari è una forma di finanziamento a lungo termine; l'impresa, in particolare, emette obbligazioni (titoli di debito al portatore), che possono essere sottoscritti da chiunque, in cambio di denaro.

Il prestito obbligazionario può presentare le seguenti, differenti, caratteristiche:

- in relazione all'**emissione** del prestito (data di inizio della maturazione degli interessi), si può avere:
  - ✔ emissione "*alla pari*", quando il prezzo di collocamento, che i sottoscrittori/obbligazionisti devono versare, coincide con il valore nominale delle obbligazioni (valore che sarà rimborsato alla scadenza e sul quale saranno calcolati gli interessi che i sottoscrittori percepiranno);
  - ✔ emissione "*sotto la pari*", quando il prezzo di collocamento è inferiore al valore nominale delle obbligazioni;
  - ✔ prezzo di emissione "*sopra la pari*", quando il prezzo di collocamento è superiore al valore nominale delle obbligazioni. La differenza tra valore nominale e prezzo di collocamento delle obbligazioni costituisce il "sovrapprezzo di emissione", rappresentativo del ricavo che l'impresa realizza in relazione al finanziamento per il fatto di ricevere un versamento superiore al valore sui cui verranno calcolati gli interessi passivi e che dovrà rimborsare alla scadenza;
- in relazione al **collocamento** del prestito, data in cui si ha il versamento della moneta da parte dei sottoscrittori/obbligazionisti, si può avere:
  - ✔ collocamento che *coincide con l'emissione*, per cui i sottoscrittori versano la moneta nel momento in cui iniziano a maturare gli interessi sul finanziamento;
  - ✔ collocamento *successivo/anteriore all'emissione*, per i cui i sottoscrittori versano la moneta dopo/prima che inizino a maturare gli interessi sul finanziamento. L'impresa, pertanto, avrà un ricavo/costo, denominato "dietimi di interesse", in relazione alla disponibilità di moneta differita/anticipata rispetto all'inizio della maturazione degli interessi;
- in relazione alle **modalità di rimborso** del prestito, si possono avere:
  - ✔ obbligazioni *ordinarie*, che saranno rimborsate al valore nominale;
  - ✔ obbligazioni *indicizzate*, che saranno rimborsate ad un valore che riflette la variazione del potere di acquisto della moneta tra la data di collocamento del prestito e la sua estinzione;
  - ✔ obbligazioni *convertibili*, per le quali sarà data al sottoscrittore la facoltà di convertire in azioni i titoli sottoscritti;

– in relazione *rendimento* del prestito, si possono avere:
  - ✔ prestiti obbligazionari a *tasso variabile* (o indicizzato);
  - ✔ prestiti obbligazionari a *tasso fisso*.

I momenti che caratterizzano la "vita" del prestito obbligazionario, e che sono oggetto di rilevazione contabile, sono i seguenti:

1) emissione/sottoscrizione;
2) collocamento;
3) liquidazione/pagamento degli interessi;
4) rimborso.

Esempio

In data 01/06 la società Alfa emette un prestito obbligazionario con le seguenti caratteristiche:

- ✔ n. 10.000 obbligazioni;
- ✔ valore nominale unitario: € 10;
- ✔ tasso d'interesse semestrale: 2,5%.

Ipotesi A: emissione "alla pari"

Il prezzo unitario di emissione delle obbligazioni è di € 10.

(1.A) *Dare* (+)	*01/06*	*Avere* (–)	*Dare* (+)	*Avere* (–)
Obbligazionisti c/sottoscrizioni (SP)	a	Prestiti obbligazionari (SP)	100.000	100.000
Emesse 10.000 obbligazioni del vn di € 10				

Obbligazionisti c/sottoscrizioni

dare (+)	*avere* (–)
(1.A) 100.000 VN	

Prestiti obbligazionari

dare (+)	*avere* (–)
	(1.A) 100.000 VNN

Ipotesi B: emissione "sotto la pari"

Il prezzo unitario di emissione delle obbligazioni è di € 9.

La differenza tra valore nominale delle obbligazioni e prezzo di collocamento si definisce "disaggio di emissione". Salvo i casi di società che redigono il bilancio abbreviato, il prestito obbligazionario sotto la pari deve essere redatto secondo il costo ammortizzato, in quanto, per effetto del disaggio di emissione, il valore iniziale e il valore nominale a scadenza del finanziamento non coincidono. Per la trattazione del criterio del costo ammortizzato si rinvia al § 6.

Quando non è obbligatorio usare il costo ammortizzato, il Disaggio di emissione viene rilevato come componente reddituale e alla fine di ogni esercizio, lungo tutta la durata del prestito, assoggettato a risconto.

(1.B)					
Dare (+)	*1.6*	*Avere (–)*	*Dare (+)*	*Avere (–)*
diversi	a	Prestiti obbligazionari (SP)		100.000
Obbligazionisti c/sottoscrizioni[42] (SP)			90.000	
Disaggio di emissione[43] (CE)			10.000	
Emesse 10.000 obbligazioni del vn di € 10 al prezzo di € 9				

Obbligazionisti c/sottoscrizioni		Disaggio di emissione		Prestiti obbligazionari	
dare (+)	*avere* (–)	*dare* (+)	*avere* (–)	*dare* (+)	*avere* (–)
(1.B) 90.000 VN		**(1.B) 10.000 VNN**			**(1.B) 100.000 VNN**

Ipotesi C: emissione "sopra la pari"
Il prezzo unitario di emissione delle obbligazioni è di € 11.

(1.C)				
Dare (+)	*01/06*	*Avere* (–)	*Dare* (+)	*Avere* (–)
Obbligazionisti c/sottoscrizioni[44] (SP)	a	*diversi*	110.000	
		Prestiti obbligazionari (SP)		100.000
		Aggio sui prestiti[45] (CE)		10.000
Emesse 10.000 obbligazioni del vn di € 10 al prezzo di € 11				

[42] Il conto "obbligazionisti c/sottoscrizioni" è movimentato per: quantità obbligazioni emesse (10.000) x prezzo di emissione (9) = 90.000.

[43] Il conto "disaggio di emissione" è movimentato per: quantità obbligazioni emesse (10.000) x (valore nominale (10) – prezzo di emissione (9)) = 10.000. Trattandosi di un costo pluriennale, dovrà essere ammortizzato per gli anni di durata del prestito obbligazionario.

[44] Il conto "obbligazionisti c/sottoscrizioni" è movimentato per: quantità obbligazioni emesse (10.000) × prezzo di emissione (11) = 110.000.

[45] Il conto "sovrapprezzo di emissione" è movimentato per: quantità obbligazioni emesse (10.000) × (prezzo di emissione (11) - valore nominale (10)) = 10.000.

Obbligazionisti c/sottoscrizioni		Aggio sui prestiti		Prestiti obbligazionari	
dare (+)	*avere* (–)	*dare* (+)	*avere* (–)	*dare* (+)	*avere* (–)
(1.C) 110.000 VN			**(1.C) 10.000 VNN**		**(1.C) 100.000 VNN**

L'esempio prosegue assumendo che l'emissione sia avvenuta "alla pari" (rilevazioni sub 1.A).

Collocamento - Ipotesi A: coincide con l'emissione
La data di collocamento coincide con la data di emissione del prestito.

(2.A) *Dare* (+)	*01/06*	*Avere* (–)	*Dare* (+)	*Avere* (–)
Banca X c/c (SP)	a	Obbligazionisti c/sottoscrizioni (SP)	100.000	100.000
Accredito delle obbligazioni sottoscritte				

Banca X c/c		Obbligazionisti c/sottoscrizioni	
dare (+)	*avere* (–)	*dare* (+)	*avere* (–)
(2.A) 100.000 VN		(1.A) 100.000	**(2.A) 100.000 VN**

Collocamento - Ipotesi B: successivo alla data di emissione
La data di collocamento del prestito è 01/07.

(2.B) *Dare* (+)	*01/07*	*Avere* (–)	*Dare* (+)	*Avere* (–)
Banca X c/c (SP)	a	*diversi*	100.417	
		Obbligazionisti c/sottoscrizioni (SP)		100.000
		Dietimi di interesse [46] (CE)		417
Accredito delle obbligazioni sottoscritte				

Banca X c/c		Obbligazionisti c/sottoscrizioni		Dietimi di interesse	
dare (+)	*avere* (–)	*dare* (+)	*avere* (–)	*dare* (+)	*avere* (–)
(2.B) 100.417 VN		(1.A) 100.000	**(2.B) 100.000 VN**		**(2.B) 417 VNN**

[46] Il valore rilevato in "dietimi di interesse" è così determinato:
= (quantità × valore nominale) × tasso semestrale × mesi di maturazione (1.6-1.7) / 6 =
= (10.000 × 10) × 2,5% × 1/6 = 417.

L'esempio prosegue assumendo che l'emissione sia avvenuta "alla pari" (rilevazioni sub 1.A) e il collocamento del prestito sia stato contestuale all'emissione (rilevazioni sub 2.A).

Liquidazione/pagamento degli interessi
In data 01/12 vengono liquidati e contestualmente pagati gli interessi ai sottoscrittori.

(3) *Dare* (+)	*01/12*	*Avere* (–)	*Dare* (+)	*Avere* (–)
Interessi passivi[47] (CE)	a	Obbligazionisti c/interessi (SP)	2.500	2.500
Interessi maturati dall'1.6 all'1.12				

Interessi passivi *dare* (+)	*avere* (–)
(3) 2.500 VNN	

Obbligazionisti c/interessi *dare* (+)	*avere* (–)
	(3) 2.500 VN

(4) *Dare* (+)	*01/12*	*Avere* (–)	*Dare* (+)	*Avere* (–)
Obbligazionisti c/interessi (SP)	a	Banca X c/c (SP)	2.500	2.500
Pagamento degli interessi				

Obbligazionisti c/interessi *dare* (+)	*avere* (–)
(4) 2.500 VN	(3) 2.500

Banca X c/c *dare* (+)	*avere* (–)
(2.A) 100.000	**(4) 2.500 VN**

Rimborso

In data 01/06 dell'esercizio successivo (x+1) vengono sorteggiate 100 obbligazioni da rimborsare.

(1-es.X+1) *Dare* (+)	*01/06/X+1*	*Avere* (–)	*Dare* (+)	*Avere* (–)
Prestiti obbligazionari (SP)	a	Obbligazionisti c/rimborsi (SP)	1.000	1.000
Estratte 100 obbligazioni				

[47] Gli "interessi passivi" sono così determinati:
= (quantità × valore nominale) × tasso semestrale × mesi di maturazione (01/06-01/12) / 6 =
= (10.000 × 10) × 2,5% × 6/6 = 2.500.

Prestiti obbligazionari

dare (+)	*avere* (–)
(1-es.X+1) **1.000** **VNN**	(1.A) 100.000

Obbligazionisti c/rimborsi

dare (+)	*avere* (–)
	(1-es.X+1) **1.000** **VN**

(2-es.X+1) *Dare* (+)		*01/06/X+1 Avere* (–)	*Dare* (+)	*Avere* (–)
Obbligazionisti c/rimborsi (SP)	a	Banca X c/c (SP)	1.000	1.000
Rimborsate 100 obbligazioni				

Banca X c/c

dare (+)	*avere* (–)
(2.A) 100.000	(4) 2.500 **(2-es.X+1)** **1.000** **VN**

Obbligazionisti c/rimborsi

dare (+)	*avere* (–)
(2-es.X+1) **1.000** **VN**	(1-es.X+1) 1.000

1.2.8 Il patrimonio netto

In questo capitolo si esamineranno le operazioni che determinano variazioni nel patrimonio netto dell'impresa. Come visto (cfr. *supra* § 1.2.1), il patrimonio netto esprime la sintesi delle condizioni di produzione, monetarie e non monetarie, che i soci hanno apportato in via stabile all'impresa, al momento della costituzione e successivamente. Tali apporti dovranno poi essere restituiti ai soci nel momento di scioglimento del rapporto sociale o di liquidazione dell'impresa, secondo specifiche regole fissate dalla normativa civilistica.
Le operazioni che *incrementano* il patrimonio netto dall'impresa determinano:
- l'"entrata" (*inflow*) di condizioni di produzione monetarie (denaro o crediti di moneta) e non monetarie (beni in natura o crediti) che i soci apportano nell'impresa (attività);
- l'"uscita" (*outflow*) di condizioni di produzione non monetarie, rappresentate dall'obbligo di restituzione ai soci di quanto apportato (patrimonio netto).

In ipotesi di *riduzione* del patrimonio netto, si determinano flussi di contenuto analogo e segno opposto.
Possono inoltre verificarsi modifiche nella composizione del patrimonio netto che non incidono sulla sua consistenza complessiva. Tali modifiche originano semplici permutazioni di poste ideali di patrimonio netto, ossia di valori non numerari.

Nel seguito si esaminano alcune delle principali operazioni poste in essere dall'impresa che determinano variazioni del suo patrimonio netto:
A) aumenti/riduzioni di capitale sociale;
B) versamenti in conto capitale o futuro aumento di capitale o a copertura perdite;

C) destinazione del risultato di esercizio;
D) copertura di perdite di esercizio.

A) Aumenti/riduzioni di capitale sociale

Nel corso della vita dell'impresa può presentarsi la necessità di nuovi apporti dei soci, volti a migliorare la situazione patrimoniale e finanziaria dell'impresa. Si può inoltre avere l'ingresso di nuovi soci nella compagine sociale
In tali casi si hanno **aumenti** del capitale sociale cosiddetti "*a pagamento*" o "*reali*"; si ha la sottoscrizione di azioni o quote di nuova emissione da parte dei soci o di terzi (che divengono nuovi soci) con il conseguente obbligo di effettuazione di nuovi conferimenti, in denaro o in natura. Non possono essere eseguiti aumenti di capitale fino a quando le azioni (o quote) precedentemente emesse non siano interamente liberate, ossia non siano stati interamente eseguiti i conferimenti cui i soci si erano impegnati con la sottoscrizione delle azioni/quote medesime. Le nuove azioni possono essere emesse ad un prezzo coincidente[48] o superiore rispetto al loro valore nominale.
Le eventuali "*somme percepite dalla società per l'emissione di azioni ad un prezzo superiore al loro valore nominale*" costituiscono la *riserva sovrapprezzo azioni*. Tale riserva fa parte, insieme al capitale sociale, del patrimonio netto dell'impresa. La sua attivazione tipicamente si verifica nelle ipotesi in cui un socio entra a far parte della compagine azionaria di una società già avviata (ovvero incrementa la propria partecipazione). In tali casi, il socio è spesso chiamato, per ragioni di equità nei confronti degli azionisti già presenti nella compagine sociale, al versamento del maggior valore (il sovrapprezzo, appunto) acquisito dalle azioni rispetto al loro valore al momento della costituzione della società (rappresentato dal valore nominale). Tale "maggior valore" confluisce nella riserva sovrapprezzo azioni. Ciò, al fine di consentire l'emissione di azioni al valore effettivo delle stesse, valore che è quasi sempre diverso dal loro valore nominale. La riserva sovrapprezzo azioni costituisce una cosiddetta "riserva di capitale".
Può inoltre accadere che il capitale sociale venga aumentato mediante attribuzione allo stesso di altre poste ideali di patrimonio netto. In tale ipotesi si parla di aumento di capitale sociale "*gratuito*" o "*nominale*". Tale operazione si giustifica per il diverso "grado di vincolo" che presentano le diverse parti ideali di patrimonio netto. Esistono, infatti, parti "disponibili", che possono essere in ogni momento assegnate ai soci (ad esempio, riserve straordinarie e riserve statutarie per cui lo statuto non prevede vincoli di destinazione, utili portati a nuovo), e parti "indisponibili", che, per legge o per statuto, possono essere utilizzate dall'impresa per la sola copertura delle perdite eventualmente maturate (ad esempio, capitale sociale e riserva legale). In tali ipotesi non si modifica la consistenza complessiva del patrimonio netto e si manifesta una semplice "permutazione" di componenti ideali del patrimonio netto medesimo.
L'aumento di capitale sociale può inoltre avvenire mediante conversione di obbligazioni emesse dalla società. In tal caso, il debito di finanziamento costituito delle obbligazioni

[48] In ipotesi di prezzo di emissione delle nuove azioni coincidente con il valore nominale delle stesse, la rilevazione contabile dell'operazione di aumento di capitale sociale è analoga quella di costituzione della società (cfr. *supra* § 1.2.1.).

emesse (cfr. *supra* § 1.2.7) viene "permutato" in poste di patrimonio netto (capitale sociale e, frequentemente, riserva sovrapprezzo azioni).

Il capitale sociale può essere **ridotto** solo nei casi espressamente disciplinati dalla normativa civilistica. I più diffusi sono i seguenti:
- riduzione per esuberanza rispetto alle necessità dell'impresa (art. 2445 c.c.): in tale ipotesi i soci vengono liberati dall'obbligo di esecuzione dei conferimenti cui si erano impegnati ovvero vengono loro restituiti i conferimenti già eseguiti;
- riduzione per recesso del socio, nell'ipotesi in cui altri soci o terzi non acquistino le azioni/quote del socio receduto;
- riduzione per perdite (cfr. *infra* punto D).

Esempio

In data 01/12 la società Alfa delibera un aumento di capitale sociale a pagamento per l'ingresso nella compagine societaria del socio Sempronio, mediante apporto di denaro, per complessivi € 100.000, di cui € 80.000 a titolo di capitale sociale e € 20.000 a titolo di riserva sovrapprezzo azioni. L'aumento di capitale viene integralmente liberato al momento della sottoscrizione.

(1) *Dare (+)*	*01/12*	*Avere (–)*	*Dare (+)*	*Avere (–)*
Azionisti c/sottoscrizioni (SP)	a	*diversi*	100.000	
		Capitale sociale (SP)		80.000
		Riserva sovrapprezzo azioni (SP)		20.000
Deliberato aumento di capitale sociale a pagamento				

Azionisti c/sottoscrizioni *dare (+)*	*avere (–)*	Capitale sociale *dare (+)*	*avere (–)*	Riserva sovrapprezzo azioni *dare (+)*	*avere (–)*
(1) 100.000 VN			**(1) 80.000 VNN**		**(1) 20.000 VNN**

(2) *Dare (+)*	*01/12*	*Avere (–)*	*Dare (+)*	*Avere (–)*
Banca X c/c (SP)	a	Azionisti c/sottoscrizioni (SP)	100.000	100.000
Liberato aumento di capitale sociale a pagamento				

Banca X c/c *dare (+)*	*avere (–)*	Azionisti c/sottoscrizioni *dare (+)*	*avere (–)*
(2) 100.000 VN		(1) 100.000	**(2) 100.000 VN**

In data 05/12 la società Alfa delibera un aumento di capitale sociale gratuito per complessivi € 5.000, mediante destinazione di riserva straordinaria per € 3.000 e di riserva statutaria per € 2.000.

(3) *Dare (+)*	*05/12*	*Avere (–)*	*Dare (+)*	*Avere (–)*
Diversi	a	Capitale sociale (SP)		5.000
Riserva straordinaria (SP)			3.000	
Riserva statutaria (SP)			2.000	
Deliberato aumento di capitale sociale gratuito				

Riserva straordinaria *dare (+)*	Riserva straordinaria *avere (–)*	Riserva statutaria *dare (+)*	Riserva statutaria *avere (–)*	Capitale sociale *dare (+)*	Capitale sociale *avere (–)*
(3) 3.000	(0) [47] 3.000	**(3) 2.000**	(0) [47] 2.000		(1) 80.000
VNN		**VNN**			**(3) 5.000**
					VNN

Esempio

In data 02/11 la società Alfa delibera una riduzione del capitale sociale per esuberanza di € 10.000, con rimborso ai soci Tizio e Caio in proporzione alle rispettive percentuali di partecipazioni (62,5% e 37,5%).

(1) *Dare (+)*	*02/11*	*Avere (–)*	*Dare (+)*	*Avere (–)*
Capitale sociale (SP)	a	*diversi*	10.000	
		Azionisti c/rimborso - Tizio (SP)		6.250
		Azionisti c/rimborso - Caio (SP)		3.750
Deliberata riduzione del capitale sociale per esuberanza				

Capitale sociale *dare (+)*	Capitale sociale *avere (–)*	Azionisti c/rimborso - Tizio *dare (+)*	Azionisti c/rimborso - Tizio *avere (–)*	Azionisti c/rimborso - Caio *dare (+)*	Azionisti c/rimborso - Caio *avere (–)*
(1) 10.000	(0) [49] 400.000		**(3) 6.250**		**(3) 3.750**
VNN			**VN**		**VN**

B) Versamenti in conto futuro aumento di capitale o in conto capitale o a copertura perdite

I versamenti in conto futuro aumento di capitale formano una riserva (posta ideale di patrimonio netto) che accoglie versamenti eseguiti in via anticipata in vista di un futuro aumento di capitale; i versamenti in esame hanno dunque un preciso vincolo di destinazione.

[49] Per chiarezza si è riportato il valore iscritto nel conto prima dell'operazione esaminata, risultante dalle rilevazioni contabili anteriori a tale operazione.

I versamenti in conto aumento di capitale formano anch'essi una riserva che, peraltro, non ha uno specifico vincolo di destinazione.
Da ultimo, la riserva per versamenti a copertura perdite accoglie versamenti effettuati dai soci a seguito della manifestazione di perdite di esercizio, e, dunque, specificamente destinati alla copertura (mediante compensazione) delle stesse (cfr. *infra* punto D).

Esempio

In data 01/09 il socio Tizio effettua un versamento in conto capitale per € 10.000.

(1) *Dare* (+)	*01/09*	*Avere* (–)	*Dare* (+)	*Avere* (–)
Banca X c/c (SP)	a	Versamenti in conto capitale (SP)	10.000	10.000
Effettuato versamento in conto capitale da parte del socio Tizio				

Banca X c/c	
dare (+)	*avere* (–)
(1) 10.000 **VN**	

Versamenti in conto capitale	
dare (+)	*avere* (–)
	(1) 10.000 **VNN**

C) Destinazione del risultato di esercizio

In sede di approvazione del bilancio di esercizio, entro 120 giorni (o se previsto dallo statuto e ne ricorrono i presupposti entro 180 giorni) del periodo amministrativo cui il bilancio si riferisce, l'assemblea dei soci delibera la destinazione del risultato dell'esercizio.
La destinazione dell'utile di esercizio deve rispettare i vincoli posti dal Codice Civile, nonché quelli eventualmente fissati dallo statuto.
In particolare:
- almeno il 5% degli utili netti deve essere destinato alla cosiddetta riserva legale, fino a quando la stessa non abbia raggiunto il 20% del capitale sociale;
- lo statuto può prevedere destinazioni obbligatorie a specifiche riserve statutarie;
- lo statuto può prevedere la partecipazione agli utili di amministratori, promotori o soci fondatori.

L'utile netto che residua può essere distribuito ai soci sotto forma di dividendi, ovvero destinato a specifiche riserve volontarie, ovvero riportato a nuovo (ossia rinviato agli esercizi successivi).
Nella determinazione dell'utile da distribuire ai soci occorre inoltre considerare che possono essere distribuiti dividendi solo se esistono riserve disponibili sufficienti a coprire eventuali costi pluriennali (immobilizzazioni immateriali) ancora non ammortizzati.

Esempio

In data 30/04.X+1, la società Alfa delibera la seguente destinazione del risultato dell'esercizio X, pari ad € 10.000:
- 5% a riserva legale;

- 10% a riserva statutaria;
- € 7.000 ai soci;
- il residuo a utili portati a nuovo.

(1) *Dare (+)*		*30/04/X + 1 Avere (–)*	*Dare (+)*	*Avere (–)*
Utile d'esercizio (SP)	a	*diversi*	10.000	
		Riserva legale (SP)		500
		Riserva statutaria (SP)		1.000
		Azionisti c/dividendi (SP)		7.000
		Utili portati a nuovo (SP)		1.500
Destinazione dell'utile dell'esercizio X				

Utile d'esercizio

dare (+)	*avere (–)*
(1) 10.000 **VNN**	(0)[50] 10.000

Riserva legale

dare (+)	*avere (–)*
	(1) 500 **VNN**

Riserva statutaria

dare (+)	*avere (–)*
	(1) 1.000 **VNN**

Azionisti c/dividendi

dare (+)	*avere (–)*
	(1) 7.000 **VN**

Utili portati a nuovo

dare (+)	*avere (–)*
	(1) 1.500 **VNN**

D) Copertura di perdite di esercizio

L'assemblea dei soci che approva il bilancio delibera sulle modalità di copertura della perdita eventualmente maturata nella gestione aziendale.
La perdita d'esercizio può essere coperta con le seguenti modalità:
1) utilizzo di eventuali utili portati a nuovo e di riserve (con prioritario utilizzo delle riserve disponibili);
2) riduzione del capitale sociale;
3) reintegro da parte dei soci;
4) rinvio al futuro esercizio.

Occorre richiamare che, in presenza di perdite superiori ad un terzo del capitale sociale, i soci devono convocare senza indugio l'Assemblea per gli opportuni provvedimenti. Se entro l'esercizio successivo la perdita non risulta diminuita a meno di un terzo del capitale, occorre ridurre il capitale sociale in proporzione alle perdite accertate; se il capitale sociale è ridotto ad di sotto del minimo legale previsto per la specifica tipologia societaria, lo stesso deve essere ricostituito dai soci fino al minimo legale e, in assenza di tale ricostituzione, deve essere deliberata la trasformazione ovvero lo scioglimento della società.

[50] Per chiarezza si è riportato il valore iscritto nel conto prima dell'operazione esaminata, risultante dalle rilevazioni contabili anteriori a tale operazione.

Esempio

In data 30/04/X+3, la società Alfa approva il bilancio dell'esercizio X+2 che evidenzia una perdita di € 35.000. Il patrimonio netto della società è così composto:
- capitale sociale € 100.000;
- riserva legale € 5.000
- utili portati a nuovo € 1.500;
- riserva straordinaria € 1.000.

L'assemblea delibera la copertura della perdita mediante l'utilizzo di riserve/utili portati a nuovo, la riduzione del capitale sociale per € 15.000 e il reintegro da parte dei soci per € 5.500. La residua perdita di € 7.000 viene rinviata al futuro esercizio.

(1) *Dare* (+)	*30/04*	*Avere* (–)	*Dare* (+)	*Avere* (–)
diversi	a	Perdita d'esercizio (SP)		35.000
Utili portati a nuovo (SP)			1.500	
Riserva straordinaria (SP)			1.000	
Riserva legale (SP)			5.000	
Capitale sociale (SP)			15.000	
Azionisti c/reintegro (SP)			5.500	
Perdite portate a nuovo (SP)			7.000	
Copertura della perdita di esercizio e rinvio all'esercizio successivo				

Utili portati a nuovo

dare (+)	*avere* (–)
(1) 1.500 **VNN**	(0)[51] 1.500

Riserva straordinaria

dare (+)	*avere* (–)
(1) 1.000 **VNN**	(0)[50] 1.000

Riserva legale

dare (+)	*avere* (–)
(1) 5.000 **VNN**	(0)[50] 5.000

Capitale sociale

dare (+)	*avere* (–)
(1) 15.000 **VNN**	(0)[50] 100.000

Azionisti c/reintegro

dare (+)	*avere* (–)
(1) 5.500 **VN**	

Perdite portate a nuovo

dare (+)	*avere* (–)
(1) 7.000 **VNN**	

Perdita d'esercizio

dare (+)	*avere* (–)
(0)[52] 35.000	**(1) 35.000** **VNN**

[51] Per chiarezza si è riportato il valore iscritto nel conto prima dell'operazione esaminata, risultante dalle rilevazioni contabili anteriori a tale operazione.

[52] Per chiarezza espositiva, i mastri rilevanti vengono riportati al termine delle scritture di libro giornale, con evidenza dei valori originati da ciascuna scrittura.

1.3. LE SCRITTURE CONTABILI DI RETTIFICA, INTEGRAZIONE, CHIUSURA E APERTURA

1.3.1 La necessità di procedere a scritture di rettifica e integrazione

Come descritto nei precedenti paragrafi, nel corso del periodo amministrativo le scritture contabili rilevano cronologicamente e sistematicamente i valori originati dalle operazioni di "gestione esterna" dell'impresa, che si realizzano tipicamente attraverso "scambi monetari" nei quali l'impresa scambia con "terzi" risorse di diversa natura a fronte di moneta o credito. I valori che originano da tali operazioni presentano profili di attendibilità e "oggettività", in quanto sono "certificati" da soggetti "terzi" rispetto all'impresa e risultano comprovati da documenti aventi rilevanza giuridica e fiscale.

L'impresa, peraltro, nell'eseguire durante l'esercizio le rilevazioni contabili sopra descritte, non si pone interrogativi sulla coerenza dei valori registrati rispetto a due postulati che devono informare la redazione del bilancio di esercizio: il principio della **competenza economica** e il principio della **prudenza**.

Il Codice Civile, in particolare, prevede che (art. 2423-bis c.c.):

- "*nella redazione del bilancio ... si deve tenere conto dei proventi e degli oneri di competenza dell'esercizio, indipendentemente dalla data di incasso o di paga-mento; si deve tenere conto dei rischi e delle perdite di competenza dell'esercizio, anche se conosciuti dopo la chiusura di questo*" (principio di competenza economica);
- "*nella redazione del bilancio ... la valutazione delle voci deve essere fatta secondo prudenza ...; si possono indicare esclusivamente gli utili realizzati alla data di chiusura dell'esercizio; ... si deve tenere conto dei rischi e delle perdite di competenza dell'esercizio, anche se conosciuti dopo la chiusura di questo*" (principio di prudenza).

Secondo il principio di **competenza economica** (cfr. *supra* § 1.1.5), in particolare, un costo è di competenza di un esercizio quando in tale esercizio si è verificata la correlazione con il corrispondente ricavo, ossia quando il costo si è trasformato in prodotti/servizi che hanno dato origine a ricavi di vendita. Dunque, costi e ricavi sono di competenza di un esercizio quando sono tra loro *correlati* nello stesso periodo amministrativo.

Secondo il principio di **prudenza**, il risultato dell'esercizio deve includere perdite anche solo presunte e rischi preventivabili, mentre deve escludere profitti non ancora realizzati.

Il rispetto dei principi di competenza economica e prudenza non è garantito dalle rilevazioni contabili effettuate nel corso dell'esercizio. In particolare, il rispetto del principio di competenza economica è minato dall'esistenza di operazioni, processi, cicli produttivi ancora in corso di esecuzione al termine del periodo amministrativo, da cui originano valori comuni a due o più esercizi. Inoltre, le rilevazioni contabili eseguite durante l'esercizio non catturano, come richiesto dal principio di prudenza, le perdite presunte e i rischi preventivabili, in quanto tali perdite e rischi non si sono ancora manifestati.

Pertanto, al termine del periodo amministrativo, vengono eseguite le *scritture di rettifica e integrazione*, finalizzate proprio a garantire il rispetto dei postulati di bilancio della competenza economica e della prudenza.

Attraverso le scritture di **integrazione**, in particolare, si integra il sistema dei valori "*inserendo*" costi e ricavi di competenza dell'esercizio, che non hanno ancora avuto manifestazione numeraria e, pertanto, non sono stati rilevati contabilmente.
Sono scritture di integrazione, le rilevazioni di:
- ratei attivi e passivi;
- ammortamenti;
- accantonamenti ai fondi rischi e spese future;
- debiti e crediti da liquidare (fatture da emettere e da ricevere, imposte, TFR).

Attraverso le scritture di **rettifica** (o **storno**), invece, si rettifica il sistema dei valori "*stornando*" costi e ricavi che hanno avuto manifestazione numeraria nel corso del periodo amministrativo, e pertanto sono stati rilevati dalle scritture contabili, ma sono in tutto o in parte di competenza di esercizi futuri.
Sono scritture di rettifica, le rilevazioni di:
- risconti attivi e passivi;
- rimanenze finali;
- capitalizzazione di costi.

Dalle scritture di integrazione e rettifica originano per l'impresa *due valori equivalenti di segno opposto*:
- un valore che attiene al calcolo del *reddito dell'esercizio corrente* e confluisce nel conto economico: tale valore rappresenta un flusso integrativo o rettificativo del risultato dell'esercizio corrente;
- un valore che attiene al calcolo del *reddito degli esercizi futuri* e confluisce nello stato patrimoniale: tale valore rappresenta condizioni di produzione che saranno a disposizione o vincoleranno l'impresa negli esercizi futuri e, dunque, determineranno un flusso rettificativo o integrativo dei risultati di tali esercizi.

1.3.2 I ratei

I ratei (attivi e passivi) rientrano nelle scritture di **integrazione** rese necessarie dalla presenza di valori comuni a due o più esercizi, originati da operazioni che si svolgono lungo più periodi amministrativi.
I ratei, in particolare, rappresentano quote di costo (ratei passivi) o di ricavo (ratei attivi) di competenza dell'esercizio in chiusura, che avranno manifestazione monetaria nei successivi esercizi e, dunque, saranno registrati dalle rilevazioni contabili periodiche di tali esercizi.
Per il rispetto del principio della competenza economica, risulta necessario *integrare* il sistema dei valori in chiusura dell'esercizio "inserendo" tali quote di costi/ricavi di competenza, che non sono state ancora rilevate (perché non hanno avuto manifestazione monetaria).

Esempio

In data 01/11/X la società Alfa stipula un contratto di affitto di un capannone. Il contratto prevede un canone di affitto annuo di € 60.000, da pagarsi posticipatamente.

Pertanto, il 31/10/X+1 la società Alfa dovrà pagare il canone di affitto relativo al periodo 01/11/X - 31/10/X+1.
Si verifica la situazione rappresentata nella figura che segue.

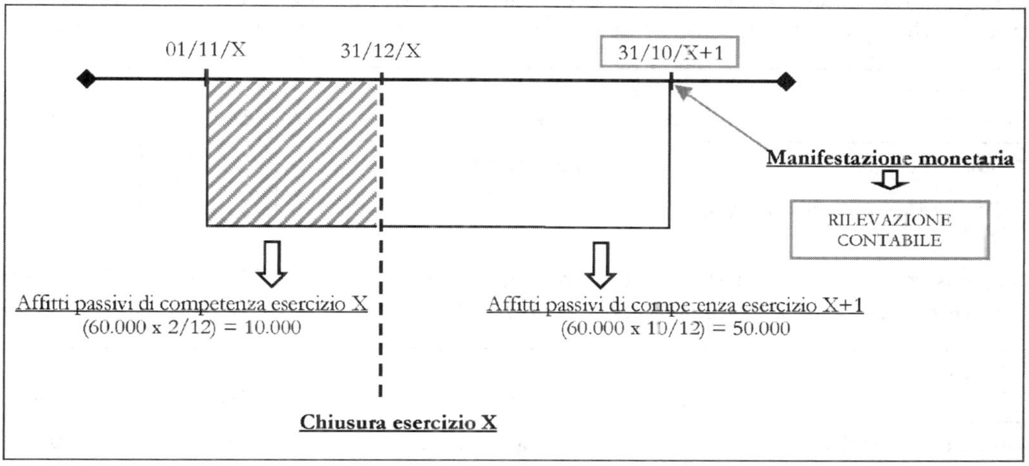

Al 31/12/X il sistema dei valori della società Alfa deve essere *integrato* con l'inserimento del canone di affitto di competenza dell'esercizio X (relativo al periodo 31/10-31/12) che verrà liquidato nell'esercizio X+1; tale costo, infatti, non è ancora stato rilavato poiché non ha avuto manifestazione monetaria.

(1 - es. X) [53] *Dare* (+)	*31/12/X*	*Avere* (–)	*Dare* (+)	*Avere* (–)
Affitti passivi (CE)	a	Ratei passivi (SP) [54]	10.000	10.000
Affitti passivi periodo 01/11-31/12/X				

Nell'ambito delle rilevazioni di chiusura dell'esercizio X (che verranno illustrate nel § 1.3.10), i conti "affitti passivi" e "ratei passivi" confluiranno, rispettivamente, nelle tavole

[53] Per chiarezza espositiva, i mastri rilevanti vengono riportati al termine delle scritture di libro giornale, con evidenza dei valori originati da ciascuna scrittura.
[54] Il valore del conto "ratei passivi" attiene al calcolo del reddito degli esercizi futuri; dunque, al 31/12/X, rappresenta un componente del capitale di funzionamento. È come se l'esercizio X avesse nei confronti dell'esercizio X+1 un "debito", in quanto l'esercizio X ha utilizzato la condizione produttiva, il "capannone in affitto", per € 10.000 senza sostenere il relativo costo, che sarà interamente liquidato nell'esercizio successivo.

di sintesi di conto economico e stato patrimoniale[55]. In data 01/01/X+1, nell'ambito delle rilevazioni di apertura dell'esercizio X+1 (che verranno illustrate nel § 1.3.11), il conto "ratei passivi" verrà "aperto" nello stato patrimoniale dell'esercizio X+1[56].
Il conto "ratei passivi" verrà poi subito "girato" al pertinente conto di conto economico, "affitti passivi", che parteciperà alla formazione del risultato dell'esercizio X+1.

(1 - es.X+1) *Dare* (+)	*01/01/X+1*	*Avere* (–)	*Dare* (+)	*Avere* (–)
Ratei passivi (SP)	a	Affitti passivi (CE)	10.000	10.000
Chiusura ratei passivi iniziali				

Successivamente, il 31/10/X+1, verrà rilevata la liquidazione dell'intero canone di affitto di € 60.000, relativo al periodo 01/11/X - 31/10/X+1.

(2 - es.X+1) *Dare* (+)	*31/10/X+1*	*Avere* (–)	*Dare* (+)	*Avere* (–)
Affitti passivi (CE)	a	Banca X c/c (SP)	60.000	60.000
Pagamento canone di affitto annuale				

Verifichiamo ora, attraverso i mastri del conto "affitti passivi", se la rilevazione dei ratei passivi ha consentito di rispettare il principio di competenza economica relativamente agli affitti in esame.

Affitti passivi - **Esercizio X**

dare (+)	*avere* (–)
(1) 10.000 VNN	

Affitti passivi - **Esercizio X+1**

dare (+)	*avere* (–)
(2) 60.000 VNN	(1) 10.000 VNN

L'esercizio X risulta gravato da un costo di € 10.000, rilevato nella sezione contraddistinta con segno (+) del conto "affitti passivi".

---

[55] Scritture di chiusura dell'esercizio X:

Dare (+)	*31/12/X*	*Avere* (–)	*Dare* (+)	*Avere* (–)
Conto economico	a	Affitti passivi (CE)	10.000	10.000
Ratei passivi (SP)	a	Stato patrimoniale	10.000	10.000

[56] Scritture di apertura dell'esercizio X+1:

Dare (+)	*01/01/X+1*	*Avere* (–)	*Dare* (+)	*Avere* (–)
Stato patrimoniale di apertura	a	Ratei passivi (SP)	10.000	10.000

L'esercizio X+1 risulta gravato da un costo netto di € 50.000 (60.000 – 10.000), rilevato nella sezione contraddistinta con segno (+) del conto affitti passivi.
Tale ripartizione del canone di affitto tra i due esercizi è pienamente coerente con il rispetto del principio di competenza economica.

Esempio

La società Alfa alla chiusura dell'esercizio detiene in portafoglio 50 BTP aventi le seguenti caratteristiche:

- valore nominale: € 100;
- interessi semestrali posticipati: 6%;
- date di godimento: 01/03 e 01/09 (cfr. esempio § 1.2.6).

Pertanto, in data 01/03/X+1 la società Alfa percepirà interessi attivi per € 300[57], maturati su tali titoli nel periodo 01/09/X - 01/03/X+1.
Si verifica la situazione rappresentata nella figura che segue.

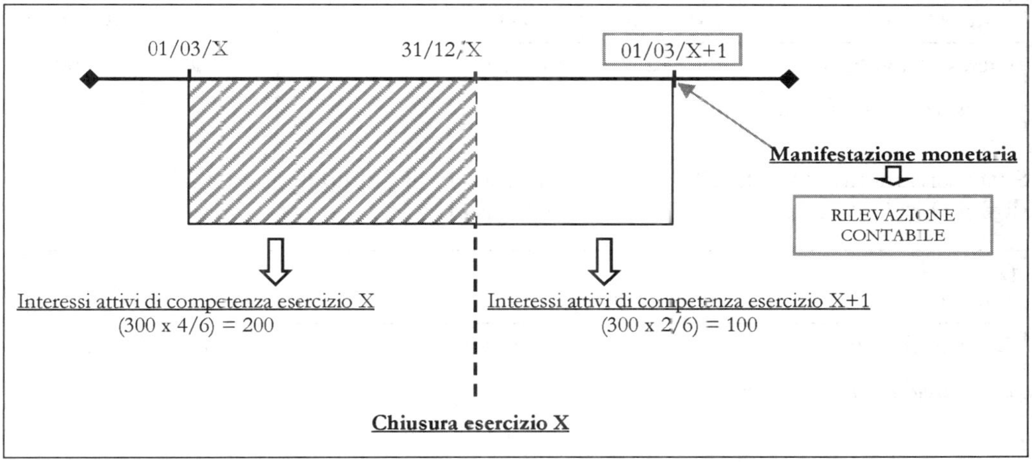

Al 31/12/X il sistema dei valori della società Alfa deve essere *integrato* con l'inserimento degli interessi attivi di competenza dell'esercizio X (maturati nel periodo 01/09-31/12) che verranno liquidati nell'esercizio X+1; tale ricavo, infatti, non è ancora stato rilavato poiché non ha avuto manifestazione monetaria.

[57] Gli "interessi attivi" sono così determinati:
= (quantità × valore nominale) × tasso semestrale × mesi di maturazione (01/09-01/03) / 6 =
= (50 × 100) × 6% ×6/6 = 300.

(1 - es. X) *Dare* (+)	*31/12/X*	*Avere* (–)	*Dare* (+)	*Avere* (–)
Ratei attivi (SP) [58]	a	Interessi attivi (CE)	200	200
Interessi attivi periodo 01/09-31/12/X				

Nell'ambito delle rilevazioni di chiusura dell'esercizio X, i conti "interessi attivi" e "ratei attivi" confluiranno, rispettivamente, nelle tavole di sintesi di conto economico e stato patrimoniale[59]. In data 01/01/X+1, nell'ambito delle rilevazioni di apertura dell'esercizio X+1, il conto "ratei attivi" verrà "aperto" nello stato patrimoniale dell'esercizio X+1[60].
Il conto "ratei attivi" verrà poi subito "girato" al pertinente conto di conto economico, "interessi attivi", che parteciperà alla formazione del risultato dell'esercizio X+1.

(1 - es.X+1) *Dare* (+)	*01/01/X+1*	*Avere* (–)	*Dare* (+)	*Avere* (–)
Interessi attivi (CE)	a	Ratei attivi (SP)	200	200
Chiusura ratei attivi iniziali				

Successivamente, in data 01/03/X+1, verrà rilevata la liquidazione degli interessi attivi di € 300, relativi al periodo 01/09/X - 01/03/X+1.

(2 - es.X+1) *Dare* (+)	*01/03/X+1*	*Avere* (–)	*Dare* (+)	*Avere* (–)
Banca X c/c (SP)	a	Interessi attivi (CE)	300	300
Liquidazione interessi attivi				

[58] Il valore del conto "ratei attivi" attiene al calcolo del reddito degli esercizi futuri; dunque, al 31/12/X, rappresenta un componente del capitale di funzionamento. È come se l'esercizio X avesse nei confronti dell'esercizio X+1 un "credito", in quanto l'esercizio X non ha beneficiato di un ricavo (interessi attivi del periodo 01/09-03/12/X) che gli sarebbe spettato e di cui beneficerà l'esercizio X+1.

[59] Scritture di chiusura dell'esercizio X:

Dare (+)	*31/12/X+1*	*Avere* (–)	*Dare* (+)	*Avere* (–)
Interessi attivi (CE)	a	Conto economico	200	200
Stato patrimoniale	a	Ratei attivi (SP)	200	200

[60] Scritture di apertura dell'esercizio X+1:

Dare (+)	*01/01/X+1*	*Avere* (–)	*Dare* (+)	*Avere* (–)
Ratei attivi (SP)	a	Stato patrimoniale di apertura	200	200

Verifichiamo ora, attraverso i mastri del conto "interessi attivi", se la rilevazione dei ratei attivi ha consentito di rispettare il principio di competenza economica relativamente agli interessi in esame.

Interessi attivi - **Esercizio X**

dare (+)	*avere* (–)
	(1) 200 VNN

Interessi attivi - **Esercizio X+1**

dare (+)	*avere* (–)
(1) 200 VNN	(2) 300 VNN

L'esercizio X ha beneficiato di un ricavo di € 200, rilevato nella sezione contraddistinta con segno (–) del conto "interessi attivi".
L'esercizio X+1 ha beneficiato di un ricavo netto di € 100 (300 – 200), rilevato nella sezione contraddistinta con segno (–) del conto "interessi attivi".
Tale ripartizione degli interessi attivi tra i due esercizi è pienamente coerente con il rispetto del principio di competenza economica.

1.3.3 I risconti

I risconti (attivi e passivi) rientrano nelle scritture di **rettifica** (storno) rese necessarie dalla presenza di valori comuni a due o più esercizi, originati da operazioni che si svolgono lungo più periodi amministrativi. Essi sono valori "speculari" rispetto ai ratei (per tale ragione vengono trattati in prossimità dei ratei, pur rappresentando scritture di rettifica). Infatti, mentre con i ratei "si inseriscono" nel sistema dei valori quote di costi/ricavi di competenza dell'esercizio non ancora rilevati, con i risconti "si stornano" dal sistema dei valori quote di costi/ricavi che non sono di competenza dell'esercizio ma sono già stati rilevati.
I risconti, in particolare, rappresentano quote di costo (risconti attivi) o di ricavo (risconti passivi) di competenza di esercizi successivi, che hanno avuto manifestazione monetaria e, dunque, sono già stati registrati dalle rilevazioni contabili periodiche dell'esercizio.
Per il rispetto del principio della competenza economica, risulta necessario *rettificare* il sistema dei valori in chiusura dell'esercizio "stornando" tali quote di costi/ricavi di competenza di esercizi successivi, che sono già state rilevate nell'esercizio in chiusura (perché hanno avuto manifestazione monetaria).

Esempio

In data 01/11/X la società Alfa paga, in via anticipata, un premio assicurativo di € 6.000 per la copertura dal rischio di incendio relativa al periodo 01/11/X - 31/10/X+1.

(1 - es. X) *Dare* (+)	*01/11/X*	*Avere* (–)	*Dare* (+)	*Avere* (–)
Premi assicurativi (CE)	a	Banca X c/c (SP)	6.000	6.000
Premio assicurativo periodo 01/11/X-31/10/X+1				

Si verifica la situazione rappresentata nella figura che segue.

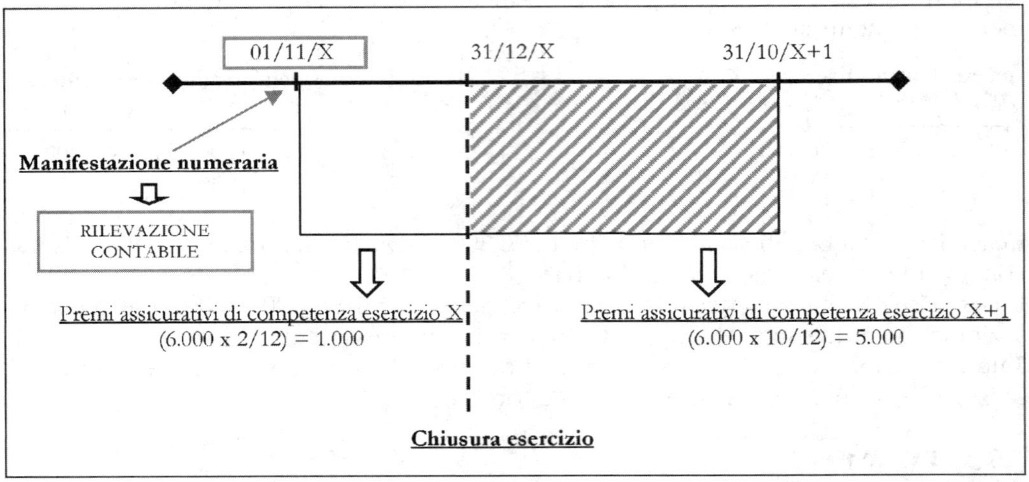

Al 31/12/X il sistema dei valori della società Alfa deve essere *rettificato* con lo storno del premio assicurativo di competenza dell'esercizio X+1 (relativo al periodo 01/01-31/10/ X+1) che è già stato liquidato nell'esercizio X (ha avuto manifestazione monetaria) e, pertanto, è stato rilevato contabilmente (cfr. scrittura 1).

(2 - es. X) *Dare* (+)		*31/12/X* *Avere* (–)	*Dare* (+)	*Avere* (–)
Risconti attivi (SP) [61]	a	Premi assicurativi (CE)	5.000	5.000
Premio assicurativo periodo 01/01-31/10/X+1				

Nell'ambito delle rilevazioni di chiusura dell'esercizio X, i conti "premi assicurativi" e "risconti attivi" confluiranno, rispettivamente, nelle tavole di sintesi di conto

[61] Il valore del conto "risconti attivi" attiene al calcolo del reddito degli esercizi futuri; dunque, al 31/12/X, rappresenta un componente del capitale di funzionamento. È come se l'esercizio X avesse nei confronti dell'esercizio X+1 un "credito", in quanto l'esercizio X è stato gravato di un costo (premio assicurativo) che non gli sarebbe spettato e relativo ad una condizione produttiva (affitto del capannone per il periodo 01/01-31/10/X+1) di cui beneficerà l'esercizio X+1.

economico e stato patrimoniale[62]. In data 01/01/X+1, nell'ambito delle rilevazioni di apertura dell'esercizio X+1, il conto "risconti attivi" verrà "aperto" nello stato patrimoniale dell'esercizio X+1[63].
Il conto "risconti attivi" verrà poi subito "girato" al pertinente conto di conto economico, "premi assicurativi", che parteciperà alla formazione del risultato dell'esercizio X+1.

(1 - es.X+1) *Dare* (+)	*01/01/X+1*	*Avere* (–)	*Dare* (+)	*Avere* (–)
Premi assicurativi (CE)	a	Risconti attivi (SP)	5.000	5.000
Chiusura risconti attivi iniziali				

Verifichiamo ora, attraverso i mastri del conto "premi assicurativi", se la rilevazione dei risconti attivi ha consentito di rispettare il principio di competenza economica nella rilevazione dei premi in esame.

Premi assicurativi - **Esercizio X**

dare (+)	*avere* (–)
(1) 6.000 VNN	(2) 5.000 VNN

Premi assicurativi - **Esercizio X+1**

dare (+)	*avere* (–)
(1) 5.000 VNN	

L'esercizio X risulta gravato da un costo netto di € 1.000 (6.000 - 5.000), rilevato nella sezione contraddistinta con segno (+) del conto "premi assicurativi".
L'esercizio X+1 risulta gravato da un costo di € 5.000, rilevato nella sezione contraddistinta con segno (+) del conto "premi assicurativi".
Tale ripartizione del premio assicurativo tra i due esercizi è pienamente coerente con il rispetto del principio di competenza economica.

Esempio

In data 01/09/X la società Alfa ha incassato un affitto attivo di € 3.000, a valere per il semestre 01/09/X-28/02/X+1.

[62] Scritture di chiusura dell'esercizio X (per semplicità si riportano le sole scritture relative a premi assicurativi e risconti attivi, rilevanti ai fini della verifica del rispetto del principio di competenza economica):

Dare (+)	*31/12/X*	*Avere* (–)	*Dare* (+)	*Avere* (–)
Conto economico	a	Premi assicurativi (CE)	6.000	6.000
Premi assicurativi (CE)	a	Conto economico	5.000	5.000
Stato patrimoniale	a	Risconti attivi (SP)	5.000	5.000

[63] Scritture di apertura dell'esercizio X+1:

Dare (+)	*01/01/X+1*	*Avere* (–)	*Dare* (+)	*Avere* (–)
Risconti attivi (SP)	a	Stato patrimoniale di apertura	5.000	5.000

(1 - es. X) *Dare* (+)		*01/09/X Avere* (–)	*Dare* (+)	*Avere* (–)
Banca X c/c (SP)	a	Affitti attivi (CE)	3.000	3.000
Affitti attivi periodo 01/09/X-28/02/X+1				

Si verifica la situazione rappresentata nella figura che segue.

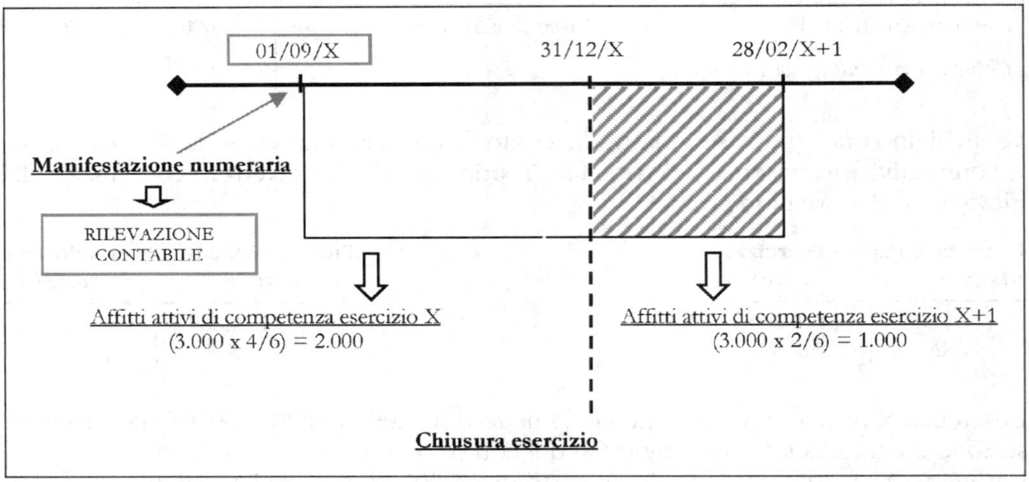

Al 31/12/X il sistema dei valori della società Alfa deve essere *rettificato* con lo storno dell'affitto attivo di competenza dell'esercizio X+1 (relativo al periodo 01/01-28/02/X+1) che è già stato liquidato nell'esercizio X (ha avuto manifestazione monetaria) e, pertanto, è stato rilevato contabilmente (cfr. scrittura 1).

(2 - es. X) *Dare* (+)		*31/12/X Avere* (–)	*Dare* (+)	*Avere* (–)
Affitti attivi (CE)	a	Risconti passivi (SP) [64]	1.000	1.000
Affitti attivi periodo 01/01-28/02/X+1				

Nell'ambito delle rilevazioni di chiusura dell'esercizio X, i conti "affitti attivi" e "risconti passivi" confluiranno, rispettivamente, nelle tavole di sintesi di conto economico

[64] Il valore del conto "risconti passivi" attiene al calcolo del reddito degli esercizi futuri; dunque, al 31/12/X, rappresenta un componente del capitale di funzionamento. È come se l'esercizio X avesse nei confronti dell'esercizio X+1 un "debito", in quanto l'esercizio X ha beneficiato di un ricavo (affitti attivi relativi al periodo 01/01-28/02/ X+1) che non gli sarebbe spettato in quanto di pertinenza dell'esercizio X+1.

e stato patrimoniale[65]. In data 01/01/X+1, nell'ambito delle rilevazioni di apertura dell'esercizio X+1, il conto "risconti passivi" verrà "aperto" nello stato patrimoniale dell'esercizio X+1[66].
Il conto "risconti passivi" verrà poi subito "girato" al pertinente conto di conto economico, "affitti attivi", che parteciperà alla formazione del risultato dell'esercizio X+1.

(1 - es.X+1) *Dare* (+)	*01/01/X+1*	*Avere* (–)	*Dare* (+)	*Avere* (–)
Risconti passivi (SP)	a	Affitti attivi (CE)	1.000	1.000
Chiusura risconti passivi iniziali				

Verifichiamo ora, attraverso i mastri del conto "affitti attivi", se la rilevazione dei risconti passivi ha consentito di rispettare il principio di competenza economica nella rilevazione degli affitti in esame.

Affitti attivi - **Esercizio X**

dare (+)	*avere* (–)
(2) 1.000 VNN	(1) 3.000 VNN

Premi assicurativi - **Esercizio X+1**

dare (+)	*avere* (–)
	(1) 1.000 VNN

L'esercizio X ha beneficiato di un ricavo netto di € 2.000 (3.000 - 1.000), rilevato nella sezione contraddistinta con segno (–) del conto "affitti attivi".
L'esercizio X+1 ha beneficiato di un ricavo di € 1.000, rilevato nella sezione contraddistinta con segno (–) del conto "affitti attivi".
Tale ripartizione degli affitti attivi tra i due esercizi è pienamente coerente con il rispetto del principio di competenza economica.

---

[65] Scritture di chiusura dell'esercizio X (per semplicità si riportano le sole scritture relative ad affitti attivi e risconti passivi, rilevanti ai fini della verifica del rispetto del principio di competenza economica):

Dare (+)	*31/12/X*	*Avere* (–)	*Dare* (+)	*Avere* (–)
Affitti attivi (CE)	a	Conto economico	3.000	3.000
Conto economico	a	Affitti attivi (CE)	1.000	1.000
Risconti passivi (SP)	a	Stato patrimoniale	1.000	1.000

[66] Scritture di apertura dell'esercizio X+1:

Dare (+)	*01/01/X+1*	*Avere* (–)	*Dare* (+)	*Avere* (–)
Stato patrimoniale di apertura	a	Risconti passivi (SP)	1.000	1.000

1.3.4 Gli ammortamenti

Gli ammortamenti rientrano nelle scritture di **integrazione** rese necessarie dall'esistenza di costi comuni a più esercizi. In particolare, come visto al § 1.2.5, l'ammortamento è la procedura tecnico-contabile attraverso la quale il costo di una immobilizzazione - condizione produttiva con utilità pluriennale rilevata nelle attività dello stato patrimoniale - viene ripartito tra gli esercizi della sua stimata vita utile. In chiusura dell'esercizio, per il rispetto del principio di competenza economica, si rende dunque necessario *integrare* il sistema dei valori "inserendo" la quota di costo dell'immobilizzazione (quota di ammortamento) di competenza, espressiva dell'utilità che il bene ha ceduto all'esercizio in chiusura. Per le scritture contabili relative all'ammortamento si rinvia al § 1.2.5.

1.3.5 Gli accantonamenti ai fondi rischi e spese future

Gli accantonamenti ai fondi rischi e spese future rientrano nelle scritture di **integrazione** rese necessarie per il rispetto del postulato della prudenza. In particolare, come sopra illustrato (cfr. § 1.3.1), il postulato della prudenza richiede che il bilancio di esercizio tenga conto "*dei rischi e delle perdite di competenza dell'esercizio, anche se conosciuti dopo la chiusura di questo*". In coerenza con tale principio, lo schema obbligatorio di stato patrimoniale previsto dal Codice Civile (art. 2424 c.c.) contiene una voce denominata "**fondi per rischi e oneri**"; è poi precisato che "*gli accantonamenti per rischi ed oneri sono destinati a coprire perdite o debiti di natura determinata, di esistenza certa o probabile, dei quali tuttavia alla chiusura dell'esercizio sono indeterminati o l'ammontare o la data di sopravvenienza*" (art. 2424 bis, 3° comma, c.c.)[67].

In particolare:

- i **fondi rischi** rappresentano passività di natura determinata ed esistenza probabile, i cui valori sono stimati. Si tratta, quindi, di passività potenziali connesse a situazioni già esistenti alla data di bilancio, ma caratterizzate da uno stato d'incertezza il cui esito dipende dal verificarsi o meno di uno o più eventi in futuro;
- i **fondi oneri** (o **spese future**) rappresentano passività di natura determinata ed esistenza certa, stimate nell'importo o nella data di sopravvenienza, connesse a obbligazioni già assunte alla data di bilancio, ma che avranno manifestazione numeraria negli esercizi successivi.

Alla luce delle disposizioni sopra richiamate, in chiusura di ciascun esercizio, il sistema dei valori deve essere *integrato* con l'inserimento dei costi/perdite presunti di competenza dell'esercizio la cui manifestazione monetaria si avrà (con certezza o probabilità) negli esercizi successivi.

---

[67] Per un'ampia trattazione dei fondi rischi ed oneri si rinvia al cap. 7.

Esempio

In chiusura dell'esercizio X, esaminando i crediti verso clienti, la società Alfa giudica probabili perdite su crediti per € 1.000.
Tali perdite, solo presunte, sono di competenza dell'esercizio in chiusura, in quanto "si correlano" con i ricavi che hanno generato i crediti di dubbia esigibilità; di esse, inoltre, occorre tenere conto nel bilancio di esercizio in considerazione del principio di prudenza. La società Alfa dovrà pertanto rilevare, in chiusura dell'esercizio X, perdite presunte su crediti di € 1.000.
Si avrà la seguente rilevazione.

(1 - es. X) *Dare* (+)	*31/12/X*	*Avere* (–)	*Dare* (+)	*Avere* (–)
Svalutazione crediti (CE)	a	Fondo svalutazione crediti (SP)	1.000	1.000
Svalutazione crediti di dubbia esigibilità.				

Nell'esercizio X+1, il cliente, che era stato ritenuto di dubbia esigibilità, viene dichiarato fallito e, conseguentemente, si manifestano perdite certe per € 1.500.
L'impresa effettuerà le seguenti scritture contabili.

(1 - es.X+1) *Dare* (+)	*5.10.X+1*	*Avere* (–)	*Dare* (+)	*Avere* (–)
diversi	a	Crediti v/clienti (SP)		1.500
Fondo svalutazione crediti (SP)			1.000	
Perdite su crediti (CE)			500	
Perdite su crediti				

Ad esito delle scritture sopra riportate:
- l'*esercizio X* risulta gravato da un costo di € 1.000 (rilevato nella sezione contraddistinta con segno (+) del conto economico al conto "svalutazione crediti");
- l'*esercizio X + 1* risulta gravato da un costo di € 500.

Dunque, in coerenza con i principi di prudenza e di competenza economica, l'esercizio X è stato gravato delle perdite probabili su crediti di relativa competenza, che poi hanno avuto manifestazione monetaria, superiore alle attese, nell'esercizio X+1.

Esempio

Nel corso dell'esercizio X, nel momento di acquisto di un nuovo impianto, la società Alfa ha programmato con il fornitore interventi di manutenzione e revisione di carattere ordinario a cadenza biennale, al costo di € 600. Il primo intervento sarà eseguito alla fine dell'esercizio X+2.
La società Alfa dovrà pertanto rilevare, in chiusura degli esercizi X e X+1, la quota di competenza (1/3) di un costo che avrà manifestazione monetaria certa alla fine dell'esercizio X+2. Tale costo futuro, infatti, è associato al corretto funzionamento dell'impianto durante tutto il suo periodo di utilizzo (esercizi X, X+1 e X+2), e non già nel solo esercizio in cui si eseguirà la manutenzione (esercizio X+2).
L'impresa effettuerà le seguenti scritture contabili.

(1 - es. X) *Dare* (+)	*31/12/X*	*Avere* (–)	*Dare* (+)	*Avere* (–)
Accantonamento manutenzioni programmate (CE)	a	Fondo manutenzioni programmate (SP)	200	200
Quota manutenzioni programmate				

(1 - es.X+1) *Dare* (+)	*31/12/X+1*	*Avere* (–)	*Dare* (+)	*Avere* (–)
Accantonamento manutenzioni programmate (CE)	a	Fondo manutenzioni programmate (SP)	200	200
Quota manutenzioni programmate				

Ad esito di tali scritture, il fondo manutenzioni programmate risulterà pari ad € 400. Nel momento di sostenimento delle manutenzioni programmate e di ricevimento della relativa fattura, l'impresa effettuerà le seguenti scritture.

(1 - es.X+2) *Dare* (+)	*31/12/X+2*	*Avere* (–)	*Dare* (+)	*Avere* (–)
diversi	a	Debiti v/fornitori		720
Manutenzioni e riparazioni (CE)			600	
Iva ns. credito (SP)			120	
Ricevuta fattura n. 1 da Beta S.p.a.				

(2 - es.X+2) *Dare* (+)	*31/12/X+2*	*Avere* (–)	*Dare* (+)	*Avere* (–)
Fondo manutenzioni programmate (SP)	a	Manutenzioni e riparazioni (CE)	400	400
Utilizzo fondo manutenzioni programmate				

Ad esito delle scritture sopra riportate:
- gli *esercizi X* e *X+1* risultano gravati, ciascuno, da un costo di € 200 (rilevato nella sezione contraddistinta con segno (+) del conto economico al conto "accantonamento manutenzioni programmate");
- l'*esercizio X+2* risulta gravato da un costo netto di € 200, pari alla differenza tra € 600, rilevato nella sezione contraddistinta con segno (+) e € 400, rilevato nella sezione contraddistinta con segno (–).

Dunque, in coerenza con i principi di prudenza e di competenza economica, ciascuno degli esercizi X, X+1 e X+2 è stato gravato della quota di propria competenza (1/3) del costo complessivo che ha avuto manifestazione monetaria alla fine dell'esercizio X+2.

1.3.6 Le fatture da emettere e da ricevere

Le fatture da emettere e da ricevere rientrano nelle scritture di **integrazione** rese necessarie dall'esistenza di processi di vendita e acquisto di risorse produttive che si manifestano "a cavallo" tra un periodo amministrativo e quello successivo. Diversamente da quanto accade per i ratei e i risconti, nel caso delle fatture da emettere e da ricevere non si è in presenza di valori di costo/ricavo comuni a più esercizi; si tratta, invece, di operazioni realizzatesi nell'esercizio in chiusura e di competenza dello stesso, che peraltro non hanno ancora avuto manifestazione monetaria e conseguente rilevazione contabile.

Si consideri il seguente caso esemplificativo: l'impresa ha venduto beni a clienti in prossimità della chiusura dell'esercizio, li ha già spediti, pertanto sono già usciti dal magazzino e non possono essere inventariati nelle rimanenze (cfr. *infra* § 1.3.8); peraltro, l'impresa non ha ancora emesso la fattura e, dunque, non ha rilevato il ricavo per la vendita. In tale ipotesi, per il rispetto del principio della competenza economica (*"si deve tenere conto dei proventi ... di competenza dell'esercizio, indipendentemente dalla data di incasso"*), è necessario *integrare* il sistema dei valori "inserendo" un ricavo di vendita presunto (ricavo non certo, in quanto non comprovato da fattura), di competenza dell'esercizio in chiusura, che avrà manifestazione monetaria e conseguente rilevazione contabile nel successivo esercizio. Tale integrazione del sistema dei valori in chiusura dell'esercizio avviene attraverso la rilevazione delle **fatture da emettere**.

Si consideri ora il caso *simmetrico*: l'impresa ha ricevuto la consegna di beni acquistati dai fornitori in prossimità della chiusura dell'esercizio e li ha inseriti nel proprio magazzino (per cui saranno inventariati nelle rimanenze di fine esercizio), ma non ha ancora ricevuto la fattura e, pertanto, non ha rilevato alcun costo. In tale ipotesi, per il rispetto del principio della competenza economica ("*si deve tenere conto ... degli oneri di competenza dell'esercizio, indipendentemente dalla data ... di pagamento*"), è necessario *integrare* il sistema dei valori "inserendo" un costo di acquisto *presunto* (costo non certo, in quanto non comprovato da fattura), di competenza dell'esercizio in chiusura, che avrà manifestazione monetaria e conseguente rilevazione contabile nel successivo esercizio. Tale integrazione del sistema dei valori in chiusura dell'esercizio avviene attraverso la rilevazione delle **fatture da ricevere**.

Esempio

In data 29/12/X la società Alfa ha consegnato a un cliente merci per € 1.000 (con bolla di consegna), senza emettere la relativa fattura per l'assenza della responsabile amministrativa. Al 31/12/X le merci vendute non sono pertanto più presenti all'interno del magazzino di Alfa; in contabilità peraltro non è stata rilevata l'operazione di vendita a causa dell'assenza della fattura.
Il sistema dei valori della società Alfa deve essere *integrato* con l'inserimento del ricavo presunto di vendita dei beni già consegnati. La rilevazione non conterrà l'IVA, tenuto conto che non c'è ancora stata l'emissione della fattura.

(1 - es. X) *Dare* (+)	*31/12/X*	*Avere* (–)	*Dare* (+)	*Avere* (–)
Fatture da emettere (SP)[68]	a	Merci c/vendite (CE)	1.000	1.000
Merci consegnate senza fattura				

Nell'ambito delle rilevazioni di chiusura dell'esercizio X, i conti "merci c/vendite" e "fatture da emettere" confluiranno, rispettivamente, nelle tavole di sintesi di conto economico e stato patrimoniale[69]. In data 01/01/X+1, nell'ambito delle rilevazioni di

[68] Il valore del conto "fatture da emettere" attiene al calcolo del reddito degli esercizi futuri; dunque, al 31.12.X, rappresenta un componente del capitale di funzionamento. È come se l'esercizio X avesse nei confronti dell'esercizio X+1 un "credito", in quanto l'esercizio X non ha beneficiato di un ricavo (merci c/vendite) che gli sarebbe spettato e che avrà manifestazione monetaria nell'esercizio X+1.
[69] Scritture di chiusura dell'esercizio X:

Dare (+)	*31/12/X*	*Avere* (–)	*Dare* (+)	*Avere* (–)
Merci c/vendite	a	Conto economico	1.000	1.000
Stato patrimoniale	a	Fatture da emettere (SP)	1.000	1.000

apertura dell'esercizio X+1, il conto "fatture da emettere" verrà "aperto" nello stato patrimoniale dell'esercizio X+1[70].
Successivamente, al momento della fatturazione, il 05/01/X+1, verrà rilevata la manifestazione monetaria della vendita, comprensiva dell'IVA, con la chiusura del conto "fatture da emettere".

(1 - es.X+1) *Dare* (+)	*05/01/X+1*	*Avere* (–)	*Dare* (+)	*Avere* (–)
Crediti v/clienti (SP)	a	*diversi*	1.200	
		Fatture da emettere (SP)		1.000
		Iva ns. debito (SP)		200
Emessa fattura n. 1 a Omega S.p.a.				

Verifichiamo ora, attraverso i mastri del conto "merci c/vendite", se la rilevazione delle fatture da emettere ha consentito di rispettare il principio di competenza economica in relazione alla vendita in esame.

Merci c/vendite - **Esercizio X**

dare (+)	*avere* (–)
	(1) 1.000
	VNN

Merci c/vendite - **Esercizio X+1**

dare (+)	*avere* (–)

In coerenza con il principio di competenza economica, l'esercizio X ha beneficiato del ricavo della vendita di merci, che nell'esercizio X+1 ha avuto la sola manifestazione monetaria.

1.3.7 Altri costi di competenza dell'esercizio ancora da liquidare

Il sistema dei valori, risultante dalle rilevazioni periodiche e sistematiche delle operazioni di scambio monetario avvenute nell'esercizio, deve essere *integrato* di ulteriori costi di competenza dell'esercizio in chiusura, che avranno manifestazione monetaria e conseguente rilevazione contabile negli esercizi successivi.
Si tratta, in particolare, dei seguenti:
A) imposte;
B) TFR.

[70] Scritture di apertura dell'esercizio X+1:

Dare (+)	*01/01/X+1*	*Avere* (–)	*Dare* (+)	*Avere* (–)
Fatture da emettere (SP)	a	Stato patrimoniale di apertura	1.000	1.000

A) Imposte

In relazione al risultato prodotto in ciascun esercizio, l'impresa deve riconoscere allo Stato le imposte, rappresentative del costo dei servizi resi dallo Stato di cui l'impresa ha beneficiato per lo svolgimento della sua attività.
Le imposte relative a un esercizio sono liquidate nell'esercizio successivo, dopo l'approvazione del bilancio, attraverso la compilazione della dichiarazione dei redditi. La manifestazione monetaria delle imposte, pertanto, avviene nell'esercizio successivo a quello cui le stesse si riferiscono. Per il rispetto del principio della competenza economica, risulta necessario *integrare* il sistema dei valori "inserendo" il costo (le imposte) di competenza dell'esercizio in chiusura, che non ha ancora avuto manifestazione monetaria e, dunque, rilevazione contabile. In chiusura di ciascun esercizio, dunque, l'impresa deve calcolare il costo "presunto" per le imposte di competenza dello stesso e procedere alla loro rilevazione[71].

Esempio

In data 31/12/X l'impresa calcola le imposte di competenza dell'esercizio X in € 4.000.

(1 - es. X) *Dare* (+)	*31/12/X*	*Avere* (–)	*Dare* (+)	*Avere* (–)
Imposte (CE)	a	Debiti tributari (SP)	4.000	4.000
Calcolo imposte di competenza esercizio X				

Nell'esercizio successivo, al momento della liquidazione delle imposte e del relativo pagamento, si procederà alla "chiusura" del conto "debiti tributari" con contropartita la movimentazione di moneta o di credito[72].

(1 - es. X+1) *Dare* (+)	*30/05/X+1*	*Avere* (–)	*Dare* (+)	*Avere* (–)
Debiti tributari (SP)	a	*diversi*	4.000	
		Erario c/ritenute (SP)		1.000
		Erario c/acconti (SP)		1.000
		Banca X c/c (SP)		2.000
Liquidazione delle imposte dell'esercizio X				

[71] Per un'ampia trattazione delle imposte si rinvia al cap. 8.

[72] La rilevazione della liquidazione e del pagamento delle imposte sopra riportata è semplificata e non tiene conto delle specifiche disposizioni normative relative a tale adempimento; essa è finalizzata esclusivamente ad evidenziare che nell'esercizio X+1 non viene rilevato alcun costo per le imposte di competenza dell'esercizio X, già rilevate in chiusura di tale esercizio attraverso la scrittura di integrazione.

In coerenza con il principio di competenza economica, l'esercizio X è stato gravato del costo per le imposte di relativa competenza, che avranno manifestazione monetaria nell'esercizio X+1.

B) TFR

Il trattamento di fine rapporto (TFR) è una quota della retribuzione dei lavoratori dipendenti che sarà corrisposta alla risoluzione del contratto di lavoro. Si tratta, dunque, di una retribuzione *differita*, che avrà manifestazione monetaria nel momento di cessazione del rapporto di lavoro. Tale retribuzione, peraltro matura progressivamente durante tutta la durata del rapporto di lavoro; pertanto, al fine di rispettare il principio di competenza economica, si rende necessario imputare a ciascun esercizio di durata del rapporto di lavoro la quota parte di tale retribuzione differita maturata nell'esercizio e, dunque, di competenza dello stesso. In chiusura di ciascun esercizio, occorre dunque *integrare* il sistema dei valori "inserendo" la quota di costo (quota di TFR) di competenza dell'esercizio che non è stata rilevata poiché non ha avuto manifestazione monetaria (che si avrà solo nel momento di interruzione del rapporto).

Esempio[73]

In data 31/12/X l'impresa calcola il TFR di competenza dell'esercizio X in € 1.000.

(1 - es. X) *Dare* (+)	*31/12/X*	*Avere* (–)	*Dare* (+)	*Avere* (–)
Trattamento di fine rapporto (CE) *TFR di competenza dell'esercizio X*	a	Debiti per TFR (SP)	1.000	1.000

Tale rilevazione sarà ripetuta in chiusura di ciascun esercizio di durata del rapporto di lavoro. Il conto "debiti per TFR" verrà pertanto a rappresentare il TFR complessivo maturato di esercizio in esercizio. Nel momento di interruzione del rapporto di lavoro, si provvederà alla sola liquidazione di tale debito.
Si ipotizzi, ad esempio, che il rapporto di lavoro si interrompa nell'esercizio X+4 e i debiti (cumulati) per TFR alla data di interruzione del rapporto siano pari a € 5.000. Si procederà alla seguente scrittura.

(1 - es. X+4) *Dare* (+)	*04/03/X+4*	*Avere* (–)	*Dare* (+)	*Avere* (–)
Debiti per TFR (SP) *Liquidato TFR*	a	Banca X c/c (SP)	5.000	5.000

[73] In questa sede, in considerazione delle finalità del presente testo, non si esaminano le specifiche disposizioni normative che regolamentano il calcolo e la liquidazione del TFR.

In coerenza con il principio di competenza economica, l'esercizio X (e ciascun esercizio di durata del rapporto di lavoro subordinato) è stato gravato del costo per TFR di competenza, costo che avrà manifestazione monetaria solo al termine del rapporto di lavoro.

1.3.8 Le rimanenze di magazzino

Le rimanenze di magazzino rientrano nelle scritture di **rettifica** (storno) rese necessarie dalla presenza di valori comuni a due o più esercizi. Si tratta, in particolare, delle condizioni di produzione non monetarie cosiddette correnti, il cui utilizzo tipicamente si esaurisce nell'arco di un periodo amministrativo ("risorse tecniche correnti" di cui si è trattato al § 1.2.2)[74]. Se tali risorse al termine del periodo amministrativo non sono state ancora utilizzate (o vendute) e, pertanto, sono a disposizione delle gestioni future, per il rispetto del principio di competenza economica, si rende necessario *rettificare* il sistema dei valori "stornando" i costi delle risorse acquistate e non ancora utilizzate. Si tratta, infatti, di costi di competenza di esercizi successivi, che hanno già avuto manifestazione monetaria e conseguente rilevazione contabile nell'esercizio in chiusura. Tale rettifica del sistema dei valori in chiusura dell'esercizio avviene attraverso la rilevazione delle *rimanenze finali*.

Esempio

Nel corso dell'esercizio X la società Alfa ha acquistato 10 unità di merce al prezzo unitario di € 50 e ha venduto 6 unità della merce acquistata al prezzo unitario di € 70. L'impresa ha dunque rilevato:

– costi per acquisti di € 500, relativi a 10 unità[75];

---

[74] La rilevazione di eventuali rimanenze, in chiusura del periodo amministrativo, si rende necessaria anche per i titoli, nell'ipotesi in cui sia seguita la modalità di rilevazione cosiddetta "a costi, ricavi e rimanenze" (cfr. *supra* § 1.2.6). Seguendo tale modalità di rilevazione, infatti, il conto "gestione titoli" ha natura reddituale ed è analogo a un "piccolo" conto economico che sintetizza i costi e i ricavi, e per differenza, il risultato relativo alla sola "gestione titoli". In particolare, il conto accoglie, nella sezione contraddistinta con segno (+), il costo dei titoli acquistati e, nella sezione contraddistinta con segno (–), i ricavi dei titoli ceduti. Se, a fine esercizio, i titoli acquistati non sono stati interamente ceduti (e, dunque, il costo non "si è correlato" con il ricavo), per il rispetto del principio di competenza economica, occorre *rettificare* il sistema dei valori "stornando" il costo dei titoli acquistati, rilevati nella sezione con segno (+), che non sono stati venduti e, dunque, sono di competenza di esercizi successivi; il costo in esame, infatti, non deve concorrere alla determinazione del risultato dell'esercizio in chiusura, bensì di quelli successivi in cui i titoli saranno ancora a disposizione. Tale rettifica del sistema dei valori in chiusura dell'esercizio avviene attraverso la rilevazione delle rimanenze finali di titoli nella sezione contraddistinta con segno (–).

[75] Scrittura di acquisto:

Dare (+)	...	*Avere* (–)	*Dare* (+)	*Avere* (–)
diversi	a	Banca X c/c (SP)		610
Merci c/acquisti (CE)			500	
IVA ns. credito (SP)			110	

– ricavi di vendita per € 420, relativi a 6 unità[76].

Possiamo affermare che le rilevazioni contabili operate rispettano il principio di competenza economica? In particolare, i costi rilevati si riferiscono a risorse che si sono trasformate in prodotti/servizi che hanno dato origine a ricavi di vendita? Costi e ricavi sono correlati?
La risposta è parzialmente negativa. Infatti, solo i costi relativi alle 6 unità poi vendute hanno avuto "correlazione" con i relativi ricavi. *Le residue 4 unità acquistate non sono vendute e, dunque, sono presenti all'interno dell'impresa e sono a disposizione della futura gestione.*
Si ha la situazione rappresentata nella figura che segue.

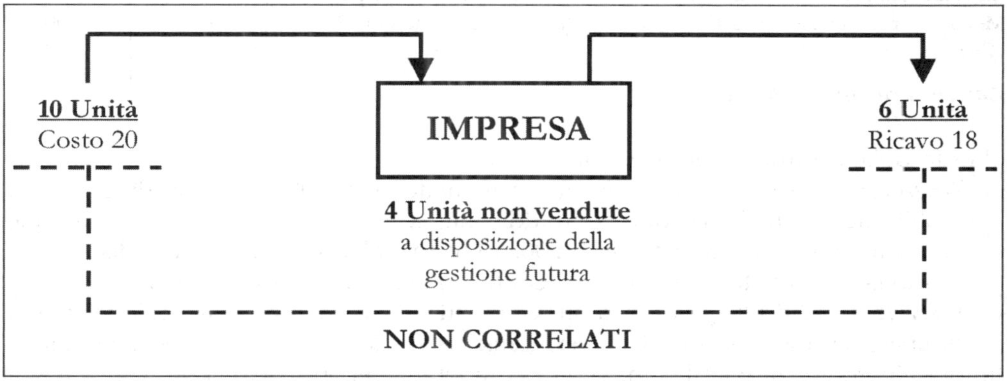

Per il rispetto del principio di competenza economica è necessario *rettificare* il sistema dei valori "stornando" i costi - relativi alle 4 unità non vendute - di competenza di esercizi successivi, che hanno già avuto manifestazione monetaria e conseguente rilevazione contabile nell'esercizio in chiusura. Tale rettifica di costo viene effettuata rilevando un "ricavo" nella sezione opposta, contraddistinta con segno (–).
Al 31/12/X, la società Alfa pertanto effettuerà la seguente rilevazione.

(1 - es. X) *Dare* (+)	*31/12/X*	*Avere* (–)	*Dare* (+)	*Avere* (–)
Rimanenze di merci (SP) (*)	a	Merci c/rimanenze finali (CE)	200	200
Rimanenze in magazzino				

(*) Le "rimanenze di merci" sono pari a: numero di unità non vendute × costo di acquisto: 4 × 50 = 200.

[76] Scrittura di vendita:

Dare (+)	...	*Avere* (–)	*Dare* (+)	*Avere* (–)
Banca X c/c (SP)	a	*diversi*	512,4	
		Merci c/vendite (CE)		420
		IVA ns. debito (SP)		92,4

Nell'ambito delle rilevazioni di chiusura dell'esercizio X, i conti "merci c/rimanenze finali" e "rimanenze di merci" confluiranno, rispettivamente, nelle tavole di sintesi di conto economico e stato patrimoniale[77]. In data 01/01/X+1, nell'ambito delle rilevazioni di apertura dell'esercizio X+1, il conto "rimanenze di merci" verrà "aperto" nello stato patrimoniale dell'esercizio X+1[78].
Il conto "rimanenze di merci" verrà poi subito "girato" al pertinente conto di conto economico, "merci c/rimanenze iniziali", che parteciperà alla formazione del risultato dell'esercizio X+1.

(1 - es. X+1) *Dare* (+)	*01/01/X+1*	*Avere* (–)	*Dare* (+)	*Avere* (–)
Merci c/rimanenze iniziali (CE) *Chiusura rimanenze iniziali*	a	Rimanenze di merci (SP)	200	200

Ad esito delle scritture sopra riportate:
- l'*esercizio X* risulta gravato da un costo netto di € 300 (pari alla differenza tra € 500, rilevato nella sezione contraddistinta con segno (+) del conto economico al conto "merci c/acquisti", e € 200, rilevato nella sezione contraddistinta con segno (–) del conto economico al conto "merci c/rimanenze finali");
- l'*esercizio X+1* risulta gravato da un costo pari a € 200 (rilevato nella sezione contraddistinta con segno (+) del conto economico al conto "merci c/rimanenze iniziali").

Dunque, in coerenza con il principio di competenza economica, l'esercizio X è stato gravato del costo di acquisto relativo ai soli beni che hanno dato origine a ricavi di vendita (ossia le 6 unità di merce acquistate e poi vendute).

1.3.9 Le capitalizzazioni di costi

Le capitalizzazioni di costi sono scritture di **rettifica** (o storno) che si rendono necessarie nelle ipotesi in cui l'impresa riconosca che un costo, che ha avuto manifestazione monetaria e rilevazione contabile nel corso dell'esercizio, non ha esaurito la sua utilità, ma la fornirà anche agli esercizi futuri. Nel rispetto del principio di competenza economica, si rende necessario *rettificare* il sistema dei valori in chiusura

---

[77] Scritture di chiusura dell'esercizio X:

Dare (+)	*31/12/X*	*Avere* (–)	*Dare* (+)	*Avere* (–)
Merci c/rimanenze finali (CE)	a	Conto economico	200	200
Stato patrimoniale	a	Rimanenze di merci (SP)	200	200

[78] Scritture di apertura dell'esercizio X+1:

Dare (+)	*01/01/X+1*	*Avere* (–)	*Dare* (+)	*Avere* (–)
Rimanenze di merci (SP)	a	Stato patrimoniale di apertura	200	200

dell'esercizio "stornando" la quota di costi già rilevati che però sono di competenza di esercizi successivi. Tale rettifica del sistema dei valori in chiusura dell'esercizio avviene attraverso la rilevazione delle *capitalizzazioni di costi.*
Tipico esempio di capitalizzazioni di costi sono le cosiddette costruzioni in economia, di cui si è trattato al § 1.2.5 al quale si fa rinvio.

1.3.10 Le scritture di chiusura dei conti

Terminate le scritture di rettifica e integrazione, il sistema dei valori dell'esercizio destinato a formare il bilancio è completato: durante il periodo amministrativo, sono stati rilevati cronologicamente e sistematicamente tutti i valori originati dalle operazioni di "gestione esterna" dell'impresa (§ 1.2.) e, in chiusura di esercizio, si sono svolte le scritture di rettifica e integrazione, necessarie per garantire il rispetto dei postulati della competenza economica e della prudenza (§§ 1.3.-1.3.9).
Ora, i valori rilevati nei conti intitolati alle singole risorse movimentate devono confluire nelle tavole di sintesi da cui è formato il bilancio di esercizio, stato patrimoniale e conto economico (secondo i criteri illustrati al § 1.2.6). Per fare ciò, si eseguono le cosiddette *scritture di chiusura dei conti*, che hanno appunto la funzione di "chiudere" i conti intitolati alle singole risorse e far affluire i valori netti ("saldi") di ciascun conto nello stato patrimoniale e nel conto economico.
Si procede anzitutto alla chiusura dei conti che confluiscono nella tavola di sintesi "conto economico", conti relativi a costi (componenti negativi di reddito) e ricavi (componenti positivi di reddito).
Attraverso il confronto tra costi e ricavi, si determina così il reddito dell'esercizio (utile o perdita), che viene rilevato come "chiusura" del conto economico e, contemporaneamente, nello stato patrimoniale.
Si procede da ultimo alla chiusura dei conti che confluiscono nella tavola di sintesi "stato patrimoniale", conti relativi a componenti del capitale di funzionamento (attività, passività e patrimonio netto).
Il ciclo di formazione del bilancio d'esercizio può essere dunque graficamente rappresentato dalla successiva tavola.

Tavola 1.10 - **Il ciclo di formazione del bilancio di esercizio**

1. Scritture effettuate nel corso dell'esercizio

⇩

2. Scritture di rettifica e integrazione

⇩

3. Scritture di chiusura dei conti di conto economico

⇩

4. Rilevazione del risultato di esercizio

⇩

5. Scritture di chiusura dei conti di stato patrimoniale

I valori netti ("saldi") di ciascun conto, da chiudere nelle tavole di sintesi, risultano come sommatoria dei valori riportati nei relativi mastri. Essi sono inoltre riportati nel cosiddetto "bilancio di verifica", che elenca la situazione dei conti dell'impresa al 31/12 dell'esercizio, indicando, per ciascun conto, il segno e il valore del saldo.

Esempio

Al 31/12/X, la situazione dei conti della società Alfa, dopo aver operato le scritture di rettifica e integrazione, è quella risultante dal bilancio di verifica e dai mastri sotto riportati.

Merci c/acquisti (CE)

dare (+)	*avere* (–)
4.000	

Merci c/rimanenze iniziali (CE)

dare (+)	*avere* (–)
1.500	

Salari e stipendi (CE)

dare (+)	*avere* (–)
3.000	

TFR (CE)

dare (+)	*avere* (–)
500	

Ammortamento impianti (CE)

dare (+)	*avere* (–)
500	

Minusvalenze (CE)

dare (+)	*avere* (–)
500	

Prodotti finiti c/vendite (CE)

dare (+)	*avere* (–)
	9.000

Merci c/rimanenze finali (CE)

dare (+)	*avere* (–)
	1.000

Plusvalenze (CE)

dare (+)	*avere* (–)
	2.000

Impianti (SP)

dare (+)	*avere* (–)
7.500	

Banca X c/c (SP)

dare (+)	*avere* (–)
1.000	

Crediti v/clienti (SP)

dare (+)	*avere* (–)
3.000	

Rimanenze di merci (SP)	
dare (+)	*avere* (–)
1.000	

Debiti v/fornitori (SP)	
dare (+)	*avere* (–)
	2.500

Mutui (SP)	
dare (+)	*avere* (–)
	2.000

F.do amm.to impianti (SP)	
dare (+)	*avere* (–)
	500

TFR (SP)	
dare (+)	*avere* (–)
	500

Capitale sociale (SP)	
dare (+)	*avere* (–)
	5.000

Situazione dei conti al 31/12/X		
Nome del conto	**Saldi dare (+)**	**Saldi avere (–)**
Merci c/acquisti	4.000	
Merci c/rimanenze iniziali	1.500	
Salari e stipendi	3.000	
TFR	500	
Ammortamento impianti	500	
Minusvalenze	500	
Prodotti finiti c/vendite		9.000
Merci c/rimanenze finali		1.000
Plusvalenze		2.000
TOTALE CONTI DI CONTO ECONOMICO (CE)	**10.000**	**12.000**
Impianti	7.500	
Banca X c/c	1.000	
Crediti v/clienti	3.000	
Rimanenze di merci	1.000	
Debiti v/fornitori		2.500
Mutui		2.000
Fondo ammortamento impianti		500
TFR		500
Capitale sociale		5.000
TOTALE CONTI DI STATO PATRIONIALE (SP)	**12.500**	**10.500**

Si eseguono le scritture di chiusura dei conti di conto economico, facendoli confluire nella relativa tavola di sintesi. Per "chiudere" i conti che hanno saldo nella sezione contraddistinta con segno (+), occorre iscrivere il valore di chiusura nella sezione contrapposta contraddistinta con segno (–). Simmetricamente, per "chiudere" i conti che hanno saldo nella sezione contraddistinta con segno (–), occorre iscrivere il valore di chiusura nella sezione contrapposta contraddistinta con segno (+).

Dare (+)	*31/12/X*	*Avere* (–)	*Dare* (+)	*Avere* (–)
Conto economico	a	*diversi*	10.000	
		Merci c/acquisti (CE)		4.000
		Merci c/rimanenze iniziali (CE)		1.500
		Salari e stipendi (CE)		3.000
		TFR (CE)		500
		Ammortamento impianti (CE)		500
		Minusvalenze (CE)		500
Chiusura dei componenti negativi di reddito (costi)				
Dare (+)	*d.d.*	*Avere* (–)		
diversi	a	Conto economico		12.000
Prodotti finiti c/vendite (CE)			9.000	
Merci c/rimanenze finali (CE)			1.000	
Plusvalenze (CE)			2.000	
Chiusura dei componenti positivi di reddito (ricavi)				

Ne risulta il seguente conto economico.

Conto economico esercizio X			
Dare (+)			*Avere* (–)
Merci c/acquisti	4.000	Prodotti finiti c/vendite	9.000
Merci c/rimanenze iniziali	1.500	Merci c/rimanenze finali	1.000
Salari e stipendi	3.000	Plusvalenze	2.000
TFR	500		
Ammortamento impianti	500		
Minusvalenze	500		
TOTALE COSTI	10.000	TOTALE RICAVI	12.000
UTILE DI ESERCIZIO	2.000		

Il confronto tra costi (iscritti nella sezione contrassegnata da segno (+)) e ricavi (iscritti nella sezione contrassegnata da segno (–)) dà evidenza del risultato di esercizio:

RICAVI - COSTI = RISULTATO DI ESERCIZIO

Si procede dunque alla rilevazione del risultato di esercizio, "chiudendo" il conto economico e rilevando il risultato nello stato patrimoniale.

Dare (+)	*31/12/X*	*Avere* (–)	*Dare* (+)	*Avere* (–)
Conto economico	a	Utile di esercizio (SP)	2.000	2.000
Utile dell'esercizio				

Si procede poi alla chiusura dei conti relativi ai componenti del capitale di funzionamento (attività, passività e patrimonio netto), che confluiscono nella tavola di sintesi "stato patrimoniale". Per "chiudere" i conti che hanno saldo nella sezione contraddistinta con segno (+), occorre iscrivere il valore di chiusura nella sezione contrapposta contraddistinta con segno (–). Simmetricamente, per "chiudere" i conti che hanno saldo nella sezione contraddistinta con segno (–), occorre iscrivere il valore di chiusura nella sezione contrapposta contraddistinta con segno (+).

Dare (+)	*31/12/X*	*Avere* (–)	*Dare* (+)	*Avere* (–)
Stato patrimoniale	a	*diversi*	12.500	
		Impianti (SP)		7.500
		Banca X c/c (SP)		1.000
		Crediti v/clienti (SP)		3.000
		Rimanenze di merci (SP)		1.000
Chiusura delle attività				
Dare (+)	*d.d.*	*Avere* (–)	*Dare* (+)	*Avere* (–)
diversi	a	Stato patrimoniale		12.500
Debiti v/fornitori (SP)			2.500	
Mutui (SP)			2.000	
Fondo amm.to impianti (SP)			500	
TFR (SP)			500	
Capitale sociale (SP)			5.000	
Utile di esercizio (SP)			2.000	
Chiusura delle passività e del patrimonio netto				

Ne risulta il seguente stato patrimoniale.

Stato patrimoniale al 31/12/X			
Dare (+)			*Avere* (–)
Impianti	7.500	Debiti v/fornitori	2.500
Banca X c/c	1.000	Mutui	2.000
Crediti v/clienti	3.000	Fondo ammortamento impianti	500
Rimanenze di merci	1.000	TFR	500
		TOTALE PASSIVITÀ	5.500
		Capitale sociale	5.000
		Utile di esercizio	2.000
TOTALE ATTIVITÀ	12.500	TOTALE P.N.	7.000

Si dà dunque evidenza dell'equazione rappresentativa del capitale di funzionamento:

ATTIVITÀ = PASSIVITÀ + PATRIMONIO NETTO

Risulta inoltre rispettata l'equazione di sintesi del sistema dei valori dell'impresa:

ATTIVITÀ = PASSIVITÀ + CAPITALE + RISULTATO DI ESERCIZIO

RICAVI - COSTI

1.3.11 Le scritture di apertura dei conti

All'inizio di ciascun esercizio devono essere aperti i conti che, nell'esercizio passato, erano confluiti nello stato patrimoniale. Infatti, come descritto nel § 1.1.5, lo stato patrimoniale rappresenta il *capitale di funzionamento* che è l'insieme delle condizioni produttive che, in un dato momento, sono a disposizione dell'impresa per lo svolgimento della gestione futura (attività) e che rappresentano condizioni di vincoli di tale gestione (passività e patrimonio netto). I valori rappresentati nello stato patrimoniale, pertanto, sono valori "accumulati" nel corso dell'esercizio concluso che si "tramandano" all'esercizio successivo, rappresentando il punto di collegamento tra più periodi amministrativi. Pertanto, ad avvio dell'esercizio, i valori iscritti nello stato patrimoniale dell'esercizio appena concluso devono essere "aperti" allo stato patrimoniale di apertura del nuovo esercizio. La scrittura di apertura è analoga, con segni opposti, rispetto alla scrittura di chiusura. In particolare, i conti riferiti alle attività devono essere "aperti" nella sezione contraddistinta con segno (+); simmetricamente, i conti intestati alle passività e al patrimonio devono essere "aperti" nella sezione contraddistinta con segno (–).

Dare (+)	*01/01/X+1*	*Avere* (–)	*Dare* (+)	*Avere* (–)
diversi	a	Stato patrimoniale di apertura		12.500
Impianti (SP)			7.500	
Banca X c/c (SP)			1.000	
Crediti v/clienti (SP)			3.000	
Rimanenze di merci (SP)			1.000	
Apertura delle attività				
Dare (+)	*d.d.*	*Avere* (–)	*Dare* (+)	*Avere* (–)
Stato patrimoniale di apertura	a	*diversi*	12.500	
		Debiti v/fornitori (SP)		2.500
		Mutui (SP)		2.000
		Fondo amm.to impianti (SP)		500
		TFR (SP)		500
		Capitale sociale (SP)		5.000
		Utile esercizio precedente (SP)		2.000
Apertura delle passività e del patrimonio netto				

Ne risulta il seguente stato patrimoniale di apertura allo 01/01/X+1.

Stato patrimoniale allo 01/01/X+1			
Dare (+)		*Avere* (-)	
Impianti	7 500	Debiti v/fornitori	2.500
Banca X c/c	1 000	Mutui	2.000
Crediti v/clienti	3.000	Fondo ammortamento impianti	500
Rimanenze di merci	1.000	TFR	500
		TOTALE PASSIVITÀ	5.500
		Capitale sociale	5.000
		Utile esercizio precedente	2.000
TOTALE ATTIVITÀ	12.500	TOTALE P.N.	7.000

PARTE II

LA DETERMINAZIONE DEI VALORI DI BILANCIO

PREMESSA

L'obiettivo di questa seconda parte del volume è di introdurre il lettore alla tematica dei criteri di valutazione di bilancio, generali e particolari, riferiti alle singole voci.
La trattazione è articolata, in ogni capitolo, come segue: dapprima si espongono la definizione e le problematiche di classificazione; si passa poi alle regole di valutazione, secondo le disposizioni civilistiche e i nuovi principi contabili nazionali emanati dall'Organismo Italiano di Contabilità (O.I.C.).
È dedicato spazio anche alla trattazione delle regole di valutazione contenute nei principi contabili internazionali (*International Accounting Standards* - IAS e *International Financial Reporting Standards* - IFRS), se e laddove ritenute significative, in termini di differenze rispetto alle disposizioni italiane.
Le tematiche esaminate nella prospettiva di cui sopra sono le seguenti: introduzione e principi generali (capitolo 2); la valutazione delle rimanenze di magazzino (capitolo 3); la valutazione delle immobilizzazioni materiali (capitolo 4); la valutazione delle immobilizzazioni immateriali (capitolo 5); la valutazione delle immobilizzazioni finanziarie (capitolo 6); la valutazione dei fondi, dei crediti e dei debiti (capitolo 7).
Il capitolo 8, conclusivo di questa parte, si occupa della sintesi del trattamento fiscale (esclusivamente ai fini IRES) delle voci considerate, in termini di imposte correnti e differite.

2. I PRINCIPI DI REDAZIONE DEL BILANCIO

di Patrizia Tettamanzi

2.1. IL BILANCIO DESTINATO A PUBBLICAZIONE: I PRINCIPI GENERALI DETTATI DAL CODICE CIVILE[1-2]

2.1.1 Composizione e finalità del bilancio

Il Codice civile italiano regolamenta, nel libro V (artt. 2423 e seguenti), i principi ai quali gli operatori economici devono attenersi nella redazione del bilancio. Gli articoli che più da vicino interessano l'impostazione generale sono il 2423 e il 2423-*bis* c.c., di seguito riportati integralmente.

Art. 2423 c.c. - *Redazione del bilancio*

1. Gli amministratori devono redigere il bilancio di esercizio, costituito dallo stato patrimoniale, dal conto economico, dal rendiconto finanziario e dalla nota integrativa.
2. Il bilancio deve essere redatto con chiarezza e deve rappresentare in modo veritiero e corretto la situazione patrimoniale e finanziaria della società e il risultato economico dell'esercizio.
3. Se le informazioni richieste da specifiche disposizioni di legge non sono sufficienti a dare una rappresentazione veritiera e corretta, si devono fornire le informazioni complementari necessarie allo scopo.
4. Non occorre rispettare gli obblighi in tema di rilevazione, valutazione, presentazione e informativa quando la loro osservanza abbia effetti irrilevanti al fine di dare una rappresentazione veritiera e corretta. Rimangono fermi gli obblighi in tema di regolare tenuta delle scritture contabili. Le società illustrano nella nota integrativa i criteri con i quali hanno dato attuazione alla presente disposizione.
5. Se, in casi eccezionali, l'applicazione di una disposizione degli articoli seguenti è incompatibile con la rappresentazione veritiera e corretta, la disposizione non deve essere applicata. La nota integrativa deve motivare la deroga e deve indicarne l'influenza sulla rappresentazione della situazione patrimoniale, finanziaria e del risultato economico. Gli eventuali utili derivanti dalla deroga devono essere iscritti in una riserva non distribuibile se non in misura corrispondente al valore recuperato.
6. Il bilancio deve essere redatto in unità di euro, senza cifre decimali, ad eccezione della nota integrativa che può essere redatta in migliaia di euro.

---

[1] Ci si limita in questa sede all'esame delle problematiche di bilancio di esercizio riguardanti le imprese industriali, commerciali e di servizi. Non si fa quindi cenno ai bilanci consolidati, né ai bilanci degli istituti finanziari o di altri specifici settori non regolamentati, a livello nazionale, dal D.Lgs. 127/1991.

[2] Si avverte il lettore che con il DLgs 18 agosto 2015, n. 239 (GU. n. 205 del 4 settembre 2015) è stata recepita la direttiva 2013/34/UE del Parlamento Europeo. Le novità riportate in tema di bilancio sono applicabili dagli esercizi aventi inizio dal 1° gennaio 2016 e interessano essenzialmente i bilanci delle Spa, Sapa, Srl, e le società di persone (Snc e Sas) nel caso abbiano come soci illimitatamente responsabili Spa, Sapa o Srl. Per una sintesi commentata delle modifiche apportate al codice civile in tema di bilancio si faccia riferimento al Capitolo: "Il recepimento della Direttiva 2013/34/UE", a pagina 395.

Art. 2423-*bis* c.c. - *Principi di redazione del bilancio*

1. Nella redazione del bilancio devono essere osservati i seguenti principi:

1) la valutazione delle voci deve essere fatta secondo prudenza e nella prospettiva della continuazione dell'attività;

1bis) la rilevazione e la presentazione delle voci è effettuata tenendo conto della sostanza dell'operazione o del contratto;

2) si possono indicare esclusivamente gli utili realizzati alla data di chiusura dell'esercizio;

3) si deve tener conto dei proventi e degli oneri di competenza dell'esercizio, indipendentemente dalla data dell'incasso o del pagamento;

4) si deve tener conto dei rischi e delle perdite di competenza dell'esercizio, anche se conosciuti dopo la chiusura di questo;

5) gli elementi eterogenei ricompresi nelle singole voci devono essere valutati separatamente;

6) i criteri di valutazione non possono essere modificati da un esercizio all'altro.

2. Deroghe al principio enunciato nel numero 6) del comma precedente sono consentite in casi eccezionali. La nota integrativa deve motivare la deroga e indicarne l'influenza sulla rappresentazione della situazione patrimoniale e finanziaria e del risultato economico.

L'insieme delle norme civilistiche sul bilancio di esercizio risale al Codice civile del 1942, che ha specificato la necessità di determinare con «chiarezza e precisione» la situazione patrimoniale della società e gli utili conseguiti o le perdite subite. A tale fine, da un lato ha introdotto l'obbligo della tenuta delle scritture contabili; dall'altro, ha determinato una serie di norme sulla struttura e sulle valutazioni dello stato patrimoniale.

A fronte di una materia in decisa evoluzione, la normativa originaria è stata più volte integrata e modificata da leggi speciali successive.

Si è così assistito a una serie di interventi legislativi che hanno ampliato la regolamentazione dettata dal Codice civile del 1942 in merito al contenuto dello stato patrimoniale (art. 2424) e a una serie di regole riguardanti la valutazione del patrimonio (artt. 2425, 2426, 2427, 2429). Il punto di svolta è stato rappresentato dalla Legge 216/1974, che ha disciplinato il contenuto minimo del conto dei profitti e delle perdite (art. 2425-*bis*) e della relazione degli amministratori (art. 2429-*bis*), ampliando e modificando contestualmente l'art. 2424 c.c. Si sono succedute normative che hanno regolamentato settori specifici (a titolo di esempio, quello dell'editoria), speciali raggruppamenti di imprese (si pensi a quelle a partecipazione statale) o, ancora, imprese che versavano in condizioni particolarmente problematiche (si ricorda, a tale proposito, la cosiddetta Legge Prodi).

L'innovazione più significativa è stata introdotta dalla legge di recepimento della IV Direttiva Comunitaria sulla redazione dei conti annuali (D.Lgs. 127/1991), che ha rivoluzionato in più punti la regolamentazione legislativa del bilancio, definendone gli attuali fondamenti e rendendola complessivamente più organica e completa.

Tra le variazioni di maggiore rilievo, oltre all'introduzione di schemi rigidi per il conto economico e lo stato patrimoniale, si ricorda l'affiancamento della nota integrativa

alle due tavole di sintesi, documento facente parte del «bilancio»; a questi si aggiunge la relazione sulla gestione, con una serie di informazioni aggiuntive sull'andamento dell'impresa. Tali norme sono state successivamente modificate dalla Legge n. 503/1994 e dal D.L. 7 gennaio 1995, n. 1, che hanno ridefinito i rapporti tra normativa civilistica e normativa fiscale, rivedendo, tra l'altro, i contenuti delle tavole di sintesi e della nota integrativa.
Il decreto legislativo del 17 gennaio 2003 n. 6, con cui è stata attuata la riforma del diritto societario, in vigore dal 2004, ha poi interessato anche diversi punti della disciplina del bilancio d'esercizio. Il D.Lgs. 6/2003, in attuazione della legge delega, ha in effetti apportato innovazioni soprattutto in merito al trattamento contabile e all'informativa da fornire in nota integrativa per talune voci, oltre che introdotto il principio generale della prevalenza della sostanza sulla forma, il quale, insieme al *fair value*, rappresenta un elemento cardine nell'ambito del *corpus* dei principi contabili internazionali (*International Accounting Standards* - IAS/*International Financial Reporting Standards* - IFRS).
Come precisato nel documento n. 1 dell'Organismo Italiano di Contabilità (OIC), istituito per modificare e integrare le statuizioni dei principi contabili del Consiglio Nazionale dei Dottori Commercialisti e dei Ragionieri (CNDCR) coerentemente con le nuove disposizioni, gli interventi del 2003 si sviluppano principalmente lungo le seguenti direttrici:

- la prevalenza degli aspetti sostanziali rispetto a quelli formali;
- l'eliminazione delle interferenze fiscali nel bilancio di esercizio;
- le aperture verso l'applicazione del criterio del «*fair value*».

L'ultima e più recente modifica va attribuita al D. Lgs. 18 agosto 2015, n. 139, che - a far data dal 1 gennaio 2016 - ha innovato molti degli articoli del c.c. in tema di bilancio, come enunciato nei capitoli seguenti.

2.1.2 I principi per la redazione del bilancio

I principi per la redazione del bilancio destinato a pubblicazione possono essere suddivisi secondo un ordine gerarchico /piramidale, come riportato nella Tavola 2.1.

Tavola 2.1 - **Le clausole, i principi generali e particolari di valutazione del bilancio**

I. *Le clausole generali del bilancio* (art. 2423 c.c.)	– identificano le finalità del bilancio; – costituiscono un punto di riferimento della disciplina per qualsiasi aspetto della redazione del bilancio.
II. *I principi generali di redazione del bilancio* (art. 2423-*bis* c.c.)	– hanno l'obiettivo di realizzare le finalità enunciate al punto I; – sovrintendono alla applicazione delle singole norme in tema di valutazione di bilancio.
III. *I principi particolari di valutazione delle voci di bilancio* (art. 2426 c.c.)	– riguardano la specifica iscrizione delle differenti voci in bilancio; – devono essere interpretati e applicati alla luce dei numeri I e II.

Di seguito si analizzano i principi di cui ai numeri I e II, rinviando la trattazione del numero III ai capitoli successivi.

Le clausole generali del bilancio (art. 2423 c.c.)

Secondo l'art. 2423, «Il bilancio deve essere redatto con chiarezza e deve rappresentare in modo veritiero e corretto la situazione patrimoniale e finanziaria della società e il risultato economico di esercizio[3]».

I postulati di fondo sono dunque i seguenti:

1. la chiarezza;
2. la rappresentazione veritiera e corretta.

Le deroghe sono consentite solo in casi eccezionali, come più avanti esposto.

Chiarezza

Il principio della chiarezza riguarda la comunicazione delle informazioni che il bilancio contiene, con particolare riferimento alle modalità dell'esposizione, che devono consentirne la comprensione da parte dei destinatari, che siano forniti di media cultura contabile. Risulta così meglio articolato il principio della precisione, per il quale i dati storici riferiti nel bilancio devono essere «veri» e i criteri che presiedono alla loro valutazione e registrazione nel bilancio stesso devono essere «corretti», vale a dire conformi ai precetti legali e - in seconda battuta - alle norme tecnico-contabili alle quali la legge faccia espressamente o implicitamente rinvio. I due principi sono ribaditi dall'art. 2423, c.c., 3° comma (informazioni complementari), che sottolinea la funzione informativa del bilancio, e sono corroborati da regole più ricche e più rigide di quelle che precedono, relative agli schemi contabili.

Rappresentazione veritiera e corretta

Il postulato della rappresentazione veritiera e corretta riguarda il contenuto delle voci di bilancio tese a fornire l'informazione: la *verità* dei dati di bilancio attiene alla corrispondenza del valore iscritto nello stesso rispetto all'intrinseco contenuto del bene, del diritto o del rapporto a cui si riferisce; si realizza con il comportamento di buona fede del redattore del bilancio, che deve essere ispirato all'interesse di fornire ai destinatari un'informazione adeguata alla comprensione del valore rappresentato, priva di qualsiasi intento di strumentalizzazione. La *correttezza* dei dati di bilancio consiste nella scelta del criterio di rilevazione e di riproduzione del valore del documento contabile; deve essere giudicata sulla base degli elementi valutativi adottati, e, in particolare, con riferimento alla conformità degli stessi:

- alle prescrizioni legali;
- ai principi codificati della contabilità;
- ai criteri di ragionevolezza dettati dal buon senso comune.

Il valore della correttezza riguarda dunque il bilancio nel suo complesso.

Il regime delle deroghe

Pur ritenendo che il rispetto della norma sia il modo migliore per realizzare le finalità sottese alla disciplina del bilancio, il legislatore civilistico prevede le seguenti *due deroghe*.

---

[3] Lo sviluppo normativo in tema di bilancio ha evidenziato nel tempo il passaggio dai requisiti di «chiarezza e precisione» a quelli di «rappresentazione veritiera e corretta», pur sottolineando sempre l'esigenza di chiarezza.

1. Ove la quantità delle informazioni prescritte non è sufficiente a dare una rappresentazione veritiera e corretta, il redattore *deve* fornire le informazioni complementari necessarie allo scopo (art. 2423, 3° comma, c.c.); a titolo di esempio: la presenza di un impianto con caratteristiche singolari, tali da far ritenere opportuno un piano di ammortamento particolare, potrebbe richiedere la separazione di questo impianto dagli altri ai fini di una rappresentazione veritiera e corretta della voce in parola.
2. Ove l'osservanza di uno qualsiasi dei precetti sul bilancio risulti incompatibile con la rappresentazione veritiera e corretta, l'amministratore *deve* derogarvi[4] (art. 2423, 5° comma, c.c.); questa regola corrisponde a quella dell'ultimo comma dell'art. 2425 c.c. della previgente normativa, con contenuto tuttavia più ampio, in quanto riguarda tutte le disposizioni sul bilancio e non solo i criteri di valutazione.

La deroga diventa dunque un fatto eccezionale: non si tratta di una facoltà, bensì di un obbligo quando si debba salvaguardare la clausola generale della rappresentazione veritiera e corretta, e proprio in quanto tutte le altre regole sono gerarchicamente subordinate alla medesima clausola generale.

I principi generali di redazione del bilancio (art. 2423-*bis* c.c.)

I principi generali di redazione del bilancio contenuti nell'art. 2423-*bis* c.c. costituiscono un'assoluta novità formale per il nostro ordinamento in qualità di norme giuridiche; recepiscono peraltro regole già precedentemente riconosciute di generale validità, e cioè contenute nei principi contabili (documenti O.I.C.).
I principi di redazione del bilancio disciplinati in modo esplicito dall'art. 2423-*bis* c.c. sono i seguenti:
a) prudenza;
b) continuazione dell'attività dell'impresa;
c) sostanza economica dell'operazione o del contratto;
d) iscrizione dei soli utili realmente conseguiti;
e) competenza;
f) considerazione dei rischi e delle perdite;
g) valutazione separata degli elementi eterogenei delle singole voci;
h) continuità dei criteri di valutazione ed eventuali deroghe.

Di seguito si commenta il contenuto dei principi generali appena elencati.

a) *Prudenza* (art. 2423-*bis* c.c., n. 1)
Il Codice civile dispone che la valutazione delle voci sia effettuata secondo «prudenza», tenendo conto dei costi, anche se solo previsti e non ancora realizzati, e degli utili solo se realizzati.
È questa l'espressione dell'esigenza di non «intaccare» il patrimonio mediante la distribuzione di utili incerti, che va intesa con riferimento alla clausola di corretta e veritiera rappresentazione, quale regola di oculatezza, piuttosto che enunciazione del minimo valore possibile.

[4] Il nuovo testo dell'art. 2423 c.c., u.c., rende obsoleta la situazione previgente riferita a: «le speciali ragioni» (vecchio testo dell'art. 2425 c.c., u.c.), nonché al «quadro fedele» (art. 9, L. 72/1983).

Tale principio è da sempre presente nel nostro ordinamento ed è considerato da dottrina e giurisprudenza come un carattere fondamentale del comportamento di chi redige un bilancio.
In concreto si ricorda che un costo può essere considerato previsto se è correlato a un prezzo di acquisto formulato in una contrattazione e che un utile può considerarsi realizzato se è correlato a un prezzo di vendita formulato in una specifica trattativa: in entrambi i casi, dunque, è essenziale che si siano verificati gli atti o i fatti giuridici dai quali derivano la perdita o il provento.

b) *Continuità nell'esercizio dell'impresa* (art. 2423-*bis* c.c., n. 1)
Il Codice civile precisa che la prospettiva da adottare per la valutazione delle voci di bilancio è quella della prosecuzione dell'attività sociale (*going concern principle*).
La continuità nell'esercizio dell'impresa è prescritta per la evidente influenza che può avere nella valutazione del patrimonio aziendale e, in particolare, dei beni strumentali, il cui valore d'uso, in relazione alla sua efficienza produttiva, può essere superiore al valore di scambio.
Per fare un esempio, il caso di ristrutturazione di azienda, che implichi una riduzione dell'attività svolta, richiederà una revisione dei principi valutativi limitatamente ai fattori produttivi non più utilizzati (si pensi, tra gli altri, alla fattispecie della svalutazione di immobilizzazioni tecniche distolte dal processo produttivo). Profondamente diverso sarà invece il caso di un bilancio di liquidazione, quando l'amministratore dovrà fare riferimento non più al valore dei beni in relazione al loro contributo produttivo, bensì al valore che sarà possibile realizzare mediante lo scambio in un quadro di realizzo delle attività, di pagamento di debiti e di ripartizione del residuo fra i soci.

c) *Sostanza economica dell'operazione o del contratto* (art. 2423-*bis* c.c., n. 1 bis)[5]
Come ribadito nella relazione ministeriale al citato D.Lgs. n. 6/2003, alcune importanti operazioni - quali la locazione finanziaria, i pronti contro termine e gli strumenti finanziari derivati - in precedenza contabilizzate secondo gli aspetti formali dei relativi contratti, devono comparire oggi in bilancio secondo l'effettiva realtà economica sottostante. L'esigenza di rappresentazione di determinati accadimenti secondo l'aspetto sostanziale era già stata segnalata dal principio contabile nazionale n. 11 - «Bilancio d'esercizio: finalità e postulati» - coerentemente con le previsioni della più «moderna» dottrina aziendalistica e della prassi internazionale.
In sintesi, il principio della prevalenza della sostanza sulla forma[6]:
- trova sicura applicazione nei casi espressamente disciplinati, tenendo conto dei principi in parola (si tratta delle operazioni pronti contro termine);

[5] Il n. 1bis è stato modificato dall'art. 6, D. Lgs. 139/2015.
Il testo previgente disponeva che la valutazione dovesse essere fatta tenendo conto della funzione economica di attività e passività.

[6] In questo capitolo ci si limita a sintetizzare i casi in cui ci possono essere differenze tra la forma giuridica e la sostanza economica delle operazioni. Per approfondimenti sul tema del *leasing* finanziario si rimanda al capitolo 4. I restanti temi (pronti contro termine, strumenti derivati) non costituiscono oggetto di trattazione del presente volume.

- trova applicazione anche come principio di redazione del bilancio in tutte le situazioni per le quali sia riscontrabile una sostanza economica dell'operazione diversa dalla forma giuridica adottata (questo avviene con l'indicazione di una serie di informazioni in nota integrativa, come per il caso del *leasing* finanziario);
- non trova invece applicazione nelle operazioni diversamente disciplinate da specifiche norme.

d) *Iscrizione dei soli utili realmente conseguiti* (art. 2423-*bis*, n. 2)
È stabilito che «si possono indicare esclusivamente gli utili realizzati alla data di chiusura dell'esercizio»; si vuole così rafforzare ulteriormente il requisito della prudenza, escludendo la possibilità di considerare i profitti non ancora realizzati (utili sperati), se non nei casi esplicitamente previsti dal legislatore (a titolo di esempio, si pensi alle quote di utili maturate sulle commesse pluriennali nel caso in cui si utilizzi il criterio della percentuale di completamento[7]).

e) *Competenza* (art. 2423-*bis*, n. 3)
Il Codice civile stabilisce che «si deve tener conto dei proventi e degli oneri di competenza dell'esercizio, indipendentemente dalla data dell'incasso o del pagamento». Si tratta dunque di un concetto di competenza economica, in termini di correlazione di costi e ricavi, e non di competenza temporale.
Un ricavo per vendita di beni o per prestazione di servizi è definito di competenza di uno specifico esercizio quando, nello stesso, si verifica il passaggio di proprietà delle merci oggetto della vendita o della prestazione dei servizi; un costo è definito di competenza di uno specifico esercizio quando, nel corso dello stesso, si riferisce a una condizione produttiva che - trasformata in prodotti/servizi - ha dato origine ai ricavi di vendita o alle rimanenze finali del medesimo esercizio.

f) *Considerazione dei rischi e delle perdite* (art. 2423-*bis*, n. 4)
I principi di competenza e di prudenza sono ribaditi dal legislatore con l'obbligo, in capo a chi redige il bilancio, di «tenere in considerazione quei proventi e quegli oneri connessi all'esercizio, anche qualora essi siano conosciuti dopo la chiusura dell'esercizio stesso». Si vuole così porre rimedio agli effetti di un'imperfetta conoscenza dei fatti di gestione alla data di chiusura del periodo amministrativo.
Per quanto riguarda il tempo entro il quale la notizia possa essere utilmente appresa al fine di tenerne conto, si potrebbe far riferimento alla data del deposito della bozza di bilancio nella sede sociale, in vista della convocazione dell'assemblea che dovrà esaminarla e approvarla[8].

---

[7] Per approfondimenti sul tema delle commesse pluriennali si rimanda al capitolo 3.
[8] Cfr. Salafia V., «I nuovi criteri di valutazione nella redazione del bilancio», *Le Società*, n. 9/1991; secondo l'autore, si potrebbero ritenere possibili ulteriori rettifiche, anche se acquisite dopo l'espressione del parere da parte del collegio sindacale, a patto che le stesse siano poi esaminate e discusse in assemblea, previa acquisizione del parere dell'organo menzionato.

g) *Valutazione separata* (art. 2423-*bis*, n. 5)
Il Codice civile prevede che gli elementi eterogenei delle singole voci debbano essere valutati separatamente. Da sempre presente nella legislazione nazionale, questo principio sancisce la necessità di valutare separatamente gli elementi eterogenei ricompresi nelle voci di bilancio, ed è finalizzato a impedire la compensazione di perdite presunte correlate alla valutazione di voci patrimoniali (da iscriversi in bilancio per il principio della prudenza) con utili attesi, che, sempre in base allo stesso principio di prudenza, non devono invece essere rilevati in bilancio. La finalità del principio in parola è di consentire al lettore del bilancio l'apprezzamento del diverso contributo delle voci di bilancio al processo produttivo e, dunque, alla valutazione della «economicità» aziendale, nel complesso. La legge consente che la valutazione di beni fra loro eterogenei sia effettuata come se si trattasse di un'unica voce; questo «unico valore» deve però essere conseguito mediante separata valutazione dei singoli elementi che lo costituiscono.
Per alcune voci complesse (si pensi, a titolo di esempio, ai costi di impianto e ampliamento, di ricerca, sviluppo e pubblicità), è obbligatorio specificarne la composizione nella nota integrativa.

h) *Continuità nelle valutazioni* (artt. 2423-*bis*, n. 6 e 2423-*ter*, 5° comma)
L'immodificabilità dei criteri di valutazione da un esercizio all'altro ha l'obiettivo fondamentale di consentire il raffronto significativo tra voci uguali di bilanci riferiti a esercizi successivi; risponde dunque anch'esso all'esigenza di chiarezza del bilancio. È questo l'unico principio per il quale è contemplata la possibilità di deroga, che deve tuttavia essere:
- eccezionale, ossia riferita ai casi in cui la conservazione del precedente criterio di valutazione condurrebbe alla costruzione di valori meno significativi di quelli conseguibili con l'impiego di altro criterio;
- motivata nella nota integrativa, indicando anche i riflessi prodotti sulla situazione patrimoniale e finanziaria della società e sul risultato economico dell'esercizio.

Questa norma deve essere coordinata con quella dell'art. 2423 c.c., 4° comma, che impone la disapplicazione di qualsiasi norma relativa al bilancio, qualora la sua osservanza dovesse comportare la violazione dell'obbligo di rappresentazione veritiera e corretta delle voci del patrimonio e del reddito[9].

I principi particolari di valutazione delle singole voci di bilancio (art. 2426 c.c.)

Il Codice civile contiene, all'art. 2426, i criteri a cui attenersi per la valutazione dei singoli beni da iscrivere in bilancio.
La IV Direttiva CEE (art. 33) esplicitava tre possibili scelte in materia di principio base di valutazione:
1. il principio del costo;
2. il principio del costo, con possibile rivalutazione dei beni per tenere conto del mutato potere di acquisto della moneta di conto;
3. il principio del valore di sostituzione.

[9] Secondo Salafia V., *op. cit.*, tali modifiche sono da considerarsi: «facoltative» quando dipendono solo da apprezzamenti di convenienza o di maggior chiarezza e correttezza; «obbligatorie» quando invece dipendono dall'esigenza di tenere fede all'obbligo di correttezza e verità.

Tra questi criteri è stato scelto come criterio di base quello del «costo di acquisto o di produzione», che lascia meno spazio, rispetto agli altri, ad apprezzamenti soggettivi, oltre che risultare di più facile applicazione e attuazione.
Come specificato in dettaglio nei capitoli seguenti, è prevista una serie di eccezioni rispetto a tale principio base. Tali eccezioni possono essere sintetizzate come segue:

- immobilizzazioni: è prevista la svalutazione quando il loro valore, alla data di chiusura dell'esercizio, risulti inferiore al costo;
- partecipazioni (immobilizzate) in imprese controllate e collegate: possono essere valutate anche con il criterio del patrimonio netto oltre che al costo;
- titoli immobilizzati si valutano al costo ammortizzato
- crediti e debiti: sono rilevati secondo il criterio del costo ammortizzato, tenendo conto del fattore temporale e, per quanto riguarda i crediti, al valore di presumibile realizzo;
- elementi dell'attivo circolante: è prevista l'iscrizione al minor valore tra costo e valore di realizzazione desumibile dall'andamento del mercato;
- lavori in corso su ordinazione: possono essere iscritti sulla base dei corrispettivi contrattuali maturati con ragionevole certezza, sulla base del metodo dello «stato avanzamento lavori»;
- strumenti finanziari: sono iscritti al fair value.

Oltre a queste «eccezioni specifiche», previste in relazione alla valutazione di singole voci di bilancio, sono possibili due «deroghe» di carattere generale, riguardanti:

– le rivalutazioni economiche, in casi eccezionali (da motivare);
– le rivalutazioni monetarie, la cui disciplina è rinviata al legislatore.

È opportuno precisare che il nuovo criterio di valutazione secondo il valore di mercato (c.d. *fair value*), introdotto dal D.Lgs. n. 6/2003, è limitato alle sole immobilizzazioni materiali detenute in *leasing finanziario* e a quelle immateriali di durata indeterminata (avviamento, marchi, e altre voci.); l'obbligo in parola è peraltro circoscritto all'informativa da riportare in nota integrativa. Restano ad oggi immutate le modalità di valutazione e rappresentazione nei prospetti di stato patrimoniale e di conto economico.

2.2. IL BILANCIO DESTINATO A PUBBLICAZIONE: I PRINCIPI GENERALI DETTATI DAL *FRAMEWORK* DEGLI IAS/IFRS

Nell'ambito dei principi contabili internazionali IAS/IFRS, è il *Conceptual Framework for Financial Reporting* (d'ora in poi *Framework*)[10] a delineare un sistema concettuale generale, atto a inquadrare le questioni contabili più rilevanti in un sistema di obiettivi

[10] La costituzione - ad opera del *Board* dello IASC - di uno *Steering Committee* per la creazione di un quadro concettuale, risale al 1986. Solo nell'aprile 1989 il *Framework* è stato approvato dallo IASC, che lo ha divulgato nel luglio dello stesso anno. L'effettiva adozione ad opera dello IASB è avvenuta nell'aprile 2001 (come *Framework for the Preparation and the Presentation of Financial Statements*). Nel settembre 2010 è stata approvata dallo IASB la versione ultima del *Framework*, dal titolo "*Conceptual Framework for Financial Reporting*" (www.iasb.org;www.iasplus.com). Questo "nuovo" *Framework* ha come obiettivo la convergenza tra principi contabili internazionali (IAS/IFRS) e principi contabili statunitensi (SFAS - *Statements of Financial Accounting Standards*).

e di postulati generali, al fine di facilitare l'interpretazione, l'emanazione e la rielaborazione dei principi contabili internazionali. È opportuno specificare che il documento in parola non rappresenta un ulteriore *International Accounting Standard*, ma un quadro di riferimento generale, così che, in presenza di un conflitto tra uno specifico principio contabile e il *Framework*, sarà sempre il primo a prevalere sul secondo.
Il *Framework* IASB esplicita due tipologie di principi: *ipotesi di fondo* e *caratteristiche qualitative*, tra loro connesse attraverso le finalità che intendono raggiungere; è a entrambe che si deve fare riferimento nella preparazione del bilancio.

2.2.1 **L'ipotesi di fondo (*underlying assumption*)**

L'ipotesi di fondo è quella di operare con un'azienda in normale funzionamento.

Impresa in funzionamento *(going concern)*
Il bilancio è preparato per descrivere la situazione di un'impresa in condizioni di normale funzionamento, che continuerà la sua attività nel prevedibile futuro (*Framework*, par. 4.1). Si presume che l'impresa non abbia la necessità o l'intenzione di cessare o ridurre in modo rilevante la propria attività e che, qualora esistano tali necessità o intenzioni, il bilancio dovrebbe essere predisposto su basi differenti, che dovrebbero essere rese esplicite nelle note allo stesso.

2.2.2 **Le caratteristiche qualitative di bilancio (*qualitative characteristics*)**

Le caratteristiche qualitative rappresentano gli attributi che rendono le informazioni contenute nel bilancio utili per i destinatari. Di seguito si elencano le due caratteristiche fondamentali (di primo livello) e le quattro caratteristiche "*enhancing*" (di secondo livello) individuate dal *Framework*.

Le caratteristiche qualitative fondamentali (o di primo livello)

a) Significatività (relevance)
La significatività fa riferimento alla capacità delle informazioni contenute nel bilancio di agevolare l'utente dello stesso nel suo processo decisionale, di influenzarne le scelte economiche, aiutandolo a valutare gli eventi passati, presenti o futuri, oppure confermando o correggendo valutazioni precedentemente effettuate (*Framework*, da par. QC6 a par. QC10). Precondizione affinché una informazione sia significativa è la sua *rilevanza* (*materiality*, par. QC11, *Framework*), e cioè il fatto che una sua omissione o imprecisa rappresentazione possano influenzare le decisioni economiche prese in base al bilancio stesso. Variabili rilevanti per la definizione di significatività sono l'importo e la natura delle voci di bilancio.

b) Rappresentazione fedele (faithful representation),
Un'informazione deve rappresentare fedelmente l'operazione o gli eventi che sono oggetto della stessa (da par. QC12 a par. QC16[11]). Per fornire una rappresentazione

[11] Laddove non diversamente specificato, il numero del paragrafo fa riferimento al *Framework*.

fedele, il bilancio deve essere completo, neutrale (o imparziale) e senza errori (par. QC12). Un bilancio è completo quando contiene tutte le informazioni necessarie per consentire al lettore di comprendere i fenomeni rappresentati (par. QC13). È neutrale se imparziale nella selezione e presentazione delle informazioni (par. QC14). Senza errori, infine, non significa perfetto, considerando che il bilancio è comunque il frutto di scelte che risultano da stime e di congetture (par. QC15).

Le caratteristiche qualitative "*enhancing*" (o di secondo livello)

a) Comparabilità (comparability)
Le diverse voci di bilancio devono essere valutate ed esposte, nel corso del tempo, in modo omogeneo (par. QC20-QC25). Questo principio ha una doppia valenza: da un lato, incita a ricercare la possibilità di confrontare i risultati ottenuti dall'azienda nel corso degli anni, così da offrire ai lettori del bilancio validi strumenti di giudizio; dall'altro, richiama la possibilità di comparare i dati di bilanci di più società tra loro[12]. È connessa alla comparabilità la richiesta fatta al redattore del bilancio di descrivere i principi contabili applicati, così che gli utilizzatori possano disporre degli elementi necessari per valutare gli effetti derivanti da politiche contabili differenti.

b) Verificabilità (verifiability)
"Verificabilità" significa che soggetti indipendenti con diversi *background* e conoscenze siano in grado raggiungere un generale consenso circa il fatto che il bilancio fornisca una rappresentazione fedele della realtà sottostante (*Framework*, par. QC26). La verifica può essere effettuata direttamente (attraverso l'osservazione diretta; a titolo di esempio si pensi alla conta di cassa) o indirettamente, controllando gli *input* e ricalcolando i relativi *output* con la stessa metodologia (si pensi, ad esempio, alla verifica del valore di bilancio delle rimanenze di magazzino, controllandone gli *input* - quantità e costi - e ricalcolando il valore delle rimanenze finali utilizzando la stessa ipotesi di movimentazione dei costi, FIFO o Costo medio ponderato).

c) Tempestività (timeliness)
Tempestività significa avere informazioni disponibili, in maniera tempestiva, per i *decision makers*, informazioni che possono influenzare anche le loro decisioni (*Frame-work*, par. QC29).

d) Comprensibilità (understandability)
Il paragrafo QC32 del *Framework* stabilisce che un dato è comprensibile quando fornisce un livello di informazioni tale che un lettore con una ragionevole conoscenza della dinamica degli affari, dell'attività economica e della contabilità, nonché la volontà di esaminare le informazioni con normale diligenza, sia in grado di comprenderle; in sintesi, le informazioni contenute nel bilancio devono essere comprensibili

[12] Si sottolinea come il termine «comparabilità» non sia sinonimo di «omogeneità». Per salvaguardare l'attendibilità e la significatività dell'informazione, all'occorrenza il redattore è tenuto a modificare le decisioni prese in precedenza (IASC *Framework*, par. QC23). Si ricorda, inoltre, che in nessun caso il bisogno di comparabilità può ostacolare l'introduzione di principi contabili «migliori» rispetto a quelli precedenti.

da parte degli utilizzatori. Le informazioni rilevanti per gli utilizzatori non devono, in ogni caso, essere omesse in base alla considerazione che le stesse siano troppo difficili per essere comprese dai destinatari del bilancio.
Si ricorda che l'applicazione dei principi esposti deve essere verificata nei comportamenti effettivi delle aziende e dei loro amministratori. A titolo di esempio, la rilevazione e la comunicazione di un'informazione con un ingiustificato ritardo può comportare la perdita di significatività e di rilevanza della stessa. A tale riguardo, la direzione deve puntare a un equilibrio di fondo tra tempestività e accuratezza, tenendo in considerazione come criterio generale da seguire l'equilibrio tra costi e benefici: in nessun caso i costi sostenuti per fornire una specifica informazione devono superare i benefici derivanti dalla sua disponibilità (come esplicitato indirettamente al paragrafo QC39 del *Framework* in parola).
Un'ultima osservazione rileva in materia di deroghe: per garantire una rappresentazione veritiera e corretta, nei casi in cui l'applicazione di un principio contabile conduca alla redazione di un bilancio fuorviante, gli IAS/IFRS consentono alle imprese di discostarsi dalla sua applicazione, a condizione che si forniscano informazioni relative alla natura e alla ragione della mancata applicazione e dell'impatto economico-finanziario della stessa.

2.2.3 La composizione e la finalità del bilancio secondo gli IAS/IFRS

Lo IAS 1, «Presentazione del bilancio», richiede, oltre a stato patrimoniale (prospetto della situazione patrimoniale), conto economico (complessivo) e nota integrativa, i seguenti due documenti supplementari che fanno parte del bilancio: il prospetto delle variazioni di patrimonio netto e il rendiconto finanziario. Essi sono pertanto obbligatori. Per i dati riportati in ogni documento di bilancio è richiesto un confronto con l'esercizio precedente. Il bilancio di esercizio ha la finalità di fornire informazioni sulla situazione patrimoniale - finanziaria, sul risultato economico (*performance*) e sui flussi finanziari di un'entità che siano di utilità per una vasta gamma di utilizzatori nell'assumere decisioni di carattere economico (*Framework*, paragrafi OB2 e seguenti).
Da questa affermazione si evinceva una profonda differenza nella filosofia che permea gli IAS/IFRS rispetto ai principi nazionali: mentre i primi sono tesi a fornire informazioni a investitori potenziali (espressione di un contesto, come quello anglosassone, in cui i mercati di capitali sono assai sviluppati), i secondi sono maggiormente finalizzati a fornire una rappresentazione della situazione economico-patrimoniale della società, indirizzata alla compagine azionaria.
L'utilizzo del tempo verbale passato per indicare la differenza di cui sopra è dovuto al fatto che la versione aggiornata (2010) del *Framework*; con l'avvicinamento tra IASB e FASB (*Financial Accounting Standards Board*), parla, oltre che di investitori potenziali (*potential investors*), di prestatori di capitale (*lenders*) e di altri creditori (*other creditors*). In questo senso, pur se ancora valide, le righe soprastanti hanno perso, in parte, la loro portata innovativa.

2.2.4 Le regole di valutazione (*Measurement base*)

Gli IAS/IFRS prevedono numerosi criteri di valutazione, partendo proprio dal presupposto che l'utilizzatore principale del bilancio è un investitore interessato ad avere informazioni utili per valutare la capacità futura dell'azienda di produrre reddito e di incrementare il proprio valore.
Oltre al criterio del costo storico, proposto come punto di riferimento dall'ordinamento civilistico italiano, sono introdotti criteri valutativi alternativi, più idonei rispetto a quello del costo a fornire le informazioni citate. I criteri proposti dagli IAS/IFRS sono i seguenti:

1. costo storico (*historical cost*);
2. costo corrente (*current cost*);
3. valore realizzabile (*realisable / settlement value*);
4. valore attuale (*present value*);
5. valore equo (*fair value*);
6. valore di mercato (*market value*);
7. valore d'uso (*value in use*);
8. valore recuperabile (*recoverable amount*).

I primi quattro criteri di valutazione sono esplicitati nel paragrafo 100 del *Framework*; gli altri sono invece previsti da specifici *standard* che ne richiedono l'adozione per l'applicazione delle specifiche voci di bilancio. Di seguito si fornisce una sintesi del contenuto di ciascuno di essi, rimandando ai capitoli successivi per la loro analisi con specifico riferimento alle singole voci di interesse.

1. Costo storico

È il criterio maggiormente adottato ed è così definito: per le attività rappresenta l'importo delle risorse finanziarie uscite o del *fair value* dei beni ceduti in permuta; per le passività è definito come l'ammontare del denaro ricevuto quale contropartita delle obbligazioni assunte, o, in alcuni casi (quali le imposte sul reddito), l'importo dei mezzi finanziari che dovrebbero essere impiegati per estinguere attualmente l'obbligazione.

2. Costo corrente

Con riferimento a una attività,è l'importo di denaro o di suo equivalente che dovrebbe essere pagato nel caso in cui la medesima attività (o un'attività equivalente) fosse acquistata al momento della valutazione. È previsto - a titolo di esempio - dallo IAS 2 per le rimanenze di materie prime che devono essere svalutate, il cui costo corrente è fatto coincidere con il loro costo di sostituzione *(replacement cost)*.

3. Valore realizzabile

È rappresentato dall'importo che può essere ottenuto con la cessione di un'attività in condizioni normali. Definito dallo IAS 2 come il «prezzo di vendita stimato nel normale svolgimento dell'attività al netto dei costi stimati di completamento, nonché di quelli stimati necessari per realizzare la vendita», è richiamato dallo IAS 2, che prevede che il valore delle rimanenze debba essere valutato al minore tra il costo e il valore netto di realizzo. Assimilabile a questo concetto è il criterio del *fair value less cost to sell* richiamato dallo IAS 36[13].

4. Valore attuale

Utilizzato principalmente per la determinazione del valore in situazioni di variazioni dei prezzi, per le attività corrisponde al valore attuale (o scontato) dei flussi di cassa che un elemento genererà in condizioni di normale andamento dell'impresa; con riferimento alle passività, equivale invece al valore attuale delle future uscite di cassa che le stesse genereranno, sempre in normali condizioni di funzionamento (*Framework*, par. 4.55, lettera d).

5. Valore equo

Esso è definito come il corrispettivo al quale un'attività può essere scambiata, o una passività estinta, in una libera transazione tra parti consapevoli e indipendenti (IAS 36). un valore «ibrido», a «metà strada» tra il valore corrente e il valore «normale», senza coincidere peraltro con nessuno di tali valori.
A differenza del valore corrente, non considera eventuali alterazioni di valore dovute a fattori congiunturali; contrariamente al valore «normale», esso fa riferimento anche al valore attribuito al bene dal mercato.

6. Valore di mercato

È previsto all'interno dei principi contabili internazionali come punto di riferimento per la determinazione del *fair value*; ad esempio, per quanto riguarda gli strumenti finanziari (IAS 39, richiamato dal novellato art. 2427-bis del Codice civile).

7. Valore d'uso

Lo IAS 36 definisce il valore d'uso come il «valore attuale dei flussi finanziari futuri attesi che si suppone deriveranno dall'uso permanente e dalla dismissione di un'attività alla fine della sua vita utile».

8. Valore recuperabile

Il medesimo IAS 36 parla del valore recuperabile di un'attività in questi termini: «il maggiore tra il suo *fair value*, dedotti i costi di vendita, e il suo valore d'uso[14]».

---

[13] Si rimanda ai capitoli 3 e 4 per la trattazione delle problematiche interenti, rispettivamente, le rimanenze di magazzino (IAS 2) e la svalutazione delle immobilizzazioni (IAS 36).

[14] Si ricorda che la maggior parte delle attività è soggetta al cosiddetto *Impairment Test*, previsto dallo IAS 36, principio secondo cui il valore delle attività deve essere ridotto quando il loro valore di carico supera il loro valore recuperabile.

3. LA VALUTAZIONE DELLE RIMANENZE DI MAGAZZINO

di Giuliano Gini

3.1. CONSIDERAZIONI PRELIMINARI

Nello svolgimento dell'attività le imprese industriali necessitano, tra gli altri fattori, di materie prime, semilavorati, materiali sussidiari e di consumo, che impiegano nella realizzazione di prodotti destinati alla vendita. Le imprese commerciali, invece, necessitano di merci, ossia prodotti già finiti che non verranno sottoposti ad alcuna lavorazione tecnica da parte dell'impresa, ma saranno rivendute nelle condizioni fisiche in cui sono state acquistate.
Le merci, le materie prime, sussidiarie, di consumo, i semilavorati, e i prodotti finiti realizzati dalle imprese industriali, sono fattori materiali destinati ad essere impiegati in un solo processo (di vendita o di produzione) ovvero a partecipare a più processi, ma che comunque esauriscono la propria utilità nel breve periodo (come certi materiali di consumo).
In prima battuta, i costi per l'acquisto o la produzione dei beni menzionati vengono interamente rilevati nel conto economico, come costi di esercizio. Tuttavia, al termine del periodo amministrativo è normale che parte di essi non abbia ancora esaurito la propria utilità: le merci acquistate non sono ancora state rivendute, le materie prime non sono state ancora impiegate, i prodotti sono stati realizzati ma non ancora venduti, ecc. Questi beni costituiscono le rimanenze di magazzino. Il loro costo non deve partecipare alla determinazione del reddito d'esercizio ma deve essere rinviato all'esercizio in cui parteciperà alla realizzazione dei ricavi o esaurirà la propria utilità, nel rispetto del principio della competenza economica. Per ciò che attiene alla contabilizzazione delle rimanenze di magazzino si rimanda alla prima parte del presente testo.
Nei paragrafi che seguono, dopo aver fornito la definizione di rimanenze, se ne illustra la classificazione negli schemi del bilancio destinato a pubblicazione e le differenze tra le varie tipologie ivi indicate. Quindi si descrivono i criteri di valutazione dettati dal codice civile, integrati dalle interpretazioni dei principi contabili nazionali; inoltre vengono segnalate le principali differenze con i principi contabili internazionali.
Un paragrafo a parte viene poi dedicato alle rimanenze consistenti in lavori in corso su ordinazione, per le quali sono previsti criteri valutativi particolari.

3.2. DEFINIZIONE

Si definiscono giacenze di magazzino i beni posseduti per la vendita nel corso normale dell'attività, siano essi acquistati da terzi o prodotti internamente (anche se il processo produttivo non è terminato), e i fattori produttivi materiali a veloce ciclo di utilizzo, posseduti in attesa di essere impiegati per la produzione dei beni destinati alla vendita. Le giacenze sono espresse in volumi fisici, mentre si definiscono rimanenze i valori attribuiti alle giacenze.

Non si riscontrano differenze sostanziali nelle definizioni di rimanenze di magazzino fornite dai principi contabili nazionali e internazionali.

3.3. CLASSIFICAZIONE E TIPOLOGIE DI RIMANENZE NEL BILANCIO DESTINATO A PUBBLICAZIONE

3.3.1 Le rimanenze di magazzino nello stato patrimoniale

Lo schema di stato patrimoniale del bilancio destinato a pubblicazione, ex articolo 2424, classifica le rimanenze di magazzino nella macro classe C dell'Attivo, denominata Attivo circolante, insieme a quelle attività (crediti commerciali, attività finanziarie che non costituiscono immobilizzazioni, disponibilità liquide) destinate a permanere nel breve periodo in azienda. Le rimanenze sono qui suddivise in cinque voci, riportate nella Tavola 3.1.

Tavola 3.1 - **Estratto dello schema di stato patrimoniale ex art. 2424 c.c.**

STATO PATRIMONIALE
ATTIVO
(omissis)
C) ATTIVO CIRCOLANTE
I - Rimanenze
1) materie prime, sussidiarie e di consumo
2) prodotti in corso di lavorazione e semilavorati
3) lavori in corso su ordinazione
4) prodotti finiti e merci
5) acconti

Esaminiamo il contenuto delle cinque voci.

1) materie prime, sussidiarie e di consumo
Sono qui classificati quei materiali che non sono destinati ad essere venduti autonomamente, ma servono per la realizzazione di prodotti finiti. In particolare, le materie prime sono essenzialmente i materiali da assoggettare a trasformazione per ottenere i prodotti finiti: ad esempio, quantitativi di argento acquistati per essere trasformati in posate da tavola. Le materie sussidiarie sono elementi secondari o accessori rispetto alle materie prime, che comunque, al pari delle materie prime, sono destinate ad essere incorporate nei prodotti finiti: ne sono esempi gli imballaggi a perdere, ossia gli imballaggi destinati ad essere venduti insieme al prodotto finito senza che ne sia prevista la restituzione (viceversa, gli imballaggi a rendere sono da classificare nelle immobilizzazioni materiali). Le materie di consumo, infine, servono anch'esse alla realizzazione dei prodotti finiti ma, diversamente dalle materie prime e sussidiarie, non vengono incorporate nei prodotti in quanto, appunto, si consumano: è il caso, ad esempio, di lubrificanti.

2) prodotti in corso di lavorazione e semilavorati

In questa voce sono classificate quelle rimanenze di beni che si trovano in una fase intermedia del processo produttivo. Si distingue tra prodotti in corso di lavorazione e semilavorati. I primi rappresentano materiali che necessitano di ulteriori lavorazioni prima di essere venduti. I secondi, invece, sono costituiti da parti finite di prodotto che possono essere sia sottoposte ad ulteriori lavorazioni, sia vendute come tali.

3) lavori in corso su ordinazione

Si tratta di lavori non ancora terminati che vengono eseguiti su ordine di terzi (su commessa), di norma sulla base di specifici contratti. La specificità di tale categoria di rimanenza ha indotto il legislatore a dettare criteri di valutazione particolari e una classificazione separata.

4) prodotti finiti e merci

Prodotti finiti e merci sono raggruppati nella medesima voce in quanto omogenei per destinazione: entrambi, infatti, sono destinati ad essere venduti nello stato fisico in cui si trovano. I prodotti finiti si distinguono dalle merci in quanto sono i manufatti ultimati dall'impresa, mentre le merci sono beni acquistati da terzi e sono destinati alla rivendita senza essere sottoposte a ulteriori lavorazioni. Ad esempio, le posate in argento sono prodotti finiti per l'impresa che le ha realizzate, sono merci per il negozio che le ha acquistate dall'impresa costruttrice per rivenderle.

5) acconti

Questa voce accoglie gli anticipi versati ai fornitori per l'acquisto dei beni appartenenti alla categoria delle rimanenze. Si tratta sostanzialmente di crediti che però sono esposti tra le rimanenze in quanto non si trasformeranno in denaro ma, appunto, in rimanenze.

3.3.2 Le rimanenze di magazzino nel conto economico

Le rimanenze, oltre ad essere rappresentate nello stato patrimoniale, in quanto parte del patrimonio a disposizione dell'impresa per l attività, compaiono in conto economico, in quanto rettifica dei costi sostenuti per l'acquisto o la realizzazione delle rimanenze, rilevati a conto economico, ma che non devono concorrere alla determinazione del risultato di esercizio in base al principio della competenza economica.

Le varie tipologie di rimanenze indicate in conto economico (materie prime, merci, prodotti finiti, ecc.) sono le medesime indicate nello stato patrimoniale. L'aggregazione tra le varie tipologie di rimanenze non è però omogenea con quella esposta nello stato patrimoniale. Si riporta di seguito l'estratto dello schema di conto economico ex articolo 2425 c.c. con l'evidenziazione (in grassetto) delle voci che riguardano le rimanenze di magazzino (Tavola 3.2).

Tavola 3.2 - **Estratto dello schema di conto economico ex. art. 2425 c.c.**

CONTO ECONOMICO

A) Valore della produzione
- 1) Ricavi delle vendite e delle prestazioni
- **2) Variazioni delle rimanenze di prodotti in corso di lavorazione, semilavorati e finiti**
- **3) Variazione dei lavori in corso su ordinazione**
- 4) Incrementi di immobilizzazioni per lavori interni
- 5) Altri ricavi e proventi, con separata indicazione dei contributi in conto esercizio

Totale A

B) Costi della produzione
- 6) Per materie prime, sussidiarie, di consumo e di merci
- 7) Per servizi
- 8) Per godimento di beni di terzi
- 9) Per il personale
- 10) Ammortamenti e svalutazioni
- **11) Variazioni delle rimanenze di materie prime, sussidiarie, di consumo e merci**
- 12) Accantonamenti per rischi
- 13) Altri accantonamenti
- 14) Oneri diversi di gestione

Totale B

Differenza A) - B)

Le rimanenze nel conto economico sono suddivise tra quelle che hanno subito una lavorazione da parte dell'impresa (classificate nel gruppo A «Valore della produzione») e quelle che sono state acquistate da terzi senza avere subito alcuna lavorazione (classificate nel gruppo B «Costi della produzione»). In particolare, le rimanenze di prodotti finiti, di semilavorati (di produzione) e di prodotti in corso di lavorazione, confluiscono nel «Valore della produzione» alla voce A 2). Anche le rimanenze di lavori in corso su ordinazione confluiscono nel «Valore della produzione», ma in una voce separata dalle altre rimanenze, la A 3), così come nello stato patrimoniale. Infine le rimanenze delle materie prime, sussidiarie di consumo e merci confluiscono nella voce B 11).
Si noti che laddove nello stato patrimoniale prodotti finiti e merci confluivano nella stessa voce (C.I.4) in quanto omogenei per destinazione (entrambi destinati alla vendita nello stato in cui si trovano), nel conto economico prodotti finiti e merci vengono separati, in quanto differenti per natura: i prodotti finiti hanno origine dalla lavorazione dell'impresa, le merci hanno origine dall'acquisto da terze economie. Seguendo tale distinzione, i prodotti finiti sono aggregati ai semilavorati e ai prodotti in corso di lavorazione, mentre le merci sono aggregate alle materie prime, sussidiarie e di consumo. D'altra parte, lo schema di conto economico scelto dal legislatore civilistico è strutturato per evidenziare il «Valore della produzione», nel quale confluisce non solo ciò che è stato venduto ma anche ciò che è stato prodotto e non ancora venduto.

È importante notare che nel conto economico non appare l'entità delle rimanenze finali delle voci del magazzino (che invece appare nello stato patrimoniale), bensì la variazione delle stesse intervenuta nell'esercizio, per ciascuna delle voci prima evidenziate. In particolare, alla voce A 2) la variazione indicata corrisponde alla differenza tra le rimanenze finali di prodotti finiti, semilavorati e in corso di lavorazione, e le corrispondenti rimanenze iniziali. Se le rimanenze finali sono superiori a quelle iniziali, la voce A 2) avrà lo stesso segno delle altre voci del Valore della produzione (ricavi delle vendite e delle prestazioni, incrementi di immobilizzazioni per lavori interni, ecc.). In effetti, se le rimanenze finali di prodotti sono superiori a quelle iniziali vuol dire che nell'esercizio sono stati realizzati più prodotti di quanto ne siano stati utilizzati, e pertanto è naturale che l'aggregato «Valore della produzione» aumenti. Se invece le rimanenze finali sono inferiori a quelle iniziali, l'effetto sarà naturalmente il contrario. Lo stesso discorso vale per la differenza da indicare nella voce A 3) relativa alle rimanenze di lavori in corso su ordinazione.
Viceversa, alla voce B 11) deve essere indicata la differenza tra le rimanenze iniziali e quelle finali (non la differenza tra quelle finali e quelle iniziali, come per le variazioni delle rimanenze rientranti nel «Valore della produzione») di merci, materie prime, sussidiarie e di consumo. Se le rimanenze finali sono superiori a quelle iniziali, allora la voce B 11) avrà segno opposto rispetto alle altre voci del gruppo B «Costi della produzione». D'altra parte, se le rimanenze finali di materie prime sono superiori a quelle iniziali, significa che parte dei costi di acquisto delle materie prime (che sono anch'essi indicati tra i Costi della produzione, alla voce 6) non hanno esaurito la loro utilità e, pertanto, è corretto che la variazione delle corrispondenti rimanenze abbia segno opposto a tali costi. Nel caso in cui le rimanenze finali siano inferiori a quelle iniziali, l'effetto è evidentemente il contrario.
Si osservi, a conclusione, che un aumento di rimanenze finali determina comunque l'aumento del risultato d'esercizio, sia che si tratti di rimanenze di prodotti finiti (o di altre rimanenze che hanno subito una lavorazione dall'impresa) piuttosto che di materie prime (o di altre rimanenze che non hanno subito lavorazioni da parte dell'impresa), in quanto si tratta sempre di rettifiche di costi. Ciò che cambia tra le rimanenze di prodotti finiti (e delle altre rimanenze che hanno subito una lavorazione dall'impresa) e le rimanenze di materie prime (e delle altre rimanenze che non hanno subito lavorazioni da parte dell'impresa) è solo la diversa collocazione lungo lo schema di conto economico: le prime vanno ad aumentare il Valore della produzione, le seconde vanno a diminuire i Costi della produzione.

La classificazione delle rimanenze di magazzino secondo gli IAS/IFRS

Nel bilancio redatto secondo gli IAS/IFRS le rimanenze sono da classificare separatamente fra le attività correnti in quanto sono destinate ad essere vendute o utilizzate nel normale ciclo operativo d'impresa. Lo IAS 1 - *Presentazione del bilancio*, non illustra una classificazione specifica per quanto riguarda queste attività; sembra comunque opportuna una ripartizione per categorie significative che possono essere ad esempio materie prime, semilavorati e prodotti in corso di lavorazione, prodotti finiti e merci. Inoltre, nelle imprese che eseguono contratti di appalto di opere o di servizi, o forniture ultrannuali, è necessario (per i particolari criteri di valutazione da utilizzare) iscrivere l'apposita voce «Lavori in corso su ordinazione», distinta dalle normali rimanenze di magazzino. In conto economico sembra preferibile la rappresentazione della variazione delle rimanenze come rettifica in diminuzione dei costi di esercizio se positiva o in aumento dei medesimi se negativa.

3.4. LA VALUTAZIONE DELLE RIMANENZE DI MAGAZZINO

3.4.1 L'individuazione delle quantità fisiche

Il primo passo per l'attribuzione di un valore monetario alle giacenze di magazzino è necessariamente l'individuazione delle quantità fisiche dei beni in rimanenza. A tale scopo è senz'altro utile la presenza di un sistema di contabilità di magazzino, che le imprese di grandi dimensioni sono tenute a tenere in base alla normativa fiscale[1], e che comunque le imprese adottano normalmente anche al di fuori dell'obbligo fiscale perché risulta essenziale ai fini gestionali.
La contabilità di magazzino è un sistema di rilevazioni, sia cronologiche che sistematiche, attraverso le quali si registrano i movimenti di carico e scarico delle varie voci del magazzino; le rilevazioni possono essere a sole quantità fisiche (in questo caso servono per controllare il livello delle scorte) o a quantità fisiche e valori (in questo caso ne permettono anche la valutazione).
Le quantità risultanti della contabilità di magazzino devono comunque essere confermate da un inventario fisico, da effettuarsi alla data di riferimento del bilancio, perché può verificarsi che l'inventario contabile non corrisponda alle quantità effettivamente risultanti in magazzino. Alla contabilità di magazzino, infatti, sfuggono gli ammanchi per eventuali sottrazioni occulte. Inoltre i deperimenti fisici dei beni possono essere determinati solo presuntivamente dalla contabilità di magazzino. A ciò si aggiunga il pericolo di errori di omissione o duplicazione nell'inserimento delle numerose rilevazioni. Esistono tuttavia sistemi di controllo e rilevazione delle rimanenze che, grazie anche all'ausilio di moderne tecnologie, sono in grado di informare in modo attendibile sulle quantità in rimanenza tanto quanto un inventario fisico.
I beni da includere nell'inventario delle giacenze di magazzino sono solo quelli per i quali l'azienda è titolare dei rischi e dei benefici ad essi connessi, ossia, nella generalità dei casi, quelli dei quali ne ha la proprietà[2]. Il passaggio del titolo di proprietà si considera solitamente avvenuto alla data di spedizione o di consegna per i beni mobili, secondo le modalità contrattuali dell'acquisto ed in base al trasferimento dei rischi dal punto di vista sostanziale, e alla data di stipulazione del contratto di compravendita per gli immobili.

---

[1] Art. 14, comma 1, lett. d), DPR 600/1973.

[2] Può capitare che, in virtù di specifiche calusole contattuali, vi siano beni per i quali il momento del passaggio di proprietà (a favore o contro l'azienda) non coincida con il momento in cui è avvenuto il trasferimento dei rischi e benefici connessi al bene stesso. In questi casi, ai fini dell'inclusione dei beni nel conteggio delle giacenze di magazzino, prevale il criterio del passaggio dei rischi e benefici, in luogo del formale passaggio di proprietà (cfr. OIC 13, paragrafo 18).

Pertanto si dovranno escludere dal conteggio i beni che sono nei magazzini dell'azienda ma non sono di sua proprietà (perché ricevuti da terzi in conto visione, in conto lavorazione, ecc.); si dovrà invece tenere conto dei beni di proprietà dell'azienda ma presso magazzini di terzi (perché in conto lavorazione, deposito, ecc.) nonché dei beni già di proprietà dell'azienda ma non ancora pervenuti perché in viaggio (quando, ad esempio, il contratto d'acquisto prevede il passaggio di proprietà «franco magazzino fornitore»).

3.4.2 La valorizzazione delle giacenze di magazzino

Una volta quantificate le giacenze di magazzino, si procede alla valorizzazione. In proposito, si riporta quanto stabilisce il codice civile (Tavola 3.3).

Tavola 3.3 - **Valorizzazione secondo l'art. 2426 c.c.**

> Nelle valutazioni devono essere osservati i seguenti criteri:
> (*omissis*)
> 9) le rimanenze, (*omissis*), sono iscritti al costo di acquisto o di produzione, calcolato secondo il numero 1), ovvero al valore di realizzazione desumibile dall'andamento di mercato, se minore; tale minore valore non può essere mantenuto nei successivi bilanci se ne sono venuti meno i motivi. I costi di distribuzione non possono essere computati nel costo di produzione.

Il criterio base di valutazione per le rimanenze è dunque il costo (detto anche «costo storico»), che può essere di acquisto (nel caso delle rimanenze acquistate da terzi, ossia materie prime, sussidiarie e di consumo, merci, semilavorati d'acquisto) ovvero di produzione (nel caso delle rimanenze prodotte dall'impresa, ossia prodotti finiti, semilavorati di produzione, prodotti in corso di lavorazione). Nel calcolo del costo, sia esso di acquisto o di produzione, si devono considerare tutti i costi sostenuti per ottenere la proprietà delle rimanenze nel loro attuale sito e condizione. Una volta individuato il costo delle rimanenze, lo si confronta con il valore delle stesse desumibile dall'andamento di mercato: se quest'ultimo risulta inferiore al primo, la valutazione va fatta al valore desumibile dall'andamento di mercato.
Si tratta evidentemente dell'applicazione del generale principio della prudenza, in base al quale si deve tenere conto delle perdite anche solo se presunte, mentre dei ricavi solo se effettivamente realizzati. Infatti, considerato che le rimanenze sono destinate a essere vendute nel breve periodo, o a essere incorporate o a consumarsi nella realizzazione di beni destinati a essere venduti nel breve periodo, è chiaro che se il valore di mercato delle rimanenze è inferiore al valore di costo, ci troviamo di fronte ad una perdita in formazione. Di tale perdita, che si realizzerà solo al momento della vendita, si deve tenere conto già nel reddito dell'esercizio in chiusura, svalutando il valore di costo delle rimanenze sino al valore di mercato. Viceversa, se il valore di mercato è superiore al valore di costo significa che vi è un utile in formazione, che sarà realizzato effettivamente al momento della vendita. In questa situazione, se si valutassero le rimanenze al valore di mercato si otterrebbe l'anticipazione del ricavo

in formazione all'esercizio in chiusura, in quanto si attribuirebbe alle rimanenze un valore superiore a quello di costo e l'effetto rettificativo delle rimanenze, in conto economico, supererebbe i costi sostenuti, evidenziando un utile. Questa soluzione non è però adottabile perché contraria al principio della prudenza, in quanto sino al momento della vendita gli utili non sono ancora effettivamente realizzati, e non devono partecipare al formazione del reddito.
Nel caso in cui in un esercizio il valore di costo delle rimanenze sia svalutato per adeguarsi al minore valore di mercato, nei successivi bilanci si deve verificare se sussistono ancora le ragioni che ne avevano determinato la svalutazione; se queste vengono meno, il minore valore non può essere mantenuto, e le voci interessate dalla svalutazione devono essere rivalutate, nel limite massimo del costo storico.
Nei paragrafi che seguono ci occupiamo di cosa si intenda per costo e per valore di mercato.

La valutazione delle rimanenze di magazzino secondo gli IAS/IFRS
Il principio IAS 2, dedicato alle rimanenze di magazzino, stabilisce che «il valore delle rimanenze deve essere determinato al minore tra il costo e il valore netto realizzabile». Non si evidenziano differenze sostanziali rispetto alla normativa del codice civile.

3.4.3 Il valore di costo delle rimanenze

Il costo delle rimanenze è determinato come per immobilizzazioni, in forza del richiamo contenuto nel n. 9 dell'art. 2426, in tema di rimanenze, al numero 1 del medesimo articolo, in tema di immobilizzazioni (Tavola 3.4).

Tavola 3.4 - **Art. 2426 c.c.**

Nelle valutazioni devono essere osservati i seguenti criteri: 1) le immobilizzazioni sono iscritte al costo di acquisto o di produzione. Nel costi di acquisto si computano anche i costi accessori. Il costo di produzione comprende tutti i costi direttamente imputabili al prodotto. Può comprendere anche altri costi, per la quota ragionevolmente imputabile al prodotto, relativi al periodo di fabbricazione e fino al momento dal quale il bene può essere utilizzato; con gli stessi criteri possono essere aggiunti gli oneri relativi al finanziamento della fabbricazione, interna o presso terzi.

Il costo di acquisto
Il valore delle rimanenze acquistate da terzi è dato dal costo di acquisto, pari al prezzo risultante dalla fattura di acquisto, a cui si devono sommare tutti gli oneri accessori, ossia gli ulteriori costi sostenuti per ottenere il bene nel luogo e nelle condizioni in cui si trova. Sono esempi di oneri accessori: i dazi doganali, le spese di trasporto e di assicurazione, gli oneri di intermediazione, l'IVA indetraibile. Si precisa che gli oneri finanziari non rientrano negli oneri accessori. Al costo così definito si devono sottrarre eventuali resi, premi, abbuoni, sconti commerciali (ossia gli sconti condizionati o sulla qualità), nonché l'importo di eventuali contributi in conto esercizio ottenuti per l'acquisto dei beni in rimanenza.

Il costo di produzione

Il valore delle rimanenze prodotte dall'impresa è dato dal costo di produzione (o di fabbricazione) che comprende il costo primo delle rimanenze di magazzino, ossia la somma di tutti i costi diretti. Sono esempi di costi diretti: i materiali e i componenti impiegati per la realizzazione dei prodotti, la mano d'opera diretta, e così via.
Il costo di produzione può comprendere anche altri costi di produzione, oltre quelli diretti, per la quota ragionevolmente imputabile al prodotto. Si tratta dei costi indiretti di produzione (detti anche «spese generali di produzione»). L'inclusione o meno di tali costi indiretti deve essere finalizzata alla rappresentazione veritiera e corretta[3]. Sono esempi di costi indiretti di produzione: gli ammortamenti di impianti, macchinari e di altre immobilizzazioni impiegate nella produzione, le spese di manutenzione ad essi relativi, il costo della manodopera indiretta, la forza motrice ecc. Se vi sono spese generali di produzione che non hanno effettivamente contribuito a portare le giacenze nel loro stato attuale, queste non devono essere computate nel valore delle giacenze: ad esempio, le spese di riparazione di un impianto in seguito ad un evento eccezionale (ad esempio un incendio) devono essere escluse dalle spese generali di produzione.
I costi indiretti non sono determinabili in maniera oggettiva, come i costi diretti, ma sono valori congetturati, in quanto risultano dalla scissione di costi comuni a molteplici oggetti di imputazione. L'attribuzione dei costi indiretti necessita quindi di un parametro di ripartizione. I parametri di ripartizione possono essere le ore o il costo della manodopera diretta, le ore macchina, il costo primo, e così via, e devono essere riferiti ad un livello di produzione normale, oppure alla produzione effettiva ma, in questo secondo caso, si deve comunque tenere conto della capacità produttiva normale[4]. Difatti, se la ripartizione delle spese generali di produzione avvenisse solo sulla base della produzione effettiva, qualora questa risultasse notevolmente inferiore a quella normale (ad esempio a causa di prolungati scioperi), si finirebbe con l'attribuire alle giacenze di magazzino un valore comprensivo dei costi dovuti al mancato utilizzo della capacità produttiva normale. Ma tali costi rispecchiano l'inefficienza produttiva dell'esercizio che evidentemente non ha alcuna utilità futura e pertanto non devono essere rimandati ad esercizi successivi, attraverso la loro imputazione alle rimanenze. Viceversa, nel caso di utilizzo della capacità produttiva oltre il livello normale, la ripartizione dei costi generali fissi sui prodotti deve avvenire sulla base della capacità produttiva effettiva, al fine di evitare che il valore delle rimanenza risulti superiore al costo sostenuto.
Come detto, le spese generali attribuibili sono solo quelle di produzione. I costi distributivi non rientrano nel costo di produzione, come espressamente indicato dal codice civile (punto n. 9 dell'art. 2426).

---

[3] La relazione di commento al decreto di attuazione della legge, in merito all'espressione «può comprendere anche altri costi» del n. 1, dell'art. 2426, chiarisce che «la dizione non intende attribuire ai redattori del bilancio una facoltà di scelta arbitraria, ma si riferisce alla ragionevole applicazione della discrezionalità tecnica, in conformità al principio generale della rappresentazione veritiera e corretta».
[4] Vedi principio contabile OIC 13, paragrafi n. 28 - 30.

Il principio contabile nazionale n. 13 chiarisce inoltre che non devono essere computati nel costo di produzione le spese generali ed amministrative e le spese di ricerca e sviluppo[5].

Il codice civile consente di imputare alle rimanenze gli oneri finanziari relativi al finanziamento della fabbricazione del prodotto per la quota ragionevolmente ad esso imputabile.

La generica espressione «ragionevolmente» segnala la necessità di riferirsi a quanto stabilito dai corretti principi contabili. Il principio contabile n. 13 indica, come regola generale, ad eccezione di quelle rimanenze che richiedono un periodo di produzione (ad esempio, per la maturazione o l'invecchiamento) significativo[6]. In questi casi, la capitalizzazione è ammessa, limitatamente alla parte di oneri finanziari che sono maturati su finanziamenti (specifici o generici) durante il periodo di fabbricazione[7]. Naturalmente, in base al generale principio di continuità nei criteri di valutazione (artt. 2423-bis, n. 6, c.c.), la scelta di includere gli oneri finanziari deve essere applicata in modo costante nel tempo.

Tavola 3.5 - **La configurazione di costo nella valutazione delle rimanenze**

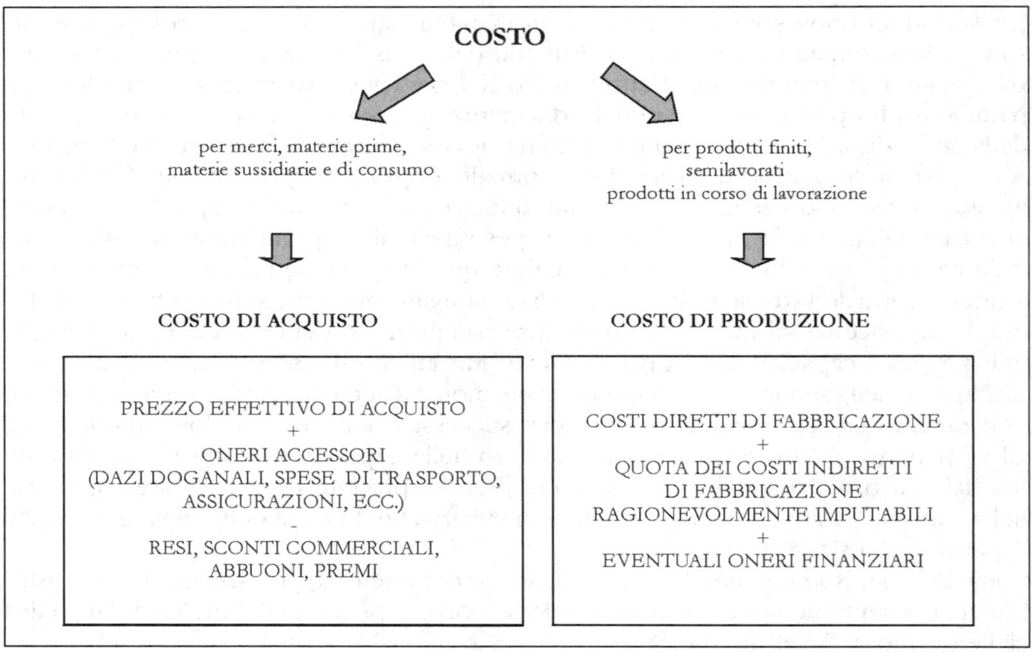

[5] Vedi principio contabile OIC 13, paragrafi n. 32 - 35.

[6] Vedi principio contabile OIC 13, paragrafo n. 39.

[7] Le condizioni per la capitalizzazione degli oneri finanziari nel valore delle rimanenze sono le medesime prescritte per la capitalizzazione degli oneri finanziari nel valore delle immobilizzazioni materiali. Per approfondimento si rimanda all'apposito paragrafo all'interno del capitolo "La valutazione delle immobilizzazioni materiali" e al documento OIC n. 16.

Esempio: individuazione del costo di produzione
La società Modà a responsabilità limitata ha iniziato la produzione di borse. A fine esercizio residuano 1.000 borse finite.
Sulla base delle seguenti informazioni:
- nell'esercizio sono state prodotte 5.000 borse;
- a causa di scioperi ed anomalie delle attrezzature, il volume di produzione dell'esercizio è stato l'80% del volume ritenuto utilizzabile in condizioni normali;
- costo delle materie prime per realizzare una borsa: euro 18,00;
- altri costi variabili sostenuti per ciascuna borsa: euro 6,00;
- l'assemblaggio di una borsa necessita di 30 minuti di mano d'opera, del costo orario di euro 20,00;
- costi fissi relativi alla produzione delle borse complessivamente sostenuti durante l'esercizio: euro 120.000,00;
- provvigioni ai venditori: euro 71.200,00;
- costi generali di amministrazione società: euro 60.000,00.

Si calcola di seguito il costo di produzione delle borse giacenti in magazzino ai fini della valutazione di bilancio. La configurazione del costo è riportata nella Tavola 3.5.
I costi diretti unitari sono:
- 18,00 euro (materie prime);
- 10,00 euro (mano d'opera diretta: 20,00 euro/h × 0,5 h per borsa);
- 6,00 euro (altri costi variabili unitari).

La quota unitaria costi fissi è data da:

$$\frac{\textit{costi fissi di produzione borse}}{\textit{Quantità media normale di produzione } (5000/80\%)}$$

Quindi risulta: 19,20 euro (= 120.000 / 6.250)
Il costo complessivo unitario totale è: 18,00 + 10,00 + 6,00 + 19,20 = 53,20 euro.
Le rimanenze finali di borse valutate al costo di produzione: 53,20 × 1.000 = 53.200,00 euro.

Il costo delle rimanenze secondo gli IAS/IFRS
Le regole per l'individuazione del costo delle rimanenze secondo i principi contabili internazionali non si discostano sostanzialmente da quelle indicate dal codice civile e dai principi contabili nazionali.
Una differenza è presente nell'attribuzione dei costi indiretti alle rimanenze. In base ai principi nazionali, come detto, i costi indiretti sono ripartiti in base alla capacità normale, mentre per gli IAS ciò è vero solo per i costi fissi (in normali condizioni); i costi indiretti variabili sono invece ripartiti sulla base dell'utilizzo effettivo degli impianti.
Inoltre, lo IAS 2 stabilisce anche come determinare il costo nel caso di produzioni congiunte, quando cioè da uno stesso processo produttivo si ottengono più prodotti: se i costi non sono separatamente imputabili ai singoli prodotti occorre procedere ad una ripartizione da effettuare con metodologie il più possibile razionali e affidabili (ad esempio, in proporzione al prezzo di vendita a fine processo o al momento della

separazione); se il prodotto secondario è di valore non rilevante, il suo valore netto di realizzo deve essere dedotto dal costo del prodotto principale.

3.4.4 Metodi di calcolo dei costi per i beni fungibili

La valutazione delle rimanenze richiederebbe, per ogni bene, l'individuazione dei costi effettivamente sostenuti per acquistarlo o produrlo. Quando la valutazione riguarda beni fungibili, cioè beni non dotati di individualità e che possono perciò essere sostituiti con altri della stessa specie (come è per la maggior parte delle rimanenze), l'individuazione dei costi effettivi può risultare problematica. L'approvvigionamento dei beni in magazzino avviene normalmente per lotti, ossia in certe quantità, stabilite in funzione delle esigenze di produzione o commercializzazione e nell'ottica di minimizzare i costi di ordinazione e di stoccaggio. Lotti acquistati in tempi diversi possono contenere differenti quantitativi di beni a costi unitari differenti. Raramente, però, i magazzini sono organizzati in modo da consentire di individuare il lotto di approvvigionamento da cui vengono eseguiti i singoli prelievi e, conseguentemente, il lotto a cui appartengono le giacenze residuate in magazzino alla fine del periodo amministrativo dopo tutti i prelievi, con i relativi costi.
Pertanto, in questi casi, non potendo identificare i costi effettivi, l'attribuzione dei costi avviene sulla base di ipotesi.
Ai fini della valutazione delle rimanenze dei beni fungibili nel bilancio destinato a pubblicazione, l'articolo 2426, n. 10, del codice civile, consente tre metodi alternativi (Tavola 3.6).

Tavola 3.6 - **Valutazione rimanenze di beni fungibili**

Articolo 2426, c.c. Nelle valutazioni devono essere osservati i seguenti criteri: *(omissis)* 10) il costo dei beni fungibili può essere calcolato col metodo della media ponderata o con quelli «primo entrato, primo uscito» o «ultimo entrato, ultimo uscito»; se il valore così ottenuto differisce in maniera apprezzabile dai costi correnti alla chiusura dell'esercizio, la differenza deve essere indicata, per categoria di beni, nella nota integrativa.

Il metodo del «primo entrato, primo uscito» è noto come FIFO (dall'acronimo inglese di *first in, first out*). Il metodo dell'«ultimo entrato, ultimo uscito» è noto come LIFO (*last in, first out*).
Alla base dei metodi anzi detti stanno delle assunzioni semplificatrici sulla movimentazione dei beni nel magazzino che permettono di ipotizzare quando siano stati acquistati i beni risultanti in giacenza al termine del periodo amministrativo, e quindi quali costi debbano essere ad essi attribuiti.
L'utilizzo dei metodi indicati dall'articolo 2426, n. 10, c.c., è una facoltà, essendo comunque possibile utilizzare i costi specifici per le singole quantità da valorizzare. È appena il caso di rilevare che per le rimanenze di beni non fungibili, è invece obbligatoria la valorizzazione a costi specifici.

In presenza di beni fungibili, la scelta di uno dei tre metodi è libera. Una volta stabilito, il metodo non può essere variato da un esercizio all'altro, in base al principio generale della continuità dei criteri di valutazione, tranne in casi eccezionali, le cui ragioni ed effetti sul bilancio devono essere illustrati in nota integrativa.
Il principio contabile nazionale n. 13 specifica, come regola generale, che il medesimo metodo dovrebbe essere adottato per tutte le classi componenti le rimanenze di magazzino; vi possono essere però delle ragioni (legate ad esempio alla natura delle giacenze di magazzino, alla diversificazione dell'attività dell'impresa e alla struttura amministrativa disponibile) che possono far ritenere appropriato l'utilizzo di metodi diversi per diverse classi di giacenze.

Il costo medio ponderato

Il metodo del costo medio ponderato attribuisce ad ogni unità giacente in magazzino il valore medio dei costi unitari dei lotti caricati a magazzino, ponderato in base alle quantità che compongono i singoli lotti. Ogni costo unitario avrà un peso differente a seconda delle unità caricate a quel costo.
Il costo medio ponderato può essere per movimento (detto anche continuo o progressivo) oppure per periodo.
Il costo medio ponderato per movimento consiste nel calcolare il costo medio ponderato in occasione di ogni nuovo carico, sulla base delle quantità effettivamente giacenti in quel momento. In formula:

$$\underset{\text{per movimento}}{\text{C.m.p.}} = \frac{\text{Costo globale della scorta precedente} + \text{Costo globale del nuovo carico}}{\text{Scorta precedente} + \text{Quantità del nuovo carico}}$$

Il costo medio ponderato per periodo consiste nel calcolare il costo medio ponderato sulla base dei carichi dell'intero periodo amministrativo[8], considerando i prelievi come se fossero avvenuti tutti insieme al termine del periodo considerato. Si tratta evidentemente di una versione semplificata rispetto al metodo per movimento ma che ha lo svantaggio di rispecchiare meno fedelmente i movimenti del magazzino. La media può includere le rimanenze iniziali oppure escluderle: nel primo caso il costo medio ponderato si dice di esercizio, nel secondo d'acquisto (se relativo a rimanenze acquistate) o di produzione (se relativo a rimanenze prodotte). In formule:

$$\underset{\substack{\text{per periodo}\\ \text{di acquisto o produzione}}}{\text{C.m.p.}} = \frac{Q_1 \times c_1 + Q_2 \times c_2 + Q_3 \times c_3 + Q_4 \times c_4 + \dots + Q_n \times c_n}{Q_1 + Q_2 + Q_3 + Q_4 + \dots + Q_n}$$

[8] Il periodo di riferimento può anche essere più breve: mese, trimestre, ecc.

$$\underset{\substack{\text{per periodo} \\ \text{di esercizio}}}{\text{C.m.p.}} = \frac{G_i \times c_i + Q_1 \times c_1 + Q_2 \times c_2 + Q_3 \times c_3 + ... + Q_n \times c_n}{G_i + Q_1 + Q_2 + Q_3 + Q_4 + ... + Q_n}$$

dove Q_1 indica le quantità caricate con il primo lotto, c_1 indica il costo unitario delle quantità del primo lotto, Q_2 indica le quantità caricate con il secondo lotto, ecc., mentre G_i indica le quantità in rimanenza all'inizio dell'esercizio e c_i il costo unitario delle giacenze iniziali.

Esempio: calcolo del costo delle rimanenze con il metodo della media ponderata
Si consideri la seguente situazione dei carichi e scarichi a magazzino relativi ad una materia prima (Tavola 3.7).

Tavola 3.7 - **Carichi e scarichi di magazzino**

Data	Carichi (quantità)	Costo unitario	Scarichi (quantità)
01-gen (rimanenze iniziali)	100	45,00	—
20-feb	50	48,00	—
30-mar	—	—	100
02-mag	50	49,00	—
15-lug	100	52,00	—
09-set	—	—	80
Totali	**300**		**180**

a) Costo medio ponderato per movimento
Alla data del 20 febbraio vengono caricate in magazzino 50 unità della materia prima, a 48 euro l'una; considerato che in magazzino vi erano già 100 unità (le rimanenze iniziali) del costo unitario di 45 euro, al 20 febbraio giacciono complessivamente 150 unità, il cui costo medio ponderato unitario è:

$$\underset{\substack{\text{per movimento} \\ \text{al 20 febbraio}}}{\text{C.m.p.}} = \frac{100 \times 45 + 50 \times 48}{100 + 50} = 46,00 \text{ euro}$$

Dopo l'impiego di 100 unità (in data 30 marzo), residuano in magazzino 50 unità, il cui valore unitario è, come appena calcolato, 46 euro.

Alla data del 2 maggio e, successivamente, alla data del 15 luglio, sono caricate in magazzino complessivamente altre 150 unità, di cui 50 unità al costo unitario di 49 euro e 100 unità a 52 euro. Al 15 luglio residuano, quindi, 200 unità in magazzino, il cui costo medio ponderato unitario è:

$$\underset{\substack{\text{per movimento}\\ \text{al 15 luglio}}}{\text{C.m.p.}} = \frac{50 \times 46 + 50 \times 49 + 100 \times 52}{50 + 50 + 100} = 49,75 \text{ euro}$$

Dopo l'ultimo impiego di 80 unità (9 settembre), residuano in magazzino 120 unità, il cui valore unitario è quello poc'anzi calcolato di 49,75 euro, per cui il valore globale del magazzino è:

Valore magazzino al costo medio ponderato per movimento =
120 × 49,75 = 5.970,00 euro

b) Costo medio ponderato per periodo di acquisto
La media viene calcolata al termine del periodo amministrativo senza prendere in considerazione i prelievi avvenuti durante il periodo. Non si considerano le rimanenze iniziali.

$$\underset{\substack{\text{per periodo}\\ \text{di acquisto}}}{\text{C.m.p.}} = \frac{50 \times 48 + 50 \times 49 + 100 \times 52}{50 + 50 + 100} = 50,25 \text{ euro}$$

Le quantità giacenti alla fine del periodo (120) sono date dalla differenza tra il totale dei carichi e delle rimanenze iniziali (300) e il totale dei prelievi (180). Il valore del magazzino è dato dal costo medio ponderato per periodo di acquisto unitario, come appena calcolato, moltiplicato per le quantità giacenti a fine periodo.

Valore magazzino al costo medio ponderato per periodo d'acquisto =
120 × 50,25 = 6.030,00 euro

c) Costo medio ponderato per periodo di esercizio
La valutazione avviene come nel caso precedente, comprendendo però anche le rimanenze iniziali.

$$\underset{\substack{\text{per periodo}\\ \text{di esercizio}}}{\text{C.m.p.}} = \frac{100 \times 45 + 50 \times 48 + 50 \times 49 + 100 \times 52}{100 + 50 + 50 + 100} = 48,50 \text{ euro}$$

Valore magazzino al costo medio ponderato per periodo d'acquisto =
120 × 48,50 = 5.820,00 euro

Il metodo FIFO

Il metodo FIFO si basa sull'ipotesi che i prelievi dal magazzino, per la vendita o la trasformazione, avvengano nello stesso ordine cronologico in cui sono avvenuti i carichi. La valorizzazione dei prelievi avviene quindi sulla base dei costi delle partite acquistate per prime. Ne consegue che la valorizzazione delle giacenze che residuano in magazzino dopo tutti i prelievi è assunta sulla base dei costi delle partite caricate per ultime. In pratica, si può pensare che il magazzino abbia una struttura rappresentabile graficamente come nella Tavola 3.8.

Tavola 3.8 - **Metodo FIFO: la sequenza degli scarichi**

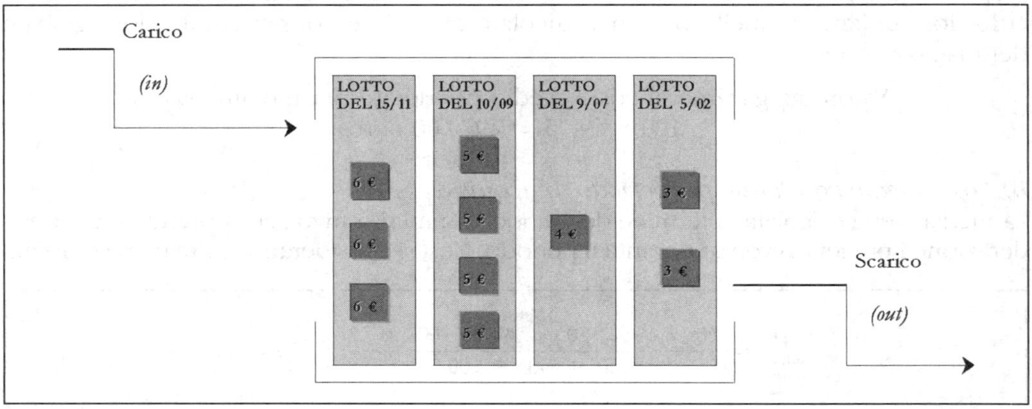

Nel magazzino schematizzato nella Tavola 3.8 sono stati rappresentati i carichi di una certa merce fungibile, il cui acquisto è avvenuto in quattro date successive. Il primo lotto, acquistato il 5 febbraio, conteneva due pezzi al prezzo di 3 euro ciascuno. Il secondo lotto, acquistato il 9 luglio, conteneva un pezzo al prezzo di 4 euro. Il terzo lotto, acquistato il 10 settembre, conteneva quattro pezzi al prezzo di 5 euro l'uno. Infine, l'ultimo lotto, acquistato il 15 novembre, conteneva tre pezzi a 6 euro l'uno. Non vi erano rimanenze iniziali.

Si ipotizzi che durante l'esercizio siano state complessivamente prelevate 6 unità del bene in questione (indipendentemente da quando i prelievi siano avvenuti), ossia che a fine esercizio residuino 4 unità in magazzino (10 unità caricate meno le 6 prelevate). In base all'ipotesi FIFO, il valore del magazzino a fine esercizio è di 23 euro. Difatti, si assume che le unità prelevate siano state, in ordine: le 2 appartenenti al primo lotto, l'unità appartenente al secondo lotto, le 3 unità appartenenti al terzo lotto, in modo da arrivare al totale di 6 unità complessivamente prelevate nell'esercizio. Si assume, conseguentemente, che le 4 unità inutilizzate rimaste a magazzino siano composte da: una delle unità acquistate con il terzo lotto e dalle 3 unità acquistate con il quarto lotto. Poiché il terzo lotto è stato acquistato al prezzo di 5 euro al pezzo e il quarto lotto al prezzo di 6 euro al pezzo, il valore delle rimanenze al costo è:

$$1 \text{ pezzo} \times 5 \text{ euro} + 3 \text{ pezzi} \times 6 \text{ euro} = 23 \text{ euro}$$

Il metodo LIFO

Il metodo LIFO è sostanzialmente l'opposto del metodo FIFO. Si assume che i prelievi avvengano partendo dalle partite caricate per ultime, per interessare via via le partite caricate nei tempi precedenti. Ne consegue che le quantità in rimanenza siano da attribuire ai carichi avvenuti nei tempi più remoti, ai costi dell'epoca.
Riprendiamo l'esempio poc'anzi utilizzato per illustrare il metodo FIFO, con i medesimi carichi a magazzino dello stesso bene e negli stessi lotti, e applichiamo questa volta il metodo LIFO. Graficamente, la rappresentazione è riportata nella Tavola 3.9.

Tavola 3.9 - **Metodo LIFO: la sequenza degli scarichi**

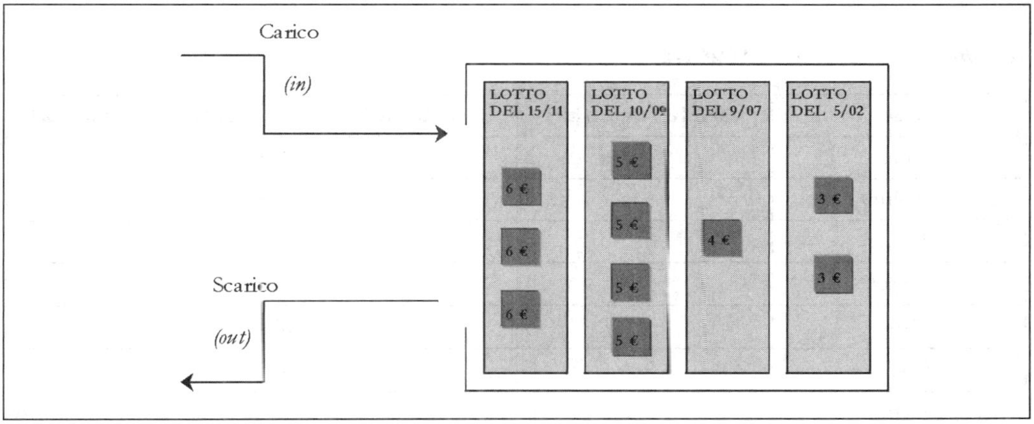

Si ipotizzi, come prima, che durante l'esercizio siano state complessivamente prelevate 6 unità del bene in questione (indipendentemente da quando i prelievi siano avvenuti), e che pertanto a fine esercizio residuino 4 unità in magazzino. Il valore di costo del magazzino, con il metodo LIFO, è 15 euro.
Infatti si assume che le 6 unità complessivamente impiegate siano state prelevate, in ordine, prima dal quarto lotto, il quale ne contiene però solo 3, e pertanto le altre 3 siano state prelevate dal lotto precedente, il terzo, il quale ne contiene 4. Ne consegue che le 4 unità inutilizzate giacenti in magazzino al termine dell'esercizio siano composte da: una delle unità acquistate con il terzo lotto, l'unità acquistata con il secondo lotto e le due unità acquistate con il primo lotto. Considerato che il terzo lotto è stato acquistato al prezzo unitario di 5 euro, il secondo lotto al pezzo unitario di 4 euro, il primo lotto al prezzo unitario di 3 euro, il valore di costo delle rimanenze, sotto l'ipotesi LIFO, è:

$$1 \text{ pezzo} \times 5 \text{ euro} + 1 \text{ pezzo} \times 4 \text{ euro} + 2 \text{ pezzi} \times 3 \text{ euro} = 15 \text{ euro}$$

Il metodo LIFO appena esposto è detto anche LIFO di periodo. Con tale metodo i prelievi effettuati durante il periodo amministrativo vengono considerati come se fossero avvenuti tutti al termine del periodo.

Il metodo LIFO ammette altre due varianti: il LIFO continuo per movimento e il LIFO a scatti annuale.

LIFO continuo per movimento

Questa variante del metodo LIFO tiene conto di quando vengono effettuati i prelievi durante il periodo amministrativo: il calcolo del costo delle rimanenze è effettuato dopo ogni singolo prelievo, sempre sulla base della logica LIFO. Riprendiamo l'esempio di prima, specificando questa volta che le 6 unità complessivamente prelevate durante l'esercizio sono state così prelevate: 2 unità sono state prelevate in data 10/07 e 4 unità sono state prelevate in data 01/12 (Tavola 3.10).

Tavola 3.10 - **Carichi e scarichi**

Data	carichi (quantità)	costo unitario	scarichi (quantità)
05-feb	2	3,00	—
09-lug	1	4,00	—
10-lug	—	—	2
10-set	4	5,00	—
15-nov	3	6,00	—
01-dic	—	—	4
Totali	**10**		**6**

Alla data del primo prelievo (10 luglio) vi erano in magazzino 3 unità, di cui 2 caricate in data 5 febbraio e una caricata in data 9 luglio. Le 2 merci prelevate il 10 luglio, secondo logica LIFO, si considerano prelevate partendo dal lotto caricato il 9 luglio; tale lotto però contiene solo una unità e pertanto l'altra unità si considera prelevata dal lotto immediatamente precedente (quello caricato il 5 febbraio). Ne consegue che dopo il primo prelievo residua una unità che si considera appartenente al lotto acquistato il 5 febbraio, al costo unitario di 3 euro.
Il secondo e ultimo prelievo di 4 unità, avvenuto il primo dicembre, ha interessato, in base alla logica LIFO, prima le unità acquistate il 15 novembre; però, poiché queste sono solo 3, si assume che la quarta unità sia stata prelevata dal lotto disponibile immediatamente precedente, quello del 10 settembre.
Dopo tutti i prelievi rimangono in magazzino 4 unità, così identificate: una unità caricata in magazzino in data 5 febbraio, e perciò del costo di 3 euro, e tre unità caricate in data 10 settembre, perciò del costo di 5 euro ciascuna. Pertanto il valore delle rimanenze al costo calcolato con il metodo LIFO continuo per movimento è:

$$1 \times 3 + 3 \times 5 = 18 \text{ euro}$$

LIFO a scatti

Per la valorizzazione delle giacenze con il metodo LIFO a scatti occorre distinguere se la quantità giacente a fine esercizio è aumentata o diminuita rispetto a quella giacente all'inizio dell'esercizio:

- se le giacenze sono aumentate, la quantità pari a quella dell'inizio dell'esercizio si valorizza con il costo a quella data mentre l'incremento si valorizza al costo medio ponderato di periodo di acquisto (o di produzione);
- se la quantità è diminuita, le giacenze si valorizzano utilizzando i costi e le quantità delle singole classi LIFO più remote componenti le rimanenze iniziali.

In conseguenza di quanto detto al primo punto, nel primo esercizio (o comunque ogni volta che non ci sono giacenze iniziali) la valorizzazione delle giacenze finali col metodo LIFO a scatti coincide con la valorizzazione delle stesse al costo medio ponderato per periodo di acquisto (o di produzione) (esempio nella Tavola 3.11).

Tavola 3.11 - **Esempio: calcolo del costo delle rimanenze con il metodo LIFO a scatti**

Esercizio	Rimanenze finali (quantità)	Costo medio ponderato per periodo di acquisto	Valorizzazione delle rimanenze finali con il metodo LIFO a scatti
1998 (primo esercizio)	1.000	10	(1000×10)=10.000 euro
1999	1.200	15	(1000×10)+(200×15)=13.000 euro
2000	1.100	13	(1000×10)+(100×15)=11.500 euro
2001	900	16	(900×10)=9.000 euro
2002	800	15	(800×10)=8.000 euro
2003	1.100	18	(800×10)+(300×18)=13.400 euro
2004	1.500	15	(800×10)+(300×18)−(400×15)=19.400 euro
2005	1.600	13	(800×10)+(300×18)−(400×15)+(100×13)= 20.700 euro
2006	1.000	19	(800×10)+(200×18)=11.600 euro
2007	1.200	20	(800×10)+(200×18)+(200×20) =15.600 euro

Con riferimento all'esempio, al termine del 1998 le quantità in giacenza sono interamente valutate al costo medio ponderato per periodo di acquisto relativo a quell'anno, in quanto non ci sono rimanenze iniziali.

Nell'anno 1999 le giacenze finali (1.200) sono aumentate rispetto a quelle iniziali (1.000) (le giacenze iniziali sono pari, naturalmente, alle giacenze finali dell'esercizio precedente). Pertanto la quantità delle giacenze finali pari alle giacenze iniziali è valorizzata con il costo a quella data (1.000 × 10) mentre l'incremento è valorizzato al costo medio ponderato per periodo di acquisto del 1999 (200 × 15).

Nell'anno 2000 le giacenze finali (1.100) sono diminuite rispetto a quelle iniziali (1.200). In questo caso si va ad identificare i diversi strati LIFO che compongono le rimanenze iniziali e, nel rispetto della logica LIFO, si considera che il decremento sia stato prelevato partendo dagli ultimi strati in ordine cronologico. Nello specifico, le rimanenze iniziali dell'esercizio 2000, come valutate al termine dell'esercizio 1999, sono composte da due strati LIFO:

- 1.000 unità a 10 euro l'una;
- 200 unità a 15 euro l'una.

Si considera che il decremento sia stato prelevato a partire dall'ultimo strato per poi risalire, ove le quantità di tale strato fossero inferiori alle quantità prelevate, a quelli più remoti. Nel nostro caso, le 100 unità del decremento delle giacenze sono state interamente prelevate dallo stato composto da 200 unità a 15 euro l'una, per cui le 1.100 in giacenza finale sono imputabili agli strati LIFO che rimangono, ossia: 1.000 × 10 e 100 × 15. Con la stessa logica sono state valutate le rimanenze per gli esercizi successivi.

Raffronto tra i tre metodi

L'utilizzo dei tre diversi metodi può portare chiaramente a valutazioni diverse, tanto più divergenti quanto più l'andamento dei prezzi sia caratterizzato da significative variazioni. In presenza di fluttuazioni in aumento e in diminuzione dei prezzi, il costo medio tende a mediare il valore delle rimanenze, garantendo omogeneità nel tempo al valore delle rimanenze.

In presenza di prezzi crescenti (inflazione) la valutazione con il metodo LIFO risulta la più prudenziale, in quanto le rimanenze vengono valorizzate ai costi più remoti, quindi più bassi, e conseguentemente, in conto economico, i ricavi formatisi nell'esercizio vengono correlati ai costi di più recente formazione. D'altra parte le rimanenze vengono sottovalutate rispetto al valore corrente, nel caso di applicazione del metodo LIFO in presenza di prezzi crescenti. In questi casi vige l'obbligo, ai sensi dell'art. 2426 n. 10, secondo periodo, c.c., di indicare in nota integrativa la differenza tra il valore di costo delle rimanenze e quello corrente (la cosiddetta «riserva lifo»).

Altri metodi di calcolo dei costi delle rimanenze: il metodo dei prezzi al dettaglio, il metodo dei costi standard, il metodo del valore costante[9]

Il documento OIC n. 13 prevede che il costo delle rimanenze possa essere determinato anche con il metodo dei prezzi al dettaglio, il metodo dei costi standard o il metodo del valore costante, se può essere dimostrato che i valori così determinati siano assimilabili, con scostamenti trascurabili, ai tre metodi precedentemente esaminati. La valutazione delle rimanenze con il metodo del prezzi al dettaglio si ottiene valorizzando le quantità in giacenza al prezzo di vendita e quindi moltiplicando il valore, così ottenuto, per il rapporto tra il costo dei beni e il valore complessivo di vendita degli stessi. La tecnica dei costi standard implica la determinazione in anticipo, rispetto alla produzione, dei costi che saranno sostenuti per la realizzazione dei prodotti, in base a tecniche specifiche, elenchi materiali, ore normali di lavoro, in condizioni normali

[9] Principio contabile OIC n. 13, paragrafi 46 - 50. Si precisa che gli unici metodi consentiti dal codice civile restano quelli del costo medio ponderato, Fifo e Lifo. I metodi qui indicati sono utilizzabili solo se il valore determinato non si discosta da quelli consentiti dal codice civile.

di utilizzo della capacità produttiva degli impianti. I costi standard possono essere utilizzati per valorizzare le giacenze finali solo se rappresentativi dei costi effettivi, e devono essere aggiornati periodicamente per riflettere i mutamenti nei processi produttivi. Non devono essere invece rettificati per riflettere l'inefficienza di produzione, in quanto questa costituisce un costo dell'esercizio in cui si verifica e non deve partecipare alla valorizzazione delle rimanenze.
Il metodo del valore costante si applica qualora i beni in giacenza siano di scarso valore rispetto all'attivo di bilancio e siano costantemente rinnovati. Infatti, quando non vi sono sensibili variazioni nell'entità, il valore costante ben permette di approssimare il valore di tali rimanenze.

I metodi di calcolo dei costi dei beni fungibili secondo gli IAS/IFRS
Lo IAS 2 impone che per la valutazione dei beni fungibili non si utilizzi il costo specifico, perché fonte di arbitrarietà. Stabilisce invece che i beni fungibili siano valutati, alternativamente, con il metodo FIFO o il metodo della media ponderata. Tuttavia, a differenza dei principi contabili nazionali, il metodo della media ponderata non può essere applicato nella variante «per periodo». È inoltre escluso l'utilizzo del metodo LIFO.

3.4.5 Il valore di mercato

L'articolo 2426, n. 9, c.c., stabilisce che il valore di costo delle rimanenze, determinato come poc'anzi spiegato, debba essere confrontato con «il valore di realizzazione desumibile dall'andamento di mercato», e che in bilancio si utilizzi il minore dei due (vedi Tavola 3.3).
Tale regola impedisce che vengano sospesi, nel valore delle rimanenze, quei costi di magazzino che si prevede non possano essere recuperati in esercizi futuri, perché, ad esempio, i prezzi di vendita sono diminuiti, i beni si sono deteriorati, sono divenuti obsoleti o hanno un lento rigiro, ecc. Questi costi, in conformità al principio della prudenza, devono pesare come componenti negativi di reddito nell'esercizio in cui si possono prevedere, e non negli esercizi in cui avverranno le vendite dei relativi beni.
Il valore di realizzazione desumibile dall'andamento di mercato consiste nel ricavo ottenibile dalla vendita, al quale si devono sottrarre tutti gli oneri sostenuti per la vendita (provvigioni, costi di trasporto, di imballaggio, ecc.) e gli eventuali oneri sostenuti per il completamento del prodotto. In presenza di ordini di vendita confermati con prezzo prefissato, si fa riferimento a tale prezzo, per i quantitativi ordinati, indipendentemente da un eventuale declino dei prezzi di mercato per quella tipologia di bene.
Per le rimanenze consistenti in materie prime e sussidiarie (ossia per quelle tipologie di rimanenze che partecipano alla fabbricazione di prodotti finiti, e che quindi non sono destinate a essere vendute sul mercato nello stato in cui si trovano) il parametro di valutazione non può essere il valore di mercato delle materie prime e sussidiarie stesse (il cosiddetto "costo di sostituzione") ma deve essere il valore di mercato dei prodotti finiti in cui si incorporeranno: pertanto, se il valore di mercato dei prodotti finiti in cui si incorporeranno le materie prime e sussidiarie, risulta

superiore al costo di produzione di tali prodotti, non occorre fare svalutazioni per materie prime e sussidiarie utilizzate per la produzione. Viceversa, quando ci si aspetta che il valore netto di realizzo dei prodotti finiti risulterà inferiore al costo di produzione, il costo delle materie prime e sussidiarie (utilizzate per la produzione di tali beni) dovrà essere svalutato, fino al valore del costo di sostituzione delle materie prime e sussidiarie stesse.
Il confronto tra il valore di costo e quello di mercato deve essere fatto separatamente per ogni voce del magazzino, in modo da evitare che eventuali svalutazioni di alcune voci non siano rilevate perché compensate dagli utili sperati relativi alle voci il cui costo eccede il valore di mercato.
Contabilmente, la svalutazione del magazzino per l'adeguamento del costo storico al minore valore di mercato può avvenire con contropartita la rettifica diretta del magazzino (nel caso di svalutazioni che si presumono durevoli) oppure con contropartita un fondo deprezzamento, mantenendo distinta la valutazione al costo (nel caso di svalutazioni che si presumono non definitive). In entrambi i casi, il valore delle rimanenze che apparirà a bilancio dovrà comunque essere al netto delle svalutazioni operate.
Se nei bilanci successivi, le motivazioni della svalutazione vengono meno, diviene necessario ripristinare il valore del magazzino, nel limite massimo del costo storico, contabilizzando un componente positivo di reddito.
Quando il costo storico viene svalutato al valore di mercato, quest'ultimo diviene il nuovo valore di costo delle rimanenze finali per le successive valutazioni.

Il valore netto di realizzo secondo gli IAS/IFRS
Lo IAS 2 definisce il valore netto di realizzo come «il prezzo di vendita stimato nel normale svolgimento dell'attività, al netto dei costi stimati di completamento e di quelli stimati necessari per la realizzazione della vendita». Non si rilevano sostanziali differenze con quanto stabilito dai principi contabili nazionali.

3.4.6 La valutazione delle rimanenze consistenti in lavori in corso su ordinazione

I lavori in corso su ordinazione sono le tipiche rimanenze delle imprese che realizzano opere a esecuzione pluriennale su commessa. Ne sono esempi: strade, edifici, ponti, navi, grandi impianti, e così via. Possono rientrare nei lavori in corso su ordinazione anche le realizzazioni di progetti, di appositi software, e tutte le altre forniture di servizi direttamente correlati alla costruzione di un'opera.
La caratteristica distintiva dei lavori in corso su ordinazione è di essere legati a contratti di durata normalmente ultrannuale con committenti che stabiliscono le specifiche tecniche dei beni da realizzare, tali da richiedere un progetto unico e non destinato alla produzione di serie (sono escluse le produzioni dei beni che l'impresa normalmente produce per il magazzino).
Data la peculiarità dei lavori in corso su ordinazione, il legislatore ha ritenuto di prevedere un apposito criterio di valutazione, indicato al n. 11 dell'art. 2426 c.c. (Tavola 3.13).

Tavola 3.13 - **Valutazione secondo il codice civile**

Articolo 2426, c.c. Nelle valutazioni devono essere osservati i seguenti criteri: *(omissis)* 11) i lavori in corso su ordinazione possono essere iscritti sulla base dei corrispettivi maturati con ragionevole certezza

Si tratta di una deroga al generale criterio di valutazione al minore tra il costo e il valore di realizzo desumibile dall'andamento di mercato, stabilito per la generalità delle rimanenze, che consente l'iscrizione al valore dei corrispettivi maturati ancorché superiore al costo.
La deroga appare opportuna in considerazione del fatto che la valutazione al minore tra il costo e il valore di realizzo applicata ai lavori in corso su ordinazione (specie per quelli di durata e importo significativi) non consentirebbe la rappresentazione veritiera e corretta della situazione dell'impresa, e, attraverso il differimento dell'utile in formazione, la determinazione del risultato d'esercizio sarebbe fortemente imprecisa. Il criterio generale della valutazione al minore tra il costo e il presumibile valore di realizzo può comunque essere applicato anche ai lavori in corso su ordinazione, essendo l'utilizzo del criterio dei corrispettivi maturati con ragionevole certezza solamente una possibilità.
Il principio contabile nazionale n. 23 indica due metodologie di valutazione dei lavori in corso su ordinazione:

- il criterio della percentuale di completamento (che equivale alla deroga del n. 11 del 2426 c.c., ossia la valutazione sulla base dei corrispettivi maturati con ragionevole certezza);
- il criterio della commessa completata (che corrisponde al criterio generale per la valutazione delle rimanenze, ossia la valutazione al minore tra il costo e il valore di realizzo desumibile dall'andamento di mercato).

Il metodo della percentuale di completamento deve essere adottato quando sussistono contemporaneamente le seguenti condizioni:

- esiste un contratto vincolante per le parti che ne definisca chiaramente le obbligazioni e, in particolare, il diritto al corrispettivo per l'appaltatore;
- il diritto al corrispettivo per la società che effettua i lavori matura con ragionevole certezza via via che i lavori sono eseguiti;
- non sono presenti situazioni di incertezza relative a condizioni contrattuali o fattori esterni di tale entità da rendere dubbia la capacità dei contraenti a far fronte alle proprie obbligazioni (ad esempio, l'obbligo dell'appaltatore nel completare i lavori);
- il risultato della commessa può essere attendibilmente misurato.

In assenza di una di queste condizioni o nel caso di commesse con durata infrannuale, deve essere adottato il metodo della commessa completata. Il metodo della commessa completata può essere adottato anche negli altri casi, purché le informazioni derivanti dall'applicazione del metodo della percentuale di completamento siano fornite in nota integrativa.

Da ultimo si segnala che nel caso di commesse in perdita è necessario addossare all'esercizio in chiusura l'intero ammontare della perdita in formazione (e non solamente la percentuale del risultato in formazione) per rispettare il principio della prudenza.

Esempio: la valutazione dei lavori in corso su ordinazione con il metodo della percentuale di completamento
La Edilpiù s.p.a., nel corso dell'esercizio X, acquisisce una commessa per la costruzione di un edificio. Il corrispettivo pattuito per la commessa ammonta a 480.000 euro. Per tale commessa, la Edilpiù prevede di sostenere i seguenti costi: 1° anno: 160.000 euro; 2° anno: 120.000 euro; 3° anno: 120.000 euro.
1° anno
Al termine del primo anno saranno sostenuti costi per 160.000 euro, pari al 40% dei costi totali previsti (400.000 euro = 160.000 + 120.000 + 120.000). Pertanto il valore della rimanenza con il metodo della percentuale di completamento viene calcolato al 40% del corrispettivo totale pattuito (480.000 euro), ossia 192.000 euro.
In conto economico del primo esercizio risulterà quindi:
A) VALORE DELLA PRODUZIONE
3) Variazione lavori in corso su ordinazione (rimanenze finali –rim. iniziali)
(192.000 - 0) = 192.000
B) COSTI DELLA PRODUZIONE
... Costi di produzione 160.000
A) - B) = 32.000
La quota di risultato della commessa che viene attribuito al primo esercizio è quindi 32.000 euro, pari al 40% di 80.000 (dove 80.000 è il risultato finale della commessa dato da 480.000 - 400.000).
2° anno
Al termine del secondo anno risulteranno sostenuti costi per complessivi 280.000 euro (160.000 euro sostenuti nel primo anno + 120.000 euro sostenuti nel secondo anno) pari al 70% dei costi previsti complessivi (400.000 euro). Il valore della rimanenza al termine del secondo anno viene calcolata al 70% del ricavo finale (480.000 euro), pertanto pari a 336.000 euro.
In conto economico del secondo esercizio risulterà quindi:
A) VALORE DELLA PRODUZIONE
3) Var. lav. in corso su ord. (rim. fin. - rim. iniz.) (336.000 - 192.000) = 144.000
B) COSTI DELLA PRODUZIONE
... Costi di produzione 120.000
A) - B) = 24.000
La quota di risultato della commessa che viene attribuito al secondo esercizio è pari al 30% di 80.000 (cioè il 70% di 80.000 - il 40% di 80.000 già imputato lo scorso esercizio).
3° anno
Alla fine del terzo anno la commessa viene completata e non residuano rimanenze.
In conto economico del terzo esercizio risulterà quindi:
A) VALORE DELLA PRODUZIONE
1) Ricavi delle vendite e delle prestazioni = 480.000

3) Var. lav. in corso su ord. (rim. fin. - rim. iniz.) (0 - 336.000) = -336.000
Totale A) 144.000
B) COSTI DELLA PRODUZIONE
... Costi di produzione 120.000
A) - B) = 24.000
La quota di risultato della commessa che viene attribuito al terzo esercizio è pari al 30% di 80.000 (cioè il 100% di 80.000 - il 70% di 80.000 già imputato nei due precedenti esercizi).

La valutazione dei lavori in corso su ordinazione secondo gli IAS/IFRS
Il principio contabile internazionale che si occupa dei lavori in corso su ordinazione è lo IAS 11. Le disposizioni contenute nello IAS 11 sono sostanzialmente allineate a quelle contenute nel principio contabile nazionale n. 23, salvo per il principio della commessa completata che non è ammesso dallo IAS 11 a meno che ci si trovi nel caso in cui il risultato della commessa non può essere attendibilmente stimato.

4. LA VALUTAZIONE DELLE IMMOBILIZZAZIONI MATERIALI

di Alberto Bertoni

4.1. DEFINIZIONE E CLASSIFICAZIONE

4.1.1 Definizione di immobilizzazioni materiali

L'impresa, per realizzare il fine di produrre di ricchezza che le è proprio, impiega, tra gli altri, fattori produttivi destinati a far parte in modo duraturo della struttura tecnicoorganizzativa e come tali denominati immobilizzazioni.

La caratteristica di «immobilizzazioni», che viene attribuita a fattori di produzione, non è determinata dalla natura intrinseca ai beni di avere una utilità economica che si estende nel tempo, quanto dalla destinazione che viene loro data nella gestione d'impresa a permanere durevolmente. Sebbene la natura delle immobilizzazioni possa essere diversa, un aspetto le caratterizza: si tratta di beni destinati non alla vendita, bensì ad essere impiegati in un ampio orizzonte temporale come strumenti di produzione del reddito principalmente nell'ambito della gestione caratteristica.

Le immobilizzazioni materiali sono costituite da immobili, impianti, macchinari, e da altri beni tangibili a lento ciclo di utilizzo la cui utilità si protrae nel tempo, anche nei periodi successivi a quello in cui sono stati acquisiti.

In ogni periodo in cui si riduce la funzionalità dei beni, è necessario, per rispettare il principio della competenza economica, correlare una parte del loro valore originario ai ricavi d'esercizio che periodicamente si conseguono utilizzando questi fattori nella produzione. Così, nel succedersi dei periodi amministrativi e perdurando l'utilizzo delle immobilizzazioni nel processo produttivo, il loro valore partecipa gradualmente per quote alla formazione dei redditi d'esercizio, tende a ridursi fino ad azzerarsi nel momento in cui i beni esauriscono la loro funzionalità.

Nella valutazione delle immobilizzazioni materiali si dovrà tenere presente che il loro valore non è destinato alla diretta realizzazione con la vendita, ma alla realizzazione indiretta attraverso flussi reddituali/finanziari conseguibili utilizzando il bene nel corso della sua vita utile; ne discende che il valore del cespite impiegato nella produzione non dovrà discostarsi dal «valore recuperabile tramite l'uso», cioè dal valore che si può prevedere potrà essere recuperato tramite flussi finanziari/reddituali correlati all'utilizzo dei beni. I principi contabili attribuiscono particolare rilievo alla nozione di «valore recuperabile tramite l'uso».

4.1.2 Classificazione delle immobilizzazioni materiali nel bilancio civilistico

Secondo l'art. 2424-bis 1° c. del codice civile (Disposizioni relative a singole voci dello stato patrimoniale) devono essere iscritti tra le immobilizzazioni gli elementi patrimoniali destinati ad essere utilizzati durevolmente nell'esercizio dell'attività di impresa. Nello stato patrimoniale (art. 2424 cod. civ.), i valori delle immobilizzazioni materiali si iscrivono nell'attivo tra le immobilizzazioni (nella sottoclasse BII) distintamente rispetto alle altre immobilizzazioni: immateriali (BI) e finanziarie (BIII).

La legge, attualmente, identifica le voci componenti la sottoclasse delle immobilizzazioni materiali che devono essere indicate. Le voci sono le seguenti:
1) terreni e fabbricati;
2) impianti e macchinari;
3) attrezzature industriali e commerciali;
4) altri beni;
5) immobilizzazioni in corso e acconti.

Nella voce 1) terreni e fabbricati, si comprendono oltre ai terreni, i fabbricati strumentali e quelli acquistati a titolo di investimento. I fabbricati strumentali sono destinati ad essere utilizzati nell'ambito della gestione caratteristica dell'impresa, come, ad esempio, lo stabile della fabbrica, il magazzino e gli immobili che accolgono gli uffici aziendali. Gli investimenti immobiliari (o fabbricati non strumentali) hanno, invece, carattere accessorio rispetto a quelli strumentali: sono immobili acquistati a puro titolo di investimento nell'ambito della gestione patrimoniale per essere dati in affitto a terzi e per trarre un profitto dalle variazioni dei loro prezzi sul mercato. In relazione alla diversa destinazione di tali cespiti nell'ambito della produzione economica d'impresa, sarebbe opportuno distinguere in nota integrativa i fabbricati strumentali da quelli acquistati a titolo di investimento.

Il valore dei fabbricati va sempre contabilizzato separatamente rispetto al valore dei terreni sui quali essi insistono per la ragione che i terreni, a differenza dei fabbricati, hanno vita utile illimitata e non devono essere ammortizzati.

La voce 4) altri beni, ha un valore residuale: in essa sono iscritti gli automezzi, i mobili ed arredi, le macchine d'ufficio, gli imballaggi ad uso durevole e i beni gratuitamente devolvibili.

La voce 5) immobilizzazioni in corso e acconti, accoglie i costi capitalizzati per costruzioni interne di immobilizzazioni non ancora ultimate alla data di chiusura dell'esercizio e gli anticipi a fornitori per l'acquisizione di immobilizzazioni materiali.

Le immobilizzazioni materiali devono essere esposte all'attivo dello stato patrimoniale al netto dei relativi fondi di ammortamento e di svalutazione, per rappresentare così i valori contabili delle immobilizzazioni disponibili per il futuro; i fondi in questione sono poste rettificative del valore delle immobilizzazioni originariamente iscritto e non hanno la natura di fondi per la copertura di passività o perdite presunte.

Principi contabili internazionali

Definizione e classificazione - Secondo lo IAS 1 *Presentazione del bilancio*, le immobilizzazioni materiali vanno iscritte nell'attivo dello stato patrimoniale nella macro classe delle attività non correnti nell'apposita classe immobili, impianti e macchinari.

Lo IAS 16 definisce gli *immobili, impianti e macchinari* come beni tangibili che:
(a) *sono posseduti* per essere utilizzati nella produzione o nella fornitura di beni o servizi, per affittarli ad altri (nell'ambito della gestione caratteristica), o per scopi amministrativi; e
(b) *ci si attende che* siano utilizzati per più di un esercizio.

Il loro valore può essere iscritto nell'attivo dello stato patrimoniale solo quando ricorrono entrambe le seguenti condizioni:
(a) è probabile che l'impresa potrà godere dei futuri benefici economici riferibili al bene;
(b) il costo del bene per l'impresa può essere determinato in maniera attendibile.
Nel prospetto di stato patrimoniale o nelle note al bilancio, la voce immobili, impianti e macchinari deve essere sotto-classificata per classi distinte, intendendo per classe distinta un raggruppamento di beni di similare natura e utilizzo nell'attività dell'impresa; classi distinte indicate nello IAS 16 sono: terreni (sui quali non insistono fabbricati), terreni ed edifici, macchinari, navi, aerei, autoveicoli, mobili e attrezzature, macchine d'ufficio.

4.2. LA VALUTAZIONE INIZIALE

La valutazione iniziale delle immobilizzazioni materiali assume notevole importanza ai fini contabili perché esprime il valore che viene attribuito alla funzionalità originaria del bene disponibile per più esercizi; costituisce, di conseguenza, la base di determinazione degli ammortamenti da correlare in ogni periodo amministrativo ai ricavi d'esercizio.
Generalmente il valore iniziale che si attribuisce alle qualità funzionali delle immobilizzazioni è rappresentato dal costo sostenuto dall'impresa, vi sono tuttavia alcune forme di acquisizione e dei casi particolari per i quali si devono utilizzare termini diversi dal costo per misurare il valore originario dei beni.
Premesso che le modalità di acquisizione delle immobilizzazioni materiali o tecniche sono le seguenti:
- acquisto,
- costruzione in economia (o interna),
- apporto,
- a titolo gratuito,
- permuta,
- leasing,

di seguito si analizza la valutazione iniziale delle immobilizzazioni con riguardo alle diverse modalità: si inizia dall'acquisto dei beni presso terze economie per arrivare all'acquisizione delle immobilizzazioni tramite il leasing, esaminando nel contempo quali effetti producano sul sistema dei valori d'azienda le agevolazioni che l'impresa, in determinate situazioni, può ottenere dagli enti pubblici per gli investimenti nei beni materiali di utilità pluriennale.

4.2.1 L'acquisto

La principale forma di acquisizione delle immobilizzazioni materiali è l'acquisto da terze economie.
Secondo l'art. 2426, punto 1, «le immobilizzazioni sono iscritte al costo di acquisto o di produzione. Nel costo di acquisto si computano anche i costi accessori».

Le immobilizzazioni tecniche che vengono acquistate, possono essere negoziate sul mercato, oppure appositamente costruite dai fornitori per l'azienda.
In entrambi i casi il valore originario dell'immobilizzazione acquistata è costituito dal costo che comprende il prezzo del bene risultante dalla fattura (più l'eventuale IVA indetraibile) e gli oneri accessori d'acquisto quali: spese notarili, oneri fiscali e doganali, spese di trasporto e di assicurazione, spese di progettazione ecc.
Si comprendono nel costo di acquisto anche gli oneri che l'impresa deve sostenere affinché l'immobilizzazione possa essere impiegata nella produzione, come ad esempio le spese di installazione e di collaudo per gli impianti; mentre si portano in diminuzione del costo eventuali sconti commerciali.
Nel caso di acquisto, la determinazione del costo delle immobilizzazioni non comporta in genere particolari problemi di valutazione, in quanto gli elementi che lo compongono sono suscitati dallo scambio monetario e desunti da documenti come le fatture.
Al costo di acquisto si possono aggiungere a determinate condizioni eventuali oneri finanziari su capitale di prestito. Il valore del cespite inclusivo degli interessi capitalizzati non può superare il valore recuperabile tramite l'uso.

4.2.2 La costruzione in economia

La costruzione in economia, o costruzione interna, si ha quando l'impresa costruisce l'immobilizzazione necessaria alla propria produzione utilizzando le strutture produttive di cui dispone, il personale dipendente ed altre risorse esistenti nell'impresa o appositamente acquisite.
I cespiti possono essere costruiti in economia interamente o parzialmente, e si può avere il caso in cui un'impresa svolga tale attività in modo continuativo, disponendo di un apposito reparto di produzione.
La costruzione interna comporta una capitalizzazione di costi, in altre parole, si trasformano contabilmente dei componenti negativi di reddito in elementi attivi del capitale, in quanto i fattori produttivi impiegati a tal fine non esauriscono la loro utilità nel periodo della costruzione, ma sono condizioni di produzione di utilità pluriennale disponibili per la gestione futura.
Questa operazione contabile svolge un ruolo fondamentale nel calcolo della produzione economica, specie per le imprese industriali, per cui risulta necessario riflettere con attenzione sulla problematica relativa alla valutazione iniziale delle immobilizzazioni costruite in economia perché decidere se una spesa rappresenta un'attività o un costo d'esercizio può avere un effetto rilevante sui risultati di gestione dell'impresa.
Secondo l'art. 2426, punto 1, «Il costo di produzione comprende tutti i costi direttamente imputabili al prodotto. Può comprendere anche altri costi per la quota ragionevolmente imputabile al prodotto, relativi al periodo di fabbricazione e fino al momento dal quale il bene può essere utilizzato».
Il costo di produzione comprende, secondo la legge, tutti i costi riferibili alla costruzione direttamente imputabili al prodotto, come i costi dei materiali utilizzati, il costo della mano d'opera diretta impiegata, gli oneri di consulenza tecnica, i costi per componenti fornite da terzi ed altri eventuali costi di diretta imputazione.

Il costo di produzione, sempre nell'accezione legislativa, «può comprendere» altri costi per la quota ragionevolmente imputabile al prodotto e per il periodo di fabbricazione. Tale passo richiede alcuni chiarimenti.
In primo luogo è necessario sottolineare che l'espressione «può comprendere» non vuole lasciare al redattore del bilancio una facoltà di scelta arbitraria sull'inclusione o meno di altri costi, oltre a quelli diretti, nella configurazione di costo da capitalizzare ed ammortizzare; questa interpretazione permetterebbe di realizzare politiche di bilancio volte ad influenzare il risultato di periodo. Invero, l'opportunità lasciata dal legislatore deve essere colta dal redattore del bilancio al fine di realizzare la clausola generale della rappresentazione veritiera e corretta, interpretando la norma secondo le regole tecniche stabilite dalla organismi contabili riconosciuti; la discrezionalità, quindi, va intesa come libertà vincolata al rispetto di corretti principi contabili.
Con riguardo ad "altri costi" che è possibile imputare, l'OIC 16 Immobilizzazioni materiali precisa al paragrafo 31 che ai costi diretti si devono aggiungere i costi generali di produzione. Evidentemente si fa riferimento a costi indiretti di produzione, costituiti dalla mano d'opera indiretta, dagli ammortamenti di impianti, macchinari, attrezzi e di altre immobilizzazioni impiegate nella produzione, dalle spese di manutenzione, dal costo dei materiali di consumo, e da altre spese generali di produzione, con l'esclusione dei costi generali, amministrativi e di vendita. L'esclusione delle spese generali ed amministrative è motivata dal fatto che dette spese non costituiscono oneri specificamente sostenuti per costruire il bene strumentale in economia, ma si riferiscono a funzioni comuni dell'impresa nel suo complesso; mentre le spese generali di vendita riguardano l'attività distributiva dei beni prodotti, attività che non è riferibile a beni destinati a permanere nell'impresa nel tempo.
I costi indiretti di produzione devono essere imputati al bene prodotto internamente per una quota «ragionevolmente imputabile». Il termine "ragionevolmente" richiama anche in questo caso una corretta applicazione delle regole contabili, per cui l'attribuzione delle spese generali industriali all'immobilizzazione costruita in economia deve essere effettuata proporzionalmente rispetto ai beni prodotti dall'impresa, utilizzando un parametro di ripartizione, quale può essere ad esempio il costo delle materie prime, il numero ore lavoro, il costo della mano d'opera diretta, il numero ore-macchina; si deve anche tenere conto della capacità produttiva normale degli impianti utilizzati nella produzione, infatti, come osserva L'OIC 16 al paragrafo 32, "i costi di natura straordinaria sostenuti durante la costruzione dei cespiti, (ad es.: scioperi, incendi o eventi connessi a calamità naturali, come alluvioni, terremoti, ecc.) non sono capitalizzabili, e sono addebitati al conto economico dell'esercizio in cui si sostengono".
La legge, infine, specifica che i costi da capitalizzare sono solo quelli relativi al periodo di fabbricazione, che deve considerarsi terminato quando il bene è pronto per l'uso. In conclusione, il costo di produzione deve essere inteso come costo pieno industriale, comprensivo di tutti i costi che l'impresa deve sostenere affinché l'immobilizzazione possa essere utilizzata, dunque, comprensivo non solo dei costi diretti di produzione, ma anche, secondo corrette percentuali di ripartizione, di una quota dei costi indiretti industriali.

Al costo di produzione si possono aggiungere a determinate condizioni eventuali oneri finanziari relativi a capitali presi a prestito per finanziare la fabbricazione del cespite.

4.2.3 Gli oneri finanziari

Per l'acquisto di immobilizzazioni materiali sono necessarie risorse finanziarie, le quali possono provenire, oltre che dalla proprietà, anche da terzi finanziatori attraverso dei prestiti.
Gli oneri finanziari relativi a finanziamenti specifici per l'acquisto o la costruzione interna delle immobilizzazioni, od anche generici poi utilizzati con il medesimo fine, possono essere compresi nel valore originario delle immobilizzazioni materiali in quanto esprimono il costo di risorse finanziarie investite in beni di utilità pluriennale. In tal senso si esprime l'art. 2426, punto 1, secondo il quale, con gli stessi criteri previsti per i costi indiretti, al costo di produzione «possono essere aggiunti gli oneri relativi al finanziamento della fabbricazione interna e presso terzi».
Gli oneri finanziari, che come regola generale costituiscono componenti negativi del reddito d'esercizio, possono venire capitalizzati solo se si riferiscono al periodo di costruzione interna o presso terzi, cioè al periodo che intercorre dall'esborso di fondi ai fornitori ed il momento in cui il cespite è pronto per l'uso; in pratica, quindi, l'imputazione degli oneri finanziari alle immobilizzazioni acquistate è possibile solo quando la costruzione dei beni da parte dei fornitori richiede un periodo di tempo non breve e l'impresa acquirente è tenuta per contratto ad anticipare delle spese di costruzione, versando degli acconti sul prezzo del bene.
Gli interessi relativi all'acquisto di routine dei cespiti vanno, di conseguenza, esclusi dalla capitalizzazione, poiché i beni sono già disponibili sul mercato e risultano, quindi, pronti per l'uso prima, e non dopo, l'esborso di denaro che in genere segue il ricevimento del bene. Così, non vanno capitalizzati gli oneri finanziari relativi al maggior tempo di costruzione dovuto a eventi particolari (inefficienze, scioperi o altri) non riconducibili a normali tempi di costruzione.
Se si è fatto ricorso a finanziamenti a medio-lungo termine, il tasso di interesse che si deve utilizzare per la capitalizzazione è il tasso realmente sostenuto rispettando così le condizioni di equilibrio finanziario per cui i finanziamenti duraturi devono correlarsi all'acquisizione di beni destinati a permanere nell'impresa nel tempo; nel caso in cui siano stati utilizzati finanziamenti a breve, si deve prendere in considerazione il minore tra il tasso realmente sostenuto ed il tasso di mercato per i finanziamenti a medio-lungo termine (che in genere è inferiore).
Il valore del cespite acquistato o costruito in economia inclusivo degli interessi capitalizzati non può in ogni caso superare il valore recuperabile tramite l'uso.
La scelta di capitalizzare gli oneri finanziari deve essere applicata in modo costante nel tempo.

Si propone, a questo punto, una esemplificazione relativa alla valutazione iniziale delle immobilizzazioni materiali secondo le norme civili, con riguardo al caso dell'acquisto e della costruzione in economia.

Nel corso del periodo amministrativo x, un'impresa acquista macchinari relativi ad una nuova linea di produzione (IVA, quando dovuta, 20%).
Il costo dei macchinari risultante dalla fattura è stato di 300.000; i costi accessori d'acquisto (trasporto ed assicurazione) sono stati di 5.000, mentre le spese di installazione e di collaudo di 6.000.
Le condizioni di acquisto sono state le seguenti: consegna e installazione immediata in data 1 marzo; regolamento a tre mesi data fattura pervenuta il 7 marzo.
Per pagare il prezzo del macchinario acquistato, la società ha chiesto ed ottenuto all'atto del regolamento un prestito di 200.000 con scadenza a quattro anni al tasso annuo di interesse dell'11%.
Nel corso dello stesso periodo amministrativo x, l'impresa costruisce un impianto necessario alla propria produzione.
Le informazioni relative sono:
- costi sostenuti che potrebbero essere attribuiti all'impianto: costo dei materiali utilizzati 100.000; costo della mano d'opera diretta 50.000; costo del progetto 5.000; quota di spese generali di produzione 20.000; quota di spese di amministrazione e generali 2.000;
- è stato ottenuto un prestito in data 1.1.x di 140.000 al tasso di interesse annuo del 9%, specificamente per la costruzione dell'impianto e realmente utilizzati a tal fine; la costruzione interna inizia l'1.2.X con l'esborso di una somma corrispondente al prestito ottenuto e l'impianto è pronto per l'uso in data 1.12.x;
- sul mercato non esiste un impianto con le stesse caratteristiche di quello costruito; in ogni caso, secondo i piani aziendali, il valore del cespite comprensivo degli oneri finanziari è recuperabile tramite l'uso.

Si determina il costo dei macchinari acquistati e degli impianti costruiti in economia.

Valutazione dei macchinari acquistati:

Prezzo di acquisto	300.000
Costi accessori di acquisto, installazione e collaudo	11.000
Totale	*311.000*

Il valore dei macchinari da iscrivere in contabilità è di 311.000. Gli oneri finanziari, in questo caso, non si capitalizzano perché manca una delle condizioni fondamentali, quella relativa al periodo di capitalizzazione: gli oneri finanziari infatti si capitalizzano dal momento dell'esborso al momento in cui il bene è pronto per l'uso, mentre in questo caso non essendoci stati anticipi al fornitore il cespite è addirittura pronto per l'uso prima dell'esborso.

Valutazione dell'impianto costruito in economia:

Costo materiali utilizzati	100.000
Costo mano d'opera diretta	50.000
Costo per il progetto	5.000
Totale costi diretti	*155.000*

Considerato che l'impresa ha un apposito reparto in cui svolge l'attività di costruzione in economia in modo continuativo, si deve comprendere nel costo di fabbricazione una quota di spese generali *di produzione* (ai fini civilistici non si comprendono invece le spese di amministrazione e generali):

Totale costi diretti	155.000
Quota di spese generali di produzione	20.000
Costo pieno industriale	*175.000*

Al costo così determinato si possono sommare gli *oneri finanziari* che si riferiscono al periodo che intercorre dall'esborso dei fondi (1/2) al momento in cui il bene è pronto per l'uso (1/12):
(140.000 × 9 × 10) / 1.200 = 10.500

Costo industriale + oneri finanziari = 185.500

Osservato che sul mercato non esistono prezzi di beni con le stesse caratteristiche dell'impianto costruito in economia e che il valore determinato è recuperabile tramite l'uso, si valuta l'impianto costruito internamente 185.500.

4.2.4 **L'apporto**

L'apporto è una forma di acquisizione delle immobilizzazioni materiali che consiste nel conferimento di beni all'impresa da parte di uno o più soci, ai quali vengono assegnate le azioni o le quote emesse dalla stessa impresa per il conferimento ricevuto. Le immobilizzazioni materiali acquisite con l'apporto sono valutate in base al presumibile valore di mercato attribuibile alle stesse alla data di acquisizione. In ogni caso, il valore contabile dell'immobilizzazione non può superare il valore recuperabile.
In presenza di immobilizzazioni tecniche usate, dopo aver determinato il costo «a nuovo» dei beni, si deve procedere ad una congrua riduzione di valore per tenere conto dell'usura fisica e dell'eventuale obsolescenza.
Riguardo all'apporto, chi conferisce beni in natura alle società di capitali, cioè alle società che rispondono per le obbligazioni sociali solo con il loro patrimonio, è obbligato ai sensi dell'art. 2343 c.c., a presentare la relazione giurata di un esperto nominato dal presidente del tribunale nel cui circondario ha sede la società, contenente la descrizione dei beni conferiti, l'attestazione che il loro valore è almeno pari a quello a essi attribuito ai fini della determinazione del capitale sociale e dell'eventuale sovrapprezzo ed i criteri di valutazione seguiti. Il valore di stima dell'esperto deve poi essere controllato dagli amministratori della società, e se ne risulta un valore inferiore (di oltre un quinto) a quello attribuito al conferimento, si deve procedere ad una svalutazione. La *ratio* di questa disposizione va ricercata nella volontà di garantire ai creditori sociali che il patrimonio effettivo dell'impresa non è inferiore al valore nominale delle azioni o quote assegnate ai soci.

4.2.5 **L'acquisizione a titolo gratuito**

I beni acquisiti a titolo gratuito, come ad esempio tramite donazioni, devono essere valutati secondo i criteri esposti per la modalità dell'apporto in base al presumibile valore di mercato, a cui vanno aggiunti i costi accessori perché possa concorrere alla produzione. In contropartita al valore dell'immobilizzazione così determinato, si rileva un componente positivo di reddito la cui natura è straordinaria (sopravvenienza attiva).

4.2.6 La permuta

Con la permuta, l'impresa acquisisce una immobilizzazione materiale cedendo in contropartita un proprio bene in genere simile.
Quando la permuta ha sostanza commerciale è assimilabile ad una operazione di compravendita, con la differenza che, invece di verificarsi lo scambio di un bene con una quantità di moneta o di credito, si ha lo scambio di un bene con un altro bene. In questo caso, per analogia con l'acquisto, l'immobilizzazione acquisita in permuta, deve essere valutata al costo che si sarebbe sostenuto se si fosse acquistato il bene sul mercato.

4.2.7 Il leasing

L'impresa, invece di acquistare la proprietà delle immobilizzazioni tecniche secondo le modalità considerate, oppure costruirsi i beni in economia, può limitarsi, con la stipula del contratto di leasing, ad acquisire il diritto all'utilizzo del bene per un periodo di tempo stabilito in cambio del pagamento del prezzo o, più frequentemente, di una serie di pagamenti (canoni periodici). Al termine del contratto, poi, il diritto di proprietà può essere trasferito o meno al locatario.
Il leasing può assumere due forme:
- leasing operativo;
- leasing finanziario.

In questa sede non si vuole offrire una descrizione generale dell'operazione di leasing, ma ci si limita ad esaminare i principali riflessi valutativi relativamente alle due sue tipiche forme.

4.2.8 Il leasing operativo

Il contratto di leasing operativo, stipulato direttamente dall'impresa utilizzatrice con l'impresa produttrice del bene strumentale che si vuole acquisire, è nella sostanza assimilabile a una locazione, per cui non si presentano particolari problemi valutativi. Nella contabilità si rileva il costo dei canoni comprensivi di alcuni servizi accessori relativi al bene (come l'assistenza tecnica, la manutenzione e l'assicurazione) e si annota nei conti d'ordine l'impegno verso il locatore dell'ammontare totale dei canoni dovuti. Frequentemente il primo canone corrisposto al locatore (maxicanone) è di importo più rilevante rispetto a quelli successivi: in questo caso, secondo il principio della competenza economica, lo si deve attribuire ai diversi esercizi di durata del contratto ricorrendo al meccanismo dei risconti (attivi).
Al termine della locazione, se l'impresa, avvalendosi della facoltà eventualmente prevista dal contratto di riscattare il bene, ne acquista la proprietà pagando il prezzo pattuito, l'immobilizzazione si iscrive nell'attivo. Il valore di iscrizione del bene strumentale acquistato è costituito dal prezzo di riscatto, da ammortizzare con riferimento alla vita utile residua del bene.

4.2.9 Il leasing finanziario

In questa forma di leasing, rispetto a quella precedente, il locatore non è il produttore del bene, ma è una società di leasing che, su indicazione dell'impresa utilizzatrice, acquista il bene strumentale dal produttore e lo concede in locazione senza fornire servizi accessori; in genere, poi, il contratto di leasing finanziario si conclude con il riscatto del bene da parte dell'impresa.
L'operazione descritta si presenta formalmente come una locazione; nella sostanza, invece, è assimilabile all'acquisizione di un bene da parte del "locatario" finanziato del "locatore" (società di leasing), al quale si deve periodicamente rimborsare una quota del capitale prestato e pagare gli interessi relativi.
La rilevazione contabile del leasing finanziario deve, quindi, riflettere la realtà che l'operazione sostanzialmente esprime per l'impresa: l'acquisizione di un bene grazie ad un finanziamento.
All'inizio della decorrenza del leasing, si deve rilevare il valore dell'immobilizzazione presa in leasing e in correlazione, per lo stesso importo, il sorgere di un debito per il finanziamento ottenuto. Gli eventuali costi diretti che si sostengono per ottenere il leasing finanziario sono aggiunti all'importo iniziale dell'immobilizzazione da iscrivere nell'attivo.
Successivamente alla rilevazione iniziale, il canone periodico corrisposto deve essere assimilato alla rata di un prestito, composto di due parti che esprimono rispettivamente la quota del debito rimborsato (quota capitale) e il costo della rimunerazione periodica del finanziamento ottenuto (quota interessi).
A fine esercizio il valore dell'immobilizzazione iscritto nell'attivo deve essere ripartito per quote di ammortamento tra gli esercizi di vita utile del bene, secondo un criterio che rifletta le modalità con le quali i benefici economici del bene sono utilizzati dall'impresa. Al termine della locazione, se l'impresa si avvale della facoltà prevista dal contratto di riscattare il bene, essa ne diviene proprietaria giuridicamente, ma nella contabilità non si rileverà alcun acquisto in quanto il valore del bene era già stato iscritto nello stato patrimoniale all'inizio della decorrenza del leasing in accordo al principio della prevalenza della sostanza sulla forma; al momento del riscatto, l'impresa si limiterà a rilevare l'ultima rata del prestito e ad operare una riclassificazione contabile; ad esempio da "Impianti in leasing" a "Impianti", conto questo significativo dell'immobilizzazione di proprietà dell'impresa.
Nel nostro paese la contabilizzazione del leasing finanziario non può effettuarsi secondo i principi sopra esposti che riflettono la sostanza dell'operazione. L'interpretazione prevalente della norma civile non ammette, fino ad oggi, l'iscrizione nell'attivo dello stato patrimoniale del valore dei beni presi a leasing, in quanto non sono di proprietà dell'impresa che li utilizza, per cui le imprese italiane rappresentano contabilmente le operazioni di leasing finanziario in modo analogo a quelle di tipo operativo, limitandosi a rilevare il pagamento dei canoni periodici e, solo nel caso di riscatto, a locazione conclusa, l'acquisto del bene e il successivo ammortamento del prezzo pagato per esercitare l'opzione. Però, se si rappresenta contabilmente il

leasing finanziario secondo questa modalità che si limita a cogliere gli aspetti formali dell'operazione, risulta necessario (art. 2427, punto 22) fornire nelle note al bilancio, sulla base di un apposito prospetto, tutti gli elementi e i dati atti ad esprimere la sostanza dell'operazione stessa; in particolare, vanno indicati gli effetti dell'impostazione sostanziale sulla situazione patrimoniale-finanziaria, sul patrimonio netto e sul risultato dell'esercizio: solo a queste condizioni il bilancio può offrire una rappresentazione veritiera e corretta degli eventi di gestione e assolvere la sua funzione di strumento di informazione patrimoniale, finanziaria e reddituale dell'impresa in funzionamento.
A chiarimento di quanto scritto si propone l'esempio che segue.
Posti i seguenti dati:
- valore dell'immobilizzazione acquisita in leasing all'inizio dell'esercizio: 180;
- importo complessivo dei canoni da pagare: 300 (per semplificazione si ipotizza che non vi sia un maxi canone iniziale);
- canoni rilevati e pagati nel periodo amministrativo in cui si è stipulato il contratto di leasing: 50 (con riguardo al leasing finanziario i canoni pagati di 50 riguardano: quota interessi 29, quota capitale 21);
- vita utile dell'immobilizzazione: 10 anni;

si rappresenta l'operazione di leasing finanziario nel bilancio dell'esercizio in cui è stato stipulato il contratto:
a) secondo la *forma giuridica* dell'operazione;
b) nella sostanza economica.

La rappresentazione nello stato patrimoniale e nel conto economico del leasing finanziario secondo la forma giuridica dell'operazione (locazione di immobilizzazione, come il leasing operativo) è riportata la seguente:

Stato patrimoniale al 31/12

Attivo		**Passivo**	
....		....	
Totale attivo		Totale passivo e patrimonio netto	

Conti d'ordine: *Impegni assunti per Beni in leasing 250*

Il valore indicato nei conti d'ordine risulta dalla seguente operazione: importo complessivo canoni 300 - importo canoni pagati nel periodo 50 = importo canoni da pagare alla data di bilancio 250.

Conto economico dell'esercizio x

Costi d'esercizio		**Ricavi d'esercizio**	
Canoni di leasing	*50*		

La rappresentazione nello stato patrimoniale e nel conto economico dell'operazione di leasing finanziario nella sua *sostanza economica* (acquisto di immobilizzazione finanziato da una società di leasing) è riportata la seguente:

Stato patrimoniale al 31/12

Attivo		Passivo	
Impianti e macchinari (in leasing)	180	Finanziamenti beni in leasing	159
– *Fondo ammortamento impianti e macchinari*	*(18)*		

Il debito al 31/12 per il finanziamento dei beni in leasing (159) è dato dal debito iniziale per finanziamento beni in leasing 180 - quota capitale rimborsata 21; l'ammortamento è calcolato a quote costanti: 180 / 10 = 18.

Conto economico dell'esercizio X

Costi d'esercizio		Ricavi d'esercizio	
Interessi passivi su finanziamenti beni leasing	29		
Ammortamento impianti e macchinari	18		

4.2.10 I contributi in conto impianti

A fronte di costi e spese sostenuti nello svolgimento della sua attività operativa, l'impresa può ottenere contributi dallo Stato o da altri enti pubblici.
Tra le diverse forme di contributi, assumono particolare rilievo i contributi in conto impianti, anche per gli effetti che possono avere sul valore contabile delle immobilizzazioni, e più generalmente sul bilancio d'esercizio.
I cosiddetti «contributi in conto impianti» sono le somme erogate a fondo perduto dallo Stato o da altri enti pubblici ad imprese per l'acquisizione di immobilizzazioni tecniche o per la riattivazione o l'ampliamento di immobilizzazioni preesistenti (nella prassi aziendale questi contributi sono definiti «in conto impianti», in realtà sarebbe più opportuno definirli «in conto cespiti», in quanto potrebbero essere erogati per finanziare investimenti in beni strumentali anche diversi dagli impianti).
I contributi in conto impianti sono iscrivibili in bilancio nell'esercizio in cui per l'impresa è sorto il diritto al loro percepimento, per effetto di una formale delibera di erogazione da parte dell'ente competente.
Questi contributi possono essere iscritti contabilmente nei seguenti modi alternativi:
a) a diretta deduzione del valore del cespite a cui si riferiscono;
b) attribuiti per quote agli esercizi di vita utile dei beni strumentali attraverso la rilevazione di risconti passivi.

Esaminiamo le singole modalità distintamente, per apprezzarne l'effetto sulla valutazione iniziale delle immobilizzazioni e sulla misurazione dei risultati economici d'esercizio relativi alla vita utile dei cespiti.

Secondo il primo metodo (sub a), il contributo deve essere portato in diminuzione del costo del cespite, basandosi sul fatto che i contributi in conto impianti determinano per l'impresa che li riceve una riduzione del costo di acquisizione dei beni strumentali; è, quindi, un'impostazione che può essere considerata teoricamente corretta anche se presenta un aspetto critico: il valore dell'immobilizzazione tecnica al netto del contributo non riflette la funzionalità originaria del bene, e le relative quote di ammortamento che su tale valore vanno calcolate non sono in grado quindi di esprimere in misura significativa i benefici economici ceduti dall'immobilizzazione alla produzione economica d'impresa nell'esercizio.
Con il secondo metodo (sub b) il contributo viene assimilato ad un provento che va accreditato per quota al conto economico per l'intera vita utile del bene cui si riferisce, attraverso la rilevazione di risconti passivi. Nel conto economico si pongono così in correlazione le quote di ammortamento calcolate sul valore originario dell'immobilizzazione e la parte del contributo di competenza dell'esercizio, parte determinata con lo stesso coefficiente percentuale utilizzato per l'ammortamento del bene. È questa l'impostazione che si ritiene contabilmente più appropriata, anche se gli effetti sul reddito risultano essere gli stessi della prima modalità descritta, perché rappresenta con chiarezza la partecipazione all'esercizio dell'immobilizzazione tecnica acquisita beneficiando del contributo in conto impianti.
Per meglio comprendere gli effetti che le due modalità descritte hanno sul valore delle immobilizzazioni e sulla misurazione dei risultati economici d'esercizio, si propone l'esempio numerico che segue.
Posti i seguenti dati:
- costo di acquisto dell'impianto per cui si è chiesto il contributo: 2.000;
- contributo in conto impianti: 1.500;
- vita utile stimata dell'impianto: cinque anni;
- l'impianto è stato acquistato ed è pronto per l'uso il 2 gennaio, mentre il contributo è stato rilevato il 19 marzo;

si determinano gli effetti sul bilancio d'esercizio dei due diversi metodi di contabilizzazione dei contributi.
La rappresentazione nel bilancio d'esercizio della modalità sub a) Contributo portato a diretta deduzione del cespite (2.000 - 1.500) è la seguente:

Stato patrimoniale al 31/12

Attivo		Passivo	
Impianti – Fondo ammortartamento impianti	500 (100)		

Conto economico dell'esercizio x

Costi d'esercizio		Ricavi d'esercizio	
Ammortamento impianti (500/5)	100		

La rappresentazione nel bilancio d'esercizio della modalità sub b) Contributo attribuito per quote al conto economico attraverso la rilevazione di risconti passivi è la seguente:

Stato patrimoniale al 31/12

Attivo		Passivo	
Impianti – Fondo ammortamento impianti	2.000 (400)	Risconti passivi su contributi in conto impianti	1.200

Conto economico dell'esercizio x

Costi d'esercizio		Ricavi d'esercizio	
Ammortamento impianti (2.000/5)	400	Contributo in conto impianti	300

L'importo del contributo rilevato nel periodo, di competenza futura (risconto passivo dal 1/1/x+1 al 31/12/x+4), è così determinato: 1.500 × 4/5 = 1.200
Il contributo di competenza dell'esercizio da correlare alla quota di ammortamento è, per differenza, di 300 (contributo 1.500 - risconto passivo 1.200)
Come si può osservare, la determinazione della quota di contributo di competenza dell'esercizio è strettamente correlata temporalmente alla determinazione della quota di ammortamento, nel nostro caso riferita ad un anno, prescindendo dal momento in cui esso è stato rilevato (se, ad esempio, l'impianto fosse stato pronto per l'uso l'1/10, la quota di ammortamento dell'impianto e la correlata quota del relativo contributo, sarebbero stati determinati *pro rata temporis* per tre mesi: dal 1/10 al 31/12).
Ritornando all'esempio esposto, si può notare che l'effetto dei due metodi di contabilizzazione sui valori di sintesi dello stato patrimoniale e del conto economico è lo stesso: patrimonio netto + 400, risultato d'esercizio -100.
L'importo dei contributi in conto impianti ricevuti nel periodo e il metodo di contabilizzazione prescelto devono essere esposti nelle note al bilancio.

4.2.11 Componenti aventi vite utili diverse dal cespite principale

All'atto dell'acquisizione di un'immobilizzazione, è necessario osservare se questa è costituita da componenti di importo significativo, con vite utili differenti; in caso affermativo, ciascuna parte dell'immobilizzazione deve essere ammortizzata separatamente. Secondo questo approccio contabile si scompone il costo di un bene costituito da diversi componenti per determinare il costo di ciascun componente significativo che poi sarà ammortizzato separatamente. È il caso di immobilizzazioni quali aeromobili, navi, grandi impianti, composti da parti diverse che l'impresa stima di utilizzare per periodi di tempo differenti; per esempio, i componenti di un aereo, che sono il motore, la fusoliera, i sedili e le attrezzature di dotazione, potrebbero avere vite utili differenti o cedere benefici economici con modalità diverse, per cui, in questo caso,

andrebbero ammortizzati separatamente ripartendo il costo sulle diverse vite utili e, se è il caso, impiegando criteri di ammortamento diversi.
L'approccio per componenti, o *component approach*”, richiede la contabilizzazione dei componenti come attività separate: è sufficiente che ciò avvenga nella contabilità con schede contabili distinte senza che sia necessario iscrivere nella situazione patrimoniale di apertura voci distinte.
Esempio.
Un'impresa acquista all'inizio dell'esercizio un grande impianto il cui costo complessivo è di 1.000, composto da due componenti che per semplicità denomineremo componente prima e componente seconda. Il costo e la vita utile delle due distinte componenti sono:

1) componente prima: costo 700, vita utile 10 anni;
2) componente seconda: costo 300, vita utile 5 anni.

Il criterio di ammortamento scelto per entrambe le componenti è quello a quote costanti.
Ai fini della determinazione del valore dell'impianto da rappresentare in bilancio al termine del primo esercizio, si aprono nella contabilità due schede distinte relative alle due componenti che si ammortizzano distintamente:

Componenti	**Costo**	**Vita utile (anni)**	**Quota ammortamento**	**Fondo ammortamento**	**Valore contabile**
Prima	700	10	70	70	630
Seconda	300	5	60	60	240
Totale					870

Il valore dell'impianto da rappresentare in bilancio al 31.12 risulta così di 870.

Principi contabili internazionali
Pagamento differito - Se l'impresa acquista una immobilizzazione facendo ricorso al credito di regolamento e il pagamento è differito oltre i normali termini di dilazione del credito, il costo del bene è rappresentato dal prezzo per contanti equivalente; la differenza fra questo prezzo e il prezzo pagato deve essere rilevata come onere finanziario nel periodo della dilazione del pagamento, a meno che si capitalizzi l'onere finanziario nel rispetto delle condizioni previste dallo IAS 23 - *Oneri finanziari.*
Consideriamo ad esempio un'impresa che acquista un impianto, ricevendolo in data 1/1/x1; i dati relativi alla negoziazione sono i seguenti:

- prezzo dell'impianto concordato 1.000;
- regolamento a due anni dalla data di ricevimento del bene;
- prezzo equivalente dell'impianto a pronti 880.

All'atto dell'acquisto si rileva il costo del bene depurato della componente finanziaria e l'importo del debito attualizzato.

		Immobilizzazioni materiali	a	Debiti verso fornitori	880	880

Al 31/12 degli esercizi x1 e x2 si rileverà l'onere finanziario di competenza di ciascun esercizio aumentando in contropartita il debito verso il fornitore che alla scadenza del 1/1/x3 risulterà di 1.000.

Valutazione successiva all'iscrizione iniziale - Successivamente alla loro iscrizione iniziale, le immobilizzazioni possono essere valutate secondo due modelli:
- costo o
- *fair value*.

La scelta di un modello per un determinato bene obbliga l'impresa ad adottare quel modello per l'intera classe di immobilizzazioni a cui il bene appartiene.
Se si adotta il modello del *fair value*, l'immobilizzazione viene iscritta ad un valore rideterminato pari al suo *fair value* alla data di *rideterminazione* al netto degli ammortamenti e delle perdite di valore.
Il *fair value* (valore equo) di un bene, definito dai principi contabili internazionali come il corrispettivo al quale un'attività potrebbe essere scambiata in una libera transazione fra parti consapevoli e disponibili, è, in genere, il suo valore corrente alla data di riferimento del bilancio.
Il *fair value* di terreni, edifici, impianti e macchinari è rappresentato solitamente dal valore di mercato determinato mediante una perizia che normalmente è eseguita da periti indipendenti professionalmente qualificati. Se il valore di mercato non è disponibile a causa della natura specifica del bene, e l'elemento è venduto raramente, il *fair value* può essere stimato sulla base dei flussi di reddito ottenibili o del costo di sostituzione ammortizzato. La metodologia contabile relativa alla rivalutazione dei beni può essere, in prima approssimazione, così delineata:
- l'aumento del valore contabile di un bene deve essere imputato direttamente a patrimonio netto in una apposita riserva di rivalutazione;
- la diminuzione del valore contabile deve essere rilevata come costo a conto economico.

In realtà, la metodologia contabile è più complessa e viene così descritta nello IAS 16:
- l'aumento del valore contabile deve essere imputato direttamente a patrimonio netto in una specifica *riserva di rivalutazione*, a meno che non vada a rettificare una diminuzione di valore dello stesso bene rilevata precedentemente come costo in conto economico: in questo caso la rivalutazione va rilevata come ricavo nei limiti dell'importo rilevato come costo nell'esercizio prcedente e soltanto la parte eccedente potrà essere iscritta alla riserva di rivalutazione;
- la diminuzione del valore contabile deve essere rilevata come costo; se però questa diminuzione segue un precedente aumento del valore contabile dello stesso bene rilevato a riserva, si deve procedere allo storno parziale o totale della relativa riserva e soltanto la parte eccedente potrà essere iscritta come costo.

4.3. IL PROCESSO DI AMMORTAMENTO

L'ammortamento è il procedimento secondo il quale si ripartisce in modo sistematico il valore di una immobilizzazione tra gli esercizi della sua vita utile, al fine di riflettere,

con le quote che si determinano, il concorso del bene alla produzione economica dei singoli esercizi.
Tutte le immobilizzazioni materiali vanno assoggettate ad ammortamento tranne quelle a durata illimitata come sono i terreni.
Le quote di ammortamento (o semplicemente «ammortamenti») si calcolano secondo un «piano» che richiede la conoscenza dei seguenti elementi:

- il valore da ammortizzare;
- la vita utile del bene;
- il criterio con cui ripartire il valore da ammortizzare fra gli esercizi di vita utile del bene.

Per quanto riguarda l'inizio dell'ammortamento, esso dovrebbe coincidere con il primo impiego del bene, dato che i benefici economici attesi di un'immobilizzazione sono fruiti dall'impresa principalmente tramite il suo utilizzo. Considerato, però, che anche fattori quali l'obsolescenza e il deterioramento fisico, pur restando il bene inutilizzato, spesso portano ad una diminuzione dei benefici economici futuri, l'ammortamento deve avere inizio nel momento in cui l'immobilizzazione è disponibile ed è pronta per l'uso e i beni devono essere ammortizzati anche se non utilizzati; l'ammortamento cessa solo quando l'immobilizzazione è eliminata dalla contabilità. Si evince chiaramente che la quota di ammortamento determinata in tali condizioni rappresenta un componente negativo del reddito che esprime la perdita di funzionalità del bene nel periodo amministrativo considerato, indipendentemente dalla sua utilizzazione.
Nel primo esercizio, la quota di ammortamento deve essere calcolata *pro rata temporis*, preferibilmente secondo un calcolo a giorni, anche se è accettabile un calcolo su base mensile.
Se consideriamo, ad esempio, un impianto acquistato in data 24 ottobre il cui valore ammortizzabile è 1.000, la vita utile è di cinque anni e il criterio di ammortamento è a quote costanti, la quota di ammortamento del primo esercizio sarà di 37,26 (1.000 × 68 giorni/1.825 giorni).
Considerando il semplice esempio proposto, si comprende come vada disattesa la soluzione spesso adottata dalla prassi di applicare nel primo esercizio, per motivi pratici, l'aliquota di ammortamento ridotta alla metà, nell'ipotesi che il bene sia disponibile per l'utilizzo mediamente a metà dell'anno in cui è stato acquisito (nel nostro caso, la quota di ammortamento sarebbe stata di 100 determinata applicando l'aliquota del 20% ridotta alla metà); l'aliquota annua ridotta alla metà può essere adottata solo se avvalorata dal fatto che la quota di ammortamento così calcolata non si discosti significativamente dalla quota che si sarebbe determinata a partire dal momento in cui il cespite è disponibile e pronto per l'uso.

4.3.1 **Il valore da ammortizzare**

Il valore da ammortizzare è costituito dalla differenza tra il valore di acquisizione del bene ed il suo valore residuo che si presume di realizzare al termine del periodo di vita utile, al netto di eventuali spese di rimozione.

Il valore residuo è, in genere, così esiguo rispetto al costo originario che normalmente non se ne tiene conto nella determinazione del valore da ammortizzare; vi sono però situazioni particolari in cui il presunto ricavo di eliminazione deve essere considerato perché significativo, come ad esempio può essere nel caso degli immobili.
Si consideri che se il costo di rimozione eccede il prezzo di realizzo, l'eccedenza è accantonata lungo la vita utile del cespite iscrivendo, pro quota, un fondo di ripristino e bonifica o altro fondo analogo.
L'OIC 16 precisa al paragrafo 55 che "Se il presumibile valore residuo risulta uguale o superiore al costo dell'immobilizzazione, come può accadere per alcuni fabbricati, il bene non viene ammortizzato." Così l'ammortamento deve essere interrotto nel momento in cui il valore residuo risulti almeno pari al valore contabile del cespite.

4.3.2 La vita utile del bene

La vita utile dell'immobilizzazione è l'orizzonte temporale, espresso in termini di periodi amministrativi, in cui si prevede di utilizzare il cespite nell'attività produttiva.
I principali fattori da considerare nella stima della vita utile del bene sono due:
- il deterioramento fisico (senescenza) dovuto al trascorrere del tempo e connesso all'uso cui il bene è destinato, all'intensità dello sfruttamento del bene stesso e alla politica delle manutenzioni;
- l'obsolescenza conseguente alla continua evoluzione tecnologica, per cui si manifesta l'opportunità di dover sostituire impianti o sistemi produttivi ancora in efficienza fisica, ma tecnicamente superati (obsolescenza tecnica) o dai quali si ottengono prodotti non più commerciabili (obsolescenza tecnico-commerciale); l'obsolescenza conduce, in genere, all'utilizzo di un bene per un periodo di tempo minore rispetto a quello determinato dal deterioramento fisico.

Altri fattori, che influenzano la vita utile dei beni ammortizzabili, sono:
- il rapporto nel processo produttivo con altri cespiti: se si acquista una immobilizzazione che funziona solo utilizzandone un'altra, la vita utile della prima dipende dalla durata economica della seconda;
- fattori ambientali, come ad esempio la politica governativa che può incentivare o disincentivare l'attività produttiva dell'impresa, con evidenti riflessi sulla vita utile dei cespiti;
- i piani aziendali relativi alla sostituzione dei cespiti;
- fattori legali che impongono limiti all'uso dell'immobilizzazione.

Particolare attenzione deve essere posta alla stima della vita utile dei beni acquisiti dall'impresa già usati: tale stima, ovviamente, dovrà essere riferita alla vita utile residua del cespite.
La stima della vita utile del bene presuppone una esperienza da parte del valutatore sia a livello d'impresa sia a livello di settore; quando necessario (ad esempio, nel caso di utilizzo del cespite per la prima volta), per formulare il giudizio si farà ricorso alle stime dei produttori dei beni o anche a perizie.

4.3.3 Il criterio di ripartizione del valore da ammortizzare

Come si è detto, con l'ammortamento si ripartisce il costo comune a più esercizi di un bene per poter esprimere la sua partecipazione alla produzione di ciascun esercizio. La quantificazione della «parte» di immobilizzazione utilizzata nel periodo comporta la determinazione di un immaginato la cui valorizzazione è possibile solo ricorrendo all'impiego di ipotesi di ripartizione che consentano la divisione ragionata di un valore comune (congettura).
Diverse sono le ipotesi di ripartizione indicate dai principi contabili nazionali e internazionali per scindere il valore delle immobilizzazioni, ciascuna delle quali sta alla base di uno specifico criterio o metodo di ammortamento.
L'ipotesi di ripartizione prescelta e conseguentemente il criterio di ammortamento adottato, deve riflettere le modalità con le quali si suppone che i benefici economici futuri del bene siano utilizzati dall'impresa.
Si esaminano di seguito i tre criteri di ammortamento ammessi dai principi contabili:
a) metodo a quote costanti;
b) metodo a quote decrescenti;
c) metodo a quote variabili.

Metodo a quote costanti

Il metodo a quote costanti è il metodo da applicare quando si presume che l'immobilizzazione venga utilizzata nella stessa misura in ogni anno della sua vita utile; quindi, la quota di ammortamento si determina dividendo il valore da ammortizzare per il numero degli esercizi cui tale valore è comune.
Se il valore da ammortizzare è VA e n è il numero degli esercizi fra i quali suddividere il predetto valore, la quota di ammortamento q di un qualsiasi esercizio è pari a: VA/n
Dati, ad esempio, un valore da ammortizzare di 50.000 e una vita utile di 10 anni, la quota di ammortamento q è: 50.000/10 = 5.000
Allo stesso risultato si perviene applicando al valore da ammortizzare un coefficiente percentuale costante determinato in base alla vita utile del bene (ad esempio, una vita utile di 10 anni determina un'aliquota del 10%).
L'ammortamento a quote costanti è il più diffuso nella pratica perché tende a riflettere le modalità di utilizzazione delle immobilizzazioni più frequente; è anche di facile applicazione: un pregio, questo, che gli stessi principi contabili essenzialmente gli riconoscono.

Metodo a quote decrescenti

L'ammortamento a quote decrescenti si basa sull'ipotesi che l'impresa utilizzi maggiormente le immobilizzazioni nei primi anni di vita utile quando il loro rendimento è più elevato, in misura minore negli anni successivi in cui i benefici economici attesi tendono a diminuire per rapida senescenza e/o obsolescenza dei beni e i costi di manutenzione tendono ad aumentare con l'invecchiamento dei cespiti stessi; tale ipotesi si sostanzia poi in quote di ammortamento calcolate ricorrendo a formule matematiche.

Se, ad esempio, il valore da ammortizzare (VA) è 9.000 e la durata economica del bene (n) è uguale a 5 periodi amministrativi, applicando il procedimento cosiddetto «aritmetico», si determina la quota di ammortamento dell'impianto nel primo esercizio x della sua vita utile (l'impianto è pronto per l'uso in data 1/1/x) come segue:

VA × n. periodi di vita utile residua/somma dei numeri ordinali dei periodi dell'intera vita utile = 9.000 × 5/15 = 3.000

Il metodo a quote decrescenti e il precedente a quote costanti si possono ritenere corretti se risultano coerenti con il piano di utilizzo tecnico-economico dell'impresa.

Metodo a quote variabili in base ai volumi di produzione

Il metodo a quote variabili considera il fatto che l'immobilizzazione partecipa alla produzione d'impresa in misura variabile in ogni esercizio; suggerisce quindi che gli ammortamenti siano determinati in misura tale da riflettere i diversi volumi d'impiego dei cespiti nei processi svolti in ciascun periodo amministrativo.
Non potendo misurare oggettivamente il grado di utilizzazione effettiva dell'immobilizzazione nel periodo (immaginato), si ricorre all'ipotesi-finzione che il volume di impiego del cespite sia espresso dalle quantità prodotte, per cui la quota di ammortamento si determina dal rapporto tra le quantità prodotte nell'esercizio per mezzo del bene e la quantità di produzione totale che l'impresa si attende di ottenere dal suo utilizzo; si ha quindi:

q = valore da ammortizzare × unità prodotte nel periodo/unità prodotte nell'intera vita utile del bene

Dato, ad esempio, un valore da ammortizzare di 5.000 e considerando i seguenti volumi di produzione:
- unità che si stima siano prodotte nell'intera vita utile del bene: 1.000.000;
- unità prodotte nel periodo: 200.000;

la quota di ammortamento risulterà di: 5.000 × 200.000/1.000.000 = 1.000
Il metodo a quote variabili è applicabile principalmente agli impianti e ai macchinari (ed eventualmente per una impresa di trasporti agli automezzi, proporzionalmente ai chilometri percorsi), mentre per altre immobilizzazioni come gli immobili e i mobili non può essere seguito in quanto mancano parametri significativi di riferimento.
I principi contabili ritengono corretto, oltre ai metodi a quote costanti e a quote decrescenti, il metodo a quote variabili in base ai volumi di produzione: i principi contabili nazionali (OIC 16) per le immobilizzazioni presenti soprattutto nelle industrie estrattive, minerarie e petrolifere; i principi contabili internazionali (IAS 16) per qualunque impresa.
Per i pricipi contabili è accettabile usare metodi diversi per diverse classi di cespiti, in quanto il metodo di ammortamento deve essere scelto dai redattori di bilancio per riflettere le modalità con le quali i benefici economici del bene sono utilizzati dall'impresa.

4.3.4 La revisione del piano di ammortamento

L'ordine prestabilito nel piano di ammortamento non deve necessariamente essere mantenuto fino al termine dell'ammortamento; deve invece essere modificato qualora si manifestino apprezzabili variazioni negli elementi che lo compongono, e precisamente:

- *il valore da ammortizzare*: si procede, nel caso di aumento, ad opportune rivalutazioni fuori esercizio, mentre nel caso di diminuzione a necessarie svalutazioni;
- *la vita utile residua* delle immobilizzazioni rispetto a quella che originariamente si era stimata: il valore netto contabile va ripartito sulla nuova vita utile del bene. Questo comporta una «diluizione» del residuo da ammortizzare su un maggior numero di esercizi, se la durata dell'immobilizzazione aumenta; quote più rilevanti, se la durata diminuisce. Qualora la vita utile diminuisca drasticamente per fatti di natura straordinaria, come ad esempio una repentina obsolescenza tecnica, non ci si deve limitare ad aumentare il valore delle residue quote di ammortamento, ma si deve valutare anche se si è in presenza di una perdita di valore che comporterebbe una riduzione del valore da ammortizzare (svalutazione);
- *altri eventuali dati* (come le ore macchina o i volumi di produzione, nel caso si sia applicato il metodo funzionale): i calcoli proporzionali delle quote di ammortamento devono considerare i nuovi dati di riferimento;
- *criterio di ripartizione del valore da ammortizzare*: si modifica quando l'ipotesi di ripartizione che sta alla base del criterio prescelto (modalità attesa di utilizzo costante, decrescente o variabile) non si rivela più aderente alla realtà aziendale; considerato, però, che il cambiamento non renderebbe più comparabile il risultato dell'esercizio con quello dell'esercizio precedente, è necessario indicare nelle note al bilancio l'effetto prodotto dalla variazione sulla situazione patrimoniale e finanziaria e sul risultato economico dell'esercizio.

In conclusione, il piano di ammortamento non deve essere considerato immutabile: al contrario, deve essere riadeguato quando risulti necessario per una corretta rappresentazione dell'ammortamento in bilancio.

4.3.5 L'ammortamento secondo il codice civile

L'art. 2426 cod. civ. fissa le regole per l'ammortamento al punto 2: «il costo delle immobilizzazioni, materiali e immateriali, la cui utilizzazione è limitata nel tempo deve essere sistematicamente ammortizzato in ogni esercizio in relazione con la loro residua possibilità di utilizzazione. Eventuali modifiche dei criteri di ammortamento e dei coefficienti applicati devono essere motivati nella nota integrativa».

La legge si concentra solo su alcuni elementi del piano di ammortamento, cioè sul criterio e sulla durata dell'ammortamento senza soffermarsi sugli altri (inizio dell'ammortamento e valore da ammortizzare). Pertanto, la legge, per ciò che riguarda tali altri elementi, fa un implicito rinvio ai principi contabili: l'inizio del processo di ammortamento avviene nel momento in cui il cespite è disponibile e pronto per l'uso, indipendentemente dall'effettivo utilizzo; il valore da ammortizzare è il costo diminuito del valore residuo al termine del periodo di vita utile.

Invece la legge si sofferma sui due punti più delicati del piano di ammortamento e sui quali in maggior misura possono essere compiute politiche di bilancio. Su tali punti si effettua qualche commento.

In primo luogo, la legge afferma con chiarezza che l'ammortamento deve essere «sistematico», basato cioè su un criterio economico-tecnico che consenta una ripartizione razionale del costo pluriennale. Il principio affermato obbliga il redattore del bilancio ad effettuare l'ammortamento non sulla base di politiche di bilancio funzionali a esigenze particolari, bensì in accordo ad un criterio che possa fedelmente rappresentare la cessione dell'utilità del cespite ai diversi esercizi della sua vita utile. Pertanto sono accettabili al fine della redazione corretta del bilancio pubblico i criteri di ammortamento coerenti con il piano di utilizzo tecnico-economico, siano essi a quote variabili in aderenza al principio funzionale, costanti o decrescenti. Va sottolineato che criterio «sistematico» non significa, come dice erroneamente la relazione ministeriale al decreto, applicazione obbligata di un criterio a quote costanti. Infatti, pur se il criterio a quote costanti è il più utilizzato per ragioni pratiche e fiscali, non si può escludere che in situazioni particolari questo non sia coerente con l'effettivo utilizzo. In tali casi è necessario adottare un criterio diverso, nel rispetto della sistematicità del piano. Vi è, quindi, coerenza tra il principio di legge e la dottrina economica.
Inoltre, la legge statuisce che l'ammortamento deve essere effettuato «ogni esercizio». Tale precetto tende a sottolineare nuovamente la sistematicità del piano di ammortamento e ad evitare che cespiti pronti per l'uso, ma non utilizzati effettivamente in produzione, non vengano ammortizzati. Infatti, salvo casi particolari, è necessario procedere ad ammortizzare anche i cespiti non utilizzati, dato che si riduce la loro residua possibilità di utilizzazione.
L'ammortamento deve avvenire in funzione della «residua possibilità di utilizzazione» del bene. L'espressione non deve essere interpretata come richiesta dell'adozione di un criterio di ammortamento quale strumento di adeguamento del bene al suo valore reale (utilità corrente). Questa interpretazione, già in precedenza criticata, non sarebbe coerente con la funzione propria dell'ammortamento che è quella, come noto, di ripartire un costo pluriennale sostenuto anticipatamente. La formulazione, invece, intende esprimere il concetto, proprio della logica economica, di vita economica utile. Il piano deve, cioè, essere impostato in relazione alla vita utile del bene che dipende, oltre che dall'usura fisica, anche e soprattutto dalla sua durata economica. In sostanza il legislatore in tale passo vuole indicare la durata del piano, che deve coincidere con la vita utile del bene. Anche su tale punto, pertanto, si riscontra concordanza tra logica economica e civilistica.
Infine, la legge sottolinea un aspetto rappresentativo, volto alla correttezza dell'informazione fornita con il bilancio. L'eventuale modifica dei criteri e dei coefficienti di ammortamento deve essere indicata e motivata nella nota integrativa. La richiesta è, di fatto, una conseguenza del principio di costanza dei criteri di valutazione: infatti, nel momento in cui si deroga alla costanza, si ritiene necessario fornire informazioni sufficienti a comprendere gli effetti del cambiamento.

4.4. I COSTI SUCCESSIVI ALL'ACQUISIZIONE DEL BENE (SPESE DI MANUTENZIONE)

Le immobilizzazioni materiali, come noto, sono fattori produttivi che assumono questa denominazione in quanto sono destinati ad un uso durevole nel ciclo produttivo.

Successivamente all'acquisizione, nel corso della loro vita utile, le immobilizzazioni materiali per poter svolgere la loro funzione produttiva necessitano di manutenzioni che possono essere effettuate all'interno dell'azienda (in economia), oppure appaltate a terzi.
Nella pratica aziendale, il termine «manutenzioni» viene frequentemente usato in senso lato: non solo come un insieme di interventi diretti a mantenere i cespiti in un buono stato di funzionamento, ma anche, in modo non appropriato, come riparazioni e per lavori svolti al fine di aumentare la produttività degli stessi cespiti.
Le manutenzioni comportano il sostenimento di costi che per la parte di competenza dell'esercizio esprimono, con gli ammortamenti, il concorso delle immobilizzazioni materiali alla produzione economica d'impresa.
Le manutenzioni si distinguono in:
- ordinarie,
- straordinarie,
- cicliche.

4.4.1 **Manutenzioni e riparazioni («manutenzioni ordinarie»)**

Per manutenzioni ordinarie si intendono le manutenzioni e le riparazioni che si effettuano in modo regolare per consentire alle immobilizzazioni materiali di partecipare sempre con l'efficienza originaria all'attività produttiva.
Non sempre è facile operare una distinzione netta e precisa tra le manutenzioni e le riparazioni, anche perché frequentemente queste si confondono nella loro esecuzione. Le manutenzioni si effettuano, in genere, per mantenere l'ordinario stato di funzionamento delle immobilizzazioni, così da garantire la loro vita utile prevista, nonché la loro capacità di rendimento; esempi sono: le pulizie, le verniciature, la sostituzione di filtri dell'auto, l'imbiancatura degli immobili. Le riparazioni, invece, tendono a ripristinare l'efficienza e la produttività originarie dei cespiti venute a meno a causa di guasti e rotture; possono comprendere la sostituzione di parti logorate di importo poco significativo rispetto al valore complessivo dell'immobilizzazione, quale è, ad esempio, il rifacimento dell'impianto elettrico di un immobile.
I costi, che comprendono la manodopera, i materiali di consumo e possono includere il costo di piccoli pezzi di ricambio, sono componenti negativi di reddito dell'esercizio in cui sono sostenuti, essendo relativi a condizioni di produzione acquisite ed utilizzate nel periodo amministrativo.

4.4.2 **Ampliamenti, ammodernamenti e miglioramenti («manutenzioni straordinarie»)**

Nella pratica aziendale, il termine manutenzione viene frequentemente usato in senso improprio: non solo come un insieme di interventi diretti a mantenere i cespiti in un buono stato di funzionamento, ma anche per lavori svolti al fine di aumentare la produttività degli stessi cespiti. L'OIC 16 usa convenzionalmente il termine "manutenzioni straordinarie" per definire i costi di ampliamento, ammodernamento, modifiche o miglioramento dei beni che comportano un aumento significativo e tangibile dei

benefici economici futuri generati dal bene e utilizzabili per l'impresa; esempi possono essere: l'innalzamento di un piano di un edificio, il costo relativo all'installazione di un impianto di condizionamento in un immobile e i costi di modifica di un impianto.
I costi relativi a questi lavori di utilità pluriennale si capitalizzano portandoli in aumento del valore dell'immobilizzazione per i quali sono sostenuti: verranno ammortizzati conseguentemente nella vita utile residua del cespite.
Il valore dell'immobilizzazione materiale che include costi relativi a migliorie, modifiche, ed altri lavori incrementativi della utilità del bene, non può eccedere il valore recuperabile tramite l'uso.

4.4.3 **Le manutenzioni cicliche e il fondo relativo**

L'impresa che utilizza nella produzione grandi impianti (o navi o aeromobili) sostiene, oltre ai costi per le manutenzioni ordinarie, anche rilevanti costi relativi a manutenzioni cicliche che si manifestano secondo tempi predeterminati, in genere stabiliti dai fornitori, e per importi spesso predefiniti.
Partendo dal presupposto che le manutenzioni sono la conseguenza di una usura o di una diminuzione di rendimento dovute all'utilizzo dell'immobilizzazione, si può osservare che non è corretto addossare i relativi costi soltanto all'esercizio in cui si sostengono, ma anche agli esercizi precedenti in cui i beni sono stati impiegati nella produzione.
Generalizzando, i costi di manutenzione ciclica non devono essere attribuiti ai diversi esercizi in base alla loro manifestazione numeraria, ma vanno imputati secondo lo stesso criterio di ripartizione seguito per ammortizzare i valori dei beni a cui le spese si riferiscono (principalmente il criterio funzionale).
Si rende necessario, quindi, determinare in sede di calcolo del reddito d'esercizio, fin dal primo periodo in cui il bene viene utilizzato, una quota del costo totale delle manutenzioni cicliche, costituendo uno specifico «fondo manutenzione ciclica» che ha la natura di un fondo oneri futuri e che verrà utilizzato negli esercizi in cui si sosterranno costi di manutenzione superiori a quelli ritenuti economicamente correlabili con l'impiego dell'immobilizzazione nella produzione.
Si propone un esempio numerico sul funzionamento del fondo manutenzione ciclica.
Sulla base dei seguenti dati:

a. valore da ammortizzare dell'immobilizzazione: 1.000;
b. vita utile dell'immobilizzazione: 5 anni;
c. quote di ammortamento del quinquennio (definite nel piano di ammortamento):

I	II	III	IV	V	Totale
200	250	250	200	100	200
(20%)	(25%)	(25%)	(20%)	(10%)	

d. costi concordati con i fornitori per la manutenzione ciclica relativa alla vita utile dell'immobilizzazione:

I	II	III	IV	V	Totale
—	80	—	90	30	200

si determinano:
e. i costi di manutenzione ciclica di competenza di ciascun esercizio, secondo lo stesso coefficiente di ripartizione (vedasi c) del valore da ammortizzare;
f. gli importi degli accantonamenti al fondo manutenzione ciclica, negli esercizi in cui i costi sostenuti sono minori rispetto a quelli di competenza dell'esercizio;
g. gli importi relativi all'utilizzazione del fondo, negli esercizi in cui i costi sostenuti sono maggiori rispetto a quelli di competenza dell'esercizio.

Soluzione

	Esercizi					
	I	II	III	IV	V	Totale
d. costi manutenzione - sostenuti		80	—	90	30	200
e. costi manutenzione di competenza	40	50	50	40	20	200
f. accantonamento al fondo	40	—	50	—	—	90
g. utilizzazione del fondo		(30)		(50)	(10)	(90)

Va osservato che la legge non specifica alcuna regola con riguardo alle manutenzioni. La legge, però, tra i principi generali del bilancio indica il principio della competenza; pertanto, il trattamento dei costi di manutenzione delle immobilizzazioni deve risultare coerente con tale postulato generale e, quindi, con le regole che ne discendono più sopra scritte.

Principi contabili internazionali
Costi di manutenzione - Secondo lo IAS 16, i costi di manutenzione, più propriamente definiti come *costi successivi* all'acquisizione del bene, si distinguono in costi:
- ordinari (*day-to-day servicing*);
- sostitutivi di componenti (*replacement at regular interval*);
- di verifiche o revisioni regolari (*regular major inspections*).

Non viene, quindi, considerato il fondo mutenzione ciclica, in quanto le sostituzione di componenti di importi significativi e le revisioni generali, operazioni che caratterizzano le manutenzioni cicliche, sono trattate dallo IAS 16 secondo l'*approcio per componenti*, per cui la sostituzione del motore di un aereo comporta lo storno del valore netto contabile del vecchio motore e la rilevazione, quale elemento distinto, del costo del nuovo motore nel valore contabile dell'aereo; così, *significative verifiche o revisioni generali* comportano lo storno del loro valore contabile compreso nel costo originario del bene, con la rilevazione del costo della nuova verifica distintamente nel valore del bene, come una sostituzione di una componente dell'immobilizzazione che ha una vita utile diversa rispetto alle altre componenti.

4.5. LE SVALUTAZIONI E LE RIVALUTAZIONI

Il valore iniziale dell'immobilizzazione, incrementato da eventuali lavori di manutenzione straordinaria e rettificato periodicamente dalle quote di ammortamento, può, in particolari situazioni, non corrispondere alla residua funzionalità del bene. Se si vuole adeguare il valore netto contabile dell'immobilizzazione alle nuove condizioni venutesi a creare, si deve procedere a delle svalutazioni o rivalutazioni del bene strumentale.

4.5.1 Le svalutazioni

Il valore delle immobilizzazioni materiali, come si sa, non è destinato alla diretta realizzazione con la vendita, ma alla realizzazione indiretta attraverso flussi reddituali/finanziari conseguibili utilizzando il bene nel corso della sua vita utile.
Viene, così, ad assumere rilievo nella valutazione delle immobilizzazioni il "*valore recuperabile* tramite l'uso", intendendo con questo termine il valore che si può prevedere potrà essere recuperato tramite flussi finanziari/reddituali correlati all'utilizzo dei beni.
Se si considera, però, l'eventualità che l'immobilizzazione possa eventualmente essere destinata alla vendita, il *valore recuperabile* dell'immobilizzazione risulterebbe pari al suo *fair value* al netto dei costi di vendita.
Quindi, in conclusione, il valore recuperabile di un'immobilizzazione risulta pari al maggiore tra:

- il valore d'uso e
- il suo *fair value* al netto dei costi di vendita.

Nel caso non sia possibile stimare il valore recuperabile della singola immobilizzazione in quanto non è idonea a generare flussi di cassa significativamente indipendenti da quelli forniti da altre immobilizzazioni o gruppi di immobilizzazioni, è necessario determinare il valore recuperabile dell'unità generatrice di cassa (UGC) cui il bene appartiene ed attribuire la perdita durevole di valore alle immobilizzazioni dell'unità generatrice di cassa proporzionalmente al loro valore contabile. Una unità generatrice di cassa (UGC) è il più piccolo gruppo di elementi dell'attivo, che include l'immobilizzazione oggetto di valutazione, in grado di generare autonomi flussi di cassa; un esempio di UGC è il reparto dotato di impianti e macchinari la cui produzione è negoziata sul mercato.
Se in un determinato momento si può presumere con ragionevole certezza che il valore recuperabile di un'immobilizzazione, determinato in una prospettiva di lungo termine, risulta inferiore al suo valore contabile, si deve procedere ad una rilevazione della perdita di valore e ad una svalutazione dell'immobilizzazione per ricondurre il valore netto contabile al valore recuperabile.
Per procedere alla svalutazione deve in ogni caso trattarsi di una diminuzione di funzionalità non temporanea, ma di natura durevole, in quanto l'immobilizzazione è destinata a permanere nell'impresa nel tempo e solo una obiettiva condizione di irrecuperabilità del valore può giustificare un'operazione di carattere eccezionale come la svalutazione.
Le cause che determinano la ridotta funzionalità dei cespiti possono essere interne all'azienda, come danneggiamenti, errori di progettazione o di costruzione, cambiamenti nelle modalità di utilizzo delle immobilizzazioni; o esterne, cioè riferibili all'ambiente in cui l'azienda opera, quali l'andamento sfavorevole dei prezzi dei

prodotti sul mercato o l'improvvisa obsolescenza tecnica dell'immobilizzazione (o dei prodotti); di queste situazioni problematiche si avvertono generalmente i sintomi, come possono essere una sequenza di risultati economici d'esercizio negativi, un eccesso di capacità produttiva rispetto alla domanda sul mercato, una sottoutilizzazione dei beni strumentali e così via. In ogni caso, prima di procedere alla svalutazione, si deve verificare con attenzione che le cause sussistano e non siano contingenti o transitorie, ma tendenzialmente irreversibili; sono necessari a tal fine studi documentati fondati su elementi oggettivi, come, ad esempio, i piani futuri di utilizzazione dei beni strumentali nell'impresa e le perizie di esperti indipendenti.

In conclusione, il redattore del bilancio alla fine dell'esercizio non deve solo ammortizzare, secondo il piano predefinito, il costo iscritto del bene, ma deve, in presenza dei sintomi descritti, altresì verificare che il valore netto contabile, cioè il costo del bene ancora da ammortizzare e gravante sugli esercizi successivi, sarà recuperabile in funzione della sua utilità effettiva.

Esaminiamo a questo punto la determinazione del valore d'uso.

Secondo l'OIC 9 *Svalutazioni per perdite durevoli di valore delle immobilizzazioni materiali e immateriali*, il valore d'uso può essere determinato secondo due approcci:

– un approccio semplificato per le imprese minori basato sulla capacità di ammortamento delle immobilizzazioni/UGC
– un approccio principale (o di riferimento) per tutte le altre imprese, fondato sull'attualizzazione dei flussi di cassa.

L'**approccio semplificato**, previsto dall'OIC per le imprese minori, è **basato sulla "capacità di ammortamento" delle immobilizzazioni/UGC**, intendendo con questo termine il margine economico che la gestione in un dato esercizio mette a disposizione per la copertura degli ammortamenti. La capacità di ammortamento è determinata sottraendo algebricamente al risultato economico dell'esercizio gli ammortamenti delle immobilizzazioni.

Nel caso in cui i flussi di ricavi stimati - correlati all'utilizzo dei beni/UGC - non siano sufficienti nell'orizzonte temporale preso a riferimento (in genere non superiore a cinque anni) a coprire tutti i costi connessi incluso il relativo ammortamento, viene meno la capacità di ammortamento degli esercizi futuri e il valore d'uso delle immobilizzazioni risulta inferiore rispetto al valore contabile.

In merito all'approccio basato sulla capacità di ammortamento (approccio semplificato), si propone l'esempio che segue:

Un'impresa industriale ha alla fine dell'esercizio X in un reparto di un immobile industriale preso in affitto due impianti:

Impianto A del valore originario di 6.000, ammortizzato per 5.500.

Impianto B del valore originario di 4.000, ammortizzato per 3.000.

I fondi ammortamenti comprendono la quota dell'esercizio X.

La vita utile residua di entrambi gli impianti è di cinque anni.

I due impianti costituiscono una UGC e il loro valore equo complessivo al netto dei costi di vendita è pari a zero.

Gli impianti risultano sotto utilizzati per una minore domanda ormai irreversibile dei prodotti da essi ottenibili. In presenza di questo sintomo di perdita durevole di valore, si procede ad un *impairment test* e se il caso a svalutare gli impianti al valore ricuperabile. L'orizzonte temporale di riferimento è di 5 anni, durante i quali saranno calcolati ammortamenti a quote costanti per complessivi 300 annui e al termine del periodo considerato i cespiti saranno interamente ammortizzati e dismessi a valore zero. Si prescinde da implicazioni fiscali.
Il conto economico previsionale desunto dai piani aziendali nei successivi cinque esercizi (X+1/X+5) è il seguente:

	(X+1/X+5)	Totale
Ricavi netti di vendita		**3.500**
Costi:		
– materie prime	1.575	
– manodopera diretta	350	
– altri costi industriali variabili	100	
– costi industriali fissi	420	
– costi di vendita	105	
– oneri finanziari	50	
totale costi		**2.600**
Capacità di ammortamento		**900**
Ammortamenti		**-1.500**
Risultato netto		**-600**

Considerati la capacità di ammortamento complessiva di 900 generata dalla gestione reddituale nell'orizzonte temporale di riferimento e il valore netto contabile delle immobilizzazioni della UGC di 1.500, al 31.12 dell'esercizio X si rileva una svalutazione in bilancio pari a 600 (differenza tra capacità di ammortamento di 900 e ammortamenti da effettuare negli esercizi futuri per 1.500). La perdita deve essere attribuita ai cespiti A e B pro-quota rispetto al loro valore di iscrizione in bilancio:
Impianto A: valore contabile 500 svalutato di 200.
Impianto B: valore contabile 1.000 svalutato di 400.
Se si considera l'**approccio principale** (o **di riferimento**) fondato sul **valore attuale dei flussi di cassa**, per calcolare il valore d'uso è necessario:
- stimare i flussi finanziari in entrata e in uscita generati dall'utilizzazione continuativa del bene e dal valore netto di realizzo finale al termine della vita utile del bene presso l'impresa; la stima dei flussi finanziari deve essere fondata su budget attendibili e previsioni che, in linea tendenziale, non devono superare i cinque anni;
- attualizzare i flussi di cassa stimati per mezzo di un tasso appropriato determinato al lordo delle imposte, che deve riflettere le valutazioni correnti del mercato: a) del valore temporale del denaro, e b) dei rischi specifici dell'attività per i quali le stime dei flussi finanziari futuri non sono state rettificate. In altre parole

il tasso corrisponde al rendimento che si richiederebbe per un investimento che generasse flussi finanziari di importi, tempistica e rischio equivalenti a quelli che la società si aspetta che derivino dall'immobilizzazione in oggetto.

Riprendendo l'esempio precedente, nell'ipotesi che ci sia una corrispondenza tra flussi reddituali e flussi di cassa, si esamina l'approccio basato sull'attualizzazione dei flussi di cassa operativi (approccio di riferimento).

Le previsioni circa i flussi di cassa operativi nei successivi cinque esercizi (X+1/X+5) sono le seguenti:

	X+1	X+2	X+3	X+4	X+5	Totale
Flussi di cassa in entrata	1.300	900	700	400	200	**3.500**
Flussi di cassa in uscita	950	650	500	300	150	**2.550**
Flusso di cassa operativo	350	250	200	100	50	**950**
coefficiente di attualizzazione (12%)	*0,8928*	*0,7971*	*0,7117*	*0,6355*	*0,5674*	
Valore attuale flusso di cassa operativo	312	199	142	64	28	**745**

Considerati il valore attuale del flusso di cassa operativo pari a 745 (valore recuperabile immobilizzazioni iscritte in bilancio) e il valore netto contabile delle immobilizzazioni di 1.500, al 31.12 dell'esercizio X si rileva una svalutazione in bilancio pari a 755.

La perdita deve essere attribuita ai cespiti pro-quota rispetto al loro valore di iscrizione in bilancio:

Impianto A: valore contabile 500 svalutato di 252.

Impianto B: valore contabile 1.000 svalutato di 503.

La svalutazione dell'immobilizzazione viene contabilizzata rilevando la perdita durevole quale costo d'esercizio e riducendo indirettamente il valore dell'immobilizzazione con uno specifico "fondo svalutazione", la scrittura è: Svalutazione impianti per perdita durevole a Fondo svalutazione impianti.

Dopo che la perdita di valore è stata rilevata, la quota di ammortamento dell'attività deve essere modificata negli esercizi futuri per poter ripartire il nuovo valore netto contabile dell'attività sistematicamente lungo la sua restante vita utile.

L'art. 2426, punto 3, in sintonia con quanto descritto, stabilisce che: «l'immobilizzazione che, alla data di chiusura dell'esercizio, risulti durevolmente di valore inferiore a quello determinato secondo i numeri 1) e 2) (costo rettificato degli ammortamenti) deve essere iscritta a tale minor valore; questo non può essere mantenuto nei successivi bilanci se sono venuti meno i motivi della rettifica effettuata».

Leggendo la norma nella parte finale, si osserva l'obbligo di eliminare la svalutazione precedentemente effettuata nel caso le motivazioni della riduzione di valore siano venute meno. Il significato della norma viene illustrato con un esempio: si supponga di aver svalutato a 50 un cespite avente valore netto contabile di 100 a causa di una perdita di valore durevole legata alla rilevante riduzione di utilizzo nella produzione dei beni ai quali era destinato (per esempio per saturazione del mercato). In seguito all'introduzione all'inizio dell'esercizio successivo di una nuova variante del prodotto, le prospettive di utilizzo del cespite aumentano ed il valore d'uso dello stesso si incrementa a 100: è necessario, essendo venuta meno la causa della precedente svalutazione, procedere a ripristinare il valore di costo precedente la rettifica, cioè ritornare al valore di 100. L'effetto contabile dell'operazione è naturalmente contrario a quello della svalutazione e comporta la rilevazione a conto economico di un componente positivo di reddito per il ripristino di valore; la scrittura contabile risulta la seguente: Fondo svalutazione impianti a Ripristino valore impianti. Va rilevato che la norma è in sintonia con il principio del costo come criterio base di valutazione e non è contraria al principio della prudenza, poiché la rivalutazione deve avvenire nel limite massimo del costo precedente, senza l'evidenziazione di una plusvalenza rispetto alla situazione anteriore alla svalutazione. La norma è la corretta derivazione della clausola di rappresentazione veritiera e corretta, dato che la sottovalutazione dell'attività ammortizzabile in mancanza di ragioni esplicative del minor valore non rispetterebbe tale finalità. In termini pratici la norma sarà difficilmente applicabile; infatti, se la svalutazione deve avvenire per perdite durevoli di valore, la possibilità che le ragioni della svalutazione vengano meno e che si attui un ripristino dovrebbe essere molto limitata.

4.5.2 Le rivalutazioni

Le immobilizzazioni materiali si rivalutano quando il loro valore netto contabile è inferiore al valore economico di funzionamento.
Questa divergenza di valori può essere determinata da due ordini di cause che insieme si combinano, confondendosi nell'effetto tra loro:
- cause monetarie;
- cause non monetarie.

Le cause monetarie si sostanziano nell'inflazione che comporta un aumento generale dei prezzi e, di conseguenza, anche del valore delle immobilizzazioni.
Le cause non monetarie, invece, si ricollegano all'evolversi delle relazioni tra azienda e ambiente che determina aumenti specifici dei valori di determinate immobilizzazioni (ma come si è detto per le svalutazioni, anche diminuzioni); esempi possono essere: la dinamica della domanda e dell'offerta; il cambiamento della natura economica dei beni (come l'aumento di valore di un terreno acquistato come agricolo e poi diventato edificabile), il mutamento della destinazione di un bene strumentale nell'ambito di una ristrutturazione aziendale.
Quali che siano le cause, la divergenza tra il valore netto contabile e il valore correttamente attribuibile all'immobilizzazione, altera la rappresentazione e i risultati del sistema dei valori costruito applicando la tecnica valutativa esposta (cosiddetta di esercizio) che si basa sul costo per esprimere la misura della funzionalità originaria del bene e la sua successiva partecipazione alla produzione.
Si pensi agli effetti distorsivi dell'inflazione sulla rappresentazione della situazione patrimoniale-finanziaria dell'impresa e del risultato economico d'esercizio. In periodi di prezzi crescenti:
- nello stato patrimoniale, le immobilizzazioni acquisite in tempi meno recenti risultano sottovalutate;

- nel conto economico, le quote di ammortamento calcolate sui valori vecchi, inferiori a quelli correnti, non esprimono l'effettiva partecipazione dell'immobilizzazione alla produzione economica, con la conseguenza di determinare risultati d'esercizio migliori di quelli effettivi.

Gli stessi effetti sono prodotti dagli incrementi di valore delle immobilizzazioni derivanti dalle cause non monetarie.

Al fine di ridare ordine logico al sistema dei valori, così da offrire ai lettori informazioni rispondenti alla situazione effettiva dell'azienda, dati che si prestino ad elaborazioni ed analisi significative, sarebbe necessario procedere ad una rivalutazione classificata, a seconda delle cause che l'hanno determinata, come rivalutazione monetaria o rivalutazione non monetaria (questa seconda è anche denominata rivalutazione economica). L'iscrizione di maggiori valori non ancora realizzati è però contraria ai generali postulati della prudenza e del costo che soprassiedono le valutazioni di bilancio, per cui le immobilizzazioni possono essere rivalutate nel bilancio pubblico solo in presenza di leggi speciali. Vero è che l'art. 2423, 4° comma, stabilisce che si deve derogare in casi eccezionali alle disposizioni di legge per il raggiungimento della rappresentazione veritiera e corretta, ma la dottrina aziendalistica e quella giuridica sono giunte alla conclusione pressoché unanime che le cause monetarie e non monetarie di aumento di valore del cespite non costituiscono obbligo di deroga; infatti le rivalutazioni sono legate a un processo inflattivo oppure all'evoluzione, incrementale e continua, della posizione dell'impresa nel suo ambiente e sono relative alla generalità dei beni patrimoniali; non sono dunque dovute ad eventi o casi «eccezionali». Pertanto non sono operabili nel bilancio civilistico. In presenza di leggi speciali, le rivalutazioni, che si precisa possono riguardare altri elementi del capitale oltre alle immobilizzazioni, richiedono l'impiego della «tecnica di rivalutazione fuori esercizio» complementare alla tecnica di valutazione di esercizio.

Mentre la tecnica di valutazione consiste nella valutazione del capitale di funzionamento a fine periodo per la determinazione del reddito d'esercizio, la tecnica di rivalutazione è svincolata dall'esigenza di servire al calcolo del risultato economico d'esercizio, ma è rivolta a rendere più significativa la situazione patrimoniale dell'impresa (iscrivendo i beni a valori realistici) e a misurare più esattamente i futuri redditi d'esercizio (con quote di ammortamento maggiori commisurate ai nuovi valori delle immobilizzazioni). Le rivalutazioni delle immobilizzazioni, che vanno condotte a fine esercizio dopo aver rilevato le relative quote di ammortamento dei beni che ne sono soggetti, si svolgono in due fasi:

- nella prima, si determina il valore di mercato delle immobilizzazioni, o in mancanza il costo di sostituzione o il costo di ricostruzione, con un eventuale abbattimento per tener conto dello stato fisico dei beni;
- nella seconda fase si accerta la congruenza dei singoli valori con le condizioni prospettiche dell'impresa, nel senso che il valore corrente non deve superare quello definito dalla capacità di ammortamento degli esercizi futuri.

Su queste brevi indicazioni contabili, si possono fare le seguenti considerazioni:

- in presenza di un aumento di valore dell'immobilizzazione per effetto dell'inflazione e di una contestuale diminuzione del valore d'uso del bene, per il principio della prudenza non si può effettuare una compensazione delle due variazioni, ma si deve svalutare l'immobilizzazione;

- la rivalutazione, quando ammessa, non andrebbe condotta adeguando semplicemente il valore netto contabile dell'immobilizzazione al valore corrente, ma si dovrebbe anche verificare che questi non risulti superiore al valore recuperabile tramite l'uso, come la tecnica di rivalutazione impone;
- se si prende atto che nei bilanci destinati a pubblicazione, il principio della prudenza rende problematica la rivalutazione dei beni, si deve anche affermare che risulta indispensabile procedere alla rivalutazione nei bilanci interni per poter apprezzare efficacemente l'assetto patrimoniale-finanziario e reddituale dell'impresa e soddisfare così le esigenze conoscitive e decisionali del management.

4.5.3 Principi contabili internazionali

Svalutazioni - Lo IAS 36 Riduzione durevole di valore delle attività prevede per la determinazione del valore recuperabile tramite l'uso solo il modello principale fondato sulla determinazione del valore attuale dei flussi di cassa, e non il modello semplificato proposto dai principi contabili nazionali.

Rivalutazioni - Secondo i principi contabili internazionali è possibile rivalutare i beni (nel senso di aumentarne il valore) solo se si adotta il modello del *fair value*; è preclusa qualsiasi possibilità di rivalutazione a chi sceglie il modello del costo anche in presenza di leggi speciali che secondo i principi contabili internazionali sono vietate.

4.6. LE DISMISSIONI

L'immobilizzazione tecnica viene dismessa dal ciclo produttivo quando non viene più ritenuta idonea a partecipare alla produzione, perché fisicamente logora o tecnicamente superata.
Alla dismissione, il valore contabile del bene deve essere eliminato.
La dismissione può assumere forme diverse; le principali sono:

- la vendita a terzi;
- la cessione in permuta.

Quale che sia la forma, nel momento della dismissione, è necessario determinare il valore netto contabile del bene strumentale (valore originario al netto del relativo fondo ammortamento) per confrontarlo con l'eventuale prezzo realizzato nello scambio: il maggiore o minore valore di realizzo rispetto al valore netto contabile rappresenta, infatti, un componente del reddito che si denomina rispettivamente «plusvalenza» o «minusvalenza» (è evidente che nel caso di eliminazione senza il realizzo di alcun prezzo si può manifestare solo una minusvalenza di importo corrispondente al valore netto contabile).
Nel caso in cui il bene dismesso venga permutato con un altro, per analogia del contratto di permuta con la compravendita, si assume per prezzo realizzato il prezzo

che si sarebbe riscosso se il bene fosse stato venduto sul mercato; mentre se nella permuta si aggiunge un conguaglio in denaro (permuta parziale), si considera come valore di realizzo il valore che viene riconosciuto al bene permutato dal fornitore del nuovo cespite.

È evidente che prima di rilevare contabilmente la dismissione di una immobilizzazione, è necessario adeguare il relativo fondo ammortamento alla data di alienazione del bene, calcolando la quota di ammortamento con riferimento ai mesi di utilizzo dell'immobilizzazione. Infatti, la rilevazione della quota di ammortamento prima dell'alienazione consente innanzitutto di rappresentare nel conto economico l'impiego dell'immobilizzazione nella produzione del periodo e, conseguentemente, di determinare un valore netto contabile più significativo ai fini del calcolo della plusvalenza o minusvalenza.

Esempio

L'1 dicembre dell'esercizio x è stato venduto al prezzo di 900 un macchinario ritenuto non più utile al processo produttivo. Il macchinario era stato acquistato al prezzo di 18.000 e ammortizzato alla data del 31/12/x-1 per 15.000. Con aliquota annua del 15%.

Prima di rilevare contabilmente la dismissione del cespite si deve rilevare la quota di ammortamento per il periodo che va dall'inizio dell'esercizio alla data di dismissione. Nel nostro caso la quota è di 2.475 (18.000 × 15% × 11/12).

Considerando il costo storico di 18.000 e il fondo ammortamento di 17.475 (15.000 + 2.475), il valore netto contabile del macchinario alienato è di 525.

Dal confronto tra il valore netto contabile di 525 e il prezzo di vendita di 900 si determina una plusvalenza di 375.

Riguardo alla rappresentazione in bilancio delle immobilizzazioni destinate alla dismissione, i principi contabili osservano che le immobilizzazioni classificate come disponibili per la vendita vanno classificate in un'apposita voce del circolante dello stato patrimoniale; per esse cessa l'ammortamento e la loro valutazione è effettuata al minore tra il costo, diminuito degli ammortamenti, e il valore di presumibile realizzo.

5. LA VALUTAZIONE DELLE IMMOBILIZZAZIONI IMMATERIALI

di Giovanni Ghelfi

5.1. LE IMMOBILIZZAZIONI IMMATERIALI: DEFINIZIONE E CLASSIFICAZIONE[1]

5.1.1 Premessa

Le immobilizzazioni immateriali sono da tempo al centro dell'attenzione e motivo di un grande dibattito tra studiosi e manager per la consapevolezza dello stretto legame esistente tra la dotazione di risorse intangibili e il successo dell'impresa. Il riconoscimento del delicato ruolo rivestito dagli asset immateriali nell'economia delle aziende di produzione è testimoniato dai numerosi modelli sviluppati nel tempo per la rappresentazione e comunicazione, seppur sotto diversi profili di osservazione, del patrimonio intangibile aziendale[2].

Nei paragrafi che seguono si definiscono i confini della sottoclasse "B.I. Immobilizzazione immateriali" dell'Attivo dello Stato patrimoniale e, in relazione alle diverse attività classificabili in tale categoria, si illustrano i criteri previsti dai principi contabili per la loro *iscrizione* e *classificazione* nel bilancio civilistico.

In relazione alle *valutazioni* di fine esercizio, si osserva un trattamento sostanzialmente omogeneo rispetto a quello prescritto in relazione alle immobilizzazioni materiali, facendo tuttavia particolare riferimento all'applicazione dei postulati della prudenza e della continuità aziendale, date le particolari caratteristiche che contraddistinguono le risorse intangibili, strettamente correlate alle scelte strategiche e principali responsabili della creazione/distruzione di valore.

5.1.2 La definizione delle immobilizzazioni immateriali e le condizioni per l'iscrizione in bilancio

Le immobilizzazioni immateriali sono *risorse*[3] caratterizzate per l'*assenza di tangibilità*[4]

---

[1] Si avverte il lettore che con il D. Lgs. 18 agosto 2015, n. 239 (GU. n. 205 del 4 settembre 2015) è stata recepita la direttiva 2013/34/UE del Parlamento Europeo. Le novità riportate in tema di bilancio sono applicabili dagli esercizi aventi inizio dal 1° gennaio 2016 e interessano essenzialmente i bilanci delle Spa, Sapa, Srl, e le società di persone (Snc e Sas) nel caso abbiano come soci illimitatamente responsabili Spa, Sapa o Srl. Per una sintesi commentata delle modifiche apportate al codice civile in tema di bilancio si faccia riferimento al Capitolo: "Il recepimento della Direttiva 2013/34/UE", a pagina 395.

[2] Tra i vari modelli elaborati per la rappresentazione e misurazione del patrimonio intangibile si citano: la *Balance Scorecard*, la teoria della *Valutazione delle opzioni reali*, la *Value Chain Blueprint*, il *Supply Chain Cockpit*, il modello del *Customer Lifetime Value* e il modello del *Valore aggiunto per addetto*.

[3] Per *risorsa* si intende una condizione produttiva controllata dall'impresa e funzionale all'ottenimento di un flusso di ricavi e, dunque, di un risultato economico. Il controllo consiste nella possibilità di usufruire dei benefici economici futuri derivanti dalla risorsa in oggetto, limitandone altresì l'accesso da parte di altri soggetti. Tale controllo può intendersi in senso strettamente giuridico, come diritto di proprietà o di sfruttamento legale, oppure anche solo come ragionevole possibilità di utilizzare la risorsa acquistata o realizzata internamente nello svolgimento dell'attività di produzione economica dell'impresa; pertanto, possono considerarsi attività immateriali, a certe condizioni, anche risorse non giuridicamente controllabili (le quote di mercato, la capacità imprenditoriale o manageriale, la favorevole localizzazione produttiva) e per le quali sia stato sostenuto nel passato un costo misurabile con relativa certezza.

[4] L'*assenza di tangibilità* o materialità o fisicità consente di distinguere le immobilizzazioni immateriali rispetto ai beni materiali e alle attività finanziarie.

e la capacità di generare *benefici economici futuri*[5], purché ottenute dall'impresa in conseguenza di un *accadimento passato*[6].
Le fonti del patrimonio intangibile dell'impresa possono rinvenirsi in qualsiasi area aziendale, dalla produzione all'organizzazione, alle risorse umane, allo sviluppo, al marketing, ecc.

> **Principi contabili internazionali**
> Le attività immateriali, ai sensi dello IAS 38, sono attività non monetarie, prive di consistenza fisica, identificabili autonomamente e controllate dall'impresa che ragionevolmente ha la prospettiva di trarne futuri benefici economici; diversamente, l'eventuale costo sostenuto deve essere imputato integralmente al conto economico dell'esercizio di sostenimento.

5.1.3 La classificazione delle immobilizzazioni immateriali

Come in tutti i prospetti riclassificati, anche nello schema di Stato Patrimoniale previsto dall'art. 2424 C.C. le immobilizzazioni sono esposte nella sezione "attivo" al netto dei relativi fondi ammortamento.
La sottoclasse delle immobilizzazioni immateriali si articola come segue:

> *B.I. - Immobilizzazioni immateriali:*
> *1) Costi di impianto e di ampliamento;*
> *2) Costi di sviluppo;*
> *3) Diritti di brevetto industriale e diritti di utilizzazione delle opere dell'ingegno;*
> *4) Concessioni, licenze, marchi e diritti simili;*
> *5) Avviamento;*
> *6) Immobilizzazioni in corso e acconti;*
> *7) Altre.*

> **Principi contabili internazionali**
> Lo schema di Stato patrimoniale presentato nello IAS 1 prevede un minimo livello di articolazione delle voci patrimoniali, mantenendo in ogni caso l'obbligo di separare le *Immobilizzazioni immateriali* dalle altre voci dell'attivo.

Le sopra citate voci sono commentate nei paragrafi che seguono previa aggregazione in tre raggruppamenti - Oneri pluriennali (voci 1-2), Beni Immateriali (voci 3-4) e Avviamento (voce 5) - caratterizzate da differenti problematiche in relazione alle condizioni di iscrizione e alla loro valutazione.

---

[5] La risorsa deve presentare un'*utilità futura*, intesa in termini di proventi derivanti dalla vendita di prodotti o servizi, di risparmi di costo o conseguimento di benefici che si protraggono lungo un arco temporale di più periodi amministrativi; in caso contrario, il costo sostenuto per la sua acquisizione o per la sua produzione deve essere considerato un costo d'esercizio.
[6] Ai fini dell'iscrizione è necessario che sia *avvenuto nel passato* un evento economico tale da garantire il controllo, ovvero l'effettiva disponibilità della risorsa considerata, e che questa sia in grado di generare benefici economici futuri.

Successivamente si commentano le ulteriori due voci di chiusura: "*Immobilizzazioni in corso e acconti*" (voce 6) e "*Altre*" (voce 7).

Oneri Pluriennali

Gli oneri pluriennali costituiscono una specifica categoria di valori, che si caratterizzano per l'inseparabilità dal complesso aziendale e per la non autonoma alienabilità. Ove tali oneri presentino un'utilità pluriennale[7], grazie al concorso alla generazione di sufficienti ricavi nei successivi esercizi, è possibile procedere alla capitalizzazione delle spese sostenute e al loro ammortamento su base sistematica. Occorre precisare che, in relazione alla loro utilità futura, gli oneri pluriennali presentano generalmente caratteristiche più difficilmente determinabili rispetto ai beni immateriali; pertanto, la capitalizzazione, limitatamente a tale categoria di immobilizzazioni immateriali, risulta una facoltà e non un obbligo.
Pur non risultando connessi all'ottenimento di beni identificabili e trasferibili, essi derivano da investimenti specifici e misurabili e, quindi, riconducibili alle seguenti tipologie di costi pluriennali previste nella classificazione dell'art. 2424 C.C.:

- costi di impianto e di ampliamento;
- costi di sviluppo.

Con l'espressione "*costi di impianto e di ampliamento*" si fa riferimento ad alcuni oneri sostenuti dall'impresa in relazione a specifici momenti della sua esistenza, quali la costituzione, o in occasione di processi di ristrutturazione e/o di ampliamento dimensionale, se di natura non ricorrente.
Più precisamente, mentre i *costi di impianto* sono gli oneri sostenuti, anche nella fase pre-operativa, per la costituzione della società (redazione dell'atto costitutivo, le relative tasse, le eventuali consulenze legali e fiscali dirette alla sua formulazione, l'ottenimento delle licenze, permessi e autorizzazioni richieste), i *costi di ampliamento* sono quelli sostenuti per le operazioni di tipo straordinario, quindi di natura non ricorrente, rivolte ad un significativo ampliamento della società (aumenti di capitale sociale, modifiche statutarie, trasformazioni, concentrazioni, scorpori).
La prima voce delle immobilizzazioni immateriali comprende anche i costi sostenuti per la costituzione e l'accrescimento quantitativo e qualitativo dell'impresa (costi di start-up, costi di addestramento e qualificazione del personale, avviamento degli impianti di produzione, ricerche di mercato, studi di fattibilità, licenze ed autorizzazioni, ecc.), ad eccezione delle spese finalizzate allo sviluppo, da inserire nella successiva voce della medesima sottoclasse.
I *costi di sviluppo*, spesso di ingente ammontare, comprendono le spese sostenute per l'ottenimento di nuovi prodotti, processi produttivi, innovazioni tecnologiche ed industriali, ovvero per il significativo miglioramento di quelli preesistenti. Le attività di sviluppo risultano complementari alle prodromiche attività di ricerca di base.

[7] L'utilità pluriennale è "*giustificabile solo in seguito al verificarsi di determinate condizioni gestionali, produttive, di mercato che al momento della rilevazione iniziale dei costi devono risultare da un piano economico della società*"; pertanto, occorre dimostrare il rapporto causa-effetto tra i costi sostenuti e il beneficio futuro atteso dalla società.

La *ricerca di base* è definita dal principio contabile come quell'assieme di studi, esperimenti, indagini e ricerche pianificate per il conseguimento di nuove conosccenze e scoperte; benché non abbia una finalità definita con precisione, tale attività risulta necessaria per mantenere e incrementare le conoscenze generali relative al settore di appartenenza. Essendo di utilità generica per l'impresa, risulta difficoltosa l'associazione con eventuali ricavi futuri; pertanto, i costi devono essere imputati direttamente al Conto economico dell'esercizio in cui sono sostenuti.
Con lo *sviluppo* si procede all'applicazione dei risultati dell'attività di ricerca o di altre conoscenze ad un progetto o piano finalizzato alla produzione di materiali, dispositivi, processi, sistemi o servizi nuovi o sostanzialmente migliorati, prima dell'inizio della produzione commerciale o dell'utilizzazione[8].

Principi contabili internazionali
La capitalizzazione degli oneri pluriennali è tassativamente esclusa dallo IAS 38, fatta eccezione per i costi di sviluppo, ove ragionevolmente recuperabili.

Beni Immateriali

I beni immateriali sono fattori produttivi suscettibili di scambio, privi di materialità intesa in senso stretto, di norma dotati di tutela giuridica, e che possono formare oggetto di rapporti giuridici.
Ai fini dell'iscrizione nella categoria dei beni immateriali, tali risorse devono essere:
- controllabili in modo esclusivo dall'azienda, per poterne trarre utilità e limitarne l'utilizzo da parte di terzi, quantomeno per un determinato periodo futuro;
- individualmente identificabili, cioè dotati di una dimensione autonoma rispetto all'insieme degli altri valori dell'azienda, quindi chiaramente distinguibili dall'avviamento;
- ottenuti a fronte di costi stimabili in modo sufficientemente attendibile;
- autonomamente trasferibili, in quanto separabili e valutabili in modo autonomo rispetto al complesso dei beni aziendali.

Le principali tipologie di beni immateriali cui il legislatore fa esplicito riferimento nell'art. 2424 C.C. sono:
- diritti di brevetto industriale;
- diritti di utilizzazione delle opere d'ingegno;
- concessioni;
- licenze;

[8] Ai fini della capitalizzazione i costi di sviluppo devono essere:
- *relativi ad un prodotto o processo chiaramente definito, nonché identificabili e misurabili;*
- *riferiti ad un progetto realizzabile, cioè tecnicamente fattibile, per il quale la società possieda o possa disporre delle necessarie risorse;*
- *recuperabili, cioè la società deve avere prospettive di reddito in modo che i ricavi che prevede di realizzare dal progetto siano almeno sufficienti a coprire i costi sostenuti per lo studio dello stesso, dopo aver dedotto tutti gli altri costi di sviluppo, i costi di produzione e di vendita che si sosterranno per la commercializzazione del prodotto.*

- marchi;
- diritti simili.

I *diritti di brevetto* conferiscono al titolare un monopolio temporaneo (10-20 anni) di sfruttamento di un'invenzione o un modello di utilità, nonché il diritto di vietare a terzi di trarne utilità mediante l'uso, la produzione, l'importazione la commercializzazione o la vendita.

Possono costituire oggetto di un brevetto, rilasciato dall'Ufficio Italiano o Europeo di Brevetti, le invenzioni industriali, i modelli di utilità e i modelli e disegni ornamentali:

- le invenzioni industriali consistono in una soluzione nuova ed originale ad un problema tecnico, applicabile in campo industriale per la realizzazione di un prodotto o un processo di lavorazione industriale;
- i modelli di utilità sono invenzioni che forniscono a macchine o parti di esse, a utensili, strumenti o oggetti di uso in genere, particolare efficacia o comodità di applicazione o d'impiego;
- i modelli o disegni ornamentali sono nuovi modelli o disegni che conferiscono un particolare ornamento a prodotti industriali o che, per la loro particolare combinazione di forma, linee o colori, incidono sul complessivo aspetto estetico di un prodotto.

I *diritti di utilizzazione delle opere dell'ingegno* sono costituiti dai diritti d'autore, ovvero dal diritto di godere, anche per un intervallo di tempo limitato, dei vantaggi economici associati allo sfruttamento di un'opera intellettuale, nella generalità dei casi di carattere creativo[9].

La tutela giuridica sorge contestualmente alla realizzazione dell'opera, non richiede formalità, e si estende per tutta la vita dell'autore e per i successivi 70 anni dalla sua morte. Le *concessioni* sono provvedimenti mediante i quali, per esigenze di pubblica utilità, la Pubblica Amministrazione cede temporaneamente ad altri soggetti taluni diritti o poteri su beni di proprietà dell'ente concedente (es. il diritto di sfruttamento del suolo demaniale), o l'esercizio di attività proprie degli enti concedenti (es. gestione di linee di trasporto, parcheggi, ecc.), unitamente ai relativi oneri ed obblighi. I beni eventualmente trasferiti al concessionario dovranno essere restituiti al termine della concessione.

Le *licenze* autorizzano il licenziatario all'esercizio di attività regolamentate e si suddividono in:

- *licenze amministrative* che, a fronte del pagamento di una somma *una tantum*, consentono ad un soggetto di svolgere un'attività altrimenti illecita (es.: una licenza comunale di esercizio, ecc.);
- *licenze d'uso*, mediante le quali il titolare di un bene immateriale trasferisce temporaneamente il diritto di sfruttamento di tale bene a fronte di una somma una tantum e/o di un canone periodico.

[9] Ai sensi dell'art. 2575 C.C., formano oggetto del diritto d'autore *"le opere dell'ingegno di carattere creativo che appartengono alle scienze, alla letteratura, alla musica, alle arti figurative, all'architettura, al teatro e alla cinematografia, qualunque ne sia il modo o la forma di espressione"*.

Il *marchio* è un qualunque segno suscettibile di essere rappresentato graficamente, che caratterizza l'azienda o un suo prodotto, sia fabbricato e/o commercializzato, sempreché risulti idoneo a distinguerli rispetto ad altre aziende o prodotti altrui.
I marchi iscrivibili tra i beni immateriali sono sia i marchi "registrati" e coperti da brevetto, sia i "marchi di fatto", tutelati giuridicamente nei limiti del "preuso".
I "*diritti simili*" contemplano una vasta categoria di risorse immateriali acquisite a titolo oneroso o ottenute internamente mediante studi ed attività di ricerca; si distinguono dagli "*oneri pluriennali*" in quanto presuppongono la titolarità di un diritto tutelato nei confronti dei terzi (es. un contratto di know-how[10], di franchising, ecc.).
Anche se non espressamente citati nella classificazione civilistica, rientrano nella categoria dei beni immateriali alcune tipologie di *costi di software*, da distinguersi utilmente tra *software di base*, costituito dall'insieme delle istruzioni indispensabili per il funzionamento dell'elaboratore (hardware) e *software applicativo*, costituito dall'insieme delle istruzioni che consentono l'utilizzo di funzioni del software di base al fine di soddisfare specifiche esigenze dell'utente.
Mentre i costi per il software di base sono considerati oneri direttamente incrementativi del valore dell'immobilizzazione materiale, i costi del software applicativo sono iscrivibili tra i beni immateriali limitatamente a:
- software applicativo acquistato a titolo sia di proprietà (voce B.I.3) che di licenza d'uso a tempo determinato o indeterminato (voce B.I.3);
- software applicativo prodotto per uso interno, se tutelato ai sensi della legge sui diritti d'autore (voce B.I.3);
- software applicativo prodotto per uso interno non tutelato, limitatamente al caso in cui i relativi costi hanno originato programmi effettivamente idonei all'uso atteso, utilizzabili dall'impresa per un certo numero di anni (voce B.I.7).

Avviamento
L'*avviamento* consiste nell'attitudine di un'impresa di generare sovra-redditi rispetto alla media del settore a pari condizioni di rischio. L'avviamento deve quindi tradursi in un maggior valore del complesso dei beni di un'impresa in funzionamento rispetto alla somma dei valori dei singoli beni separatamente considerati.
Si tratta di un plusvalore non riconducibile a uno o più beni specifici, ma legato a un complesso di condizioni non separabili dall'impresa, come le competenze del personale, l'efficienza organizzativa, la qualità dei prodotti, l'ubicazione rispetto ai mercati di approvvigionamento o di sbocco, ecc.
Esso trae origine da fattori specifici connessi al marketing, alla tecnologia e all'organizzazione che, non derivando da contratti o diritti specifici, e data la difficoltà di identificazione e di misurazione separata rispetto agli altri beni materiali e immateriali

[10] Il contratto di know-how consiste solitamente nel diritto di utilizzare in esclusiva un segreto di fabbrica o un'invenzione non brevettata.

dell'impresa, non risultano tutelabili giuridicamente né trasferibili ed iscrivibili autonomamente in bilancio.
Esistono due accezioni di avviamento:
- l'avviamento prodotto internamente (c.d. *avviamento originario*), frutto di una gestione aziendale efficiente ed efficace nell'organizzazione sia del capitale tecnico ed umano;
- l'avviamento acquisito a titolo oneroso (c.d. *avviamento derivativo*), che corrisponde all'avviamento originario di una combinazione economica altrui che viene introitata dall'impresa direttamente, mediante un'operazione di acquisto di azienda o di ramo d'azienda, o indirettamente, tramite un'operazione straordinaria (fusione, scissione, conferimento).

Ai sensi dell'art. 2426 C.C., punto 6), solo l'avviamento derivativo è iscrivibile, con il consenso espresso, ove esistente, del Collegio sindacale, alla voce B.I.5 dell'attivo patrimoniale e limitatamente alla differenza (se prospetticamente recuperabile) fra il prezzo complessivo sostenuto per l'acquisizione dell'azienda o di un suo ramo e il valore corrente dei beni e degli altri elementi patrimoniali, sia attivi che passivi, acquisiti.

Immobilizzazioni in corso ed acconti e Altre immobilizzazioni immateriali
La penultima voce della sottoclasse delle immobilizzazioni immateriali fa riferimento a risorse intangibili non ancora idonee all'uso o delle quali non risulta ancora perfezionato il trasferimento all'impresa. In particolare:
- tra le *immobilizzazioni in corso*, rientrano le spese sostenute per l'acquisizione o la produzione interna di beni immateriali, per i quali non sia ancora stata acquistata la piena titolarità del diritto (nel caso di brevetti, marchi ecc.) o riguardanti progetti o investimenti non ancora completati (nel caso di costi di sviluppo ecc.);
- tra gli *acconti*, figurano i versamenti effettuati ai fornitori di immobilizzazioni immateriali, in anticipo rispetto alla fornitura del bene e/o servizio pluriennale, quindi prima del verificarsi delle condizioni di iscrizione dell'immobilizzazione in bilancio.

L'ultima voce "*Altre*", di natura residuale, accoglie eventuali costi capitalizzabili che non trovano alcuna collocazione nelle precedenti voci. Vi rientrano, ad esempio, i costi per migliorie su beni di terzi, i diritti di usufrutto, i costi per il trasferimento e riposizionamento dei cespiti e il software prodotto internamente non tutelato ai sensi della legge sul diritto d'autore (altrimenti iscrivibile alla voce B.I.3).

5.2. LA VALUTAZIONE INIZIALE DELLE IMMOBILIZZAZIONI IMMATERIALI

La valutazione iniziale delle immobilizzazioni immateriali non presenta differenze significative rispetto a quanto già previsto per le immobilizzazioni materiali.
Ai sensi dell'art. 2426 C.C., infatti, l'iscrizione delle immobilizzazioni avviene al costo di acquisto se acquisite da terzi o, se realizzate internamente, al costo di produzione.

A differenza delle immobilizzazioni materiali, non è consentita l'iscrizione in bilancio dei beni immateriali ottenuti a titolo gratuito, data l'assenza di un costo e di una valutazione attendibile.
Nel caso di *acquisto da terze economie* l'iscrizione avviene al costo di acquisto comprensivo degli oneri accessori e interessi passivi sui finanziamenti specificamente contratti per la sua realizzazione.
Nell'ipotesi di *produzione* interna, il valore di iscrizione è invece costituito dal costo di produzione sostenuto dall'azienda, inclusivo dei costi diretti e dei costi indiretti di produzione, questi ultimi solo per la parte pertinente alla costruzione in esame e al periodo della costruzione, oltre agli eventuali interessi passivi su finanziamenti assunti per la sua realizzazione.
Gli interessi passivi sono capitalizzabili limitatamente al periodo intercorrente tra l'esborso dei fondi al fornitore e il momento in cui il bene è idoneo all'uso.
Nel caso in cui sia pattuito un regolamento del prezzo differito rispetto alle normali condizioni di mercato, l'iscrizione del costo iniziale in bilancio richiede la preventiva attualizzazione delle rate, applicando la metodologia del c.d. "*costo ammortizzato*".
Tra le immobilizzazioni immateriali non possono essere ripresi costi già iscritti nel conto economico di esercizi precedenti rispetto a quello nel quale risultano soddisfatte tutte le condizioni per la capitalizzazione dei costi.
A prescindere dalla modalità di acquisizione, il valore di iscrizione delle immobilizzazioni immateriali trova un limite superiore nel c.d. "*valore recuperabile*", definito dal principio contabile n. 24 pari al maggiore tra il *valore d'uso* e il suo *valore equo (fair value)*: al netto dei costi di vendita il tema è oggetto di approfondimento nel principio contabile OIC n. 9 "*Svalutazioni per perdite durevoli di valore delle immobilizzazioni materiali e immateriali*".

Principi contabili internazionali
Mentre la prima iscrizione è da effettuarsi al costo, la valutazione alla fine di ogni esercizio può avvenire secondo due metodologie alternative; quella del costo ammortizzato, ovvero quella del costo rivalutato (*fair value*) sebbene di applicazione più rara, data l'assenza di un mercato attivo dal quale trarre i necessari riferimenti per la valutazione.

5.3. L'AMMORTAMENTO DELLE IMMOBILIZZAZIONI IMMATERIALI

Il valore delle immobilizzazioni immateriali è esposto al netto del relativo fondo ammortamento: il punto 2) dell'art. 2426 C.C. prevede l'obbligo di ammortamento sistematico (a quote costanti o decrescenti) delle immobilizzazioni aventi vita economica limitata nel tempo e in funzione della residua possibilità di utilizzazione; per gli oneri pluriennali e l'avviamento, invece, sono previsti dei limiti specifici più stringenti.

Il punto 5 dell'art. 2426 C.C. dispone cautelativamente che gli *oneri pluriennali «devono essere ammortizzati entro un periodo non superiore ai cinque anni»* e che *fino a che l'ammortamento non è completato possono essere distribuiti dividendi solo se residuano riserve disponibili sufficienti a coprire l'ammontare dei costi non ammortizzati»*. La limitazione temporale stabilita in modo inderogabile dal legislatore in relazione al periodo di ammortamento deriva dalla particolare natura di tali costi, la cui incerta valutazione suggerisce un'attenta verifica periodica (con cadenza annuale per i costi di impianto e di ampliamento) delle residue possibilità di utilizzazione.
Il successivo punto 6 dell'art. 2426 C.C. stabilisce che *l'ammortamento dell'avviamento è effettuato secondo la sua vita utile; nei casi eccezionali in cui non è possibile stimarne attendibilmente la vita utile, è ammortizzato entro un periodo non superiore a dieci anni. Nella nota integrativa è fornita una spiegazione del periodo di ammortamento dell'avviamento»*.
Anche per tale voce il legislatore ha disposto un ammortamento su base sistematica individuando (nei casi eccezionali in cui non sia possibile stimarne attendibilmente la vita utile) un orizzonte temporale di dieci anni. Il principio contabile prevede in aggiunta, ove vi siano fatti e circostanze oggettivi a supporto di una stima della vita utile eccedente i dieci anni, un limite inderogabile ventennale alla durata del processo di ammortamento.
A differenza dell'avviamento e degli oneri pluriennali, per l'ammortamento dei *beni immateriali* non viene esplicitato un limite temporale, precisando tuttavia che non può protrarsi oltre il limite di utilizzo legale o contrattuale.
Per i *brevetti* la durata del processo di ammortamento può risultare inferiore alla durata legale o contrattuale, ove le aspettative di apprezzabile utilità futura si esauriscano in un lasso temporale più contenuto.
Anche per i *diritti di utilizzazione delle opere dell'ingegno* e le *concessioni e licenze,* l'ammortamento è determinato con riferimento alla residua possibilità della loro utilizzazione.
Infine, il principio contabile prevede per i *marchi* l'ammortamento sulla base della durata del periodo di produzione o commercializzazione dei prodotti cui si riferiscono e, ove non prevedibile, entro il limite massimo di venti anni.

Principi contabili internazionali
Mentre le immobilizzazioni immateriali a vita utile definita sono ammortizzate sistematicamente, quelle a vita utile indefinita, come l'avviamento, sono assoggettate con cadenza annuale ad *impairment test.*

5.4. GLI ACCADIMENTI RELATIVI ALLE IMMOBILIZZAZIONI IMMATERIALI DURANTE LA LORO VITA UTILE

Gli accadimenti che possono interessare le immobilizzazioni immateriali durante la loro vita utile, con conseguenti riflessi sotto il profilo contabile, sono riconducibili alle manutenzioni, svalutazioni e rivalutazioni.
Le *manutenzioni*, seppur si presentino raramente in ragione della mancanza di tangibilità e quindi di usura fisica delle immobilizzazioni immateriali, possono manifestarsi sotto forma di miglioramenti, addizioni, ammodernamenti, sempreché comportino un conseguente (e misurabile) incremento dei benefici economici attesi in prospettiva.
Le *svalutazioni* (regolate dell'art. 2426 C.C., punto 3) devono essere operate allorquando il valore netto contabile assunto dall'immobilizzazione in ragione del piano sistematico di ammortamento ecceda durevolmente il suo valore d'uso. La perdita di valore può derivare, ad esempio, da innovazioni tecnologiche, mutamenti della normativa di riferimento, evoluzioni nei prodotti o nelle dinamiche dei mercati di riferimento; ove si accerti una perdita di valore durevole in ragione di circostanze aventi carattere di straordinarietà e gravità, occorre evidenziare in bilancio una svalutazione. Specularmente, ove successivamente vengano meno le cause che hanno determinato una svalutazione, occorre rimuoverla ripristinando il valore netto contabile che la risorsa immateriale avrebbe presentato secondo l'originario piano di ammortamento sistematico in assenza di svalutazioni. Il ripristino di valore non è tuttavia ammesso per gli *oneri pluriennali* e l'*avviamento*.
I presupposti e le modalità per operare le svalutazioni e gli eventuali successi ripristini di valore delle immobilizzazioni immateriali sono illustrati nel principio contabile OIC n. 9 "*Svalutazioni per perdite durevoli di valore delle immobilizzazioni materiali e immateriali*"[11].
Le *rivalutazioni*, riconducibili alla perdita di potere di acquisto della moneta di conto, possono essere iscritte in bilancio soltanto in presenza di una legge speciale e sono ammesse nei limiti del valore recuperabile[12].

Principi contabili internazionali
La rivalutazione è ammissibile per le immobilizzazioni valorizzate secondo il criterio del costo rivalutato, che consente l'allineamento al valore corrente dell'attività alla data di riferimento della rivalutazione.

---

[11] Per il commento si rinvia a quanto riportato nel Capitolo 4 "La valutazione delle immobilizzazioni materiali"

[12] La rivalutazione delle immobilizzazioni immateriali (a differenza del ripristino di valore) non si riflette sul Conto economico del periodo, ma deve essere registrata "fuori esercizio", cioè evidenziata direttamente in contropartita delle "Riserve di rivalutazione" accese tra le poste del patrimonio netto.

6. LA VALUTAZIONE DEI TITOLI DI DEBITO E DELLE PARTECIPAZIONI

di Silvia Fossati

6.1. LA CLASSIFICAZIONE DEI TITOLI DI DEBITO E DELLE PARTECIPAZIONI NEL BILANCIO CIVILISTICO

6.1.1 La classificazione dei titoli di debito e delle partecipazioni secondo natura e destinazione

Il ciclo produttivo di un'azienda ha inizio con l'apporto di risorse finanziarie da impiegare per l'acquisizione dei fattori produttivi, che, trasformati in servizi o prodotti, generano flussi di liquidità, a loro volta reinvestiti.
Negli investimenti di impresa rientrano molteplici categorie di attività finanziarie tra le quali i titoli di debito e le partecipazioni che vengono acquistate per impiegare temporaneamente la liquidità disponibile o per essere mantenuti in portafoglio nel lungo periodo.
In particolare, con il termine «titolo di debito» si intende una quota di prestito emesso da stati sovrani, da enti pubblici, da società finanziarie e da altre società, nonché i titoli di debito a questi assimilabili. I titoli di debito di debito attribuiscono al possessore la qualifica di creditore dell'Ente o della società che li ha emessi e il diritto di ricevere un flusso determinato o determinabile di liquidità senza attribuire il diritto di partecipazione diretta o indiretta alla gestione dell'entità che li ha emessi. I flussi di liquidità prodotti dal titolo, oltre al rimborso del capitale a scadenza, possono derivare dall'obbligazione dell'emittente di corrispondere interessi o altri elementi che concorrono a formare il rendimento per il possessore. I flussi di interesse possono essere determinati (come nel caso degli interessi a tasso fisso) o determinabili (come nel caso degli interessi a tasso variabile)[1].
Con il termine «partecipazione» si intende invece una quota del capitale di società, che attribuisce al possessore la qualifica di comproprietario.
I titoli di debito e le partecipazioni sono emessi da società ed enti per il reperimento di capitale di finanziamento. Chi sottoscrive i titoli di debito e le partecipazioni al capitale mette a disposizione dell'impresa le risorse finanziarie di cui essa necessita.
La tematica dei titoli di debito di debito è trattata nel principio contabile OIC 20 «*Titoli di debito*»; la disciplina relativa alle partecipazioni è inclusa nel principio contabile OIC 21 «*Partecipazioni*», che hanno lo scopo di disciplinare i criteri per la rilevazione, classificazione e valutazione, rispettivamente, dei titoli di debito, delle partecipazioni, nonché le informazioni da presentare nella nota integrativa. Il metodo di valutazione del patrimonio netto, applicabile alle partecipazioni in società collegate e controllate, è invece trattato nel principio contabile OIC 17, «*Bilancio consolidato e metodo del patrimonio netto*».
I titoli di debito e le partecipazioni si possono distinguere in base alla natura e alla destinazione, come schematizzato nella Tavola 6.1.

[1] Cfr. principio contabile OIC 20, Titoli di debito, paragrafo 4.

Tavola 6.1 - **Criteri di classificazione per natura e destinazione**

<table>
<tr><th rowspan="2"></th><th colspan="3">Natura</th><th rowspan="2">Destinazione</th></tr>
<tr><th>Ente emittente</th><th>Rendimento</th><th>Scadenza</th></tr>
<tr><td rowspan="2">a. Titoli di debito</td><td colspan="3">Quota di prestito che attribuisce la qualifica di creditore</td><td rowspan="2">– Investimento di breve periodo
– Investimento di lungo periodo</td></tr>
<tr><td>– Stato e altri enti pubblici
– Enti privati e società commerciali</td><td>– Reddito fisso</td><td>– Breve periodo
– Lungo periodo</td></tr>
<tr><td rowspan="2">b. Partecipazioni</td><td colspan="3">Quota del capitale di società che attribuisce la qualifica di comproprietario</td><td rowspan="2">– Investimento speculativo di breve periodo
– Investimento strategico di lungo periodo</td></tr>
<tr><td>– Enti privati e società commerciali</td><td>– Reddito variabile</td><td>– Indeterminata</td></tr>
</table>

6.1.2 Il criterio di classificazione scelto dal legislatore civilistico

Il legislatore civilistico ha scelto quale criterio di classificazione degli investimenti finanziari in titoli di debito e partecipazioni quello della destinazione, secondo il quale le attività sono distinte in funzione dell'utilizzo durevole o temporaneo a cui i medesimi sono destinati. Al fine di determinare l'esistenza della destinazione a permanere durevolmente nel patrimonio dell'impresa si considerano, oltre alle caratteristiche dello strumento, la volontà della direzione aziendale e l'effettiva capacità della società di detenere i titoli di debito e le partecipazioni per un periodo prolungato di tempo. In relazione alle proprie strategie aziendali è possibile che gli organi amministrativi, nel rispetto del criterio della destinazione economica, destinino un portafoglio di titoli di debito o di partecipazioni della medesima specie, in parte ad investimento duraturo, da iscriversi nell'attivo immobilizzato, in parte alla negoziazione, da iscriversi nell'attivo circolante[2]. Si distingue pertanto tra:

– investimento di breve periodo, effettuato per collocare una temporanea eccedenza di liquidità, per esigenze di tesoreria (titolo di debito) o per effettuare un investimento speculativo (partecipazione), destinato ad un veloce smobilizzo;
– investimento di lungo periodo, destinato ad essere detenuto durevolmente dall'impresa. Nel caso di titoli di debito, lo scopo è quello di effettuare uno stabile investimento, per impiegare un'eccedenza di liquidità non temporanea. Nel caso delle partecipazioni al capitale, lo scopo è spesso strategico: si vuole influire direttamente sulla gestione della società partecipata, ottenere forme di collaborazione aziendale, godere di particolari condizioni contrattuali.

Nella distinzione delle attività finanziarie tra titoli di debito e partecipazioni, il legislatore civilistico richiama anche la natura dell'investimento, in quanto distingue tra titoli di debito e partecipazioni al capitale. Quando però disciplina la classificazione delle

[2] Cfr. principio contabile OIC 20, Titoli di debito, paragrafo 20 e OIC 21 Partecipazioni, paragrafo 12.

voci in bilancio (art. 2424 c.c.), sposta l'enfasi sulla loro destinazione: in relazione all'orizzonte temporale dell'investimento, sia il titolo che la partecipazione possono indistintamente rappresentare investimenti temporanei di liquidità destinati ad un veloce smobilizzo (attivo circolante) o investimenti che resteranno nel patrimonio dell'azienda nel lungo periodo (attivo immobilizzato).
La Tavola 6.2 sintetizza il criterio di classificazione dei titoli di debito e delle partecipazioni secondo la normativa civilistica.

Tavola 6.2 - **Classificazione secondo la normativa civilistica**

	Titoli di debito		**Partecipazioni**	
Natura dell'investimento	Titolo di debito: Titoli di debito emessi dallo Stato, obbligazioni di enti pubblici e assimilati e di enti privati		Titolo di capitale: azioni e quote di società	
Scopo dell'investimento	Impiegare un'eccedenza di liquidità temporanea	Impiegare un'eccedenza di liquidità durevole	Effettuare un investimento speculativo	Influire direttamente sulla gestione della società partecipata, ottenere forme di collaborazione aziendale, godere di particolari condizioni contrattuali
Destinazione (orizzonte temporale)	Breve	Lungo	Breve	Lungo
Classificazione (art. 2424 c.c.)	Attivo circolante CIII *Attività finanziarie che non costituiscono immobilizzazioni* 6) Altri titoli	Attivo immobilizzato BIII) *Immobilizzazioni finanziarie* 3) Altri titoli	Attivo circolante CIII) *Attività finanziarie che non costituiscono immobilizzazioni* *1. partecipazioni in imprese controllate;* *2. partecipazioni in imprese collegate;* *3. bis partecipazioni in imprese sottoposte al controllo delle controllanti;* *4. altre partecipazioni.*	Attivo immobilizzato BIII) *Immobilizzazioni finanziarie* *1) partecipazioni in:* *a. imprese controllate* *b. imprese collegate* *c. imprese controllanti* *d. bis altre imprese.*

Ne consegue che nello schema del bilancio destinato a pubblicazione (art. 2424 c.c.) i titoli di debito e le partecipazioni siano classificati sia nell'attivo immobilizzato (BIII - Immobilizzazioni finanziarie) che nell'attivo circolante (CIII - Attività finanziarie che non costituiscono immobilizzazioni).
Le partecipazioni sono ulteriormente distinte, in funzione dell'intensità del legame partecipativo, in:
- partecipazioni in società controllate, nelle quali la società che detiene la partecipazione dispone della *maggioranza* dei voti esercitabili in un'assemblea

ordinaria o è comunque in grado di svolgere un'*influenza dominante* per la quota di partecipazione detenuta o in forza di particolari vincoli contrattuali;
- partecipazioni in società collegate, sulle quali la società che detiene la partecipazione svolge un'influenza notevole; il livello percentuale di partecipazione che dà luogo a presunzione di influenza notevole è fissato al 10% è fissata nella misura del decimo del capitale della partecipata, nel caso in cui quest'ultima abbia azioni quotate in mercati regolamentati, eo al 20% nella misura del quinto del capitale della partecipata nel caso i cui quest'ultima non abbia azioni quotate in mercati regolamentati. a seconda che la società partecipata sia o no quotata in Borsa;
- partecipazioni in altre società, sulle quali la società partecipante non ha alcuna influenza significativa.

Una corretta classificazione dei titoli di debito e delle partecipazioni è fondamentale per la scelta del corretto criterio di valutazione, essendo quest'ultimo correlato alla destinazione attribuita all'investimento finanziario.
La scelta della direzione aziendale in merito alla destinazione di un investimento finanziario - data la sua rilevanza ai fini della scelta del criterio di valutazione - deve risultare da una decisione dell'organo di amministrazione e deve essere appropriatamente motivata nella nota integrativa.
La destinazione dell'investimento è indipendente dalla durata residua del titolo.
In tal senso, un titolo poliennale non necessariamente resta in possesso dello stesso investitore fino alla scadenza, ma può essere negoziato sul mercato e la negoziabilità è massima per i titoli di debito quotati in mercati ufficiali, nei quali la formazione dei prezzi è più ampia e frequente.
Un titolo a reddito fisso di durata pluriennale, pur essendo duraturo per natura, può non esserlo per destinazione, mentre la natura può trovare conferma nella destinazione, nel caso in cui, per esempio, un titolo di debito a lunga scadenza sia detenuto in forza di un vincolo contrattuale oppure un'obbligazione convertibile in azioni sia mantenuta in portafoglio in vista della sua trasformazione in partecipazione immobilizzata.
Con riferimento alle partecipazioni, il Legislatore nell'articolo 2424-*bis C.C,* precisa: "*Gli elementi patrimoniali destinati ad essere utilizzati durevolmente devono essere iscritti tra le immobilizzazioni. Le partecipazioni in altre imprese in misura non inferiore a quelle stabilite dal terzo comma dell'art. 2359 si presumono immobilizzazioni*". Per il codice civile sono perciò immobilizzazioni finanziarie:
- le partecipazioni destinate, per decisione degli organi amministrativi della società ad investimento durevole;
- per presunzione di legge, le partecipazioni in altre imprese in misura non inferiore ad un quinto del capitale della partecipata, ovvero ad un decimo se quest'ultima ha azioni quotate in mercati regolamentati. Si tratta, invero, di presunzione non assoluta (*iuris tantum*); infatti, partecipazioni superiori al quinto (o al decimo) fanno parte dell'attivo circolante se sono destinate ad essere alienate entro breve termine[3].

[3] Cfr. principio contabile OIC 21. Partecipazioni, paragrafo 11.

Il cambiamento di destinazione dell'attività finanziaria - da investimento di carattere duraturo a investimento temporaneo o viceversa - comporta una riclassificazione della voce nello schema dello stato patrimoniale, l'indicazione nella nota integrativa della motivazione di tale scelta e dell'effetto complessivo di tale trasferimento sul bilancio.

Principi contabili internazionali

Lo IAS 1 (Presentazione in bilancio) non prescrive una forma specifica o una struttura rigida per lo Stato Patrimoniale, bensì un contenuto minimo delle informazioni da indicare nella tavola di sintesi e l'obbligo di distinguere tra poste "correnti" e "non correnti", definendo i criteri che devono essere soddisfatti affinché una attività o una passività debba essere classificata «corrente» (cfr. IAS 1, par. 57 e par. 60).

Lo IAS 39, ai fini della loro valutazione, suddivide i titoli di debito e le partecipazioni non qualificate (ovvero diverse dalle partecipazioni in società controllate, collegate e a controllo congiunto - in seguito definite partecipazioni qualificate) in quattro categorie:

1. strumenti finanziari al *fair value*[4] con imputazione al conto economico (*fair value through profit and loss*), ovvero gli strumenti che l'impresa detiene con lo scopo di ottenere un margine dalle operazioni di trading;
2. strumenti detenuti sino alla scadenza (*held to maturity*), ovvero gli strumenti finanziari non derivati con pagamenti fissi o determinabili con scadenza fissa, che un'impresa ha la volontà e la possibilità di detenere fino alla scadenza;
3. finanziamenti e i crediti, rappresentati da attività finanziarie non derivate, con pagamenti fissi o determinabili, non quotate in un mercato attivo;
4. strumenti disponibili per la vendita, categoria residuale nella quale sono ricomprese tutte quelle attività finanziarie che non rientrino in una delle precedenti. Il termine «disponibile per la vendita» non indica l'intenzione dell'impresa di realizzare lo strumento finanziario, ma solo l'assenza delle condizioni necessarie per la classificazione del medesimo in una delle precedenti categorie.

I principi contabili internazionali (IAS 27 e 28) che disciplinano le partecipazioni qualificate (ovvero le partecipazioni in società controllate e collegate) non richiedono nello schema di bilancio una distinzione fra controllate e collegate. Perciò è possibile (non obbligatorio) che tale suddivisione sia effettuata solamente tramite nota integrativa.

6.1.3 La classificazione dei proventi e degli oneri dell'investimento finanziario

I proventi a titolo di remunerazione dell'investimento

La classificazione dei proventi dell'investimento finanziario, ovvero gli interessi, premi e cedole per i titoli di debito e i dividendi per le partecipazioni, sono disciplinati dall'art. 2425 c.c., che prevede la loro collocazione nella classe di conto economico C) Proventi e oneri finanziari, nella voce di appartenenza.

---

[4] Con tale termine si intende il corrispettivo al quale un'attività potrebbe essere scambiata, o una passività estinta, in una libera transazione fra parti consapevoli e disponibili. Secondo lo IAS 39 par. AG71), il *fair value* (valore equo) è definito in termini di prezzo concordato tra un compratore e un venditore disponibili in una normale contrattazione.

I proventi e gli oneri da negoziazione

Gli utili o le perdite che derivano dalla negoziazione dei titoli di debito e delle partecipazioni prima della loro naturale scadenza, quale differenza tra il valore contabile e il prezzo di cessione, sono da classificare nella classe C) Proventi e oneri finanziari, nella voce di appartenenza.

I proventi e gli oneri da valutazione

In sede di chiusura del bilancio, la valutazione dei titoli di debito o delle partecipazioni può richiedere una svalutazione dell'investimento[5]. La svalutazione dei titoli di debito o delle partecipazioni classificati nell'attivo circolante, per effetto di un presumibile valore di realizzo inferiore al costo o nell'attivo immobilizzato, per effetto di un valore che si attesta durevolmente in misura inferiore al costo, è imputata alla classe D) Rettifiche di valore di attività finanziarie, voce 19) svalutazioni.
L'art. 2426, 1° comma, punto 3) e punto 9) c.c., precisa ulteriormente che il minor valore derivante dalla valutazione «non può essere mantenuto nei successivi esercizi se sono venuti meno i motivi della rettifica effettuata».
L'eventuale ripristino di valore è iscritto nella classe D) Rettifiche di valore di attività finanziarie, voce 18) rivalutazioni.
Nella medesima classe D) Rettifiche di valore di attività finanziarie trovano collocazione gli utili o le perdite da valutazione conseguenti all'applicazione del metodo del patrimonio netto prevista dall'art. 2426, punto 4).

Principi contabili internazionali

I principi contabili internazionali (IAS 1) non prevedono alcuna struttura standardizzata per lo schema espositivo delle voci di conto economico e richiedono solo un contenuto minimale, con una rappresentazione dei costi per natura o per funzione.

6.2. I CRITERI DI VALUTAZIONE SECONDO IL CODICE CIVILE

I criteri di valutazione dei titoli di debito e delle partecipazioni sono stabiliti dal legislatore civile nell'art. 2426 c.c., «Criteri di valutazione», ai punti 1, 3, 4, 9 e 10.
L'articolo citato definisce i criteri di valutazione in funzione della destinazione dell'investimento e distingue tra i titoli di debito e le partecipazioni destinati ad essere realizzati nel breve periodo (art. 2426 n. 9 e n. 10) e quelli destinati ad essere mantenuti nel patrimonio della società nel lungo periodo (art. 2426 n. 1, n. 3 e n. 4).
Al fine di agevolare l'analisi del contenuto del codice civile, si espongono i criteri di valutazione distinguendo tra titoli di debito e partecipazioni.

---

[5] I criteri di valutazione dei titoli di debito e delle partecipazioni sono trattati nei paragrafi successivi del presente capitolo.

6.2.1 La valutazione dei titoli di debito

La normativa civilistica distingue tra titoli di debito destinati ad essere negoziati nel breve periodo (art. 2426 c.c. punto 9 e punto 10) e titoli di debito destinati a permanere nel patrimonio della società nel lungo periodo (art. 2426 c.c. punto 1 e punto 3 primo comma).

I titoli di debito destinati ad essere negoziati nel breve periodo
I titoli di debito destinati ad essere negoziati nel breve periodo sono iscritti nello schema dello stato patrimoniale previsto dall'art. 2424 c.c. nella macroclasse C) Attivo circolante, Gruppo III - Attività finanziarie che non costituiscono immobilizzazioni, voce 6) altri titoli di debito.
Sono assimilati dal codice civile alle rimanenze di magazzino e, come tali, devono essere valutati al costo di acquisto o, se minore, al valore di realizzo desumibile dall'andamento del mercato.
Tale minore valore non può tuttavia essere mantenuto nei successivi bilanci se ne sono venuti meno i motivi; ciò significa che se negli esercizi successivi il valore di presumibile realizzo a fine esercizio risultasse superiore al nuovo valore al quale è stato iscritto il titolo, il titolo deve essere rivalutato al nuovo valore di mercato, fino a concorrenza del valore originario di costo.
Il criterio dettato dal codice civile per i titoli che non costituiscono immobilizzazioni presuppone la definizione e la successiva quantificazione di due valori:
a) il costo di acquisto;
b) il valore di realizzo desumibile dall'andamento del mercato, che deve sostituire il costo di acquisto, se minore.

a) Il costo di acquisto
L'art. 2426, comma 1, n. 9 c.c. prevede che "...i titoli... che non costituiscono immobilizzazioni sono iscritti al costo di acquisto, calcolato secondo il numero 1), ovvero al valore di realizzazione desumibile dall'andamento del mercato, se minore..."
Con riferimento ai titoli che non costituiscono immobilizzazioni, il legislatore richiama il costo di acquisto così come calcolato al n. 1) del comma 1 dell'art.2426, il quale prescrive che "...le immobilizzazioni rappresentate da titoli sono rilevate in bilancio con il criterio del costo ammortizzato, ove applicabile".
Pertanto, in linea di principio, il legislatore prevede il criterio del costo ammortizzato anche per i titoli che non costituiscono immobilizzazioni.
Tuttavia, il legislatore prevede, ai sensi dell'art. 2423, comma 4, del codice civile che il criterio del costo ammortizzato possa non essere applicato se gli effetti sono irrilevanti[6].

---

[6] Articolo 2423, comma 4: "*Non occorre rispettare gli obblighi in tema di rilevazione, valutazione, presentazione e informativa quando la loro osservanza abbia effetti irrilevanti al fine di dare una rappresentazione veritiera e corretta. Rimangono fermi gli obblighi in tema di regolare tenuta delle scritture contabili. Le società illustrano nella nota integrativa i criteri con i quali hanno dato attuazione alla presente disposizione*".

Secondo l'OIC 20[7] si presume che gli effetti dell'applicazione del costo ammortizzato siano irrilevanti se i titoli di debito sono detenuti presumibilmente in portafoglio per un periodo inferiore ai 12 mesi.
Ne consegue che i titoli detenuti a breve possono essere rilevati al loro costo di acquisto, senza fare ricorso al metodo del costo ammortizzato.
Il costo di acquisto di un titolo di debito può essere espresso secondo diverse modalità, che riflettono la tipologia di quotazione utilizzata, detta corso del titolo.

a.1) Il corso dei titoli di debito
Il corso di un titolo rappresenta il suo valore di scambio ad un determinato momento, diverso dalla data di emissione e da quella di rimborso.
Lo scambio di un titolo può avvenire secondo le due seguenti modalità:
- il titolo scambiato porta unita la cedola in corso di maturazione;
- il titolo negoziato è privo della cedola in corso di maturazione (ex-cedola).

In relazione alla configurazione di scambio, il corso del titolo è diversamente determinato e configura (Tavola 6.3):
a) il corso secco;
b) il corso tel quel;
c) il corso ex-cedola.

Tavola 6.3 - **Il corso dei titoli di debito**

	Titolo con cedola		**Titolo senza cedola**
	Corso secco	**Corso *tel quel***	**Corso *ex* cedola**
Corso del titolo	Valore capitale del titolo	Corso secco + interessi già maturati alla data dell'acquisto	Corso secco – interessi che maturano dopo l'acquisto

In particolare, se il titolo scambiato porta unita la cedola, il corso può essere definito secco o tel quel; se è negoziato senza unita la cedola il corso è definito ex cedola.
Il corso secco rappresenta il prezzo pagato per il valore capitale di un titolo, cioè il capitale investito per l'acquisto del titolo.
Il corso tel quel si compone di due parti: il valore capitale del titolo e la quota di interesse maturata dal momento dello stacco dell'ultima cedola al momento dell'acquisto del titolo, da riconoscere al venditore perché di sua spettanza. Il corso tel quel è dunque dato dal corso secco aumentato dagli interessi maturati dall'ultimo giorno di godimento.
Il corso ex-cedola si configura quando il titolo viene acquistato con staccata la cedola in corso di maturazione, che viene trattenuta dal venditore. In questo caso sarà quest'ultimo a riscuotere la cedola alla successiva scadenza; di conseguenza il

[7] Cfr OIC 20 Titoli di debito paragrafo 39.

venditore deve riconoscere al compratore la quota di interesse che matura nei giorni che decorrono dal giorno dell'acquisto alla successiva scadenza, essendo tale quota di spettanza del compratore.
Il corso ex-cedola è dunque uguale al corso secco diminuito dalla quota di interessi che maturano dal giorno dell'acquisto alla successiva scadenza della cedola.

a.2) La configurazione di costo (art. 2426, punto 1)
Il costo di acquisto (o di sottoscrizione) del titolo è costituito dal prezzo pagato, al quale devono essere aggiunti i costi accessori (per esempio: commissioni di negoziazione, bolli, costi di intermediazione)[8].
Non si comprende nel costo il rateo degli interessi maturati alla data di acquisto, che deve essere contabilizzato come tale. In altri termini, per prezzo di costo di un titolo quotato a reddito fisso si intende il prezzo corrispondente alla quotazione del titolo al corso secco[9].
Nel caso dei titoli di debito ad interesse implicito (es. BOT e zero coupon) il costo storico, deve essere periodicamente, e comunque in sede di bilancio, incrementato indirettamente con l'iscrizione di un rateo per la quota maturata di interesse. Il nuovo costo così ricalcolato, tenendo conto del rateo di interessi, sarà poi comparato con il valore di realizzazione.
In presenza di una differenza tra prezzo di sottoscrizione o di acquisto e valore di rimborso del titolo (premio o scarto di sottoscrizione) o negoziazione, la stessa è rilevata a quote costanti nel periodo di durata del titolo, in contropartita del valore del titolo medesimo.

a.3) Il metodo di calcolo del costo (art. 2426, punto 10)
Una volta definita la configurazione di costo da adottare, occorre chiarire quali sono i metodi di calcolo del costo previsti dal legislatore.
Il metodo di calcolo del costo tecnicamente più corretto è quello del costo specifico, che presuppone l'individuazione e l'attribuzione ai singoli titoli di debito dei costi specificamente sostenuti per l'acquisto dei medesimi.
Spesso ciò non è attuabile in quanto l'elevato numero di movimentazione (acquisti e vendite) dello stesso titolo non rende possibile l'individuazione dello specifico costo sostenuto per l'acquisto del titolo.
Per questi casi, l'art. 2426 al punto 10) stabilisce che il costo dei beni fungibili può essere calcolato, alternativamente, con il metodo della media ponderata, del FIFO e del LIFO[10].

b) Il valore di realizzo desumibile dall'andamento del mercato (art. 2426, punto 9)
Il valore di realizzo desumibile dall'andamento del mercato dipende dalla negoziabilità del titolo; al riguardo, si deve distinguere tra:
- titoli di debito quotati;
- titoli di debito non quotati.

---

[8] Ovvero quei costi marginali direttamente attribuibili all'acquisizione di un titolo, che non sarebbero stato sostenuti se l'entità non avesse acquisito lo strumento finanziario.
[9] Cfr. principio contabile OIC 20, Titoli di debito, paragrafo 49.
[10] Le predette configurazioni di costo sono trattate nel principio contabile OIC 13 Rimanenze e illustrate nel terzo capitolo di questo libro, al quale si fa rinvio.

I *titoli di debito quotati* hanno evidentemente una maggiore negoziabilità ed il valore che si ricaverebbe dalla loro cessione sul mercato è rappresentato, con buona approssimazione, dalla quotazione di Borsa.
Si assume come riferimento la media delle quotazioni dell'ultimo mese dell'esercizio, in quanto si ritiene che tale periodo sia sufficientemente esteso per smorzare il rischio di fluttuazioni di valore, determinate da fattori esterni, tanto maggiore quanto più il mercato è imperfetto, in quanto caratterizzato da limitati volumi di scambi[11].
I *titoli di debito non quotati* non hanno un mercato ufficiale di scambio e, pertanto, il loro valore di realizzo è rappresentato dall'ammontare che il detentore dell'investimento ritiene di poter ragionevolmente ricavare dalla loro vendita in condizioni normali. Un riferimento per la determinazione del presunto valore di realizzo di un titolo non quotato può essere la quotazione di titoli di debito che presentino caratteristiche simili al titolo detenuto, in termini di durata, rendimento e natura dell'emittente.
In assenza di titoli di debito similari quotati sul mercato, si può fare riferimento a eventuali acquisti o cessioni di titoli di debito similari o di titoli di debito della stessa natura effettuate dal possessore del titolo in prossimità della chiusura dell'esercizio o immediatamente dopo.
Limitatamente ai titoli di debito a reddito fisso, il riferimento può essere fatto anche al valore nominale del titolo, rettificato in base al tasso di rendimento espresso dal mercato con riferimento a titoli di debito di pari durata e di pari affidabilità di emittente.
Se il presunto valore di realizzo risulta inferiore al costo di acquisto, il titolo deve essere iscritto a tale minor valore.
Il valore del titolo così rettificato sostituisce il valore del costo di acquisto originario.
Nel caso in cui, in un successivo esercizio siano venuti meno, in tutto o in parte, i presupposti della rettifica per effetto della ripresa del mercato e quindi del presunto valore di realizzo del titolo, la rettifica stessa deve essere annullata fino, ma non oltre, al ripristino del costo acquisto originario.

I titoli di debito destinati a permanere nel patrimonio nel lungo periodo

I titoli di debito destinati a permanere nel patrimonio sono iscritti nello schema di stato patrimoniale previsto dall'art. 2424 c.c. nella macroclasse B) Immobilizzazioni, Gruppo III - Immobilizzazioni finanziarie, voce 3) altri titoli di debito.
Sono trattati dal codice civile come immobilizzazioni e, come tali, devono essere valutati al costo di acquisto, svalutabile in presenza di perdite permanenti di valore.
Anche in questo caso, il criterio dettato dal codice civile presuppone la definizione e la successiva quantificazione di due valori:

a) il costo di acquisto;
b) la perdita permanente di valore che impone la svalutazione del costo di acquisto.

---

[11] La scelta del periodo temporale cui fare riferimento va operata con giudizio, avendo presente l'obiettivo generale imposto dal codice civile. Ad esempio, in un mercato caratterizzato da quotazioni fortemente in flessione, il ricorso alla media aritmetica dei valori registrati nell'ultimo mese potrebbe non esprimere l'andamento del mercato; occorre allora tenere conto di valori medi inferiori riferiti ad un arco temporale inferiore. Cfr. principio contabile OIC 20, Titoli di debito, paragrafo 64.

a) Il costo di acquisto

a.1) La configurazione di costo (art. 2426, punto 1)

Il Decreto n. 139 dell'agosto 2015, intervenendo sul testo dell'art. 2426 C.C., ha introdotto la logica di rilevazione e valutazione al c.d. **costo ammortizzato.**

L'art. 2426, comma 1, n. 1 c.c. prescrive che "...le immobilizzazioni rappresentate da titoli sono rilevate in bilancio con il criterio del costo ammortizzato, ove applicabile".

Come anticipato nel paragrafo precedente, il legislatore prevede tuttavia, ai sensi dell'art. 2423, comma 4, del codice civile, che il criterio del costo ammortizzato possa non essere applicato qualora gli effetti siano irrilevanti.

Secondo l'OIC 20[12], oltre al caso in cui:

- i titoli di debito siano detenuti presumibilmente in portafoglio per un periodo inferiore ai 12 mesi,

si presume che gli effetti siano irrilevanti se:

- i costi di transazione[13] e ogni altra differenza tra valore iniziale e valore a scadenza (per esempio scarti o premi di sottoscrizione/emissione[14]) sono **di scarso rilievo** rispetto al valore nominale.

In tal caso, come detto, il criterio del costo ammortizzabile può non essere applicato, dandone l'opportuna informativa in Nota Integrativa.

Qualora la società si avvalga di questa facoltà, i titoli immobilizzati sono iscritti secondo il criterio del costo di acquisto del titolo, così come descritto per i titoli detenuti nel breve periodo.

Il ricorso al criterio del costo ammortizzato è invece previsto al verificarsi delle seguenti due condizioni:

- i titoli sono detenuti durevolmente in portafoglio, vale a dire detenuti per un periodo che va oltre l'esercizio successivo a quello di riferimento;
- gli effetti derivanti dall'applicazione del suddetto criterio sono rilevanti rispetto a quelli che si otterrebbero dall'applicazione del criterio alternativo del costo di acquisto. Come si vedrà, l'applicazione del criterio del costo ammortizzato determina effetti rilevanti in presenza di costi accessori e/o premi/scarti di sottoscrizione o negoziazione significativi.

---

[12] Cfr OIC 20 Titoli di debito paragrafo 39.

[13] "I costi di transazione sono costi marginali direttamente attribuibili all'acquisizione, all'emissione o alla dismissione di un'attività o di una passività finanziaria. Un costo marginale è un costo che non sarebbe stato sostenuto se l'entità non avesse acquisito, emesso o dismesso lo strumento finanziario", Cfr OIC 20 Titoli di debito paragrafo 18.

[14] Il *premio di sottoscrizione* esprime il minor prezzo corrisposto per acquistare il titolo di debito al momento dell'emissione rispetto al valore di rimborso (in tal caso il titolo è emesso sotto la pari). Lo *scarto di sottoscrizione* esprime il maggior prezzo corrisposto per acquistare il titolo di debito al momento dell'emissione rispetto al valore di rimborso (in tal caso il titolo è emesso sopra la pari). Il *premio di negoziazione* esprime il minor prezzo corrisposto per acquistare il titolo di debito sul mercato secondario rispetto al valore di rimborso. Lo *scarto di negoziazione* esprime il maggior prezzo corrisposto per acquistare il titolo di debito sul mercato secondario rispetto al valore di rimborso.

La Tavola 6.4. sintetizza le condizioni che definiscono la scelta del criterio di valutazione in sede di rilevazione iniziale dei titoli di debito.

Tavola 6.4 - **La scelta del criterio di valutazione dei titoli di debito in sede di rilevazione iniziale**

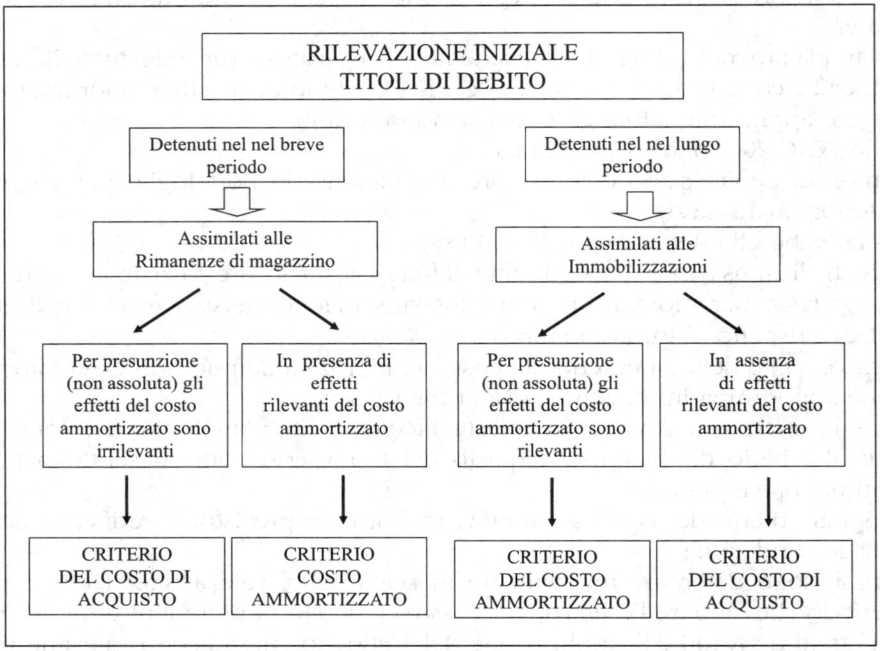

L'art. 2426 comma 2 C.C. prevede che la definizione di "costo ammortizzato" sia mutuata dai principi contabili internazionali omologati nell'Unione Europea, secondo i quali "il costo ammortizzato di un'attività o passività finanziaria è:

- il valore a cui l'attività o la passività finanziaria è stata valutata al momento della rilevazione iniziale al netto dei rimborsi di capitale,
- aumentato o diminuito dall'ammortamento cumulato utilizzando il **criterio dell'interesse effettivo** su qualsiasi differenza tra il valore iniziale e quello a scadenza
- dedotta qualsiasi riduzione a seguito di una riduzione di valore o di irrecuperabilità".

Nella sostanza, si tratta di una modalità di contabilizzazione che, nel caso dei titoli, "ripartisce" (ammortizza) i componenti di reddito connessi all'attività finanziaria in modo lineare lungo l'intera durata dell'operazione, rilevando la sua redditività al tasso di interesse effettivo, nel rispetto del principio della competenza economica, superando in tal modo i limiti del criterio del costo di acquisto.

In particolare, il **costo ammortizzato** deve essere applicato ogni qualvolta il tasso di interesse nominale diverga dal tasso di interesse effettivo. Ciò si verifica, per

esempio, a causa di costi di costi di transazione e di qualsiasi differenza tra valore iniziale e valore nominale a scadenza (per esempio, premi/scarti di sottoscrizione/ negoziazione).
Il seguente esempio può aiutare a comprendere i concetti sopra esposti.
In data 1 gennaio anno X la società A acquista un titolo con queste caratteristiche:
- Scadenza a 5 anni
- Costo di acquisto: € 1.000
- Commissioni: € 50
- Valore nominale (prezzo di rimborso, ovvero ammontare definito contrattualmente, che si ha diritto di esigere alla scadenza): € 1.200
- Tasso annuo di interesse nominale (tasso di interesse contrattuale che applicato al valore nominale determina i flussi finanziari degli interessi lunga la durata del titolo) : 5% (1.200 x 5% = 60).

È evidente che il tasso di interesse effettivo dall'investitore nell'arco della durata del titolo è diverso al tasso nominale del 5%, in quanto, da un lato, oltre al costo di acquisto di € 1.000 sono stati sostenuti costi di transazione per € 50 e dall'altro, oltre all'interesse nominale annuo di € 60, l'investitore alla scadenza incasserà anche la differenza tra il costo di acquisto (€ 1.000) e il valore di rimborso del titolo (€ 1.200), per un importo pari a € 200 (premio di negoziazione).
La rilevazione e la valutazione del titolo secondo il criterio del costo di acquisto, a differenza del criterio del costo ammortizzato, non consentirebbe la rilevazione della redditività al tasso effettivo di rendimento lunga la durata del titolo in quanto comporterebbe la rilevazione di:
- interessi nominali di competenza liquidati al tasso del 5% (per un importo pari a € 60), in ciascuno dei 5 anni di durata del titolo;
- premio di negoziazione, rilevato in quote costanti (per per un importo pari a €200/5 anni = €40) per il periodo di possesso del titolo, rilevato in diretta contropartita del valore del titolo.

Per calcolare il costo ammortizzato del titolo è necessario determinare l'interesse *effettivo* dell'investimento (o tasso interno di rendimento TIR), ovvero il tasso di interesse che rende uguale il valore attuale dei flussi finanziari futuri derivanti dal titolo e il suo valore di rilevazione iniziale[15].

[15] "Il tasso di interesse effettivo è il tasso che attualizza esattamente i pagamenti o gli incassi futuri stimati lungo la vita attesa dello strumento finanziario o, ove opportuno, un periodo più breve al valore contabile netto dell'attività o passività finanziaria. Quando si calcola il tasso di interesse effettivo, un'entità deve valutare i flussi finanziari tenendo in considerazione tutti i termini contrattuali dello strumento finanziario (per esempio, il pagamento anticipato, un'opzione call e simili), ma non deve considerare perdite future su titoli Il calcolo include tutti gli oneri e punti base pagati o ricevuti tra le parti di un contratto che sono parte integrante del tasso di interesse effettivo, i costi di transazione e tutti gli altri premi o sconti. Si presume che i flussi finanziari e la vita attesa di un gruppo di strumenti finanziari similari possano essere valutati in modo attendibile. Tuttavia, in quei rari casi in cui non è possibile determinare in modo attendibile i flussi finanziari o la vita attesa di uno strumento finanziario (o gruppo di strumenti finanziari), l'entità deve utilizzare i flussi finanziari contrattuali per tutta la durata del contratto dello strumento finanziario (o gruppo di strumenti finanziari)" Cfr OIC 20 titoli di debito, paragrafo 17.

Ciò in quanto gli interessi attivi devono essere imputati a conto economico non in base al tasso nominale (che determina il flusso finanziario in entrata a titolo di interessi) ma in base al tasso effettivo, che risulta diverso dal tasso nominale. I flussi finanziari futuri (in entrata e in uscita) utilizzati per calcolare il tasso effettivo di rendimento devono essere determinati tenendo conto di tutti i termini contrattuali dell'operazione (Tavola 6.5).

Tavola 6.5 - **Tasso di rendimento effettivo**

- Titolo di debito
- Data di stipula: 1 gennaio 200X
- Data scadenza: 31 dicembre 200X+4
- Costo di acquisto: € 1.000
- Valore nominale: : € 1.200
- Costi di transazione: € 50
- Tasso di interesse nominale: 5% annuo

Flussi finanziari

1/1/X	31/12/X	31/12/X+1	31/12/X+2	31/12/X+3	31/12/X+4
(€ 1.050)	€ 60	€ 60	€ 60	€ 60	€ 1.260
Flusso iniziale in uscita	Flusso in entrata per incasso interessi	Flusso in entrata per incasso interessi	Flusso in entrata per incasso interessi	Flusso in entrata per incasso interessi	Flusso in entrata per incasso interessi e rimborso capitale

Tasso di interesse effettivo

$$1.050 = 60/(1+i) + 60/(1+i)^2 + 60(1+i)^3 + 60(1+i)^4 + 1.260(1+i)^5$$

TIR = 8,14%

Il tasso di rendimento effettivo,nell'esempio pari al 8,14%, è da calcolare al momento della rilevazione iniziale del titolo e poi utilizzato per la sua valutazione successiva.

Nell'esempio, il valore di iscrizione iniziale del titolo è pari al costo di acquisto, di € 1.050, ovvero al costo di acquisto incrementato dei costi di transazione, pari al flusso finanziario in uscita. Alla fine di ciascun periodo di riferimento, in sede di valutazione del titolo, il procedimento contabile per determinare il costo ammortizzato è il seguente:

1) Si determina l'ammontare degli interessi effettivi maturati, applicando il tasso di interesse effettivo sul valore contabile dell'attività all'inizio dell'esercizio. Nell'esempio, gli interessi effettivi maturati X sono pari:

   €1.050 x 8,14% = € 85,50

2) Si determina la quota di interessi effettivi maturati ma non ancora incassati, come differenza tra il valore degli interessi effettivi maturati nel periodo X (€ 85,50) e

l'importo degli interesse incassati nel medesimo periodo, pari agli interessi nominali (€ 60).

€85,50 - € 60 = € 25,50

3) L'ammontare degli interessi maturati ma non ancora incassati incrementa il valore dei titoli iscritti determinandone nuovo valore di iscrizione del titolo al 31.12 X. Nell'esempio il valore del titolo risulta pari

€ 1.050 + € 25,50 = € 1.075,50

tale valore costituisce il nuovo valore di iscrizione dei titoli, sul quale applicare il tasso di interesse effettivo che matura nel periodo X+1, ovvero:

€ 1.075,50 * 8,14 = € 87,58.

La tavola seguente (Tavola 6.6) illustra l'applicazione del costo ammortizzato ai titoli di debito nei singoli periodi di riferimento.

Tavola 6.6 - **Applicazione del criterio del costo ammortizzato**

Data	Interesse effettivo (A) *	Flusso finanziario (B)	Effetto sul TITOLO (C) =(A)- (B)	Valore contabile del titolo (D)**
1/1/X		(€ 1.050)		€ 1.050
31/12/X	€ 85,5	€60	€ 25,50	€ 1.075,50
31/12/X+1	€ 87,58	€60	€ 27,58	€ 1.103,08
31/12/X+2	€ 89,83	€60	€29,83	€ 1.132,91
31/12/X+3	€ 92,26	€60	€ 32,26	€1.165,00
31/12/X+4 (Rimborso capitale + interessi)	€ 95,00	€60 + €1.200	€ 35,00 (€ 1.200)	0

(A)* Interesse effettivo (B) calcolato ad ogni scadenza applicando il tasso di interesse effettivo (8,14%) al valore del TITOLO (D) iscritto all'inizio del l'esercizio.

(D)** Valore del debito a fine periodo, calcolato aggiungendo al valore del TITOLO iscritto all'inizio dell'esercizio l'interesse effettivo e sottraendo i pagamenti di interessi e capitale intervenuti nel periodo.

Alla data di rilevazione dell'incasso degli interessi, liquidati al tasso di interesse nominale, l'importo medesimo viene portato in diminuzione del valore dei Titoli in portafoglio (AV) in contropartita al conto Banche C/C, in quanto in sede di valutazione, alla fine di ogni periodo, l'intero importo degli interessi di competenza maturato nel periodo al tasso effettivo di rendimento, viene rilevato come Interessi attivi (Avere), in contropartita all'incremento di valore dei Titoli (Dare). Così facendo, il valore di iscrizione dei titoli alla data di fine periodo, risulta pari al loro valore di iscrizione iniziale (data di acquisto e successivo 1.1. di ciascun periodo) incrementato dell'ammontare degli interessi maturati nel periodo al tasso di interesse affettivo ma non ancora incassati e il valore degli interessi attivi rilevati a conto economico esprime

l'effettiva redditività dell'investimento maturata nel periodo di riferimento. Di seguito si presentato le scritture contabili riferite al periodo al 31.12.X.
1.1.200x: Rilevazione iniziale dei titoli

TITOLI (P)	
1.050 (1)	

BANCA C/C (P)	
	1.050 (1)

31.12.200x: Data di liquidazione e incasso interessi (flusso finanziario)

TITOLI (P)	
1.050 (1)	60 (2)

BANCA C/C (P)	
60 (2)	

31.12.200x: Data di valutazione dei titoli al costo ammortizzato

TITOLI (P)	
1.050 (1)	60 (2)
85,50 (3)	
	1.075,25 SALDO

INTERESSI ATTIVI (R)	
	85,50 (3)
85,50 SALDO	

La Tavola 6.7. pone a confronti i due metodi in oggetto applicati all'esempio utilizzato.

Tavola 6.7 - **Metodo del costo ammortizzato e del costo di acquisto a confronto**

Costo ammortizzato

Data	Interesse rilevato a conto economico	Quota costi transazione	Valore contabile del titolo
1/1/X			€ 1.050
31/12/X	€ 85,5	€ 0	€ 1.075,50
31/12/X+1	€ 87,58	€ 0	€ 1.103,08
31/12/X+2	€ 89,83	€ 0	€ 1.132,91
31/12/X+3	€ 92,26	€ 0	€1.165,00
31/12/X+4	€ 95,00	€ 0	€ 0

Costo di acquisto

Data	Interesse rilevato a conto economico	Quota costi transazione	Valore contabile del titolo
1/1/X			€ 1.050
31/12/X	€ 60	€ 40 (*)	€ 1.090
31/12/X+1	€ 60	€ 40 (*)	€ 1.130
31/12/X+2	€ 60	€ 40 (*)	€ 1.170
31/12/X+3	€ 60	€ 40 (*)	€1.210
31/12/X+4	€ 60	€ 40 (*)	€ 0

(*) € 200 pari allo sconto di negoziazione di 200 rilevato a quote costanti nei 5 anni di durata del titolo

a.2) Il metodo di calcolo dei costi (art. 2426. punto 10)
Trattandosi di titoli di debito immobilizzati, non soggetti ad un elevato numero di movimentazioni (acquisti e vendite), dovrebbe essere possibile individuare il costo specifico sostenuto per l'acquisto del titolo.

I titoli di debito, quotati o non quotati, in quanto immobilizzati vanno pertanto valutati titolo per titolo, ossia attribuendo a ciascun titolo il costo specificamente sostenuto[16].
Qualora non fosse possibile individuare il costo specifico, è necessario fare riferimento all'art. 2426, al punto 10), che stabilisce che il costo dei beni fungibili può essere calcolato, alternativamente, con il metodo della media ponderata, del FIFO e del LIFO.

b) La perdita permanente di valore (art. 2426, punto 3)
L'articolo 2426, comma 1, numero 3 prevede che *«l'immobilizzazione che, alla data della chiusura dell'esercizio, risulti durevolmente di valore inferiore a quello determinato secondo i nn. 1 e 2 deve essere iscritta a tale minore valore. Il minor valore non può essere mantenuto nei successivi bilanci se sono venuti meno i motivi della rettifica effettuata; questa disposizione non si applica a rettifiche di valore relative all'avviamento*". Il codice civile richiede quindi di derogare al criterio del costo se il valore dell'investimento alla data di chiusura risulti durevolmente inferiore al valore di costo ammortizzato o di acquisto. La perdita durevole di valore di un titolo immobilizzato si ha quando, per ragioni legate alla capacità di rimborso dell'emittente, la società ritenga con ragionevolezza e fondatezza di non poter più incassare integralmente i flussi di cassa – in linea capitale o interessi – previsti dal contratto[17]. La perdita di valore del titolo deve essere durevole in quanto, trattandosi di immobilizzazioni finanziarie, l'orizzonte temporale del loro realizzo è di lungo periodo.
Ne consegue che il minor valore al quale il legislatore rinvia non può essere solo il valore di mercato; in tal caso, infatti, il legislatore avrebbe fatto esplicito riferimento ad esso. Fluttuazioni del valore di mercato dei titoli di debito non necessariamente rispecchiano perdite permanenti di valore. Si tratta quindi di verificare se esistano situazioni di dissesto o di insolvenza della società emittente o situazioni di mercato negative che si protraggono da più esercizi e ritenute non sanabili.
Le condizioni per procedere alla svalutazione sono identificabili in ragioni economiche gravi - riferite al mercato o alla gestione dell'azienda emittente - che abbiano carattere di permanenza temporale. Il ribasso del mercato non costituisce perciò *tout court* obbligo di svalutazione. Infatti la disciplina civilistica per i titoli di debito immobilizzati, diversamente da quelli appartenenti all'attivo circolante, per i quali è prevista l'adozione a fine esercizio del minore tra il costo d'acquisto e il valore di realizzazione desumibile dall'andamento del mercato, non prevede il richiamo a quest'ultimo principio.
L'esistenza della perdita permanente va accertata utilizzando tutte le informazioni disponibili in merito alle condizioni economico-patrimoniali della società emittente

[16] Cfr. principio contabile OIC 20, Titoli di debito, paragrafo 34.
[17] Cfr. principio contabile OIC 20, Titoli di debito, paragrafo 55.

al fine di verificare se sia compromessa la capacità di corrispondere gli interessi o la capacità di rimborso del titolo alla scadenza da parte della società emittente.
La quantificazione della perdita permanente dipende dalla negoziabilità dei titoli di debito; al riguardo si deve distinguere tra:
- titoli di debito quotati;
- titoli di debito non quotati.

Nel caso di titoli di debito quotati, un significativo ribasso nel listino con carattere di persistenza temporale può costituire - come già detto - un segnale di allarme.
Per i titoli di debito quotati un riferimento può essere costituito dalla media dei prezzi di mercato di un congruo periodo antecedente la data di chiusura dell'esercizio, unitamente alle indicazioni successive alla chiusura dell'esercizio offerte dal mercato e alle condizioni economiche dell'emittente accertate tra la data di chiusura dell'esercizio e quella di formazione del bilancio.
Per i titoli di debito non quotati non è disponibile alcun riferimento diretto di mercato. La perdita permanente di mercato può essere stimata con riferimento ai seguenti elementi:

a) le negative condizioni economiche dell'emittente, accertate entro la data di formazione del bilancio; è necessario considerare tutti i dati e le informazioni disponibili allo scopo di accertare se si sia o meno verificato un deterioramento duraturo delle condizioni economico-patrimoniali e finanziari della società emittente con connessi rischi di illiquidità o di insolvenza della stessa, che possono compromettere la capacità della stessa di corrispondere gli interessi e di rimborsare i titoli alla scadenza o che possano compromettere il realizzo dei titoli senza perdita per la società[18];
b) i prezzi negoziati sul mercato riferiti a operazioni di acquisto o vendita dei medesimi titoli di debito o simili, avvenute in prossimità della chiusura del periodo amministrativo.

La perdita permanente di valore deve essere imputata nello stesso esercizio in cui è accertata, nel rispetto del principio della prudenza.
Se la situazione che ha provocato la perdita permanente di valore venisse meno, il titolo deve essere rivalutato parzialmente o riportato al suo valore di costo. Tale situazione si presenta assai raramente in quanto la perdita durevole di valore è causata da eventi eccezionalmente gravi, che pertanto difficilmente è possibile sanare.
Può accadere che la destinazione economica originaria dei titoli di debito muti durante il periodo di possesso. Per esempio, può accadere che un titolo, inizialmente iscritto nel bilancio tra le attività finanziarie non immobilizzate, sia successivamente destinato a un investimento durevole e quindi viene riclassificato tra le immobilizzazioni finanziarie; oppure, al contrario, che un titolo originariamente destinato ad essere mantenuto nel lungo periodo, sia successivamente riclassificato tra le attività

[18] Cfr. principio contabile OIC 20 paragrafo 55

finanziarie non immobilizzate. Il nuovo principio contabile OIC 20[19] tratta la valutazione dei titoli di debito in presenza di un cambiamento di destinazione, prevedendo che il valore attribuito ai titoli di debito sia quello risultante dall'applicazione - al momento del trasferimento stesso - dei criteri valutativi del portafoglio di provenienza. Pertanto:

- il trasferimento di titoli di debito immobilizzati alle attività circolanti va rilevato in base al costo ammortizzato, eventualmente rettificato per le perdite durature di valore;
- il trasferimento di titoli di debito non immobilizzati alle immobilizzazioni finanziarie va rilevato in base al minor valore fra il costo, nella configurazione utilizzata e il valore di mercato.

Successivamente, alla fine dell'esercizio in cui avviene il cambiamento di destinazione si procede alla valutazione del titolo in base al criterio previsto con riferimento alla nuova classificazione.
I differenti criteri di valutazione e di classificazione adottati per effetto dell'intervenuto cambiamento di destinazione della partecipazione sono indicati nella nota integrativa.

Principi contabili internazionali

I criteri di valutazione dei titoli di debito dipendono dalla destinazione funzionale ad essi attribuita.
Al momento della loro iscrizione iniziale, a prescindere dalla loro classificazione, le attività finanziarie sono iscritte al loro costo, inteso come fair value dell'attività.
Nei momenti successivi alla loro prima iscrizione, due sono i criteri previsti dai principi internazionali per la loro valutazione, in funzione della loro categoria di appartenenza:

- il criterio del *fair value*, definito dallo IAS 39 in termini di prezzo concordato tra un compratore e un venditore disponibili in una normale contrattazione;
- il criterio del costo ammortizzato, applicando il metodo dell'interesse effettivo, che consente di distribuire costi o proventi attribuibili allo strumento finanziario lungo la sua durata.

Con riferimento alle quattro categorie di attività finanziarie definite dallo IAS 39, il criterio di valutazione al *fair value* è applicabile:

- agli strumenti finanziari al *fair value* con imputazione al conto economico *(fair value through profit and loss)*, con iscrizione dell'utile o della perdita da valutazione nel conto economico dell'esercizio in chiusura, così da contribuire al risultato di periodo;
- *strumenti disponibili per la vendita*, con iscrizione dell'utile o della perdita da valutazione direttamente a patrimonio netto, senza transizione dal conto economico.

[19] Cfr. principio contabile OIC 20, Titoli di debito, paragrafi da 69 a 72.

Il criterio di valutazione al costo ammortizzato è applicabile alle seguenti categorie:
- strumenti detenuti fino alla scadenza;
- finanziamenti e crediti;
- strumenti classificati come *fair value through profit and loss* e *disponibili per la vendita* nei casi in cui non vi sia una quotazione di mercato e il *fair value* non possa essere determinato in modo attendibile.

6.2.2 La valutazione delle partecipazioni

La normativa civilistica distingue tra le partecipazioni destinate ad essere negoziate nel breve periodo (art. 2426 c.c. punto 9 e punto 10) e le partecipazioni destinate a permanere nel patrimonio dell'acquirente nel lungo periodo (art. 2426 c.c. punto 1, punto 3, punto 4).

Le partecipazioni destinate ad essere negoziate nel breve periodo
Il legislatore ha assimilato la natura delle partecipazioni *destinate ad essere negoziate nel breve periodo* a quella delle rimanenze di magazzino e ha previsto la valutazione al costo di acquisto oppure, se minore, al valore di realizzo desumibile dall'andamento del mercato.
Eventuali recuperi in esercizi successivi del valore di mercato devono essere riconosciuti fino a concorrenza del valore di costo originario ed accreditati a conto economico. Il legislatore, infatti, specifica che il minor valore non può essere mantenuto nei successivi bilanci se sono venuti meno i motivi della rettifica effettuata.
Come per i titoli di debito classificati nell'attivo circolante, il criterio dettato dal codice civile per le partecipazioni presuppone la definizione e la successiva quantificazione di due valori:
a) il costo di acquisto;
b) il valore di realizzo desumibile dall'andamento del mercato, che deve sostituire il costo di acquisto, se minore.

a) Il costo di acquisto
a.1) La configurazione di costo (art. 2426, punto 1)
Il costo di acquisto delle partecipazioni è costituito dal prezzo pattuito con la controparte oppure, se quotate ed acquistate sul mercato, il prezzo pagato in sede di liquidazione borsistica.
La definizione del costo di acquisto (o di sottoscrizione) è - analogamente ai titoli di debito - richiamata dall'art. 2426 punto 1, secondo il quale devono essere inclusi gli oneri accessori, quali spese notarili, provvigioni, onorari, oneri fiscali.

a.2) Il metodo di calcolo del costo (art. 2426, punto 10)
Per la determinazione del costo si deve assumere il criterio del costo specifico quando le partecipazioni sono singolarmente individuabili; in caso contrario, l'art. 2426 al punto 10) stabilisce che il costo dei beni fungibili può essere calcolato, alternativamente, con il metodo della media ponderata, del FIFO e del LIFO.

b) Il valore di realizzo desumibile dall'andamento del mercato (art. 2426, punto 9)
La determinazione del valore di realizzo desumibile dall'andamento del mercato- analogamente a quanto visto per i titoli di debito - dipende dalla negoziabilità della partecipazione; al riguardo, si deve distinguere tra:
- partecipazioni quotate;
- partecipazioni non quotate.

Per le partecipazioni quotate valgono le considerazioni esposte nel paragrafo inerente la valutazione dei titoli di debito. Si assume quindi come riferimento la media delle quotazioni dell'ultimo mese dell'esercizio.
Le partecipazioni non quotate non hanno un mercato ufficiale di scambio e, pertanto, il loro valore di realizzo è rappresentato dall'ammontare che il detentore dell'investimento ritiene di poter ragionevolmente ricavare dalla loro vendita in condizioni normali.
In tal caso non è evidentemente possibile fare riferimento - come avviene per i titoli di debito - alla quotazione di partecipazioni che presentino caratteristiche simili a quelle in portafoglio.
Nonostante le difficoltà pratiche per identificare un valore di mercato per titoli di debito e partecipazioni non quotati, in particolare per quelli rappresentativi di partecipazioni nel capitale di imprese o per quelli di difficile negoziazione, è necessario che i redattori di bilancio utilizzino tutte le informazioni disponibili o reperibili per poter stimare il valore di realizzazione.
Se il presunto valore di realizzo risulta inferiore al costo di acquisto, la rettifica di valore deve essere imputata a conto economico e il valore della partecipazione così rettificato sostituisce il valore del costo di acquisto originario.
Nel caso in cui in un successivo esercizio siano venuti meno, in tutto o in parte, i presupposti della rettifica, quest'ultima deve essere annullata fino, ma non oltre, al ripristino del costo d'acquisto originario.

Le partecipazioni destinate a permanere nel patrimonio nel lungo periodo
Le partecipazioni *destinate ad essere mantenute nel lungo periodo* hanno natura di immobilizzazioni e pertanto il legislatore ha indicato quale criterio di valutazione il costo di acquisto. Svalutazioni a tale valore devono essere effettuate solo nel caso in cui il valore dell'investimento risulti durevolmente inferiore al costo, ovvero dal bilancio della partecipata si rilevino perdite da considerarsi permanenti.
La perdita durevole di valore è determinata confrontando il valore di iscrizione in bilancio della partecipazione con il suo valore recuperabile, determinato in base ai benefici futuri che si prevede affluiranno all'economia della partecipante[20].
È necessario valutare se le perdite di valore sofferte dalla partecipata non siano episodiche o temporanee, bensì strutturali e capaci di intaccarne la consistenza patrimoniale[21].

[20] Cfr. principio contabile OIC 21, Partecipazioni, paragrafo 31.
[21] Tali perdite sono riconducibili a situazioni negative interne alla società stessa o esterne ad essa, oppure ad una combinazione di fattori interni ed esterni.

In caso di perdite ricorrenti o di situazioni che fanno prevedere una diminuzione non temporanea del valore intrinseco della partecipazione, il valore di iscrizione della partecipazione deve essere svalutato a tale minor valore.
Qualora in un esercizio successivo vengano meno le ragioni che avevano motivato la svalutazione della partecipazione, è necessario incrementare il suo valore fino alla concorrenza, al massimo, del costo originario.
L'applicazione del criterio di valutazione del costo di acquisto implica pertanto che:
- variazioni in aumento del valore di costo della partecipazione possano essere iscritte in presenza di:
a) sottoscrizione dell'aumento a pagamento del capitale sociale della partecipata;
b) acquisto da terzi di azioni o quote della società;
c) ripristino di valore a fronte di una precedente svalutazione, fino a concorrenza del costo originario;
- variazioni in diminuzione possano essere iscritte solo in presenza di:
a) perdite permanenti di valore della partecipazione;
b) riduzione del capitale sociale della partecipata con rimborso.

Il risultato d'esercizio conseguito dalla partecipata ha effetto sul sistema di valori della partecipante:
- in caso di utile, solo se distribuito come dividendo, nell'esercizio di assunzione della relativa delibera di destinazione del risultato, quando sorge il diritto alla sua riscossione;
- in caso di perdita, solo se la stessa è ritenuta indicativa di una perdita permanente di valore della partecipazione.

Eventuali utili conseguiti dalla partecipata ma non distribuiti non sarebbero rilevati nel conto economico della partecipante. Parimenti, le perdite conseguite dalla

---

(continua)
Esempi di situazioni interne alla società che possono condurre ad una perdita di valore possono essere: perdite operative divenute fisiologiche, derivanti da una struttura del ciclo costi/ricavi che cessa di essere remunerativa; eccesso di costi fissi, non riducibili nel breve periodo, rispetto al volume d'affari; obsolescenza tecnologica degli impianti o dei processi produttivi dell'impresa; un perdurante stato di tensione finanziaria al quale non si possa porre rimedio e che divenga eccessivamente oneroso per la società.
Esempi di fattori esterni alla società possono invece essere: crisi del mercato in cui opera l'impresa con previsioni di assestamento dello stesso in direzione opposta a quella auspicata dall'impresa; sostanziale ribasso dei prezzi di vendita dei prodotti non bilanciato dall'adeguamento dei costi di produzione e vendita; nuove leggi e regolamentazione che incidono negativamente sulla redditività dell'impresa; perdita di quote di mercato a favore di imprese concorrenti; abbandono da parte del mercato dei prodotti dell'impresa a favore di prodotti alternativi; evidenze che inducono a ritenere che si è prodotta una significativa perdita durevole di valore.
Ulteriori indicatori di perdita possono essere costituiti dalla diluizione della partecipazione nel capitale conseguente al mancato esercizio di un diritto di opzione o da una distribuzione di dividendi che abbia comportato una diminuzione del valore economico della partecipata al di sotto del valore di iscrizione della stessa nell'attivo.
Cfr. principio contabile OIC 21, Partecipazioni e azioni proprie, paragrafi 33, 34 e 35.

partecipata (ad eccezione di quelle ritenute permanenti che imporrebbero una svalutazione della partecipazione) non avrebbero alcun impatto sul conto economico della partecipata.
Pertanto, nel bilancio della partecipante, i risultati della partecipata non sarebbero rilevati per competenza.
Per le partecipazioni in imprese controllate e collegate, nelle quali la partecipante esercita un'influenza sulla gestione delle partecipate, il codice civile (art. 2426, n. 4) prevede che possa essere utilizzato, in alternativa al criterio del costo di acquisto, il metodo del patrimonio netto che prevede che il costo della partecipazione, al quale è iscritta al momento dell'acquisto, sia rettificato per riflettere per competenza nel bilancio della partecipante la quota di spettanza del risultato di esercizio conseguito dalla partecipata successivamente alla data di acquisto e altre variazioni del patrimonio netto della partecipata. Ciò consente di rilevare per competenza, e quindi contestualmente alla loro formazione, i risultati della partecipata.
La logica alla base del suddetto criterio è che la significativa percentuale di partecipazione (il metodo del patrimonio netto è infatti applicabile solo alle partecipazioni in imprese controllate e collegate) e l'orizzonte temporale medio-lungo (l'art. 2426 punto 4 fa riferimento a immobilizzazioni consistenti in partecipazioni in imprese controllate e collegate) implicano la possibilità da parte della partecipante di creare legami duraturi di influenza e collaborazione con la società partecipata e, quindi, di incidere sul suo risultato di periodo. Da ciò consegue l'opportunità di rilevare per competenza nel bilancio della partecipante il risultato di spettanza della partecipata, che ha determinato aumenti e diminuzioni nelle consistenze patrimoniali di quest'ultima.
In caso di partecipazioni minoritarie (non di controllo o di collegamento), la partecipante non ha la possibilità di influire sulla gestione della partecipata, anche se l'investimento è stato effettuato per trarne vantaggi economici di lungo periodo (per esempio, condizioni di fornitura favorevoli e altre condizioni contrattuali) e pertanto il metodo del patrimonio netto non può essere applicato.
Inoltre, in presenza di perdite permanenti di valore, il criterio del patrimonio netto consente di desumere i valori dal bilancio della partecipata, evitando valutazioni discrezionali da parte della società partecipante.
La Tavola 6.8 sintetizza i criteri dettati dalla normativa civilistica per la valutazione dei titoli e delle partecipazioni.

Tavola 6.8 - **Criteri di valutazione: una sintesi**

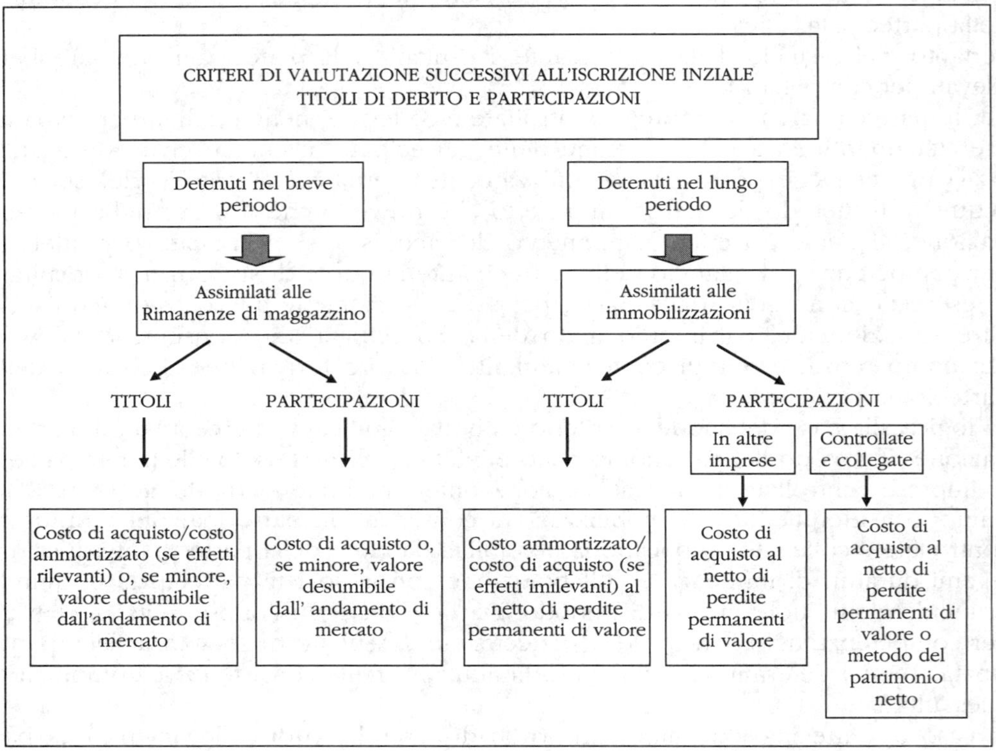

Parimenti a quanto descritto per i titoli di debito, anche la destinazione economica data inizialmente alle partecipazioni potrebbe essere modificata, durante il periodo di possesso da parte della società. Una partecipazione iscritta inizialmente tra le attività finanziarie non immobilizzate potrebbe essere successivamente destinata ad un investimento durevole e quindi essere riclassificata tra le immobilizzazioni finanziarie; oppure una partecipazione inizialmente classificata tra le immobilizzazioni finanziarie potrebbe successivamente essere iscritta tra le attività finanziarie non immobilizzate. Il principio contabile OIC 21[22], in tale caso, prevede che il trasferimento delle partecipazioni sia rilevato in base al valore risultante dall'applicazione - al momento del trasferimento stesso - dei criteri valutativi del portafoglio di provenienza. Pertanto:

a) il trasferimento delle partecipazioni immobilizzate alle attività circolanti va rilevato in base al costo, eventualmente rettificato per le perdite durature di valore. Il valore così determinato, poiché la partecipazione è destinata alla negoziazione, è oggetto poi di confronto con il valore di realizzazione desumibile dall'andamento del mercato;

[22] Cfr. pincipio contabile OIC 21, Partecipazioni, paragrafo 56.

b) il trasferimento di partecipazioni non immobilizzate alle immobilizzazioni finanziarie va rilevato in base al minor valore fra il costo e il valore di realizzazione desumibile dall'andamento del mercato.

I differenti criteri di valutazione e di classificazione adottati per effetto dell'intervenuto cambiamento di destinazione della partecipazione sono indicati nella nota integrativa.

L'applicazione del metodo del patrimonio netto

Il legislatore al punto 4) dell'art. 2426 c.c. descrive brevemente l'applicazione del metodo del patrimonio netto, riferendosi alla frazione di patrimonio netto risultante dall'ultimo bilancio delle imprese partecipate, dopo aver detratto i dividendi ed operate tutte le rettifiche necessarie per il rispetto dei principi utili alla redazione del bilancio consolidato. Il richiamo dell'art. 2426, n. 4, comma 1, ai «principi di redazione del bilancio consolidato» costituisce un rinvio agli artt. 25 e seguenti, D.Lgs. 9 aprile 1991, n. 127, sulla disciplina del bilancio consolidato. La norma civilistica non è sufficientemente chiara e completa per una corretta applicazione del metodo del patrimonio netto e necessita di essere integrata sul piano della tecnica del principio contabile di riferimento OIC 17, Bilancio consolidato e metodo del patrimonio netto.

Secondo il metodo del patrimonio netto, il costo originario della partecipazione viene modificato per recepire le rettifiche proprie di tale metodologia ed in particolare per tener conto delle quote degli utili e delle perdite della partecipata, realizzati con terzi, nei periodi successivi all'acquisizione della partecipazione; ciò a prescindere dal fatto che tali utili vengano o meno distribuiti e che le perdite vengano o meno portate a riduzione del capitale della partecipata. In altri termini il costo originario, sostenuto per l'acquisizione di una partecipazione in un'altra società, viene periodicamente rettificato (in senso positivo o negativo) al fine di riflettere, nel bilancio della società titolare della partecipazione, sia la quota ad essa spettante degli utili o delle perdite, sia altre variazioni del patrimonio netto della partecipata, nei periodi successivi alla data di acquisto. In altri termini, il costo originario, sostenuto per l'acquisizione di una partecipazione in un'altra società, viene periodicamente rettificato (in senso positivo o negativo) al fine di riflettere, nel bilancio della società titolare della partecipazione:

1. la quota ad essa spettante degli utili o delle perdite, a prescindere dal fatto che tali utili vengano o meno distribuiti e che le perdite vengano o meno portate a riduzione del capitale della partecipata o siano considerate permanenti. Il risultato di spettanza della partecipante deve essere assoggettata ad alcune rettifiche, tra le quali:

a) le rettifiche derivanti dalla differenza tra costo sostenuto per l'acquisto della partecipazione e il suo valore netto contabile alla data d'acquisto;

b) le rettifiche derivanti da operazioni intersocietarie;

2. le altre variazioni del patrimonio netto della partecipata, quali:

a) la diminuzione del patrimonio netto per distribuzione dei dividendi;

b) l'aumento a pagamento del capitale sociale o per rivalutazione monetaria disposta in forza di leggi speciali;

c) la riduzione del capitale sociale per rimborso dello stesso o la distribuzione delle riserve.

Di seguito si analizzano i singoli punti.

1. La quota di utile o di perdita spettante alla partecipante
Nel caso di partecipazione di controllo o di collegamento, la partecipante è responsabile della redditività della partecipata mediante l'influenza che esercita sulla sua gestione. Il metodo del patrimonio netto consente di riflettere nel bilancio della partecipante la redditività della partecipata, riconoscendo gli utili e le perdite di competenza della partecipante nell'esercizio stesso nel quale sono conseguiti dalla partecipata.
La quota di risultato di spettanza, prima di essere portato in aumento del valore della partecipazione, deve tuttavia essere assoggettata ad alcune rettifiche.

1. a) Rettifiche derivanti dalla differenza tra costo sostenuto per l'acquisto della partecipazione e il suo valore netto contabile alla data d'acquisto
Come richiamato dal legislatore, si deve distinguere la prima applicazione del metodo del patrimonio netto dall'applicazione negli esercizi successivi.
L'acquisto di una partecipazione può avvenire ad un valore superiore o inferiore alla corrispondente frazione del patrimonio netto dell'impresa partecipata.
Nel caso in cui il costo sostenuto per l'acquisto della partecipazione sia superiore alla corrispondente frazione di patrimonio netto contabile della partecipata), si possono prospettare due ipotesi:

a) la differenza iniziale positiva è riconducibile a maggiori valori correnti dell'attivo dello stato patrimoniale della partecipata rispetto al loro valore contabile o alla presenza di avviamento, per cui la partecipante iscrive la partecipazione al costo di acquisto comprensivo di tale differenza iniziale positiva. I valori correnti dell'attivo possono essere rappresentati dal valore di mercato o dal costo di sostituzione determinato dalle parti o dal ricorso a perizie di terzi (soprattutto per i cespiti);
b) la differenza iniziale positiva non corrisponde ad un maggior valore dell'attivo e/o avviamento della partecipata, ma è la conseguenza di un cattivo affare, per cui la partecipazione è oggetto di svalutazione è imputata a conto economico nella voce D19a) "*svalutazioni di partecipazioni*"[23].

Nel caso in cui il costo sostenuto per l'acquisto della partecipazione sia inferiore alla corrispondente frazione di patrimonio netto contabile della partecipata, si possono prospettare due ipotesi:

a) la differenza iniziale negativa non è riconducibile alla previsione di perdite ma al compimento di un buon affare, per cui la partecipante iscrive la partecipazione al maggior valore del patrimonio netto rettificato della partecipata rispetto al prezzo di costo, iscrivendo quale contropartita, all'interno della voce AVII "*Altre riserve*", una "*Riserva per plusvalori di partecipazioni acquisite*", non distribuibile;
b) la differenza iniziale negativa è dovuta alla presenza di attività iscritte per valori superiori al loro valore recuperabile o passività iscritte ad un valore inferiore al loro valore di estinzione o, ancora, alla previsione di risultati economici sfavorevoli, per cui tale differenza rappresenta un "*Fondo per rischi e oneri futuri*" di cui si mantiene memoria extracontabilmente In tal caso, la partecipazione è

[23] Cfr. principio contabile OIC 17, Bilancio consolidato e metodo del patrimonio netto, paragrafo 161.

inizialmente iscritta per un valore pari al costo sostenuto. Il fondo memorizzato extracontabilmente è utilizzato negli esercizi successivi a rettifica dei risultati della partecipata secondo la stessa logica prevista per il "*Fondo di consolidamento per rischi e oneri futuri*"[24].

La successiva trattazione approfondisce il caso in cui il costo sostenuto per l'acquisto della partecipazione sia superiore/inferiore alla corrispondente frazione di patrimonio netto contabile della partecipata, a causa di maggiori/minori valori correnti di poste dello stato patrimoniale della partecipata rispetto al loro valore contabile o alla presenza di avviamento.

Il valore pagato per la partecipazione é scomponibile extracontabilmente in più parti, incorporate nel valore della partecipazione iscritta nell'attivo della partecipante:

a) il valore corrispondente alla quota del patrimonio netto contabile della partecipata;
b) il valore corrispondente alla differenza tra il valore contabile e quello corrente delle attività;
c) il valore dell'avviamento, calcolato per differenza rispetto al costo di acquisto.

In sede di calcolo della differenza iniziale il principio contabile OIC 17, «*Bilancio consolidato e metodo del patrimonio netto*», raccomanda, ove siano disponibili le informazioni, di porre a confronto il costo di acquisto con il patrimonio netto della partecipata calcolato alla data di acquisizione della partecipazione di controllo o collegamento in quanto tecnicamente più corretto. È tuttavia accettabile utilizzare per tale confronto il patrimonio netto risultante dall'ultimo bilancio della partecipata, stante l'esplicito richiamo a tale momento fatto dal primo comma dall'articolo 2426, numero 4, codice civile[25].

Esempio

In data 1° gennaio 200x la società Alfa spa acquista una partecipazione del 60% nel capitale della società Beta spa, il cui patrimonio netto - da bilancio al 31 dicembre 200x-1 - è pari a euro 900. Il prezzo concordato per l'acquisto della partecipazione è pari a euro 620.

Tale prezzo è stato determinato in funzione del valore corrente degli elementi attivi - che ha determinato un plusvalore sugli impianti complessivamente pari a euro 100 - e un avviamento - pari a euro 20.

La vita utile residua degli impianti è stimata in dieci anni e il periodo di ammortamento dell'avviamento è di cinque anni.

Il costo di acquisto della partecipazione risulta pertanto composto dai seguenti valori:

Quota di patrimonio netto (euro 900 × 60%)	540
Plusvalore sugli impianti (euro 100 × 60%)	60
Avviamento	20
Prezzo pagato	620

I valori contabili così rettificati (nell'esempio, il maggior valore degli impianti pari a euro 60 e l'avviamento pari a euro 20) costituiscono la base di calcolo degli

[24] Cfr. principio contabile OIC 17, Bilancio consolidato e metodo del patrimonio netto, paragrafo 162.
[25] Cfr. principio contabile OIC 17, Bilancio consolidato e metodo del patrimonio netto, paragrafo 157.

ammortamenti necessari per rettificare il risultato conseguito dalla partecipata, di spettanza della partecipante.
Questo perché l'eventuale plusvalore pagato per le immobilizzazioni ha la medesima natura delle immobilizzazioni alle quali si riferisce e l'avviamento pagato ha natura di immobilizzazione immateriale. La loro utilità è limitata nel tempo e il loro valore deve quindi essere ammortizzato sulla base, rispettivamente, della vita residua del bene a cui il plusvalore è stato imputato e del periodo di tempo in cui si ritiene che l'avviamento pagato concorra alla formazione del reddito dell'impresa partecipata.
Il risultato di esercizio della partecipata di spettanza della partecipante deve quindi essere diminuito della quota di ammortamento del plusvalore e dell'avviamento inclusi nel costo di acquisto della partecipazione. Questo perché il risultato di esercizio della partecipata è comprensivo del solo ammortamento calcolato sul valore contabile delle immobilizzazioni iscritte in bilancio; non include l'ammortamento del plusvalore e dell'avviamento, in quanto questi ultimi non sono iscritti nel sistema di valori contabili della partecipata.
Riprendendo l'esempio precedente, si consideri che il risultato conseguito da Beta Spa alla data del 31/12/200x sia pari a 100.
Il risultato di spettanza di Alfa è così determinato:

Utile di esercizio di Beta di spettanza	100 × 60%	60
– ammortamento plusvalore fabbricato	60 × 10%	(6)
– ammortamento avviamento	20 × 20%	(4)
Utile di spettanza di Alfa		50

Alla data del 31/12/200x il valore della partecipazione risulta pari a:

Valore della partecipazione all'1.1.200x	620
Utile di Beta di spettanza di Alfa	50
Valore della partecipazione al 31.12.200x	670

Considerazioni dell'effetto fiscale
Nel quantificare i plusvalori/minusvalori delle attività e delle passività della partecipata, al fine della determinazione delle componenti del prezzo della partecipazione, si deve considerare anche l'effetto fiscale, in quanto l'eventuale realizzo dei suddetti plusvalori/minusvalori da parte di Beta sarebbe soggetto a tassazione (nel caso di plusvalore) o avrebbe un effetto positivo sulla medesima (in caso di minusvalore).
Pertanto, il prezzo pagato a tale titolo deve essere opportunamente decurtato dell'effetto fiscale. La considerazione dell'effetto fiscale si riflette sui plusvalori e sui minusvalori che compongono il prezzo pagato per la partecipazione.
Riprendendo l'esempio precedente, in presenza di un'aliquota fiscale del 40%, il plusvalore sul fabbricato si riduce da 60 euro a 36 euro. Infatti:
plusvalore lordo sugli impianti: 60
effetto fiscale: 60 × 40% = 24
plusvalore netto = 60 - 24 = 36
Calcolando per differenza il valore di avviamento rispetto al prezzo di acquisto di euro 620, risulta un valore di avviamento pari a 44 euro.

Pertanto, il prezzo pagato risulta così composto:

Valore del 60% del patrimonio netto di Beta	540
Plusvalore sul fabbricato	36
Valore dell'avviamento	44
Prezzo pagato	620

L'ammortamento del plusvalore sulle immobilizzazione è da calcolarsi sul valore al netto dell'effetto fiscale, in quanto è tale valore ad essere incorporato nel prezzo pagato per l'acquisto della partecipazione.
Il risultato di spettanza di Alfa è così determinato:

Utile di esercizio di Beta da bilancio	100 × 60%	60
– ammortamento plusvalore fabbricato	36 × 10%	(3,6)
– ammortamento avviamento	44 × 20%	(8,8)
Utile di spettanza di Alfa		47,6

Alla data del 31/12/200x il valore della partecipazione risulta pari a:

Valore della partecipazione all'1.1.200x	620
Utile di Beta di spettanza di Alfa	47,6
Valore della partecipazione al 31.12.200x	667,6

1. b) Le rettifiche derivanti da operazioni intersocietarie
La logica di fondo del metodo di valutazione del patrimonio netto è quella di riflettere, per competenza, nel patrimonio della partecipante le variazioni del patrimonio della partecipata, alla cui gestione ha contribuito; si effettua cioè un *consolidamento sintetico* tra partecipante e partecipata, nel quale le due imprese sono trattate come un'unica entità[26].
In presenza di operazioni intersocietarie, non successivamente realizzate con terzi, la somma dei risultati economici contabilizzati separatamente dalla partecipante e dalla partecipata non corrisponde al risultato economico del «gruppo», composto dalle due società considerate come un'unica entità.

Esempio

Riprendendo l'esempio precedente, si consideri che nel corso del 200x, la partecipata Beta abbia acquistato sul mercato 100 unità del prodotto x al costo unitario di euro 1 e successivamente abbia venduto alla partecipante Alfa 60 unità al prezzo unitario di euro 1,2. La società Alfa, a sua volta, ha venduto a terzi 35 unità del prodotto x acquistato da Beta al prezzo unitario di euro 1,5. A fine esercizio, 25 unità oggetto della transazione infragruppo giacciono in magazzino di Alfa.

[26] La differenza tra il consolidamento integrale ed il metodo del patrimonio netto risiede solo nel fatto che con il consolidamento integrale gli effetti sono analiticamente rilevati in tutte le voci del bilancio. Con il consolidamento integrale, infatti, si incorporano nel bilancio tutti i conti della partecipata; con il metodo del patrimonio netto, invece, si riflettono sinteticamente nel valore di carico della partecipazione (in proporzione alla quota posseduta) il patrimonio netto della partecipata e nel conto economico i risultati d'esercizio, rettificati per riflettere gli effetti delle rettifiche proprie del consolidamento, cfr. Principio contabile OIC 17, Bilancio consolidato e metodo del patrimonio netto, paragrafo 154.

A fine esercizio 200x, la situazione di Alfa e Beta - considerate singolarmente - si presenta come segue:

Conto economico di Beta

Acquisti	100 (1)	Ricavi	72 (2)
		Rim. finali	40 (3)
Utile	**12**		

Conto economico di Alfa

Acquisti	72 (2)	Ricavi	52,5 (4)
		Rim. finali	30 (5)
Utile	**10,5**		

I calcoli dei valori rappresentati sono i seguenti:
(1) 1 × 100 = 100
(2) 1,2 × 60 = 72
(3) 1 × 40 = 40
(4) 1,5 × 35 = 52,5
(5) 1,2 × 25 = 30

Se si sommano gli utili realizzati dalle due società, senza effettuare alcuna rettifica, l'utile complessivo risulta pari a euro 22,5.
Si consideri ora la partecipante e la partecipata come un'unica entità e si determini il risultato del gruppo, cioè il risultato realizzato con terzi. Le operazioni del gruppo realizzate con terzi sono le seguenti:

(1) euro 1 × 100 = euro 100
(2) euro 1 × 65 = euro 65
(3) euro 1,5 × 35 = euro 52,5

Non è stata considerata la vendita di Beta ad Alfa in quanto costituisce un'operazione non realizzata con terzi.
Confrontando i risultati delle due entità considerate separatamente (Alfa e Beta) e il risultato del gruppo costituito dalle due società risulta:
- utile contabilizzato separatamente nelle due aziende componenti il gruppo: euro 22,5;
- utile del gruppo realizzato con terzi: euro 17,5.

La somma dei risultati economici contabilizzati separatamente dalla partecipante e dalla partecipata non corrisponde al risultato economico del «gruppo» composto dalle due società considerate come un'unica entità rispetto ai terzi.
La differenza, pari a euro 5, è costituita dal diverso valore attribuito alle rimanenze di magazzino nei due casi:
- se si considerano le due società come entità separate, Alfa valuta le 25 unità in magazzino al loro costo di acquisto, pari a 1,2 euro;
- se si considerano le due società come un'unica entità, tutte le unità in rimanenza sono valutate al loro costo di acquisto, pari a euro 1.

La differenza è costituita dal margine realizzato da Beta sui prodotti ancora in giacenza nel magazzino di Alfa, che rappresenta la quota di risultato non realizzato con terzi che, in quanto tale, non può essere rilevato come risultato del gruppo.

Margine di utile realizzato da Beta	Pezzi in giacenza a fine esercizio nel magazzino di Alfa	Differenza di utile da rettificare
1,2 - 1 = euro 0,2	25	0,2 × 25 = euro 5

Ne consegue che il risultato della partecipata di spettanza della partecipante deve essere rettificato di un importo pari al margine realizzato dalla società venditrice sui prodotti ancora in giacenza nel magazzino della società acquirente.

L'effetto fiscale
Il risultato infragruppo deve essere considerato al netto dell'effetto fiscale che grava sul reddito della società che lo ha rilevato nel proprio bilancio.
Ipotizzando un'aliquota fiscale del 40%, risulta:

euro 5 × 40% = euro 2 (effetto fiscale sull'utile infragruppo)
euro 5 - 2 = euro 3 (utile infragruppo al netto dell'effetto fiscale)

Il risultato di esercizio conseguito dalla partecipata e di spettanza della partecipante deve pertanto essere rettificato del risultato infragruppo derivante da operazioni non realizzate con terzi, al netto dell'effetto fiscale; solo dopo tale rettifica può essere portato in aumento del valore della partecipazione, al fine di riflettere nel bilancio della partecipante la quota del risultato d'esercizio di sua spettanza.
L'utile realizzato dalla partecipata non va tuttavia eliminato interamente, ma in base alla percentuale di partecipazione, in quanto, per la percentuale di spettanza di terzi, l'operazione è da considerarsi realizzata con terzi.
Anche nel caso in cui gli utili infragruppo fossero stati realizzati dalla partecipante, sarebbero da stornare solo in base alla percentuale di partecipazione[27].

[27] Nel caso di utili e perdite derivanti da operazioni tra la partecipante (incluse le sue controllate consolidate) e una partecipata, la partecipante elimina nel proprio bilancio tali utili o perdite solo per la sua quota d'interessenza nella partecipata, Cfr Il principio contabile OIC 17, Bilancio consolidato e metodo del patrimonio netto paragrafo 169. Coerentemente con la logica propria del metodo del patrimonio netto (che mira a rappresentare sempre e solo la quota parte dei risultati della partecipata di pertinenza della partecipante), lo storno degli utili e delle perdite realizzati con la partecipata avviene (anche nel caso di vendita da partecipante a partecipata) solo in misura corrispondente alla frazione di capitale posseduto dalla partecipante.

Pertanto: euro 3 (utile infragruppo al netto dell'effetto fiscale) × 60% = euro 1,8 utile infragruppo netto di spettanza del gruppo

Riprendendo l'esempio precedente, il risultato di spettanza di Alfa è così determinato:

Utile di esercizio di Beta da bilancio (100 × 60%)	60
– ammortamento plusvalore fabbricato (36 × 10%)	(3,6)
– ammortamento avviamento 44 × 20%	(8,8)
– utile infragruppo	(1,8)
Utile di spettanza di Alfa	45,8

Alla data del 31/12/200x il valore della partecipazione risulta pari a:

Valore della partecipazione all'1.1.200x	620
Utile di Beta di spettanza di Alfa	45,8
Valore della partecipazione al 31.12.200x	665,8

2. Le altre variazioni del patrimonio netto della partecipata

2.a) La diminuzione del patrimonio netto per distribuzione dei dividendi

I dividendi distribuiti dalla partecipata alla partecipante devono essere portati a riduzione del valore della partecipazione. Ciò è necessario per evitare di considerare i dividendi due volte:

- una prima volta quando gli utili di esercizio sono conseguiti dalla partecipata e portati in aumento del valore della partecipazione, in misura proporzionale alla quota posseduta (ciò avviene alla fine dell'esercizio nel corso del quale la partecipata ha conseguito un utile);
- una seconda volta, quando gli utili conseguiti dalla partecipata sono distribuiti come dividendi alla partecipante, la quale li rileva contabilmente a conto economico (ciò avviene nel corso dell'esercizio successivo al conseguimento dell'utile).

Esempio

In data 1.1.200x la società Alfa iscrive la partecipazione al valore di costo pari a euro 620 - corrispondente alla percentuale di spettanza del patrimonio netto contabile di Beta - e al 31.12.200x rileva per competenza la quota di spettanza dell'utile conseguito dalla partecipata - pari a euro 60, portandolo in aumento del valore della partecipazione. La situazione si presenta come segue:

1.1.200x: Acquisto della partecipazione

13.10 Partecipazioni (P)	
620	

17.10 Banca c/c (P)	
	620

(*continua*)
Gli altri soci della partecipata, a differenza del consolidato, non sono inclusi nel patrimonio della partecipante, e quindi le operazioni compiute con loro costituiscono a tutti gli effetti utili/perdite realizzati con terzi.

31.12.200x: Valutazione della partecipazione con il metodo del patrimonio netto

13.10 Partecipazioni (P)	
620	
60	

41.60 Utili su partecipazioni (R)	
	60

La quota di utile di Beta di spettanza di Alfa è rilevata nel bilancio di quest'ultima per competenza, nello stesso esercizio nel quale l'utile è conseguito.
Il conto economico di Beta alla data del 31.12.200x si presenta come segue:

CONTO ECONOMICO	
	Utili su partecipazioni 60

Nell'esercizio successivo 200x+1, Beta delibera la distribuzione dei dividendi.
Se Alfa rilevasse i dividendi come componenti di natura reddituale nel conto di riferimento («Dividendi»), si assisterebbe ad una duplicazione del componente di reddito. Infatti alla data della delibera di distribuzione dei dividendi (1) e della successiva distribuzione (2), Alfa registrerebbe:

13.10 Partecipazioni (P)	
680	

15.10 Crediti v/Beta per dividendi (P)	
60 (1)	60 (2)

41.10 Dividendi (R)	
	60 (1)

17.10 Banca c/c (P)	
60 (2)	

Il conto economico di Alfa alla data del 31.12.200x+1 si presenterebbe come segue:

CONTO ECONOMICO	
	Dividendi 60

La registrazione dei dividendi determinerebbe una doppia rilevazione dell'utile di Beta di competenza di Alfa:
a) la prima nel conto economico alla data del 31.12.200x come utile su partecipazioni;
b) la seconda nel conto economico alla data del 31.12.200x+1 come dividendo.

Le scritture contabili da registrare nell'esercizio 200x+1 alla data della delibera di distribuzione dei dividendi (1) e del successivo incasso (2) devono quindi essere le seguenti:

13.10 Partecipazioni (P)

680	60 (1)

15.10 Crediti v/Beta per dividendi (P)

60 (1)	60 (2)

17.10 Banca c/c (P)

60 (2)	

I dividendi percepiti sono pertanto portati a riduzione della corrispondente voce "*partecipazioni*"; nel contempo si libererà, diventando disponibile, una corrispondente quota della riserva non distribuibile da rivalutazione della partecipazione, di cui al successivo paragrafo 3.

2.b) L'aumento a pagamento del capitale sociale o per rivalutazione monetaria disposta in forza di leggi speciali

Se il patrimonio netto della partecipata aumenta, in conseguenza di aumenti a pagamento del capitale sociale o per rivalutazione monetaria disposta in forza di leggi speciali, dovrà essere rispettivamente aumentato in misura corrispondente il valore della partecipazione nella contabilità della partecipante.

2.c) La riduzione del capitale sociale per rimborso dello stesso o la distribuzione delle riserve

Se il patrimonio netto della partecipata diminuisce, per riduzione del capitale sociale o per distribuzione di riserve, dovrà essere rispettivamente ridotto in misura corrispondente il valore della partecipazione nella contabilità della partecipante.

3. Il trattamento contabile dell'utile o della perdita su partecipazioni

L'utile o la perdita d'esercizio della partecipata, debitamente rettificato, è imputato nel conto economico della partecipante, per la quota di sua pertinenza, secondo il principio di competenza economica, quindi nello stesso esercizio al quale il risultato si riferisce[28].

Il risultato d'esercizio della partecipata concorre così alla formazione del risultato d'esercizio della partecipante.

[28] L'utile si rileva: nella voce D18a) "*rivalutazioni di partecipazioni*" ed ha quale contropartita l'incremento nello stato patrimoniale della posta la voce BIII1a) "*partecipazioni in imprese controllate*" oppure la voce BIII1b) "*partecipazioni in imprese collegate*".
La perdita si rileva nella voce D19a) "*svalutazioni di partecipazioni*" e comporta una riduzione delle voci delle partecipazioni iscritte nell'attivo immobilizzato sopra indicate.
Cfr. Principio contabile 17, Bilancio consolidato e metodo del patrimonio netto, paragrafo 170.

Qualora l'applicazione del metodo del patrimonio netto determini un plusvalore della partecipazione rispetto al valore contabile iscritto, l'utile su partecipazioni viene rilevato nella classe D) Rettifiche di valore di attività finanziarie, voce 18) rivalutazioni. Successivamente, in sede di destinazione dell'utile di esercizio della partecipante, il suddetto utile, precedentemente imputato a conto economico, essere iscritto in una riserva non distribuibile del patrimonio netto (art. 2626 n. 4 c.c.) denominata «Riserva non distribuibile da rivalutazione delle partecipazioni», nell'ambito delle «Altre riserve» di cui alla voce A.VII del passivo dello stato patrimoniale. Detta riserva é utilizzabile dall'assemblea della partecipante, a partire dalla data di approvazione del bilancio, per la copertura della perdita dell'esercizio o di esercizi precedenti o futuri.
Qualora il conto economico della partecipante evidenzi una perdita di esercizio, non si procede all'accantonamento a riserva in quanto la rivalutazione è stata in tutto compensata con la "*perdita propria*" della partecipante.
La riserva è indisponibile fino all'effettiva realizzazione dell'utile rilevato con il metodo del patrimonio netto poiché, solo a tale data, l'utile rilevato si considera certo; trova qui applicazione il principio della prudenza, in quanto gli utili derivanti dall'utilizzo del metodo del patrimonio netto non sono ancora stati percepiti e quindi realizzati. Di converso, qualora l'applicazione del metodo del patrimonio netto determini un minusvalore della partecipazione rispetto al valore contabile iscritto, la perdita su partecipazioni, viene rilevata nella classe D) Rettifiche di valore di attività finanziarie, voce 19) svalutazioni.
Il valore della partecipazione, così determinato, deve essere svalutato, comunque, in presenza di perdite durevoli di valore, determinate ai sensi di quanto disposto dall'OIC 21, anche nei casi in cui ciò comporti la necessità di iscrivere la partecipazione ad un importo inferiore a quello determinato applicando il metodo del patrimonio netto. Ciò si verifica quando la perdita di valore sia causata da fattori che non trovano riflesso immediato nei risultati negativi della partecipata[29].
La Tavola 6.9 sintetizza i criteri di valutazione dei titoli di debito e delle partecipazioni secondo la normativa civilistica.

[29] Cfr. principio contabile 17, Bilancio consolidato e metodo del patrimonio netto, paragrafo 173.

Tavola 6.9 - **Criteri di valutazione secondo la normativa civilistica**

<table>
<tr><th rowspan="3"></th><th colspan="2">TITOLI DI DEBITO</th><th colspan="3">PARTECIPAZIONI</th></tr>
<tr><th rowspan="2">Attivo circolante</th><th rowspan="2">Attivo immobilizzato</th><th rowspan="2">Attivo circolante</th><th colspan="2">Attivo immobilizzato</th></tr>
<tr><th>Altre partecipazioni</th><th>Partecipazioni di controllo o collegamento</th></tr>
<tr><td>Art. 2426 c.c., n. 9</td><td>Minore tra il costo di acquisto/costo ammortizzato (se effetti rilevanti) e presumibile valore di realizzo</td><td></td><td>Minore tra il costo e presumibile valore di realizzo</td><td></td><td></td></tr>
<tr><td>Art. 2426 c.c., n. 1</td><td></td><td>Iscrizione iniziale al costo ammortizzato/costo ammortizzato (se effetti irrilevanti)</td><td></td><td colspan="2">Iscrizione iniziale al costo di acquisto</td></tr>
<tr><td>Art. 2426 c.c., n. 3</td><td></td><td>Svalutazione in caso di perdita permanente di valore</td><td></td><td colspan="2">Svalutazione in caso di perdita permanente di valore</td></tr>
<tr><td>Art. 2426 c.c., n. 4</td><td></td><td></td><td></td><td></td><td>Metodo del patrimonio netto</td></tr>
</table>

Principi contabili internazionali

I principi contabili internazionali (IAS 28) specificano che al momento dell'acquisizione di una partecipazione l'eventuale differenza positiva tra il costo della partecipazione e la quota di pertinenza del *fair value* netto delle attività, passività e passività potenziali identificabili della partecipata *(avviamento)* è inclusa nel valore di carico della partecipazione. L'avviamento, diversamente da quanto previsto dai principi contabili nazionali, non deve essere sottoposto a processo di ammortamento ma è soggetto alla rilevazione di eventuali perdite per riduzione di valore.

7. LA VALUTAZIONE DEI FONDI, DEI CREDITI E DEI DEBITI

di Patrizia Tettamanzi

7.1. ASPETTI DEFINITORI[1]

Il presente capitolo è principalmente focalizzato sulla valutazione dei fondi. Solo gli ultimi due paragrafi (7.5 e 7.6) trattano rispettivamente la valutazione dei crediti e debiti nel "nuovo" bilancio.
I fondi rischi e oneri accolgono gli accantonamenti destinati a coprire perdite o debiti aventi le seguenti caratteristiche: natura determinata, esistenza certa o probabile, ammontare o data di sopravvenienza indeterminati alla chiusura dell'esercizio. I fondi sono passività dello stato patrimoniale la cui contropartita reddituale, che si definisce accantonamento, è un costo di futura manifestazione. Gli accantonamenti sono valori congetturati, poiché espressione di componenti di reddito comuni a più esercizi[2], quindi si possono definire come «valori reddituali negativi» connessi a rischi particolari, già manifestatisi o di futura manifestazione e a quote di costi futuri, pertanto presunti, pertinenti anche all'esercizio in chiusura. Essi originano dallo stretto rapporto tra principio di competenza e principio di prudenza. Si ricorda che la competenza «impone l'attribuzione al periodo amministrativo dei soli ricavi che si sono realizzati nell'esercizio»; la prudenza «vuole riflesso nel bilancio ogni componente negativo di reddito, anche se di futura manifestazione, ma connesso a operazioni di gestione già effettuate». Di fatto gli accantonamenti ai fondi del passivo patrimoniale consentono di imputare a conto economico un componente negativo di reddito, espressione di oneri di competenza dell'esercizio, ovvero di oneri che per prudenza devono concorrere alla determinazione del risultato di tale esercizio, la cui manifestazione concreta si verifica in un successivo periodo amministrativo[3]. L' utilizzo dei fondi così costituiti consente poi di «neutralizzare» l'impatto reddituale dell'onere nel corso dell'esercizio in cui lo stesso si manifesta concretamente, poiché tale impatto è stato «anticipato» nel calcolo del reddito del periodo in cui è stato effettuato l'accantonamento.
Si esemplifica quanto descritto.
Al 31.12 dell'esercizio X:

– si accantonano euro 50 per oneri di competenza dell'esercizio, ma di futura manifestazione, che per prudenza devono concorrere alla determinazione del risultato dell'esercizio in corso.

Conto economico x			Stato patrimoniale 31.12.x	
Accantonamento	50			Fondo 50

[1] Si avverte il lettore che con il DLgs 18 agosto 2015, n. 239 (GU. n. 205 del 4 settembre 2015) è stata recepita la direttiva 2013/34/UE del Parlamento Europeo. Le novità riportate in tema di bilancio sono applicabili dagli esercizi aventi inizio dal 1° gennaio 2016 e interessano essenzialmente i bilanci delle Spa, Sapa, Srl, e le società di persone (Snc e Sas) nel caso abbiano come soci illimitatamente responsabili Spa, Sapa o Srl. Per una sintesi commentata delle modifiche apportate al codice civile in tema di bilancio si faccia riferimento al Capitolo: "Il recepimento della Direttiva 2013/34/UE".

[2] V. Coda, G. Frattini, *Valutazioni di bilancio*, Libreria Universitaria Editrice, Venezia, 1978, p. 27.

[3] La manifestazione concreta cui si è fatto riferimento trova espressione normalmente, ma non necessariamente, in una variazione numeraria.

Nell'esercizio X+1:
- si manifesta l'onere per euro 50;
- si utilizza il fondo al fine di non far gravare sull'esercizio un onere di competenza dell'esercizio precedente.

Conto economico x+1

Onere (costo o perdita) di competenza dell'esercizio precedente, manifestatosi in questo esercizio 50	Utilizzo fondo 50

Stato patrimoniale 31.12.x+1

	Fondo 50 -50

Il fatto che, al momento dell'accantonamento, la manifestazione dell'onere non si sia ancora concretamente verificata rende incerta la contabilizzazione di tale componente negativo; questa incertezza costituisce un requisito determinante ai fini dello stanziamento in un fondo del passivo patrimoniale e deve essere valutata nei suoi requisiti connessi a:
- la natura dell'onere futuro (origine);
- il grado di probabilità dell'esistenza dell'onere futuro (*an*);
- l'ammontare dell'onere futuro (*quantum*);
- la data di sopravvenienza dell'evento futuro.

La *natura* si estrinseca nella ricerca e determinazione della causa originaria, quindi remota, dell'insorgenza di un onere futuro e consente di individuare l'esercizio di competenza per l'imputazione a conto economico dell'accantonamento destinato alla sua copertura. La natura di un onere si può qualificare come determinata o specifica, qualora sia possibile individuare le singole operazioni, processi, e combinazioni di processi che lo hanno originato; in caso contrario la causa risulterebbe generica. Affinché si possa parlare di fondo è condizione determinante che la natura dell'onere di competenza da accantonare sia specifica, diversamente si tratterebbe di una riserva.

L'*esistenza* rappresenta il grado di probabilità che si verifichi l'onere (evento futuro). L'analisi si pone l'obiettivo di individuare, in termini di certezza/incertezza, il concreto manifestarsi dell'evento. Affinché si possa stanziare un fondo nel passivo è condizione determinante che l'esistenza dell'onere sia certa o, se incerta, almeno probabile. In quest'ultimo caso la probabilità deve riflettere la credibilità o l'ammissibilità, in base a motivi abbastanza sicuri, anche se incerti, che l'evento si verifichi. Se si parlasse di mera possibilità che si manifesti l'onere, si tratterebbe di una riserva, anziché di un fondo.

L'*ammontare* dell'onere riflette l'aspetto quantitativo dell'evento. Può essere determinato o indeterminato. Ribadendo che gli accantonamenti sono valori congetturati, l'ammontare non può che essere indeterminato. Se fosse determinato il valore da imputare all'esercizio, esso rappresenterebbe non più una congettura, ma un vero e proprio debito. «Si richiede comunque, quale condizione minimale, che debba sussistere la possibilità di stimare l'entità dell'onere con sufficiente ragionevolezza». La *data* di sopravvenienza rappresenta il momento in cui il costo o la perdita si manifesteranno concretamente.

Principi contabili

I fondi per rischi e oneri sono trattati nello IAS 37, *Accantonamenti, passività e attività potenziali*. In base alla definizione statuita da detto principio, gli accantonamenti sono passività di ammontare o scadenza incerti, che dovranno essere rilevati in bilancio quando ricorrono le seguenti contestuali condizioni:

- l'impresa ha un'obbligazione attuale (legale o implicita), ossia in corso alla data di riferimento del bilancio[4], quale risultato di un evento passato;
- è probabile che per adempiere all'obbligazione si renderà necessario un impiego di risorse economiche;
- può essere effettuata una stima attendibile dell'importo necessario all'adempimento dell'obbligazione.

Tale definizione non si discosta in maniera sostanziale dal contenuto del principio contabile nazionale OIC n. 31[5].

Lo IAS 37 non introduce differenze fra oneri e rischi ma tra passività probabili (a fronte delle quali bisogna effettuare un accantonamento) e passività potenziali o possibili (che rientrano nella categoria delle passività per le quali non si rileva alcun accantonamento, ma si forniscono informazioni in nota integrativa come allegato o come note al bilancio). In definitiva il concetto di «Accantonamento» in base ai principi contabili internazionali assorbe sia i fondi per oneri sia i fondi costituiti a fronte di rischi probabili, così come individuati dalla normativa nazionale[6].

Secondo il principio IAS 37 un accantonamento non può essere iscritto se non esiste una obbligazione attuale alla data di riferimento del bilancio, legale o implicita, quale risulta da un evento passato. In tal senso, per esempio, i fondi per oneri manutenzione ciclica previsti dal principio contabile nazionale n. 31, non sono iscrivibili in base ai principi

[4] L'obbligazione legale origina da un contratto, normativa o altra disposizione di legge; l'obbligazione implicita nasce invece nel momento in cui l'impresa genera nei confronti di terzi l'aspettativa che assolverà i propri impegni anche se non rientranti nella casistica delle obbligazioni legali (IAS 37, par. 10).

[5] Le fonti professionali disciplinano il trattamento contabile dei fondi per rischi e oneri e del TFR nel rinnovato OIC 31, "Fondi per rischi e oneri e trattamento di fine rapporto", che è stato pubblicato in dicembre 2016.

[6] Nel concetto di passività potenziali, residuano quindi in base ai principi contabili internazionali:

- le obbligazioni possibili o le obbligazioni attuali per le quali la probabilità che si determini un flusso di risorse in uscita non è elevata (corrispondente in buona sostanza alle passività potenziali possibili in base alla normativa nazionale), ovvero l'importo non è determinabile con sufficiente attendibilità: a fronte di tali obbligazioni non va costituito un accantonamento, ma devono essere fornite informazioni aggiuntive e integrative;
- le obbligazioni possibili o le obbligazioni correnti per le quali la probabilità che si determini un flusso di risorse in uscita è remota (corrispondente in buona sostanza alle passività potenziali remote in base alla normativa nazionale): a fronte di tali obbligazioni non va costituito un fondo né vanno date informazioni aggiuntive ed integrative (IAS 37, par. 13 e 27-30).

contabili internazionali[7], salvo il caso in cui siano soddisfatte tutte le condizioni per rilevare un accantonamento. La ragione di tale discrepanza è da ricondurre sicuramente alla maggiore enfasi data dal legislatore nazionale al principio di prudenza rispetto a quello di competenza che permea in maniera rilevante gli *standard* internazionali.
A seguito del recepimento della disciplina sugli strumenti derivati, la novità introdotta dal D.Lgs. 139/2015 in merito alla rappresentazione in bilancio dei fondi può riassumersi nella previsione di una specifica voce destinata alla rilevazione del fair value negativo per gli strumenti derivati nell'ambito dei fondi rischi e oneri e l'eliminazione delle voci di costo e ricavo relative alla sezione straordinaria.
Nell'appendice "Motivazioni alla base delle decisioni assunte" si legge che" la struttura della nuova versione dell'OIC 31, conformemente a quanto fatto per gli altri OIC, è stata rivista al fine di distinguere le statuizioni di carattere generale contenute nei diversi paragrafi del principio contabile da quelle relative a fattispecie più specifiche che vengono ora trattate in apposite appendici che, sotto il profilo dispositivo, possono costituire, o meno, parte integrante del principio contabile. In particolare, la precedente versione dell'OIC 31 dedicava specifici paragrafi al trattamento contabile di alcune fattispecie di fondi rischi e oneri. In virtù di quanto detto in precedenza, si è deciso di trasferire le disposizioni relative al trattamento di questi esempi nell'Appendice A, alla quale è stata attribuita natura dispositiva e, pertanto, costituisce parte integrante del principio contabile. Sono stati inoltre fatti altri interventi di revisione del principio contabile nell'ottica di incorporare nel principio alcune fattispecie di fondi rischi e oneri che erano disciplinate in altri principi contabili, come ad esempio i fondi per contratti onerosi di lungo termine in precedenza inseriti nell'OIC 13 Rimanenze."
La precedente edizione del principio è stata pubblicata nell'agosto 2014.

7.2. LA CLASSIFICAZIONE DEI FONDI

Secondo l'art. 2424 c.c., i fondi per rischi e oneri sono rappresentati nella macroclasse B del passivo dello stato patrimoniale, con la seguente minima classificazione:
B) Fondi per rischi e oneri:
1. Per trattamento di quiescenza e obblighi simili;
2. Per imposte, anche differite;
3. Strumenti finanziari derivati passivi;
4. Altri.

Nello stato patrimoniale non esiste una netta separazione trai fondi rischi e i fondi oneri. La distinzione tra le due tipologie di fondi determina, invece, una diversa classificazione dei relativi accantonamenti nel conto economico. In base al nuovo OIC n. 31, gli accantonamenti ai fondi rischi e oneri sono iscritti fra le voci dell'attività gestionale cui si riferisce l'operazione (caratteristica, accessoria, finanziaria o straordinaria), dovendo prevalere il criterio della classificazione "per natura" dei costi (par. 19).

[7] Per maggiori dettagli sul punto si rimanda al prosieguo della presente trattazione (par. 7.4).

Ne consegue che:

- gli accantonamenti per rischi e oneri relativi *all'attività caratteristica e accessoria* sono iscritti prioritariamente fra le voci della classe B del conto economico, *diverse* dalla voce B12 e dalla B13;
- gli accantonamenti per rischi e oneri relativi *all'attività finanziaria o straordinaria* sono iscritti rispettivamente fra le voci della classe C ed E del conto economico.

Le passività che danno luogo ad accantonamenti a fondi per rischi ed oneri sono di due tipi:

a) accantonamenti per passività certe, il cui ammontare o la cui data di estinzione sono indeterminati. Si tratta in sostanza di fondi oneri, ossia di costi, spese e perdite di competenza dell'esercizio in corso per obbligazioni già assunte alla data di bilancio od altri eventi già verificatisi (maturati) alla stessa data ma non ancora definiti esattamente nell'ammontare o nella data di estinzione;
b) accantonamenti per passività la cui esistenza è solo probabile; si tratta delle cosiddette «passività potenziali» o fondi rischi.

La seguente tabella 7.1. riporta le caratteristiche distintive tra fondi rischi, oneri e debiti.

Tavola 7.1 - **Fondi rischi, oneri e debiti**

Sono passività:	**FONDO per RISCHI (passività potenziali)**	**FONDO ONERI**	**DEBITI**
NATURA:	DETERMINATA o specifica	DETERMINATA o specifica	DETERMINATA o specifica
connesse a	Situazioni che possono generare eventi probabili, possibili o remoti	Obbligazioni	Obbligazioni
ESISTENZA	PROBABILE	CERTA: se non di competenza ma conosciute entro la data di redazione del bilancio: *disclosure*	CERTA
AMMONTARE	STIMATO	STIMATO	DETERMINATO
DATA SOPRAVVENIENZA	INCERTA	STIMATA	DETERMINATA

Fonte: elaborazione propria

Con riferimento ai fondi rettificativi, è opportuno specificare come questi non sono vere passività, anche se spesso sono alle stesse equiparati; essi si correlano a specifiche voci attive e ne esprimono, rettificandole, la relativa perdita di valore. Pertanto, anche alla luce del dettato della IV Direttiva CEE[8], i fondi rettificativi, ai fini della redazione del bilancio pubblico e ai fini della riclassificazione dello stato patrimoniale per analisi gestionali, devono essere rappresentati come valori negativi tra le attività, a riduzione diretta del valore attivo cui si riferiscono. Per quanto riguarda il bilancio destinato a pubblicazione si ritiene conforme alla normativa civilistica sia la rappresentazione nel prospetto di stato patrimoniale del solo valore attivo netto, cioè rettificato dal fondo, sia del valore attivo lordo, del relativo fondo, e del valore netto risultante in via differenziale[9].

Il nuovo OIC 31 (par. 2.7) stabilisce che i fondi per rischi e oneri **non possono essere iscritti** (DIVIETO) per:

- rettificare i valori dell'attivo;
- coprire rischi generici, **(in quanto non correlati a perdite o debiti con natura determinata)**;
- effettuare accantonamenti per oneri o perdite derivanti da eventi avvenuti dopo la chiusura dell'esercizio e inerenti a situazioni non esistenti alla data di chiusura dell'esercizio;
- rilevare passività potenziali che, pur probabili, siano di ammontare determinabile solo in modo aleatorio e arbitrario (in questo caso si tratta di passività probabili, ma la cui stima non è attendibile; va fatta pertanto menzione delle stesse in nota integrativa);
- rilevare passività potenziali ritenute possibili o remote (si tratta di passività poco probabili, con eventuale suggerimento di menzione in nota integrativa).

I fondi si distinguono dai debiti o riserve, poiché caratterizzati dall'incertezza dell'ammontare o dalla certezza/probabilità dell'onere futuro. Infatti quando si conosce l'ammontare dell'onere, anche se di futura manifestazione, si è in presenza di un debito; invece, se è incerta l'esistenza dell'evento, si è di fronte a una riserva.

È necessario specificare questa distinzione in quanto, in taluni casi, i debiti e le riserve sono impropriamente chiamati «Fondi»: da qui deriva la definizione degli stessi quali «Fondi impropri».

Principi contabili internazionali

Nell'ambito degli *standard* internazionali, la maggior parte dei fondi trova collocazione nelle passività correnti dello stato patrimoniale, in quanto connessi al normale ciclo operativo dell'impresa; tuttavia, ai fini di una corretta classificazione in bilancio, è necessario individuare la data di estinzione prevista dell'obbligazione che, se è oltre i 12 mesi, comporta la classificazione del fondo nell'ambito delle passività non correnti dello stato patrimoniale[10].

---

[8] La IV direttiva CEE, all'art. 20, 3° comma, prescrive infatti che: «Gli accantonamenti per rischi ed oneri non possono avere la funzione di correggere i valori degli elementi dell'attivo».

[9] Per la dettagliata trattazione di tali fondi si rinvia al relativo paragrafo.

[10] A tale proposito si precisa, comunque, che alcune tipologie di fondi, ad esempio per imposte differite, per loro natura, troveranno collocazione nell'ambito delle passività non correnti (IAS 1).

7.3. LA VALUTAZIONE DEI FONDI

La disciplina civilistica vigente non fornisce criteri di valutazione specifici per gli accantonamenti ai fondi per rischi e oneri. Occorre pertanto fare riferimento ai principi generali per la redazione del bilancio di esercizio (art. 2423-*bis* c.c.). Oltre ai principi della competenza, prudenza e neutralità, deve essere tenuto in considerazione il principio della continuità aziendale (cosiddetto «*going concern*» nella prassi anglosassone), esplicitamente trattato dal legislatore civile (art. 2423-*bis*, 1° comma, c.c.) e che inquadra le valutazioni di bilancio nell'ottica del funzionamento dell'attività. Un'ulteriore fonte normativa è costituita dal citato documento OIC n. 31 che, al paragrafo 30 riporta: «l'entità dell'accantonamento ai fondi è misurata facendo riferimento alla migliore stima dei costi alla data di bilancio, ivi incluse le spese legali determinabili in modo non aleatorio ed arbitrario necessari per fronteggiare la sottostante passività, certa o probabile». Riferimenti specifici ai criteri dettati dalla legge o dai principi contabili per determinate voci di bilancio possono, in via indiretta, consentire di estrarre un principio di valutazione per fondi rischi e oneri[11].
Infine, argomenti specifici non trattati né dalla legge né dai principi contabili di generale accettazione, possono essere analizzati alla luce dei principi contabili internazionali emessi dallo IASB (*International Accounting Standards Board*). Si specifica che l'art. 2435-bis c.c. che disciplina il bilancio abbreviato prevede che i fondi per rischi e oneri vi siano rappresentati nel loro complesso come unica voce.
Di seguito si riporta una esemplificazione sulla valutazione di un fondo oneri, o spese future.

Esempio 1 - Fondo oneri - c.c. e OIC n. 31
La Zonda spa, società operante nel settore dei beni ad alta tecnologia, produce diversi tipi di prodotti destinati al consumatore finale.
Data l'elevata concorrenza che caratterizza il settore, la società a partire dal 01.01. dell'esercizio X decide, per cercare di realizzare maggiori volumi di vendita, di concedere per la prima volta una garanzia di 11 mesi, a valere sul prodotto Icarus, un particolare tipo di calcolatore destinato a un'utenza particolarmente sofisticata.
I dati relativi alle unità di vendita cedute dell'esercizio X sono i seguenti:

gennaio	**febbraio**	**marzo**	**aprile**	**maggio**	**giugno**
750	1.125	1.125	1.500	1.500	1.125
luglio	**agosto**	**settembre**	**ottobre**	**novembre**	**dicembre**
750	375	1.500	1.875	2.250	3.000

[11] Ad esempio, se dalla valutazione delle commesse pluriennali in accordo con i principi contabili (documento OIC n. 23) si evidenzia una perdita, emerge la necessità, qualora la svalutazione totale dei lavori in corso non sia sufficiente a coprire la perdita, dello stanziamento di un apposito fondo per oneri futuri. In aggiunta, la stima dei costi totali delle commesse pluriennali consente di determinare gli oneri che saranno sostenuti dopo la conclusione dei lavori (collaudo, rimozione cantiere ecc.) e di provvedere pertanto agli opportuni stanziamenti.

Il calcolatore è venduto a un costo unitario di euro 500 e costituisce, per le sue prestazioni, un prodotto innovativo. A fronte della garanzia concessa, a partire dal 01.01 sono stati sostenuti nell'esercizio X costi per la riparazione di beni in garanzia pari a euro 55.000, di cui 9.000 relativi ai beni venduti nel mese di gennaio. Sulla base della seppur breve esperienza maturata, si ritiene che mediamente il 16% dei prodotti venduti presenti difetti tali da richiedere un intervento di garanzia. Il costo medio unitario stimato di tali interventi è pari al 10% del prezzo di vendita.
Sulla base delle informazioni precedentemente riportate, si determina l'ammontare dei fondi rischi e oneri da iscrivere nel bilancio destinato a pubblicazione al 31.12.X della società, sulla base della legislazione vigente, integrata e interpretata dai principi contabili OIC, assumendo un atteggiamento improntato alla massima prudenza.

Soluzione
Per quanto concerne la garanzia concessa sul prodotto Icarus essa, avendo durata pari a 11 mesi, sarà ancora valida all'01.01.X+1 per le vendite successive al 31.1.X. Dunque, nel corso dell'esercizio X+1 potrebbero essere richiesti interventi a fronte di prodotti acquistati nell'esercizio precedente. In ossequio al principio della competenza e della prudenza è necessario, dunque, effettuare un accantonamento a fondo garanzia prodotti (fondo oneri). L'ammontare di detto accantonamento, sulla base dei dati a disposizione, può essere così determinato:

Vendite del periodo 1.2.X - 31.12.X (unità)	16.125
16% (stima delle unità prodotto sottoposte a riparazione durante il periodo di garanzia)	2.580
Costo medio stimato degli interventi di garanzia (500 × 10%)	50
Totale costi di garanzia stimati (2.580 × 50)	129.000
A dedurre costi già sostenuti (55.000 - 9.000)	46.000
Accantonamento di competenza dell'esercizio X	83.000

Principi contabili internazionali

I paragrafi 36 e seguenti dello IAS 37 affermano che l'importo accantonato in bilancio debba rappresentare la migliore stima dell'onere necessario per estinguere l'obbligazione attuale alla data di riferimento del bilancio, ossia, in altre parole, l'importo che un'impresa ragionevolmente pagherebbe per estinguere l'obbligazione alla data di riferimento del bilancio o per trasferirla in quel momento a terzi (*best estimate*). Il principio stesso (paragrafi 42 e seguenti) richiede che, nella stima dell'ammontare di un accantonamento, l'impresa debba:

- tenere in considerazione rischi e incertezze, che, inevitabilmente, caratterizzano molti degli accadimenti aziendali oggetto di valutazione e successiva rilevazione[12];
- attualizzare gli accantonamenti, facendo uso, laddove l'effetto dell'attualizzazione del valore del denaro sia rilevante, di un tasso (o di tassi) di attualizzazione ante imposte che rifletta (riflettano) le valutazioni attualmente presenti sul mercato riguardanti il valore attuale del denaro e quei rischi specifici connessi alla

[12] Tuttavia l'indeterminabilità non giustifica la creazione di accantonamenti eccessivi o di una intenzionale sovrastima di passività.

passività che non sono stati riflessi nell'effettuazione della migliore stima della spesa. Se l'accantonamento è attualizzato, il suo incremento, dovuto al passare del tempo, si rileva come un interesse passivo;
- considerare situazioni future, quali modifiche normative e tecnologiche, nel caso in cui vi sia una indicazione sufficientemente obiettiva che queste si verificheranno;
- non tenere in considerazione i proventi derivanti da una prevista dismissione di attività, anche se questa è strettamente collegata al fatto che dà luogo all'accantonamento.

Alla luce di quanto dianzi esposto, emerge che, sostanzialmente, la metodologia di misurazione di un accantonamento non presenta sostanziali differenze fra il nostro ordinamento e i nostri principi contabili e gli IAS. Per entrambi ci si affida alla migliore stima dell'uscita economica necessaria per adempiere all'obbligazione[13], effettuata dalla direzione aziendale anche sulla scorta delle esperienze passate e, se del caso, di giudizi di esperti esterni all'impresa.
Un fattore di rilevante differenza fra i due apparati normativi era rappresentato prima dell'entrata in vigore dei nuovi OIC dalla necessità di procedere, stabilita dallo IAS 37, all'attualizzazione dell'accantonamento nel caso in cui sia previsto il differimento della passività e l'eventuale effetto di attualizzazione sia significativo[14]; in tale circostanza, il principio oggetto di disamina prescrive che l'importo deve essere attualizzato ad un tasso, al lordo di imposte, tale da riflettere sia le valutazioni correnti di mercato del valore attuale del denaro, sia i rischi specifici connessi alla passività. Secondo la metodologia indicata l'ammontare dell'accantonamento aumenta in ciascun esercizio per riflettere il passare del tempo e tale incremento è rilevato come interesse passivo in conto economico. Per completezza espositiva, risulta opportuno rilevare che il principio contabile nazionale n. 31 - *Fondi per rischi e oneri e Trattamento di fine rapporto* prevede l'attualizzazione soltanto per debiti commerciali a medio e lungo termine: di conseguenza, quanto prevede lo IAS 37 non costituisce una novità in senso assoluto. In sede di aggiornamento dell'OIC 31 è stata tuttavia eliminata la disposizione che precludeva l'attualizzazione dei fondi rischi e oneri (un simile divieto, infatti, appare inappropriato, considerando che il legislatore ha espressamente previsto il modello dell'attualizzazione per i crediti e i debiti).
Si è chiarito tuttavia che l'orizzonte temporale è uno degli strumenti di cui si può tenere conto nella stima di quei fondi oneri che hanno le caratteristiche di previsione di un esborso nel lungo periodo e che derivano da un'obbligazione legale certa.
L'esempio seguente è volto a chiarire il meccanismo di attualizzazione dell'accantonamento.

Esempio 2 - Fondo rischi - IAS/IFRS

In data 31/12/200X la società Epsilon ha una causa legale pendente. I legali sono convinti che Epsilon perderà la causa; questa perdita è stata stimata in euro 1.200.000 e si presume che il relativo esborso monetario avrà luogo al termine dell'esercizio 200X+2.

[13] Cfr. IAS 37, par. 37.
[14] Cfr. IAS 37, par. 45 ove: «Laddove l'effetto del valore attuale del denaro è un aspetto rilevante, l'importo di un accantonamento è rappresentato dal valore attuale delle spese che si suppone saranno necessarie per estinguere l'obbligazione».

La passività in parola è contabilizzata attualizzando l'importo oggetto di stima in base a un tasso di attualizzazione pari al 4,5%.
Gli importi sono espressi in migliaia di euro.
In data 31/12/200X i dati rilevati sono i seguenti:
- fattore di sconto al 4,5%: 0,9157;
- valore attuale: 1.099;
- *cash flow*: 0;
- oneri finanziari: 0.

In data 31/12/200X il fondo deve essere contabilizzato in bilancio per l'importo di euro 1.099. L'accantonamento è esposto nello stato patrimoniale per 1.099 e, in contropartita, il costo corrispondente rilevato nel conto economico è classificato negli altri oneri della gestione operativa.
In data 31/12/200X+1 i dati rilevati sono i seguenti:
- fattore di sconto al 4,5%: 0,9569;
- valore attuale: 1.148;
- *cash flow*: 0;
- oneri finanziari: 49.

Al termine dell'esercizio 200X+1, il fondo deve essere rappresentato in bilancio per l'importo complessivo di euro 1.148. L'incremento di 49 deve essere contabilizzato come onere finanziario nel conto economico dell'esercizio 200X+1.
In data 31/12/200X+2 i dati rilevati sono i seguenti:
- fattore di sconto al 4,5%: 1,0000;
- valore attuale: 1.200;
- *cash flow*: 1.200;
- oneri finanziari: 52.

Al 31/12/200X+2 il fondo deve essere esposto in bilancio per complessivi euro 1.200. L'incremento di euro 52 deve essere contabilizzato come onere finanziario nel conto economico dell'esercizio 200X+2, durante il quale avviene l'esborso monetario relativo all'operazione in parola.

7.4. LE DIVERSE TIPOLOGIE DI FONDI

Di seguito si analizzano quattro categorie di fondi[15]:
1. oneri o spese future;
2. rischi;
3. rettificativi;
4. impropri.

7.4.1 I fondi oneri futuri o fondi spese future

Questi fondi, in base a quanto finora osservato, devono essere costituiti in presenza di oneri futuri di esistenza certa e di ammontare e/o data di sopravvenienza

[15] Si prescinde in tale sede dalla trattazione dei fondi relativi a strumenti derivati passivi.

indeterminati. Essi rappresentano passività, presunte nel loro aspetto quantitativo, destinate alla copertura contabile di costi, spese e perdite (ovvero di quote di costi, spese e perdite) di futura manifestazione, ma che concorrono alla formazione del reddito nell'esercizio in cui, verificandosene il presupposto, si effettua l'accantonamento conformemente ai principi di competenza e di prudenza.
Di seguito si elencano e si commentano brevemente le principali categorie di fondi oneri, o spese future, sulla base della normativa e dei principi contabili nazionali, confrontandoli con le disposizioni degli IAS/IFRS, se e dove ritenute significative.

Fondi di quiescenza e obblighi simili
In questa voce sono accolti esclusivamente fondi spese diversi dal trattamento di fine rapporto, disciplinato a parte in quanto, come già osservato, non costituente un fondo, ma un debito. Tali fondi accolgono accantonamenti relativi a spese certe nell'esistenza ma indeterminate nell'ammontare, poiché stimate con ragionevolezza sulla base di calcoli attuariali. In particolare si possono identificare:

- fondi pensione costituiti per legge in aggiunta al TFR per il personale dipendente;
- fondi pensione integrativa derivanti da accordi con il personale delle operazioni dipendente;
- fondi indennità per cessazione di rapporti di collaborazione coordinata e continuativa;
- fondi indennità per cessazione di rapporti di agenzia, rappresentanza e altri;
- fondi di indennità suppletiva di clientela per gli agenti e i rappresentanti di commercio. Questo fondo è costituito ai sensi dell'art. 1751 del codice civile e accoglie l'importo previsto, determinato in base a stime, per indennizzare agenti e rappresentanti, nel caso in cui il loro contratto si sciolga per cause non imputabili agli stessi.

Nell'ambito della categoria dei fondi di quiescenza e obblighi simili, si distinguono i fondi pensione (e analoghi) dai fondi di indennità per cessazione di rapporti di collaborazione coordinata e continuativa, rapporti di agenzia, e indennità suppletiva di clientela.
I primi esulano dal campo di applicazione dello IAS 37 e sono disciplinati dallo IAS 19, rientrando tra i benefici ai dipendenti.
I secondi, invece, rispettano i requisiti richiesti dallo IAS 37 per il riconoscimento dei fondi, e, pertanto, possono essere iscritti nel passivo di stato patrimoniale. L'unica differenza sostanziale che li caratterizza rispetto ai principi nazionali è che, trattandosi di passività a lungo termine, occorre attualizzare i relativi importi.

Fondo per imposte, anche differite
Sebbene i fondi per imposte possano avere - a seconda dei casi - valenza sia di fondi spese, sia di fondi rischi, la loro trattazione è rimandata al paragrafo 7.4.2.

Fondo manutenzione ciclica
Si provvede alla sua costituzione in presenza di costi di manutenzione di beni strumentali che, seppur sostenuti solo periodicamente (per esempio, ogni due anni), sono di competenza di tutti gli esercizi in cui i beni stessi sono utilizzati. Il fondo accoglie pertanto gli accantonamenti dei singoli periodi amministrativi ed è stornato

in occasione dell'effettivo sostenimento del costo, a rettifica della parte di tale costo di competenza dei precedenti esercizi.
Secondo la normativa nazionale, si qualifica come un fondo oneri futuri poiché l'onere è di esistenza certa, in quanto a priori è noto se il bene debba subire periodiche manutenzioni (spesso la manutenzione è programmata contrattualmente); l'ammontare è indeterminato in quanto o non è nota l'entità del costo che si dovrà periodicamente sostenere per la manutenzione ovvero, se è noto il costo totale, è in ogni caso indeterminata la quota parte dell'importo da attribuire per competenza al singolo esercizio. Secondo gli *standard* internazionali, non esiste normalmente un'obbligazione attuale dell'impresa indipendente dalla sua condotta futura. L'impresa potrebbe infatti sempre decidere di sostituire il cespite oggetto di manutenzione con uno nuovo, ovvero decidere di liberarsene, senza procedere ad alcuna manutenzione. Il fondo manutenzione ciclica non è dunque iscrivibile secondo i principi contabili internazionali, a differenza di quanto accade in Italia.

Fondo garanzia prodotti
Si è in presenza di un fondo garanzia prodotti solo se sussiste la certezza dell'onere futuro da sostenere (per esempio, tale certezza può derivare dall'indagine dei costi sostenuti in passato per interventi in garanzia). Si pensi alla vendita da parte di una società di prodotti coperti da garanzia contrattuale; si ipotizzi inoltre che il numero elevato dei pezzi venduti, l'esperienza storica maturata dalla società stessa e le proiezioni statistiche effettuate consentano di ritenere certa la necessità di sostenere dei costi, non quantificabili con precisione, a fronte delle garanzie concesse. A questo punto è necessario, a fine esercizio, stimare un accantonamento a tale fondo, che si qualifica quindi come fondo oneri futuri poiché:
- è specifica la natura (la garanzia contrattuale);
- è certa l'esistenza (l'esperienza passata o le proiezioni statistiche rivelano la presenza dell'onere);
- è indeterminato l'ammontare (non si conosce al momento dell'accantonamento quale sia l'effettivo costo da sostenere).

Il calcolo della quota da accantonare, perché di competenza dell'esercizio, si basa di solito su elementi statistici (per esempio, gli importi medi per costo di assistenza per tipo di prodotto, la percentuale di interventi richiesti sulle vendite divise per anzianità, e così via).
Il fondo garanzia prodotti rispetta i requisiti richiesti dallo IAS 37 per il riconoscimento e può essere iscritto nel passivo di stato patrimoniale. L'unica differenza sostanziale che li caratterizza rispetto ai principi nazionali è la necessità di effettuare l'attualizzazione degli importi qualora il relativo impatto sia significativo.

Altri fondi oneri futuri
Il documento OIC n. 31 dei principi contabili nazionali individua le seguenti tipologie di fondi spese o oneri futuri:
1. Fondo manutenzione e ripristino dei beni gratuitamente devolvibili e dei beni d'azienda ricevuti in affitto;
2. Fondi per operazioni e concorsi a premio;
3. Fondi per resi di prodotti;
4. Fondi recupero ambientale;

5. Fondi per prepensionamento e ristrutturazioni aziendali.
6. Fondi per contratti onerosi.

Il documento OIC 31 contiene, disposizioni in merito:

1) alla rilevazione dei fondi oneri per resi su prodotti (par. 44 e seguenti);
2) alla rilevazione dei fondi recupero ambientale, con accantonamenti graduali (par. 98);
3) all'utilizzo dei fondi (metodo diretto) e al trattamento dei fondi eccedenti. In caso di fondo eccedente e deficitario, la contropartita reddituale è da ricercare nella medesima area gestionale in cui erano stati effettuati gli stanziamenti (par. 43 e ss.).

7.4.2 **I fondi rischi**

L'elemento discriminante per distinguere gli oneri futuri dai rischi, e, quindi, i fondi destinati alla copertura degli uni e degli altri, attiene all'esistenza dei costi, delle spese e delle perdite che i fondi stessi devono fronteggiare. Essa è certa, come visto, nel caso degli oneri di futura manifestazione, mentre l'esistenza è soltanto incerta in presenza di un rischio. I fondi rischi rappresentano pertanto passività, presunte nel loro aspetto esistenziale e quantitativo, predisposte in funzione della copertura contabile di costi, spese e perdite ovvero di quote di costi, spese e perdite di manifestazione futura incerta e di ammontare indeterminato; tali oneri potenziali derivano dai rischi specifici che gravano sulla gestione d'impresa e vanno anticipati nell'esercizio in corso, in ossequio al principio della competenza e della prudenza; la specificità del rischio, inoltre, deriva dalla chiara individuazione dell'evento che genera il rischio stesso.
Si riportano nel seguito alcune considerazioni relative a singole tipologie di fondi. Come per i fondi spese, anche per i fondi rischi si elencano le categorie principali previste dall'OIC n. 31, con evidenziate, laddove significative, le differenze principali rispetto al contenuto dei principi contabili internazionali.

Fondo rischi su crediti

Si costituisce questo fondo, in presenza di crediti per i quali l'esigibilità è dubbia o si è già manifestata l'inesigibilità, quindi una perdita. Ecco allora che nel registrare contabilmente «perdite su crediti» occorre fare riferimento a tre diversi orizzonti temporali.
Le perdite degli esercizi precedenti sono oneri non di competenza che, in quanto tali, hanno prudentemente contribuito alla determinazione del risultato degli esercizi in cui sono stati contabilizzati i relativi ricavi. Per esse si utilizza a totale o parziale copertura il fondo già presente nel passivo; qualora in passato si fosse accantonato un onere maggiore della perdita che si è realmente verificata, per l'eccedenza si rileva un componente straordinario positivo di reddito (sopravvenienza attiva).
Le perdite dell'esercizio in corso vanno direttamente a rettificare nell'attivo dello stato patrimoniale il credito che, per loro effetto, si è svalutato, e rappresentano un componente negativo di reddito di tale esercizio.
Le perdite degli esercizi futuri sono valori congetturati, di competenza dell'esercizio in corso che per prudenza concorrono alla determinazione del risultato di tale esercizio, anche se si manifestano concretamente nel successivo periodo amministrativo; quindi è solo per tali perdite che si procede nell'esercizio in corso all'accantonamento al fondo del passivo.

Per determinare la quota di accantonamento, espressione dei crediti che si prevede di non incassare nel futuro, è necessario considerare:
a) un rischio specifico, esaminando ogni singolo credito;
b) un rischio generico, analizzando i crediti per categoria.

Utilizzando alcuni accorgimenti tecnici nell'analisi dei crediti, è possibile distinguere concettualmente due tipologie di fondi preordinati a fronteggiare l'eventuale inesigibilità dei crediti stessi. Un fondo specifico, nel caso a) che rettifica il corrispondente valore dei crediti per una perdita presunta; un fondo a scopo marcatamente prudenziale, nel caso b). Nel caso a) le perdite per inesigibilità da accantonare sono quelle che possono essere «ragionevolmente» previste dall'analisi dei crediti specifici, considerati singolarmente, la cui inesigibilità si è già manifestata alla data di redazione del bilancio (i crediti in parola non sono più crediti sani); si allude a crediti in contenzioso, assoggettati a procedure concorsuali, e così via. Per ciascuno dei crediti individuati è opportuno procedere all'accantonamento al fondo svalutazione o rischi su crediti, in misura pari all'importo che si prevede di non incassare.

Nel caso b) si possono determinare perdite presunte in base a situazioni di probabile manifestazione futura. Per esempio, si osserva la solvibilità e la localizzazione del debitore e si distinguono i crediti per categoria, individuando:
- crediti di dubbia esigibilità, perché soggetti magari a gravi difficoltà economiche del debitore;
- crediti di incerta esigibilità, perché soggetti a perdite possibili (ad esempio, rischio Paese).

Si procede poi a stabilire, per ciascuna categoria, le percentuali di perdita attraverso una stima della stessa.

Le stime si effettuano considerando le perdite che è presumibile che si possano realizzare, sulla base di ogni elemento utile, soprattutto l'esperienza passata. In particolare si valutano in termini di vantaggi/svantaggi gli accantonamenti effettuati negli esercizi precedenti.

Sulla base di quanto appena esposto si procede ad accantonare l'onere di competenza dell'esercizio in un «fondo rischi su crediti» predisposto al fine di fronteggiare ulteriori perdite sui crediti in essere. Con riguardo a tale fondo è bene precisare che:
- i crediti non sono analizzati singolarmente e pertanto la perdita è stimata in via sintetica sulla base della massa dei crediti stessi;
- l'inesigibilità dei crediti non si è ancora manifestata alla data di redazione del bilancio ma, per esperienza storica e statistica, è intrinseca nei saldi esposti in bilancio (i crediti sono ancora sani, ma è necessario predisporre il fondo in quanto è noto che una certa percentuale di tali crediti, seppure sani, alla scadenza risulterà inesigibile).

Ai fini dell'accantonamento a tale fondo, può essere utile far prevalere, sui requisiti di destinazione e di esigibilità, la scadenza. Si distinguono così i crediti a breve (esigibili entro i dodici mesi e quindi valutabili al presumibile valore di realizzo) da quelli a medio lungo termine, con interesse non esplicitato o inferiore al tasso di mercato (esigibili oltre i dodici mesi e quindi da attualizzare). In questo ultimo caso si valuta

il credito al suo valore attuale (valore nominale meno interessi calcolati al tasso di mercato) e si stima la perdita per inesigibilità sul valore attuale.
Si riporta di seguito un'esemplificazione riepilogativa sulla valutazione dei crediti e la stima del relativo fondo rischi. Si ribadisce che i crediti, in base alle disposizioni del codice civile (art. 2426, n. 8), devono essere iscritti in bilancio secondo il «valore di presumibile realizzazione».

Esempio 3 - Funzionamento del fondo svalutazione crediti
I crediti verso clienti italiani della società Beta spa ammontano a euro 63.000 e quelli verso clienti americani già convertiti in moneta di conto a euro 10.000.
Si stima che dei crediti italiani si incasserà il 70% e di quelli sorti in dollari il 90%.
Si calcoli la quota da accantonare al fondo svalutazione crediti secondo il codice civile.

Soluzione
Ai fini della determinazione del «presumibile valore di realizzo» (art. 2426 del codice civile, n. 8) si possono computare tutti i crediti, quindi anche quelli in valuta.
La quota da accantonare al fondo svalutazione crediti è così calcolata:
- crediti v/clienti italiani non esigibili: 63.000 × 30%= 18.900 euro;
- crediti v/clienti americani non esigibili: 10.000 × 10% = 1.000 euro;
- quota da accantonare al fondo svalutazione crediti: 18.900 + 1.000 = 19.900 euro.

Le norme previste all'art. 20, comma 6, del D.Lgs. n 87/1992 per la costituzione dei fondi rischi su crediti si basano sull'eventualità che si verifichi l'evento che ha portato alla costituzione del fondo; tale definizione è sostanzialmente simile al concetto di passività potenziali possibili, ma non probabili, presupposto questo non più sufficiente, ai sensi dello IAS 37, per giustificare l'accantonamento a un fondo del passivo.

Fondo imposte
Il fondo imposte può essere costituito:
1. per contenzioso tributario;
2. per imposte differite.

1. Per contenzioso tributario
Si provvede alla sua costituzione in presenza del rischio di dover sostenere un onere tributario futuro a seguito di accertamento da parte dell'amministrazione finanziaria; in tale circostanza si effettua l'accantonamento prudenziale al fondo in occasione dell'accertamento e, qualora i ricorsi sortiscano un esito negativo, si provvede al suo utilizzo al momento dell'effettivo sostenimento dell'onere tributario supplementare. Tale fondo non accoglie le imposte dell'esercizio.
L'indeterminatezza dell'esistenza e dell'ammontare deriva dal fatto che, a seguito dei ricorsi proposti, il soggetto accertato potrebbe non dover sostenere l'onere tributario, ovvero sostenerlo per un importo differente rispetto a quanto accertato.

Il calcolo della quota avviene sulla base dell'ammontare delle imposte di competenza dei passati esercizi che non risultano pagate, in seguito all'accertamento dell'amministrazione finanziaria.
Per quanto riguarda il confronto con i principi contabili internazionali non si rilevano particolari differenze rispetto quanto previsto dai principi contabili italiani.

2. Per imposte differite
Le imposte differite da stanziare sono quelle emergenti da differenze temporanee tra il risultato civilistico e l'imponibile fiscale. Si accantonano al fondo imposte differite le imposte emergenti ogniqualvolta il reddito imponibile fiscale sia inferiore al risultato civilistico[16].
Il fondo per imposte differite può essere assimilabile a un fondo spese, poiché è relativo a imposte di competenza il cui pagamento è rinviato a futuri esercizi.
Si ricorda che le imposte dell'esercizio, così come le imposte dovute in base ad accertamenti o contenziosi definitivi, non hanno come contropartita un fondo, ma la voce D.11. «Debiti tributari».
Per quanto riguarda i principi contabili internazionali, il trattamento contabile delle imposte differite è regolato dallo IAS 12, sostanzialmente allineato al principio contabile nazionale n. 25; quindi non rientra nel campo di applicazione dello IAS 37.

Fondo contenzioso civilistico
Si provvede alla sua costituzione in circostanze simili a quelle esposte in merito al fondo precedente, per poi utilizzare il fondo al manifestarsi dell'onere, relativamente alla parte che di fatto lo copre.
Nella fattispecie in esame l'onere futuro non ha natura tributaria, ma deriva da una causa civilistica in corso (natura specifica) e dall'esito incerto (esistenza incerta ma probabile). L'ammontare è indeterminato in quanto non si conosce e non è possibile prevedere il verdetto del giudice.
Il calcolo della quota da accantonare dipende spesso dal parere dei legali che hanno previsto la perdita della vertenza in corso per cui si accantona.

Altri fondi
Il documento OIC n. 31, spiega che i fondi in parola si costituiscono per sostenere passività future potenziali, quindi non certe, ma probabili. Si tratta di situazioni già esistenti, ma con esito pendente, in quanto si risolveranno in futuro. In particolare per «potenzialità», in questo documento, si intendono una situazione, una condizione o una fattispecie esistenti alla data di bilancio, caratterizzate da uno stato d'incertezza, le quali, al verificarsi o meno di eventi futuri, potranno concretizzarsi per l'impresa in una perdita o in un utile, confermando il sorgere di una passività o la perdita parziale o totale di un'attività (ad esempio una causa passiva, l'inosservanza di una clausola contrattuale o di una norma di legge, una minaccia di espropriazione, rischi non

[16] Per approfondimenti sul tema delle imposte differite v. M. Comoli, *Le imposte differite nel bilancio d'esercizio*, Giappichelli, Torino, 1996.

assicurati ecc.), ovvero l'acquisizione di un'attività o la riduzione di una passività (ad esempio una causa attiva, benefici fiscali da perdite a nuovo, ecc.).
Il nuovo OIC 31 elenca i seguenti fondi rischi:
Fondi rischi per cause in corso, di eventuali contestazioni da parte di terzi, per garanzie prestate e su crediti ceduti.

7.4.3 I fondi rettificativi

La tipologia dei fondi rettificativi si articola in due sottoclassi differenti:
- i fondi di ammortamento;
- i fondi di svalutazione.

Solo in virtù di tale distinzione è possibile definire correttamente la funzione svolta dai fondi rettificativi nel sistema dei valori di bilancio.

Fondi ammortamento
Gli ammortamenti contribuiscono a misurare un reddito netto di esercizio che, mediante le loro quote accolte tra i suoi componenti negativi, tenga conto, tra gli altri accadimenti, della partecipazione dei fattori a fecondità ripetuta agli svolgimenti della gestione; in altri termini, le quote di ammortamento ripartiscono sistematicamente, per mezzo di congetture, costi pluriennali anticipati tra gli esercizi cui sono comuni, senza essere subordinate a una realistica valutazione dei beni ai quali sono correlate.

Fondi svalutazione
I fondi di svalutazione sono valori destinati a rettificare determinate voci dell'attivo in connessione a eventi che non consentono la conservazione dei valori originari; tali rettifiche consentono di ricondurre la valutazione dei beni attivi a un importo che il redattore del bilancio ritiene congruo; le svalutazioni non possono essere ripartite tra più esercizi, come nel processo di ammortamento, ma gravano totalmente sull'esercizio in cui si istituisce il fondo menzionato.
Le categorie di fondi svalutazione sono le seguenti:
a) il fondo svalutazione immobilizzazioni materiali;
b) il fondo svalutazione partecipazioni;
c) il fondo svalutazione magazzino;
d) il fondo svalutazione crediti.

Secondo gli IAS/IFRS, i fondi del passivo non possono essere considerati in nessun caso fondi rettificativi del valore di attività iscritte in bilancio, poiché questi ultimi devono essere portati direttamente a riduzione del valore delle rispettive attività, e non, invece, iscritti nel passivo.
In particolare, lo IAS 37 precisa che, in alcuni Paesi, il termine accantonamento o fondo è utilizzato anche per identificare voci quali svalutazioni durevoli di valore di attività o di crediti di dubbia esigibilità. Queste ultime sono da considerarsi voci rettificative dell'attivo; non devono pertanto essere classificate tra i fondi del passivo, bensì a diretta deduzione delle voci cui fanno riferimento.

7.4.4 I fondi impropri

Nel sistema di bilancio i debiti e le riserve configurano due classi di valori che, pur presentando natura e finalità differenti, sono spesso confuse con i fondi oneri futuri e i fondi rischi da un punto di vista terminologico e sostanziale.
Un debito è un'obbligazione pecuniaria certa, determinata nel suo aspetto quantitativo e pertanto priva di quegli elementi di indeterminatezza che caratterizzano i fondi. Ne deriva che gli elementi che discriminano i fondi dai debiti attengono ai due requisiti dell'esistenza e dell'ammontare: sempre certi e determinati nel caso dei debiti, sulla base della definizione proposta, indeterminati entrambi o solo il secondo nel caso dei fondi, conformemente a quanto esposto nei paragrafi precedenti.
Le riserve di bilancio non rappresentano vere e proprie passività o valori a esse equiparati, ma sono parti ideali del capitale netto, contrapposte indiscriminatamente all'intera massa attiva, determinate per differenza tra il valore dello stesso capitale netto di bilancio e il valore nominale del capitale sociale.
Le riserve si distinguono, sulla base della loro origine, in riserve derivanti da apporti (o riserve di capitale) e in riserve derivanti da destinazione di utili.
In questa sede si desidera soffermarsi sulla differenza tra i fondi del passivo patrimoniale e le riserve di utili; per contro il problema non è rilevante in relazione alle riserve derivanti da apporti, dato che le stesse sono facilmente identificabili e differenziabili rispetto ai fondi; ciò in quanto si originano da attribuzioni alla società, ad esempio da parte dei soci, senza contemporaneo sorgere di un debito di restituzione e senza pagamento di una controprestazione (a titolo esemplificativo si cita la riserva sovrapprezzo azioni).
Gli elementi discriminanti le riserve di utili dai fondi attengono gli elementi indicati nel seguito; la loro analisi consente altresì di evidenziare le principali finalità cui le riserve stesse, diversamente dai fondi, sono preordinate; tali elementi sono:

- il grado di probabilità dell'esistenza dell'onere futuro (*an*);
- la genericità del rischio che si desidera fronteggiare.

In merito al primo punto si sottolinea che, qualora sussista un'incertezza estrema in relazione al manifestarsi dell'onere futuro[17], sorge un rischio che, seppur specifico, è del tutto remoto per l'azienda; in tale circostanza gli amministratori non devono effettuare alcun accantonamento a un fondo, ma è solo possibile, se la volontà assembleare lo ritiene opportuno, procedere alla costituzione di una riserva di utili in sede di destinazione del risultato d'esercizio[18]. Ne deriva che le riserve hanno, tra le altre, la funzione di fronteggiare «quelle eventualità che si ritennero così improbabili da poter essere trascurate nella costituzione dei fondi rischi»[19].

---

[17] L'estrema incertezza cui si è fatto riferimento trova espressione, secondo il codice civile e i principi contabili nazionali e internazionali, in un onere futuro solo possibile o addirittura improbabile; diversamente, come sopra evidenziato, le stesse fonti impongono la costituzione di un fondo quando l'onere futuro è certo o probabile.
[18] Si sottolinea che il soggetto competente ai fini della costituzione di un fondo - gli amministratori in sede di redazione del bilancio di esercizio - è differente dal soggetto competente ai fini della costituzione di una riserva di utili - l'assemblea dei soci in sede di destinazione del risultato di esercizio.
[19] G. Zappa, *Il reddito d'impresa*, Giuffrè, Milano, 1950, p. 336.

In merito al secondo punto si sottolinea che si procede alla costituzione di una riserva di utili qualora gravi sulla gestione un rischio generico mentre, come visto precedentemente, i fondi del passivo di bilancio sono costituiti a fronte di rischi specifici che derivano da eventi aventi natura determinata. La genericità del rischio deriva dalla impossibilità di individuare chiaramente lo specifico evento che genera il rischio stesso; un rischio generico incombe sulla redditività globale dell'impresa e non su specifiche operazioni, processi o combinazioni di processi. Ne deriva che una delle primarie finalità delle riserve consiste nel fronteggiare i rischi generici connessi a eventi futuri e incerti non determinati nella loro natura; esse riguardano quindi tipicamente «il rischio economico generale d'impresa: il rischio che sfavorevoli andamenti futuri dell'esercizio possano determinare perdite di capitale o togliere, a questo, la congrua remunerazione»[20].

La disamina svolta porta così a individuare classi di valori che - nella dottrina meno recente e nella prassi - sono definite, determinate e classificate alla stregua dei fondi, ma la cui intrinseca natura, sulla base delle differenziazioni emerse nel corso del presente paragrafo, è quella dei debiti o delle riserve.

Per quanto concerne i debiti «passività determinate» che erroneamente sono equiparati ai fondi «passività presunte», due sono gli esempi classici cui fare riferimento: il fondo trattamento fine rapporto e il fondo per le imposte dell'esercizio[21]. Invero si tratta di classi di valori determinate sia nell'*an* che nel *quantum* e che pertanto rappresentano debiti e non fondi.

Per quanto concerne le riserve di utili che erroneamente sono definite, determinate e classificate alla stregua dei fondi, si ricordano tutti quei valori che sono sottratti alla volontà assembleare in sede di destinazione del reddito di esercizio e imputati a conto economico dall'organo amministrativo; trattasi, in altri termini, di accantonamenti volti a fronteggiare:

- rischi generici (per esempio fondo perdite future; fondo rinnovamento impianti);

e/o

- rischi improbabili (per esempio fondo per contenzioso tributario, in assenza di un avviso di accertamento o di un qualunque altro presupposto logico).

Di seguito si espongano i casi di un debito (TFR) e di una riserva (rinnovamento impianti).

Trattamento di fine rapporto (TFR)

Si tratta di un debito, e non di un fondo. Come è noto esso nasce per garantire una remunerazione aggiuntiva ai dipendenti, in sede di cessazione del rapporto di lavoro con gli stessi. Per effetto della Legge 297/1982, si è data certezza all'ammontare dell'onere futuro, per cui tale voce assume le caratteristiche tipiche dei debiti. Infatti la natura dell'onere è specifica (il rapporto di lavoro si conclude); l'esistenza dell'onere futuro è certa, in quanto ci sarà per ogni dipendente una liquidazione al termine del

[20] P. Onida, *Il bilancio di esercizio nelle imprese*, Giuffrè, Milano, 1974, p. 462.

[21] Questa terminologia, in uso prima del D.Lgs. n. 127, è stata abolita. Le imposte dell'esercizio confluiscono nella voce «Debiti Tributari».

suo rapporto di lavoro. L'ammontare è certo e il calcolo della quota di debito di competenza dell'esercizio avviene in base alle obbligazioni assunte dall'impresa, per ogni categoria, sancite dalla legge e dai contratti nazionali di lavoro[22].
È diffusa la terminologia di fondo, poiché la vecchia normativa stabiliva che si potesse procedere a un accantonamento a fronte di indennità spettanti al personale dipendente al momento della cessazione del rapporto di lavoro, caratterizzando quindi il TFR come un fondo. La natura dell'onere era specifica, l'esistenza certa, l'ammontare risultava indeterminato; infatti il computo dell'indennità maturata avveniva sulla base dell'ultima mensilità divisa per gli anni di lavoro maturati. Poiché non era possibile a priori conoscere l'ammontare esatto dell'ultima mensilità, si procedeva a individuare un valore congetturato, di qui l'esattezza del fondo.

In merito alla classificazione del TFR come debito o fondo nello stato patrimoniale, gli IAS da considerare sono il 37 e il 19.
Lo IAS 37, al par. 10, definisce gli accantonamenti come passività di scadenza e ammontare incerti. Il par. 5 afferma inoltre quanto segue: «nel caso in cui un altro principio contabile internazionale disciplini una specifica tipologia di accantonamento, passività o attività potenziale, un'impresa applica quel principio specifico e non il presente. Per esempio, particolari tipologie di accantonamenti sono considerate, tra gli altri, nei principi che trattano:
- commesse a lungo termine (IAS 11);
- imposte sul reddito (IAS 12);
- contratti di *leasing* (IAS 17)[23]; e
- benefici per i dipendenti (IAS 19)».

Per la disciplina del TFR, occorre quindi fare riferimento alle disposizioni dello IAS 19. Tuttavia, per quanto concerne l'informativa da fornire in bilancio, vale quanto stabilito dallo IAS 37, par. 85, per i fondi del passivo in generale[24].
Rispetto all'OIC 19, il nuovo principio contabile OIC 31 aggiorna la disciplina sul tema del TFR, tenendo altresì in considerazione le modifiche introdotte con la legge n. 296/2006.
In particolare, tale normativa si applica alle società che hanno alle proprie dipendenze almeno 50 dipendenti, sebbene anche per i dipendenti di imprese che non raggiungono tale limite sussista comunque la possibilità di aderire ai fondi di previdenza complementare.

---

[22] Per il calcolo della quota si rinvia ad AA.VV., *Memento Pratico - Lavoro 2015*, Ipsoa Francis Lefebvre, 2011.
[23] Tuttavia, considerato che lo IAS 17 non contiene alcuna specifica disposizione che disciplina i contratti di *leasing* operativi divenuti onerosi, il presente principio si applica anche a tali casi.
[24] Lo IAS 37 (par. 85) afferma che l'impresa deve indicare per ciascuna classe di accantonamenti:
(a) una breve descrizione della natura dell'obbligazione e la tempistica prevista per l'impiego delle proprie risorse;
(b) un'indicazione delle incertezze relative all'ammontare o alla tempistica di tali impieghi. Laddove risulti necessario fornire adeguate informazioni, l'impresa deve evidenziare le principali ipotesi formulate su fatti futuri, come specificato nel par. 48; e
(c) l'ammontare di qualsiasi indennizzo previsto, specificando l'ammontare di ciascuna attività rilevata per l'indennizzo atteso.

Con la legge n. 296/2006 il TFR maturato fino al 31 dicembre 2006 nelle aziende che presentano tali caratteristiche rimane accantonato nel cosiddetto "fondo TFR", iscritto nel passivo.
Per le quote maturate dal 1° gennaio 2007, ogni dipendente ha la possibilità di optare tra l'alternativa di lasciare queste quote in azienda, la quale dovrà trasferirle al Fondo di Tesoreria gestito dall'INPS, oppure di destinarle a forme di previdenza complementare. Indipendentemente dalla scelta effettuata dal dipendente, l'onere del TFR rimane a carico della società che, ogni anno, provvede a rilevarne il costo a conto economico nella voce B9c), iscrivendo in contropartita il debito verso l'INPS o verso il gestore del fondo di previdenza complementare.
Al momento del versamento, tale debito è chiuso in contropartita al movimento bancario (uscita).
In particolare, alla data di bilancio, nel passivo dello stato patrimoniale figura il debito ancora in essere verso l'INPS o il gestore del fondo previdenziale. In ogni caso, la rivalutazione delle quote versate è a carico del Fondo di Tesoreria o degli altri fondi di previdenza complementare poiché, in applicazione della nuova norma, gli stessi sono qualificati come debitori nei confronti dei lavoratori.
Il datore di lavoro, infatti, trasferisce le quote rilevandone unicamente il costo nell'esercizio di competenza.
La logica sopra descritta è sintetizzata nella seguente tavola 7.2.

Tavola 7.2 - **La nuova disciplina per il TFR. Fonte: OIC 31, par. 55 e seguenti**

Società con almeno 50 dipendenti	**Società con meno di 50 dipendenti**
➔ obbligo di conferire il TFR maturato dal 1/1/2007, a scelta del dipendente, a fondi di previdenza complementare o alla gestione della tesoreria dell'INPS.	➔ spetta al dipendente la scelta se mantenere il TFR in azienda, o prevederne la destinazione ad un fondo di previdenza complementare o alla gestione separata della tesoreria dell'INPS.

Gli ammontari di TFR relativi a rapporti di lavoro cessati, il cui pagamento è già scaduto o scadrà ad una data determinata dell'esercizio successivo, soddisfano i criteri per essere considerati debiti e sono quindi classificati nello stato patrimoniale nella voce D13.

Riserva (fondo) rinnovamento impianti

La voce in oggetto appartiene alla categoria delle «riserve», poiché predisposta in previsione del fatto che l'impresa, nel momento in cui procede alla sostituzione di immobilizzazioni tecniche, potrebbe sostenere costi maggiori rispetto a quelli originari dei beni sostituiti. Il maggiore costo della nuova immobilizzazione rispetto alla vecchia può essere determinato dall'inflazione o da miglioramenti tecnici, apportati ai beni strumentali, che consentono di incrementare in modo significativo la loro produttività: in ogni caso, quando si rinnovano gli impianti, ci si trova di fronte a un'operazione tipica di investimento e a un problema di gestione finanziaria che va tenuto presente quando si pongono in relazione le fonti di risorse con i fabbisogni programmati; quindi se si volesse procedere a un accantonamento per maggiori costi di rinnovo, questo andrebbe operato in sede di destinazione degli utili d'esercizio con la costituzione di una «riserva per il rinnovamento dei cespiti», nell'ambito del patrimonio netto.

7.5. LA VALUTAZIONE DEI CREDITI

Nel presente paragrafo si analizzano i criteri di valutazione dei crediti iscritti nell'attivo di bilancio secondo le norme civilistiche e il "nuovo" principio contabile OIC 15.

7.5.1. Definizione e classificazione in bilancio

I crediti rappresentano diritti a esigere, ad una scadenza individuata o individuabile, ammontari fissi o determinabili di disponibilità liquide, o di beni/servizi aventi un valore equivalente, da clienti o da altri soggetti (OIC 15, par. 4).
Essi possono essere classificati sia nell'attivo immobilizzato che nell'attivo circolante.
La classificazione dei crediti tra l'attivo circolante e le immobilizzazioni finanziarie si fonda sul criterio della "destinazione" (o dell'origine) degli stessi rispetto all'attività ordinaria, in base al quale i crediti di origine finanziaria sono considerati tra le immobilizzazioni finanziarie, mentre i crediti di origine commerciale, più generalmente i crediti di regolamento (verso clienti, erario, dipendenti, ecc.), sono rappresentati nell'attivo circolante.

STATO PATRIMONIALE (art. 2424 c.c.)

ATTIVO

B) Immobilizzazioni

III – Immobilizzazioni finanziarie, con separata indicazione, per ciascuna voce dei crediti, degli importi esigibili entro l'esercizio successivo:

2) Crediti:

a) verso imprese controllate.
b) verso imprese collegate;
c) verso controllanti;
d) verso imprese sottoposte al controllo delle controllanti;
d *bis*) Verso altri.

Ciascuna delle voci dei crediti iscritti fra le immobilizzazioni e l'attivo circolante è suddivisa in base alla scadenza tra crediti esigibili entro/oltre l'esercizio successivo: inoltre, l'art. 2427, numero 6, c.c. richiede in nota integrativa, distintamente per ciascuna voce, l'ammontare dei crediti e dei debiti di durata residua superiore a cinque anni. In questo modo lo schema di stato patrimoniale fornisce, benché in modo frazionato e senza un riepilogo, alcune informazioni di natura finanziaria.

STATO PATRIMONIALE (art. 2424 c.c)
ATTIVO

C) Attivo circolante:

II – Crediti, con separata indicazione, per ciascuna voce, degli importi esigibili oltre l'esercizio successivo:

1) verso clienti;
2) verso imprese controllate;
3) verso imprese collegate;
4) verso controllanti
5) verso imprese sottoposte al controllo delle controllanti;
5-*bis*) crediti tributari;
5-*ter*) imposte anticipate;
5-*quater*) verso altri.

I crediti sono esposti nello stato patrimoniale al netto di svalutazioni necessarie per ricondurli al valore di presumibile realizzo. I crediti verso controllanti accolgono anche i crediti verso le controllanti di livello superiore al primo, ovverossia le controllanti che controllano la società, indirettamente, tramite loro controllate intermedie.

Per quanto riguarda i riflessi in conto economico, nella voce B.10.d) si classificano gli accantonamenti e le svalutazioni dei crediti commerciali e diversi iscritti nell'attivo circolante.

Nella voce D.19.b) si classificano le svalutazioni di crediti finanziari iscritti nelle immobilizzazioni finanziarie.

Nella voce A5 del conto economico "altri ricavi e proventi" si classificano gli storni di precedenti svalutazioni dei crediti iscritti nell'attivo circolante, quando le cause che le hanno generate vengono meno.

Nella voce D18b) del conto economico "rivalutazioni di immobilizzazioni finanziarie che non costituiscono partecipazioni" si classificano gli storni di precedenti svalutazioni di crediti iscritti nelle immobilizzazioni finanziarie, quando le cause che le hanno generate vengono meno.

Nella voce B 14) si classificano le perdite su crediti iscritti nell'attivo circolante, realizzate derivanti da elementi "certi e precisi" eccedenti l'eventuale fondo svalutazione crediti. Se le perdite sono relative a crediti iscritti nelle immobilizzazioni finanziarie, sono classificate nella voce C17 "Interessi e altri oneri finanziari", con separata indicazione di quelle da imprese controllate, collegate, controllanti e sottoposte al controllo di queste ultime.

Nella voce C16a) "Altri proventi finanziari – a) da crediti iscritti nelle immobilizzazioni" del conto economico si classificano gli "altri proventi finanziari" rappresentati da interessi attivi e altri proventi maturati sui crediti immobilizzati e i maggiori importi incassati sui crediti acquistati e iscritti nelle immobilizzazioni finanziarie, con separata indicazione di quelli da imprese controllate, collegate, controllanti e sottoposte al controllo di queste ultime.

Nella voce C16d) "Altri proventi finanziari – d) diversi dai precedenti" del conto economico si classificano gli "altri proventi finanziari" sui crediti iscritti nell'attivo circolante, con separata indicazione di quelli da imprese controllate, collegate, controllanti e sottoposte al controllo di queste ultime.
I crediti verso i propri creditori non possono essere compensati.

7.5.2. Valutazione (prima iscrizione e valutazioni successive)

I crediti originati da ricavi per operazioni di vendita di beni sono rilevati in base al principio della competenza quando si verificano entrambe le seguenti condizioni (OIC 15, par. 29):
- il processo produttivo dei beni è stato completato; e
- si è verificato il passaggio sostanziale e non formale del titolo di proprietà assumendo quale parametro di riferimento, per il passaggio sostanziale, il trasferimento dei rischi e benefici.

Salvo che le condizioni degli accordi contrattuali prevedano che il trasferimento dei rischi e benefici avvenga diversamente:
(a) in caso di vendita di beni mobili, il trasferimento dei rischi e benefici si verifica con la spedizione o consegna dei beni stessi;
(b) per i beni per i quali è richiesto l'atto pubblico (ad esempio, beni immobili) il trasferimento dei rischi e benefici coincide con la data della stipulazione del contratto di compravendita;
(c) nel caso della vendita a rate con riserva della proprietà, l'art. 1523 c.c. prevede che il compratore acquisti la proprietà della cosa con il pagamento dell'ultima rata di prezzo, ma assuma i rischi dal momento della consegna. Pertanto, la rilevazione del ricavo e del relativo credito avvengono alla consegna, indipendentemente dal passaggio di proprietà.

I crediti originati da ricavi per prestazioni di servizi sono rilevati in base al principio della competenza quando il servizio è reso, cioè la prestazione è stata effettuata.
I crediti sorti per ragioni differenti dallo scambio di beni e servizi (ad esempio crediti finanziari) sono iscrivibili in bilancio se sussiste «titolo» al credito (OIC 15, par. 30), e cioè se essi rappresentano effettivamente un'obbligazione di terzi verso la società (es. contratto di mutuo).
In base al disposto dell'art. 2426, comma 1, n. 8, c.c.: "i crediti e di debiti sono rilevati in bilancio secondo il criterio del costo ammortizzato, tenendo conto del fattore temporale e, per quanto riguarda i crediti, del valore di presumibile realizzo[25]."

[25] Si tenga presente che nel bilancio in forma abbreviata redatto ai sensi dell'art. 2435-bis del codice civile e nel bilancio delle micro-imprese redatto ai sensi dell'art. 2435-ter del codice civile, i crediti possono essere valutati al valore di presumibile realizzo senza applicare il criterio di valutazione del costo ammortizzato e l'attualizzazione. Qualora la società si avvalga di questa facoltà, la rilevazione iniziale del credito è effettuata al valore nominale al netto dei premi, degli sconti, degli abbuoni previsti contrattualmente o comunque concessi. La valutazione al presumibile valore di realizzazione presuppone l'eventuale costituzione di un fondo svalutazione crediti.

Il criterio del costo ammortizzato può non essere applicato ai crediti se gli effetti sono irrilevanti (OIC 15, par. 33). Generalmente gli effetti sono irrilevanti se i crediti sono a breve termine (ossia con scadenza inferiore ai 12 mesi)[26].

Iscrizione iniziale
Il valore di iscrizione iniziale del credito è rappresentato dal valore nominale del credito al netto di tutti i premi, gli sconti, gli abbuoni ed inclusivo degli eventuali costi direttamente attribuibili alla transazione che ha generato il credito (OIC 15.34).
I costi di transazione, le eventuali commissioni attive e passive e ogni differenza tra valore iniziale e valore nominale a scadenza sono inclusi nel calcolo del costo ammortizzato utilizzando il criterio dell'interesse effettivo, che implica che essi siano ammortizzati lungo la durata attesa del credito (OIC 15.35).
I flussi finanziari futuri utili al calcolo del tasso di interesse effettivo sono determinati tenendo in considerazione tutti i termini contrattuali della transazione che ha originato il credito, incluse le scadenze previste di incasso e pagamento, la natura dei flussi finanziari (capitale o interessi), e la probabilità che l'incasso o il pagamento anticipato si verifichi quando contrattualmente è previsto (OIC 15.38).
I flussi finanziari futuri utili al calcolo del tasso di interesse effettivo non includono le perdite e le svalutazioni future dei crediti (OIC 15.39).

Valutazioni successive
Alla chiusura dell'esercizio, il valore dei crediti valutati al costo ammortizzato è pari al valore attuale dei flussi finanziari futuri scontati al tasso di interesse effettivo (OIC 15.49).
Il procedimento per determinare, successivamente alla rilevazione iniziale, il valore dei crediti valutati al costo ammortizzato da iscrivere in bilancio è il seguente (OIC 15.50):

a) determinare l'ammontare degli interessi calcolati con il criterio del tasso di interesse effettivo sul valore contabile del credito all'inizio dell'esercizio, o alla più recente data di rilevazione iniziale;
b) aggiungere l'ammontare degli interessi così ottenuto al precedente valore contabile del credito;
c) sottrarre gli incassi per interessi e capitale intervenuti nel periodo;
d) sottrarre le svalutazioni al valore di presumibile realizzo e le perdite su crediti.

Gli sconti e gli abbuoni di natura finanziaria (per esempio per pagamento a pronta cassa), che non hanno concorso al computo del costo ammortizzato perché non prevedibili al momento della rilevazione iniziale del credito, sono rilevati al momento dell'incasso come oneri di natura finanziaria (OIC 15.54).
Per quanto concerna la stima della svalutazione dei crediti (siano essi valutati o meno con il criterio del costo ammortizzato), si rinvia a quanto scritto a proposito del fondo svalutazione crediti.

---

[26] Per la definizione articolata di costo ammortizzato si faccia riferimento al capitolo 6 relativo alla valutazione dei titoli e delle partecipazioni.

7.5.3. Esempio di valutazione dei crediti al costo ammortizzato

Si riporta di seguito un esempio, tratto dal documento OIC 15, relativo a finanziamenti attivi a tasso fisso con rimborso del capitale a scadenza valutati secondo il criterio del costo ammortizzato, in assenza di attualizzazione.

Il 1° gennaio 20X0 la società eroga un finanziamento del valore nominale in linea capitale di €1.000,00 sostenendo costi di transazione pari a €15.

Il tasso di interesse nominale è del 2% annuo e genera interessi attivi da incassarsi posticipatamente al 31 dicembre per i successivi cinque anni (31 dicembre 20X0–31 dicembre 20X4). Il rimborso del capitale avviene alla scadenza del quinto anno.

È possibile dimostrare che per ripartire gli interessi nominali e i costi di transazione iniziali lungo la durata del credito a un tasso costante da applicarsi al valore contabile del credito all'inizio del periodo, essi devono maturare a un tasso di interesse effettivo dell'1,6847% annuo (v. calcolo successivamente).

Nel caso in cui il tasso di interesse desumibile dalle condizioni contrattuali non si discosti significativamente dai tassi di mercato, il credito sarà iscritto al valore di €1.015,00 in sede di rilevazione iniziale e la Tavola 7.3 fornisce informazioni circa il costo ammortizzato, gli interessi attivi e i flussi finanziari del credito in ogni periodo di riferimento[27].

Tavola 7.3 - **La valutazione dei crediti secondo il criterio del costo ammortizzato**

Esercizio	**Valore contabile credito inizio esercizio a**	**Interessi attivi calcolati tasso interesse effettivo b = a × 1,6847%**	**Flussi finanziari in entrata c**	**Valore contabile credito fine esercizio d = a + b − c**
X0	1.015,00	17,10	20,00	1.012,10
X1	1.012,10	17,05	20,00	1.009,15
X2	1.009,15	17,00	20,00	1.006,15
X3	1.006,15	16,95	20,00	1.003,10
X4	1.003,10	16,90	1.020	0,00

Il tasso di interesse effettivo dell'1,6847% è il tasso interno di rendimento che attualizza esattamente i pagamenti e gli incassi futuri nel periodo 20X0-20X4 al valore contabile netto rilevato in sede di rilevazione iniziale €1.015,00:

1.015 = 20/(1,016847)1 + 20/(1,016847)2 + 20/(1,016847)3 + 20/(1,016847)4 + 1.020/(1,016847)5

Le scritture contabili relative all'operazione sono le seguenti:

[27] Fonte: OIC 15.

1.1.X0 Rilevazione iniziale del finanziamento

Crediti di finanziamento	a	Diversi	1.1015	
		Debiti v. fornitori (per costi transazione)		15
		Banca c/c		1.000

31.12.X0 Rilevazione degli interessi attivi al tasso di interesse effettivo e incasso degli interessi attivi al tasso nominale

Crediti di finanziamento	a	Interessi attivi	17,10	17,10
Banca c/c	a	Crediti di finanziamento	20,00	20,00

31.12.X1 Rilevazione degli interessi attivi al tasso di interesse effettivo e incasso degli interessi attivi al tasso nominale

Crediti di finanziamento	a	Interessi attivi	17,05	17,05
Banca c/c	a	Crediti di finanziamento	20,00	20,00

31.12.X2 Rilevazione degli interessi attivi al tasso di interesse effettivo e incasso degli interessi attivi al tasso nominale

Crediti di finanziamento	a	Interessi attivi	17,00	17,00
Banca c/c	a	Crediti di finanziamento	20,00	20,00

31.12.X3 Rilevazione degli interessi attivi al tasso di interesse effettivo e incasso degli interessi attivi al tasso nominale

Crediti di finanziamento	a	Interessi attivi	16,95	16,95
Banca c/c	a	Crediti di finanziamento	20,00	20,00

31.12.X4 Rilevazione degli interessi attivi al tasso di interesse effettivo e incasso degli interessi attivi al tasso nominale

Crediti di finanziamento	a	Interessi attivi	16,90	16,90
Banca c/c	a	Crediti di finanziamento	20,00	20,00

31.12.X4 Rimborso della quota capitale a scadenza

Banca c/c	a	Crediti di finanziamento	1.000	1.000

Nota: Se il tasso di interesse effettivo fosse coincidente con il tasso di interesse nominale, gli importi degli interessi attivi sarebbero uguali

7.6. LA VALUTAZIONE DEI DEBITI

Nel presente paragrafo si analizzano i criteri di valutazione dei debiti iscritti nel passivo di bilancio secondo le norme civilistiche e il "nuovo" principio contabile OIC 19. La trattazione è estremamente sintetica, in quanto, per i criteri generali, si rinvia a quanto già scritto a proposito dei crediti.

7.5.1. Definizione e classificazione in bilancio

I debiti sono passività di natura determinata ed esistenza certa, che rappresentano obbligazioni a pagare ammontari fissi o determinabili di disponibilità liquide, o di beni/servizi aventi un valore equivalente, di solito ad una data stabilita. Tali obbligazioni sono nei confronti di finanziatori, fornitori e altri soggetti (OIC 19, par. 4).

7.5.2. Valutazione (prima iscrizione e valutazioni successive)

I debiti originati da acquisti di beni sono rilevati in base al principio della competenza quando si verificano entrambe le seguenti condizioni (OIC 19, par. 37):
- il processo produttivo dei beni è stato completato; e
- si è verificato il passaggio sostanziale e non formale del titolo di proprietà assumendo quale parametro di riferimento, per il passaggio sostanziale, il trasferimento dei rischi e benefici.

Salvo che le condizioni degli accordi contrattuali prevedano che il trasferimento dei rischi e benefici avvenga diversamente:
(a) in caso di acquisto di beni mobili, il trasferimento dei rischi e benefici si verifica con la spedizione o consegna dei beni stessi;
(b) per i beni per i quali è richiesto l'atto pubblico (ad esempio, beni immobili) il trasferimento dei rischi e benefici coincide con la data della stipulazione del contratto di compravendita.

I debiti originati da acquisti di servizi sono rilevati in base al principio della competenza quando il servizio è stato ricevuto, cioè la prestazione è stata effettuata.
L'iscrizione di un debito di finanziamento avviene all'erogazione del finanziamento.
I prestiti obbligazionari sono iscritti al momento della sottoscrizione.
I debiti per gli acconti da clienti vengono iscritti quando sorge il diritto all'incasso dell'acconto.
Nel caso dei debiti tributari, dei debiti verso istituti di previdenza e assistenza e degli altri debiti, l'iscrizione del debito avviene quando è sorta l'obbligazione al pagamento, da individuarsi sulla base delle norme legali e contrattuali.
In base al disposto dell'art. 2426, comma 1, n. 8, c.c.: "i crediti e di debiti sono rilevati in bilancio secondo il criterio del costo ammortizzato, tenendo conto del fattore temporale;"
Il criterio del costo ammortizzato può non essere applicato ai debiti se gli effetti sono irrilevanti. Generalmente gli effetti sono irrilevanti se i crediti sono a breve termine (ossia con scadenza inferiore ai 12 mesi - OIC 19.42).
Per l'applicazione del criterio del costo ammortizzato si rinvia, come già precisato, alla valutazione dei crediti.

7.5.3. Esempio di valutazione dei debiti al costo ammortizzato

Si consideri la società Beta, che ottiene un finanziamento con le seguenti caratteristiche:

- Finanziamento decennale € 1.000.000
- Spese istruttoria € 10.000 (la presenza di tali costi determina interessi superiore al 4%)
- Interessi annuali 4%
- Flussi di cassa attesi € 40.000 (€1.000.000* 4%)

Il costo ammortizzato prevede che:

- il debito da iscrivere inizialmente in bilancio sia pari a €990.000 (€1.000.000-€10.000)
- successivamente si dovrà determinare il tasso di interesse effettivo (IRR), che rende uguali il valore dei flussi di cassa attesi e il valore iscritto in bilancio. Tale tasso, derminabile con fogli di calcolo, è pari al 4,122%;
- Al termine del primo esercizio si dovranno rilevare gli interessi passivi a conto economico (990.000*4,12405%), pari a €40.828. Gli interessi effettivamente pagati però sono solo €40.000 (la differenza di €828 dovrà essere imputata a conto economico). Il debito esposto in SP sarà €990.828.

Il procedimento effettuato per il calcolo degli interessi effettivi e del debito in SP va ripetuto ogni anno sino alla scadenza. E' stata eliminata la rappresentazione in bilancio degli Aggi e Disaggi su prestiti, dal momento che il valore del debito presente in SP tiene conto anche di questi ultimi.

Scritture contabili:

Al momento dell'accredito dell'importo a debito si rileva:

Banca	a	Debiti	990.000	990.000

Al 31.12. del primo esercizio si rileva:

Interessi passivi	a	*Diversi*	40.828	
		Debiti		828
		Banca		40.000

Alla scadenza del prestito si rileva:

Debiti	a	Banca	1.000.000	1.000.000

La Tavola 7.4 raffigura lo sviluppo dei calcoli lungo tutta la durata del prestito (dal 2016 al 2025)[28]:

Tavola 7.4 - **Effetti della valutazione dei debiti con il criterio del costo ammortizzato**

Bilancio post D. Lgs. 139/2015					
Esercizio	**Valore iniziale del debito nello SP**	**Interessi passivi (C.17) (TIE=4,12405%)**	**Interessi passivi pagati**	**Amm.to (ripartizione) della differenza**	**Valore finale del debito nello SP**
2016	990,000.00	40,828.00	40,000.00	828.00	990,828.00
2017	990,828.00	40,862.00	40,000.00	862.00	991,690.00
2018	991,690.00	40,898.00	40,000.00	898.00	992,588.00
2019	992,588.00	40,935.00	40,000.00	935.00	993,523.00
2020	993,523.00	40,973.00	40,000.00	973.00	994,496.00
2021	994,496.00	41,014.00	40,000.00	1,014.00	995,510.00
2022	995,510.00	41,055.00	40,000.00	1,055.00	996,565.00
2023	996,565.00	41,099.00	40,000.00	1,099.00	997,664.00
2024	997,664.00	41,144.00	40,000.00	1,144.00	998,808.00
2025	998,808.00	41,192.00	40,000.00	1,192.00	1,000,000.00

[28] Fonte: "Il nuovo bilancio di esercizio – Decreto Lgs. 139/2015 – Ordine dei dottori commercialisti e degli esperti contabili di Modena; M. Zavani, P. Caselli).

8. LE IMPOSTE SUL REDDITO DELLE SOCIETÀ

di Elena Montani

8.1. PREMESSA

Il calcolo del reddito netto dell'esercizio implica la precedente quantificazione delle imposte di competenza (di cui alla voce 22 del conto economico secondo lo schema dettato per le società per azioni dall'art. 2425 del Codice Civile), cioè delle imposte dirette sul reddito (imposta sul reddito delle società o IRES) e su specifiche configurazioni dello stesso (imposta regionale sulle attività produttive o IRAP).
In questo capitolo si analizza esclusivamente il calcolo dell'IRES relativamente alle società di capitali e agli enti commerciali; l'IRAP non è oggetto di trattazione.
La determinazione dell'imposta lorda ai fini IRES si effettua assumendo il risultato civilistico emergente dal Conto Economico, rettificato - mediante variazioni "extra contabili" - in aumento e in diminuzione - oggetto di indicazione analitica nella dichiarazione dei redditi e regolate dalla normativa fiscale in tema di reddito di impresa ex artt. 81 e seguenti del Testo Unico delle Imposte sui Redditi (TUIR), approvato con D.P.R. 917/86; alla base imponibile così calcolata si applica l'aliquota d'imposta che ai fini IRES è attualmente pari al 27,5%.
L'imposta di competenza generalmente non coincide con l'imposta da versare, potendo comprendere una parte corrente, da versare entro le scadenze ordinarie stabilite dal legislatore, e una parte anticipata o differita; inoltre, nel calcolo dell'imposta dovuta occorre considerare eventuali acconti versati e crediti d'imposta spettanti.
Nelle Tavole 8.1 e 8.2 si mostra la logica di calcolo della base imponibile ai fini IRES e dell'imposta stessa.

Tavola 8.1 - **Dal risultato civilistico ante imposte al reddito imponibile IRES**

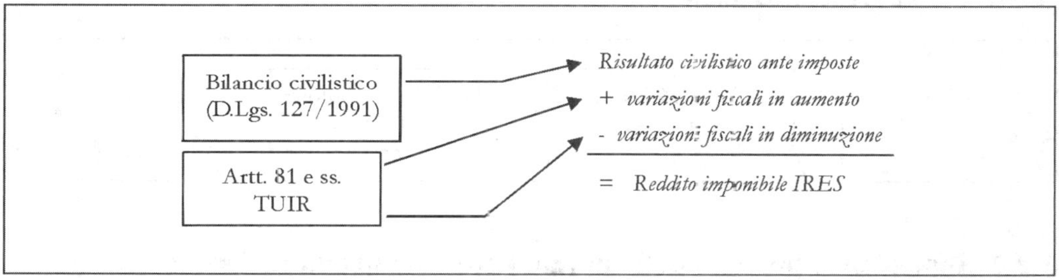

Tavola 8.2 - **Dal reddito imponibile IRES al risultato netto di esercizio**

Reddito imponibile IRES *× aliquota fiscale (27,5%)*	*Risultato civilistico ante imposte* *- IRES di competenza*
= Imposta lorda	*= Risultato netto di esercizio*

Di seguito si esaminano le seguenti problematiche:
- il rapporto e le differenze tra normativa civilistica e fiscale;
- i principi generali di determinazione del reddito di impresa;
- il meccanismo delle variazioni in aumento e in diminuzione;
- la valutazione fiscale delle principali voci di bilancio;
- la determinazione dell'imposta da versare;
- un accenno alla fiscalità differita;
- la classificazione in bilancio delle imposte sul reddito correnti e differite.

8.2. IL RAPPORTO TRA RISULTATO CIVILISTICO E REDDITO IMPONIBILE

La discrepanza tra risultato civilistico ante imposte e reddito imponibile deriva dal fatto che le norme civilistiche in tema di bilancio sono finalizzate alla produzione di una informazione veritiera e corretta, mentre le norme fiscali rispondono alla necessità di garantire un gettito per l'Erario, tramite la determinazione di parametri rigidi e oggettivi, che consentano di limitare il margine di discrezionalità nella valutazione dei componenti di bilancio. Si possono delineare i rapporti tra risultato civilistico e reddito imponibile sulla base di quattro diverse configurazioni.

8.2.1 Dipendenza totale della norma fiscale da quella civilistica

La prima configurazione prevede la dipendenza totale della norma fiscale da quella civilistica. Secondo questa teoria il risultato civilistico coincide con il reddito imponibile e non si effettuano rettifiche per determinare la base imponibile (Tavola 8.3).

Tavola 8.3 - **Dipendenza totale**

Risultato civilistico ante imposte	=	Reddito imponibile IRES

8.2.2 Dipendenza parziale della norma fiscale da quella civilistica

La seconda teoria si ricollega alla dipendenza parziale della norma fiscale da quella civilistica e considera il risultato civilistico come base di partenza per il calcolo del reddito imponibile. Al primo si applicano, in sede di dichiarazione fiscale, variazioni risultanti da norme tributarie differenti da quelle civilistiche tese a rettificare appunto, in aumento o in diminuzione, il reddito ante imposte (Tavola 8.4).

Tavola 8.4 - **Dipendenza parziale**

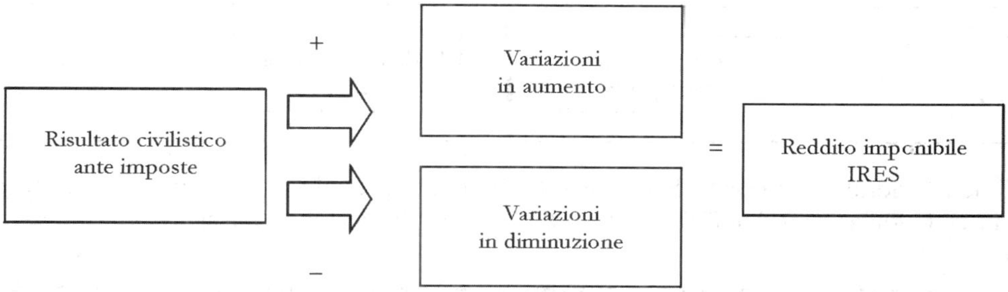

8.2.3 **Dipendenza rovesciata della norma fiscale da quella civilistica**

La terza teoria trae spunto da quella prima definita come teoria della dipendenza parziale. La derivazione del reddito imponibile ha sempre come base di partenza il risultato civilistico ante imposte, che tuttavia risulta influenzato da rettifiche di valore e accantonamenti di natura esclusivamente tributaria. Si precisa che secondo la normativa vigente le citate interferenze fiscali non risultano più ammissibili (cfr. Tavola 8.5).

Tavola 8.5 - **Dipendenza rovesciata**

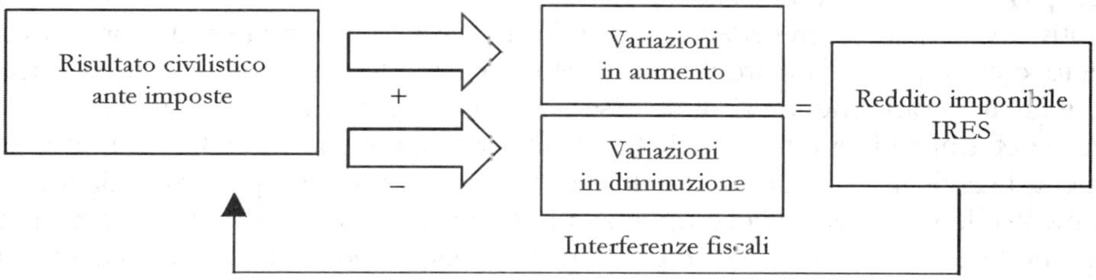

8.2.4 **Teoria del doppio binario**

Secondo la quarta teoria, detta del doppio binario, che si contrappone a quella del monobinario di cui alle precedenti configurazioni, il risultato civilistico e quello fiscale sono indipendenti l'uno dall'altro e il bilancio civilistico e la dichiarazione dei redditi percorrono due binari separati. Sono presenti, dunque, norme che, parallelamente alle disposizioni civilistiche, regolano analiticamente la quantificazione del reddito d'impresa ai fini tributari (Tavola 8.6).

Tavola 8.6 - **Doppio binario**

Risultato civilistico ante imposte	Reddito imponibile IRES

In linea generale, nel nostro Paese la soluzione che prevale, in virtù del contenuto del comma 1 dell'art. 83 del TUIR, è il modello della dipendenza parziale.

8.3. I PRINCIPI GENERALI DI VALUTAZIONE E DI DETERMINAZIONE DEL REDDITO DI IMPRESA AI FINI FISCALI

I principi generali per la determinazione del reddito d'impresa sono contenuti nell'art. 109 del TUIR:
- il principio della competenza (comma 1);
- il principio della certezza e dell'oggettiva determinabilità (comma 1);
- il principio dell'imputazione a conto economico (comma 3 e 4);
- il principio dell'inerenza (comma 5).

8.3.1 Il principio della competenza

Il principio della competenza stabilisce che «i ricavi, le spese e gli altri componenti positivi e negativi, per i quali le precedenti norme della presente Sezione non dispongono diversamente, concorrono a formare il reddito nell'esercizio di competenza; tuttavia i ricavi, le spese e gli altri componenti di cui nell'esercizio di competenza non sia ancora certa l'esistenza o determinabile in modo obiettivo l'ammontare concorrono a formarlo nell'esercizio in cui si verificano tali condizioni». Il reddito di impresa è, dunque, determinato in base al momento di maturazione delle operazioni gestionali e non in base a quello di incasso/pagamento. Le regole sono diverse per beni e servizi, come evidenziato nella Tavola 8.7.

Tavola 8.7 - **Il principio della competenza**

Beni	Servizi
I corrispettivi delle cessioni si considerano conseguiti, e le spese di acquisizione dei beni si considerano sostenute: – per i *beni mobili*, alla data della consegna o spedizione; – per i *beni immobili* e per le *aziende*, alla data di stipulazione dell'atto. Ovvero, se diversa e successiva, alla data in cui si verifica l'effetto traslativo o costitutivo della proprietà o di altro diritto reale. Non si tiene conto della clausola di riserva della proprietà. La locazione con clausola di trasferimento della proprietà vincolante per ambedue le parti è assimilata alla vendita con riserva di proprietà.	I corrispettivi delle prestazioni di *servizi* si considerano conseguiti, e le spese di acquisizione dei servizi si considerano sostenute, alla data in cui le prestazioni sono ultimate. Ovvero, per le prestazioni dipendenti da contratti di locazione, mutuo, assicurazione e altri contratti da cui derivano corrispettivi periodici alla data di maturazione dei corrispettivi.

La norma fiscale deroga al principio di competenza in alcuni casi, tassativamente previsti, in cui tale principio è sostituito dal criterio per cassa. Si tratta, ad esempio, di elementi reddituali quali:
- i compensi spettanti agli amministratori, ai promotori e ai soci fondatori (art. 95, comma 5, TUIR);
- i contributi ad associazioni sindacali e di categoria (art. 99, comma 3, TUIR);
- le imposte, diverse da quelle sui redditi e da quelle per le quali è prevista la rivalsa (art. 99, comma 1, TUIR);
- gli interessi di mora, sia attivi che passivi (art. 109, comma 7, TUIR).

Un altro motivo di deroga al principio di competenza si verifica nel caso di assenza di certezza o di oggettiva determinabilità, dal momento che devono sussistere contemporaneamente entrambe.

8.3.2 Il principio della certezza e dell'oggettiva determinabilità

Il requisito della certezza nell'esistenza dei componenti di reddito è rispettato nel momento in cui si è verificato il presupposto di fatto o di diritto previsto dalle specifiche disposizioni tributarie (la consegna o la spedizione della merce, la stipula dell'atto pubblico, la data di ultimazione delle prestazioni di servizi, e così via); il requisito della oggettiva determinabilità nell'ammontare è soddisfatto se il componente, positivo o negativo, risulta da atti o documenti probatori che permettano una quantificazione basata su elementi obiettivamente valutabili.
La mancanza di uno, o di entrambi i presupposti sopra menzionati per un componente di reddito comporta che esso non possa partecipare alla determinazione del reddito di impresa nel periodo di imposta considerato, fino al momento in cui non diventi certa la sua esistenza o determinabile in modo oggettivo il suo ammontare. Esso va, dunque, rettificato mediante la tecnica delle variazioni in aumento o in diminuzione, mentre sarà apportata una variazione di segno opposto nell'esercizio durante il quale i requisiti previsti si verificano.

8.3.3 Il principio dell'imputazione a conto economico

L'art. 109 del TUIR prevede al comma 3 che: «i ricavi, gli altri proventi di ogni genere e le rimanenze concorrono a formare il reddito anche se non risultano imputati al conto economico», e al comma 4 che «le spese e gli altri componenti negativi di reddito non sono ammessi in deduzione se e nella misura in cui non risultano imputati al conto economico relativo all'esercizio di competenza».
Il principio della imputazione, pertanto, consente di dedurre fiscalmente le spese e gli altri componenti negativi di reddito in sede di formazione della base imponibile, purché risultino imputati al conto economico dell'esercizio di riferimento; mentre i ricavi, i proventi di ogni genere e le rimanenze sono imponibili anche in caso di mancata contabilizzazione a conto economico.
Se un costo, poi, è imputato a conto economico in misura inferiore alla quota fiscalmente ammessa, il contribuente può dedurre il costo esclusivamente nei limiti del valore iscritto in bilancio ai fini civilistici.

Al comma 4, lett. a) e b) dell'art. 109 del TUIR sono previste alcune deroghe al principio della previa imputazione; sono deducibili alcuni componenti negativi quali:

- quelli imputati al conto economico di un esercizio precedente, se la deduzione è stata rinviata in conformità alle norme del TUIR;
- quelli che pur non essendo imputabili al conto economico, sono deducibili per disposizione di legge.

8.3.4 Il principio dell'inerenza

Il principio dell'inerenza è previsto dal comma 5 dell'art. 109 del TUIR, in base al quale: «le spese e gli altri componenti negativi diversi dagli interessi passivi, tranne gli oneri fiscali, contributivi e di utilità sociale, sono deducibili se e nella misura in cui si riferiscono ad attività o beni da cui derivano ricavi o altri proventi che concorrono a formare il reddito o che non vi concorrono in quanto esclusi».
I costi che si riferiscono ad attività o beni parzialmente imponibili sono deducibili solo pro quota.
Il principio dell'inerenza sottintende che i componenti negativi devono trovarsi in rapporto di causa ed effetto con l'attività o il bene da cui derivano i ricavi imponibili, dal momento che tali componenti negativi di reddito sono deducibili solo se e nella misura in cui si riferiscono a tale attività o bene.

8.4. IL RACCORDO TRA LA NORMATIVA CIVILISTICA E FISCALE: IL MECCANISMO DELLE VARIAZIONI IN AUMENTO E IN DIMINUZIONE

La normativa tributaria presuppone, in sede di dichiarazione dei redditi - Modello Unico per le Società di Capitali -, l'applicazione di variazioni extra contabili al risultato civilistico ante imposte, così da pervenire alla determinazione del reddito fiscale d'impresa, che è la base imponibile per il calcolo dell'imposta. È necessario analizzare ciascun componente positivo o negativo di reddito, iscritto nel conto economico, per verificare che sia rispettivamente imponibile o deducibile ai fini fiscali; nel caso contrario, bisogna appunto rettificare tale elemento per mezzo delle variazioni in aumento o in diminuzione come da normativa fiscale prevista.
Nella Tavola 8.8 si esaminano le quattro tipologie possibili di variazioni fiscali.

Tavola 8.8 - **Le tipologie di variazioni fiscali**

Tipologia 1	Tipologia 2	Tipologia 3	Tipologia 4
Variazioni fiscali in aumento del reddito imponibile rispetto a quello civilistico, in quanto incrementano il valore di un componente positivo di reddito iscritto nel conto economico civilistico (recupero di componenti positivi non tassati in precedenti esercizi)	Variazioni fiscali in aumento del reddito imponibile rispetto a quello civilistico, in quanto eliminano o riducono un componente negativo di reddito iscritto nel conto economico civilistico (indeducibilità totale o parziale di alcuni componenti negativi)	Variazioni fiscali in diminuzione del reddito imponibile rispetto a quello civilistico, in quanto eliminano o riducono un componente positivo di reddito iscritto nel conto economico civilistico (non imponibilità totale o parziale di alcuni componenti positivi)	Variazioni fiscali in diminuzione del reddito imponibile rispetto a quello civilistico, in quanto consentono di dedurre costi non iscritti (o iscritti in misura inferiore a quella ammessa fiscalmente) nel conto economico civilistico (recupero di componenti negativi rinviati da precedenti esercizi)

Nel prossimo paragrafo sono trattati casi ed esemplificazioni relativi alle quattro tipologie di variazioni sopra schematizzate.

8.5. I CRITERI FISCALI DI VALUTAZIONE DELLE PRINCIPALI VOCI DI BILANCIO

Il TUIR disciplina specificatamente diverse poste di bilancio, mentre per altre prevede delle indicazioni generiche per concorrere alla formazione del reddito imponibile.
Di seguito si approfondiscono trattamento fiscale e alcune esemplificazioni relative a: rimanenze, titoli e partecipazioni, immobilizzazioni materiali, immobilizzazioni immateriali e fondi.

8.5.1 La valutazione delle rimanenze

Il trattamento fiscale delle rimanenze è disciplinato all'art. 92 del TUIR, che espone che «le variazioni delle rimanenze finali dei beni indicati all'articolo 85, comma 1, lettere a) e b)» (cioè beni alla cui produzione o al cui scambio è diretta l'attività dell'impresa e beni destinati a essere impiegati nella produzione) «rispetto alle esistenze iniziali, concorrono a formare il reddito dell'esercizio».
Le rimanenze di prodotti finiti, merci, materie prime, materie sussidiarie, semilavorati e altri beni mobili, acquistati o prodotti per essere impiegati nella produzione, che non siano valutate a costi specifici o con il metodo del prezzo al dettaglio devono essere raggruppate in categorie omogenee per natura e valore prima di procedere alla loro valutazione.
Al comma 5 dell'art. 92 del TUIR è previsto il criterio base per la valutazione delle rimanenze che richiama quello di valutazione civilistica al minore tra costo e valore di mercato: «se in un esercizio il valore unitario medio dei beni, determinato a norma dei commi 2, 3 e 4, è superiore al valore normale medio di essi nell'ultimo mese dell'esercizio, il valore minimo, di cui al comma 1, è determinato moltiplicando l'intera quantità dei beni, indipendentemente dall'esercizio di formazione, per il valore normale».

Il valore minimo di cui al comma 1 dell'art. 92 del TUIR è il valore fiscalmente riconosciuto, limite al di sotto del quale non si può andare onde evitare sottovalutazione delle rimanenze.
Il valore unitario medio dei beni determinato a norma dei comma 2, 3 e 4 dell'art. 92 del TUIR è il costo unitario medio, che si calcola dividendo il costo complessivo - risultante dall'applicazione alternativa dei criteri LIFO a scatti (comma 2 e 3), FIFO, costo medio ponderato o varianti del LIFO (comma 4) - per il totale delle quantità in rimanenza al termine dell'esercizio.
Le rimanenze devono, quindi, essere valutate a un valore ottenuto:

- dall'applicazione del metodo LIFO a scatti annuale;
- dall'adozione dei criteri del costo medio ponderato, FIFO, LIFO (nelle altre varianti), se adottati in bilancio, anche qualora siano inferiori al LIFO a scatti annuale;
- dall'impiego di qualsiasi altro metodo diverso da quelli appena menzionati, nel limite in cui non porti a un valore inferiore a quello risultante dall'uso del LIFO a scatti annuale.

Se la valutazione di bilancio è effettuata secondo i metodi appena citati di costo medio ponderato, FIFO e LIFO o con metodi differenti da questi, ma risulta comunque superiore al valore fiscale minimo, non occorre alcuna rettifica; se, invece, tale valutazione avviene sulla base di criteri diversi da quelli fiscalmente riconosciuti e risulta inferiore al valore minimo fiscale, è necessario apportare una variazione in aumento al reddito civilistico in sede di dichiarazione fiscale.
In aggiunta ai metodi di calcolo del costo, la norma fiscale al comma 1, lettera b) dell'art. 110 del TUIR stabilisce che la configurazione di costo prescelta per la valutazione delle rimanenze è il costo pieno effettivo industriale, in linea con la valutazione civilistica.
Infine, il valore normale medio dei beni nell'ultimo mese dell'esercizio rappresenta il valore di mercato al quale confrontare il costo; secondo l'art. 9 del TUIR, comma 3: «per valore normale si intende il prezzo o corrispettivo mediamente praticato per i beni e i servizi della stessa specie o similari, in condizione di libera concorrenza e al medesimo stadio di commercializzazione, nel tempo e nel luogo in cui i beni o servizi sono stati acquistati o prestati, e, in mancanza, nel tempo e nel luogo più prossimi. Per la determinazione del valore normale si fa riferimento, in quanto possibile, ai listini o alle tariffe del soggetto che ha fornito i beni o i servizi e, in mancanza, alle mercuriali e ai listini delle camere di commercio e alle tariffe professionali, tenendo conto degli sconti d'uso. Per i beni e i servizi soggetti a disciplina dei prezzi si fa riferimento ai provvedimenti in vigore».
Se, dunque, il valore unitario medio dei beni risulta superiore al valore normale medio degli stessi nell'ultimo mese dell'esercizio, il valore fiscale minimo delle rimanenze si calcola moltiplicando il valore normale per l'intera quantità in giacenza.
Se negli esercizi successivi vengono meno i presupposti di iscrizione del valore normale medio dell'ultimo mese dell'esercizio, esso non può essere mantenuto e si deve procedere al ripristino dell'originario valore di costo, avente valenza anche ai fini fiscali.

8.5.2 La valutazione dei titoli, delle partecipazioni e degli altri valori mobiliari

I titoli, le partecipazioni e gli altri valori mobiliari sono valutati in base alla normativa fiscale in maniera differenziata a seconda della loro iscrizione nell'attivo circolante o immobilizzato; la disciplina tributaria si sostanzia nell'art. 94 del TUIR per i titoli e le partecipazioni che costituiscono attività circolanti e nell'art. 101 del TUIR per i titoli e le partecipazioni che rappresentano, invece, immobilizzazioni finanziarie.
I valori mobiliari classificati tra le attività circolanti, acquistati per la successiva rivendita a breve termine, devono essere preliminarmente raggruppati in categorie omogenee aventi lo stesso emittente e le stesse caratteristiche. Sono valutati in base alle medesime regole previste all'art. 92 del TUIR, comma 5, per le rimanenze, ossia al minore tra costo d'acquisto e valore di mercato.
I criteri per la determinazione del costo di acquisto sono gli stessi previsti dall'art. 92 del TUIR, ossia:
- il costo specifico (comma 1);
- il LIFO a scatti (commi 2 e 3);
- la media ponderata (comma 4);
- il FIFO (comma 4);
- il LIFO (nelle altre varianti) (comma 4).

Il valore di mercato è determinato in base al valore normale (comma 4 dell'art. 94 del TUIR) come segue:
- per i titoli negoziati in mercati regolamentati, in base ai prezzi rilevati nell'ultimo giorno dell'esercizio ovvero in base alla media aritmetica dei prezzi rilevati nell'ultimo mese;
- per gli altri titoli, comparativamente al valore normale dei titoli aventi analoghe caratteristiche negoziati in mercati regolamentati italiani o esteri e, in mancanza, in base ad altri elementi determinabili in modo obiettivo.

Come per le rimanenze, anche per i titoli vale la regola del valore minimo. Nel caso in cui si applichi un metodo di calcolo fiscalmente non riconosciuto, il valore minimo è, ancora, quello derivante dall'utilizzo del metodo LIFO a scatti. Se l'impiego di un metodo non previsto fiscalmente porta ad un valore inferiore a quello risultante dall'applicazione del metodo LIFO a scatti, è necessario effettuare una variazione in aumento del reddito civilistico ante imposte per un importo pari alla differenza tra i due valori.
L'art. 101 comma 2 del TUIR disciplina la valutazione degli investimenti mobiliari classificati tra le immobilizzazioni finanziarie e rinvia all'art. 94 del TUIR, in base al quale il costo fiscalmente riconosciuto è calcolato sulla base del costo specifico oppure dei metodi LIFO a scatti, FIFO, costo medio ponderato o altre varianti LIFO.
La svalutazione rispetto al costo risulta fiscalmente deducibile se non eccede la differenza tra il costo di acquisto fiscalmente riconosciuto e il valore normale minimale, determinato in modo identico a quello definito per i titoli e i valori mobiliari facenti parte dell'attivo circolante. L'unica differenza è rappresentata dalla media aritmetica dei prezzi rilevati sui mercati ufficiali, che deve essere calcolata con riferimento al semestre precedente alla chiusura dell'esercizio. L'eventuale successiva rivalutazione rappresenta un componente positivo di reddito.

Il TUIR precisa anche il trattamento di una plusvalenza (art. 86 del TUIR) o minusvalenza (art. 101 del TUIR) nel caso di vendita di un'immobilizzazione finanziaria. Come per le immobilizzazioni materiali, la plusvalenza concorre a formare il reddito nell'esercizio in cui è realizzata, oppure in quote costanti nello stesso esercizio e nei quattro successivi, purché la partecipazione sia stata iscritta tra le immobilizzazioni finanziarie negli ultimi tre bilanci (art. 86 TUIR, comma 4).[1]
Gli stessi artt. 86 e 101 del TUIR disciplinano anche il trattamento dei componenti positivi e negativi di reddito, risultanti dall'applicazione della valutazione di una partecipazione in imprese controllate e collegate con il metodo del patrimonio netto, di cui all'art. 2426, comma 1, n. 4 del codice civile.
L'art. 89, comma 2 del TUIR prevede che gli utili distribuiti a soggetti IRES da società di capitali, cooperative, mutue assicuratrici e da enti commerciali, residenti in Italia, non concorrono a formare il reddito della società o dell'ente ricevente per il 95% del loro ammontare. Si ha, dunque, una tassazione dei dividendi distribuiti pari al 5% del loro ammontare.

Esempio
La società Alfa ha iscritto nel bilancio redatto al 31.12.x tra i proventi dividendi per un importo di 10.000 euro da partecipazioni in società di capitali, deliberati e incassati nel corso dell'esercizio x. Tali dividendi non sono imponibili per il 95% del loro importo ai sensi dell'art. 89 comma 2 del TUIR.
È necessario, quindi, effettuare una variazione in diminuzione del reddito ante imposte civilistico pari a 9.500 euro (10.000 × 95%).

8.5.3 La valutazione delle immobilizzazioni materiali

La normativa tributaria determina la configurazione di costo delle immobilizzazioni materiali e il trattamento fiscale dei componenti di reddito risultanti dagli accadimenti che possono verificarsi durante la vita utile delle stesse: l'acquisizione, l'ammortamento, le manutenzioni e riparazioni, le svalutazioni e rivalutazioni, la cessione e la dismissione. Ai contributi in conto capitale è destinata una disciplina specifica.
L'art. 110 del TUIR, comma 1, prevede che il costo delle immobilizzazioni materiali strumentali per l'esercizio di impresa sia assunto al lordo delle quote di ammortamento già dedotte e che comprenda:
- gli oneri accessori di diretta imputazione;
- gli interessi passivi relativi alla loro fabbricazione, interna o presso terzi;
- gli interessi passivi sui prestiti contratti per la loro acquisizione;
- i costi indiretti di produzione.

[1] Se la plusvalenza rientra nel regime dell'esenzione del 95% del suo ammontare ai fini Ires, l'agevolazione della rateizzazione non spetta. Il regime PEX consente la limitazione della tassazione delle plusvalenze al 5% del loro ammontare in presenza dei seguenti quattro requisiti: possesso ininterrotto della partecipazione da 12 mesi, iscrizione della stessa tra le immobilizzazioni finanziarie, residenza della partecipata per il triennio precedente in un paese non a fiscalità privilegiata, effettivo esercizio da parte della partecipata di un'attività commerciale.

È inoltre previsto che la capitalizzazione degli interessi passivi e dei costi indiretti possa avvenire soltanto fino al momento in cui il bene è pronto per l'uso - e non più fino al momento dell'effettiva entrata in funzione del bene - e per la quota ragionevolmente imputabile agli stessi.
Per i fabbricati strumentali il costo fiscale da ammortizzare è da computare già al netto delle aree su cui sorgono o che ne costituiscono le pertinenze. Nel caso in cui i terreni non siano stati acquisiti autonomamente, il valore del terreno a livello fiscale è dato dal maggiore tra quello eventualmente imputato contabilmente a stato patrimoniale nell'anno di acquisizione e quello corrispondente al:

- 30% del costo complessivo, se si riferisce a fabbricati industriali;
- 20% del costo complessivo, se si riferisce ad altri fabbricati.

Le disposizioni del TUIR che regolano l'ammortamento delle immobilizzazioni materiali sono stabilite dall'art. 102 del TUIR. Al comma 1, si precisa che le quote di ammortamento dei beni strumentali per l'esercizio dell'impresa possono essere dedotte a partire dall'esercizio di entrata in funzione degli stessi.
L'ammortamento ordinario è determinato applicando al costo dei beni i coefficienti stabiliti con decreto del Ministro dell'Economia e delle Finanze Pubbliche nella Gazzetta Ufficiale. I coefficienti sono ridotti forfetariamente alla metà per il primo esercizio in cui il bene viene acquistato ed entra in funzione, a prescindere dalla data di entrata in funzione del bene. Se la durata dell'esercizio è inferiore o superiore ai 12 mesi, le quote di ammortamento devono essere ragguagliate a tale durata. I coefficienti sono stabiliti per categorie omogenee di beni, in base al normale periodo di deperimento e consumo nei vari settori produttivi.
Il legislatore prevede che, ove l'aliquota stanziata civilisticamente risulti maggiore a quella ordinaria prevista ai fini fiscali (D.M. 31 dicembre 1988), l'ammortamento è riconosciuto nei limiti della misura ordinaria. Viceversa, se l'ammortamento civilistico risulta inferiore a quello determinabile con l'applicazione dell'aliquota fiscale ordinaria, agli effetti fiscali è riconosciuto limitatamente a quanto stanziato agli effetti civilistici.

Esempio
La società Beta acquista un bene strumentale nuovo nell'esercizio x (entrato in funzione nello stesso anno), al costo di 20.000 euro. Il coefficiente di ammortamento civilistico è pari al 20%.
Il coefficiente di ammortamento ordinario (D.M. 31 dicembre 1988) è pari al 15%.
È necessario riprendere a tassazione la differenza tra l'ammortamento civilistico e quello determinato sulla base delle aliquote fiscali.

ESERCIZIO	x	x+1	x+2	x+3	x+4	x+5	x+6	x+7
Amm.to civilistico	4.000	4.000	4.000	4.000	4.000			
Amm.to fiscale	1.500	3.000	3.000	3.000	3.000	3.000	3.000	500
Variazione fiscale	2.500	1.000	1.000	1.000	1.000	(3.000)	(3.000)	(500)

Se nel corso di un esercizio beni non ancora completamente ammortizzati a livello fiscale sono oggetto di dismissione, il loro costo residuo è fiscalmente deducibile.
Le spese di acquisizione dei beni strumentali il cui costo unitario non supera 516,46 euro sono deducibili integralmente nell'esercizio in cui sono state sostenute. L'ammortamento integrale costituisce una facoltà per le imprese che non sono tenute ad adottarlo obbligatoriamente.
Le spese di manutenzione, riparazione, ammodernamento e trasformazione - su beni di proprietà o beni di terzi - si distinguono sotto il profilo della rappresentazione in bilancio tra:

– spese di manutenzione ordinaria, volte al mantenimento della normale efficienza delle immobilizzazioni tecniche così da garantire la vita utile prevista e la capacità produttiva originaria;
– spese di manutenzione incrementative, finalizzate all'ampliamento, all'ammodernamento o al miglioramento di una immobilizzazione, tali da indurre un aumento significativo e tangibile di produttività o di sicurezza o di vita utile della stessa. Non sono imputate a conto economico, ma sono portate direttamente a incremento dei beni cui si riferiscono.

L'art. 102 del TUIR, comma 6, pone un limite alla deducibilità immediata delle spese di manutenzione ordinarie non capitalizzate, sostenute in riferimento a beni di proprietà, fissato al 5% del costo complessivo di tutti i beni materiali ammortizzabili, quale risulta all'inizio dell'esercizio dal registro dei beni ammortizzabili, al lordo del fondo ammortamento. Tale limite percentuale si calcola alla fine dell'esercizio per le imprese di nuova costituzione. Il costo relativo ai beni materiali ammortizzabili acquistati e alienati nel corso dell'esercizio non concorre al calcolo del plafond di deducibilità, ai sensi dell'art. 3, comma 16-*quater*, del D.L. del 2 marzo 2012 n. 16, che ha modificato l'art. 102 comma 6 del TUIR.
L'eccedenza, risultante dal confronto tra le spese di manutenzione iscritte a conto economico civilistico e quelle deducibili fiscalmente nel limite previsto del 5%, è deducibile nei cinque esercizi successivi in quote costanti. In caso di alienazione del bene prima del termine dei cinque anni, la parte residua dell'eccedenza può essere dedotta. Ai fini del calcolo del limite di deducibilità, non vanno considerati né i beni patrimoniali, in quanto non ammortizzabili, né i beni utilizzati in *leasing* finché non diventano di proprietà della società, né i beni materiali ammortizzabili per i quali è sostenuto un costo relativo a un servizio periodico di manutenzione, dal momento che è deducibile autonomamente e integralmente nell'esercizio in cui matura.

Esempio
Il costo storico dei beni materiali ammortizzabili della società Gamma, risultanti all'inizio dell'esercizio x dal registro dei beni ammortizzabili e al lordo del fondo ammortamento, è pari a 370.000 euro.
In data 30 giugno x la società Gamma acquista beni materiali ammortizzabili per 60.000 euro; in data 31 agosto x cede beni ammortizzabili iscritti in bilancio al costo (valore lordo) di 36.000 euro. I beni ammortizzabili includono macchine d'ufficio iscritte al costo di 90.000 euro, in relazione alle quali la società ha stipulato un contratto di manutenzione periodica di 6.000 euro all'anno.

Il totale delle spese di manutenzione, riparazione e ammodernamento sostenute nell'esercizio x ammonta a 37.500 euro.
La base di riferimento per il computo del 5% (importo massimo fiscalmente deducibile per le spese di manutenzione e riparazione ordinarie) è costituita dai beni materiali esistenti all'inizio dell'esercizio (370.000), esclusi i beni per i quali è stato stipulato un contratto di manutenzione periodica (90.000).
Il valore di riferimento è dunque calcolato come segue:

(370.000 - 90.000) = 280.000

L'ammontare massimo delle spese di manutenzione fiscalmente deducibili nell'esercizio è pari a 14.000 euro, e cioè al 5% dei 280.000 euro sopra determinati.
Le spese di manutenzione rilevanti ai fini della verifica dei limiti sopra indicati sono pari a 31.500 euro, determinate sottraendo dal totale delle spese di manutenzione sostenute nell'esercizio x (37.500) le spese di manutenzione periodica di competenza dello stesso esercizio (6.000). Le spese di manutenzione eccedenti il limite massimo fiscale di deducibilità ammontano a 17.500 euro (31.500 - 14.000). Si origina dunque una variazione in aumento del reddito ante imposte per l'esercizio x pari a 17.500 euro, e una variazione in diminuzione di 1/5 di 17.500 euro (3.500) per ognuno dei 5 esercizi successivi a quello in cui le spese di manutenzione sono state sostenute (x+1, x+2, x+3, x+4 e x+5).
Un trattamento a parte è previsto per le cosiddette manutenzioni cicliche, ricorrenti ma con periodicità superiore alla durata del singolo esercizio. Gli accantonamenti al fondo spese per manutenzioni cicliche non sono deducibili eccetto che, come previsto dallo stesso art. 107, comma 1 del TUIR, per le manutenzioni e revisioni cicliche delle navi e degli aeromobili, nel limite del 5% del costo di ciascuna nave o aeromobile quale risulta a inizio esercizio dal registro dei beni ammortizzabili.
Le manutenzioni straordinarie portate a incremento del bene cui si riferiscono hanno valenza fiscale limitatamente agli ammortamenti di tale bene in relazione al quale sono state sostenute e capitalizzate.
Le svalutazioni delle immobilizzazioni non rappresentano costi deducibili, dal momento che hanno fiscalmente la natura di minusvalenze non realizzate. Le minusvalenze hanno rilevanza fiscale solo se realizzate mediante cessione a titolo oneroso ovvero mediante il risarcimento per la perdita o il danneggiamento del bene, come stabilito dall'art. 101 del TUIR, comma 1.[2]
Alla stessa stregua, le eventuali rivalutazioni delle immobilizzazioni tese a ripristinare il valore originario delle stesse non sono imponibili, dal momento che rappresentano plusvalenze iscritte al di fuori delle fattispecie imponibili di cui all'art. 86 del TUIR, comma 1.
Nel corso della vita aziendale i beni ammortizzabili possono essere ceduti o dismessi. Ai sensi dell'art. 86, comma 4 del TUIR, in caso di cessione a titolo oneroso di beni strumentali o patrimoniali, l'eventuale differenza positiva tra il prezzo di vendita e il relativo valore netto di bilancio costituisce una plusvalenza imponibile. Se la società

[2] Il rispetto del principio costituzionale della capacità contributiva ex art. 53 della Costituzione impone tuttavia il riconoscimento agli effetti fiscali della svalutazione, naturalmente nel limite annuale dei coefficienti di ammortamento ex D.M. 31/12/1988.

ha posseduto il cespite da alienare per non meno di 3 anni, ha la facoltà di scegliere se imputare la plusvalenza al reddito imponibile:

- per intero nell'esercizio di realizzo;
- in quote costanti nell'esercizio stesso e nei successivi, ma non oltre il quarto (ossia differire la tassazione su 5 anni).

Come anticipato precedentemente, le minusvalenze che si realizzano a seguito dell'alienazione di immobilizzazioni materiali sono deducibili ai sensi del comma 1 dell'art. 101 del TUIR.

Esempio
In data 15 settembre dell'anno x la società Delta vende un macchinario iscritto al costo storico (fiscalmente riconosciuto) di 50.000 euro, ammortizzato per 35.000 euro, al prezzo di 41.000 euro.
Il valore netto contabile, fiscalmente riconosciuto, è pari a 15.000 euro (50.000 - 35.000). La differenza positiva tra prezzo e valore netto contabile di 26.000 euro costituisce una plusvalenza ai sensi dell'art. 86, comma 1 del TUIR.
Caso 1 - il macchinario ceduto è stato acquistato in data 1° ottobre x-3
In questo primo caso la cessione si è verificata antecedentemente alla scadenza del triennio di possesso del macchinario. Per questa ragione la plusvalenza di 26.000 euro concorre per il suo intero importo alla formazione del reddito imponibile dell'esercizio x.
Non è dunque necessario procedere ad alcuna variazione del reddito ante imposte, dato che la plusvalenza è già iscritta nel conto economico della società Delta come componente positivo di reddito di competenza dell'esercizio.
Caso 2 - Il macchinario ceduto è stato acquistato in data 1° settembre x-3
In questo secondo caso la cessione si è verificata dopo i 3 anni di possesso (scaduti in data 1° settembre x). L'impresa cedente può pertanto esercitare la facoltà di rateizzare la plusvalenza di 26.000 euro in quote costanti di 1/5 (20%) ciascuna fino all'esercizio x+4 incluso.
Dato che nell'esercizio x la plusvalenza, in quanto iscritta a conto economico civilistico, concorre interamente alla determinazione del risultato ante imposte, è necessario operare una variazione in diminuzione pari ai 4/5 della stessa (20.800 = 26.000 × 4/5) che, in sede di dichiarazione dei redditi, viene rappresentata come variazione in diminuzione per l'intero importo di 26.000 euro e contestuale variazione in aumento per 1/5 del medesimo importo, pari a 5.200 euro.
In ognuno dei 4 esercizi successivi all'esercizio x è necessario apportare una variazione in aumento per 1/5 di 26.000 euro e, dunque, per 5.200 euro all'anno (nell'anno x+1, x+2, x+3 e x+4).
I contributi in conto capitale sono disciplinati al comma 3, lettera b) dell'art. 88 del TUIR: «sono inoltre considerati sopravvenienze attive i proventi in denaro o in natura conseguiti a titolo di contributo o di liberalità, esclusi i contributi di cui alle lettere g) ed h) del comma 1 dell'art. 85 e quelli per l'acquisto di beni ammortizzabili indipendentemente dal tipo di finanziamento adottato. Tali proventi concorrono a formare

il reddito nell'esercizio in cui sono stati incassati o in quote costanti nell'esercizio in cui sono stati incassati e nei successivi ma non oltre il quarto». Tali contributi vengono rilevati fiscalmente per cassa in un esercizio o in un numero massimo di cinque esercizi.
I contributi in conto impianti erogati a fronte di investimenti in beni ammortizzabili materiali e immateriali non costituiscono fiscalmente sopravvenienze attive e non sono espressamente disciplinati dal TUIR. Essi concorrono alla formazione del reddito imponibile secondo le regole della competenza economica indicate dalle norme civilistiche.

8.5.4 La valutazione delle immobilizzazioni immateriali

Il trattamento fiscale delle immobilizzazioni immateriali segue i criteri stabiliti per le immobilizzazioni materiali in tema di configurazione del costo, svalutazioni e rivalutazioni, cessioni e dismissioni.
Per quanto riguarda, invece, l'ammortamento, il TUIR prevede regole di ammortamento differenziate per le varie tipologie di immobilizzazioni immateriali e, in prima istanza, distingue tra la categoria dei beni immateriali (di cui all'art. 103 del TUIR) e quella dei costi ad utilità pluriennale (spese relative a più esercizi, di cui art. 108 del TUIR).
Ai sensi dell'art. 103 - relativamente ai beni immateriali - i diritti di utilizzazione delle opere dell'ingegno, i brevetti industriali, i processi, le formule e le informazioni relative a esperienze acquisite in campo industriale, commerciale o scientifico sono fiscalmente ammortizzabili con quote annue non superiori al 50% del costo (comma 1). I diritti di concessione sono fiscalmente ammortizzabili in base alla durata di utilizzazione legale o contrattuale (comma 2). I marchi di impresa (comma 1) e l'avviamento iscritto all'attivo (comma 3) sono fiscalmente ammortizzabili con quote annue non superiori a 1/18 del costo.
Le spese relative a più esercizi, invece, sono disciplinate all'art. 108 del TUIR: le spese di studi e ricerche sono ammortizzabili integralmente nell'esercizio in cui sono sostenute o in quote costanti nell'esercizio stesso e nei quattro successivi (comma 1), così come le spese di pubblicità e di propaganda (comma 2). Le spese di rappresentanza sono deducibili nel periodo d'imposta di sostenimento solo se rispettano i criteri di inerenza e congruità previsti a livello ministeriale. Le altre spese relative a più esercizi, tra le quali i costi di impianto e ampliamento, sono deducibili nel limite della quota imputabile a ciascun esercizio (comma 3).
Infine, al comma 4 dell'art. 108 del TUIR si precisa che: «le spese di cui al presente articolo sostenute dalle imprese di nuova costituzione, comprese le spese di impianto, sono deducibili a partire dall'esercizio in cui sono conseguiti i primi ricavi».

8.5.5 La valutazione del fondo svalutazione crediti e del fondo rischi su crediti

Le norme tributarie in materia di valutazione dei fondi del passivo prevedono particolari cautele nella quantificazione degli accantonamenti deducibili.

L'art. 107 del TUIR elenca gli accantonamenti deducibili e i relativi limiti e al comma 4 stabilisce che «non sono ammesse deduzioni per accantonamenti diversi da quelli espressamente considerati dalle disposizioni del presente capo». Da ciò deriva che non possono essere portati in deduzione gli accantonamenti a fondi non esplicitamente previsti (fondi rischi per contenzioso, fondo garanzia prodotti, fondo manutenzione ciclica per determinate tipologie di beni, ecc.) e sono fissati dei limiti di deducibilità degli accantonamenti relativi ad altre categorie di fondi (fondo rischi su crediti).
Le norme fiscali in tema di svalutazione crediti e di eventuali accantonamenti per rischi su crediti sono contenute nell'art. 106 del TUIR.
È prevista una particolare modalità di determinazione dell'accantonamento deducibile ai fini fiscali e dell'importo massimo del fondo svalutazione crediti fiscalmente riconosciuto. È necessario verificare la coesistenza di due diverse condizioni (art. 106 del TUIR, comma 1):

- le svalutazioni dei crediti commerciali iscritti in bilancio e gli accantonamenti operati al fondo rischi su crediti non possono eccedere lo 0,5% dell'ammontare dei crediti commerciali (derivanti dall'attività tipica aziendale) risultanti in bilancio;
- la consistenza del fondo svalutazione crediti e del fondo rischi su crediti (l'ammontare complessivo, appunto, delle svalutazioni e degli accantonamenti) non può superare il limite massimo del 5% dei crediti stessi.

Il comma 1 dell'art. 106 del TUIR precisa che i crediti relativamente ai quali può essere operata la svalutazione non devono essere coperti da garanzia assicurativa e devono derivare dalle cessioni di beni e dalle prestazioni di servizi, indicate nel comma 1 dell'art. 85 del TUIR, che producono ricavi e a cui è diretta l'attività dell'impresa.

Esempio
La società Epsilon ha iscritto nel bilancio redatto al 31.12.x crediti commerciali non coperti da garanzia assicurativa per un importo di 120.000 euro.
L'accantonamento civilistico è stato effettuato per 900 euro; il fondo rischi su crediti iniziale (prima dell'accantonamento) è di 5.700 euro. Il fondo rischi su crediti finale ammonta, dopo l'accantonamento, a 6.600 euro.
La prima verifica riguarda il confronto con l'accantonamento massimo fiscalmente concesso, il cui importo non può eccedere lo 0,5% del valore nominale dei crediti considerati (pari questi ultimi a 120.000 euro).
L'accantonamento civilistico (pari a 900 euro) supera effettivamente l'accantonamento massimo fiscale (600 = 120.000 × 0,5%).
È dunque necessaria una variazione in aumento del reddito ante imposte civilistico pari a 300 euro, e cioè alla differenza tra l'accantonamento operato (900) e quello massimo consentito dalla normativa fiscale (600).
Dopo avere effettuato la variazione appena esposta il fondo rischi su crediti fiscale provvisorio ammonta dunque a 6.300 euro, vale a dire alla sommatoria di 5.700 euro (valore iniziale) e 600 euro (accantonamento massimo fiscalmente consentito).

La seconda verifica che si rende necessaria riguarda l'entità del fondo rischi su crediti fiscale, che non può eccedere il 5% del valore nominale dei medesimi crediti. In altre parole, l'ammontare del fondo rischi su crediti può essere al massimo pari a 6.000 euro (cioè 120.000 × 5%).
Dato che il fondo fiscale (6.300) eccede il tetto massimo appena descritto, è necessario effettuare anche a questo riguardo una variazione in aumento pari a 300 euro, e cioè alla differenza tra il fondo rischi su crediti fiscale esistente dopo avere effettuato la variazione in aumento dell'accantonamento (6.300) e il fondo rischi su crediti massimo fiscalmente consentito (6.000).
La variazione complessiva operata in relazione al fondo rischi su crediti ammonta a 600 euro (300 per l'accantonamento e 300 per il fondo).
L'articolo 106 del TUIR al comma 2 rinvia all'art. 101 del TUIR comma 5 e dispone che le perdite su crediti «sono deducibili se risultano da elementi certi e precisi e in ogni caso, per le perdite su crediti, se il debitore è assoggettato a procedure concorsuali. Ai fini del presente comma, il debitore si considera assoggettato a procedura concorsuale dalla data della sentenza dichiarativa del fallimento o del provvedimento che ordina la liquidazione coatta amministrativa o del decreto di ammissione alla procedura di concordato preventivo o del decreto che dispone la procedura di amministrazione straordinaria delle grandi imprese in crisi».

8.6. L'IMPOSTA DA VERSARE

Dopo aver analizzato il processo di formazione del reddito imponibile ai fini IRES e di calcolo dell'imposta relativa, in questo paragrafo si illustra il processo di determinazione dell'imposta da versare.
L'importo dell'imposta da versare a saldo - nella maggioranza dei casi - non coincide con quello dell'imposta di competenza, per via del meccanismo degli acconti e dei crediti di imposta.
L'imposta lorda IRES si ottiene moltiplicando il reddito imponibile per l'aliquota ai fini IRES attualmente pari al 27,5%. L'imposta netta è determinata sottraendo le detrazioni d'imposta da quella lorda.
Per calcolare l'imposta da versare bisogna, quindi, sottrarre:
- gli acconti già versati (ai sensi degli artt. 22 e 79 del TUIR);
- le ritenute alla fonte a titolo di acconto (ai sensi degli artt. 22 e 79 del TUIR);
- i crediti di imposta spettanti in base a particolari disposizioni di legge o spettanti all'estero (di cui all'art. 165 del TUIR).

Se l'imposta netta è superiore agli acconti, alle ritenute e ai crediti d'imposta, la differenza rappresenta l'imposta dovuta a favore dell'Erario; se, invece, è inferiore, l'eccedenza può essere alternativamente portata in diminuzione dell'imposta del periodo successivo, chiesta a rimborso in sede di dichiarazione fiscale oppure essere utilizzata in compensazione di altre imposte, a scelta del contribuente assoggettato ad IRES.

8.7. LA FISCALITÀ DIFFERITA

I valori civilistici e fiscali delle poste di bilancio possono essere diversi per via della discrepanza tra la normativa prevista dal codice civile e quella basata sul TUIR.
L'iscrizione di imposte differite attive e passive a integrazione delle imposte correnti è necessaria al fine di rappresentare correttamente in bilancio le imposte di competenza (principio contabile OIC n. 25).
Dall'applicazione dei diversi criteri civilistici e fiscali di valutazione, si originano differenze tra reddito imponibile e reddito civilistico ante imposte che possono essere differenze permanenti o differenze temporanee.
Le differenze tra il risultato ante imposte e il reddito imponibile sono permanenti se sorgono in un esercizio e non sono destinate ad essere annullate da altre variazioni di segno opposto negli esercizi successivi. Possono essere negative o positive; nel primo caso sono dovute a componenti negativi di reddito non deducibili (ad esempio gli accantonamenti ai fondi non espressamente previsti dal TUIR), nel secondo caso a componenti positivi non imponibili (ad esempio i ricavi fiscalmente esenti). Le differenze permanenti non determinano anticipazione o posticipazione d'imposta e non hanno impatto sul reddito di futuri esercizi; non comportano, dunque, l'iscrizione in bilancio di imposte differite né attive né passive.
Le differenze tra il risultato ante imposte e il reddito imponibile che hanno origine in un determinato esercizio e sono destinate a riversarsi su uno o più esercizi successivi sono definite temporanee. Anche le differenze temporanee possono essere negative o positive.
Le prime, deducibili negli esercizi successivi a quello in cui sono sorte, sono relative a costi a deducibilità differita o a proventi soggetti a tassazione anticipata; determinano una diminuzione dei redditi imponibili futuri e un aumento del reddito imponibile attuale, ossia in questo esercizio l'impresa paga imposte maggiori di quelle di competenza e negli esercizi futuri ne pagherà di meno. Un esempio possono essere le spese di manutenzione ordinaria che superano i limiti di deducibilità fiscale. Le differenze temporanee negative comportano l'iscrizione in bilancio di imposte differite attive, dette anche imposte anticipate, la cui contropartita è un'attività patrimoniale nell'attivo circolante.
Le differenze temporanee positive si riferiscono a componenti che saranno imponibili negli esercizi successivi a quello in cui si sono formati e determinano un aumento dei redditi imponibili futuri e una diminuzione del reddito imponibile attuale, ossia in questo esercizio l'impresa paga imposte minori di quelle di competenza e negli esercizi futuri ne pagherà di più. Sono proventi a tassazione differita o costi a deducibilità anticipata. Un esempio possono essere le plusvalenze da alienazione cespiti tassate in cinque anni. Le differenze temporanee positive comportano l'iscrizione in bilancio delle imposte differite passive, la cui contropartita a stato patrimoniale è un fondo del passivo patrimoniale.
Lo schema riportato nella Tavola 8.9 riassume quanto illustrato.

Tavola 8.9 - **Differenze permanenti e temporanee e imposte differite**

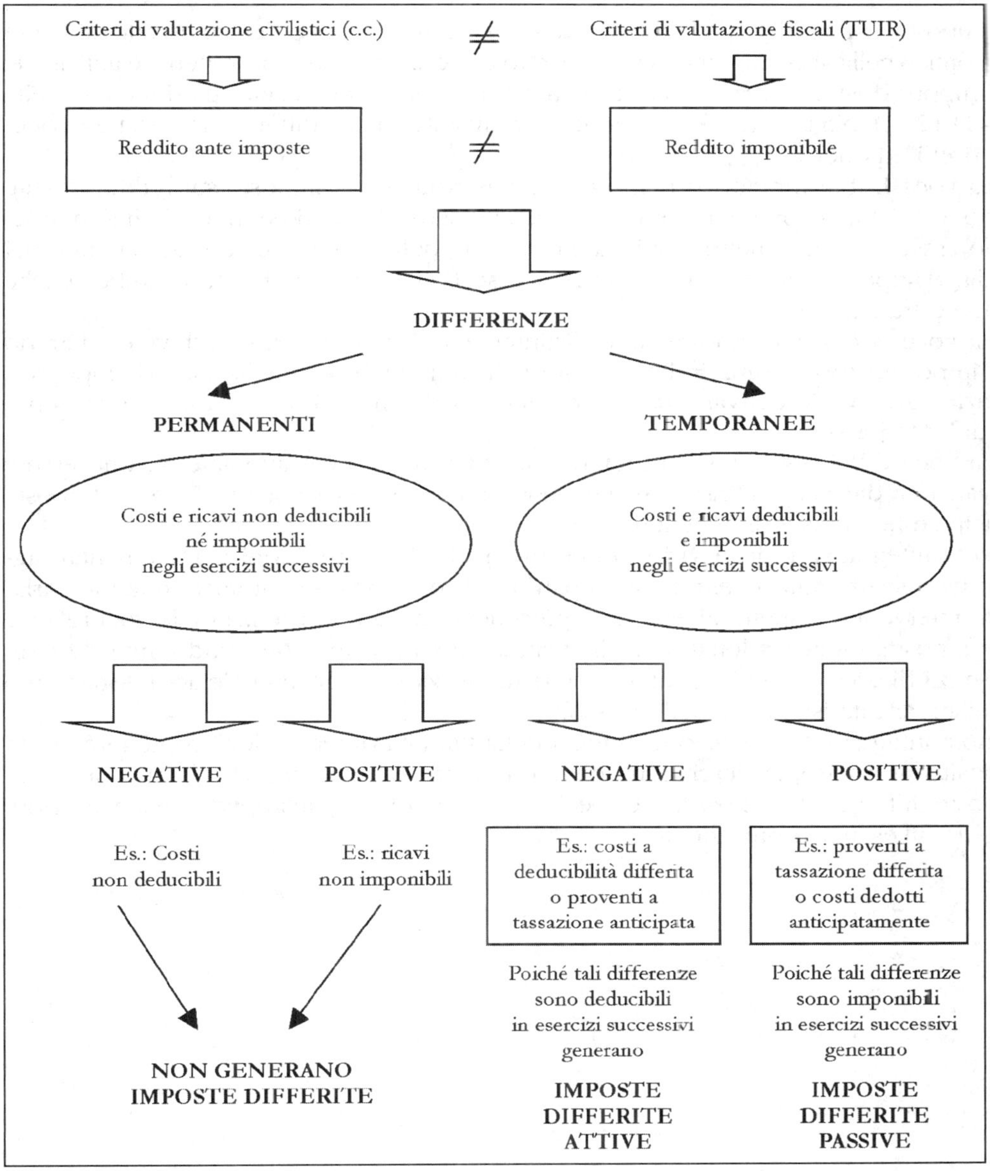

8.8. LA CLASSIFICAZIONE DELLE IMPOSTE SUL REDDITO IN BILANCIO

Le imposte sul reddito di competenza dell'esercizio devono essere iscritte a conto economico nella voce 22 - Imposte sul reddito dell'esercizio, correnti, differite e anticipate. Gli importi dovuti all'Erario sono classificati nel passivo dello stato patrimoniale nelle voci D.12 - Debiti tributari e B.2 - Fondi per imposte, anche differite (inclusi tra i Fondi per rischi ed oneri).

Nella voce Debiti tributari si registrano le passività per le imposte sui redditi dovute in base a dichiarazione o accertamenti o contenziosi divenuti definitivi. Tali debiti devono essere iscritti al netto degli acconti versati, delle ritenute d'acconto subite e dei crediti d'imposta compensabili, tranne il caso delle imposte chieste a rimborso che figurano tra i crediti.

Nella voce Fondi per imposte sono distintamente iscritte le somme dovute all'Erario per imposte probabili ma indeterminate nell'ammontare e/o nella data di sopravvenienza, ad esempio derivanti da accertamenti non definitivi o contenziosi, e le imposte differite passive.

Nella voce C.II.4-bis - Crediti tributari dell'attivo di stato patrimoniale devono essere rilevati i crediti verso l'Erario (se non compensati) e nella voce C.II.4-ter - Imposte anticipate le imposte differite attive.

In nota integrativa è necessario fornire una serie di informazioni complementari aggiuntive rispetto agli schemi di stato patrimoniale e conto economico, quali le variazioni intervenute rispetto all'esercizio precedente nella consistenza delle voci relative alle imposte, i criteri adottati per gli eventuali accantonamenti a fondo imposte e, in presenza di accertamenti e contenziosi, le motivazioni dell'eventuale accantonamento o della mancata iscrizione dello stesso.

La nota integrativa, in relazione al tema della fiscalità differita, deve contenere, in un apposito prospetto, la descrizione delle differenze temporanee che hanno originato imposte differite attive e passive e specificare l'aliquota fiscale applicata e le variazioni rispetto all'esercizio precedente.

PARTE III

LE TECNICHE DI ANALISI E INTERPRETAZIONE

PREMESSA

Con questa terza parte del volume ci si propone di introdurre il lettore al tema dell'interpretazione del bilancio d'esercizio, che costituisce, insieme al processo della formazione, l'altro processo fondamentale dell'analisi economica della gestione aziendale attraverso il bilancio d'esercizio.

Il processo di interpretazione del bilancio ha l'obiettivo di stabilire, sulla base dei dati contabili di periodo, il raggiungimento o meno dell'equilibrio economico, finanziario e patrimoniale dell'impresa; di fornire indicazioni sulle cause di determinati risultati conseguiti e di indicare possibili percorsi di miglioramento in chiave prospettica.

Nel far ciò si danno due prospettive di analisi, quella interna e quella esterna: la prima è propria dei soggetti che operano all'interno dell'azienda; la seconda di soggetti «terzi» (banche, fornitori, analisti finanziari, amministrazione finanziaria), che sulle risultanze contabili periodiche basano le loro considerazioni di affidabilità, di capacità reddituale e così via.

Solo per le prime l'analista è in grado di procedere al collegamento tra dati di bilancio e dati extra-bilancio, così da giungere a conclusioni approfondite e compiute, raffrontabili peraltro - in modo prospettico - anche con gli obiettivi prefigurati. Nel caso di analisi esterne, d'altro canto, oltre a problemi connessi all'interpretazione del bilancio, cioè alla valutazione del grado di esattezza e credibilità dei valori accolti, si riscontra spesso una sostanziale impossibilità di disporre di dati aziendali diversi da quelli forniti dal sistema di bilancio e da quelli rintracciabili dalla nota integrativa e dalle relazioni ad esso allegate, peraltro spesso assai spoglie da questo punto di vista.

L'analisi può, quindi, procedere solo per ipotesi e la qualità delle conclusioni alle quali si perviene dipende, in gran parte, dalla professionalità dell'analista, dalla sua capacità di cogliere informazioni in modo indiretto e di indagare per sintomi.

Le analisi di bilancio si fondano su alcune tecniche, tra cui le principali (esaminate nei successivi capitoli) sono: quella delle riclassificazioni del conto economico e dello stato patrimoniale (capitolo 9); quella della costruzione e dell'analisi degli indici di bilancio (capitolo 10); quella della costruzione e dell'analisi dei flussi finanziari (capitolo 11). Inoltre, sono esaminate alcune tecniche di analisi economica dell'impresa quali l'analisi costi-volumi-risultati e le analisi di sensitività (capitolo 12) e alcune modalità di verifica della capacità dell'impresa di creare valore economico mediante l'uso del bilancio d'esercizio (capitolo 13).

9. LE RICLASSIFICAZIONI DEL BILANCIO

di Alessandro Cortesi

9.1. DEFINIZIONE E FORME DI RICLASSIFICAZIONE

Riclassificare significa raggruppare ed esporre le voci di bilancio così da individuare ed evidenziare alcune grandezze rilevanti ai fini dell'acquisizione di informazioni significative in merito alle condizioni di svolgimento della gestione e alle politiche aziendali perseguite, che non sarebbe invece possibile ricavare da un piano dei conti tradizionale emergente dalla contabilità.
La riallocazione può avvenire in base a diversi criteri, complementari tra di loro.
Per quanto concerne il conto economico, nei paragrafi successivi si esaminano i seguenti schemi di riclassificazione:
- conto economico per aree di gestione (anche denominato «a ricavi netti e costo del venduto»);
- conto economico a valore aggiunto e margine operativo lordo;
- conto economico con aggregazione funzionale dei costi;
- conto economico a costi complessivi variabili del venduto.

Mentre, per quanto concerne lo stato patrimoniale, si presentano i seguenti schemi di riclassificazione:
- stato patrimoniale secondo il principio della liquidità/esigibilità decrescenti (finanziario);
- stato patrimoniale secondo il principio di pertinenza gestionale;
- stato patrimoniale funzionale con evidenziazione della posizione finanziaria netta.

9.2. IL CONTO ECONOMICO RICLASSIFICATO PER AREE DI GESTIONE

La complessiva gestione d'impresa può essere scomposta individuando determinate aree di gestione particolare, che nel complesso compongono il sistema delle operazioni poste in essere dall'azienda.
La finalità della scomposizione in parola è da ricercarsi nell'esigenza di conoscere il contributo che ciascuna area particolare apporta alla redditività complessiva dell'impresa, individuando i componenti di reddito e i risultati parziali ad essa inerenti. È necessario, comunque, tenere presente che i componenti negativi e positivi di reddito sono composti in unità; pertanto qualsiasi aggregazione e scomposizione degli stessi, con conseguente evidenziazione di risultati parziali, deve essere intesa con significato relativo.
I risultati parziali devono dunque essere osservati, nella loro complementarietà, come concorrenti alla realizzazione del risultato globale della gestione d'impresa. L'individuazione e la distinzione delle aree gestionali è effettuata con riferimento ai componenti positivi e negativi di reddito che vi appartengono. Si ricorda che a questi componenti di reddito sono correlati gli elementi del patrimonio (attivi e passivi), che possono essere suddivisi, in base alla medesima logica, per l'analisi dello stato patrimoniale secondo il criterio della pertinenza gestionale. Questa modalità di riclassificazione verrà illustrata nella sezione del presente capitolo dedicata allo stato patrimoniale.

Le diverse aree in cui è possibile suddividere la complessiva gestione d'impresa sono classificabili, in prima approssimazione, come segue:
1. area (o gestione) operativa;
2. area (o gestione) extra operativa (o non operativa).

La gestione operativa include:
- la gestione caratteristica o tipica;
- la gestione accessoria o patrimoniale.

La gestione extra operativa include le seguenti gestioni:
- la gestione finanziaria;
- la gestione straordinaria;
- la gestione fiscale o tributaria.

L'insieme delle gestioni caratteristica, accessoria e finanziaria costituisce la cosiddetta gestione ordinaria, da distinguersi dalla gestione straordinaria, meglio definita nel seguito. La gestione operativa può essere definita in senso lato o in senso stretto.
La gestione operativa in senso lato include sia la gestione caratteristica, sia la gestione accessoria (o patrimoniale); la gestione operativa in senso stretto comprende invece esclusivamente la gestione caratteristica (o tipica).
Quanto sin qui esposto può essere schematizzato nella Tavola 9.1.

Tavola 9.1 - **Articolazione della gestione operativa ed extra operativa**

Gestione operativa *in senso stretto*	⇨	Gestione caratteristica
Gestione operativa *in senso lato*	⇨	Gestione caratteristica
	⇨	Gestione accessoria
	⇨	Gestione finanziaria
Gestione extra operativa	⇨	Gestione straordinaria
	⇨	Gestione fiscale

9.2.1 La gestione operativa

La gestione operativa comprende tutte le operazioni relative all'attività istituzionale dell'impresa e alle attività che si affiancano stabilmente ad essa in modo complementare, comunque finalizzate all'impiego di risorse finanziarie (investimenti) e alla conseguente produzione di reddito. Il risultato di tale gestione prescinde sia dalle modalità di finanziamento della stessa, sia da eventuali operazioni che generano proventi e oneri straordinari, sia ancora dall'onere impositivo a titolo fiscale.
Nell'ambito della gestione operativa si distinguono i componenti di reddito nelle due aree rappresentate dai costi e ricavi della gestione caratteristica, nonché da quelli relativi all'eventuale gestione accessoria (o patrimoniale, o atipica).

La gestione caratteristica è costituita dalle operazioni che si manifestano in via continuativa nello svolgimento della gestione e che esprimono componenti positivi e negativi di reddito, che identificano la parte peculiare e distintiva dell'attività economica svolta dall'impresa. Essa comprende anche gli investimenti in fattori produttivi relativi all'attività tipica d'impresa. In altre parole, la gestione in esame riguarda tutte le operazioni di gestione che, dato un certo capitale comunque acquisito, realizzano gli obiettivi connessi con l'oggetto caratterizzante l'attività economica svolta dall'impresa, obiettivi che trovano la loro sintesi nel risultato (o reddito) operativo della gestione caratteristica.
Esempi di componenti positivi della gestione caratteristica sono i ricavi delle vendite e delle prestazioni, le rimanenze finali di materie prime, semilavorati, prodotti finiti e merci, gli incrementi delle immobilizzazioni per lavori interni, ecc.
Mentre rientrano tra i componenti negativi della gestione caratteristica, ad esempio, i costi per acquisti di materie prime, semilavorati, prodotti finiti e merci, le rimanenze iniziali di materie prime, semilavorati, prodotti finiti e merci, i costi del personale dedito all'attività caratteristica, i costi per prestazione di servizi (eccetto quelli imputabili a gestioni accessorie), le quote di ammortamento dei beni strumentali all'attività principale, le svalutazioni ordinarie dei crediti, alcuni accantonamenti (afferenti la gestione caratteristica), e così via.
La gestione accessoria (o patrimoniale) è rappresentata da proventi e oneri relativi ad operazioni della gestione ordinaria (ma che non rientrano nella gestione caratteristica, né in quella finanziaria) che scaturiscono da impieghi di risorse finanziarie (investimenti) in attività estranee a quella istituzionale dell'impresa e comunque finalizzate alla produzione di redditi addizionali (redditi da gestione patrimoniale).
Nelle aziende industriali, ad esempio, nella fattispecie della gestione accessoria o patrimoniale rientrano le operazioni relative alla gestione dei patrimoni immobiliari (terreni e fabbricati civili) locati a terzi, quelle inerenti alla gestione dei titoli a reddito fisso e variabile, e alle partecipazioni non strategiche.
Costituiscono esempi di proventi della gestione patrimoniale gli interessi attivi sui titoli, i proventi connessi alla gestione degli immobili non strumentali locati a terzi, i dividendi ed eventuali plusvalenze derivanti dal possesso di partecipazioni non strategiche.
Mentre, costituiscono esempi di oneri della gestione patrimoniale le quote di ammortamento relative ad immobilizzazioni non strumentali, i costi di esercizio afferenti gli immobili non strumentali, le svalutazioni e le perdite su titoli e su partecipazioni non strategiche.
Dalla contrapposizione dei ricavi ai costi della gestione caratteristica si ottiene il risultato (o reddito) operativo della gestione caratteristica (ROGC); sottraendo e sommando, invece, anche i costi e i ricavi della gestione accessoria si ricava il risultato operativo aziendale (RO).
Il risultato operativo, come già evidenziato in precedenza, è il reddito prima degli oneri finanziari, dei componenti di reddito straordinari e delle imposte.

9.2.2 La gestione extra operativa

Dopo aver chiarito il significato e la composizione della gestione operativa, si procede ora ad esaminare la gestione extra operativa nelle sue aree, e cioè la gestione finanziaria, quella straordinaria e quella fiscale.

La gestione finanziaria evidenzia i riflessi economici dell'indebitamento a titolo oneroso, contratto per la copertura del fabbisogno finanziario. Essa comprende le operazioni finalizzate all'acquisizione e all'utilizzo delle fonti di finanziamento necessarie a sostenere sia la gestione caratteristica, sia l'eventuale gestione accessoria.
L'accezione di gestione finanziaria che qui si adotta comprende sia il complesso degli oneri finanziari connessi all'indebitamento, sia gli interessi attivi da impieghi temporanei di eccedenze di liquidità in depositi bancari. Mentre i proventi finanziari da investimenti in titoli o da impieghi di risorse per il finanziamento di terzi sono componenti positivi di reddito estranei alla gestione caratteristica, rientranti tuttavia nel reddito operativo aziendale, in quanto riconducibili alla gestione accessoria.
La separazione dell'area operativa da quella finanziaria consente la formulazione di giudizi sull'efficienza con la quale sono svolti i fondamentali processi gestionali dell'impresa (acquisizione di fattori produttivi, trasformazione degli stessi, vendite di prodotti o servizi ottenuti), indipendentemente dalle scelte di carattere finanziario di fatto operate. Non di rado, infatti, si trovano imprese la cui gestione caratteristica produce risultati positivi che, tuttavia, risultano vanificati dal carico di oneri finanziari derivanti dallo squilibrio tra mezzi propri e mezzi di terzi, e quindi da scelte non efficienti che attengono alla gestione finanziaria.
La gestione straordinaria comprende proventi e oneri di natura non ricorrente e di importo anomalo derivanti da movimentazioni del capitale, che, per loro natura, non rientrano nelle aree gestionali sinora analizzate.
Più in particolare, i componenti di reddito straordinari possono essere riconducibili a:
- eventi o fenomeni verificatisi negli esercizi passati, che, tuttavia, condizionano il risultato dell'esercizio in corso in via non ripetitiva o eccezionale, come ad esempio potrebbe essere il rimborso da parte di una assicurazione per un furto subito alcuni anni prima;
- eventi accidentali, fortuiti, e dunque non ricorrenti, come ad esempio potrebbe essere un contributo in conto esercizio *una tantum* piuttosto che una svalutazione del magazzino a fronte di un incendio subito.

I componenti straordinari di reddito possono trovare origine sia nella gestione operativa tipica, sia in quella accessoria; è, comunque, necessario isolarli, in modo da non alterare i risultati propri della gestione ordinaria.
Esempi di voci tipicamente straordinarie sono le plusvalenze e le minusvalenze realizzate in seguito all'alienazione di cespiti (sempreché l'impresa non abbia come oggetto sociale la compravendita dei beni in parola), le svalutazioni e le rivalutazioni di poste attive e passive aventi carattere straordinario, le perdite e gli utili su cambi di entità eccezionale, le sopravvenienze e le insussistenze attive e passive.
Con il recepimento delle modifiche introdotte dal D. Lgs. 239/2015, si osserva che il nuovo schema di conto economico di cui all'art.2425 del codice civile non contiene più la superata indicazione delle c.d. poste "straordinarie". Le stesse saranno ricomprese nelle voci della gestione operativa (valore della produzione, se positive; costi di produzione, se negative).
Di conseguenza, per poter risalire al risultato della gestione straordinaria, si tratterà, da parte dell'analista, di identificare e isolare i ricavi e i costi straordinari (i quali

peraltro andranno esposti in nota integrativa) espungendoli dalla gestione operativa e di inserirli nella opportuna area (straordinaria, per l'appunto) dello schema riclassificato del conto economico.
La gestione fiscale o tributaria comprende le imposte dirette (di competenza, sia correnti, sia differite) che gravano sul reddito dell'esercizio.
Le imposte sono sottratte al reddito ante imposte, in modo da ottenere il risultato netto (utile o perdita) di esercizio.
Nella Tavola 9.2 si presenta uno schema di conto economico riclassificato per aree gestionali (a ricavi netti e costo del venduto).

Tavola 9.2 - **Schema di conto economico riclassificato per aree gestionali**

+	**Ricavi netti di vendita**
+	Altri ricavi caratteristici
=	**Ricavi netti**
–	Acquisti di beni
+/–	Variazione delle rimanenze di materie prime
+/–	Variazione delle rimanenze di semilavorati e prodotti finiti
–	Incrementi di immobilizzazioni per lavori interni
–	Acquisti di servizi
–	Costi per godimento beni di terzi
–	Costi del personale
–	Ammortamenti
–	Accantonamenti
–	Altri costi caratteristici
=	**Reddito operativo della gestione caratteristica (R.O.G.C.)**
+/–	Proventi/oneri della gestione accessoria
=	**Reddito operativo aziendale**
–	Oneri finanziari
=	**Reddito lordo di competenza**
+/–	Proventi/oneri straordinari
=	**Reddito ante-imposte**
–	Imposte
=	**Reddito netto**

Come si nota, il primo aggregato rilevante di partenza è costituito dai ricavi netti, a differenza del conto economico civilistico, in cui il primo aggregato rilevante è costituito dal valore della produzione. Ciò testimonia che, in questo schema, è enfatizzato il significato non tanto della produzione, quanto quello della vendita (ossia dei ricavi conseguiti). Trattasi di un elemento che, normalmente, assicura maggiore certezza in merito alla capacità dell'impresa di collocare sul mercato di sbocco (anzichè, più semplicemente, di solo produrre) i propri beni, ovvero della sua competitività.

9.3. IL CONTO ECONOMICO RICLASSIFICATO A VALORE AGGIUNTO

La riclassificazione del conto economico a valore aggiunto consente di misurare quanto valore l'impresa crea attraverso l'uso dei propri fattori di produzione "interni": forza lavoro e impianti di produzione. In particolare, il valore aggiunto rappresenta il maggior valore imputabile al prodotto venduto rispetto alla sommatoria dei valori dei fattori produttivi acquisiti esternamente da terze economie, impiegati per produrlo.
Il maggior valore, aggiunto attraverso il processo di produzione ai materiali e ai servizi acquistati all'esterno, concorre alla rimunerazione/ricostituzione dei seguenti fattori di produzione:
- il lavoro incorporato nei prodotti;
- i beni immobilizzati impiegati per la produzione (ammortamento di impianti, macchinari, ecc.);
- il capitale finanziario di terzi (oneri finanziari);
- il consumo di beni pubblici quali strade, illuminazione notturna, pubblica sicurezza ecc. (corresponsione di imposte dirette),
- il capitale proprio (utile d'esercizio).

Nella Tavola 9.3 si presenta uno schema di calcolo del valore aggiunto per imprese del settore industriale.

Tavola 9.3 - **Schema di conto economico riclassificato a valore aggiunto**

Ricavi netti di vendita	
+/−	variazione rimanenze semilavorati e prodotti finiti:
+/−	variazione rimanenze semilavorati realizzati in azienda
+/−	variazione rimanenze prodotti finiti
−	acquisti di prodotti finiti destinati alla commercializzazione
+	costi capitalizzati per lavori interni (costruzioni in economia)
Valore della produzione realizzata nell'esercizio	
−	consumi di materie e semilavorati acquistati da terzi
	+ rimanenze iniziali
	+ acquisti
	− rimanenze finali
−	costi dei servizi acquistati dall'esterno, riferiti a:
	− approvvigionamento
	− produzione e logistica
	− marketing (distribuzione e vendita)
−	altri oneri esterni:
	− organizzazione
	− finanza
	− amministrazione e controllo
Valore aggiunto	
−	Costo del lavoro
M.O.L. (margine operativo lordo)	

–	ammortamenti
–	accantonamenti
=	**Reddito operativo della gestione caratteristica (R.O.G.C.)**
+/–	Proventi/oneri della gestione accessoria
Risultato operativo	
–	Oneri finanziari
Risultato lordo di competenza	
+/–	Proventi/oneri straordinari
Risultato ante-imposte	
–	Imposte
Reddito netto	

Se al valore aggiunto si sottrae il costo del lavoro, si ottiene il margine disponibile per il reintegro del capitale fisico consumato nella produzione (cioè gli ammortamenti), per la remunerazione del capitale finanziario, e per il pagamento delle imposte dirette.
Tale grandezza rappresenta il cosiddetto margine operativo lordo (M.O.L.), definibile, in prima approssimazione, come differenza tra ricavi e costi monetari collegati alla sequenza acquisto-trasformazione-vendita.
Sottraendo dal M.O.L. i costi non monetari, cioè gli ammortamenti (che costituiscono la quota di beni capitali consumata per realizzare la produzione) e gli accantonamenti, si perviene al reddito operativo aziendale, vale a dire la quota di risultato che la gestione operativa rende disponibile essenzialmente per la remunerazione del capitale finanziario, proprio e di credito, e per il pagamento delle imposte.
Successivamente, sommando algebricamente al risultato operativo la remunerazione del capitale di terzi (gli oneri finanziari), il risultato della gestione straordinaria e le imposte sul reddito dell'esercizio, si ottengono rispettivamente il risultato lordo di competenza, il risultato ante-imposte e il risultato netto dell'esercizio, analogamente a quanto già descritto con riferimento al conto economico per aree gestionali.
Il M.O.L. è un aggregato estremamente significativo non solo nell'ottica reddituale, bensì anche dal punto di vista finanziario. Esso, infatti, è un valore che nasce dalla contrapposizione di quei costi e ricavi operativi tipici che hanno diretta derivazione numeraria. Come tale, è in grado di esprimere una prima indicazione circa la capacità di autofinanziamento, o flusso di cassa potenziale, generato dalla gestione operativa caratteristica.

9.4. IL CONTO ECONOMICO CON AGGREGAZIONE FUNZIONALE DEI COSTI (A COSTI COMPLESSIVI INDUSTRIALI DEL VENDUTO)

Il conto economico a costi complessivi industriali del venduto, con i costi classificati in base alla loro destinazione alle diverse funzioni aziendali, consente di

individuare se e quali sono le aree aziendali efficienti ed inefficienti con riferimento alla gestione operativa caratteristica. In particolare, in questo schema si procede alla scomposizione del risultato operativo della gestione caratteristica (R.O.G.C.), suddividendo i relativi componenti negativi di reddito (ossia il costo del venduto) in costi afferenti l'attività produttiva (costi industriali), l'attività di vendita e distribuzione (costi commerciali) e in costi diversi dai precedenti (costi di amministrazione, generali, e così via), pur sempre appartenenti alla gestione tipica dell'impresa. La riclassificazione dei componenti di reddito avviene, pertanto, per destinazione, e non per natura, come nel caso del modello di conto economico a valore aggiunto.
Il primo aggregato significativo che emerge dalla riclassificazione in esame è il costo complessivo industriale della produzione venduta. Esso si ottiene dalla sommatoria di tutti i costi sostenuti per realizzare un certo volume di produzione, tenendo conto della variazione subita dalle rimanenze di magazzino.
Sottraendo il costo industriale del venduto al volume dei ricavi netti della gestione caratteristica si determina l'utile (o margine, o risultato) lordo industriale, e cioè il flusso reddituale che scaturisce esclusivamente dall'attività tecnico-produttiva, la cui analisi, nel tempo e per confronto con imprese comparabili, consente di giudicare l'evoluzione dell'efficienza del processo di trasformazione.
Dopo aver isolato la cosiddetta gestione industriale, con il calcolo del relativo risultato, si considerano tutti i costi facenti riferimento all'attività distributivo-commerciale e a quella amministrativa, i quali possono essere concepiti come una sorta di elementi che assorbono la ricchezza lorda che scaturisce dal processo produttivo in senso stretto.
Per ciascuna area si raggruppano le voci di costo relative ai beni impiegati (consumo di materiali, lavoro, servizi diversi richiesti, e così via), nonché eventuali rettifiche per capitalizzazioni.
Il risultato operativo della gestione caratteristica risulta dalla contrapposizione dei costi summenzionati (commerciali, amministrativi, generali) al risultato lordo industriale.
Per quanto concerne le gestioni accessoria, finanziaria, straordinaria e tributaria vale quanto già esposto a proposito dei precedenti modelli di riclassificazione.
Si riporta nella Tavola 9.4 un modello della struttura di conto economico qui analizzata.

Tavola 9.4 - **Schema di conto economico con aggregazione funzionale dei costi (a costo complessivo industriale del venduto)**

+	**Ricavi e proventi netti della gestione caratteristica**
+	acquisti di materie prime
+/−	variazione magazzino materie prime
+	costi del lavoro industriale
+	ammortamenti industriali
+	costi generali industriali
+/−	variazione magazzino semilavorati
+/−	variazione magazzino prodotti finiti

–	lavori in economia
–	**Costo industriale della produzione venduta**
=	**Utile lordo industriale**
–	**Costi commerciali**
	costi di distribuzione
	costi di vendita
–	**Costi di amministrazione e generali**
	consumi dei materiali
	costi del lavoro amministrativo e relativi oneri
	costi dei servizi generali amministrativi
	ammortamenti non industriali
=	**Reddito operativo della gestione caratteristica (R.O.G.C.)**
+/–	Proventi/oneri della gestione accessoria
=	**Reddito operativo aziendale**
–	Oneri finanziari
=	**Risultato lordo di competenza**
+/–	Proventi/oneri straordinari
=	**Risultato ante-imposte**
–	Imposte
=	**Reddito netto**

Il modello di conto economico appena esposto consente di esprimere giudizi circa le condizioni di efficienza delle aree funzionali dell'azienda, anche ai fini del controllo di gestione.
Questo modello di riclassificazione risulta di grande utilità ai fini delle analisi spazio-temporali tra imprese dello stesso settore di attività e in relazione alla stessa impresa, con riferimento a diversi intervalli temporali.
Il suo impiego, tuttavia, risulta difficile in assenza di informazioni supplementari al conto economico e, soprattutto, in mancanza di una contabilità analitica. Per queste ragioni, lo schema proposto risulta particolarmente adatto per analisi «interne».

9.5. IL CONTO ECONOMICO A COSTI COMPLESSIVI VARIABILI DEL VENDUTO

Il conto economico a costi complessivi variabili del venduto consente all'analista del bilancio di valutare la flessibilità strutturale dell'impresa, e quindi l'impatto sulla redditività aziendale di variazioni dei volumi produttivi.
La struttura di conto economico a costi complessivi variabili del venduto si basa sulla distinzione tra costi fissi e costi variabili; e ciò con riferimento ad un determinato arco temporale e ad una determinata capacità produttiva installata. I costi si dicono variabili se variano proporzionalmente rispetto alle variazioni del volume della produzione; gli stessi si dicono, invece, fissi (o costanti) se non risentono delle variazioni in parola.
Lo schema di conto economico in oggetto è rappresentato nella Tavola 9.5.

Tavola 9.5 - **Schema di conto economico riclassificato a costi complessivi variabili del venduto**

Ricavi netti delle vendite e delle prestazioni	
–	Costo di acquisto materie prime
+/–	Variazione del magazzino materie prime
+	Costo manodopera diretta (M.O.D.)
+	Altri costi variabili industriali
+	Costi variabili commerciali e di vendita
+/–	Variazione del magazzino semilavorati
+/–	Variazione del magazzino prodotti finiti
–	**Costo complessivo variabile dei prodotti venduti**
=	**Margine di contribuzione ai costi fissi**
–	**Costi fissi di struttura**
	costi fissi industriali
	costi fissi di amministrazione e vendita
–	**Costi fissi di politica (o discrezionali)**
	costi di ricerca e sviluppo
	costi di pubblicità e promozione
	costi di formazione del personale
=	**Reddito operativo della gestione caratteristica (R.O.G.C.)**
+/–	Proventi/oneri della gestione accessoria
=	**Reddito operativo aziendale**
–	Oneri finanziari
=	**Reddito lordo di competenza**
+/–	Proventi/oneri straordinari
=	**Reddito ante-imposte**
–	Imposte
=	**Reddito netto**

Il risultato della sottrazione tra ricavi netti e costo complessivo variabile del venduto coincide con il cosiddetto margine di contribuzione, ossia con il margine volto alla copertura dei costi fissi aziendali.
I costi fissi possono altresì essere distinti, ai fini della controllabilità, in costi di struttura e costi di politica. I costi di struttura sono relativi al sostenimento della struttura aziendale, produttiva e distributiva; essi definiscono la capacità produttiva aziendale in termini di immobilizzazioni materiali e immateriali, nonché la struttura amministrativo-direzionale. I costi di politica si sostengono al fine di favorire l'uso della struttura; essi hanno carattere discrezionale e sono rappresentati, tipicamente, dai costi di ricerca e sviluppo, di pubblicità, di formazione del personale.

Dalla sottrazione di tutti i costi fissi al margine di contribuzione si ottiene il reddito operativo della gestione caratteristica; la costruzione delle fasi successive (determinazione del reddito operativo aziendale, del risultato lordo di competenza, del risultato ante-imposte e, infine, del risultato netto dell'esercizio) è identica agli altri schemi di riclassificazione in forma scalare sin qui esaminati.
La predisposizione di un conto economico a costi complessivi variabili del venduto presuppone la conoscenza della variabilità o meno dei costi, non sempre (anzi, raramente) accessibile all'analista esterno. Trattasi per cui di una struttura di conto economico particolarmente adatta per le analisi interne. Tuttavia, pur con inevitabili approssimazioni, anche nel caso di analisi esterne lo schema suddetto consente lo studio delle relazioni tra volumi di produzione, prezzi, costi variabili e fissi e l'analisi della capacità dell'impresa di mantenere, migliorare o ripristinare le proprie condizioni di equilibrio economico.

9.6. LO STATO PATRIMONIALE SECONDO IL CRITERIO DI LIQUIDITÀ/ESIGIBILITÀ DECRESCENTI (FINANZIARIO)

Nel modello di stato patrimoniale di tipo finanziario, le attività, espressione di investimenti in atto, sono raggruppate in classi omogenee rispetto al loro tempo di trasformazione in moneta; le passività, ossia i finanziamenti in atto, sono raggruppate in classi omogenee sempre rispetto al relativo tempo di trasformazione in moneta.
In altri termini, le attività e le passività sono classificate secondo la loro attitudine (o meno) a divenire, rispettivamente, liquide ed esigibili: gli elementi dell'attivo, al netto dei rispettivi valori rettificativi, sono considerati impieghi di risorse finanziarie dai quali, nel futuro, si attendono flussi di entrate monetarie; gli elementi del passivo e il capitale netto, per contro, costituiscono le fonti di finanziamento utilizzate per effettuare gli investimenti dai quali, nel futuro, si attendono flussi di uscite monetarie.
Secondo il modello finanziario di riclassificazione dello stato patrimoniale, le attività sono ripartite in due grandi classi:

- le attività a breve termine, che ricomprendono tutti gli investimenti potenzialmente trasformabili in forma liquida nell'arco di un periodo amministrativo, pari a 12 mesi;
- le attività a medio-lungo termine (o attivo immobilizzato netto), che accolgono i restanti investimenti, caratterizzati da un ciclo di realizzo superiore ai 12 mesi.

Anche i valori del passivo, e cioè le passività e i mezzi propri, sono distinti, con la medesima logica utilizzata per le attività, in passività a breve termine, passività a medio-lungo termine (o passività consolidate) e mezzi propri (o patrimonio netto):

- le passività a breve termine comprendono tutti i debiti il cui rimborso è almeno teoricamente ipotizzabile entro i 12 mesi;
- le passività a medio-lungo termine rappresentano, invece, i debiti aventi scadenza di oltre un anno;

– i mezzi propri accolgono i capitali provenienti dal soggetto economico dell'impresa, caratterizzati da una permanenza solitamente a tempo indeterminato.

Lo stato patrimoniale riclassificato secondo il criterio finanziario del tempo di smobilizzo si presenta a sezioni contrapposte, come risulta dallo schema riportato nella Tavola 9.6.

Tavola 9.6 - **Schema di stato patrimoniale riclassificato secondo il criterio finanziario**

	ATTIVITÀ	**PASSIVITÀ**	
attività a breve termine	⟶ **Liquidità immediate** • cassa e banche • titoli a vista ⟶ **Liquidità differite** • clienti netti • crediti a breve ⟶ **Disponibilità** • rimanenze • ratei e risconti attivi	⟶ **Fornitori** ⟶ **Banca c/c passivo** ⟶ **Altri debiti a breve** • debiti tributari (a b/t) • quota da rimborsare a breve di debiti a m-l termine ⟶ **Ratei e risconti passivi**	passività a breve termine
attività a medio-lungo termine	⟶ **Immobilizzazioni materiali nette** • impianti • immobili • automezzi • mobili e arredi	⟶ **Obbligazioni** ⟶ **Mutui passivi** ⟶ **Debiti per TFR** ⟶ **Altri debiti durevoli**	passività a medio-lungo termine
	⟶ **Immobilizzazioni immateriali nette** • brevetti e licenze • spese di impianto • licenze • marchi	⟶ **Capitale sociale** ⟶ **Riserve** ⟶ **Risultato di esercizio**	mezzi propri (patrimonio netto)
	⟶ **Immobilizzazioni finanziarie nette** • crediti a medio - lungo termine • partecipazioni • titoli non disponibili		

Nell'operare la riclassificazione in esame occorre prestare attenzione ad alcuni aspetti particolari: anzitutto, le poste rettificative dell'attivo, come i fondi ammortamento, i fondi svalutazione e deprezzamento, devono essere portate direttamente a detrazione degli elementi dell'attivo ai quali afferiscono.

In secondo luogo, i debiti a medio-lungo termine, da rimborsarsi entro un arco temporale superiore ai dodici mesi, devono essere distinti in due categorie: quelli eventualmente in scadenza nel successivo periodo amministrativo (anche per quota-parte), e quindi qualificabili come debiti a breve termine, e quelli a medio-lungo termine. Se non si operasse questa distinzione, si rischierebbe, infatti, di sottovalutare l'entità del fabbisogno finanziario dell'esercizio seguente.
Analoghe considerazioni possono essere estese, per esempio, ai fondi spese future: ove possibile, si devono scindere le quote che avranno manifestazione numeraria oltre l'esercizio successivo da quelle la cui manifestazione numeraria avrà luogo, invece, entro i dodici mesi.
Per quanto concerne il debito per trattamento di fine rapporto di lavoro subordinato (T.F.R.), spesso le difficoltà previsionali portano a considerare tale voce come interamente pertinente alle passività a medio-lungo termine, anche se, disponendo delle necessarie informazioni, sarebbe più corretto procedere ad una puntuale ripartizione (e classificazione) in base al tempo di esborso.
La riclassificazione delle attività e delle passività secondo il criterio finanziario del tempo di smobilizzo consente di pervenire ad una struttura di stato patrimoniale in grado di offrire gli elementi per valutare la presenza, nell'impresa, di condizioni di equilibrio finanziario, ovvero dell'attitudine dell'impresa a far fronte ai suoi impegni di pagamento futuri. Ciò anche attraverso la costruzione di opportuni indici, come si vedrà al capitolo seguente.
Il modello di stato patrimoniale secondo il criterio della liquidità/esigibilità decrescenti è largamente diffuso nella dottrina e nella prassi, soprattutto in considerazione della possibilità di una sua applicazione anche da parte di soggetti esterni all'impresa. Lo schema di stato patrimoniale civilistico consente, infatti, di avere le informazioni necessarie per la costruzione di questo schema di riclassificazione.

9.7. LO STATO PATRIMONIALE SECONDO IL CRITERIO DELLA PERTINENZA GESTIONALE

Il criterio di riclassificazione dello stato patrimoniale secondo il criterio della pertinenza gestionale distingue e raggruppa le attività e le passività in base alla loro appartenenza alla gestione operativa o extra operativa; con riferimento alla gestione operativa, inoltre, si distinguono le attività e le passività tipiche da quelle accessorie; per quanto concerne la gestione non operativa, si identificano distintamente le passività finanziarie, tributarie e i mezzi propri (ipotizzando che non sussistano, come di solito avviene, attività/passività afferenti la gestione straordinaria).
Nella Tavola 9.7 si presenta uno schema di stato patrimoniale riclassificato secondo il criterio della pertinenza gestionale.

Tavola 9.7 - **Schema di stato patrimoniale riclassificato secondo il principio della pertinenza gestionale**

ATTIVITÀ

Attività caratteristiche correnti
- crediti commerciali verso clienti al netto del fondo svalutazione crediti
- crediti commerciali verso società controllate e collegate
- magazzino al netto del fondo svalutazione magazzino
- anticipi ai fornitori
- ratei e risconti attivi afferenti operazioni (ricavi e costi) legate alla gestione corrente

Attività caratteristiche fisse
- immobili operativi, macchinari e impianti al netto dei fondi ammortamento
- immobili, macchinari e impianti al netto dei fondi ammortamento
- brevetti, marchi, ecc., al netto di fondi ammortamento
- partecipazioni strategiche

Attività accessorie ricorrenti
- crediti verso inquilini
- crediti finanziari

Attività accessorie fisse
- immobili e terreni civili non strumentali al netto dei fondi ammortamento
- partecipazioni non strategiche al netto del fondo svalutazione
- ratei e risconti attivi afferenti operazioni (ricavi e costi) legate alla gestione accessoria
- titoli

PASSIVITÀ

Passività caratteristiche correnti
- debiti verso fornitori materie
- debiti commerciali verso società controllate e collegate
- anticipi da clienti
- fondi rischi afferenti la gestione corrente
- competenze da liquidare al personale operativo (non invece a personale per attività accessoria)
- ratei e risconti passivi afferenti operazioni (ricavi e costi) legate alla gestione corrente

Passività caratteristiche fisse
- debiti verso fornitori impianti

Passività accessorie ricorrenti
- debiti ricorrenti per attività accessoria (es. vs. dipendente che si occupa della gestione patrimoniale)

Passività accessorie fisse
- debiti vs. inquilini (es. cauzioni ricevute su contratti di locazione immobili non strumentali)

Passività finanziarie nette
- debiti a breve verso banche (al netto di eventuale liquidità)
- debiti finanziari a medio-lungo termine
- debiti finanziari verso società controllate e collegate
- prestiti obbligazionari

Passività tributarie nette
- debiti tributari
- fondo imposte differite
- – crediti tributari

Patrimonio Netto
- capitale sociale
- riserve
- utile (perdita) dell'esercizio

Le attività correnti ricomprendono gli investimenti direttamente correlati alle operazioni di acquisto-trasformazione e vendita a rapido ricircolo; specularmente, le passività correnti raggruppano tutte le passività connesse allo stesso ciclo corrente.
Le attività estranee alla gestione corrente si articolano in attività fisse al servizio della gestione operativa caratteristica, cioè legate a decisioni di investimento/disinvestimento in fattori strutturali che determinano la capacità produttiva, e in attività extra-caratteristiche (accessorie).
Il passivo, oltre alle passività correnti e a medio-lungo termine caratteristiche, comprende le passività accessorie (anch'esse suddivise in correnti e fisse), le passività finanziarie nette, le passività tributarie nette, e i mezzi propri.
La logica funzionale conduce alla determinazione di aggregati di stato patrimoniale in parte diversi da quelli derivanti dal modello finanziario esaminato al paragrafo precedente. In particolare, questo schema consente di mettere a fuoco il fabbisogno di capitale della gestione operativa (suddiviso in corrente e fisso) e di evidenziarne la copertura, oltre che con le fonti afferenti alla stessa gestione, anche attraverso la gestione finanziaria, la gestione tributaria e i mezzi propri.
Il modello di stato patrimoniale secondo il principio della pertinenza gestionale non rifiuta una interpretazione in chiave finanziaria delle condizioni di gestione. Piuttosto, esso muta l'ottica secondo cui si osserva il problema dell'equilibrio finanziario dell'impresa: si muove, infatti, dalla constatazione che le risorse finanziarie possono giungere all'impresa da due vie:

– dalla propria attività corrente, quindi spontaneamente;
– dall'esterno, sotto forma di capitali di debito, apporti di soci, ecc.

L'equilibrio finanziario si fonda, quindi, sulla capacità dell'impresa di generare le risorse necessarie e sufficienti (in termini di quantità, qualità e tempi) a far fronte ai fabbisogni finanziari.
È in questa prospettiva che va interpretata la rappresentazione in forma sintetica dello stato patrimoniale secondo pertinenza gestionale (altrimenti detto funzionale) riportata nella Tavola 9.8.

Tavola 9.8 - **Rappresentazione sintetica dello stato patrimoniale secondo il principio della pertinenza gestionale**

Attività correnti	Passività correnti	
	Passività caratteristiche fisse	C.C.N.
	Passività accessorie fisse	corrente
Capitale fisso caratteristico	Debiti finanziari netti	
Capitale fisso accessorio	Debiti tributari netti	
Capitale straordinario netto	Mezzi propri	

Elemento centrale di tale rappresentazione è il capitale circolante netto corrente (o commerciale, detto anche capitale d'esercizio o capitale circolante *stricto sensu*), che deriva dalla differenza tra attività e passività correnti riclassificate in chiave funzionale. Laddove il CCN vuole esprimere in senso lato la situazione di liquidità dell'azienda, ossia la capacità di far fronte regolarmente ai propri impegni a breve, il CCN corrente vuole evidenziare l'investimento richiesto dalla gestione corrente, al netto dei finanziamenti generati dalla gestione stessa tramite il differimento delle uscite negoziato con i fornitori.
L'aggregato, dunque, segnala in che misura il ciclo acquisti-trasformazione-vendita origina fabbisogni da coprire con fonti esterne finanziarie.

9.8. LO STATO PATRIMONIALE FUNZIONALE CON EVIDENZIAZIONE DELLA POSIZIONE FINANZIARIA NETTA

Il criterio di riclassificazione dello stato patrimoniale funzionale con evidenziazione della posizione finanziaria netta consente di isolare alcune aggregazioni di valori particolarmente utili per le analisi della redditività e della rischiosità finanziaria.
Detto criterio parte dalla considerazione che il fabbisogno finanziario dell'impresa (a titolo di capitale proprio e di indebitamento netto oneroso) ha origine da due classi di investimenti: il fabbisogno per impieghi che riguardano le immobilizzazioni al servizio dell'attività operativa dell'impresa; il fabbisogno per il finanziamento degli impieghi relativi alle scorte e ai crediti commerciali. Detti impieghi di capitale sono in parte finanziati da fonti di finanziamento non esplicitamente onerose, quali sono i debiti commerciali, il fondo imposte e il fondo indennità di fine rapporto. Solo la parte rimanente di impieghi necessita di copertura finanziaria e può essere soddisfatta mediante capitale proprio e/o debiti onerosi.
Si presenta, nella Tavola 9.9, uno schema di stato patrimoniale riclassificato secondo il criterio funzionale con evidenziazione della posizione finanziaria netta, limitato a una impresa avente impieghi nella sola gestione operativa caratteristica (ma concettualmente niente varierebbe anche in presenza di gestione accessoria).

Tavola 9.9 - **Schema di stato patrimoniale funzionale (sezione degli Impieghi netti)**

+	Crediti commerciali verso clienti (al netto del fondo svalutazione)
+	Crediti commerciali verso società controllate e collegate
+	Magazzino
+	Anticipi a fornitori
+	Ratei e risconti attivi
+	Altri crediti a breve termine (che non generano interessi attivi)
–	Debiti commerciali verso fornitori
–	Debiti commerciali verso società controllate e collegate
–	Anticipi da clienti
–	Fondo imposte

–	Ratei e risconti passivi
–	Altri debiti a breve termine (che non generano interessi passivi)
=	**Capitale circolante operativo netto**
+	Immobilizzazioni tecniche nette
+	Immobilizzazioni immateriali nette
+	Immobilizzazioni finanziarie nette (es. crediti commerciali a medio-lungo termine)
–	Fondo TFR
–	Debiti commerciali a medio-lungo termine
=	**Capitale investito operativo netto (*Net assets*)**

Il capitale investito operativo netto (che nella terminologia anglosassone è denominato *Net Assets*) rappresenta per l'appunto l'impiego di capitale da finanziarsi con indebitamento oneroso netto (nella terminologia anglosassone denominato *Debt*) e/o con capitale proprio (nella terminologia anglosassone denominato *Equity*). Lo schema si completa con il prospetto delle fonti di finanziamento (Tavola 9.10).

Tavola 9.10 - **Schema di stato patrimoniale funzionale (sezione delle Fonti di finanziamento)**

	Capitale investito operativo netto (Net asset)
	così finanziato:
+	Debiti verso banche
+	Mutui passivi
+	Obbligazioni
+	Altri debiti finanziari
–	Disponibilità liquide (cassa e banche)
–	Crediti finanziari
=	**Posizione finanziaria netta (Debt)**
+	**Patrimonio netto (Equity)**
=	**Totale fonti di finanziamento**

Il concetto di posizione finanziaria netta è particolarmente importante poiché misura l'effettivo indebitamento oneroso dell'impresa, foriero di generare interessi passivi (al netto di eventuali proventi finanziari, in caso di presenza di disponibilità liquide). Unitamente al patrimonio netto, rappresenta l'ammontare di risorse finanziarie che l'impresa utilizza per finanziare i suoi investimenti e a fronte delle quali (risorse finanziarie impiegate) l'impresa è chiamata a produrre redditi, per la loro rimunerazione. Come si vedrà successivamente, la dimensione dei *Net Assets* rappresenta un più preciso parametro (rispetto al totale del capitale investito) da prendere a riferimento per la misurazione relativa della redditività operativa dell'impresa. Infatti, i *Net Assets* escludono dal denominatore dell'indice di redditività operativa la quota di attivo equivalente ai debiti non onerosi o, comunque, il cui costo è già incluso nel reddito operativo e non tra gli oneri finanziari. Eventuali interessi impliciti nei debiti verso fornitori sarebbero, infatti, inclusi nel reddito operativo per effetto dei superiori prezzi di acquisto con regolamento differito; l'onere dei fondi indennità di fine rapporto (rivalutazione indennità pregresse) si trova anch'esso incluso nel calcolo del reddito operativo.

10. LA COSTRUZIONE E L'ANALISI DEGLI INDICI DI BILANCIO

di Alessandro Cortesi

10.1. LE DIMENSIONI RILEVANTI DELL'ANALISI PER INDICI DI BILANCIO

L'analisi per indici (c.d. *ratio analysis*) calcola quozienti (rapporti) e margini (differenze aritmetiche) tra grandezze desunte dai bilanci riclassificati e consente di delineare un sistema organico di informazioni per valutare lo stato di salute economico-finanziario e la bontà della gestione di impresa.
L'utilità dell'analisi del bilancio per indici dipende dalla capacità del lettore di esplicitare gli obiettivi conoscitivi perseguiti e di vagliare, alla loro luce, l'opportunità di elaborare riclassificazioni differenti o indici alternativi.
La dottrina e la prassi hanno individuato una molteplicità di indici di bilancio, ognuno dei quali si calcola confrontando tra loro diverse grandezze.
In questa sede, si procederà a delineare un sistema di indici di bilancio che consenta di mettere a fuoco la posizione dell'impresa in relazione a quattro dimensioni rilevanti di analisi:

1. la redditività;
2. la liquidità;
3. la solidità patrimoniale;
4. lo sviluppo.

Il conseguimento degli obiettivi conoscitivi descritti trova un limite nella possibilità di disporre dei dati e delle informazioni necessarie, specie con riferimento al lettore «esterno», il quale ha solitamente accesso solo alle informazioni rilevabili dal bilancio pubblico.
Va peraltro considerato che gli obiettivi conoscitivi dei soggetti interessati alla lettura e all'interpretazione del bilancio possono essere parzialmente conseguiti anche mediante la pura riclassificazione dei dati di conto economico e di stato patrimoniale. La percentualizzazione dei valori reddituali riclassificati, rispetto al fatturato netto, e dei valori patrimoniali, rispetto al totale attivo/passivo, consente infatti di evidenziare aspetti importanti per la valutazione dell'impresa, specie ove espressi per un periodo di più anni (in modo da valutare un *trend*) e/o confrontati con altre imprese comparabili (in modo da valutare le *performance* relative).
La costruzione degli indici di bilancio richiede una fase preparatoria di riclassificazione del conto economico e dello stato patrimoniale secondo un criterio coerente con l'obiettivo conoscitivo perseguito. Da questo punto di vista, preme sottolineare che un quadro veramente completo ed esaustivo di indicatori non può essere costruito utilizzando un solo schema di riclassificazione sia per il conto economico che per lo stato patrimoniale. Piuttosto, si tratterà di selezionare le opportune grandezze da mettere a confronto (nei quozienti e nei margini) selezionandole, di volta in volta, dagli schemi riclassificati più coerenti.
L'impiego degli indici di bilancio richiede particolare attenzione nella scelta delle grandezze da rapportare, al fine di utilizzare valori coerenti tra loro, che non inficino la significatività dei risultati.
In particolare è necessario svolgere alcune considerazioni in merito all'impiego di indici che rapportano grandezze di natura reddituale con grandezze di natura patrimoniale. I valori di natura reddituale sono grandezze flusso, mentre i valori di natura

patrimoniale sono grandezze livello, riferite ad una certa data; in presenza di oscillazioni anomale delle grandezze livello in prossimità della chiusura del bilancio, il valore di queste ultime potrebbe non essere significativo del valore medio registrato nel corso dell'esercizio.
Per ovviare a tale inconveniente, talora si prescelgono valori patrimoniali espressivi di un valore «medio» di periodo (media aritmetica tra il saldo di inizio esercizio e quello finale), anche se più frequentemente viene prescelto il valore iniziale delle grandezze di natura patrimoniale da comporre in indici.

10.2. GLI INDICI DI REDDITIVITÀ

La prima dimensione di analisi rilevante che può essere valutata mediante indici è quella della redditività. Essa si estrinseca nella capacità dell'impresa di remunerare congruamente tutti i fattori produttivi impiegati, quali il capitale di debito, il capitale di rischio e il lavoro.
La significatività dell'analisi di redditività richiede di accertare in primo luogo il concorso di ciascuna area di gestione alla redditività complessiva; la segmentazione del risultato di esercizio è da operarsi già nella fase di riclassificazione del bilancio, elaborando un conto economico e uno stato patrimoniale che evidenzino il concorso delle singole gestioni componenti l'attività d'impresa, ovvero, la gestione caratteristica, la gestione accessoria, la gestione finanziaria, la gestione straordinaria e la gestione tributaria.
Successivamente, è possibile passare ad indagare la redditività per i conferenti di capitale proprio (redditività netta) e, quindi, svolgere alcune analisi di scomposizione degli indici al fine di evidenziarne dei possibili percorsi di miglioramento.

10.2.1 La redditività della gestione caratteristica (il ROI, il RONA) e le sue determinanti (il ROS, il TRCI)

Una prima dimensione di analisi per valutare l'efficienza dell'impresa nel conseguimento degli obiettivi reddituali concerne la capacità della stessa di mettere a frutto il capitale investito nell'attività aziendale di tipo caratteristico.
A tale scopo, si costruisce il tasso di redditività del capitale investito (ROI = *Return on Investments*).

$$\textit{Return on Investments} = \frac{\textit{Reddito operativo della gestione car.}}{\textit{Capitale investito nella gestione car.}} = \frac{ROGC}{CI(GC)}$$

La redditività del capitale investito è indicativa dell'attitudine dell'impresa a remunerare le risorse impiegate nell'attività caratteristica, prescindendo da come le stesse siano state finanziate e dal carico fiscale.
Il reddito operativo posto al numeratore è la risultante della contrapposizione tra i soli ricavi e costi relativi all'attività caratteristica dell'impresa; il suo valore si ricava da tutti gli schemi di conto economico riclassificato esaminati nel capitolo 9. Il capitale

investito, al denominatore, include solo gli investimenti tipici, ed è, quindi, al netto degli eventuali investimenti nella gestione accessoria (titoli, partecipazioni non strategiche, immobili non strumentali all'attività d'impresa, ecc.). La sua dimensione si ricava dallo stato patrimoniale riclassificato secondo il criterio della pertinenza gestionale esaminato al capitolo 9 (Attività operative in senso stretto, o caratteristiche). Le voci poste al numeratore e al denominatore devono, infatti, essere coerenti tra loro, al fine di garantire la significatività del rapporto.
Una variante del ROI è rappresentata dal RONA (*Return on Net Assets*). Il RONA differisce dal ROI in quanto rapporta il risultato operativo della gestione caratteristica (ROGC) al capitale investito netto di tipo operativo caratteristico (CION, o *Net Assets*), come definito nello schema di stato patrimoniale funzionale con evidenziazione della posizione finanziaria netta di cui alla Tavola 9.9 del capitolo 9.

$$\textit{Return on Net Assets} = \frac{\textit{Reddito operativo della gestione car.}}{\textit{Cap. inv. oper. netto di gestione car.}} = \frac{ROGC}{CION}$$

Il RONA rappresenta un indicatore più puntuale dell'efficacia della gestione caratteristica rispetto al ROI, in quanto pone a confronto un risultato (il ROGC, appunto) con le esclusive risorse finanziarie che quel risultato deve rimunerare (i *Net Assets*, che equivalgono alla somma del capitale di debito oneroso e del capitale proprio), escludendo quelle fonti di finanziamento (ad esempio i crediti commerciali e il fondo TFR) la cui rimunerazione (eventuale) è già ricompresa nel risultato operativo.
L'analisi della redditività operativa caratteristica può essere approfondita mediante la costruzione di due altri indicatori che, moltiplicati tra loro, conducono al ROI. Si tratta dell'indice di redditività delle vendite (ROS = *Return on Sales*) e del tasso di rotazione del capitale investito (TRCI).
Il ROS rapporta il reddito operativo di gestione caratteristica ai ricavi di vendita caratteristici ed esprime il margine che l'impresa è in grado di conseguire in percentuale ai ricavi.

$$\textit{Return on Sales} = \frac{\textit{Reddito operativo della gestione car.}}{\textit{Ricavi netti di vendita}} = \frac{ROGC}{RV}$$

Un valore dell'indice inferiore alla media del settore è indicativo di uno squilibrio tra ricavi di vendita e costi della gestione caratteristica. Due possono essere le cause principali di tale squilibrio, eventualmente concomitanti:
- un livello di prezzi di vendita inferiore alla media di settore, o comunque non sufficiente a coprire i costi caratteristici;
- un livello di costi della gestione caratteristica troppo elevato.

In entrambi i casi, sarà necessario approfondire l'analisi per porre rimedio alla situazione. Il TRCI si costruisce rapportando i ricavi netti di vendita caratteristici al capitale investito nella gestione caratteristica ed esprime il ricavo conseguito per unità di investimento operativo caratteristico.

$$\frac{\textit{Tasso di rotazione}}{\textit{del capitale investito}} = \frac{\textit{Ricavi netti di vendita}}{\textit{Capitale investito nella gest. car.}} = \frac{RV}{CI(GC)}$$

Questa informazione è rilevante in quanto consente di comprendere l'efficienza dell'azienda nell'utilizzare le risorse impiegate per lo svolgimento dell'attività caratteristica. Valori elevati dell'indice suddetto (da confrontarsi anche con i concorrenti e/o nel loro andamento temporale) sono indicativi di un adeguato sfruttamento delle risorse nelle quali l'impresa ha investito i propri capitali. In presenza di valori contenuti, si manifesta una situazione di squilibrio di fondo, da analizzare e possibilmente risolvere. La Tavola 10.1 esplicita in termini algebrici la relazione che lega il reddito operativo della gestione caratteristica (ROI) ai fattori determinanti.

Tavola 10.1 - **Determinanti del ROI**

$$ROI = \frac{RO}{CI}$$

$$ROS = \frac{RO}{RV} \qquad ROT\ CI = \frac{RV}{CI}$$

$$\frac{RO}{CI} = \frac{RO}{RV} \times \frac{RV}{CI}$$

Le variazioni del ROI sono, dunque, da ricollegare alla redditività delle vendite ed all'indice di rotazione del capitale investito. Risulta, quindi, essenziale comprendere a fondo quali siano i fattori che influenzano questi due indicatori. Il primo indice (ROS) può essere indagato attraverso il conto economico percentualizzato, che evidenzia l'incidenza dei costi di diversa natura (produttivi, amministrativi e commerciali) sul fatturato, e comprendendo i motivi di dette incidenze, anche mediante opportuni confronti. Per quanto concerne i fattori determinanti il grado di rotazione del capitale investito (TRCI), questi possono essere indagati analizzando il livello di impiego dei singoli elementi che compongono il capitale investito.

Particolare enfasi è da porre sul controllo degli investimenti nelle attività correnti, la cui ottimizzazione è di solito più agevole rispetto alle attività immobilizzate: trattasi in particolare dei crediti commerciali e delle giacenze di magazzino.

Il controllo dei citati elementi può essere svolto definendo la durata media (in termini di giorni) delle dilazioni di pagamento concesse ai clienti e della permanenza in magazzino della merce.
Il numero medio dei giorni di dilazione dei crediti commerciali si ottiene dividendo i crediti commerciali in essere per il fatturato giornaliero (aumentato dell'IVA, per renderlo omogeneo con il valore dei crediti, che è al lordo dell'IVA), ossia:

Giorni medi dilazione incassi =
Crediti commerciali / (ricavi di vendita + IVA) / 365

Il numero medio dei giorni di permanenza delle scorte (limitandosi a quelle di materie prime) in magazzino si ottiene dividendo il valore delle scorte (di materie prime) in essere per i consumi (di materie prime) giornalieri, ossia:

Giorni copertura magazzino =
Scorte / (acquisti di mat. prime + variaz. riman. mat. prime) / 365

Il controllo delle durate può essere esercitato anche su specifiche voci del passivo, in particolare sui tempi medi di pagamento dei fornitori. In questo caso, si può utilmente rapportare l'ammontare dei debiti commerciali in essere con i costi di acquisto giornalieri di materie prime (aumentati dell'IVA), ossia:

Giorni medi dilazione pagamenti =
Debiti commerciali / (acquisti di mat. prime + IVA) / 365

In via di principio un allungamento dei giorni di dilazione è positivo, poiché consente di sostituire questa fonte di finanziamento (talora, non onerosa) all'indebitamento bancario (oneroso), riducendo così l'ammontare dei Net Assets (ovvero le sole risorse finanziarie a fronte delle quali l'impresa deve produrre rimunerazioni). Si tratterà di verificare se, in presenza di dilazione di pagamento, i fornitori applichino prezzi costo più elevati, poiché in questo caso i benefici effetti delle dilazioni potrebbero essere neutralizzati anche completamente.
In sintesi, l'impresa che volesse migliorare il valore assunto dal ROI ha a disposizione alcune leve:

- il miglioramento della redditività delle vendite, aumentando i prezzi di vendita, modificando il *mix* di vendita verso prodotti a maggiore marginalità, riducendo l'incidenza dei costi della gestione caratteristica;
- il miglioramento del tasso di rotazione del capitale investito, incrementando il fatturato a parità di impieghi, riducendo ove possibile il livello delle attività immobilizzate, contraendo le dilazioni di pagamento concesse ai clienti e/o aumentando il tasso di rotazione del magazzino, aumentando le dilazioni di pagamento.

10.2.2 La redditività della gestione accessoria (ROGA)

Nel caso di imprese che fanno ampio ricorso a gestioni accessorie (investimenti immobiliari non strumentali, investimenti mobiliari) è utile misurare il contributo alla redditività aziendale fornito dalla suddetta gestione. Tale contributo può essere misurato ponendo a raffronto il saldo dei proventi e degli oneri della gestione accessoria (si desume da tutti gli schemi conto economico riclassificato di cui al capitolo 9), con gli investimenti nella medesima gestione, che si ricavano dallo stato patrimoniale riclassificato secondo il criterio della pertinenza gestionale, sempre esaminato al capitolo 9.

$$\textit{Reddito operativo della gestione accessoria (ROGA)} =$$

$$\frac{\textit{Reddito operativo della gestione acc.}}{\textit{Cap. inv. della gestione acc.}} = \frac{\textit{Saldo prov.} - \textit{on. acc.}}{CI(GA)}$$

10.2.3 La redditività della gestione operativa (ROA)

Nel caso di imprese che impiegano le risorse finanziarie a disposizione sia nella gestione caratteristica sia in gestioni accessorie è opportuno misurare la redditività degli investimenti effettuati nel complesso, ossia indipendentemente dalla loro destinazione. Per far ciò bisogna rapportare il reddito operativo (RO), pari al reddito della gestione caratteristica sommato al risultato della gestione accessoria, al capitale investito (CI). Si perviene così all'indice di redditività operativa del capitale investito totale (ROA = Return on Assets):

$$\textit{Return on Assets} = \frac{\textit{Reddito operativo}}{\textit{Capitale investito}} = \frac{RO}{CI}$$

In molti casi, specie nelle piccole e medie imprese, gli investimenti di natura patrimoniale assumono un valore trascurabile rispetto agli investimenti aventi natura caratteristica, cosicché il reddito operativo aziendale tende a coincidere con quello della gestione caratteristica ed il capitale investito nella stessa con il capitale investito complessivo.
Va osservato, inoltre, che questo indicatore è un indicatore di redditività lorda totale, ossia evidenzia quanto l'impresa è in grado di far fruttare le risorse finanziarie utilizzate nel complesso, prescindendo dall'incidenza della gestione finanziaria (e quindi il livello di indebitamento) e dall'imposizione fiscale.

10.2.4 Il costo dell'indebitamento (ROD)

Gli schemi riclassificati secondo il criterio della pertinenza gestionale consentono di svolgere un'ulteriore analisi che impatta sulla redditività, questa volta in senso negativo. Si tratta dell'analisi del costo medio dell'indebitamento. Tale costo può essere misurato attraverso il ROD (*Return on Debt*) ponendo a raffronto l'ammontare degli oneri finanziari (OF), che si desume da tutti gli schemi conto economico riclassificato di cui al capitolo 9, con l'ammontare dell'indebitamento oneroso aziendale (D), che si ricava dallo stato patrimoniale riclassificato secondo il criterio della pertinenza gestionale piuttosto che da quello funzionale con evidenziazione della posizione finanziaria netta, entrambi esaminati al capitolo 9.

$$\textit{Return on Debt} = \frac{\textit{Oneri finanziari}}{\textit{Indebitamento oneroso}} = \frac{OF}{D}$$

Occorre assicurarsi che vi sia coerenza tra il numeratore ed il denominatore di tale rapporto. Se, a titolo di esempio, gli oneri finanziari sono prescelti al netto di eventuali interessi attivi per presenza di saldi attivi su taluni conti correnti, si tratterà di inserire al denominatore del rapporto l'indebitamento al netto delle posizioni attive. Viceversa, qualora si prescelgano le sole posizioni negative, occorrerà selezionare i soli oneri finanziari e rapportarli all'indebitamento lordo.

10.2.5 La redditività del capitale proprio (ROE) e le sue relazioni con la redditività del capitale investito

Una fondamentale esigenza per l'analista d'impresa consiste nel valutare se l'investimento nel capitale di rischio costituisca una conveniente opportunità di impiego di capitale.
L'indicatore che si utilizza a detti fini è l'indice di redditività del capitale proprio (ROE= *Return on Equity*), che si costruisce rapportando l'utile netto dell'esercizio (RN) al patrimonio netto (E; *Equity*).

$$\textit{Return on equity} = \frac{\textit{Risultato netto}}{\textit{Patrimonio netto}} = \frac{RN}{E}$$

L'obiettivo, in questo caso, è la valutazione della redditività complessiva dell'impresa, sintesi di tutte le scelte, operate con riferimento sia alla gestione caratteristica sia alle altre gestioni. Il ROE misura in termini percentuali la redditività netta del capitale di rischio conferito dai proprietari dell'impresa. Un utile termine di confronto, per valutare la bontà della gestione, è costituito dal corrispondente valore (ROE) di imprese aventi pari rischiosità di quella oggetto di analisi. Utile è parimenti verificare l'andamento nel tempo di detto indicatore al fine di comprendere il *trend*.
La redditività netta dell'impresa, espressa dal ROE, è intimamente collegata alla sua redditività operativa. Di seguito si procede ad evidenziare la relazione matematica che collega la redditività netta a quella operativa (espressa qui dal RONA), ipotizzando un'impresa senza gestione accessoria (dove il risultato operativo coincide con quello della gestione caratteristica e dove gli investimenti hanno solo natura caratteristica) e senza gestione straordinaria.

In particolare, data la relazione:

$$RONA = RO/NA$$

in cui NA = D + E, ossia:

$$RONA = RO/D+E$$

e data la relazione:

$$ROE\ (al\ lordo\ d'imposta) = \frac{RO - iD}{E}$$

dove i è il tasso di interesse passivo medio e D l'ammontare dell'indebitamento (iD esprime pertanto l'ammontare degli oneri finanziari), si può raccogliere RO, che è uguale a: RONA x (D+E), e sostituirlo nell'equazione del ROE, che così si modifica:

$$ROE\ (al\ lordo\ d'imposta) = RONA + RONA \times D/E - i \times D/E$$

Detta relazione può così essere riscritta:

$$ROE\ (al\ lordo\ d'imposta) = RONA + (RONA - i) \times D/E$$

Ipotizzando un tasso di imposizione fiscale pari a t, si può esprimere l'equazione di cui sopra al netto d'imposta nei seguenti termini:

$$ROE\ (1-t) = [RONA + (RONA - i) \times D/E]\ (1-t)$$

Detta equazione, denominata della «leva finanziaria» (nella formulazione di Modigliani - Miller), mette in evidenza come:

- esiste un legame diretto tra redditività operativa e redditività netta; all'aumentare della prima, e a parità di altre condizioni, aumenta sempre anche la seconda;
- il livello del ROE è più alto rispetto a quello del RONA in caso di *spread* positivo tra RONA e costo dell'indebitamento (RONA > i); viceversa in caso di *spread* negativo (RONA < i);
- il grado di indebitamento, qui espresso dal rapporto D/E, esercita un effetto amplificativo sul saggio del ROE; in particolare, sia nel caso di *spread* positivo che di *spread* negativo, il saggio del ROE aumenterà/diminuirà tanto più quanto più sarà elevato il grado di indebitamento;
- nelle imprese non indebitate, in cui D = 0, il ROE coincide con il RONA al netto dell'imposizione fiscale [RONA * (1 - t)].

Una forma alternativa di scomposizione del ROE è riportata nella Tavola 10.2.

Tavola 10.2 - **Determinanti del ROE**

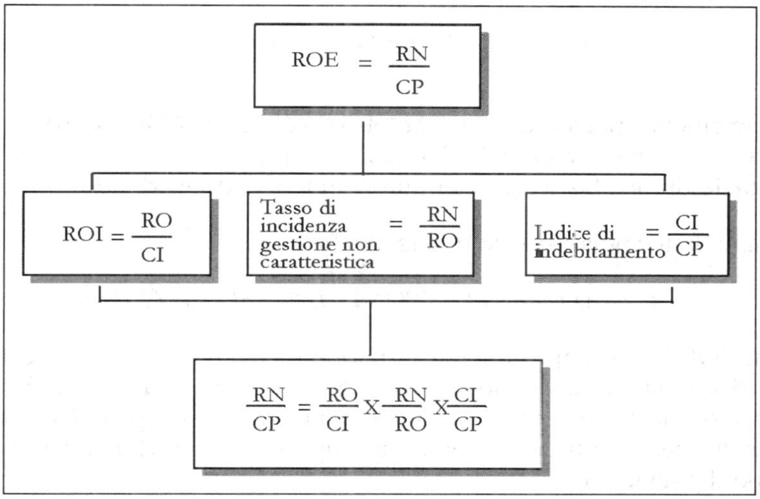

La relazione continua a riflettere l'ipotesi, assunta in precedenza, che non vi sia gestione accessoria e che, pertanto, il reddito operativo della gestione caratteristica coincida con il reddito operativo aziendale; conseguentemente, il ROI viene calcolato rapportando il reddito operativo aziendale al capitale investito.
La relazione che lega i fattori determinanti il ROE evidenzia che quest'ultimo aumenta:

a) all'aumentare del ROI;
b) al diminuire della porzione di risultato operativo destinato alla copertura di oneri finanziari e imposizione fiscale (RN/RO);
c) all'aumentare dell'incidenza del capitale di terzi rispetto al capitale proprio (CI/CP).

È peraltro da considerare che, aumentando il capitale di debito oneroso (con correlato aumento del rapporto CI/CP), si perviene ad una situazione di incremento degli oneri finanziari (con correlata diminuzione del rapporto RN/RO). Di conseguenza, occorrerà sempre valutare gli effetti complessivi delle scelte di politica finanziaria, al fine di non compiere scelte solo apparentemente migliorative della redditività netta.

10.2.6 **La teoria della crescita autonomamente sostenibile**

La formula del ROE fornisce utili elementi per l'analisi della crescita strutturale (in particolare, del capitale investito operativo netto - *Net Assets*) che l'impresa può sopportare.
La teoria della crescita autonomamente sostenibile prende le mosse da alcuni assunti di base, che sono:

a) adeguatezza della struttura finanziaria in essere (misurata dal rapporto *Debt to Equity Ratio*) e volontà di mantenere tale rapporto costante nel tempo;
b) assenza di ricorso ad aumenti di capitale.

Dati questi assunti, la massima crescita dei *Net Assets* che l'impresa riesce a sostenere per effetto della gestione è data dalla seguente formula:

$$G\ (NA) = ROE\ (1\text{-}d)$$

dove:
G (NA) = incremento percentuale dei *Net Assets* (*Growth of Net Assets*);
ROE = redditività netta percentuale dei mezzi propri;
d = percentuale di distribuzione degli utili netti (tasso di dividendo).

In altri termini, la formula può esprimersi anche come:

$$G\ (NA) = [RONA + (RONA - i) * D/E]\ (1\text{-}t)\ (1\text{-}d).$$

Posto che il ROE (1-d) rappresenta la porzione di utile netto trattenuto nell'impresa dopo aver distribuito il dividendo, la stessa altro non è che l'autofinanziamento, espresso in termini di percentuale di incremento dei mezzi propri per effetto della redditività netta della gestione trattenuta in impresa a titolo di riserva, ossia dopo la distribuzione del dividendo.
A titolo di esempio, qualora un'impresa abbia un Patrimonio netto pari a 100, una Posizione finanziaria netta pari a 200, produca un ROE netto del 20% e distribuisca gli utili nella misura del 50%, la stessa avrà un autofinanziamento G(NA) del 10%.
Ciò significa che, dato un *Debt to Equity Ratio* iniziale di 2 (che si stabilisce di mantenere immutato, in quanto considerato ottimale), essa potrà sostenere autonomamente (ovvero senza ricorrere a nuovo capitale proprio) una crescita dei *Net Assets* del 10% [ROE (1-d) = 20%(1-50%) = 10%].
In questo caso, i *Net Assets* che inizialmente erano pari a 300 (Equity per 100 e Debt per 200) passeranno a 330 (+10%) e saranno finanziati per 10 attraverso l'autofinanziamento prodotto dalla gestione, per 20 attraverso nuovi debiti finanziari. La struttura finanziaria finale (*Debt to Equity Ratio*), composta per 110 da Equity e per 220 da Debt, sarà ancora pari a 2, nel rispetto dell'ipotesi di stabilità inizialmente assunta.
Qualora si volesse rimuovere l'ipotesi di impossibilità di ricorrere ad immissioni di nuovo capitale sociale e si assumesse di poter ricorrere oltre all'autofinaziamento ad un determinato aumento percentuale del capitale sociale ($\Delta E/E$) rispetto a quello iniziale, sempre tenuto fermo il rapporto di indebitamento (D/E), la crescita sostenibile si modificherebbe come segue:

$$G\ (NA) = ROE\ (1\text{-}d) + \Delta E/E$$

Per riprendere l'esempio di prima, si ipotizzi di poter effettuare un aumento di capitale del 20% ($\Delta E/E$ = 20%). Per effetto di ciò, l'Equity si incrementerebbe di 20, i quali sommati all'autofinaziamento di 10 (10%), porterebbero il totale dei mezzi propri a 130 (+30%).

In questo secondo caso, i *Net Assets* che inizialmente erano pari a 300 (Equity per 100 e Debt per 200) passeranno a 390 (+30%) e saranno finanziati per 10 attraverso l'autofinanziamento prodotto dalla gestione, per 20 attraverso il nuovo capitale sociale, per 60 attraverso nuovi debiti finanziari. La struttura finanziaria finale (*Debt to Equity Ratio*), composta per 130 da Equity e per 260 da Debt, sarà ancora pari a 2, sempre nel rispetto dell'ipotesi di stabilità inizialmente assunta.
Va da sé che qualora si decidesse di rimuovere l'altro vincolo inizialmente posto, rappresentato dalla volontà di mantenere costante la struttura finanziaria (*Debt to Equity Ratio*), si presenterebbero le seguenti due situazioni:

a) possibilità di crescita dei *Net Assets* ulteriore rispetto alla somma di G(NA) e ΔE/E, nel caso di accettazione di un innalzamento del *Debt to Equity Ratio;*
b) possibilità di crescita dei *Net Assets* inferiore rispetto alla somma di G(NA) e ΔE/E, nel caso di necessità di ridurre il *Debt to Equity Ratio.*

10.3. GLI INDICI DI LIQUIDITÀ

La liquidità (anche detta solvibilità) esprime l'attitudine dell'impresa ad onorare con tempestività, puntualità e convenienza nel breve termine gli impegni di pagamento assunti, ricorrendo eventualmente in modo fisiologico alla gestione finanziaria per fronteggiare gli eventuali sfasamenti che si presentino tra entrate e uscite monetarie.
L'analisi della dimensione finanziaria si riferisce alla correlazione tra le uscite imposte dallo svolgimento della gestione e le disponibilità liquide atte a fronteggiarle, nel breve termine, ossia un periodo temporale inferiore ai 12 mesi.
Si tratta quindi di valutare la relazione che intercorre tra le disponibilità monetarie e finanziarie su cui l'impresa può fare affidamento e quelle richieste dallo svolgimento della gestione.
Una situazione di squilibrio finanziario, con l'impresa non in grado di assolvere gli impegni assunti alle scadenze previste, tempestivamente e nel rispetto delle condizioni di economicità, determina una serie di costi aggiuntivi da sostenere per disporre in modo affrettato di finanziamenti, spesso a condizioni anti economiche, che influenzano negativamente l'economicità dell'impresa. Talora può condurre ad una vera e propria situazione di insolvenza.
Per valutare la situazione finanziaria dell'impresa, occorre fare riferimento ad uno stato patrimoniale riclassificato secondo il criterio della liquidità/esigibilità decrescenti (finanziario). Successivamente, si possono porre a raffronto una serie di grandezze, a diversi livelli, facilmente individuabili dallo schema illustrato nella Tavola 10.3.

Tavola 10.3 - **Rappresentazione sintetica di stato patrimoniale finanziario**

Liquidità immediate	Passività a breve termine o correnti
Liquidità differite	
Disponibilità	Passività a medio lungo termine
Totale attività a breve termine o correnti	
Attività fisse nette	Totale passività
	Patrimonio netto

In via di principio, la situazione finanziaria da ricercare è quella in cui esiste coerenza tra le scadenze, ossia dove le attività a breve sono finanziate dalle passività a breve, mentre gli investimenti a medio-lungo termine sono finanziati da fonti di finanziamento permanenti: capitale proprio e passività a medio/lungo termine. Nella realtà esistono molte eccezioni, che, per una serie di circostanze che vedremo in seguito, non necessariamente conducono a situazioni problematiche.
Venendo agli indicatori di liquidità, un primo indice è il cosiddetto indice di liquidità primaria, espresso dal rapporto tra la somma delle liquidità immediate e differite (al numeratore) e delle passività di breve termine (correnti).

$$\frac{\textit{Indice}}{\textit{di liquidità primaria}} = \frac{\textit{Liquidità immediate} + \textit{Liquidità differite}}{\textit{Passività correnti}} = \frac{LI + LD}{PC}$$

Il significato di tale indice è il seguente: le liquidità immediate sommate a quelle differite esprimono l'ammontare di risorse che, entro un anno, si renderanno disponibili all'impresa in termini di liquidità. Le liquidità immediate sono già rappresentate da liquidità, mentre quelle differite (sostanzialmente i crediti commerciali) giungeranno a scadenza e comporteranno degli incassi con conseguente afflusso di liquidità. Le passività correnti esprimono per contro l'ammontare di esborsi che l'impresa dovrà sopportare entro i successivi 12 mesi. Ove la liquidità disponibile entro i successivi 12 mesi sia superiore agli esborsi, ci si trova in presenza di una situazione fisiologica. L'analisi di cui si tratta, condotta su una situazione patrimoniale, è necessariamente di tipo statico e non considera una serie di circostanze che potrebbero in prospettiva rendere l'indicatore non appropriato per valutare la solvibilità aziendale. Infatti, tale analisi:

a) non considera che taluni crediti commerciali potrebbero non essere incassati così come alcune passività a breve (tipicamente gli scoperti di conto corrente) potrebbero non dover essere rimborsate;

b) non tiene conto della capacità di indebitamento residua dell'impresa, che potrebbe porre rimedio a fabbisogni finanziari che dovessero emergere;
c) non tiene conto delle scadenze infra-annuali, basando le sue conclusioni sul termine di 12 mesi; se le passività dovessero scadere entro pochi mesi, mentre i crediti per fronteggiarle dovessero scadere alcuni mesi dopo le stesse, vi sarebbe un problema di temporanea carenza di liquidità con cui fronteggiare i pagamenti;
d) infine, non tiene conto delle nuove operazioni che saranno poste in essere nel corso dei 12 mesi successivi, le quali potrebbero modificare sostanzialmente la situazione di liquidità dell'impresa. A titolo di esempio, l'utilizzo di liquidità presente in impresa per comperare un cespite sortirebbe l'immediato effetto di peggiorare significativamente e nell'arco di brevissimo tempo la situazione finanziaria dell'impresa.

In definitiva l'indicatore suddetto, così come gli altri indicatori di liquidità che si esamineranno di seguito, altro non esprime se non un'attitudine all'equilibrio finanziario, ma assolutamente non fornisce certezza alcuna.
Un secondo indice di liquidità è il cosiddetto indice di liquidità secondaria, espresso dal rapporto tra le attività correnti (inclusive per cui di liquidità immediate, liquidità differite e disponibilità) e le passività correnti.

$$\textit{Indice di liquidità secondaria} = \frac{\textit{Attività correnti}}{\textit{Passività correnti}} = \frac{AC}{PC}$$

Il significato di detto indice è analogo a quello precedente, salvo il fatto che nell'ammontare di risorse che, entro un anno, si renderanno disponibili all'impresa in termini di liquidità, sono ricomprese in questo caso anche le rimanenze. Le stesse dovrebbero infatti partecipare al ciclo produttivo, venire incorporate nei prodotti i quali, una volta ceduti, dovrebbero comportare degli incassi con cui fronteggiare gli impegni di pagamento. Il tutto, entro un arco di 12 mesi.
Entrambi i quozienti precedenti sono talora espressi in termini di differenze, pervenendo così al Margine di tesoreria, dato dalla differenza tra la somma delle liquidità immediate e delle liquidità differite e delle passività di breve termine (correnti), e al capitale circolante netto, dato dalla differenza tra attivo corrente e passivo corrente.

$$\textit{Margine di tesoreria} = (\textit{Liquidità imm.} + \textit{Liquidità diff.}) - \textit{Passività correnti} = (LI + LD) - PC$$

$$\textit{Capitale circolante netto} = \textit{Attività correnti} - \textit{Passività correnti} = AC - PC$$

10.4. LA SOLIDITÀ PATRIMONIALE

La solidità patrimoniale esprime da un lato l'equilibrio della struttura finanziaria dell'impresa in termini di scadenze degli impieghi e adeguatezza delle fonti di finanziamento presenti per farvi fronte; dall'altro, la fisiologica composizione delle fonti di

finanziamento, in termini di adeguatezza della proporzione tra mezzi di terzi e mezzi propri.
Per quanto concerne l'equilibrio della struttura finanziaria dell'impresa in termini di scadenze degli impieghi e delle fonti di finanziamento, è buona norma coprire gli impieghi finanziari che cederanno la loro utilità su periodi di tempo pluriennali (tipicamente le immobilizzazioni tecniche e le immobilizzazioni immateriali) con fonti di finanziamento durevolmente legate all'impresa, tra cui principalmente il patrimonio netto. Su tali basi, gli indicatori cui si ricorre per una valutazione della solidità patrimoniale in questa accezione sono il cosiddetto indice di copertura delle immobilizzazioni, espresso dal rapporto tra il patrimonio netto e le attività fisse nette, e il margine di struttura, espresso dalla differenza tra le due medesime grandezze.

$$\textit{Indice di copertura delle immobilizzazioni} = \frac{\textit{Patrimonio netto}}{\textit{Attività fisse nette}} = \frac{PN}{AFN}$$

$$\textit{Margine di struttura} = \textit{Patrimonio netto} - \textit{Attività fisse nette} = PN - AFN$$

Talora si includono nell'ambito delle fonti di finanziamento durevolmente collegate all'impresa per far fronte agli impieghi pluriennali anche le passività consolidate, non modificandosi in nient'altro le modalità di costruzione e la logica di utilizzo dei due precedenti indicatori.
Per quanto concerne la fisiologica composizione delle fonti di finanziamento, in termini di adeguatezza della proporzione tra mezzi di terzi e mezzi propri, gli indicatori cui si ricorre per una valutazione della solidità patrimoniale in questa seconda accezione sono il cosiddetto grado di indebitamento, espresso dal rapporto tra i mezzi di terzi (sia esplicitamente onerosi che non) e il patrimonio netto (lo stato patrimoniale riclassificato secondo il criterio finanziario consente una immediata raccolta di dette grandezze), e il *Debt to Equity Ratio*, che invece pone a rapporto la posizione finanziaria netta (ovvero il solo indebitamento finanziario a titolo oneroso al netto di eventuale liquidità) con il patrimonio netto (lo stato patrimoniale riclassificato secondo il criterio funzionale con evidenziazione della posizione finanziaria netta consente in questo caso una immediata raccolta delle due grandezze).

$$\textit{Grado di indebitamento} = \frac{\textit{Mezzi di terzi}}{\textit{Patrimonio netto}} = \frac{MT}{PN}$$

$$\textit{Debt to equity} = \frac{\textit{Posizione finanziaria netta}}{\textit{Patrimonio netto}} = \frac{PFN}{PN}\,\frac{(D)}{(E)}$$

Con riferimento alla composizione delle fonti di finanziamento, in termini di proporzione tra mezzi di terzi e mezzi propri, è da dire che in via di principio sono da guardarsi con diffidenza sia imprese con un'eccessiva proporzione di mezzi propri, sia imprese eccessivamente indebitate, in particolare se a titolo oneroso. I mezzi propri, infatti, hanno solitamente un costo opportunità per l'impresa superiore al costo del

debito, anche considerato che quest'ultimo (almeno in parte) consente di avvalersi della possibilità di abbattere il reddito imponibile per effetto degli interessi passivi, riducendone ulteriormente la gravosità di costo per l'impresa. Un eccessivo ricorso al debito, d'altra parte, oltre a limitare gli spazi di discrezionalità per l'impresa (difficoltoso, da un lato, limitare l'ingerenza dei finanziatori a titolo di debito nella gestione, in considerazione dell'importanza dei finanziamenti; dall'altro, accedere a nuovo capitale di debito per cogliere opportunità di business), pone anche quest'ultima nella condizione di esporsi alla perdita completa del capitale proprio in caso di perdite di esercizio.
Volendo esplicitare quali imprese possono ricorrere ad una maggiore proporzione di debito rispetto ai mezzi propri, non si può non fare riferimento alla cosiddetta equazione della leva finanziaria (alla Modigliani - Miller). Quelle imprese con redditività operativa dei Net Assets strutturalmente e significativamente superiore al costo del debito (*spread* RONA - i, con segno positivo) si presentano infatti in una migliore posizione rispetto ad imprese con *spread* solo leggermente positivo e caratterizzato da elevata variabilità di comportamento (e di conseguente segno dello *spread*, che talora magari assume anche valore negativo).

10.5. LO SVILUPPO

Il termine «sviluppo» evoca la crescita dimensionale dell'impresa, sia sul fronte dell'attività svolta, sia su quello della struttura necessaria per far fronte alla crescita dell'attività. Sul fronte dell'andamento dimensionale dei volumi di attività svolta si fa comunemente riferimento alla cosiddetta crescita operativa, espressa dalla variazione percentuale del fatturato e dalla variazione percentuale del valore aggiunto.
La variazione percentuale del fatturato pone a raffronto l'incremento (decremento) percentuale del fatturato rispetto all'anno precedente, e di solito si valuta su periodi pluriennali, per cogliere un *trend*.

$$\Delta\ Fatturato = \frac{Fatturato\ t_1 - Fatturato\ t_0}{Fatturato\ t_0} = \frac{Fatt.\ t_1 - Fatt.\ t_0}{Fatt.\ t_0}$$

La variazione percentuale del valore aggiunto pone anch'essa a raffronto l'incremento (decremento) percentuale del valore aggiunto rispetto all'anno precedente, e anch'essa si valuta su periodi pluriennali, per cogliere un *trend*.

$$\frac{\Delta}{Valore\ aggiunto} = \frac{Valore\ aggiunto\ t_1 - Valore\ aggiunto\ t_0}{Valore\ aggiunto\ t_0} = \frac{VA\ t_1 - VA\ t_0}{VA\ t_0}$$

Si osserva come questo secondo indicatore meglio colga, rispetto al precedente, l'effettivo incremento (decremento) dei volumi di trasformazione fisico - tecnica svolta, tenendo in considerazione l'attività di pura commercializzazione di prodotti acquistati da terzi e delle politiche di subfornitura. A differenza del fatturato, infatti, il valore aggiunto non sconta gli incrementi dei volumi di attività dovuti alla produzione di terzi commercializzata dall'impresa in osservazione (il valore aggiunto include i soli margini derivanti dalla commercializzazione di prodotti altrui).

Sul fronte dell'andamento dimensionale della struttura aziendale si fa comunemente riferimento alla cosiddetta crescita strutturale, espressa dalla variazione percentuale del capitale investito e dalla variazione del numero dei dipendenti (il dato è in questo caso extra-contabile).

La variazione percentuale del capitale investito pone a raffronto l'incremento (decremento) percentuale del capitale investito rispetto all'anno precedente; solitamente si costruisce questo indicatore su periodi pluriennali, per cogliere un *trend*, e lo si raffronta con le variazioni dell'attività operativa, per vedere come la struttura si sia adeguata all'evoluzione dell'attività di trasformazione.

$$\frac{\Delta}{\textit{Capitale investito}} = \frac{\textit{Capitale investito } t_1 - \textit{Capitale investito } t_0}{\textit{Capitale investito } t_0} = \frac{CI\ t_1 - CI\ t_0}{CI\ t_0}$$

Il capitale investito costituisce una *proxy* della struttura aziendale, includendo quale sua componente rilevante le immobilizzazioni tecniche, che evocano per l'appunto la dimensione e l'investimento strutturale dell'impresa (specie nelle imprese manifatturiere). La variazione percentuale del numero dei dipendenti pone a raffronto l'incremento (decremento) percentuale dei dipendenti rispetto all'anno precedente.

$$\frac{\Delta}{\textit{Numero dipendenti}} = \frac{\textit{Dipendenti } t_1 - \textit{Dipendenti } t_0}{\textit{Dipendenti } t_0} = \frac{\textit{Dip. } t_1 - \textit{Dip. } t_0}{\textit{Dip. } t_0}$$

Valgono per questo indicatore le considerazioni riferite all'indicatore precedente.

11. IL RENDICONTO FINANZIARIO

di Alessandro Cortesi e Giovanni Ghelfi

11.1. PREMESSA

Il rendiconto finanziario è un **prospetto** che consente di **comprendere le cause** che **determinano la variazione** che una grandezza finanziaria, tratta dallo Stato patrimoniale, subisce in un determinato arco temporale (tipicamente l'anno, se riferito al bilancio d'esercizio) per effetto della gestione aziendale. La grandezza in questione può essere semplice (ad esempio la cassa e le altre disponibilità liquide) o composta (ad esempio la posizione finanziaria netta o il capitale circolante netto). Per la costruzione del rendiconto finanziario sono necessari un prospetto di conto economico e le connesse situazioni patrimoniali iniziale e finale.

11.2. CONTENUTO E ARTICOLAZIONE DEL RENDICONTO FINANZIARIO

Ai sensi dell'art. 2423, comma 1, del Codice civile, la redazione del rendiconto finanziario, quale ulteriore documento costitutivo del bilancio, è obbligatoria per imprese di medio-grandi dimensioni. Il legislatore civilistico si limita a disporre nell'art. 2425-ter che *"dal rendiconto finanziario risultano, per l'esercizio a cui è riferito il bilancio e per quello precedente, l'ammontare e la composizione delle disponibilità liquide, all'inizio e alla fine dell'esercizio, ed i flussi finanziari dell'esercizio derivanti dall'attività operativa, da quella di investimento, da quella di finanziamento, ivi comprese, le operazioni con soci"* La disci-plina di dettaglio del contenuto e delle modalità di redazione del rendiconto finanziario è recepita nel principio contabile n. 10, emanato ed aggiornato dall'Organismo Italiano di Contabilità.La **grandezza finanziaria** da prendere a riferimento per la costruzione del rendiconto finanziario è costituita dalle "Disponibilità liquide": i flussi finanziari rappresentano dunque aumenti e diminuzioni dell'ammontare della voce "C.IV.3 - Disponibilità liquide" dell'attivo patrimoniale ex art. 2424 del Codice civile, ovvero dei depositi bancari e postali, dagli assegni e dal denaro e valori in cassa, anche denominati in valuta estera.

Nel **rendiconto finanziario,** le **attività generatrici dei flussi** che impattano sulle disponibilità liquide sono riconducibili a tre **aree:**

a) l' **attività operativa** (inclusiva dei flussi finanziari residuali);
b) le **attività di investimento** (comprensiva delle correlate attività di disinvestimento);
c) le **attività di finanziamento** (comprensiva delle correlate attività di rimborso).

11.2.1 L'attività operativa

I flussi finanziari riconducibili all'attività operativa comprendono generalmente i **flussi che derivano dall'acquisizione**, produzione e distribuzione di beni e dalla fornitura di servizi e i flussi (di tipo residuale) **non ricompresi nelle attività di investimento e di finanziamento**.

L'attività operativa è composta da operazioni che si concretizzano in **ricavi** e in **correlati costi** necessari per produrre tali ricavi. Le operazioni della gestione reddituale sono riflesse nel conto economico e da esse si genera (o si assorbe) parte della liquidità necessaria per finanziare la gestione futura.

Il **flusso finanziario** derivante dall'attività operativa può essere determinato attraverso due metodi, quello indiretto, mediante una serie di rettifiche all'utile o alla perdita dell'esercizio, e quello diretto, mediante l'evidenziazione dei flussi finanziari ricostruiti analiticamente sulla base delle singole scritture contabili.

Di seguito, il flusso finanziario derivante dall'attività operativa viene determinato con il metodo indiretto, mediante il quale l'utile (o la perdita) dell'esercizio è **rettificato/integrato** per neutralizzare:

1) le **componenti reddituali estranee alla gestione operativa ricorrente**, quali le imposte sul reddito (correnti, anticipate e differite), gli interessi attivi e passivi, i dividendi di spettanza, le plus/minusvalenze da alienazione, le svalutazioni e i ripristini di valore di attività finanziarie;
2) gli **elementi di natura non monetaria**, ossia poste contabili che non hanno richiesto esborso/incasso di disponibilità liquide nel corso dell'esercizio e che non hanno avuto, come contropartita, elementi del capitale circolante netto, quali ammortamenti di immobilizzazioni, accantonamenti ai fondi rischi e oneri, accantonamenti per trattamento di fine rapporto, svalutazioni per perdite durevoli di valore e successivi eventuali ripristini di valore, utili non distribuiti derivanti dalla valutazione di società partecipate con il metodo del "Patrimonio netto". Non sono invece da rettificare in questa sede le poste reddituali che, benché aventi natura non monetaria, risultano sorte in contropartita di elementi del capitale circolante netto (es. svalutazione crediti commerciali): la loro irrilevanza sotto il profilo dei flussi finanziari è recepita automaticamente, nel prospetto di rendiconto finanziario, nella successiva sottosezione dedicata alle variazioni delle singole componenti (es. i crediti commerciali netti) del capitale circolante netto;
3) le **variazioni del capitale circolante netto** connesse ai costi o ricavi dall'attività operativa, quali variazioni di rimanenze, variazioni di crediti verso clienti e di debiti verso fornitori, variazioni di ratei e risconti attivi/passivi. Le variazioni del capitale circolante netto rappresentano gli scostamenti, registrati dalle singole poste componenti, rispetto ai saldi dell'esercizio precedente. È opportuno sottolineare che la variazione registrata dalle singole poste del capitale circolante "commerciale" (crediti e debiti commerciali, magazzino, ecc.) per effetto dei corrispondenti costi o ricavi caratteristici registrati quale contropartita, ne evidenzia la natura non monetaria, e quindi la necessità della loro neutralizzazione. Ad esempio:
   a) l'incremento dei *crediti verso clienti* è sottratto dall'utile (perdita) dell'esercizio, in quanto tale aumento rappresenta il minore ammontare incassato dai clienti rispetto ai ricavi di competenza dell'esercizio e accreditati al conto economico; al contrario una diminuzione dei crediti è aggiunta all'utile (perdita) dell'esercizio in quanto rappresenta il maggior ammontare dei crediti incassati rispetto ai ricavi di competenza dell'esercizio e accreditati al conto economico;

b) l'incremento (decremento) dei *debiti verso fornitori* è sommato (sottratto) all'utile (perdita) dell'esercizio, in quanto rappresenta una parte di costi della produzione non ancora pagata (o una parte di costi della produzione pagata in più rispetto ai costi di competenza);
c) l'incremento (decremento) delle *rimanenze* è sottratto (sommato) all'utile (perdita) dell'esercizio. A titolo esemplificativo, nel caso di aumento delle rimanenze di merci, detto aumento è sottratto dall'utile (perdita) dell'esercizio, in quanto durante l'esercizio gli acquisti effettuati sono stati superiori alle merci vendute per un ammontare pari alla differenza tra magazzino finale (superiore) e magazzino iniziale (inferiore). Sottraendo dall'utile/perdita dell'esercizio la variazione delle rimanenze ne viene neutralizzato l'effetto economico, affinché il rendiconto rifletta esclusivamente l'effetto sulla situazione finanziaria delle disponibilità liquide effettivamente impiegate per gli acquisiti nel corso dell'esercizio;
d) l'aumento dei ratei e dei risconti passivi è aggiunto all'utile/perdita dell'esercizio, mentre l'aumento dei ratei e risconti attivi è sottratto all'utile/perdita dell'esercizio.

Non sono invece da considerare, tra i flussi finanziari dall'attività operativa, le variazioni del capitale circolante netto ove connesse all'attività di investimento/disinvestimento, da riclassificare nelle rispettive aree di pertinenza.

I flussi finanziari dall'attività operativa devono, infine, considerare i **flussi residuali, non ricompresi nell'attività di investimento e di finanziamento**. Si tratta dei flussi derivanti dal *pagamento* delle imposte sul reddito e degli interessi passivi (salvo il caso in cui siano direttamente afferenti l'attività di finanziamento, identificati analiticamente ed esposti in tale area), dei flussi conseguenti all'*incasso* di dividendi e degli interessi attivi (salvo il caso in cui siano direttamente afferenti gli investimenti in attività finanziarie, identificati analiticamente ed esposti in tale area), e dei flussi associati all'utilizzo di fondi e dei debiti per TFR.

11.2.2 L'attività di investimento (/disinvestimento)

I flussi finanziari dell'attività di investimento comprendono i flussi che derivano dall'acquisto e dalla vendita delle immobilizzazioni materiali, immateriali e finanziarie e delle attività finanziarie non immobilizzate, ossia:

- acquisti o vendite di fabbricati, impianti, attrezzature o altre immobilizzazioni materiali (incluse le immobilizzazioni materiali di costruzione interna);
- acquisti o vendite di immobilizzazioni immateriali, quali ad esempio i brevetti, i marchi, le concessioni; questi pagamenti comprendono anche quelli relativi agli oneri pluriennali capitalizzati;
- acquisizioni o cessioni di partecipazioni in imprese controllate e collegate;
- acquisizioni o cessioni di altre partecipazioni;
- acquisizioni o cessioni di altri titoli, inclusi titoli di Stato e obbligazioni;
- erogazioni di anticipazioni e prestiti fatti a terzi e incassi per il loro rimborso.

I **flussi finanziari derivanti dall'acquisto di immobilizzazioni** sono distintamente presentati nell'attività di investimento, per l'uscita effettivamente sostenuta nell'esercizio, pari al complessivo prezzo di acquisto rettificato dalla variazione netta dei debiti verso fornitori di immobilizzazioni; ciò al fine di evidenziare in modo unitario le risorse finanziarie effettivamente assorbite dall'operazione di acquisto.

I **flussi finanziari derivanti dalla vendita di immobilizzazioni** sono distintamente presentati nell'attività di investimento, per l'entrata effettivamente incassata nell'esercizio pari al cd. prezzo di realizzo (cioè il valore netto contabile aumentato della plusvalenza o ridotto dalla minusvalenza) rettificato dalla variazione netta dei crediti verso clienti per immobilizzazioni; ciò al fine di evidenziare in modo unitario la fonte di risorse finanziarie effettivamente generate dall'operazione di vendita.

Considerato che nel conto economico è rilevata la plusvalenza o minusvalenza rispetto al valore contabile netto dell'immobilizzazione, la società rettifica l'utile/perdita dell'esercizio nella gestione reddituale per il valore della plus/minusvalenza al fine di consentire la più corretta riclassificazione nell'area degli investimenti (/disinvestimenti).

11.2.3 L'attività di finanziamento (/rimborso)

I flussi finanziari dell'attività di finanziamento comprendono i flussi che derivano dall'ottenimento o dalla successiva restituzione di disponibilità liquide sotto forma di capitale di rischio o di capitale di debito, ossia:

- incassi derivanti dall'emissione di azioni o di quote rappresentative del capitale di rischio;
- pagamento dei dividendi;
- pagamenti per il rimborso del capitale di rischio, anche sotto forma di acquisto di azioni proprie;
- incassi o pagamenti derivanti dall'emissione o dal rimborso di prestiti obbligazionari, titoli a reddito fisso, accensione o restituzione di mutui e altri finanziamenti a breve o lungo termine;
- incremento o decremento di altri debiti, anche a breve o medio termine, aventi natura finanziaria.

Di seguito si presenta il **prospetto di rendiconto finanziario** così come previsto dall'OIC 10, il quale dispone pure che, ai sensi dell'art. 2425-ter del Codice civile, a fianco di ogni voce sia indicata la corrispondente voce dell'anno precedente a fini comparativi. Le voci tra parentesi rappresentano flussi negativi (assorbimenti di risorse liquide), quelli fuori parentesi rappresentano flussi positivi (generazione di liquidità).

	OIC 10 -RENDICONTO FINANZIARIO DEL PERIODO 200X -200X-1 *(metodo indiretto)*	ESERCIZIO 200X	ESERCIZIO 200X-1
	A. Flussi finanziari derivanti dall'attività operativa		
	Utile (perdita) dell'esercizio		
Componenti reddituali estranee alla gestione operativa corrente	Imposte sul reddito		
	Interessi passivi/(interessi attivi)		
	(Dividendi di competenza)		
	(Plusvalenze)/minusvalenze derivanti dalla cessione di attività		
	= 1. Utile (perdita) dell'esercizio prima d'imposte sulreddito, interessi, dividendi e plus/minusvalenze da cessione		
	Rettifiche per elementi non monetari che non hanno avuto contropartita nelcapitale circolante netto:		
Neutralizza-zione di componenti reddituali con contropartita estranea al CCN	Accantonamenti ai fondi		
	Ammortamenti delle immobilizzazioni		
	Svalutazioni per perdite durevoli di valore		
	Rettifiche di valore di attività e passività finanziarie di strumenti finanziari derivati che non comportano movimentazione monetaria		
	Altre rettifiche per elementi non monetari		
	= 2. Flusso finanziario prima delle variazioni del capitale circolante netto		
	Variazioni del capitale circolante netto:		
Neutralizzazione delle variazioni di elementi del CNN non riconducibili all'attività di investimento / finanziamento	Decremento/(incremento) delle rimanenze		
	Decremento/(incremento) dei crediti vs clienti		
	Incremento/(decremento) dei debiti verso fornitori		
	Decremento/(incremento) ratei e risconti attivi		
	Incremento/(decremento) ratei e risconti passivi		
	Altre variazioni del capitale circolante netto		
	= 3. Flusso finanziario dopo le variazioni del capitale circolante netto:		
	Altre rettifiche:		
Flussi finanziari residuali	Interessi incassati /(pagati) *(*)*		
	(Imposte sul reddito pagate)		
	Dividendi incassati *(**)*		
	(Utilizzo dei fondi)		
	Altri incassi / (pagamenti)		
	= 4. Flusso finanziario dopo le altre rettifiche		
	= Flusso finanziario dell'attività operativa (A)		
	B. Flussi finanziari derivanti dall'attività d'investimento:		

Immobilizzazioni materiali:		
(Investimenti) *(***)*		
Disinvestimenti *(****)*		
Immobilizzazioni immateriali:		
(Investimenti) *(***)*		
Disinvestimenti *(****)*		
Immobilizzazioni finanziarie:		
(Investimenti) *(***)*		
Disinvestimenti *(****)*		
Attività finanziarie non immobilizzate:		
(Investimenti) *(***)*		
Disinvestimenti *(****)*		
(Acquisizione di rami d'azienda al netto delle disponibilità liquide)		
Cessione di rami d'azienda al netto delle disponibilità liquide		
= Flusso finanziario dell'attività di investimento (B)		
C. Flussi finanziari derivanti dall'attività di finanziamento:		
Mezzi di terzi:		
Incremento (decremento) debiti a breve verso banche		
Accensione finanziamenti		
(Rimborso finanziamenti)		
Mezzi propri:		
Aumento di capitale a pagamento *(*****)*		
(Rimborso di capitale)		
Cessione (acquisto) di azioni proprie *(******)*		
(Dividendi e acconti su dividendi pagati)		
= Flusso finanziario dell'attività di finanziamento (C)		
Incremento (decremento) delle disponibilità liquide (A ± B ±C)		
Effetto cambi sulle disponibilità liquide		
Disponibilità liquide all'inizio dell'Esercizio, di cui:		
- depositi bancari e postali		
- assegni		
- denaro e valori in cassa		
Disponibilità liquide alla fine dell'Esercizio, di cui:		
- depositi bancari e postali		
- assegni		
- denaro e valori in cassa		

(*) *I proventi (oneri) finanziari incassati (pagati) sono iscrivibili tra i flussi finanziari della gestione reddituale solo se non direttamente attribuibili a specifici investimenti (finanziamenti), né riclassificati tra le attività di investimento/disinvestimento o finanziamento/rimborso.*

(**) *I dividendi pagati, diversamente da quelli incassati, sono indicati come deflussi finanziari nell'attività di finanziamento/rimborso.*

(***) *Gli investimenti devono essere esposti al netto dell'evoluzione dei debiti contratti per il loro sostenimento.*

(****) *I disinvestimenti devono essere evidenziati al netto dell'evoluzione dei crediti sorti in sede di cessione.*

(*****) *Gli aumenti di capitale a pagamento (non in natura) sono da esporre al netto dell'evoluzione dei crediti verso soci per versamenti ancora dovuti.*

(******) *Gli investimenti (disinvestimenti) di azioni proprie sono da esporre al netto dell'evoluzione dei debiti (crediti) sorti nei confronti del cedente (cessionario).*

11.3. IMPRESE CHE ADOTTANO I PRINCIPI CONTABILI INTERNAZIONALI

La disciplina del rendiconto finanziario per le imprese che adottano i principi contabili internazionali è recepita nel principio **IAS 7**, dedicato per l'appunto al rendiconto finanziario. Tale documento ha natura obbligatoria. Anche lo IAS 7 prevede che la grandezza finanziaria da prendere a riferimento per la costruzione del rendiconto finanziario sia costituita dalle disponibilità liquide (*cash and cash equivalents*). Le disponibilità liquide sono le medesime descritte al precedente paragrafo, mentre le disponibilità equivalenti sono quelle possedute per soddisfare gli impegni di cassa a breve termine, invece che per investimento o per altri scopi. Perché un investimento possa essere considerato come disponibilità liquida equivalente esso deve essere prontamente convertibile in un ammontare noto di denaro e deve essere soggetto a un irrilevante rischio di variazione del valore. Perciò, un investimento è classificato, solitamente, come disponibilità liquida equivalente solo quando esso è a breve scadenza, cioè, per esempio, a tre mesi o meno dalla data d'acquisto.
Nel rendiconto finanziario IAS le **attività generatrici dei flussi finanziari** sono riconducibili a **tre aree**:
a) l'attività **operativa**;
b) l'attività di **investimento**;
c) l'attività di **finanziamento**.

11.3.1 L'attività operativa

I flussi finanziari generati dall'attività operativa derivano principalmente dalle **attività generatrici di ricavi dell'impresa**, ossia dalle operazioni di gestione e dalle altre operazioni che partecipano alla determinazione dell'utile o della perdita d'esercizio.
Trattasi tipicamente di:
– incassi dalla vendita di prodotti e dalla prestazione di servizi;

- incassi da royalties, compensi, commissioni e altri ricavi;
- pagamenti a fornitori di merci e servizi;
- pagamenti a lavoratori dipendenti;
- pagamenti o rimborsi di imposte sul reddito.

Un'impresa deve presentare i flussi finanziari derivanti dall'attività operativa utilizzando, alternativamente, il **metodo diretto**, per mezzo del quale sono indicate le principali categorie di incassi e di pagamenti lordi, o il **metodo indiretto**, per mezzo del quale l'utile o la perdita d'esercizio sono rettificati dagli effetti delle operazioni di natura non monetaria, da qualsiasi differimento o accantonamento di precedenti o futuri incassi o pagamenti operativi, e da elementi di ricavi o costi connessi con i flussi finanziari derivanti dall'attività di investimento o finanziaria.

In particolare, con il metodo **indiretto** (che qui di seguito si presenta, in quanto maggiormente impiegato nella pratica), il flusso finanziario netto dall'attività operativa è determinato rettificando l'utile o la perdita per gli effetti di:

- variazioni delle rimanenze e dei crediti e debiti generati dall'attività operativa avvenute nel corso dell'esercizio;
- elementi non monetari quali l'ammortamento, gli accantonamenti, le imposte differite, gli utili e le perdite di cambio non realizzati, gli utili di collegate non distribuiti, e le quote di pertinenza di terzi;
- tutti gli altri elementi i cui effetti monetari sono flussi finanziari dall'attività di investimento o finanziaria.

11.3.2 L'attività di investimento

L'informazione distinta relativa ai flussi finanziari derivanti dall'attività di investimento è importante perché tali flussi finanziari rappresentano la misura in cui la liquidità è stata utilizzata per acquisire risorse destinate a produrre futuri proventi e flussi finanziari. **Esempi di flussi finanziari** derivanti da attività di investimento sono:

- pagamenti per acquistare immobili, impianti e macchinari, beni immateriali e altri beni immobilizzati. Questi pagamenti comprendono quelli relativi ai costi di sviluppo capitalizzati e a immobili, impianti e macchinari di costruzione interna;
- entrate dalla vendita di immobili, impianti e macchinari, attività immateriali e altre attività a lungo termine;
- pagamenti e incassi per l'acquisizione/vendita di strumenti rappresentativi di capitale o di debito di altre imprese (diversi dai pagamenti per i titoli assimilati alle disponibilità liquide equivalenti o posseduti a scopo di negoziazione commerciale).

11.3.3 L'attività finanziaria

L'**indicazione distinta dei flussi** derivanti dall'attività finanziaria è importante perché essa è utile nella previsione di richieste sui futuri flussi finanziari da parte di chi fornisce i capitali all'impresa. **Esempi di flussi finanziari** derivanti dall'attività finanziaria sono:

- incassi derivanti dall'emissione di azioni o altri strumenti rappresentativi di capitale;
- pagamenti agli azionisti per acquistare o liberare le azioni della società;
- incassi derivanti dall'emissione di obbligazioni, prestiti, cambiali, titoli a reddito fisso, mutui e altri finanziamenti a breve o a lungo termine;
- rimborsi di prestiti.

Di seguito si presenta uno **schema di rendiconto finanziario** costruito sulla base di quanto sopra indicato.

IAS 7 - RENDICONTO FINANZIARIO DEL PERIODO 200X - 200X-1	ESERCIZIO 200X	ESERCIZIO 200X-1
A. Flussi finanziari derivanti dalla attività operativa:		
1. Utile (perdita) dell'esercizio		
Interessi passivi/(interessi attivi)		
(Plusvalenze)/minusvalenze derivanti dalla cessione di attività immobilizzate		
Accantonamenti ai fondi		
Ammortamenti delle immobilizzazioni		
Svalutazioni		
= 2. Flusso finanziario prima delle variazioni del capitale circolante netto		
Variazioni del capitale circolante netto:		
Decremento/(incremento) delle rimanenze		
Decremento/(incremento) dei crediti vs clienti		
IAS 7 - RENDICONTO FINANZIARIO DEL PERIODO 200X - 200X-1	ESERCIZIO 200X	ESERCIZIO 200X-1
Incremento/(decremento) dei debiti verso fornitori		
Decremento/(incremento) ratei e risconti attivi		
Incremento/(decremento) ratei e risconti passivi		
Altre variazioni del capitale circolante netto		
= Flusso finanziario dell'attività operativa (A)		

B. Flussi finanziari derivanti dall'attività d'investimento:		
Immobilizzazioni materiali:		
(Investimenti)/disinvestimenti		
Immobilizzazioni immateriali:		
(Investimenti)/disinvestimenti		
Immobilizzazioni finanziarie:		
(Investimenti)/disinvestimenti		
Plusvalenze/(minusvalenze) derivanti dalla cessione di attività immobilizzate		
= Flusso finanziario dell'attività di investimento (B)		
C. Flussi finanziari derivanti dall'attività di finanziamento:		
Mezzi di terzi:		
Incremento (decremento) debiti a breve verso banche		
Accensione finanziamenti		
(Rimborso finanziamenti)		
(Interessi passivi)/interessi attivi		
Mezzi propri:		
Aumento (rimborsi) di capitale a pagamento		
(Dividendi e acconti su dividendi pagati)		
= Flusso finanziario dell'attività di finanziamento (C)		
Incremento (decremento) delle disponibilità liquide (A $\pm$ B $\pm$ C)		
Disponibilità liquide all'inizio dell'esercizio		
Disponibilità liquide alla fine dell'esercizio		

11.4. ANALISI DELLE VARIAZIONI DI INDEBITAMENTO

Oltre agli schemi sopra descritti, esistono altri schemi di rendiconto per l'**analisi della dinamica finanziaria** d'impresa. Tra questi, particolarmente utile si ritiene sia il rendiconto delle variazioni dell'indebitamento finanziario netto dell'impresa. Infatti, l'indebitamento finanziario costituisce il principale fattore di rischio per l'appunto "finanziario" dell'impresa e il suo andamento deve essere attentamente analizzato e presidiato. Imprese ben gestite sono quelle che generano liquidità e pertanto nel tempo tendono ad abbattere l'indebitamento finanziario. Al contrario, devono essere guardate con sospetto le imprese che nel tempo incrementano il loro indebitamento finanziario. In ogni caso, occorre indagare le cause che determinano l'andamento del debito.

La **grandezza finanziaria da prendere a riferimento** per la costruzione del rendiconto finanziario di cui si tratta è costituita dall'indebitamento finanziario netto (o, anche posizione finanziaria netta, "PFN") dell'impresa, ossia dal totale dei debiti aventi natura finanziaria (ossia che generano oneri finanziari, quali banche a breve, mutui, obbligazioni, altri finanziamenti onerosi, ecc.) al netto delle disponibilità liquide (cassa, banche attive) e di eventuali titoli attivi prontamente smobilizzabili e non suscettibili di grandi oscillazioni di valore (es. titoli di Stato negoziati sui mercati regolamentati).
In questo rendiconto finanziario, le **attività generatrici dei flussi finanziari** sono riconducibili a tre **aree**:
- la gestione **reddituale**;
- la gestione del **capitale circolante operativo**;
- la gestione del **capitale fisso**.

11.4.1 La gestione reddituale

I flussi finanziari generati dalla gestione reddituale derivano da **tutte le attività generatrici dei ricavi e dei costi** dell'impresa (ossia dalle operazioni di gestione e dalle altre operazioni che partecipano alla determinazione dell'utile o della perdita d'esercizio), con l'esclusione dei cosiddetti "costi non monetari", ovvero quei costi che vengono imputati all'esercizio per il rispetto dei principi di competenza economica e di correlazione tra ricavi e costi ma che non sottendono pagamenti (ammortamenti, accantonamenti, svalutazioni).
Il **flusso di cassa** della gestione reddituale rappresenta il contributo che la complessiva gestione d'impresa, a livello di "forbice" tra ricavi (incassi) e "costi monetari" (pagamenti), genera o assorbe. Questo flusso poi si modifica per effetto delle altre due gestioni di cui si dirà nel seguito.
Un'impresa può presentare i flussi finanziari derivanti dalla gestione reddituale utilizzando il **metodo diretto** o il **metodo indiretto**. Con il metodo **indiretto** (che qui di seguito si presenta, in quanto maggiormente impiegato nella pratica), il flusso finanziario netto della gestione reddituale è determinato rettificando con segno positivo (generazione di liquidità) l'utile o la perdita netta per gli effetti di:
- **ammortamenti**;
- **accantonamenti**;
- **svalutazioni**.

La gestione del capitale circolante operativo

L'informazione distinta relativa ai flussi finanziari derivanti dall'attività di gestione del capitale circolante operativo è importante perché rappresenta la **misura in cui**

la liquidità generata/assorbita dalla gestione reddituale è **ulteriormente generata/assorbita** per effetto delle politiche associate ai pagamenti dei debiti verso fornitori, all'incasso dei crediti verso clienti, agli incrementi o riduzioni del magazzino, e, più in generale, a tutte le componenti del capitale circolante operativo netto. Aumenti dei crediti commerciali, aumenti del magazzino, aumenti della altre attività circolanti operative che si verificano nel corso dell'esercizio comportano degli assorbimenti di liquidità; mentre aumenti dei debiti verso fornitori e delle altre passività circolanti comportano generazione di liquidità (per effetto dei minori esborsi per pagamenti).

11.4.2 La gestione del capitale fisso

La **liquidità dell'impresa** è infine **generata/assorbita per effetto delle operazioni connesse** con la gestione delle attività operative a medio-lungo termine (investimenti/disinvestimenti in immobilizzazioni materiali, immateriali, finanziare) e delle passività operative a medio lungo termine (fondo Indennità di fine rapporto, fondo Quiescenza, altre passività operative a medio lungo termine). Gli **investimenti in immobilizzazioni** che si verificano nel corso dell'esercizio comportano degli assorbimenti di liquidità, mentre i disinvestimenti comportano della generazione di liquidità. Le diminuzioni dei fondi operativi (trattamento di fine rapporto, quiescenza) comportano degli assorbimenti di liquidità, mentre le altre passività operative a medio-lungo termine comporteranno aumenti della liquidità se aumentano (per effetto dei mancati pagamenti) e diminuzioni della liquidità se diminuiscono (per effetto degli avvenuti pagamenti).
Infine, sempre nell'ambito della gestione del capitale fisso, impattano sulla liquidità aziendale le **operazioni sul capitale sociale** che si verificano nel corso dell'esercizio (con segno positivo, gli aumenti di capitale a pagamento, con segno negativo gli eventuali rimborsi di capitale) nonché l'eventuale corresponsione di dividendi (con segno negativo).
Di seguito si presenta uno **schema di rendiconto finanziario** costruito sulla base di quanto sopra indicato.

RENDICONTO FINANZIARIO DEL PERIODO 200X - 200X-1 *(Indebitamento finanziario netto complessivo)*	ESERCIZIO 200X	ESERCIZIO 200X-1
Utile (perdita) dell'esercizio		
Accantonamenti ai fondi		
Ammortamenti delle immobilizzazioni		

RENDICONTO FINANZIARIO DEL PERIODO 200X - 200X-1 *(Indebitamento finanziario netto complessivo)*	ESERCIZIO 200X	ESERCIZIO 200X-1
Svalutazioni		
= A. Flusso finanziario derivanti dalla gestione reddituale		
Variazioni del capitale circolante operativo netto:		
Decremento/(incremento) delle rimanenze		
Decremento/(incremento) dei crediti vs clienti		
Incremento/(decremento) dei debiti verso fornitori		
Decremento/(incremento) ratei e risconti attivi		
Incremento/(decremento) ratei e risconti passivi		
Altre variazioni del capitale circolante netto		
= B. Flusso finanziario della gestione del capitale circolante		
Immobilizzazioni materiali:		
(Investimenti)/disinvestimenti		
Immobilizzazioni immateriali:		
(Investimenti)/disinvestimenti		
Immobilizzazioni finanziarie:		
(Investimenti)/disinvestimenti		
(Decremento) dei fondi a medio lungo termine		
Aumento (rimborsi) di capitale a pagamento		
(Dividendi e acconti su dividendi pagati)		
= C. Flusso finanziario derivante dalla gestione del capitale fisso		
= Flusso di cassa complessivo dell'esercizio (A ± B ± C)		
Incremento (decremento) dell'indebitamento finanziario netto (A ± B ± C)		
Indebitamento finanziario netto all'inizio dell'esercizio		
Indebitamento finanziario netto alla fine dell'esercizio		

Talora, anziché considerare l'indebitamento finanziario netto complessivo dell'impresa, si considera quale grandezza di cui ricercare l'andamento nel corso dell'esercizio l'**indebitamento finanziario netto di breve termine** (o, anche, posizione finanziaria netta a breve termine). In questo caso, vengono escluse dal computo della grandezza in questione le componenti di indebitamento finanziario a medio lungo termine (mutui, obbligazioni, altri finanziamenti onerosi a medio lungo termine), le quali andranno a costituire a loro volta fonti di generazione piuttosto che di assorbimento

di liquidità (così alterando l'indebitamento finanziario a breve termine). Cosicché, se nel corso dell'esercizio i mutui, le obbligazioni e gli altri finanziamenti a medio lungo termine saranno aumentati, sarà parimenti aumentata la liquidità incorporata nella posizione finanziaria netta di breve termine; viceversa, se mutui, obbligazioni e altri finanziamenti a medio lungo termine saranno diminuiti, evidentemente vi saranno stati degli esborsi di liquidità con relativo negativo impatto sulla posizione finanziaria netta di breve termine.
Di seguito si presenta uno **schema di rendiconto finanziario** costruito sulla base di quanto sopra indicato.

RENDICONTO FINANZIARIO DEL PERIODO 200X - 200X-1 *(Indebitamento finanziario netto di breve termine)*	ESERCIZIO 200X	ESERCIZIO 200X-1
Utile (perdita) dell'esercizio		
Accantonamenti ai fondi		
Ammortamenti delle immobilizzazioni		
Svalutazioni		
= A. Flusso finanziario derivanti dalla gestione reddituale		
Variazioni del capitale circolante operativo netto		
Decremento/(incremento) delle rimanenze		
Decremento/(incremento) dei crediti vs clienti		
Incremento/(decremento) dei debiti verso fornitori		
Decremento/(incremento) ratei e risconti attivi		
Incremento/(decremento) ratei e risconti passivi		
Altre variazioni del capitale circolante netto		
= B. Flusso finanziario della gestione del capitale circolante		
Immobilizzazioni materiali:		
(Investimenti)/disinvestimenti		
Immobilizzazioni immateriali:		
(Investimenti)/disinvestimenti		
Immobilizzazioni finanziarie:		
(Investimenti)/disinvestimenti		
(Decremento) dei fondi a medio lungo termine		
Aumento (rimborsi) di capitale a pagamento		

RENDICONTO FINANZIARIO DEL PERIODO 200X - 200X-1 *(Indebitamento finanziario netto di breve termine)*	ESERCIZIO 200X	ESERCIZIO 200X-1
(Dividendi e acconti su dividendi pagati)		
Accensione (rimborso) di mutui		
Accensione (rimborso) di prestiti obbligazionari		
Accensione (rimborso) di finanziamenti onerosi a medio lungo termine		
= C. Flusso finanziario derivante dalla gestione del capitale fisso		
= Flusso di cassa complessivo dell'esercizio (A ± B ± C)		
Incremento (decremento) dell'indebitamento finanziario netto di breve termine (A ± B ± C)		
Indebitamento finanziario netto di breve termine all'inizio dell'esercizio		
Indebitamento finanziario netto di breve termine alla fine dell'esercizio		

12. LE COMPARAZIONI DI BILANCIO, LA BREAK EVEN ANALYSIS E LE ANALISI DI SENSITIVITÀ

di Alessandro Cortesi

12.1. PREMESSA

Quando si tratta di analizzare un fenomeno economico e sociale, quale è l'azienda, è necessario non prescindere dalla considerazione dell'ambiente di riferimento.
Ciò vale anche per le analisi di bilancio, le quali possono estendersi pure ad entità terze rispetto all'azienda e comunque significative ai fini della maturazione di un giudizio sulla validità dell'impostazione strategico-gestionale dell'impresa, dei risultati conseguiti e della valutazione della vulnerabilità dell'impostazione strategico-gestionale medesima.
Di seguito si procede ad illustrare tre tipologie di analisi finalizzate alla messa a fuoco del giudizio sull'operato dell'azienda.
Trattasi:
a) delle comparazioni di bilancio;
b) dell'analisi del punto di pareggio (Break Even Analysis);
c) delle analisi di sensitività.
Le comparazioni di bilancio di per sé aprono l'orizzonte di analisi all'ambiente circostante. La Break Even Analysis e le analisi di sensitività, pur volte all'indagine della vulnerabilità economica e dell'articolazione della struttura dei costi dell'impresa, possono utilmente essere applicate anche ai concorrenti ai fini di un giudizio comparativo.

12.2. LE COMPARAZIONI DI BILANCIO

L'analisi comparativa prende come riferimento i dati storici desumibili dal bilancio dell'impresa oggetto di analisi e dei principali concorrenti, per i quali la comparazione risulti ragionevole.
Prima di addentrarci nell'argomento è opportuno chiarire cosa si intenda per comparazione dei dati di bilancio.
Trattasi di:
1) confronto tra bilanci consecutivi della stessa impresa («comparazione nel tempo» o «intertemporale»), per un arco temporale che di solito si estende a 3 - 5 anni. Tale valutazione comparativa è fattibile e restituisce risultati attendibili nel caso in cui vi possa essere comparabilità dei valori inseriti nei prospetti contabili da un esercizio all'altro; ciò significa non tanto che gli schemi utilizzati per la diffusione dei dati siano i medesimi, ma che vi sia coerenza e costanza nei criteri di valutazione utilizzati per le singole componenti di bilancio. Altro aspetto che non va trascurato è la presenza di eventi di natura straordinaria, che possano aver avuto riflessi significativi sulla struttura aziendale (es. fusioni);
2) confronto di bilanci di imprese differenti («comparazione nello spazio» o «interaziendale»). Questa tipologia di comparazione, rispetto a quella precedente, è solitamente più problematica, dal momento che, in relazione alle peculiarità delle diverse aziende analizzate, possono sorgere problemi di omogeneità e completezza.

Vari sono i problemi di omogeneità che possono rendere difficoltosa la comparazione di bilanci di aziende diverse: formale (quando vengono usate terminologie difformi in relazione a medesimi fenomeni gestionali, siano essi costi, ricavi, voci dell'attivo e/o del passivo patrimoniale, oppure quando vengono utilizzate voci molto sintetiche per l'esposizione dei valori); applicativa (la stessa discende dalla discrezionalità che comunque viene lasciata al compilatore del bilancio nell'applicare i criteri di valutazione delle poste di bilancio, come ad esempio avviene nel caso delle rimanenze di beni fungibili); normativa (dovuta a differenti normative applicate da un Paese all'altro, nel caso di comparazioni tra aziende di provenienze nazionali diverse).

Il problema della completezza è legato alla mancanza di informazioni necessarie per operare i confronti, dal momento che i fascicoli di bilancio non sempre contengono informazioni articolate e tali da consentire comparazioni efficaci. In tali circostanze, è necessario procedere per «sintomi», ossia ricercare tra le informazioni disponibili tutti gli elementi di riscontro alle ipotesi che via via si formulano in merito ad un determinato fenomeno oggetto di analisi.

Talora, risulta utile procedere congiuntamente ad analisi intertemporali ed interaziendali, al fine di poter cogliere degli andamenti (trend) e procedere a una loro comparazione. Le analisi comparative presuppongono alcune attività preliminari:

1) la definizione degli interlocutori rilevanti per le indagini. Le analisi comparative possono essere svolte avuto riguardo a vari agglomerati: vasti aggregati di aziende, come possono essere i settori; gruppi più limitati di aziende, accomunate da rilevanti somiglianze strategiche con quella oggetto di comparazione (aziende appartenenti allo stesso raggruppamento strategico); aziende anche di settori diversi ma aventi logiche gestionali simili a quella oggetto di comparazione e caratterizzate da elevate performance (aziende benchmark); l'insieme dei più diretti concorrenti dell'azienda. Oggetto di analisi possono essere anche i fornitori e i clienti, per conoscerne l'affidabilità economico-finanziaria e le politiche praticate con riferimento alle dilazioni di incassi e pagamenti (attraverso gli indici di durata);
2) il reperimento dei bilanci delle aziende oggetto di comparazione. A tal proposito, è da dire che tutte le aziende depositano annualmente presso il Registro delle Imprese delle Camere di Commercio i bilanci d'esercizio e che gli stessi possono essere richiesti dal pubblico. Altre possibilità di reperimento dei bilanci sono fornite da banche dati specializzate (Cerved, AIDA, Bloomberg, Reuters ecc.) e, specie nel caso delle società quotate, da siti internet aziendali e della Borsa (www.borsaitaliana.it);
3) la metodologia impiegata per elaborare gli indicatori, a partire dai dati di bilancio. Gli indicatori per il confronto possono essere costruiti secondo due principali tipologie:
   – a valori "assoluti", quando i valori di conto economico e stato patrimoniale delle società oggetto di comparazione sono espressi in una medesima valuta e in termini assoluti; questo tipo di comparazione enfatizza soprattutto il fenomeno della "dimensione assoluta" dei risultati e delle grandezze aziendali;

– a valori "percentuali", quando i valori di conto economico e stato patrimoniale sono espressi in termini di percentuali; solitamente, i valori di conto economico vengono espressi percentualmente rispetto ai ricavi (fatti pari al 100%) e quelli di stato patrimoniale rispetto al totale dell'attivo (fatto pari al 100%). Questo tipo di analisi enfatizza il fenomeno della "dimensione relativa" dell'impresa e consente di comparare aziende di dimensioni anche molto diverse.

12.3. LA BREAK EVEN ANALYSIS (BEA)

L'analisi del punto di pareggio (*Break Even Analysis*) è una tecnica appartenente alla contabilità analitico - gestionale, che utilizza concetti alla base della costruzione del diagramma di redditività e dell'identificazione del punto di equilibrio economico. Il punto di partenza di tale analisi risiede nella possibilità di distinguere i costi aziendali in due classi: fissi e variabili. È inoltre opportuno esplicitare alcune ipotesi alla base dell'analisi. Trattasi delle seguenti assunzioni:

a) comportamento lineare dei costi e dei ricavi entro un determinato intervallo di capacità produttiva istallata (cosiddetta "area di significatività");
b) costanza dei costi fissi entro l'area di significatività;
c) proporzionalità dei costi variabili al volume di attività;
d) coincidenza tra quantità prodotte e quantità vendute.

Ciò posto, il punto di pareggio (Break Even Point - BEP) è il punto in cui i ricavi totali eguagliano i costi totali, dati dalla somma dei costi fissi e variabili.
Si ha punto di pareggio (BEP) quando:

$$\text{Ricavi totali} = \text{Costi totali}$$

Cioè: $p * q = CF + (cv * q)$

dove:
p = prezzo unitario;
q = quantità prodotte e vendute;
cv = costo variabile unitario;
CF = costi fissi (complessivi).

La quantità di pareggio è la seguente: $q = \dfrac{CF}{(p - cv)}$

dove:
(p - cv) = margine di contribuzione unitario (prezzo unitario - costo variabile unitario).
Tale analisi si applica sostanzialmente alle sole aziende monoprodotto. Nel caso di aziende pluriprodotto, occorre spostare l'attenzione dalle quantità al fatturato (ricavi netti).

Per esprimere il punto di pareggio in termini di fatturato, è sufficiente moltiplicare entrambi i membri dell'equazione precedente per il prezzo unitario (p).

$$p * q = \frac{CF}{(1 - cv/p)}$$

Nel caso di disponibilità di un bilancio d'esercizio e di dati consuntivi di fatturato, costi variabili e costi fissi, è possibile determinare il fatturato di pareggio ulteriormente moltiplicando entrambi i membri del rapporto cv/p di cui all'equazione precedente per le quantità; ciò consente di pervenire alla seguente formula:

$$\text{Fatturato (Bep)} = \frac{CF}{1 - CV/\text{Fatturato}}$$

dove:
CV = costi variabili complessivi;
Fatturato = fatturato effettivo.

L'analisi di redditività attraverso il punto di pareggio è completata dallo studio dell'andamento del margine di sicurezza.
Il margine di sicurezza è definito come la quota percentuale di vendite cui l'azienda può rinunciare senza incorrere in perdite operative.
Esso deriva dalla seguente formula:

$$\text{Margine di sicurezza (\%)} = \frac{\text{Fatturato effettivo} - \text{Fatturato di pareggio}}{\text{Fatturato effettivo}}$$

Dato un bilancio pubblico, da cui si risale agevolmente al fatturato effettivo, è possibile identificare il Margine di sicurezza di una azienda sulla base della costruzione del fatturato di pareggio (BEP) della stessa, come esemplificato poco sopra.
Si riporta di seguito un semplice esempio relativo al calcolo del «punto di pareggio»:

CF (costi fissi) = 40 €
Q (quantità venduta) = 25 unità
Pu (prezzo di vendita unitario) = 6 €
Ricavi = 150 €
CV (costi variabili) = 100 €
CVu (costo variabile unitario) = Totale CV / Q = 100 € / 25 = 4 €
QUANTITÀ BEP = CF / (Prezzo di vendita unitario - CV unitario)
QUANTITÀ BEP = 40 / (6 - 4) = 20 unità
FATTURATO BEP = CF / [1 - (CV totale / Fatturato)]
FATTURATO BEP = 40 / [1 - (100/150)] = 120 €

12.4. LE ANALISI DI SENSITIVITÀ

Il bilancio d'esercizio fornisce le informazioni necessarie per svolgere le cosiddette «analisi di sensitività» (o elasticità, o reattività), definite come il processo investigativo che permette di rispondere ad interrogativi quali: «quanto varia il reddito operativo al variare dei volumi di vendita?» e «quanto varia il reddito operativo al variare dei prezzi dei prodotti venduti?».

In particolare, si possono distinguere due analisi di sensitività:

- la prima è del tipo *cosa fare per*, con cui si calcola la modifica che una variabile deve subire affinché si determinino certi effetti su un'altra variabile collegata alla prima. Ad esempio, di quanto devono aumentare i prezzi di vendita per ottenere un incremento del reddito operativo pari al 10%?;
- la seconda è del tipo *cosa succede se*, con cui si indagano gli effetti determinati su una variabile da una modifica di un'altra variabile. Ad esempio, di quanto varia il risultato operativo se i volumi di vendita aumentano del 7%?

La finalità dell'analisi di sensitività è dunque quella di misurare le variazioni dei risultati (in questa sede ci si limita a studiare le variazioni dei risultati economici, ma è possibile applicare le analisi di sensitività anche ai risultati finanziari) al mutamento di una o più variabili, nell'ipotesi in cui tutte le altre rimangano inalterate.

L'analisi di sensitività si esplicita nelle seguenti fasi:

1) riclassificazione del conto economico, solitamente secondo lo schema a costi variabili e fissi;
2) individuazione dei coefficienti di sensitività al fine di determinare relazioni funzionali quantitative tra le variabili rilevanti; tali coefficienti permettono di comprendere la dimensione della variazione percentuale subita da una variabile dipendente (tipicamente il risultato operativo, ma può trattarsi anche del risultato ante imposte; in tale caso, gli oneri finanziari vanno considerati alla stregua di costi fissi) a fronte di una variazione subita da una variabile indipendente, (tipicamente una componente del risultato operativo, come può essere il fatturato, il costo delle materie prime, il costo del personale ecc.), che alla prima è legata da una relazione di causalità;
3) svolgimento dell'analisi tramite il cambiamento delle ipotesi base e studio dell'effetto provocato. I coefficienti su cui si basa l'analisi di sensitività, infatti, permettono di misurare la variazione dei risultati reddituali al modificarsi di una o più variabili.

Il coefficiente di sensitività (CS) è, sostanzialmente, un coefficiente di elasticità ed è calcolato come segue:

Coefficiente di sensitività = Δ% *reddito operativo* / Δ% *componente del reddito operativo*

Tale formula è esprimibile anche così:

Coefficiente di sensitività = componente del reddito operativo / reddito operativo

Da qui, per risalire alla variazione della variabile dipendente (variazione% reddito operativo) per effetto di una variazione nella variabile indipendente (variazione% componente del reddito operativo), si passa alla seguente formula:

Δ% reddito operativo = coefficiente di sensitività * *Δ% componente del reddito operativo*

Il coefficiente di sensitività rappresenta dunque il coefficiente angolare di una funzione lineare che considera come variabile dipendente la variazione percentuale del reddito operativo.
La variazione percentuale del risultato operativo può assumere sia segno positivo (nel caso di aumenti del fatturato e di riduzioni dei componenti di costo) sia segno negativo (nel caso di diminuzione del fatturato e di aumenti dei componenti di costo).
I coefficienti di sensitività possono essere di due tipi:
- *semplici* o di primo livello, se la variazione del risultato operativo è messa in relazione con la variazione di una sola variabile (ad esempio, la variazione del costo del personale);
- *composti* o di secondo livello, se la variazione del risultato operativo è messa in relazione con più variabili (ad esempio, la variazione del reddito operativo messa in relazione con la variazione del fatturato e dei costi per provvigioni di vendita). In questo caso (a parità di variazioni percentuali dei componenti di reddito), un coefficiente composto viene calcolato: - ponendo in relazione i componenti di bilancio interessati dal mutamento della variabile chiave con il reddito operativo [(ricavi netti - provvigioni) / reddito operativo]; oppure, - ponendo in relazione direttamente i coefficienti di sensitività semplici (coefficiente ricavi netti - coefficiente provvigioni).

Calcolato il coefficiente composto, è possibile determinare immediatamente la variazione del reddito operativo attraverso la consueta equazione:

*Δ% reddito operativo = coefficiente di sensitività composto * Δ% componenti del reddito operativo*

Per esemplificare i concetti precedentemente esposti, si presenta di seguito il caso di un'impresa industriale, che presenta il seguente conto economico e i connessi coefficienti di sensitività (Tavola 12.1).

Tavola 12.1 - **I coefficienti di sensitività semplici**

Componenti del reddito operativo	Importi	Coefficienti di sensitività semplici (componente del reddito operativo/reddito operativo)
Ricavi netti	20.000	20,9
Consumi di materie	11.680	12,2
Imballaggi	540	0,6
Provvigioni di vendita	425	0,4
Margine di contribuzione	**7.355**	**7,7**
Spese amministrative	540	0,6
Salari e stipendi	3.240	3,4
Oneri sociali	900	0,9
Consulenze legali e fiscali	540	0,6
Ammortamenti	825	0,9
Spese di pubblicità	355	0,4
Reddito operativo	**955**	=

Se si suppone, a questo punto, un aumento del prezzo di vendita del 5%, per definire la conseguente variazione percentuale del reddito operativo occorre moltiplicare la variazione percentuale del prezzo (+5%) per il coefficiente di sensitività del prezzo, rappresentato dal rapporto Ricavi/Reddito operativo:

*Δ% reddito operativo = coefficiente di sensitività prezzo * Δ% del prezzo di vendita*

In questo caso, la variazione del reddito operativo è pari a 20,9 * 5% = 104,5%.

12.5. UN PARTICOLARE COEFFICIENTE DI SENSITIVITÀ: LA LEVA OPERATIVA

La leva operativa (o «grado di leva operativa» - GLO) è un particolare coefficiente di sensitività che collega le variazioni del reddito operativo a variazioni dei volumi.
Il grado di leva operativa si può calcolare in due modi:

a) rapportando il margine di contribuzione dell'impresa (calcolato come differenza tra i ricavi netti e i costi variabili) al reddito operativo della gestione caratteristica, come mostra la formula seguente:

$$\textit{Grado di leva operativa (GLO)} = \frac{\textit{Margine di contribuzione}}{\textit{Reddito operativo}}$$

b) sottraendo dal coefficiente di sensitività dei prezzi (ricavi netti/reddito operativo) tutti i coefficienti riferiti ai costi variabili.

Da qui, discende la seguente formula:

*Δ% Reddito operativo = Grado di leva operativa * Δ% delle quantità vendute*

La leva operativa rappresenta un indicatore del potenziale di miglioramento reddituale dell'impresa. La leva operativa, infatti, permette di misurare il potenziale implicito nell'assetto imprenditoriale esistente, potenziale che si esprime attraverso un incremento della quantità di produzione (dove è presente capacità produttiva inutilizzata) e di vendita.

Una osservazione che occorre fare in relazione al grado di leva operativa attiene alla sua variabilità in funzione del livello dei volumi di produzione e di vendita. Graficamente, infatti, la funzione di grado di leva operativa tende a 0 per volumi di attività prossimi allo 0, tende all'infinito in prossimità del punto di pareggio, tende ad 1 per volumi di attività tendenti all'infinito, in quanto l'effetto leva viene progressivamente a perdere di significato, come rappresenta la Tavola 12.2 seguente.

Tavola 12.2 - **Rappresentazione grafica del grado di leva operativa**

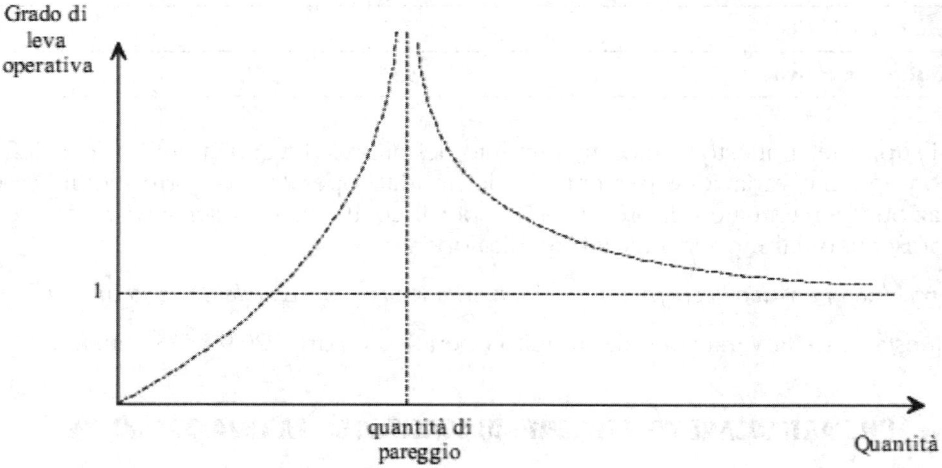

La struttura dei costi operativi (variabili e fissi) di un'impresa agisce da "leva", vale a dire da moltiplicatore del risultato economico: in particolare, quanto più elevato è il rapporto di leva operativa (bassa incidenza dei costi variabili), tanto maggiore è l'effetto di amplificazione correlato ai volumi di vendita (effetto positivo nel caso di aumenti dei volumi, negativo nel caso di diminuzioni dei volumi).

La leva operativa, unitamente alla considerazione del Break Even Point, consente di formulare giudizi in merito alle politiche di «make or buy» e alla rigidità da conferire alla struttura dei costi aziendali.

Infatti, a parità di condizioni:

1) un'azienda che internalizza le produzioni e di conseguenza presenta elevati costi fissi (rigida) tende a raggiungere il punto di pareggio in presenza di volumi superiori rispetto ad un'azienda che ricorre ad esternalizzazione delle produzioni (flessibile);
2) al contempo, presentando un'elevata leva operativa, l'azienda "rigida" beneficerà più significativamente degli aumenti nei volumi di vendita una volta superato il volume di pareggio.

Si consideri l'esempio di Tavola 12.3, confrontando due imprese con diverse strutture dei costi:

Tavola 12.3 - **Conti economici di due imprese: Alfa (rigida) e Beta (flessibile)**

	Alfa	**Beta**
Ricavi netti	800.000	800.000
Costi variabili	200.000	600.000
Margine di contribuzione (MdC)	**600.000**	**200.000**
Costi fissi	450.000	50.000
Reddito operativo (Ro)	**150.000**	**150.000**
Brak Even Point	**600.000**	**200.000**
Leva operativa (MdC/Ro)	**4**	**1,33**

Come si può notare, l'azienda Alfa raggiunge il pareggio (BEP) a fronte di ricavi netti pari a 600.000, ben superiori rispetto ai 200.000 dell'azienda Beta. Qualora superasse il BEP, l'azienda Alfa avrebbe però più elevati benefici in termini di redditività rispetto all'azienda Beta. Infatti, raggiunto il BEP, un incremento dei volumi del 10% produrrebbe un incremento del reddito operativo pari al 40% (GLO = 4). L'impresa Beta, in presenza di un simile incremento dei volumi (+10%) rispetto al proprio punto di pareggio, otterrebbe per contro un più modesto aumento della redditività operativa, nel caso di specie pari al 13,3% (GLO = 1,33).

13. BILANCIO E VALORE D'IMPRESA

di Serena Boldi Cotti

13.1. BILANCIO E VALORE D'IMPRESA

13.1.1 Il bilancio d'esercizio è un adeguato strumento di informazione del valore creato dall'impresa?

Come è noto, il bilancio di esercizio rappresenta il principale strumento di informazione esterna dell'andamento aziendale.
Gli operatori economici basano tipicamente le loro decisioni di investimento desumendo le performance delle imprese dai dati di bilancio, opportunamente rielaborati per trarne indicazioni circa l'affidabilità nel medio-lungo termine e la solvibilità. La qualità delle informazioni contenute nei bilanci è, dunque, garanzia del buon funzionamento dei mercati finanziari e dell'intero sistema capitalistico.
L'azienda ha l'obiettivo economico di creare valore, in particolar modo, per coloro che apportano capitale di rischio, i soci: si può affermare che un'azienda è valida se il suo valore aumenta, in un arco di tempo determinato, più del valore delle risorse impiegate; in altri termini, l'azienda trova legittimazione all'interno del sistema economico se il suo valore aumenta più del costo del capitale, proprio e/o di terzi, utilizzato per finanziarne l'attività. Al fine di giungere alla quantificazione della ricchezza generata dall'organizzazione-impresa nello svolgimento della sua attività, è necessario individuare preliminarmente quali sono le variabili che determinano il valore dell'impresa e su quali di queste è necessario (od opportuno) intervenire per accrescerlo progressivamente.
La creazione di valore dipende da numerosi fattori, sia interni sia esterni all'azienda; tra i primi si evidenziano, ad esempio, la struttura del patrimonio complessivo dell'impresa, ovvero la composizione delle fonti, degli impieghi, il grado di capitalizzazione e il grado di indebitamento; tra i principali fattori esogeni, invece, si citano l'andamento del mercato dei capitali, la tipologia di prodotto o servizio commercializzato, le dinamiche della domanda e dell'offerta.
L'insieme dei fattori indicati incide principalmente sui seguenti aspetti:
a) Rischio d'impresa;
b) Redditività del capitale investito;
c) Costo del capitale investito;
d) Rapporto tra il capitale di credito ed il capitale di rischio.

Tali fattori sono desumibili dalle informazioni contenute nel bilancio?

Quando si valuta un'azienda, il valore creato/distrutto deve essere quantificato in maniera globale. La teoria della creazione del valore ha come fondamento il principio secondo cui l'azienda perdura e si sviluppa solo generando nuovo valore: perciò l'autogenerazione, nel continuo, del valore è la ragione essenziale della sopravvivenza dell'azienda nel lungo termine per il mantenimento delle condizioni di equilibrio e per garantirne l'esistenza e il suo sviluppo.
La dinamica del valore può essere considerata un'efficace misura della performance periodica delle aziende. Le performance sono riflesse nei risultati di bilancio, ovvero

nell'utile o nella perdita dell'esercizio, determinati secondo il principio di competenza economica. Fino all'elaborazione delle teorie della finanza aziendale, che hanno rappresentato un'evoluzione nelle metodologie estimative del valore creato dall'impresa, i processi valutativi si basavano, quasi essenzialmente, su dati contabili. La performance contabile, tuttavia, presenta significativi limiti "comunicativi":

a) i risultati di bilancio risentono fortemente della normativa e dei criteri di redazione dei prospetti contabili (i postulati di bilancio, specie quello del costo, ed i principi contabili applicati);
b) i dati contabili sono talvolta manipolati per equilibrare gli interessi dei vari utilizzatori del bilancio; sono poste in atto le cosiddette "politiche di bilancio" disattendendo il postulato della neutralità dell'informativa;
c) i risultati di bilancio, dato il rilevante peso rivestito dei principi della prudenza e del costo, non riflettono compiutamente l'effettivo valore del patrimonio intangibile dell'impresa;
d) i dati contabili prescindono dai rischi che gravano sulle aziende, indicati invece nel sistema secondario dei conti d'ordine, nella nota integrativa al bilancio e nella relazione sulla gestione redatta dall'organo amministrativo;
e) l'articolazione del piano dei conti risente della classificazione civilistica dei costi per natura: i dati contabili risultano così non immediatamente interpretabili nell'ottica di creazione del valore di lungo periodo.

Si giustifica, quindi, l'esigenza di sviluppare un metodo di misurazione del valore creato dall'impresa, poiché una mera lettura dei risultati di bilancio non consente di pervenire ad una valutazione equilibrata, né pienamente attendibile. Si comprende, quindi, come sia necessaria quantomeno una rielaborazione dei dati contabili, al fine di esprimere giudizi sulle dinamiche del valore dell'impresa, sui risultati raggiunti e, soprattutto, sulle sue prospettive di redditività.

L'**interpretazione** dei prospetti contabili rappresenta, pertanto, il punto di partenza nel processo di determinazione del valore creato.

Per alcune metodologie di valutazione l'informazione desumibile della contabilità costituisce un elemento rilevante: diversi indicatori-chiave ai fini della valutazione, sia per la loro immediatezza, sia per la loro semplicità di costruzione, derivano dalle informazioni desumibili dal bilancio di esercizio (si pensi, a titolo di esempio, all'indice di redditività del capitale proprio o al concetto di cash flow).

A ciò si aggiunga che l'immagine dell'impresa, come percepibile dall'analisi dei prospetti contabili, costituisce una base di riferimento ai fini della validazione dei risultati futuri e delle ipotesi di going concern, crescita, costo e rendimento del capitale investito, contenuti nei piani aziendali previsionali e sulla cui determinazione si fonda gran parte della "bontà" della valutazione stessa.

Si è ampiamente illustrato, nei capitoli precedenti, lo strumento dell'analisi di bilancio, definendolo come quell'attività che, tramite la rielaborazione dei dati del bilancio di esercizio deriva informazioni sulla gestione e sull'impresa nel suo complesso. Con l'analisi di bilancio è, quindi, possibile mettere in evidenza i fattori e gli aspetti significativi dell'attività d'impresa, mediante l'esame critico del sistema di valori di cui il bilancio stesso è espressione.

L'analisi condotta sia su serie storiche (con riferimento a tre - cinque esercizi) di bilanci dell'impresa (time series analysis), sia sui bilanci dei concorrenti o di aziende simili (cross sectional analysis) consente, perciò, di evidenziare gli andamenti passati delle principali variabili economiche e le relazioni che esistono fra di esse e proiettare nel futuro tali andamenti, opportunamente corretti alla luce dell'evoluzione del contesto competitivo, dello scenario economico e delle scelte strategiche dell'impresa.[1]
Sono stati elaborati differenti modelli operativi, raggruppabili, per semplicità, in due categorie:

1) *i modelli cosiddetti contabili*, che analizzano la componente economico - finanziaria, ossia i dati presi dagli schemi di bilancio;
2) *i modelli basati sul valore economico* che, pur presentando notevoli affinità con i modelli contabili, richiedono la formulazione di ipotesi ulteriori per quanto attiene al grado di rischio dell'investimento nell'attività d'impresa e alla formulazione di un orizzonte temporale adeguato per poter considerare attendibili i risultati ottenuti.

Ribadendo il concetto che, in assenza di discontinuità (sia endogene che esogene), il passato può essere considerato il miglior indicatore predittivo della tendenza futura, per valutare l'andamento di un'attività aziendale, è quindi possibile "adattare" i modelli contabili di valutazione, giungendo così alla determinazione (ed alla quantificazione) del valore prodotto (o distrutto) dall'impresa durante la gestione "attuale".
I modelli contabili, infatti, fondano la loro analisi sull'esame delle dinamiche economiche e finanziarie dell'impresa, individuate attraverso l'elaborazione critica di dati di sintesi presi dai bilanci stessi (opportunamente riclassificati e normalizzati). Tali dati vengono, poi, letti congiuntamente, al fine di pervenire ad un giudizio circa la redditività, la liquidità, la solidità del complesso aziendale, tutte caratteristiche che incidono sui fattori di creazione del valore, di cui si è parlato poc'anzi.
L'analisi dei prospetti di Stato Patrimoniale e Conto Economico (e delle informazioni complementari e supplementari che è possibile ricavare dalla Nota Integrativa e dai cosiddetti allegati al bilancio, quali la Relazione dell'organo amministrativo sulla gestione) consentono una prima definizione delle variabili ed equazioni - chiave.

STATO PATRIMONIALE

Ciò che interessa all'analista per valutare se un'impresa crea o meno valore per gli azionisti è il capitale investito nella gestione caratteristica, nell'attività "core" dell'impresa; a tal fine, si considera, dal lato degli impieghi di capitale[2]:

---

[1] Ciò è possibile, se si parte dal presupposto che "ceteris paribus" le risultanze della gestione passata trovino una ~~sostanziale riconf~~erma nella gestione futura.
E, appunto, sulla base di tale assunzione si perverrà alla valutazione del valore creato/distrutto dall'impresa.
[2] I valori considerati devono riferirsi ad un periodo temporale di tre - cinque anni, al fine di elaborare una media, eliminando così le "punte" positive o negative, dovute ad eventi straordinari o ad intenti speculativi.

IMMOBILIZZAZIONI IMMATERIALI E MATERIALI OPERATIVE (esclusi, quindi, gli investimenti immobiliari) + ATTIVO CIRCOLANTE (INVESTIMENTI CARATTERISTICI)

Dal lato delle fonti di finanziamento:

PASSIVITÀ CONSOLIDATE (DEBITI A M/L TERMINE) destinate al finanziamento di attività operative caratteristiche + DEBITI A BREVE TERMINE OPERATIVI

Dalla differenza tra il primo ed il secondo termine si ricava il CAPITALE INVESTITO NELLA GESTIONE CARATTERISTICA.

CONTO ECONOMICO

RICAVI DELLA GESTIONE OPERATIVA [voci A)1, A)2, A)3, A)4] – COSTI OPERATIVI (voce B) = REDDITO OPERATIVO (RO)

Dai valori così determinati rielaborando i dati di bilancio, si ottengono:

$$ROI^{3} = \frac{RO}{COIN}$$

I (tasso d'indebitamento) =

$$\frac{\textit{Oneri Finanziari (voce C del CE)}}{\textit{DEBITI DI FINANZIAMENTO (sia a breve che a medio – lungo termine)}}$$

PRELIEVO FISCALE =

*risultato ante imposte * aliquota fiscale (attualmente in Italia circa del 31,40%)*[4]

$$ROE = \frac{\textit{REDDITO NETTO DELL'ESERCIZIO (UTILE/PERDITA)}}{\text{MEZZI PROPRI}}$$

[3] Il ROI così determinato non può essere considerato una valida stima della resa del capitale investito, in quanto per un analista esterno la determinazione degli investimenti operativi aziendali, ossia quelli che vanno a finanziare l'attività operativa, viene in genere stabilita sulla base di informazioni tratte dal bilancio che potrebbero essere non del tutto complete e/o erroneamente interpretate. Se ad esso si aggiunge il noto fatto che ROI subisce l'influenza di stime e congetture, alveo tipico delle "politiche di bilancio", la capacità informativa dell'indice risulta ulteriormente penalizzata.

[4] La percentuale di tassazione media è stata determinata come sommatoria delle aliquote IRES (27,5%) e IRAP (3,90%). Nella pratica, per effettuare la stima del prelievo fiscale si trascurano gli impatti delle (spesso

Tali rideterminazioni permettono la costruzione di metodi di valutazione basati sui moltiplicatori di mercato, la prima metodologia qui esaminata.

13.2. LA VALUTAZIONE DEL VALORE CREATO (DISTRUTTO) DALL'ATTIVITÀ D'IMPRESA

13.2.1 La valutazione del valore generato (distrutto) mediante i modelli contabili

Il Price/Earing ratio

I metodi reddituali determinano il valore creato da un'entità considerando la sua capacità di generare, nel tempo, risultati economici positivi (utili).
Operando un'estensione concettuale, si può fare riferimento anche al metodo dei multipli di Borsa (o di mercato); essi determinano il valore prodotto da un'impresa, attraverso l'analisi delle informazioni desumibili dal mercato, con riferimento a società ad essa analoghe (*comparables*).
Come in un normale mercato, il prezzo delle azioni è determinato dall'incontro tra la domanda e l'offerta per quel titolo. Quando vi sono aspettative di crescita (e di incremento del valore) per una determinata azienda, il valore delle sue azioni subisce un aumento, poiché gli acquirenti sono disposti a pagare prezzi più elevati del valore "reale" (del capitale) del titolo, pur di acquisirne la proprietà e, con essa, il diritto agli utili da questa realizzati. Al contrario, se un'azienda attraversa una situazione critica sotto il profilo reddituale o patrimoniale, sul mercato c'è pessimismo nei confronti del suo titolo e il prezzo tende al ribasso[5].
Questo spiega le dinamiche dei prezzi nel breve periodo, e perché questi spesso non riflettano in maniera adeguata il valore effettivo, né di bilancio, del capitale dell'impresa. In un orizzonte temporale più ampio, tuttavia, il valore di un'azione non potrà discostarsi eccessivamente dal valore desumibile dall'analisi dei relativi bilanci, riportando quindi il metodo esaminato a valido strumento di misurazione della performance.
In tale ottica, si può tramite un adeguato esame dei dati contabili, giungere alla quantificazione del valore creato dall'impresa.
Il Price to Earning ratio (o P/E), data la sua semplicità ed immediatezza, rappresenta uno dei saggi più utilizzati nella pratica.
Il *ratio* fonda la sua capacità espressiva sul concetto che acquisire un'azione dell'impresa significhi acquistare il diritto ad ottenere, a fine esercizio e per un numero indefinito (in ipotesi di *going concern*) di questi, una remunerazione per il

significative) variazioni al risultato civilistico dell'esercizio o di sue precedenti configurazioni intermedie ai fini della determinazione della base imponibile IRES e IRAP.

[5] È opportuno precisare, però, che non si intende affermare che il prezzo dei titoli sia lo strumento migliore per "leggere" lo stato delle imprese ammesse alla quotazione; spesso le manovre speculative e le attese per le comunicazioni periodiche, cui le società quotate sono tenute, spingono i prezzi verso l'alto, senza che sotto tale incremento vi sia un reale aumento del valore creato dall'impresa.

rischio sopportato, il dividendo. In quest'ottica, un'impresa cd. "steady state", che effettua solo investimenti di mantenimento e rinnovo degli impieghi esistenti (in misura pari agli ammortamenti calcolati su tali beni[6]), avrà dividendi pari all'intero utile (netto) di periodo[7].

Ne deriva che la determinazione del valore creato o distrutto dall'azienda rimane influenzato da due aspetti:

1) i redditi conseguiti nei periodi considerati;
2) il tasso di rendimento offerto dal mercato dei capitali ad altri investimenti, equivalenti in termini di durata e di rischio.

Il reddito da assumere quale base di calcolo dell'indice deve essere un reddito "normalizzato", ossia depurato dalle componenti straordinarie e non ricorrenti e/o extracaratteristiche che hanno comportato "anomali" aumenti o diminuzioni del risultato economico nei singoli esercizi considerati e che non sono considerati ripetibili. Ciò che interessa, ai fini dell'analisi, è la determinazione del livello di redditività (utile) generato dall'attività operativa dell'azienda, che è il vero motivo che spinge l'investitore all'acquisto delle azioni della società.

La normalizzazione dei redditi avviene come segue:

REDDITO DELL'ESERCIZIO +/– COMPONENTI STRAORDINARI[8] +/– COMPONENTI EXTRACARATTERISTICI (investimenti in patrimonio immobiliare) +/– EFFETTI DELLE VALUTAZIONI DI BILANCIO[9] +/– EFFETTO FISCALE = REDDITO NORMALIZZATO

Il moltiplicatore è dato, quindi, dal rapporto tra il prezzo che il mercato borsistico assegna ad un'azione della società (P) e il risultato netto annuo normalizzato per un'azione della stessa (earning, E), - che, per le ipotesi di prima (impresa in stato

[6] In tal caso, il flusso reddituale negativo derivante dall'appostamento degli ammortamenti viene equiparato dal flusso di cassa in uscita relativo agli investimenti a copertura del deperimento annuo.

[7] Concettualmente, è possibile determinare il P/E ratio anche in caso di azienda priva di flussi positivi di reddito (in perdita). Ciò tuttavia, nella prassi valutativa, non avviene spesso, in quanto ai fini della valutazione del complesso aziendale, il dato è scarsamente significativo. Di regola, in tali circostanze, si ricorre ad altri metodi valutativi, che verranno esaminati nel prosieguo del testo.

[8] Nel caso in cui, però, gli eventi straordinari si ripetano con una certa cadenza nel tempo (ad esempio, rinnovi programmati delle immobilizzazioni) è più corretto ridistribuire nel tempo il flusso reddituale, facendo una equaripartizione del valore del componente per i periodi a cui è ipotizzabile esso si riferisca.

[9] La valutazione di tali poste rappresenta un momento di espressione della discrezionalità e del giudizio professionale del management chiamato a redigere il bilancio. Nelle grandi realtà valutazioni differenti possono condurre a risultati complessivi di utile / perdita molto diversi. È quanto mai utile, quindi, tener conto, ai fini della valutazione, di aziende comparable che adottano analoghi criteri di valutazione di queste poste e, ove ciò si rivelasse particolarmente problematico, delle informazioni riportate e desumibili dalla nota integrativa, al fine di "neutralizzare" tale effetto.

stazionario), è anche equiparato al dividendo annuo, D, ossia il flusso di cassa diretto agli azionisti.
Con queste rettifiche, è possibile derivare il moltiplicatore.
Nel caso di azienda non quotata in Borsa, è possibile derivare l'indice come segue:

$$\frac{P}{E} = \frac{1}{Ke}$$

in cui Ke è il costo di un euro di capitale di rischio investito nell'impresa: tanto più ci si attende risultati attesi economici variabili, tanto maggiore sarà il ritorno che l'investitore vorrà ricevere per remunerare il rischio sopportato.
Ai fini della misurazione del P/E, è questo un elemento di grande interesse, in quanto sul costo del capitale di rischio Ke incidono:

1) il business risk, che dipende dalla tipologia di attività esercitata ed è inversamente proporzionale al P/E;
2) il rischio finanziario, di solvibilità e solidità della struttura aziendale; un aumento dell'indebitamento complessivo si traduce, anche in questo caso, in una riduzione del P/E[10].

Il modello più utilizzato nella pratica per il calcolo del costo del capitale proprio è il metodo definito Capital Asset Price Model (CAPM)[11].
Il CAPM misura il costo - opportunità legato all'investimento in una specifica impresa, mettendo in relazione il rischio di settore e di rischio specifico dell'impresa stessa. Esso è pari a:

$$CAPM = Ke = fr + [\beta * (rm - fr)]$$

dove:
fr rappresenta il tasso di rendimento delle attività prive di rischio (free risk);
β è il coefficiente di rischio specifico;
rm è il rendimento atteso del mercato;
(rm - fr) è il cd. premium risk.

[10] Come risulterà maggiormente chiaro quando si discuterà della metodologia di determinazione del valore generato tramite l'analisi dei flussi di cassa, il P/E determina il valore in un'ottica equity side, ovvero ciò che emerge dalla valutazione è il valore attribuibile al capitale di rischio investito nell'attività d'impresa. È questo il motivo per cui, all'aumentare del grado di indebitamento il P/E si riduce: perché una parte del valore generato è ottenuto grazie all'impiego di capitali di terzi, che vanno prima o poi sicuramente (se si esclude il default dell'azienda) rimborsati; essi rappresentano, quindi, risorse che "escono" dall'azienda e, pertanto, deprimono il P/E.
[11] Il CAPM è un modello utilizzato per le valutazioni finanziarie che stabilisce una relazione tra il rendimento di un titolo e la sua rischiosità, tramite la definizione di un fattore definito beta (β). Il beta, valore proporzionale alla covarianza tra rendimento del titolo ed andamento del mercato, esprime come l'andamento del titolo sia in sintonia con il mercato (in questo caso, il valore assunto da beta è pari a 1).

La prima componente del CAPM è il tasso di rendimento delle attività prive di rischio, fr. È noto come nella realtà non esistano investimenti sicuri al 100%. Tuttavia, esistono forme d'investimento la cui componente di rischio è talmente irrilevante, che è possibile considerare pari a zero (come accade, ad esempio, nel caso dei titoli di Stato)[12].
Il rischio specifico, β, determina il rendimento atteso del capitale di rischio attraverso la somma del tasso risk free ed il premio per il rischio, di mercato e dell'impresa specifica. In concreto, il valore del β viene calcolato impiegando tecniche statistiche di regressione applicate a serie storiche dei rendimenti di portafogli azionari. Esso misura l'attitudine storica del rendimento di un investimento azionario a variare in misura maggiore, se β è maggiore di 1, o minore, al contrario con β minore di 1, rispetto all'indice di mercato di riferimento. L'ultimo step consiste nel rielaborare il dato, considerando anche l'impatto fiscale delle variazioni apportate.
Ciò detto, rimane da fare una riflessione sulle imprese "in crescita".
Esse non limitano la loro attività di investimento al ripristino dell'efficienza del parco cespiti ridottasi per effetto del logorio dei propri asset, ma effettuano investimenti finalizzati allo sviluppo quali-quantitativo per conseguire migliori risultati economici nel futuro.
Nel riconfermare la sostanziale validità delle precedenti affermazioni, risulta necessario, però, apportare alcuni correttivi, per considerare la parte di utile conseguito, e non distribuito sotto forma di dividendi, ma trattenuto in azienda per il suo reinvestimento nell'attività imprenditoriale[13]. Gli utili reinvestiti nel complesso aziendale genereranno un incremento della redditività pari al prodotto di questi per il ROE (Return on Equity). Quanto appena detto, può essere espresso come segue:

$$\frac{P}{E} = \frac{b\,(1 + g)}{Ke - g}$$

in cui:
b viene definito payout ratio (rapporto tra dividendo e utile netto dell'impresa), il cui valore è compreso tra 0 e 1, in quanto non tutto l'utile è distribuito agli azionisti.
g rappresenta il tasso di crescita atteso di utile e dividendi, per effetto dello sviluppo del business, pari a (1-b) * ROE[14].
Tanto maggiore è g, tanto minore sarà il costo del capitale investito, in quanto le prospettive di crescita riducono la rischiosità, o, quantomeno, la percezione della rischiosità, del business. Quindi, all'aumentare del tasso di crescita g, il denominatore si riduce, comportando un valore più elevato di P/E. Questo spiega come, generalmente, le imprese di dimensioni maggiori, abbiano valori di P/E più elevati.

[12] Normalmente, per determinare il tasso di interesse degli investimenti privi di rischio si utilizzano i tassi di rendimento dei titoli di stato a scadenza pluriennale, i BTP.
[13] La crescita di un'impresa può essere sostenuta anche attraverso l'indebitamento durevole. Preferendo, però, non destabilizzare la struttura finanziaria dell'impresa e mantenere costante il rapporto capitale di rischio - capitale di debito, in tale sede di considera la crescita finanziata esclusivamente mediante "autofinanziamento".
[14] Tale valore esprime in valore assoluto la consistenza dell'autofinanziamento aziendale.

Sulla base delle considerazioni appena esposte, è ora possibile giungere alla determinazione dei P/E dell'impresa oggetto di analisi, con riferimento ai dati presi dai bilanci analizzati, opportunamente rettificati (in particolare, i dati sull'utile) e le quotazioni medie di Borsa per il titolo nel medesimo periodo[15].

P/E 200x-4	P/E 200x-3	P/E 200x-2	P/E 200x-1	P/E 200x	→	P/E medio per l'azienda analizzata

Una volta determinato il valore del P/E, occorre, ai fini della quantificazione del valore creato/distrutto, costruire un campione di comparable, in base al quale derivare, mediante formula inversa, la valutazione.
Le aziende da includere nel campione devono presentare, per essere considerate delle buone basi di confronto, caratteristiche il più possibile omogenee tra loro e simili all'impresa oggetto di valutazione.
I principali fattori da tenere in considerazione sono:

1) il settore di appartenenza ed il posizionamento competitivo (le aziende del campione devono appartenere al medesimo settore, preferibilmente allo stesso mercato geografico di riferimento ed avere un posizionamento strategico analogo, con riferimento alla "maturità" dell'attività, alle politiche di investimento e di produzione - diversificazione - espansione effettuate, ecc. ...);
2) le dimensioni e la struttura finanziaria (in particolare, il rapporto debito / equity);
3) l'imposizione fiscale (problematica particolarmente rilevante, per quanto attiene alla deducibilità degli interessi passivi sul capitale di debito, che incidono sul WACC);
4) il livello ed il trend degli utili (è opportuno anche che le imprese "guideline" abbiano un P/E medio analogo a quello oggetto di valutazione; ciò al fine di escludere "picchi" derivanti da eventi straordinari e/o speculativi).

Una volta determinato il campione di *comparable*, si ripeteranno per ognuna di queste società le stime dei P/E negli esercizi considerati, elaborando poi una media degli indicatori per singolo esercizio, in modo da ottenere un unico valore per periodo e, successivamente, una media generale.
L'ultimo step consiste nella comparazione dei valori medi "totali". Nel caso in cui la differenza tra il P/E dell'azienda analizzata ed il P/E medio dei *comparable* presi a campione sia un valore maggiore di zero, si può concludere che l'azienda ha creato valore, in misura superiore rispetto al mercato. Un valore pari a zero, o inferiore, non porta, al contrario, immediatamente alla conclusione che l'impresa abbia "bruciato" valore nel periodo considerato "in senso assoluto", ossia rispetto al capitale investito nell'attività. Tuttavia si può affermare che, sempre con riferimento e limitatamente al periodo considerato, un investimento alternativo del capitale, ad esempio in una

[15] Il valore medio del titolo è facilmente reperibile sui quotidiani economici. Se l'impresa non è quotata, si è detto, il valore del P/E può essere determinato come 1/Ke.

delle aziende assunte come base di comparazione, avrebbe consentito un rendimento maggiore. Seppur semplici nella loro capacità informativa e lineari nella metodologia di calcolo, i metodi contabili hanno dei limiti, i cui principali sono:

- gli indici di redditività (ROI[16], ROE) subiscono l'influenza delle valutazioni di bilancio e, di conseguenza, come si è già accennato parlando del P/E ratio, del sistema contabile adottato dall'impresa[17]. Per questo motivo, utilizzare indici che per la loro costruzione di basano "pesantemente" su tali rapporti, può non portare a stime pienamente corrette o, addirittura, fuorvianti;
- una scarsa capacità segnaletica in caso di shock imprevisti. In caso l'azienda oggetto di analisi, il settore economico / mercato di riferimento, o l'intero sistema economico (si pensi, ad esempio, ai periodi di recessione, ai rialzi dei prezzi delle *commodities*, alle rivalutazioni monetarie previste da leggi speciali, alle speculazioni di Borsa) attraversino un periodo particolarmente critico / "insolito", ecco che può rendersi necessaria un'estensione del periodo considerato per l'analisi ed un'assunzione come base di valutazione di dati storici più consistenti (non più tre - cinque esercizi, ma sette - otto), opportunamente normalizzati[18]. Sempre riprendendo il paragone con il succitato metodo P/E, il valore di mercato è suscettibile di cambiamenti repentini ed improvvisi, quindi in periodi di elevata mutevolezza esso non può essere considerato uno strumento informativo dell'impresa cui si riferisce.

A tali aspetti, si aggiunge poi che molto complessa è la determinazione, che in genere avviene in maniera indiretta e non pienamente attendibile, del premio per il rischio. Tale aspetto, infatti, dipende da numerose e svariate cause, alcune delle quali non di carattere economico-finanziario e quindi non desumibili dai prospetti contabili; altre, invece, peculiari dell'impresa oggetto di analisi, sono, quindi, di difficile esplicitazione. Per tentare di correggere tali aspetti negativi, si fa ricorso ai modelli basati sul valore economico del capitale, che accanto ai dati di bilancio considerano anche informazioni sulle strategie aziendali e sull'impatto di queste in termini di valore del capitale e redditività.

Essi traggono origine dalla teoria finanziaria e valutano ex ante gli investimenti aziendali (processo cd. di capital budgeting). Esistono diverse versioni di questi modelli; le due principali analizzano:

- le variazioni del valore economico del capitale attualizzando i flussi monetari derivanti dalla gestione (DCF model);

---

[16] Spesso, gli analisti, per la determinazione della redditività del capitale operativo investito, al fine di ridurre varianza del ROI da un anno all'altro, utilizzano un indice denominato rendimento medio contabile, dato dal rapporto tra somma degli utili operativi realizzati negli ultimi esercizi e somma dei capitali netti investiti medi: Σ NOPAT / Σ COIN.

[17] Questa affermazione è più che mai vera nel caso in cui il bilancio sia redatto seguendo i principi contabili OIC. Il discorso, seppur parzialmente diverso, in quanto differenti sono le logiche sottostanti all'intera struttura dei principi contabili internazionali, che danno maggior enfasi all'utilità del bilancio per gli investitori, può essere ripetuto per gli IAS/IFRS.

[18] Aumentare l'orizzonte temporale di analisi, mentre da un lato ha il vantaggio, sopra riportato, di attenuare l'influenze degli shock, dall'altro sconta il fatto che a mano a mano che ci si allontana nel tempo i dati storici presi a riferimento diminuiscono la loro portata informativa per la previsione dell'andamento futuro.

- il gap esistente tra la redditività ed il costo del capitale investito (EVA©).

Si specifica, tuttavia, che è necessario effettuare una valutazione "comparata" con tutti e tre i metodi, di modo da aumentare l'attendibilità dei valori determinati. Nessun metodo, infatti, può essere considerato esente da rischi applicativi, critiche e limitazioni. L'uso congiunto può attenuare, almeno in parte, tali criticità.

13.2.2 La valutazione del valore generato (distrutto) mediante i modelli basati sul valore economico

L'analisi dei flussi di cassa

Nei precedenti capitoli, si è ampiamente discusso dell'analisi di bilancio per flussi; in questa sede, ci si limiterà a richiamare il concetto di *flusso di cassa*, ossia la liquidità prodotta o assorbita dalla gestione attraverso le dinamiche delle entrate e delle uscite. Il suo valore si esprime come saldo, positivo o negativo, tra entrate ed uscite generate dalla gestione aziendale nel corso del periodo amministrativo. Anche in questo caso, al fine di quantificare il valore creato "depurato" da eventuali "picchi" al rialzo o al ribasso, è opportuno basarsi su dati di flusso medi[19].

La creazione di liquidità costituisce un elemento fondamentale per il corretto funzionamento del complesso aziendale e per remunerare i portatori di capitale (proprio e di terzi). Alla base dei metodi finanziari, vi è, infatti, l'idea che un'azienda sia in grado di generare valore, quanto più riesca a generare prospetticamente flussi di cassa. Quanto detto trae le sue motivazioni teoriche da una rielaborazione della formula (detta fondamentale) basata sui flussi di dividendo distribuibili, che determina il capitale economico come segue:

$$\text{Valore creato (distrutto)} = D_1v^1 + D_2v^2 + ... + D_nv^n$$

dove:

$D_1, D_2, ..., D_n$, sono i dividendi deliberati negli esercizi considerati, nell'ipotesi che tutto l'utile sia sempre distribuito[20];

[19] Si noti, tuttavia, come l'utilità del calcolo di flussi monetari di entrate e di uscita medi, sia, in misura ancora maggiore rispetto ai dati reddituali medi, circoscritta alla sola finalità di misurazione del valore creato/distrutto dall'azienda con la sua attività. Difatti, mentre può essere ragionevole ritenere che in ipotesi di impresa "steady state" e normalizzando i valori di costo/ricavo, la redditività dell'impresa sia equiparabile (e si mantenga pari) a quella media, per poter estendere detto ragionamento anche ai flussi monetari, è necessaria un'ulteriore assunzione, ossia che i flussi reddituali coincidano/abbiano coinciso in ogni periodo con i flussi monetari e che non ci siano stati reinvestimenti di utili in azienda (tutto l'utile realizzato, tralasciando l'aspetto degli accantonamenti obbligatori a riserva legale e statutaria, ove prevista, è stato distribuito sottoforma di dividendi).

[20] Nel caso in cui in uno o più degli esercizi considerati per la valutazione l'impresa non abbia distribuito dividendi, non si deve concludere che essa non sia in grado di produrre ricchezza (reddito). Occorre infatti indagare le motivazioni sottostanti a questa decisione. Nel caso in cui la decisione sia dipesa dalla necessità di ripianare le perdite, è opportuno riflettere sulle politiche di investimento o sulle situazioni che hanno coinvolto il capitale (ad esempio il recesso di un socio) effettuate dall'impresa negli ultimi anni (potrebbe anche essere necessario ricorrere anche ai dati degli ultimi 10 esercizi). Solo dopo un'indagine di questo tipo, la conclusione

v^1, v^2, v^3,... v^n sono i coefficienti di attualizzazione[21].

Per la determinazione del valore creato occorre, quindi, effettuare un'analisi dei dati storici, presi dai bilanci. Tale attività, che prevede una rielaborazione dei prospetti, con una riclassificazione delle voci, può essere svolta in un modo analogo al seguente esempio riportato in Tavola 13.1.

Tavola 13.1 - **Stato patrimoniale riclassificato, per fare emergere l'aspetto "gestionale"**

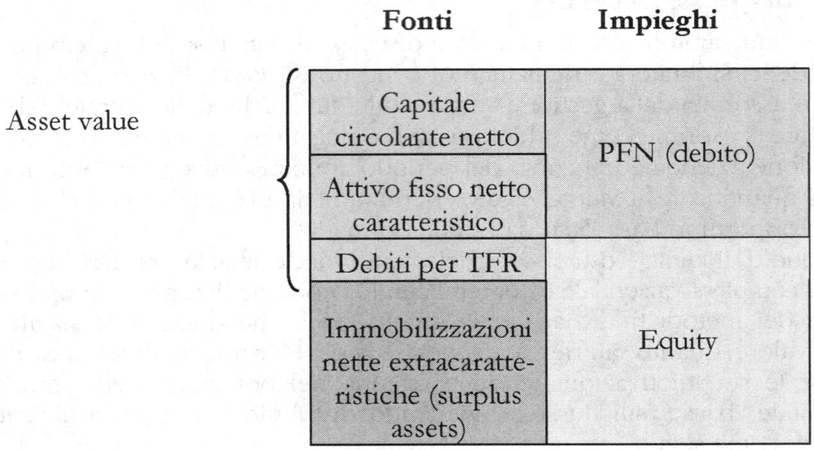

È a questo punto chiaro che la principale caratteristica che distingue il metodo finanziario dal metodo reddituale, è l'utilizzo del criterio "di cassa" rispetto a quello "di competenza".
Il flusso di cassa rappresenta una misura della performance dell'impresa più "attendibile" rispetto al dato reddituale (utile o perdita), non essendo a differenza di quest'ultimo influenzato dalla soggettività delle stime effettuate su alcune poste di bilancio, i cosiddetti *accruals*, ossia dei componenti negativi e positivi di reddito che

(continua)
che l'impresa stia in questo momento "bruciando" risorse, può essere ritenuta valida. L'autofinanziamento mediante utili non distribuiti, al contrario, penalizza la redditività dell'investimento di capitale nell'impresa nel breve periodo, ma ne amplifica gli effetti su un orizzonte temporale medio - lungo.

[21] Per l'attualizzazione, si utilizza un tasso medio di mercato per gli investimenti a medio termine, in attività analoghe, ossia, tenendo in considerazione il rischio dell'investimento e le opportunità di impiego alternative presenti sul mercato. Tale valutazione dovrebbe essere, tuttavia, condotta tenendo presente anche il complessivo andamento del mercato (recessione, espansione, andamento dei prezzi delle materie prime) nel periodo considerato. Per quanto riguarda l'orizzonte temporale preso a riferimento per l'analisi, nonostante l'azienda sia un istituto atto a perdurare nel tempo per un numero indefinito di esercizi, di fatto la considerazione che i flussi di cassa di periodi molto lontani rispetto al momento della valutazione possano rappresentare adeguatamente le prospettive monetarie future, poggia, quanto mai su basi assai fragili.

non hanno rilevanza monetaria (ammortamenti ed accantonamenti), la cui valutazione è frutto dell'apprezzamento degli amministratori, ma che tuttavia risponde talvolta proprio all'esigenza di normalizzare gli utili. Solo costi e ricavi "monetari", che rappresentano cioè un'effettiva uscita o entrata di cassa, restano rilevanti ai fini della costruzione dei flussi (di cassa, appunto) la cui attualizzazione porterà al risultato finale. Nel corso dell'esercizio, poi, il *cash flow* si dimostra più preciso e puntuale nel monitorare l'evoluzione della gestione, rispetto al dato economico, che viene determinato solo in sede di chiusura dell'esercizio.
Il flusso di cassa operativo misura la liquidità creata o assorbita dalla gestione caratteristica di un'impresa, dal confronto tra il risultato economico e le variazioni intervenute nel capitale dall'01/01 al 31/12 dello stesso esercizio. Esso consente una visione congiunta degli aspetti economico e patrimoniale, in quanto stabilisce una relazione tra il risultato economico operativo, al netto dei costi non monetari, che, quindi, andranno aggiunti (per determinare il margine operativo netto[22] - MON -) e le risorse impiegate per il suo conseguimento (COIN).
Partendo, quindi, dai dati desumibili dal rendiconto finanziario, è possibile pervenire al calcolo del MON e del COIN, utili per una valutazione secondo il metodo del *Discounted cash flow*.
Il Discounted cash flow (DCF) determina il valore economico di un investimento mediante attualizzazione, capitalizzazione in questo caso, secondo un tasso corretto per il rischio, dei flussi futuri attesi dall'attività in questione.
Con opportuni adattamenti, tale metodologia può risultare valida anche per la determinazione del valore economico, sulla base dei dati storici presi dai bilanci.
Il DCF si basa, infatti, sui free cash flows della gestione, ossia dei flussi di cassa rettificati. Per determinare questi valori, occorre analizzare i rendiconti finanziari degli ultimi trecinque esercizi ed uniformarli, per "portarli" tutti al tempo di effettuazione del calcolo. La maggiore criticità del metodo, risiede nella ricerca di un tasso di attualizzazione e parte dall'analisi dei "rischi" potenziali, che possono comportare una riduzione, nel tempo, del valore dell'azienda.
Il rischio è valutato in funzione di una serie di fattori, tra cui si citano:

- situazione economica generale (fenomeni di instabilità anche monetaria);
- tipo di attività svolta (incidenza dei costi fissi) ed andamento del mercato (grado di concorrenza, elasticità dei prezzi);
- rischi specifici dell'impresa.

I margini di variabilità del tasso variano in ragione del rischio e della situazione patrimoniale e finanziaria dell'impresa ed oscillano, in genere, tra lo 0% ed il 10%. Maggiore è la variabilità dei flussi, maggiore è il rischio e maggiore è il tasso. Oltre alla stabilità di mercato viene considerata la solidità della situazione patrimoniale e finanziaria dell'azienda.

[22] Da cui si ottiene: NOPAT * (1-t).

Sarebbe opportuno determinare per ogni flusso di cassa (per ogni periodo) il relativo tasso di capitalizzazione, in modo tale da riflettere i fattori che caratterizzavano l'azienda in quel momento preciso (rischio d'impresa, solidità, solvibilità "specifiche"). Prescindere dal rischio e dal tempo porta a quantificare ed impiegare un unico e generale tasso medio, una scelta, comunque, metodologicamente corretta, se si vuole ottenere un'indicazione di massima, generica e generale. In tal caso si assumono condizioni di equilibrio a regime e, quindi, rapporti d'indebitamento costanti.
La quantificazione del tasso è un passaggio delicato nel processo di derivazione del valore creato. Non è facile risalirvi; occorre impostare un'analisi retrospettica sui rendimenti a medio-lungo termine, sulle tendenze evolutive dell'azienda e fare, anche, una considerazione di massima, su aziende comparabili, sul medesimo mercato.
Nel concreto, quindi, il valutatore prende in considerazione:

- tassi di rendimento del mercato borsistico (in condizioni di equilibrio e per settori analoghi), ovvero il tasso di remunerazione medio per l'investimento di capitale di rischio in un'azienda del settore;
- il β[23];
- incidenza dell'inflazione, se il suo valore è apprezzabile.

In base alla configurazione di flusso di cassa adottata è possibile individuare due diverse versioni della tecnica di stima:

- metodo finanziario basato sui flussi monetari complessivi netti disponibili ottenibili dagli asset (**unlevered**[24] **cash flow**) → prospettiva asset-side[25].
- metodo finanziario basato sui flussi monetari netti spettanti agli azionisti (**levered cash flow**) → prospettiva equity-side[26];

le cui differenze di determinazione sono evidenziate nello schema che segue:

[23] Come è stato precedentemente solo accennato, il β è un indice che rappresenta una misura del rischio specifico dell'impresa dovuto agli effetti dell'andamento generale dell'economia provoca sul settore economico ed, in particolare, sull'impresa in analisi. Esso è la sintesi di business risk e financial risk.
[24] Nella valutazione d'azienda basata sul cash flow operativo, il termine "levered" indica che i flussi di cassa vengono attualizzati tenendo conto della situazione finanziaria.
[25] La prospettiva asset side (unlevered), si basa sui Free Cash flow from Operations (FCFO), flussi operativi disponibili per l'azienda. Considera flussi di cassa ottenibili dagli asset ai quali detrae in un secondo momento il valore dei debiti finanziari. I flussi di cassa sono, quindi, espressi al lordo degli oneri finanziari (unlevered).
[26] La prospettiva equity side si basa sui Cash flow to Equity Free (FCFE), ossia i flussi disponibili per gli azionisti, dopo aver remunerato i portatori di capitale di debito. Secondo questa impostazione, il valore dell'impresa viene quantificato in base ai flussi di cassa spettanti agli azionisti. Pertanto, tali flussi di cassa sono già al netto di oneri finanziari (levered).

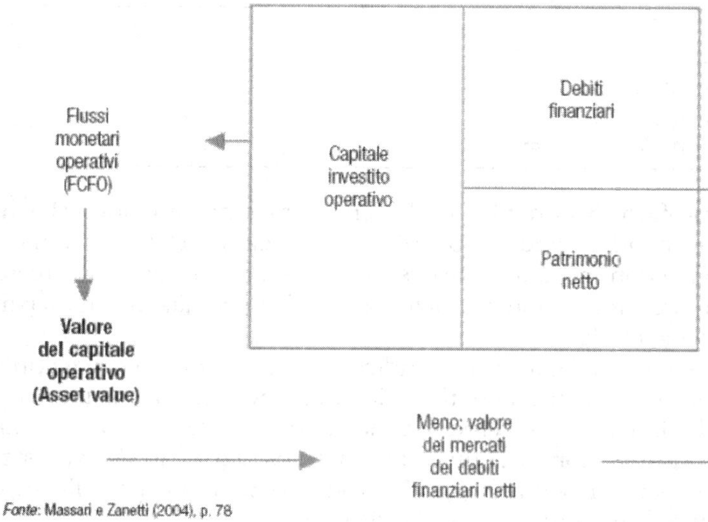

Fonte: Massari e Zanetti (2004), p. 78

La scelta del tasso per la capitalizzazione è in funzione del metodo finanziario applicato. Nel primo caso esaminato, si considerano, ai fini dell'analisi solo i *cash flows* generati dall'attività caratteristica dell'impresa, senza quindi tener conto della struttura finanziaria dell'impresa, né di elementi straordinari e non ricorrenti.

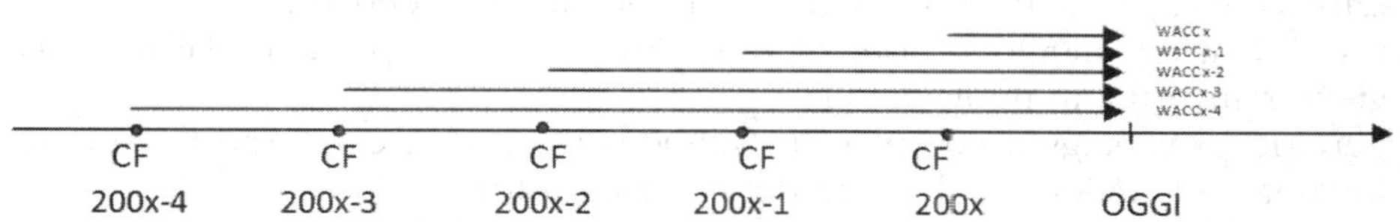

Da qui è possibile elaborare, poi, un flusso monetario medio ed un WACC medio.
La determinazione di detti flussi, partendo dal rendiconto finanziario, avviene come segue:

RENDICONTO FINANZIARIO[27]

Fatturato
– Costi della produzione
= Risultato Operativo (EBIT[28])
– Imposte pagate per cassa sull'EBIT
= NOPAT (Net operating profit after taxes)

Il NOPAT esprime il profitto disponibile per la remunerazione di coloro che hanno investito il capitale nell'attività aziendale, azionisti o finanziatori. Data la sua natura di indicatore della gestione economica dell'impresa, esso ha il pregio di condurre ad una quantificazione del valore creato non condizionata dalle modalità di finanziamento della gestione operativa aziendale.

È inoltre, possibile ottenere dall'analisi del rendiconto finanziario, informazioni sugli impieghi di capitale, in termini di aumento o diminuzione degli investimenti caratteristici, aumento o diminuzione dei crediti e dei debiti a breve termine (capitale circolante netto). La considerazione dei flussi di cassa così elaborati dai dati storici a disposizione non deve, però, trascurare alcuni fattori, che possono giustificare, enfatizzare a volte, ridimensionare altre, il dato così ricavato.

I principali fattori sono:

a) analisi del settore e dell'attività aziendale, nei periodi cui i bilanci analizzati si riferiscono;
b) la capacità dimostrata dall'impresa di generare flussi monetari;
c) la struttura finanziaria dell'impresa nel medesimo arco temporale e gli eventuali mutamenti;
d) tasso di ritorno sul capitale investito (rapporto tra utile operativo al netto delle imposte e capitale investito nelle attività operative aziendali);
e) tasso di investimento (quota di *cash flow* operativi prodotti dall'azienda che viene reinvestita in nuove attività);
f) periodo di vantaggio competitivo (numero di anni in cui il ritorno sul capitale investito si mantiene al di sopra del relativo costo).

Determinati i flussi di cassa, essi vengono poi capitalizzati al costo medio ponderato del capitale dell'azienda (WACC: Weighted Average Cost of Capital), ovvero ad un tasso che rappresenta il rendimento minimo richiesto dai finanziatori dell'impresa

[27] I valori considerati devono riferirsi ad un periodo temporale di tre – cinque anni, al fine di elaborare una media, eliminando così le "punte" positive o negative, dovute ad eventi straordinari o ad intenti speculativi.

[28] L'EBIT (Earnings before interests and taxes) è dato dalla differenza tra i ricavi operativi e i costi operativi che hanno comportato movimentazioni attive o passive nel patrimonio numerario, dedotti gli ammortamenti e gli accantonamenti a fondi rischi e oneri relativi alla gestione caratteristica.

Le imposte sottratte all'EBIT per il calcolo del NOPAT sono "unlevered", ossia non tengono in considerazione l'effetto dello scudo fiscale esercitato dagli oneri finanziari. Ciò comporta che la determinazione del NOPAT ottenuto facendo riferimento solamente alle informazioni sul prelievo fiscale ricavate dal Conto Economico conduce ad una stima imprecisa. Tuttavia, nella pratica, poiché la maggior parte del reddito prodotto dall'azienda è realizzato attraverso il ciclo operativo (o, almeno, ciò è auspicabile), si suole considerare operativo l'intero peso fiscale.

(di capitale proprio e di capitale di terzi). Tale rendimento dovrebbe essere in linea con quello offerto da imprese omogenee e comparabili, rilevato attraverso indagini di mercato.
Il WACC è, quindi, un valore rappresentativo del costo delle diverse forme di finanziamento delle attività aziendali, considerando il rispettivo "peso" sulla struttura finanziaria. In pratica, esso si ottiene da una media ponderata del costo del capitale proprio e del capitale di debito.
È espresso dalla seguente formula:

$$WACC = Kd * \frac{D}{D + E} + Ke * \frac{E}{D + E}$$

dove:
Kd è il costo (tasso di interesse) del capitale di terzi,
Ke è il costo (tasso di interesse) del capitale proprio,
D è il capitale di terzi (debiti),
E è il patrimonio netto (equity).

È necessario tenere, inoltre, presente che l'indebitamento consente una riduzione del carico fiscale, a vantaggio della società, in quanto gli oneri finanziari sul debito sono deducibili ai fini IRES.
Con questa ulteriore considerazione, la formula, ridefinita, diventa, entro certi limiti:

$$WACC = Kd * (1 - t) * \frac{D}{D + E} + Ke * \frac{E}{D + E}$$

dove, oltre ai termini noti, t rappresenta l'aliquota media delle imposte sul reddito delle società.
Si noti l'efficacia e la semplicità dello strumento nel cogliere gli effetti del debito sul valore dell'azienda; infatti, la primaria informazione che si ottiene è che l'indebitamento riduce il costo medio ponderato del capitale dell'impresa.
Ciò detto, il valore creato dall'impresa si determina come segue:

$$Valore\ creato\ (distrutto) = \sum_{t=1}^{n} (NOPAT_t * (1 + WACC_t)^t) - PFN_t$$

Dove, oltre ai termini già noti, PFN identifica la posizione finanziaria, ovvero la differenza tra i debiti finanziari e le disponibilità liquide (cassa e banche, titoli e crediti finanziari a breve).

Esprimendo lo stesso calcolo utilizzando valori medi per il NOPAT e per il tasso di capitalizzazione (il WACC):

$$Valore\ creato\ (distrutto) = (NOPAT_{medio} * WACC_{medio})^{t\ medio} - PFN_{media}$$

Se la valutazione è effettuata dal punto di vista degli azionisti (*equity side*), il valore della società per gli azionisti è, invece, basato sui flussi direttamente prelevabili dagli investitori di capitale di rischio (Free *Cash flow* to Equity)[29] e sul tasso di rendimento minimo atteso dagli azionisti.

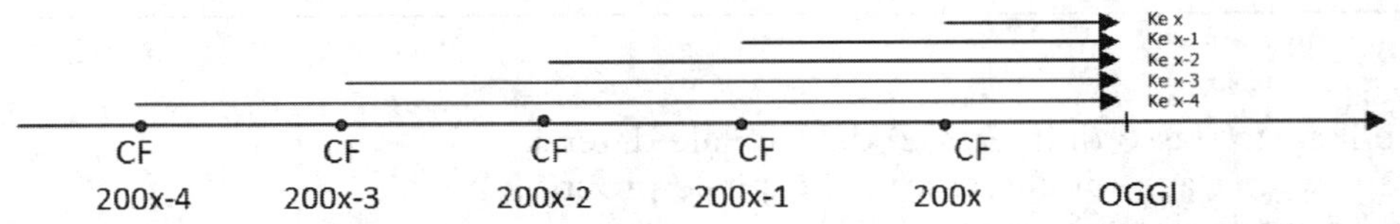

Si sottolinea, nuovamente, che le differenze tra le formule che esprimono le valutazioni *equity side*, rispetto a quelle che esprimono le valutazioni *asset side* sono le configurazioni di flusso di cassa espresse al numeratore e il tipo di tasso di attualizzazione utilizzato al denominatore.
L'attualizzazione dei flussi di cassa totali deve, infatti, avvenire ad un tasso espressivo del costo - opportunità di *investimenti alternativi in capitale di rischio* di imprese comparabili, ossia il costo del capitale proprio, Ke.
Ciò detto, si conclude con la formula che determina il valore creato/distrutto dall'impresa nel modo seguente:

$$Valore\ creato\ (distrutto) = \sum_{t=1}^{n} Flussi\ di\ cassa\ totali_t * (1 + Ke)^t$$

Se, invece, si esprime lo stesso calcolo utilizzando valori medi per i flussi di cassa totali e per il tasso di capitalizzazione (il Ke), si ha:

$$Valore\ creato\ (distrutto) = Flusso\ di\ cassa\ totale_{medio} * (1 + Ke_{medio})^{t\ medio}$$

[29] Valore comprensivo dei flussi di investimento/finanziamento e "normalizzato".

Il metodo del Economic Value Added (EVA©)

Un metodo di valutazione di particolare interesse, che offre una diversa rappresentazione del valore rispetto al DCF, è l'EVA©[30].

Il metodo EVA© è un criterio misto di valutazione che misura la ricchezza creata o distrutta dall'impresa e la capacità di questa di creare valore nel lungo periodo, sulla base della seguente affermazione: un'impresa crea valore se, una volta ripagati tutti i fattori produttivi impiegati per lo svolgimento dell'attività (personale, struttura tecnica, ecc.), essa è in grado di dare un extra-rendimento al capitale investito (dedotti i costi dello stesso)[31], creando un margine di profitto superiore a quello ritenuto normale per investimenti con la medesima rischiosità.

Sulla base di tali considerazioni, il valore generato o distrutto annualmente dall'azienda è misurato dal profitto operativo, al netto delle imposte, da cui si sottrae la remunerazione del capitale investito (il WACC). Le principali determinanti dell'EVA© sono, quindi:

a) il reddito operativo, assunto generalmente al netto dell'onere fiscale (NOPAT);
b) il capitale investito,
c) l'imposizione fiscale,
d) il costo medio ponderato del capitale (WACC).

La formula è la seguente[32]:

$$\textit{Valore creato (distrutto)} = EVA^{©} = \sum_{t=1}^{n} NOPAT_t - (WACC_t * COIN_t)$$

dove:

NOPAT (Net Operating Profit After Tax) è il risultato operativo al netto delle imposte[33];
COIN è il capitale operativo investito netto, risultante dall'ultimo bilancio.

Per la determinazione del NOPAT, si rimanda a quanto detto nei paragrafi precedenti.
La determinazione del COIN è subordinata alla rettifica dei dati desunti dalla contabilità (tramite il procedimento di "normalizzazione"), allo scopo di neutralizzare l'effetto del principio della competenza economica.

---

[30] EVA©, è un marchio registrato dalla società di consulenza Sern Stewart & C., il cui significato letterale sta per Valore economico aggiunto, è stato elaborato negli ultimi anni '90 negli Stati Uniti. Esso nasce come indicatore di performance, individuato al fine di misurare la capacità dell'azienda in funzionamento di produrre nuova ricchezza, similmente a quanto avviene per altri indici (in particolare, il ROI e il ROE). E' un indicatore economico che completata le informazioni reddituali ottenute, considerando anche la dinamica del valore.

[31] In altre parole, la quantificazione del valore creato dall'azienda è data dalla differenza tra la redditività ed il costo del capitale investito. L'EVA©, infatti, conferisce grande importanza alla capacità dell'impresa di produrre ritorni in linea con il costo dell'indebitamento o del solo capitale proprio. Al riguardo, si rende opportuno sfruttare al massimo la leva finanziaria, poiché il rapporto di indebitamento influenza il WACC. Ne deriva che la scelta tra capitale proprio e capitale di credito dovrebbe essere orientata alla minimizzazione del WACC.

[32] Sono, infine, palesi le analogie dell'EVA© con il metodo finanziario del DCF, per la cui descrizione si rinvia al paragrafo precedente.

[33] Si ribadisce che, data la difficoltà di isolare dal carico fiscale le sole imposte attinenti l'attività operativa, di regola si considera, ai fini del calcolo, l'intero importo delle imposte, sulla base dell'assunzione che la quasi totalità dei redditi imponibili dell'impresa derivino (o dovrebbero derivare) dal core business.

Tali aggiustamenti riguardano, sostanzialmente:

- le rimanenze valutate con il metodo contabile LIFO; esse vanno riespresse, valorizzandole al FIFO o al valore di mercato, con la finalità di far emergere la cd. "riserva occulta LIFO[34]" (con tale rettifica, il capitale risulterà anche esso più elevato);
- l'ammortamento dell'avviamento, le cui quote periodiche devono essere tolte, ossia portate in aumento del valore del capitale operativo. In particolare, nel caso in cui l'avviamento derivante dall'acquisizione dell'azienda, o di un ramo della stessa, non sia stato iscritto tra gli assets aziendali, è necessario, per applicare l'EVA©, incrementare il capitale operativo, facendo emergere tale valore non iscritto;
- le quote di ammortamento delle immobilizzazioni immateriali, da aggiungere al capitale operativo, evidenziando così l'intero valore degli *intangibles*;
- gli oneri pluriennali imputati direttamente a conto economico (ossia non capitalizzati), relativamente alla quota non ammortizzata, che dovrà essere portata in diminuzione del capitale operativo, qualora vi siano ragioni a sostegno della capitalizzazione;
- i fondi rettificativi dell'attivo (svalutazione crediti, svalutazione magazzino, ratei e risconti), che vanno aggiunti al capitale operativo);
- le quote di accantonamento imputate all'esercizio, esclusivamente per ragioni fiscali (in aumento dell'EBIT);
- i fondi imposte differite ed il fondo TFR, che vanno aggiunti al capitale operativo;
- gli interessi passivi sulle operazioni di leasing finanziario, i cui effetti devono essere eliminati;
- gli effetti di svalutazione monetaria causati dall'inflazione, che devono essere debitamente neutralizzati, per esprimere i valori contabili a valori correnti.

La normalizzazione contabile, quindi, mira a far emergere i valori non espressi in bilancio (per effetto di politiche o regole contabili) o non più contabilizzati (si pensi al valore dei cespiti che, seppur totalmente ammortizzati, quindi con un valore residuo pari a zero, sono ancora utilizzati per la produzione), al fine di ricostruire l'ammontare complessivo del capitale effettivamente esistente ed impiegato.

Ulteriormente, per la determinazione del carico fiscale da sottrarre al reddito operativo, in genere, si utilizza un'aliquota media. Attualmente con una generalizzazione, si utilizza un'aliquota media t del 31,40%, pari alla sommatoria delle aliquote IRES e IRAP.

L'indicatore così rettificato considererà, alla fine, da un lato, il "capitale operativo" al posto del capitale investito contabile e dall'altro, il reddito operativo netto (ad esso correlato), collegando, di fatto, l'aspetto finanziario con quello economico. Si comprende come non vengano assunti, quindi, dati "puramente" contabili.

In modo del tutto equivalente, si può ottenere l'EVA© utilizzando una modalità di rappresentazione che espliciti la differenza tra il rendimento e il costo del capitale investito (cd. formula del *value spread*)[35]:

[34] "Occulta" in quanto non risultante dalla contabilità, dovendosi invece quantificare ed evidenziare in forma descrittiva in un apposito punto della nota integrativa.

[35] Da quest'ultima elaborazione si evince come l'EVA© sia dato dalla differenza tra il ritorno effettivo sul capitale investito nella gestione operativa e la congrua remunerazione dello stesso.

$$\textit{Valore creato (distrutto)} = EVA^{©} = \sum_{t=1}^{n} (ROI_t - WACC_t) * COIN_t)$$

Un'EVA© positivo indica il valore economico che l'impresa, attraverso la sua gestione, aggiunge, produce e che va ad aumentare il suo capitale; al contrario, un valore negativo rappresenta il valore sottratto dalla gestione al capitale investito.
In altre parole, l'EVA© aumenta se il reddito operativo è investito in progetti con tassi di rendimento superiori al costo del capitale e cresce senza l'aggiunta di nuovi mezzi propri.
Si noti, che le espressioni appena riportate determinano la performance aziendale in maniera assoluta; è possibile esprimere l'EVA© anche in misura proporzionale e percentuale.
Analogamente a quanto detto per i metodi P/E e finanziari, è possibile determinare un valore medio per l'EVA©, prendendo in considerazione un flusso di NOPAT ed un WACC medi per tutti gli esercizi considerati. Nel caso il capitale investito avesse subito nel periodo analizzato variazioni notevoli, sarebbe opportuno considerare, anche per questo valore, un dato medio[36].
Il calcolo sarà, quindi, analogo al seguente:

$$EVA^{©} = NOPAT_{medio} - (WACC_{medio} * COIN_{medio})$$

E la formula del *value spread* assumerà la seguente configurazione:

$$EVA^{©} = (ROI_{medio} - WACC_{medio}) * COIN_{medio}$$

Un'ultima considerazione attiene all'utilizzo dell'EVA© che, data la sua immediatezza applicativa ed informativa, è possibile sia "a consuntivo", per la quantificazione del valore incrementale, attraverso le informazioni desumibili dai dati storici, sia in chiave prospettica, per orientare le decisioni del management circa i progetti di investimento ed i riflessi di questi sul processo di creazione del valore aziendale. Essendo, infatti, idoneo a stimare il valore connesso alla crescita aziendale, se ne comprende l'impiego anche ai fini della valutazione del capitale economico dell'azienda ai fini delle attività di budgeting.

[36] In caso di variazioni notevoli, però, si consideri che l'efficacia e l'attendibilità di una valutazione determinata attraverso l'utilizzo di dati medi, rimane comunque limitata.

Tavola 13.2 - **Determinanti del saggio di redditività del capitale operativo investito - (Rendimento medio contabile = NOPAT/COIN) e del Costo medio ponderato del capitale (WACC)**[37]

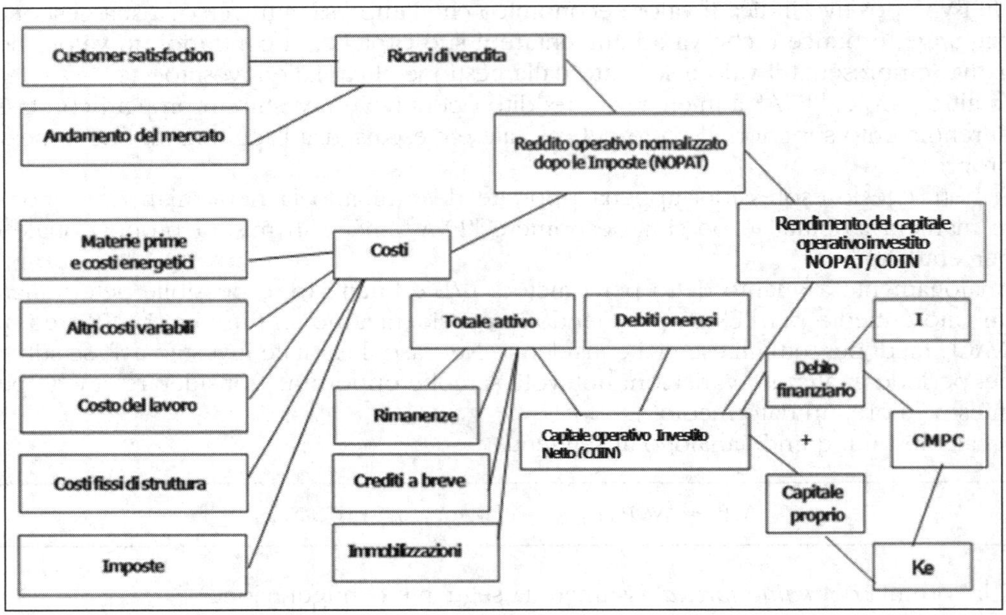

[37] Analisi di Bilancio, letture, a cura di Alessandro Cortesi, 2007, pag. 142.

IL RECEPIMENTO DELLA DIRETTIVA 2013/34/UE

di Alessandro Cortesi, Giovanni Ghelfi e Patrizia Tettamanzi

IL RECEPIMENTO DELLA DIRETTIVA 2013/34/UE

Con l'approvazione del Decreto Legislativo 18 agosto 2015, n. 139[1] di attuazione della direttiva 2013/34/UE del Parlamento europeo, prosegue il processo evolutivo di armonizzazione a livello comunitario della normativa interna dettata in tema di bilanci d'esercizio. Le novità sono applicabili dagli esercizi aventi inizio dal 1° gennaio 2016, e interessano essenzialmente i bilanci delle società per azioni, società in accomandita per azioni, società responsabilità limitata, e le società di persone (Snc e Sas) nel caso abbiano come soci illimitatamente responsabili società per azioni, società in accomandita per azioni o società a responsabilità limitata.
Seppur numerose, le modifiche apportate al Codice civile in tema di bilancio non comportano l'introduzione di ulteriori obblighi informativi, bensì la rimodulazione dei contenuti dei documenti che lo compongono, anche in funzione delle diverse classi dimensionali delle imprese destinatarie. Al fine di ridurre e semplificare gli oneri amministrativi per le imprese di minori dimensioni, si è provveduto a definire le grandezze di bilancio e il numero dei dipendenti assunti per la suddivisione tra imprese «micro», «piccole» e «grandi», come evidenziato nella tabella che segue.

Tipologie di imprese e le loro caratteristiche

CATEGORIA DIMENSIONALE	PARAMETRI da soddisfare (almeno due su tre) nel primo esercizio sociale o, successivamente, per due esercizi consecutivi	NUMERO DI IMPRESE (*dati riferiti al 2013*)
GRANDI IMPRESE	Società che superano, per due esercizi consecutivi, almeno due delle soglie che delimitano la classe delle «piccole imprese».	4% c.ca
PICCOLE IMPRESE	– numero medio di dipendenti occupati durante l'esercizio fino a 50; – totale dello stato patrimoniale: fino a 4.400.000 euro; – ricavi da vendite e prestazioni: fino a 8.800.000 euro.	36% c.ca
MICRO IMPRESE	– numero medio di dipendenti occupati durante l'esercizio fino a 5; – totale dello stato patrimoniale: fino a 175.000 euro; – ricavi da vendite e prestazioni: fino a 350.000 euro.	60% c.ca

In funzione di tale classificazione, in cui le imprese di medie dimensioni sono accorpate, vista la loro esiguità numerica, nella categoria delle «grandi imprese», sono previsti dall'ordinamento nazionale obblighi differenziati in tema di informativa di bilancio.

[1] G.U. 4 settembre 2015, n.205.

Di seguito si elencano sinteticamente le caratteristiche e i menzionati obblighi delle diverse categorie di imprese.

GRANDI IMPRESE	Con riferimento alle imprese di maggiori dimensioni (le c.d. "**grandi imprese**"), caratterizzate dal coinvolgimento di un più elevato numero di soggetti ad esse interessati e, ragionevolmente, da un'attività economica che travalica i confini nazionali ed europei, la nuova direttiva prescrive obblighi informativi più analitici e stringenti, finalizzati a: – aumentare la chiarezza e la comparabilità dei bilanci; – introdurre specifiche regole per la rilevazione e valutazione di alcuni elementi del bilancio (strumenti finanziari, anche derivati, crediti, debiti), già previste dai principi contabili internazionali (IAS-IFRS) per le società aventi titoli negoziati in mercati regolamentati; – ampliare l'informativa finanziaria, rendendo obbligatoria la redazione del Rendiconto finanziario, documento ritenuto necessario per ottimizzare l'allocazione dei capitali di rischio e di prestito.

PICCOLE IMPRESE	Le "**piccole imprese**" possono adottare gli schemi di Stato patrimoniale e di Conto economico semplificati mediante l'accorpamento di talune specifiche voci; sono invece esonerate dall'obbligo di redazione del Rendiconto finanziario e della Relazione sulla gestione, rimanendo tuttavia obbligatoria la Nota integrativa, seppur con l'omissione di numerose informazioni. Quanto ai criteri di valutazione, è prevista la facoltà di iscrivere i titoli al costo di acquisto, i crediti al valore di presumibile realizzo e i debiti al valore nominale, diversamente dalle imprese di maggiori dimensioni, per le quali dette poste, ove possibile, sono da iscrivere al c.d. "costo ammortizzato", criterio mutuato dalla prassi internazionale alla quale si rinvia.

MICRO IMPRESE	Per le "**micro imprese**" sono disposte numerose semplificazioni, che prevedono schemi di Stato patrimoniale e di Conto economico con gli accorpamenti già previsti per le "piccole imprese". È previsto l'esonero dall'obbligo di redazione della Nota integrativa, della Relazione sulla gestione e del Rendiconto finanziario, a motivo della limitata rilevanza per il lettore, data la ridotta dimensione dell'attività sociale, della maggior parte delle informazioni ivi riportate, *obbligatorie* invece per le imprese più grandi. Mancando la Nota integrativa e la Relazione sulla gestione, le informazioni residuali che il legislatore ha ritenuto rilevanti per il lettore (sui conti d'ordine, sui compensi agli amministratori e sindaci, sulle azioni proprie e sulle azioni o quote di società controllanti possedute) sono da riportare in calce allo Stato patrimoniale. Per quanto concerne i criteri di valutazione, è possibile avvalersi delle medesime semplificazioni già disposte per le "piccole imprese". Data l'esigua informativa da riportare in forma descrittiva in calce allo Stato patrimoniale, ai fini della comprensibilità e della comparabilità non è consentita derogare ai principi di redazione del bilancio, nemmeno in casi eccezionali.

Nelle righe sottostanti, suddivise per argomenti, si riportano le principali novità conseguenti al recepimento della direttiva 2013/34/UE.

DOCUMENTI DI BILANCIO	– Sorge a livello normativo l'obbligo di redazione del **rendiconto finanziario**, seppur limitatamente alle "**grandi imprese**", rimanendo invece facoltativo per le altre imprese di minori dimensioni. Il prospetto, in precedenza previsto solo dai principi contabili e da riportare in Nota integrativa, diventa un autonomo documento che si aggiunge allo Stato Patrimoniale, al Conto economico e alla Nota integrativa. Il Rendiconto finanziario deve esporre distintamente i flussi di liquidità afferenti l'attività operativa, di investimento e di finanziamento. La risorsa finanziaria di riferimento da utilizzare per la sua redazione è identificata nelle "Disponibilità liquide", la cui composizione quali-quantitativa deve essere esplicitata nel documento in dettaglio e con riferimento all'inizio e alla fine dell'esercizio. Ai fini della comparabilità occorre esplicitare anche le risultanze riferite all'anno precedente. Le operazioni intercorse con i soci sono da indicare distintamente tra i flussi dell'area dei finanziamenti, come peraltro già previsto dal principio contabile n. 10 dell'Organismo Italiano di Contabilità.

PRINCIPI DI REDAZIONE DEL BILANCIO	– È disciplinato a livello normativo il principio di "**rilevanza**": previa illustrazione in Nota integrativa, secondo la nuova normativa è possibile **derogare** agli obblighi in tema di rilevazione, valutazione, presentazione e informativa, ove la loro osservanza comporti effetti irrilevanti al fine di dare una rappresentazione veritiera e corretta. Quanto precede, tuttavia, non consente deroghe agli obblighi di tenuta di una corretta contabilità. – Il principio della "funzione economica dell'elemento dell'attivo o del passivo considerato" è sostituito dal principio della "**sostanza dell'operazione o del contratto**", ponendo termine ai numerosi problemi interpretativi sorti circa l'effettiva portata del precedente principio, e allineandosi all'impostazione già prevista dai principi contabili nazionali.

CRITERI DI VALUTAZIONE	– L'**avviamento** è da ammortizzare in funzione della sua vita utile; ove non stimabile in modo attendibile, deve essere ammortizzato in un lasso temporale non superiore a dieci anni; in ogni caso, occorre dare evidenza in Nota integrativa delle modalità utilizzate per la definizione della periodo di ammortamento. In caso di svalutazione dell'avviamento è posto il divieto di effettuare a posteriori il ripristino del valore, anche se sono venuti meno i motivi della rettifica precedentemente effettuata. – Le **immobilizzazioni finanziarie** rappresentate da titoli sono da rilevare in bilancio, ove possibile, al criterio del **costo ammortizzato**, così come definito dai principi contabili internazionali. L'applicazione di tale tecnica valutativa consente una migliore rappresentazione dei componenti reddituali (interessi attivi e passivi), avendo come riferimento il tasso di interesse effettivo e non nominale. Limitatamente alle "micro imprese" e alle "piccole imprese" è prevista la facoltà di iscrizione al costo, derogando al suddetto criterio di valutazione.

	– Nella valutazione delle immobilizzazioni finanziarie rappresentate da **partecipazioni di controllo o di collegamento**, ove siano iscritte secondo il metodo del patrimonio netto, occorre illustrare nella Nota integrativa, in sede di prima iscrizione nel bilancio della partecipazione, la differenza positiva tra il costo d'acquisto e il valore corrispondente del patrimonio netto riferito alla data di acquisizione, o risultante dall'ultimo bilancio dell'impresa controllata o collegata; – Gli strumenti finanziari **derivati** (in taluni particolari casi, anche se collegati a merci) sono da iscrivere nello Stato patrimoniale al loro "*fair value*", e la loro evoluzione è da evidenziare, a seconda della tipologia di derivato, nel Conto economico o in una Riserva del Patrimonio netto. – I **crediti** e i **debiti non produttivi** di interessi sono da valutare, tenendo conto del fattore temporale, mediante un procedimento di attualizzazione. Limitatamente alle "micro imprese" e alle "piccole imprese" è prevista la facoltà di derogare al suddetto criterio di valutazione. Nella valutazione dei crediti, in ogni caso, occorre considerare anche il presumibile valore di realizzo. – È **rimossa** la possibilità iscrivere nell'attivo ad un valore costante le attrezzature industriali e commerciali, le materie prime, sussidiarie e di consumo, anche ove siano costantemente rinnovate, senza variazioni sensibili nella loro entità, valore e composizione, e complessivamente di scarsa importanza in rapporto all'attivo di bilancio. – Le attività e passività in valuta, solo se di natura "monetaria", sono iscritte al **cambio a pronti** alla data di chiusura dell'esercizio, mentre le attività e passività in valuta di natura "non monetaria" devono essere iscritte al cambio vigente al momento del loro acquisto.

SCHEMA DI STATO PATRIMONIALE	– Sono **eliminate** le voci dell'attivo patrimoniale aventi ad oggetto i costi di ricerca applicata e di pubblicità aventi natura pluriennale, non più capitalizzabili salvo siano assimilabili ed iscritti, rispettivamente, tra i costi di sviluppo e ai costi di impianto ed ampliamento. – Sono evidenziate in **apposita voce** i crediti, i debiti e le partecipazioni riferite ad imprese assoggettate al controllo della medesima controllante, già note nella prassi come imprese "consociate" o "sorelle" ma non evidenziate analiticamente nei precedenti schemi di bilancio. – L'**acquisto di azioni proprie** (a prescindere alla durata di tale investimento) è da evidenziare, in luogo dell'attivo, a riduzione del Patrimonio netto, mediante un'apposita "Riserva negativa per azioni proprie in portafoglio", iscritta per pari importo. – Trovano spazio tra le attività e passività dello stato patrimoniale gli strumenti finanziari **derivati attivi e passivi**, mentre nel Patrimonio netto si evidenzia l'ingresso della "Riserva per operazioni di copertura dei flussi finanziari attesi". Tale Riserva, di ammontare positivo o negativo, accoglie direttamente (quindi senza transitare dal Conto economico) l'evoluzione del "*fair value*" degli strumenti finanziari che coprono il rischio di variazione dei flussi finanziari attesi di un altro strumento finanziario o di un'operazione programmata. – Tra i **ratei** e **risconti**, è **eliminato** nello schema il riferimento agli aggi e disaggi di emissione, a motivo dell'inserimento del costo ammortizzato come criterio di valutazione.

	– Nel **bilancio in forma abbreviata** è rimosso l'obbligo di riportare in forma esplicita, con riferimento alla voci dell'attivo dello Stato patrimoniale componenti le sottoclassi BI (immobilizzazioni immateriali) e BII (immobilizzazioni materiali), le rettifica derivante dagli ammortamenti e dalle svalutazioni effettuate. – Gli strumenti finanziari **derivati attivi** sono riportati in apposite voci previste tra le immobilizzazioni finanziarie o le attività finanziarie che non costituiscono immobilizzazione; gli strumenti finanziari derivati passivi sono classificati in una nuova voce tra i fondi per rischi ed oneri.
SCHEMA DI CONTO ECOMOMICO	– Specularmente allo Stato patrimoniale, anche nel Conto economico sono dettagliate, in apposite voci, i **proventi finanziari** nei confronti di imprese assoggettate al controllo della medesima controllante. – Tra le **rettifiche di valore delle attività** (estese ora anche alle passività finanziarie), trovano collocazione le svalutazioni e rivalutazioni degli strumenti finanziari derivati, conseguenti alla dinamica registrata dal *"fair value"*. Ove lo strumento finanziario copre il rischio di variazione dei flussi finanziari attesi di un altro strumento finanziario o di un'operazione programmata, la "Riserva per operazioni di copertura dei flussi finanziari attesi" è da imputare al Conto economico parallelamente al verificarsi o al modificarsi dei flussi di cassa dello strumento coperto, o al verificarsi dell'operazione oggetto di copertura. – È **eliminata** la distinzione tra le voci di natura straordinaria ed ordinaria, mediante la rimozione della classe "E) Proventi o oneri straordinari" dal Conto economico. Il contenuto informativo di tali poste è comunque preservato mediante opportuni commenti da riportare in Nota integrativa.
NOTA INTEGRATIVA	– La **composizione dei ratei e risconti**, degli "altri fondi" dello Stato patrimoniale, nonché dei ricavi delle vendite e prestazioni per area geografica e per categoria di attività, nonché l'illustrazione delle operazioni intercorse con "parti correlate" sono comunque da esplicitare in Nota integrativa (salva l'applicazione del nuovo principio di rilevanza). – Le **informazioni** da riportare in Nota integrativa relative alle azioni di godimento, le obbligazioni convertibili in azioni e i titoli o valori simili, **sono estese ad ulteriori strumenti finanziari** eventualmente emessi dalla società: i warrants e le opzioni. – La nota integrativa deve riportare gli **impegni** (distinguendo quelli assunti con imprese facenti parte del gruppo), le **garanzie** (con indicazione della loro natura per le garanzie reali) e le **passività potenziali** non risultanti dallo Stato patrimoniale; contestualmente, viene **abrogata l'appendice**, in precedenza evidenziata in calce allo Stato patrimoniale. – Contestualmente all'abolizione della sezione dei componenti straordinari nello schema di Conto economico, è previsto l'**obbligo** di illustrare l'importo e la natura dei singoli elementi di ricavo o di costo di entità o incidenza eccezionali. – In relazione ai **compensi ad amministratori e sindaci**, sono previsti, seppur sintetizzati per categoria, ulteriori obblighi informativi (emolumenti, anticipazioni, crediti, tassi di interesse, principali condizioni, importi cancellati o oggetto di rinuncia, garanzie prestate, ecc.)

	– Occorre indicare il **nome** e la **sede legale dell'impresa** che redige il bilancio consolidato dell'insieme più grande e dell'insieme più piccolo di imprese di cui l'impresa fa parte in quanto impresa controllata, nonché il luogo in cui e disponibile la copia del bilancio consolidato. – **Entra** nella Nota integrativa la **proposta di destinazione** degli utili o di copertura delle perdite, formulata dall'organo amministrativo. – Le **informazioni** in Nota integrativa relative alle voci dello Stato patrimoniale e del conto economico **sono presentate** secondo l'ordine in cui le relative voci sono indicate nello stato patrimoniale e nel conto economico. – Si **estende l'informativa** da riportare in Nota integrativa in relazione agli strumenti finanziari derivati, dei quali occorre illustrare i termini e le condizioni che possono influenzarne l'importo, le scadenze, e la certezza dei flussi finanziari futuri. Sono da esplicitare le tecniche di valutazione adottate per la determinazione del *fair value*, in assenza di evidenze di mercato; infine, occorre esplicitare le variazioni di valore di tali strumenti, distinguendo le variazioni imputate direttamente a Conto economico, da quelle imputate alle riserve del Patrimonio netto e, per quest'ultime, la loro analitica evoluzione. – Si **elimina dalla Relazione sulla gestione** l'indicazione dei fatti di rilievo avvenuti dopo la chiusura dell'esercizio, da riportare obbligatoriamente nella Nota integrativa (anche nella versione abbreviata prevista per le "piccole imprese") con esplicitazione e del loro effetto patrimoniale, finanziario ed economico.

TERMINOLOGIA	– È **esplicitato** a livello normativo il **rinvio ai principi contabili internazionali** adottati dall'Unione Europea per la definizione di "strumento finanziario", "strumento finanziario derivato", "costo ammortizzato", "*fair value*", "attività monetaria", "passività monetaria", "parte correlata", "modello e tecnica di valutazione generalmente accettato". Parallelamente, **si invita l'Organismo Italiano di Contabilità** ad inserire nei principi contabili nazionali gli elementi applicativi ed indicazioni per aspetti specifici di carattere tecnico riguardanti, ad esempio, le operazioni di copertura, il costo ammortizzato e il procedimento per l'attualizzazione.

LE DEROGHE CONCESSE IN SEDE DI PRIMA ADOZIONE	– La relazione illustrativa allo Schema di Decreto legislativo prevede che talune novità in tema di criteri di valutazione (il criterio del "costo ammortizzato" per i crediti, i debiti e i titoli immobilizzati, nonché la valutazione dell'avviamento, oggetto di ammortamento sulla base di un periodo di dieci anni se avente una vita utile non stimabile in modo attendibile) **possono non essere applicate** limitatamente alle componenti delle **voci riferite a operazioni che non hanno ancora esaurito i loro effetti in bilancio**.

L'OIC: RUOLO E FUNZIONI	– È posto in capo all'**Organismo Italiano di Contabilità** l'**obbligo** di provvedere al conseguente aggiornamento dei principi contabili nazionali, confermando sia il ruolo di soggetto preposto alla statuizione di corretti principi contabili a livello nazionale, sia la funzione di interesse pubblico dell'incarico assegnatogli.

Tavola di raffronto

TESTO IN VIGORE **(per i bilanci con esercizi avente data di inizio anteriore al 1/1/2016)**	**TESTO NOVELLATO** **(per i bilanci con esercizi avente data di inizio dall'1/1/2016)** *(NB: le aggiunte sono evidenziate in* ***grassetto****, mentre le parti eliminate sono barrate)*	***Estratto della RELAZIONE ILLUSTRATIVA all'art. 6 "Modifiche al Codice civile" dello schema di decreto legislativo attuativo della direttiva 2013/34/UE***
Art. 2357 ter. (Disciplina delle proprie azioni).	Art. 2357 ter. (Disciplina delle proprie azioni).	
1. Gli amministratori non possono disporre delle azioni acquistate a norma dei due articoli precedenti se non previa autorizzazione dell'assemblea, la quale deve stabilire le relative modalità. A tal fine possono essere previste, nei limiti stabiliti dal primo e secondo comma dell'articolo 2357, operazioni successive di acquisto ed alienazione. 2. Finché le azioni restano in proprietà della società, il diritto agli utili e il diritto di opzione sono attribuiti proporzionalmente alle altre azioni. Il diritto di voto è sospeso, ma le azioni proprie sono tuttavia computate ai fini del calcolo delle maggioranze e delle quote richieste per la costituzione e per le deliberazioni dell'assemblea. Nelle società che fanno ricorso al mercato del capitale di rischio il computo delle azioni proprie è disciplinato dall'articolo 2368, terzo comma. 3. Una riserva indisponibile pari all'importo delle azioni proprie iscritto all'attivo del bilancio deve essere costituita e mantenuta finché le azioni non siano trasferite o annullate.	1. Gli amministratori non possono disporre delle azioni acquistate a norma dei due articoli precedenti se non previa autorizzazione dell'assemblea, la quale deve stabilire le relative modalità. A tal fine possono essere previste, nei limiti stabiliti dal primo e secondo comma dell'articolo 2357, operazioni successive di acquisto ed alienazione. 2. Finché le azioni restano in proprietà della società, il diritto agli utili e il diritto di opzione sono attribuiti proporzionalmente alle altre azioni. Il diritto di voto è sospeso, ma le azioni proprie sono tuttavia computate ai fini del calcolo delle maggioranze e delle quote richieste per la costituzione e per le deliberazioni dell'assemblea. Nelle società che fanno ricorso al mercato del capitale di rischio il computo delle azioni proprie è disciplinato dall'articolo 2368, terzo comma. 3. ~~Una riserva indisponibile pari all'importo delle azioni proprie iscritto all'attivo del bilancio deve essere costituita e mantenuta finché le azioni non siano trasferite o annullate~~. **L'acquisto di azioni proprie comporta una riduzione del patrimonio netto di eguale**	*Ai sensi del comma 1, l'art. 2357-ter (Disciplina delle azioni proprie) è modificato prevedendo che le azioni proprie siano iscritte in bilancio in diretta riduzione del patrimonio netto. La modifica stata indotta dall'articolo 10 della direttiva 34, che non consente l'iscrizione nell'attivo immobilizzato delle azioni proprie. Il legislatore, allineando il trattamento contabile alla migliore prassi internazionale, ha optato per il divieto di iscrizione in bilancio anche per le azioni proprie non destinate a permanere durevolmente nel patrimonio della società. Con questo intervento, peraltro, si risolvono i dubbi interpretativi circa la natura e il regime di disponibilità della riserva azioni proprie. Per opportuno coordinamento, sono stati modificati anche gli artt. 2424 (contenuto dello stato patrimoniale) e 2424-bis (disposizioni relative a singole voci dello stato patrimoniale);*

TESTO IN VIGORE **(per i bilanci con esercizi avente data di inizio anteriore al 1/1/2016)**	**TESTO NOVELLATO** **(per i bilanci con esercizi avente data di inizio dall'1/1/2016)** *(NB: le aggiunte sono evidenziate in **grassetto**, mentre le parti eliminate sono barrate)*	***Estratto della RELAZIONE ILLUSTRATIVA all'art. 6 "Modifiche al Codice civile" dello schema di decreto legislativo attuativo della direttiva 2013/34/UE***
	importo, tramite l'iscrizione nel passivo del bilancio di una specifica voce, con segno negativo.	
Sezione IX - Del bilancio Art. 2423. (Redazione del bilancio) 1. Gli amministratori devono redigere il bilancio di esercizio, costituito dallo stato patrimoniale, dal conto economico e dalla nota integrativa. 2. Il bilancio deve essere redatto con chiarezza e deve rappresentare in modo veritiero e corretto la situazione patrimoniale e finanziaria della società e il risultato economico dell'esercizio. 3. Se le informazioni richieste da specifiche disposizioni di legge non sono sufficienti a dare una rappresentazione veritiera e corretta, si devono fornire le informazioni complementari necessarie allo scopo.	Sezione IX - Del bilancio Art. 2423. (Redazione del bilancio) 1. Gli amministratori devono redigere il bilancio di esercizio, costituito dallo stato patrimoniale, dal conto economico**, dal rendiconto finanziario** e dalla nota integrativa. 2. Il bilancio deve essere redatto con chiarezza e deve rappresentare in modo veritiero e corretto la situazione patrimoniale e finanziaria della società e il risultato economico dell'esercizio. 3. Se le informazioni richieste da specifiche disposizioni di legge non sono sufficienti a dare una rappresentazione veritiera e corretta, si devono fornire le informazioni complementari necessarie allo scopo. **Non occorre rispettare gli obblighi in tema di rilevazione, valutazione, presentazione e informativa quando la loro osservanza abbia effetti irrilevanti al fine di dare una rappresentazione veritiera e corretta. Rimangono fermi gli obblighi in tema di regolare tenuta delle scritture contabili. Le società illustrano nella nota integrativa i criteri con i quali hanno dato attuazione alla presente disposizione.**	*- ai sensi del comma 2, l'art. 2423, comma 1, è stato modificato prevedendo l'obbligo di redazione del rendiconto finanziario, dando così corso a quanto disposto dall' art. 4, paragrafo 1, della direttiva 2013/34/UE che consente agli stati membri di imporre alle imprese diverse dalle piccole la redazione di ulteriori documenti di bilancio. La presentazione del rendiconto finanziario, già obbligatoria per le società che abbiano emesso titoli quotati sui mercati regolamentati europei, migliora in modo significativo l'informativa sulla situazione finanziaria della società; inoltre, l'art. 2423 è modificato mediante l'introduzione di un nuovo comma 4 che prevede la possibilità di non rispettare gli obblighi di rilevazione, valutazione, presentazione e informativa quando la loro osservanza abbia effetti irrilevanti. La disposizione recepisce il principio della rilevanza introdotto*

TESTO IN VIGORE (per i bilanci con esercizi avente data di inizio anteriore al 1/1/2016)	**TESTO NOVELLATO (per i bilanci con esercizi avente data di inizio dall'1/1/2016)** *(NB: le aggiunte sono evidenziate in* ***grassetto****, mentre le parti eliminate sono barrate)*	***Estratto della RELAZIONE ILLUSTRATIVA all'art. 6 "Modifiche al Codice civile" dello schema di decreto legislativo attuativo della direttiva 2013/34/UE***
4. Se, in casi eccezionali, l'applicazione di una disposizione degli articoli seguenti è incompatibile con la rappresentazione veritiera e corretta, la disposizione non deve essere applicata. La nota integrativa deve motivare la deroga e deve indicarne l'influenza sulla rappresentazione della situazione patrimoniale, finanziaria e del risultato economico. Gli eventuali utili derivanti dalla deroga devono essere iscritti in una riserva non distribuibile se non in misura corrispondente al valore recuperato. 5. Il bilancio deve essere redatto in unità di euro, senza cifre decimali, ad eccezione della nota integrativa che può essere redatta in migliaia di euro.	4. Se, in casi eccezionali, l'applicazione di una disposizione degli articoli seguenti è incompatibile con la rappresentazione veritiera e corretta, la disposizione non deve essere applicata. La nota integrativa deve motivare la deroga e deve indicarne l'influenza sulla rappresentazione della situazione patrimoniale, finanziaria e del risultato economico. Gli eventuali utili derivanti dalla deroga devono essere iscritti in una riserva non distribuibile se non in misura corrispondente al valore recuperato. 5. Il bilancio deve essere redatto in unità di euro, senza cifre decimali, ad eccezione della nota integrativa che può essere redatta in migliaia di euro.	*dall'articolo 6 (paragrafo 1, lettera j) della direttiva. La modifica di cui all'articolo 2423 accompagnata dalla* ***#richiesta di illustrare in nota integrativa*** *i criteri con i quali le società hanno dato attuazione a tale disposizione.* *Il testo della norma ribadisce, inoltre, in linea con quanto già chiarito nel considerando 17 della direttiva, che* ***il criterio della rilevanza non mette in alcun modo in discussione gli obblighi relativi alla tenuta di una corretta contabilità.*** *L'introduzione del principio generale della rilevanza ha comportato l'eliminazione, in quanto ridondanti, dei riferimenti a tale principio contenuti in specifiche regole di informativa del codice, nonché della norma di cui al numero 12 del primo comma dell'articolo 2426, chiaro esempio di applicazione del principio di rilevanza alla valutazione delle voci di bilancio;*

TESTO IN VIGORE **(per i bilanci con esercizi avente data di inizio anteriore al 1/1/2016)**	**TESTO NOVELLATO** **(per i bilanci con esercizi avente data di inizio dall'1/1/2016)** *(NB: le aggiunte sono evidenziate in* ***grassetto****, mentre le parti eliminate sono barrate)*	***Estratto della RELAZIONE ILLUSTRATIVA all'art. 6 "Modifiche al Codice civile" dello schema di decreto legislativo attuativo della direttiva 2013/34/UE***
Art. 2423-bis. (Principi di redazione del bilancio) 1. Nella redazione del bilancio devono essere osservati i seguenti principi: 1) la valutazione delle voci deve essere fatta secondo prudenza e nella prospettiva della continuazione dell'attività, nonché tenendo conto della funzione economica dell'elemento dell'attivo o del passivo considerato; 2) si possono indicare esclusivamente gli utili realizzati alla data di chiusura dell'esercizio; 3) si deve tener conto dei proventi e degli oneri di competenza dell'esercizio, indipendentemente dalla data dell'incasso o del pagamento; 4) si deve tener conto dei rischi e delle perdite di competenza dell'esercizio, anche se conosciuti dopo la chiusura di questo; 5) gli elementi eterogenei ricompresi nelle singole voci devono essere valutati separatamente; 6) i criteri di valutazione non possono essere modificati da un esercizio all'altro. 2. Deroghe al principio enunciato nel numero 6) del comma precedente sono consentite in casi eccezionali. La nota integrativa deve motivare la deroga e indicarne l'influenza sulla	Art. 2423-bis. (Principi di redazione del bilancio) 1. Nella redazione del bilancio devono essere osservati i seguenti principi: 1) la valutazione delle voci deve essere fatta secondo prudenza e nella prospettiva della continuazione dell'attività, ~~nonché tenendo conto della funzione economica dell'elemento dell'attivo o del passivo considerato;~~ **1-bis) la rilevazione e la presentazione delle voci è effettuata tenendo conto della sostanza dell'operazione o del contratto** 2) si possono indicare esclusivamente gli utili realizzati alla data di chiusura dell'esercizio; 3) si deve tener conto dei proventi e degli oneri di competenza dell'esercizio, indipendentemente dalla data dell'incasso o del pagamento; 4) si deve tener conto dei rischi e delle perdite di competenza dell'esercizio, anche se conosciuti dopo la chiusura di questo; 5) gli elementi eterogenei ricompresi nelle singole voci devono essere valutati separatamente; 6) i criteri di valutazione non possono essere modificati da un esercizio all'altro. 2. Deroghe al principio enunciato nel numero 6) del comma precedente sono consentite in casi eccezionali. La nota integrativa deve motivare la deroga e indicarne l'influenza sulla	*- ai sensi del comma 3, l'art. 2423-bis e modificato con l'eliminazione dell'ultimo inciso del numero 1, sostituito da un nuovo numero 1-bis. Al riguardo, la direttiva, tra i principi generali elencati nell' articolo 6, prevede che la rilevazione e presentazione delle voci di bilancio vada fatta tenendo conto della sostanza dell'operazione o del contratto. Lo stesso articolo, tuttavia, attribuisce agli stati membri la possibilità di esonerare le società dall'ottemperanza di tale obbligo.* *L'art. 2423-bis, già oggi, richiama la necessità di tener conto, ai fini della valutazione delle voci di bilancio, della funzione economica dell'elemento dell'attivo o del passivo considerato. Nella sua formulazione attuale, tuttavia, la disposizione del codice ha suscitato più di un problema interpretativo. Il concetto di funzione economica dell'elemento dell' attivo o del passivo, infatti, può evocare il concetto di destinazione e si e lungamente discusso circa l'effettiva portata applicativa della disposizione.*

TESTO IN VIGORE (per i bilanci con esercizi avente data di inizio anteriore al 1/1/2016)	**TESTO NOVELLATO (per i bilanci con esercizi avente data di inizio dall'1/1/2016)** *(NB: le aggiunte sono evidenziate in* ***grassetto****, mentre le parti eliminate sono barrate)*	***Estratto della RELAZIONE ILLUSTRATIVA all'art. 6 "Modifiche al Codice civile" dello schema di decreto legislativo attuativo della direttiva 2013/34/UE***
rappresentazione della situazione patrimoniale e finanziaria e del risultato economico.	rappresentazione della situazione patrimoniale e finanziaria e del risultato economico.	*Nella consultazione pubblica promossa dal Ministero dell'economia e delle finanze — Dipartimento del Tesoro, era emersa la necessità di modificare la norma, eliminando, in particolare, il riferimento alla voce dell'attivo o del passivo. Ciò premesso, l'art. 2423-bis e riformulato chiarendo che il riferimento alla sostanza va riferito al contratto o all'operazione, piuttosto che alla voce dell'attivo o del passivo di bilancio, secondo un approccio più coerente con la disposizione contenuta nella direttiva. Ai fini dell' applicazione di questa disposizione ai singoli casi concreti vale quanto commentato dalla presente relazione in merito all'art. 11 dello schema di decreto legislativo. In particolare, si sottolinea come la declinazione pratica del principio di sostanza economica sia effettuata dalla legge e dai principi contabili nazionali*
Art. 2423-ter. (Struttura dello stato patrimoniale e del conto economico) 1. Salve le disposizioni di leggi speciali per le società che esercitano particolari attività,	Art. 2423-ter. (Struttura dello stato patrimoniale e del conto economico) 1. Salve le disposizioni di leggi speciali per le società che esercitano particolari attività,	

TESTO IN VIGORE (per i bilanci con esercizi avente data di inizio anteriore al 1/1/2016)	TESTO NOVELLATO (per i bilanci con esercizi avente data di inizio dall'1/1/2016) *(NB: le aggiunte sono evidenziate in* ***grassetto****, mentre le parti eliminate sono barrate)*	***Estratto della RELAZIONE ILLUSTRATIVA all'art. 6 "Modifiche al Codice civile" dello schema di decreto legislativo attuativo della direttiva 2013/34/UE***
nello stato patrimoniale e nel conto economico devono essere iscritte separatamente, e nell'ordine indicato, le voci previste negli articoli 2424 e 2425. 2. Le voci precedute da numeri arabi possono essere ulteriormente suddivise, senza eliminazione della voce complessiva e dell'importo corrispondente; esse possono essere raggruppate soltanto quando il raggruppamento, a causa del loro importo, è irrilevante ai fini indicati nel secondo comma dell'articolo 2423 o quando esso favorisce la chiarezza del bilancio. In questo secondo caso la nota integrativa deve contenere distintamente le voci oggetto di raggruppamento. 3. Devono essere aggiunte altre voci qualora il loro contenuto non sia compreso in alcuna di quelle previste dagli articoli 2424 e 2425.	nello stato patrimoniale e nel conto economico devono essere iscritte separatamente, e nell'ordine indicato, le voci previste negli articoli 2424 e 2425. 2. Le voci precedute da numeri arabi possono essere ulteriormente suddivise, senza eliminazione della voce complessiva e dell'importo corrispondente; esse possono essere raggruppate soltanto quando il raggruppamento, a causa del loro importo, è irrilevante ai fini indicati nel secondo comma dell'articolo 2423 o quando esso favorisce la chiarezza del bilancio. In questo secondo caso la nota integrativa deve contenere distintamente le voci oggetto di raggruppamento. 3. Devono essere aggiunte altre voci qualora il loro contenuto non sia compreso in alcuna di quelle previste dagli articoli 2424 e 2425.	
4. Le voci precedute da numeri arabi devono essere adattate quando lo esige la natura dell'attività esercitata. 5. Per ogni voce dello stato patrimoniale e del conto economico deve essere indicato l'importo della voce corrispondente dell'esercizio precedente. Se le voci non sono comparabili, quelle relative all'esercizio precedente devono essere adattate; la non comparabilità e l'adattamento o l'impossibilità di questo	4. Le voci precedute da numeri arabi devono essere adattate quando lo esige la natura dell'attività esercitata. 5. Per ogni voce dello stato patrimoniale e del conto economico deve essere indicato l'importo della voce corrispondente dell'esercizio precedente. Se le voci non sono comparabili, quelle relative all'esercizio precedente devono essere adattate; la non comparabilità e l'adattamento o l'impossibilità di questo	

TESTO IN VIGORE **(per i bilanci con esercizi avente data di inizio anteriore al 1/1/2016)**	**TESTO NOVELLATO** **(per i bilanci con esercizi avente data di inizio dall'1/1/2016)** *(NB: le aggiunte sono evidenziate in* ***grassetto****, mentre le parti eliminate sono barrate)*	***Estratto della RELAZIONE ILLUSTRATIVA all'art. 6 "Modifiche al Codice civile" dello schema di decreto legislativo attuativo della direttiva 2013/34/UE***
devono essere segnalati e commentati nella nota integrativa. 6. Sono vietati i compensi di partite.	devono essere segnalati e commentati nella nota integrativa. 6. Sono vietati i compensi di partite.	
Art. 2424. (Contenuto dello stato patrimoniale) 1. Lo stato patrimoniale deve essere redatto in conformità al seguente schema. Attivo: A) Crediti verso soci per versamenti ancora dovuti, con separata indicazione della parte già richiamata. B) Immobilizzazioni, con separata indicazione di quelle concesse in locazione finanziaria: I - Immobilizzazioni immateriali: 1) costi di impianto e di ampliamento; 2) costi di ricerca, di sviluppo e di pubblicità; 3) diritti di brevetto industriale e diritti di utilizzazione delle opere dell'ingegno; 4) concessioni, licenze, marchi e diritti simili; 5) avviamento; 6) immobilizzazioni in corso e acconti; 7) altre. Totale. II - Immobilizzazioni materiali: 1) terreni e fabbricati; 2) impianti e macchinario; 3) attrezzature industriali e commerciali; 4) altri beni;	Art. 2424. (Contenuto dello stato patrimoniale) 1. Lo stato patrimoniale deve essere redatto in conformità al seguente schema. Attivo: A) Crediti verso soci per versamenti ancora dovuti, con separata indicazione della parte già richiamata. B) Immobilizzazioni, con separata indicazione di quelle concesse in locazione finanziaria: I - Immobilizzazioni immateriali: 1) costi di impianto e di ampliamento; 2) ~~costi di ricerca, di sviluppo e di pubblicità;~~ **costi di sviluppo;** 3) diritti di brevetto industriale e diritti di utilizzazione delle opere dell'ingegno; 4) concessioni, licenze, marchi e diritti simili; 5) avviamento; 6) immobilizzazioni in corso e acconti; 7) altre. Totale. II - Immobilizzazioni materiali: 1) terreni e fabbricati; 2) impianti e macchinario; 3) attrezzature industriali e commerciali; 4) altri beni;	*- ai sensi del comma 4, l'art. 2424 (Contenuto dello stato patrimoniale) è modificato per recepire gli effetti sulle voci di bilancio derivanti dalla nuova disciplina:* *- sugli strumenti derivati,* *- sulle spese di ricerca e pubblicita e* *- sulle azioni proprie.* *Si introducono specifiche voci di dettaglio relative ai rapporti intercorsi con imprese sottoposte al controllo delle controllanti (cioè le c.d. imprese sorelle).* *Si eliminano, inoltre, le disposizioni relative ai conti d'ordine, la cui informativa - ai sensi della direttiva - è ora fornita nella nota integrativa (art. 16, paragrafo 1, lettera d della direttiva);*

TESTO IN VIGORE **(per i bilanci con esercizi avente data di inizio anteriore al 1/1/2016)**	**TESTO NOVELLATO** **(per i bilanci con esercizi avente data di inizio dall'1/1/2016)** *(NB: le aggiunte sono evidenziate in* ***grassetto****, mentre le parti eliminate sono barrate)*	***Estratto della RELAZIONE ILLUSTRATIVA all'art. 6 "Modifiche al Codice civile" dello schema di decreto legislativo attuativo della direttiva 2013/34/UE***
5) immobilizzazioni in corso e acconti. Totale. III - Immobilizzazioni finanziarie, con separata indicazione, per ciascuna voce dei credit!, degli import! esigibili entro l'esercizio successivo: 1) partecipazioni in: a) imprese controllate; b) imprese collegate; c) imprese controllanti; d) altre imprese; 2) crediti: a) verso imprese controllate; b) verso imprese collegate; c) verso controllanti; d) verso altri; 3) altri titoli; 4) azioni proprie, con indicazione anche del valore nominale complessivo. Totale. Totale immobilizzazioni (B); C) Attivo circolante: I - Rimanenze: 1) materie prime, sussidiarie e di consumo;	5) immobilizzazioni in corso e acconti. Totale. III - Immobilizzazioni finanziarie, con separata indicazione, per ciascuna voce dei crediti, degli import! esigibili entro l'esercizio successivo: 1) partecipazioni in: a) imprese controllate; b) imprese collegate; c) imprese controllanti; d) ~~altre imprese~~; **imprese sottoposte al controllo delle controllanti;** **d-bis) altre imprese;** 2) crediti: a) verso imprese controllate; b) verso imprese collegate; c) verso controllanti; d) ~~verso altri~~; **verso imprese sottoposte al controllo delle controllanti;** **d-bis) verso altri;** 3) altri titoli; 4) ~~azioni proprie, con indicazione anche del valore nominale complessivo~~. **strumenti finanziari derivati attivi;** Totale. Totale immobilizzazioni (B); C) Attivo circolante: I - Rimanenze: 1) materie prime, sussidiarie e di consumo;	

TESTO IN VIGORE **(per i bilanci con esercizi avente data di inizio anteriore al 1/1/2016)**	**TESTO NOVELLATO** **(per i bilanci con esercizi avente data di inizio dall'1/1/2016)** *(NB: le aggiunte sono evidenziate in* ***grassetto****, mentre le parti eliminate sono barrate)*	***Estratto della RELAZIONE ILLUSTRATIVA all'art. 6 "Modifiche al Codice civile" dello schema di decreto legislativo attuativo della direttiva 2013/34/UE***
2) prodotti in corso di lavorazione e semilavorati; 3) lavori in corso su ordinazione; 4) prodotti finiti e merci; 5) acconti. Totale II - Crediti, con separata indicazione, per ciascuna voce, degli importi esigibili oltre l'esercizio successivo: 1) verso clienti; 2) verso imprese controllate; 3) verso imprese collegate; 4) verso controllanti; 4-bis) crediti tributari; 4-ter) imposte anticipate; 5) verso altri. Totale. III - Attività finanziarie che non costituiscono immobilizzazioni: 1) partecipazioni in imprese controllate; 2) partecipazioni in imprese collegate; 3) partecipazioni in imprese controllanti;	2) prodotti in corso di lavorazione e semilavorati; 3) lavori in corso su ordinazione; 4) prodotti finiti e merci; 5) acconti. Totale II - Crediti, con separata indicazione, per ciascuna voce, degli importi esigibili oltre l'esercizio successivo: 1) verso client!; 2) verso imprese controllate; 3) verso imprese collegate; 4) verso controllanti; ~~4-bis) crediti tributari;~~ ~~4-ter) imposte anticipate;~~ ~~5) verso altri.~~ **5) verso imprese sottoposte al controllo delle controllanti;** **5-bis) crediti tributari;** **5-ter) imposte anticipate;** **5-quater) verso altri.** Totale. III - Attività finanziarie che non costituiscono immobilizzazioni: 1) partecipazioni in imprese controllate; 2) partecipazioni in imprese collegate; 3) partecipazioni in imprese controllanti; **3- bis) partecipazioni in imprese sottoposte al controllo delle controllanti;"**	

TESTO IN VIGORE (per i bilanci con esercizi avente data di inizio anteriore al 1/1/2016)	TESTO NOVELLATO (per i bilanci con esercizi avente data di inizio dall'1/1/2016) *(NB: le aggiunte sono evidenziate in **grassetto**, mentre le parti eliminate sono barrate)*	*Estratto della RELAZIONE ILLUSTRATIVA all'art. 6 "Modifiche al Codice civile" dello schema di decreto legislativo attuativo della direttiva 2013/34/UE*
4) altre partecipazioni; 5) azioni proprie, con indicazioni anche del valore nominale complessivo; 6) altri titoli. Totale. IV - Disponibilità liquide: 1) depositi bancari e postali; 2) assegni; 3) danaro e valori in cassa. Totale. Totale attivo circolante (C). D) Ratei e risconti, con separata indicazione del disaggio su prestiti. Passivo: A) Patrimonio netto: I - Capitale. II - Riserva da soprapprezzo delle azioni. III - Riserve di rivalutazione. IV - Riserva legale. V - Riserve statutarie VI - Riserva per azioni proprie in portafoglio. VII - Altre riserve, distintamente indicate. VIII - Utili (perdite) portati a nuovo. IX - Utile (perdita) dell'esercizio.	4) altre partecipazioni; ~~5) azioni proprie, con indicazioni anche del valore nominale complessivo,~~ **strumenti finanziari derivati attivi;** 6) altri titoli. Totale. IV - Disponibilità liquide: 1) depositi bancari e postali; 2) assegni; 3) danaro e valori in cassa. Totale. Totale attivo circolante (C). D) Ratei e risconti~~, con separata indicazione del disaggio su prestiti~~. Passivo: A) Patrimonio netto: I - Capitale. II - Riserva da soprapprezzo delle azioni. III - Riserve di rivalutazione. IV - Riserva legale. V - Riserve statutarie ~~VI - Riserva per azioni proprie in portafoglio.~~ ~~VII - Altre riserve, distintamente indicate.~~ ~~VIII - Utili (perdite) portati a nuovo.~~ ~~IX - Utile (perdita) dell'esercizio.~~ **VI - Altre riserve, distintamente indicate.** **VII - Riserva per operazioni di copertura dei flussi finanziari attesi.** **VIII - Utili (perdite) portati a nuovo.**	

TESTO IN VIGORE **(per i bilanci con esercizi avente data di inizio anteriore al 1/1/2016)**	**TESTO NOVELLATO** **(per i bilanci con esercizi avente data di inizio dall'1/1/2016)** *(NB: le aggiunte sono evidenziate in* ***grassetto****, mentre le parti eliminate sono barrate)*	***Estratto della RELAZIONE ILLUSTRATIVA all'art. 6 "Modifiche al Codice civile" dello schema di decreto legislativo attuativo della direttiva 2013/34/UE***
   Totale. B) Fondi per rischi e oneri: 1) per trattamento di quiescenza e obblighi simili; 2) per imposte, anche differite; 3) altri. Totale. C) Trattamento di fine rapporto di lavoro subordinato. D) Debiti, con separata indicazione, per ciascuna voce, degli importi esigibili oltre l'esercizio successivo: 1) obbligazioni; 2) obbligazioni convertibili; 3) debiti verso soci per finanziamenti; 4) debiti verso banche; 5) debiti verso altri finanziatori; 6) acconti; 7) debiti verso fornitori; 8) debiti rappresentati da titoli di credito; 9) debiti verso imprese controllate; 10) debiti verso imprese collegate; 11) debiti verso controllanti;	**IX - Utile (perdita) dell'esercizio.** **X - Riserva negativa per azioni proprie in portafoglio.** Totale. B) Fondi per rischi e oneri: 1) per trattamento di quiescenza e obblighi simili; 2) per imposte, anche differite; 3) ~~altri~~. **strumenti finanziari derivati passivi;** **4) altri.** Totale. C) Trattamento di fine rapporto di lavoro subordinato. D) Debiti, con separata indicazione, per ciascuna voce, degli importi esigibili oltre l'esercizio successivo: 1) obbligazioni; 2) obbligazioni convertibili; 3) debiti verso soci per finanziamenti; 4) debiti verso banche; 5) debiti verso altri finanziatori; 6) acconti; 7) debiti verso fornitori; 8) debiti rappresentati da titoli di credito; 9) debiti verso imprese controllate; 10) debiti verso imprese collegate; 11) debiti verso controllanti; **11-bis) debiti verso imprese sottoposte al controllo delle controllanti;**	

TESTO IN VIGORE **(per i bilanci con esercizi avente data di inizio anteriore al 1/1/2016)**	**TESTO NOVELLATO** **(per i bilanci con esercizi avente data di inizio dall'1/1/2016)** *(NB: le aggiunte sono evidenziate in* ***grassetto****, mentre le parti eliminate sono barrate)*	***Estratto della RELAZIONE ILLUSTRATIVA all'art. 6 "Modifiche al Codice civile" dello schema di decreto legislativo attuativo della direttiva 2013/34/UE***
12) debiti tributari; 13) debiti verso istituti di previdenza e di sicurezza sociale; 14) altri debiti. Totale. E) Ratei e risconti, con separata indicazione dell'aggio su prestiti. 2. Se un elemento dell'attivo o del passivo ricade sotto più voci dello schema, nella nota integrativa deve annotarsi, qualora ciò sia necessario ai fini della comprensione del bilancio, la sua appartenenza anche a voci diverse da quella nella quale è iscritto. 3. In calce alto stato patrimoniale devono risultare le garanzie prestate direttamente o indirettamente, distinguendosi fra fideiussioni, avalli, altre garanzie personali e garanzie reali, ed indicando separatamente, per ciascun tipo, le garanzie prestate a favore di imprese controllate e collegate, nonché di controllanti e di imprese sottoposte al controllo di queste ultime; devono inoltre risultare gli altri conti d'ordine. 4. È fatto salvo quanto disposto dall'articolo 2447-septies con riferimento ai beni e rapporti giuridici compresi nei patrimoni destinati ad uno specifico affare ai sensi della lettera a) del primo comma dell'articolo 2447-bis.	12) debiti tributari; 13) debiti verso istituti di previdenza e di sicurezza sociale; 14) altri debiti. Totale. E) Ratei e risconti~~, con separata indicazione dell'aggio su prestiti.~~ 2. Se un elemento dell'attivo o del passivo ricade sotto più voci dello schema, nella nota integrativa deve annotarsi, qualora ciò sia necessario ai fini della comprensione del bilancio, la sua appartenenza anche a voci diverse da quella nella quale è iscritto. ~~3. In calce alto stato patrimoniale devono risultare le garanzie prestate direttamente o indirettamente, distinguendosi fra fideiussioni, avalli, altre garanzie personali e garanzie reali, ed indicando separatamente, per ciascun tipo, le garanzie prestate a favore di imprese controllate e collegate, nonché di controllanti e di imprese sottoposte al controllo di queste ultime; devono inoltre risultare gli altri conti d'ordine.~~ 4. È fatto salvo quanto disposto dall'articolo 2447-septies con riferimento ai beni e rapporti giuridici compresi nei patrimoni destinati ad uno specifico affare ai sensi della lettera a) del primo comma dell'articolo 2447-bis.	

TESTO IN VIGORE (per i bilanci con esercizi avente data di inizio anteriore al 1/1/2016)	TESTO NOVELLATO (per i bilanci con esercizi avente data di inizio dall'1/1/2016) *(NB: le aggiunte sono evidenziate in **grassetto**, mentre le parti eliminate sono barrate)*	*Estratto della RELAZIONE ILLUSTRATIVA all'art. 6 "Modifiche al Codice civile" dello schema di decreto legislativo attuativo della direttiva 2013/34/UE*
Art. 2424-bis. (Disposizioni relative a singole voci dello stato patrimoniale) 1. Gli elementi patrimoniali destinati ad essere utilizzati durevolmente devono essere iscritti tra le immobilizzazioni. 2. Le partecipazioni in altre imprese in misura non inferiore a quelle stabilite dal terzo comma dell'articolo 2359 si presumono immobilizzazioni. 3. Gli accantonamenti per rischi ed oneri sono destinati soltanto a coprire perdite o debiti di natura determinata, di esistenza certa o probabile, dei quali tuttavia alla chiusura dell'esercizio sono indeterminati o l'ammontare o la data di sopravvenienza. 4. Nella voce: «trattamento di fine rapporto di lavoro subordinato» deve essere indicato l'importo calcolato a norma dell'articolo 2120. 5. Le attività oggetto di contratti di compravendita con obbligo di retrocessione a termine devono essere iscritte nello stato patrimoniale del venditore. 6. Nella voce ratei e risconti attivi devono essere iscritti i proventi di competenza dell'esercizio esigibili in esercizi successivi, e i costi sostenuti entro la chiusura dell'esercizio ma di competenza di esercizi successivi. Nella voce ratei e risconti passivi devono essere iscritti i costi di competenza dell'esercizio esigibili in esercizi	Art. 2424-bis. (Disposizioni relative a singole voci dello stato patrimoniale) 1. Gli elementi patrimoniali destinati ad essere utilizzati durevolmente devono essere iscritti tra le immobilizzazioni. 2. Le partecipazioni in altre imprese in misura non inferiore a quelle stabilite dal terzo comma dell'articolo 2359 si presumono immobilizzazioni. 3. Gli accantonamenti per rischi ed oneri sono destinati soltanto a coprire perdite o debiti di natura determinata, di esistenza certa o probabile, dei quali tuttavia alla chiusura dell'esercizio sono indeterminati o l'ammontare o la data di sopravvenienza. 4. Nella voce: «trattamento di fine rapporto di lavoro subordinato» deve essere indicato l'importo calcolato a norma dell'articolo 2120. 5. Le attività oggetto di contratti di compravendita con obbligo di retrocessione a termine devono essere iscritte nello stato patrimoniale del venditore. 6. Nella voce ratei e risconti attivi devono essere iscritti i proventi di competenza dell'esercizio esigibili in esercizi successivi, e i costi sostenuti entro la chiusura dell'esercizio ma di competenza di esercizi successivi. Nella voce ratei e risconti passivi devono essere iscritti i costi di competenza dell'esercizio esigibili in esercizi	

TESTO IN VIGORE **(per i bilanci con esercizi avente data di inizio anteriore al 1/1/2016)**	**TESTO NOVELLATO** **(per i bilanci con esercizi avente data di inizio dall'1/1/2016)** *(NB: le aggiunte sono evidenziate in* ***grassetto****, mentre le parti eliminate sono barrate)*	***Estratto della RELAZIONE ILLUSTRATIVA all'art. 6 "Modifiche al Codice civile" dello schema di decreto legislativo attuativo della direttiva 2013/34/UE***
successivi e i proventi percepiti entro la chiusura dell'esercizio ma di competenza di esercizi successivi. Possono essere iscritte in tali voci soltanto quote di costi e proventi, comuni a due o più esercizi, l'entità dei quali vari in ragione del tempo.	successivi e i proventi percepiti entro la chiusura dell'esercizio ma di competenza di esercizi successivi. Possono essere iscritte in tali voci soltanto quote di costi e proventi, comuni a due o più esercizi, l'entità dei quali vari in ragione del tempo. **7. Le azioni proprie sono rilevate in bilancio a diretta riduzione del patrimonio netto, ai sensi di quanto disposto dal terzo comma dell'articolo 2357-ter.**	
Art. 2425. (Contenuto del conto economico) 1. Il conto economico deve essere redatto in conformità al seguente schema: A) Valore della produzione: 1) ricavi delle vendite e delle prestazioni; 2) variazioni delle rimanenze di prodotti in corso di lavorazione, semilavorati e finiti; 3) variazioni dei lavori in corso su ordinazione; 4) incrementi di immobilizzazioni per lavori interni; 5) altri ricavi e proventi, con separata indicazione dei contributi in conto esercizio. Totale. B) Costi della produzione: 6) per materie prime, sussidiarie, di consumo e di merci; 7) per servizi; 8) per godimento di beni di terzi;	Art. 2425. (Contenuto del conto economico) 1. Il conto economico deve essere redatto in conformità al seguente schema: A) Valore della produzione: 1) ricavi delle vendite e delle prestazioni; 2) variazioni delle rimanenze di prodotti in corso di lavorazione, semilavorati e finiti; 3) variazioni dei lavori in corso su ordinazione; 4) incrementi di immobilizzazioni per lavori interni; 5) altri ricavi e proventi, con separata indicazione dei contributi in conto esercizio. Totale. B) Costi della produzione: 6) per materie prime, sussidiarie, di consumo e di merci; 7) per servizi; 8) per godimento di beni di terzi;	*- ai sensi del comma 6, l'art. 2425 (Contenuto del conto economico) e modificato per recepire gli effetti sulle voci di bilancio derivanti dalla nuova disciplina sugli strumenti derivati. Si introducono specifiche voci di dettaglio relative ai rapporti intercorsi con imprese sottoposte al controllo delle controllanti. Le voci di costo e ricavo relative alla sezione straordinaria sono eliminate così come previsto dalla nuova direttiva (art. 13);*

TESTO IN VIGORE **(per i bilanci con esercizi avente data di inizio anteriore al 1/1/2016)**	**TESTO NOVELLATO** **(per i bilanci con esercizi avente data di inizio dall'1/1/2016)** *(NB: le aggiunte sono evidenziate in **grassetto**, mentre le parti eliminate sono barrate)*	***Estratto della RELAZIONE ILLUSTRATIVA all'art. 6 "Modifiche al Codice civile" dello schema di decreto legislativo attuativo della direttiva 2013/34/UE***
9) per il personale: a) salari e stipendi; b) oneri sociali; c) trattamento di fine rapporto; d) trattamento di quiescenza e simili; e) altri costi; 10) ammortamenti e svalutazioni: a) ammortamento delle immobilizzazioni immateriali; b) ammortamento delle immobilizzazioni materiali; c) altre svalutazioni delle immobilizzazioni; d) svalutazioni dei crediti compresi nell'attivo circolante e delle disponibilità liquide; 11) variazioni delle rimanenze di materie prime, sussidiarie, di consumo e merci; 12) accantonamenti per rischi; 13) altri accantonamenti; 14) oneri diversi di gestione. Totale. Differenza tra valore e costi delta produzione (A - B). C) Proventi e oneri finanziari: 15) proventi da partecipazioni, con separata indicazione di quelli relativi ad imprese controllate e collegate;	9) per il personale: a) salari e stipendi; b) oneri sociali; c) trattamento di fine rapporto; d) trattamento di quiescenza e simili; e) altri costi; 10) ammortamenti e svalutazioni: a) ammortamento delle immobilizzazioni immateriali; b) ammortamento delle immobilizzazioni materiali; c) altre svalutazioni delle immobilizzazioni; d) svalutazioni dei crediti compresi nell'attivo circolante e delle disponibilità liquide; 11) variazioni delle rimanenze di materie prime, sussidiarie, di consumo e merci; 12) accantonamenti per rischi; 13) altri accantonamenti; 14) oneri diversi di gestione. Totale. Differenza tra valore e costi delta produzione (A - B). C) Proventi e oneri finanziari: 15) proventi da partecipazioni, con separata indicazione di quelli relativi ad imprese controllate e collegate **e di quelli relativi a controllanti e a imprese sottoposte al controllo di queste ultime**;	

TESTO IN VIGORE **(per i bilanci con esercizi avente data di inizio anteriore al 1/1/2016)**	**TESTO NOVELLATO** **(per i bilanci con esercizi avente data di inizio dall'1/1/2016)** *(NB: le aggiunte sono evidenziate in* ***grassetto****, mentre le parti eliminate sono barrate)*	***Estratto della RELAZIONE ILLUSTRATIVA all'art. 6 "Modifiche al Codice civile" dello schema di decreto legislativo attuativo della direttiva 2013/34/UE***
16) altri proventi finanziari: a) da crediti iscritti nelle immobilizzazioni, con separata indicazione di quelli da imprese controllate e collegate e di quelli da controllanti; b) da titoli iscritti nelle immobilizzazioni che non costituiscono partecipazioni; c) da titoli iscritti nell'attivo circolante che non costituiscono partecipazioni; d) proventi diversi dai precedenti, con separata indicazione di quelli da imprese controllate e collegate e di quelli da controllanti; 17) interessi e altri oneri finanziari, con separata indicazione di quelli verso imprese controllate e collegate e verso controllanti; 17-bis) utili e perdite su cambi. Totale (15 + 16 - 17+ - 17 bis). D) Rettifiche di valore di attività finanziarie: 18) rivalutazioni: a) di partecipazioni; b) di immobilizzazioni finanziarie che non costituiscono partecipazioni; c) di titoli iscritti all'attivo circolante che non costituiscono partecipazioni;	16) altri proventi finanziari: a) da crediti iscritti nelle immobilizzazioni, con separata indicazione di quelli da imprese controllate e collegate e di quelli da controllanti **e da imprese sottoposte al controllo di queste ultime**; b) da titoli iscritti nelle immobilizzazioni che non costituiscono partecipazioni; c) da titoli iscritti nell'attivo circolante che non costituiscono partecipazioni; d) proventi diversi dai precedenti, con separata indicazione di quelli da imprese controllate e collegate e di quelli da controllanti **e da imprese sottoposte al controllo di queste ultime**; 17) interessi e altri oneri finanziari, con separata indicazione di quelli verso imprese controllate e collegate e verso controllanti; 17-bis) utili e perdite su cambi. Totale (15 + 16 - 17+ - 17 bis). D) ~~Rettifiche di valore di attività finanziarie~~ **Rettifiche di valore di attività e passività finanziarie**: 18) rivalutazioni: a) di partecipazioni; b) di immobilizzazioni finanziarie che non costituiscono partecipazioni; c) di titoli iscritti all'attivo circolante che non costituiscono partecipazioni; **d) di strumenti finanziari derivati;**	

TESTO IN VIGORE (per i bilanci con esercizi avente data di inizio anteriore al 1/1/2016)	TESTO NOVELLATO (per i bilanci con esercizi avente data di inizio dall'1/1/2016) *(NB: le aggiunte sono evidenziate in **grassetto**, mentre le parti eliminate sono barrate)*	*Estratto della RELAZIONE ILLUSTRATIVA all'art. 6 "Modifiche al Codice civile" dello schema di decreto legislativo attuativo della direttiva 2013/34/UE*
19) svalutazioni: a) di partecipazioni; b) di immobilizzazioni finanziarie che non costituiscono partecipazioni; c) di titoli iscritti nell'attivo circolante che non costituiscono partecipazioni. Totale delle rettifiche (18 - 19). E) Proventi e oneri straordinari: 20) proventi, con separata indicazione delle plusvalenze da alienazioni i cui ricavi non sono iscrivibili al n. 5); 21) oneri, con separata indicazione delle minusvalenze da alienazioni, i cui effetti contabili non sono iscrivibili al n. 14), e delle imposte relative a esercizi precedenti. Totale delle partite straordinarie (20-21) Risultato prima delle imposte (A - B + - C + - D + - E); 22) imposte sul reddito dell'esercizio, correnti, differite e anticipate; 23) utile (perdite) dell'esercizio.	19) svalutazioni: a) di partecipazioni; b) di immobilizzazioni finanziarie che non costituiscono partecipazioni; c) di titoli iscritti nell'attivo circolante che non costituiscono partecipazioni; **d) di strumenti finanziari derivati.** Totale delle rettifiche (18 - 19). ~~E) Proventi e oneri straordinari.~~ ~~20) proventi, con separata indicazione delle plusvalenze da alienazioni i cui ricavi non sono iscrivibili al n. 5);~~ ~~21) oneri, con separata indicazione delle minusvalenze da alienazioni, i cui effetti contabili non sono iscrivibili al n. 14), e delle imposte relative a esercizi precedenti.~~ ~~Totale delle partite straordinarie (20-21). Risultato prima delle imposte (A - B + - C + - D + - E);~~ ~~22) imposte sul reddito dell'esercizio, correnti, differite e anticipate;~~ ~~23) utile (perdite) dell'esercizio.~~ **Risultato prima delle imposte (A-B+-C+-D);** **20) imposte sul reddito dell'esercizio, correnti, differite e anticipate;** **21) utile (perdite) dell'esercizio.**	

TESTO IN VIGORE (per i bilanci con esercizi avente data di inizio anteriore al 1/1/2016)	TESTO NOVELLATO (per i bilanci con esercizi avente data di inizio dall'1/1/2016) *(NB: le aggiunte sono evidenziate in* ***grassetto****, mentre le parti eliminate sono barrate)*	***Estratto della RELAZIONE ILLUSTRATIVA all'art. 6 "Modifiche al Codice civile" dello schema di decreto legislativo attuativo della direttiva 2013/34/UE***
Art. 2425-bis. (Iscrizione dei ricavi, proventi, costi ed oneri). 1. I ricavi e i proventi, i costi e gli oneri devono essere indicati al netto dei resi, degli sconti, abbuoni e premi, nonché delle imposte direttamente connesse con la vendita dei prodotti e la prestazione dei servizi. 2. I ricavi e i proventi, i costi e gli oneri relativi ad operazioni in valuta devono essere determinati al cambio corrente alla data nella quale la relativa operazione è compiuta. 3. I proventi e gli oneri relativi ad operazioni di compravendita con obbligo di retrocessione a termine, ivi compresa la differenza tra prezzo a termine e prezzo a pronti, devono essere iscritti per le quote di competenza dell'esercizio. 4. Le plusvalenze derivanti da operazioni di compravendita con locazione finanziaria al venditore sono ripartite in funzione della durata del contratto di locazione.	Art. 2425-bis. (Iscrizione dei ricavi, proventi, costi ed oneri). 1. I ricavi e i proventi, i costi e gli oneri devono essere indicati al netto dei resi, degli sconti, abbuoni e premi, nonché delle imposte direttamente connesse con la vendita dei prodotti e la prestazione dei servizi. 2. I ricavi e i proventi, i costi e gli oneri relativi ad operazioni in valuta devono essere determinati al cambio corrente alla data nella quale la relativa operazione è compiuta. 3. I proventi e gli oneri relativi ad operazioni di compravendita con obbligo di retrocessione a termine, ivi compresa la differenza tra prezzo a termine e prezzo a pronti, devono essere iscritti per le quote di competenza dell'esercizio. 4. Le plusvalenze derivanti da operazioni di compravendita con locazione finanziaria al venditore sono ripartite in funzione della durata del contratto di locazione.	
	Art. 2425—ter (Rendiconto finanziario) **1. Dal rendiconto finanziario risultano, per l'esercizio a cui e riferito il bilancio e per quello precedente, l'ammontare e la composizione delle disponibilità liquide, all'inizio e alla fine dell'esercizio, ed i flussi finanziari dell'esercizio derivanti dall'attività operativa, da quella di investimento, da quella**	*- ai sensi del comma 7, si introduce il nuovo art. 2425-ter (Rendiconto finanziario) che disciplina contenuto del rendiconto finanziario. In particolare, si chiarisce che i flussi oggetto di rappresentazione sono i flussi di disponibilità liquide e che tali flussi sono distinti a seconda che*

TESTO IN VIGORE (per i bilanci con esercizi avente data di inizio anteriore al 1/1/2016)	**TESTO NOVELLATO (per i bilanci con esercizi avente data di inizio dall'1/1/2016)** *(NB: le aggiunte sono evidenziate in* ***grassetto****, mentre le parti eliminate sono barrate)*	***Estratto della RELAZIONE ILLUSTRATIVA all'art. 6 "Modifiche al Codice civile" dello schema di decreto legislativo attuativo della direttiva 2013/34/UE***
	di finanziamento, ivi comprese, con autonoma indicazione, le operazioni con i soci.	*si riferiscano all' attività operativa, finanziaria o di investimento;*
Art. 2426. (Criteri di valutazioni). 1. Nelle valutazioni devono essere osservati i seguenti criteri: 1) le immobilizzazioni sono iscritte al costo di acquisto o di produzione. Nel costo di acquisto si computano anche i costi accessori. Il costo di produzione comprende tutti i costi direttamente imputabili al prodotto. Può comprendere anche altri costi, per la quota ragionevolmente imputabile al prodotto, relativi al periodo di fabbricazione e fino al momento dal quale il bene può essere utilizzato; con gli stessi criteri possono essere aggiunti gli oneri relativi al finanziamento della fabbricazione, interna o presso terzi; 2) il costo delle immobilizzazioni, materiali e immateriali, la cui utilizzazione è limitata nel tempo deve essere sistematicamente ammortizzato in ogni esercizio in relazione con la loro residua possibilità di utilizzazione. Eventuali modifiche dei criteri di ammortamento e dei coefficienti applicati devono essere motivate nella nota integrativa;	Art. 2426. (Criteri di valutazioni). 1. Nelle valutazioni devono essere osservati i seguenti criteri: 1) le immobilizzazioni sono iscritte al costo di acquisto o di produzione. Nel costo di acquisto si computano anche i costi accessori. Il costo di produzione comprende tutti i costi direttamente imputabili al prodotto. Può comprendere anche altri costi, per la quota ragionevolmente imputabile al prodotto, relativi al periodo di fabbricazione e fino al momento dal quale il bene può essere utilizzato; con gli stessi criteri possono essere aggiunti gli oneri relativi al finanziamento della fabbricazione, interna o presso terzi. **Le immobilizzazioni rappresentate da titoli sono rilevate in bilancio con il criterio del costo ammortizzato, ove applicabile**; 2) il costo delle immobilizzazioni, materiali e immateriali, la cui utilizzazione è limitata nel tempo deve essere sistematicamente ammortizzato in ogni esercizio in relazione con la loro residua possibilità di utilizzazione. Eventuali modifiche dei criteri di ammortamento e dei coefficienti applicati devono essere motivate nella nota integrativa;	*- ai sensi del comma 8 (lettere a), f), g)), i numeri 1, 7 e 8 dell'art. 2426 sono modificati per consentire l'introduzione del metodo del costo ammortizzato per la valutazione dei crediti, dei debiti e dei titoli. Nel caso dei titoli, la norma chiarisce che il metodo è adottato solo nel caso in cui le caratteristiche del titolo lo consentano. Tale tecnica, che individua una configurazione di valore riconducibile all' alveo del costo storico, permette una migliore rappresentazione delle componenti di reddito legate alla vicenda economica dello poste in questione, prevedendo la rilevazione degli interessi (sia attivi che passivi) sulla base del tasso di rendimento effettivo dell'operazione, e non sulla base di quello nominale. Per la definizione di costo ammortizzato si rinvia ai principi contabili internazionali omologati dall'Unione europea. Nella nuova formulazione, la norma impone*

TESTO IN VIGORE (per i bilanci con esercizi avente data di inizio anteriore al 1/1/2016)	**TESTO NOVELLATO (per i bilanci con esercizi avente data di inizio dall'1/1/2016)** *(NB: le aggiunte sono evidenziate in **grassetto**, mentre le parti eliminate sono barrate)*	***Estratto della RELAZIONE ILLUSTRATIVA all'art. 6 "Modifiche al Codice civile" dello schema di decreto legislativo attuativo della direttiva 2013/34/UE***
3) l'immobilizzazione che, alla data della chiusura dell'esercizio, risulti durevolmente di valore inferiore a quello determinato secondo i numeri 1) e 2) deve essere iscritta a tale minore valore; questo non può essere mantenuto nei successivi bilanci se sono venuti meno i motivi della rettifica effettuata. Per le immobilizzazioni consistenti in partecipazioni in imprese controllate o collegate che risultino iscritte per un valore superiore a quello derivante dall'applicazione del criterio di valutazione previsto dal successivo numero 4) o, se non vi sia obbligo di redigere il bilancio consolidato, al valore corrispondente alla frazione di patrimonio netto risultante dall'ultimo bilancio dell'impresa partecipata, la differenza dovrà essere motivata nella nota integrativa; 4) le immobilizzazioni consistenti in partecipazioni in imprese controllate o collegate possono essere valutate, con riferimento ad una o più tra dette imprese, anziché secondo il criterio indicato al numero 1), per un importo pari alla corrispondente frazione del patrimonio netto risultante dall'ultimo bilancio delle imprese medesime, detratti i dividendi ed operate le rettifiche richieste dai principi di redazione del bilancio consolidato nonché quelle necessarie per il	3) l'immobilizzazione che, alla data della chiusura dell'esercizio, risulti durevolmente di valore inferiore a quello determinato secondo i numeri 1) e 2) deve essere iscritta a tale minore valore; ~~questo~~**.** **Il minor valore** ~~non può essere mantenuto nei successivi bilanci se sono venuti meno i motivi della rettifica effettuata;~~ **questa disposizione non si applica a rettifiche di valore relative all'avviamento**. ~~Per le immobilizzazioni consistenti in partecipazioni in imprese controllate o collegate che risultino iscritte per un valore superiore a quello derivante dall'applicazione del criterio di valutazione previsto dal successivo numero 4) o, se non vi sia obbligo di redigere il bilancio consolidato, al valore corrispondente alla frazione di patrimonio netto risultante dall'ultimo bilancio dell'impresa partecipata, la differenza dovrà essere motivata nella nota integrativa;~~ 4) le immobilizzazioni consistenti in partecipazioni in imprese controllate o collegate possono essere valutate, con riferimento ad una o più tra dette imprese, anziché secondo il criterio indicato al numero 1), per un importo pari alla corrispondente frazione del patrimonio netto risultante dall'ultimo bilancio delle imprese medesime, detratti i dividendi ed operate le rettifiche richieste dai principi di redazione del bilancio consolidato nonché quelle necessarie per il	*inoltre che la valutazione dei crediti e dei debiti sia effettuata tenendo conto anche del fattore temporale. Ciò implica la necessità di «attualizzare» i crediti e i debiti che, al momento della rilevazione iniziale, non sono produttivi di interessi (o producono interessi secondo un tasso significativamente inferiore a quello di mercato). L'obbligo di tener conto del fattore temporale non è stato esteso alla valutazione dei titoli nel presupposto che, essendo rappresentati da obbligazioni emesse da società private o da titoli di debito pubblico, producono — di norma — interessi in Linea con quelli di mercato.* *Per coerenza e stato eliminato il riferimento alla rilevazione in bilancio dei disaggi (aggi) di emissione. Considerate le difficoltà applicative che potrebbero derivarne, l' art. 2435-bis* ***esonera le piccole società dall'obbligo di adottare il metodo del costo ammortizzato;*** *- ai sensi del comma 8, si modifica la disciplina degli oneri pluriennali*

TESTO IN VIGORE (per i bilanci con esercizi avente data di inizio anteriore al 1/1/2016)	**TESTO NOVELLATO (per i bilanci con esercizi avente data di inizio dall'1/1/2016)** *(NB: le aggiunte sono evidenziate in **grassetto**, mentre le parti eliminate sono barrate)*	***Estratto della RELAZIONE ILLUSTRATIVA all'art. 6 "Modifiche al Codice civile" dello schema di decreto legislativo attuativo della direttiva 2013/34/UE***
rispetto dei principi indicati negli articoli 2423 e 2423-bis. Quando la partecipazione è iscritta per la prima volta in base al metodo del patrimonio netto, il costo di acquisto superiore al valore corrispondente del patrimonio netto risultante dall'ultimo bilancio dell'impresa controllata o collegata può essere iscritto nell'attivo, purché ne siano indicate le ragioni nella nota integrativa. La differenza, per la parte attribuibile a beni ammortizzabili o all'avviamento, deve essere ammortizzata. Negli esercizi successivi le plusvalenze, derivanti dall'applicazione del metodo del patrimonio netto, rispetto al valore indicato nel bilancio dell'esercizio precedente sono iscritte in una riserva non distribuibile; 5) i costi di impianto e di ampliamento, i costi di ricerca, di sviluppo e di pubblicità aventi utilità pluriennale possono essere iscritti nell'attivo con il consenso, ove esistente, del collegio sindacale e devono essere ammortizzati entro un periodo non superiore a cinque anni. Fino a che l'ammortamento non è completato possono essere distribuiti dividendi solo se residuano riserve disponibili sufficienti a coprire l'ammontare dei costi non ammortizzati;	rispetto dei principi indicati negli articoli 2423 e 2423-bis. Quando la partecipazione è iscritta per la prima volta in base al metodo del patrimonio netto, il costo di acquisto superiore al valore corrispondente del patrimonio netto **riferito alla data di acquisizione o** risultante dall'ultimo bilancio dell'impresa controllata o collegata può essere iscritto nell'attivo, purché ne siano indicate le ragioni nella nota integrativa. La differenza, per la parte attribuibile a beni ammortizzabili o all'avviamento, deve essere ammortizzata. Negli esercizi successivi le plusvalenze, derivanti dall'applicazione del metodo del patrimonio netto, rispetto al valore indicato nel bilancio dell'esercizio precedente sono iscritte in una riserva non distribuibile; 5) i costi di impianto e di ampliamento, i costi ~~di ricerca~~, di sviluppo ~~e di pubblicità~~ aventi utilità pluriennale possono essere iscritti nell'attivo con il consenso, ove esistente, del collegio sindacale. **I costi di impianto e ampliamento devono essere ammortizzati entro un periodo non superiore a cinque anni. I costi di sviluppo sono ammortizzati secondo la loro vita utile; nei casi eccezionali in cui none possibile stimarne attendibilmente la vita utile, sono** ~~e devono essere~~ ammortizzati entro un periodo non superiore a cinque anni. Fino a che l'ammortamento **dei costi di impianto**	*per coordinarla con le disposizioni di cui all'art. 12, paragrafo 11, della direttiva;* *- lo stesso comma 8 modifica la disciplina dell'avviamento per coordinarla con le disposizioni di cui all'art. 12, paragrafo 11, della direttiva;* *- il comma 8, lettera b), modifica il numero 3), comma 1 dell'articolo 2426 precisando che non sono ammesse riprese di valore sulle rettifiche di valore relative all'avviamento, ai sensi dell'articolo 12, paragrafo 6, della direttiva;* *- il comma 8, lettera c), modifica la disciplina del metodo del patrimonio netto contenuta nell'articolo 2426, comma 1, numero 4. In particolare, la modifica si sostanzia nel richiamo alla data di acquisizione della partecipazione ai fini del calcolo del valore corrispondente del patrimonio netto della partecipazione da porre a confronto con il costo d'acquisto in sede di prima applicazione del metodo del patrimonio netto, in linea con quanto previsto*

TESTO IN VIGORE (per i bilanci con esercizi avente data di inizio anteriore al 1/1/2016)	TESTO NOVELLATO (per i bilanci con esercizi avente data di inizio dall'1/1/2016) *(NB: le aggiunte sono evidenziate in* ***grassetto****, mentre le parti eliminate sono barrate)*	***Estratto della RELAZIONE ILLUSTRATIVA all'art. 6 "Modifiche al Codice civile" dello schema di decreto legislativo attuativo della direttiva 2013/34/UE***
	e ampliamento e di sviluppo non è completato possono essere distribuiti dividendi solo se residuano riserve disponibili sufficienti a coprire l'ammontare dei costi non ammortizzati;	*dell'articolo 27, paragrafo 2, ultimo capoverso, della direttiva;* *- il comma 8, con la lettera h), riformula le disposizioni di cui al numero 8-bis dell'art. 2426, al fine di rendere più esplicito il fatto che l'obbligo di valutazione al tasso di cambio vigente alla data di riferimento del bilancio sussiste soltanto per le poste aventi natura monetaria; inoltre, la lettera i), modifica l'articolo 2426 con l'introduzione del numero 11-bis, relativo alla disciplina dei derivati e delle operazioni di copertura, ai sensi di quanto previsto dall'art. 8, comma 1, della direttiva in tema di valutazione al fair value degli strumenti finanziari. La disposizione introdotta, ispirata alla migliore prassi internazionale e in linea con le indicazioni ricevute nella consultazione pubblica svoltasi nel 2014, prevede un generale obbligo di rilevazione degli strumenti derivati al fair value. La norma chiarisce che l'obbligo di valutazione al fair val ue e esteso anche alle circostanze nelle quali lo strumento derivato e inglobato in un altro titolo.*
6) l'avviamento può essere iscritto nell'attivo con il consenso, ove esistente, del collegio sindacale, se acquisito a titolo oneroso, nei limiti del costo per esso sostenuto e deve essere ammortizzato entro un periodo di cinque anni. È tuttavia consentito ammortizzare sistematicamente l'avviamento in un periodo limitato di durata superiore, purché esso non superi la durata per ('utilizzazione di questo attivo e ne sia data adeguata motivazione nella nota integrativa;	6) l'avviamento può essere iscritto nell'attivo con il consenso, ove esistente, del collegio sindacale, se acquisito a titolo oneroso, nei limiti del costo per esso sostenuto ~~e deve essere ammortizzato entro un periodo di cinque anni. È tuttavia consentito ammortizzare sistematicamente l'avviamento in un periodo limitato di durata superiore, purché esso non superi la durata per ('utilizzazione di questo attivo e ne sia data adeguata motivazione nella nota integrativa;~~**. L'ammortamento dell'avviamento é effettuato secondo la sua vita utile; nei casi eccezionali in cui non é possibile stimarne attendibilmente la vita utile, ammortizzato entro un periodo non superiore a dieci anni. Nella nota integrativa fornita una spiegazione del periodo di ammortamento dell'avviamento;**	
7) il disaggio su prestiti deve essere iscritto nell'attivo e ammortizzato in ogni esercizio per il periodo di durata del prestito;	7) ~~il disaggio su prestiti deve essere iscritto nell'attivo e ammortizzato in ogni esercizio per il periodo di durata del prestito,~~ **il disaggio e l'aggio su prestiti sono rilevati secondo il criterio stabilito dal numero 8);**	

TESTO IN VIGORE (per i bilanci con esercizi avente data di inizio anteriore al 1/1/2016)	**TESTO NOVELLATO (per i bilanci con esercizi avente data di inizio dall'1/1/2016)** *(NB: le aggiunte sono evidenziate in* ***grassetto****, mentre le parti eliminate sono barrate)*	***Estratto della RELAZIONE ILLUSTRATIVA all'art. 6 "Modifiche al Codice civile" dello schema di decreto legislativo attuativo della direttiva 2013/34/UE***
8) i crediti devono essere iscritti secondo il valore presumibile di realizzazione; 8-bis) le attività e le passività in valuta, ad eccezione delle immobilizzazioni, devono essere iscritte al tasso di cambio a pronti alla data di chiusura dell'esercizio ed i relativi utili e perdite su cambi devono essere imputati al conto economico e l'eventuale utile netto deve essere accantonato in apposita riserva non distribuibile fino al realizzo. Le immobilizzazioni materiali, immateriali e quelle finanziarie, costituite da partecipazioni, rilevate al costo in valuta devono essere iscritte al tasso di cambio al momento del loro acquisto o a quello inferiore alla data di chiusura dell'esercizio se la riduzione debba giudicarsi durevole;	8) ~~i crediti devono essere iscritti secondo il valore presumibile di realizzazione;~~ **i crediti e i debiti sono rilevati in bilancio secondo il criterio del costo ammortizzato, tenendo conto del fattore temporale e, per quanto riguarda i crediti, del valore di presumibile realizzo;** 8-bis) ~~le attività e le passività in valuta, ad eccezione delle immobilizzazioni, devono essere iscritte al tasso di cambio a pronti alla data di chiusura dell'esercizio ed i relativi utili e perdite su cambi devono essere imputati al conto economico e l'eventuale utile netto deve essere accantonato in apposita riserva non distribuibile fino al realizzo. Le immobilizzazioni materiali, immateriali e quelle finanziarie, costituite da partecipazioni, rilevate al costo in valuta devono essere iscritte al tasso di cambio al momento del loro acquisto o a quello inferiore alla data di chiusura dell'esercizio se la riduzione debba giudicarsi durevole;~~ **le attività e passività monetarie in valuta sono iscritte al cambio a pronti alla data di chiusura dell'esercizio; i conseguenti utili o perdite su cambi devono essere imputati al conto economico e l'eventuale utile netto e accantonato in apposita riserva non distribuibile fino al realizzo. Le attività e passività in valuta non monetarie devono essere iscritte al cambio vigente al momento del loro acquisto;**	*Nei caso di strumenti derivati utilizzati a fini di copertura dei rischi, la norma prevede un regime differenziato a seconda che la copertura si riferisca al fair value di elementi presenti nel bilancio oppure a flussi finanziari o operazioni di futura manifestazione. Ferma restando la valutazione al fair value del derivato, nel primo caso la norma richiede di valutare l'elemento oggetto di copertura evidenziando le variazioni di valore relative al rischio coperto; nel secondo caso, in assenza di elementi da valutare in bilancio in quanto la copertura si riferisce a fenomeni di futura manifestazione, gli effetti della valutazione al fair value sono rilevati in una voce del patrimonio netto. Una volta manifestatisi gli effetti dell'operazione a cui si e inteso dare copertura, gli utili o le perdile maturati sullo strumento derivato sono rilevati nel conto economico cosi da sterilizzare le oscillazioni di valore sull'elemento coperto oggetto di copertura. Nel caso di strumenti finanziari non inquadrati in operazioni di copertura,*

TESTO IN VIGORE **(per i bilanci con esercizi avente data di inizio anteriore al 1/1/2016)**	**TESTO NOVELLATO** **(per i bilanci con esercizi avente data di inizio dall'1/1/2016)** *(NB: le aggiunte sono evidenziate in* ***grassetto****, mentre le parti eliminate sono barrate)*	***Estratto della RELAZIONE ILLUSTRATIVA all'art. 6 "Modifiche al Codice civile" dello schema di decreto legislativo attuativo della direttiva 2013/34/UE***
9) le rimanenze, i titoli e le attività finanziarie che non costituiscono immobilizzazioni sono iscritti al costo di acquisto o di produzione, calcolato secondo il numero 1), ovvero al valore di realizzazione desumibile dall'andamento del mercato, se minore; tale minor valore non può essere mantenuto nei successivi bilanci se ne sono venuti meno i motivi. I costi di distribuzione non possono essere computati nel costo di produzione; 10) il costo dei beni fungibili può essere calcolato col metodo della media ponderata o con quelli: «primo entrato, primo uscito» o: «ultimo entrato, primo uscito»; se il valore così ottenuto differisce in misura apprezzabile dai costi correnti alla chiusura dell'esercizio, la differenza deve essere indicata, per categoria di beni, nella nota integrativa; 11) i lavori in corso su ordinazione possono essere iscritti sulla base dei corrispettivi contrattuali maturati con ragionevole certezza;	9) le rimanenze, i titoli e le attività finanziarie che non costituiscono immobilizzazioni sono iscritti al costo di acquisto o di produzione, calcolato secondo il numero 1), ovvero al valore di realizzazione desumibile dall'andamento del mercato, se minore; tale minor valore non può essere mantenuto nei successivi bilanci se ne sono venuti meno i motivi. I costi di distribuzione non possono essere computati nel costo di produzione; 10) il costo dei beni fungibili può essere calcolato col metodo della media ponderata o con quelli: «primo entrato, primo uscito» o: «ultimo entrato, primo uscito»; se il valore così ottenuto differisce in misura apprezzabile dai costi correnti alla chiusura dell'esercizio, la differenza deve essere indicata, per categoria di beni, nella nota integrativa; 11) i lavori in corso su ordinazione possono essere iscritti sulla base dei corrispettivi contrattuali maturati con ragionevole certezza; **11-bis) gli strumenti finanziari derivati, anche se incorporati in altri strumenti finanziari, sono iscritti al fair value. Le variazioni del fair value sono imputate al conto economico oppure, se lo strumento copre il rischio di variazione dei flussi finanziari attesi di un altro strumento finanziario o di un'operazione programmata, direttamente**	*gli eventuali utili derivanti dalla valutazione al fair value sono accantonati in una riserva non distribuibile; tale obbligo non sussiste nel caso invece di utili derivanti dalla valutazione di strumenti derivati di copertura, a condizione che la copertura si riferisca ad elementi presenti nel bilancio e valutati simmetricamente allo strumento derivato di copertura. Le riserve che si generano per effetto della valutazione di strumenti derivati posti a copertura di flussi finanziari o operazioni di futura manifestazione, non trovando corrispondenza in bilancio con utili o perdite di segno opposto fino a che non si manifestano i flussi o le operazioni coperti, non sono computate ai fini della determinazione del patrimonio netto ai sensi degli art. 2412, 2433, 2442, 2446 e 2447.* *- il punto 12) del primo comma dell'articolo 2426 è eliminato in forza del generale principio di rilevanza;* *- il nuovo comma 2 introdotto all'articolo 2426 del codice civile,*

TESTO IN VIGORE (per i bilanci con esercizi avente data di inizio anteriore al 1/1/2016)	TESTO NOVELLATO (per i bilanci con esercizi avente data di inizio dall'1/1/2016) *(NB: le aggiunte sono evidenziate in* ***grassetto****, mentre le parti eliminate sono barrate)*	***Estratto della RELAZIONE ILLUSTRATIVA all'art. 6 "Modifiche al Codice civile" dello schema di decreto legislativo attuativo della direttiva 2013/34/UE***
	ad una riserva positiva o negativa di patrimonio netto; tale riserva e imputata al conto economico nella misura e nei tempi corrispondenti al verificarsi o al modificarsi dei flussi di cassa dello strumento coperto o al verificarsi dell'operazione oggetto di copertura. Gli elementi oggetto di copertura contro il rischio di variazioni dei tassi di interesse o dei tassi di cambio o dei prezzi di mercato o contro il rischio di credito sono valutati simmetricamente allo strumento derivato di copertura; si considera sussistente la copertura in presenza, fin dall'inizio, di stretta e documentata correlazione tra le caratteristiche dello strumento o dell'operazione coperti e quelle dello strumento di copertura. Non sono distribuibili gli utili che derivano dalla valutazione al fair value degli strumenti finanziari derivati non utilizzati o non necessari per la copertura. Le riserve di patrimonio che derivano dalla valutazione al fair value di derivati utilizzati a copertura dei flussi finanziari attesi di un altro strumento finanziario o di un'operazione programmata non sono considerate nel computo del patrimonio netto per le finalità di cui agli articoli 2412, 2433, 2442, 2446 e 2447 e, se positive, non sono	*reca l'impianto definitorio necessario ad applicare taluni istituti e regole recate dall'articolo. Analogamente, i nuovi commi 3, 4 e 5 dell'articolo 2426, introdotti dal comma 8 dell'articolo in commento, forniscono informazioni e principi atti a definire i contratti oggetto di valutazione al fair value e le modalità di determinazione dello stesso.*

TESTO IN VIGORE (per i bilanci con esercizi avente data di inizio anteriore al 1/1/2016)	TESTO NOVELLATO (per i bilanci con esercizi avente data di inizio dall'1/1/2016) *(NB: le aggiunte sono evidenziate in **grassetto**, mentre le parti eliminate sono barrate)*	*Estratto della RELAZIONE ILLUSTRATIVA all'art. 6 "Modifiche al Codice civile" dello schema di decreto legislativo attuativo della direttiva 2013/34/UE*
12) le attrezzature industriali e commerciali, le materie prime, sussidiarie e di consumo, possono essere iscritte nell'attivo ad un valore costante qualora siano costantemente rinnovate, e complessivamente di scarsa importanza in rapporto all'attivo di bilancio, sempreché non si abbiano variazioni sensibili nella loro entità, valore e composizione.	**disponibili e non sono utilizzabili a copertura delle perdite.** ~~12) le attrezzature industriali e commerciali, le materie prime, sussidiarie e di consumo, possono essere iscritte nell'attivo ad un valore costante qualora siano costantemente rinnovate, e complessivamente di scarsa importanza in rapporto all'attivo di bilancio, sempreché non si abbiano variazioni sensibili nella loro entità, valore e composizione.~~ 2. **Ai fini della presente Sezione, per la definizione di «strumento finanziario», di «attività finanziaria» e «passività finanziaria», di «strumento finanziario derivato», di «costo ammortizzato», di 'fair value», di «attività monetaria» e «passività monetaria», «parte correlata» e «modello e tecnica di valutazione generalmente accettato» si fa riferimento ai principi contabili internazionali adottati dall'Unione europea.** **Ai fini dell'applicazione delle disposizioni del primo comma , numero 11-bis), sono considerati strumenti finanziari derivati anche quelli collegati a merci che conferiscono all'una o all'altra parte contraente il diritto di procedere alla liquidazione del contratto per contanti o mediante altri strumenti finanziari, ad eccezione del caso in cui si verifichino contemporaneamente le seguenti condizioni:**	

TESTO IN VIGORE (per i bilanci con esercizi avente data di inizio anteriore al 1/1/2016)	TESTO NOVELLATO (per i bilanci con esercizi avente data di inizio dall'1/1/2016) *(NB: le aggiunte sono evidenziate in* ***grassetto****, mentre le parti eliminate sono barrate)*	***Estratto della RELAZIONE ILLUSTRATIVA all'art. 6 "Modifiche al Codice civile" dello schema di decreto legislativo attuativo della direttiva 2013/34/UE***
	a) il contratto sia stato concluso e sia mantenuto per soddisfare le esigenze previste dalla società che redige il bilancio di acquisto, di vendita o di utilizzo delle merci; b) il contratto sia stato destinato a tale scopo fin dalla sua conclusione; c) si prevede che il contratto sia eseguito mediante consegna della merce. **Il fair value è determinato con riferimento: a) al valore di mercato, per gli strumenti finanziari per i quali e possibile individuare facilmente un mercato attivo; qualora il valore di mercato non sia facilmente individuabile per uno strumento, ma possa essere individuato per i suoi componenti o per uno strumento analogo, il valore di mercato può essere derivato da quello dei componenti o dello strumento analogo; b) al valore che risulta da modelli e tecniche di valutazione generalmente accettati, per gli strumenti per i quali non sia possibile individuare facilmente un mercato attivo; tali modelli e tecniche di valutazione devono assicurare una ragionevole approssimazione al valore di mercato. Il fair value non e determinato se l'applicazione dei criteri indicati al quarto comma non da un risultato attendibile.**	

TESTO IN VIGORE **(per i bilanci con esercizi avente data di inizio anteriore al 1/1/2016)**	**TESTO NOVELLATO** **(per i bilanci con esercizi avente data di inizio dall'1/1/2016)** *(NB: le aggiunte sono evidenziate in* ***grassetto****, mentre le parti eliminate sono barrate)*	***Estratto della RELAZIONE ILLUSTRATIVA all'art. 6 "Modifiche al Codice civile" dello schema di decreto legislativo attuativo della direttiva 2013/34/UE***
Art. 2427. (Contenuto della nota integrativa). 1. La nota integrativa deve indicare, oltre a quanto stabilito da altre disposizioni: 1) i criteri applicati nella valutazione delle voci del bilancio, nelle rettifiche di valore e nella conversione dei valori non espressi all'origine in moneta avente corso legale nello Stato; 2) i movimenti delle immobilizzazioni, specificando per ciascuna voce: il costo; le precedenti rivalutazioni, ammortamenti e svalutazioni; le acquisizioni, gli spostamenti da una ad altra voce, le alienazioni avvenuti nell'esercizio; le rivalutazioni, gli ammortamenti e le svalutazioni effettuati nell'esercizio; il totale delle rivalutazioni riguardanti le immobilizzazioni esistenti alla chiusura dell'esercizio; 3) la composizione delle voci: «costi di impianto e di ampliamento» e: «costi di ricerca, di sviluppo e di pubblicità», nonché le ragioni della iscrizione ed i rispettivi criteri di ammortamento; 3-bis) la misura e le motivazioni delle riduzioni di valore applicate alle immobilizzazioni materiali e immateriali, facendo a tal fine esplicito riferimento al loro concorso alla futura produzione di risultati economici, alla loro prevedibile durata utile e, per quanto rilevante, al loro	Art. 2427. (Contenuto della nota integrativa). 1. La nota integrativa deve indicare, oltre a quanto stabilito da altre disposizioni: 1) i criteri applicati nella valutazione delle voci del bilancio, nelle rettifiche di valore e nella conversione dei valori non espressi all'origine in moneta avente corso legale nello Stato; 2) i movimenti delle immobilizzazioni, specificando per ciascuna voce: il costo; le precedenti rivalutazioni, ammortamenti e svalutazioni; le acquisizioni, gli spostamenti da una ad altra voce, le alienazioni avvenuti nell'esercizio; le rivalutazioni, gli ammortamenti e le svalutazioni effettuati nell'esercizio; il totale delle rivalutazioni riguardanti le immobilizzazioni esistenti alla chiusura dell'esercizio; 3) la composizione delle voci: «costi di impianto e di ampliamento» e: «costi ~~di ricerca,~~ di sviluppo e di pubblicità», nonché le ragioni della iscrizione ed i rispettivi criteri di ammortamento; 3-bis) la misura e le motivazioni delle riduzioni di valore applicate alle immobilizzazioni materiali e immateriali, facendo a tal fine esplicito riferimento al loro concorso alla futura produzione di risultati economici, alla loro prevedibile durata utile e, per quanto rilevante, al loro	*- il comma 9, interviene sul contenuto della nota integrativa di cui all'articolo 2427 del codice civile. Le modificazioni apportate derivano dall' attuazione delle previsioni sulla struttura e sul contenuto della nota integrativa contenute negli articoli 15, 16, 17 e 18 della direttiva.* *In particolare:* *- la lettera a) elimina il richiamo ai costi di ricerca e pubblicità contenuto nel n. 3) dell'articolo 2427 trattandosi di costi non più capitalizzabili;* *- le lettere b), d), h) eliminano riferimenti quali: «quando il loro ammontare sia apprezzabile», «se significativa», «siano rilevanti», in quanto già ricompresi nell'ambito del più generale principio di rilevanza;* *- la lettera c) sostituisce il 9) dell'articolo 2427 con la nuova formulazione prevista dalla direttiva in tema di informativa su impegni, garanzie e passività potenziali;* *- la lettera e) prevede l'eliminazione dell'informativa sulla composizione delle voci straordinarie del conto*

TESTO IN VIGORE **(per i bilanci con esercizi avente data di inizio anteriore al 1/1/2016)**	**TESTO NOVELLATO** **(per i bilanci con esercizi avente data di inizio dall'1/1/2016)** *(NB: le aggiunte sono evidenziate in* ***grassetto****, mentre le parti eliminate sono barrate)*	***Estratto della RELAZIONE ILLUSTRATIVA all'art. 6 "Modifiche al Codice civile" dello schema di decreto legislativo attuativo della direttiva 2013/34/UE***
valore di mercato, segnalando altresì le differenze rispetto a quelle operate negli esercizi precedenti ed evidenziando la loro influenza sui risultati economici dell'esercizio; 4) le variazioni intervenute nella consistenza delle altre voci dell'attivo e del passivo; in particolare, per le voci del patrimonio netto, per i fondi e per il trattamento di fine rapporto, la formazione e le utilizzazioni; 5) l'elenco delle partecipazioni, possedute direttamente o per tramite di società fiduciaria o per interposta persona, in imprese controllate e collegate, indicando per ciascuna la denominazione, la sede, il capitale, l'importo del patrimonio netto, l'utile o la perdita dell'ultimo esercizio, la quota posseduta e il valore attribuito in bilancio o il corrispondente credito; 6) distintamente per ciascuna voce, l'ammontare dei crediti e dei debiti di durata residua superiore a cinque anni, e dei debiti assistiti da garanzie reali su beni sociali, con specifica indicazione della natura delle garanzie e con specifica ripartizione secondo le aree geografiche; 6-bis) eventuali effetti significativi delle variazioni nei cambi valutari verificatesi successivamente alla chiusura dell'esercizio; 6-ter) distintamente per ciascuna voce, l'ammontare dei crediti e dei debiti relativi ad	valore di mercato, segnalando altresì le differenze rispetto a quelle operate negli esercizi precedenti ed evidenziando la loro influenza sui risultati economici dell'esercizio; 4) le variazioni intervenute nella consistenza delle altre voci dell'attivo e del passivo; in particolare, per le voci del patrimonio netto, per i fondi e per il trattamento di fine rapporto, la formazione e le utilizzazioni; 5) l'elenco delle partecipazioni, possedute direttamente o per tramite di società fiduciaria o per interposta persona, in imprese controllate e collegate, indicando per ciascuna la denominazione, la sede, il capitale, l'importo del patrimonio netto, l'utile o la perdita dell'ultimo esercizio, la quota posseduta e il valore attribuito in bilancio o il corrispondente credito; 6) distintamente per ciascuna voce, l'ammontare dei crediti e dei debiti di durata residua superiore a cinque anni, e dei debiti assistiti da garanzie reali su beni sociali, con specifica indicazione della natura delle garanzie e con specifica ripartizione secondo le aree geografiche; 6-bis) eventuali effetti significativi delle variazioni nei cambi valutari verificatesi successivamente alla chiusura dell'esercizio; 6-ter) distintamente per ciascuna voce, l'ammontare dei crediti e dei debiti relativi ad	*economico e, in sua sostituzione, richiede che siano fornite informazioni circa l'importo e la natura dei singoli elementi di ricavo o di costo di entità o incidenza eccezionali;* *-la lettera f) completa le informazioni da fornire relativamente ai rapporti economici che possono intercorrere tra società e amministratori e sindaci. Rimane ferma la disciplina dell'articolo 2399 c.c. che vieta i rapporti patrimoniali che possono compromettere l'indipendenza dei sindaci;* *-la lettera g) completa il richiamo delle informazioni da fornire sugli strumenti finanziari emessi dalla società richiamando anche i warrants e le opzioni;* *-la lettera i) prevede la richiesta di nuove informazioni riguardanti: la natura e gli effetti patrimoniali, finanziari ed economici dei fatti di rilievo avvenuti dopo la chiusura dell'esercizio; il nome e la sede legale dell'impresa che redige il bilancio consolidato dell'insieme più grande e dell'insieme più piccolo*

TESTO IN VIGORE **(per i bilanci con esercizi avente data di inizio anteriore al 1/1/2016)**	**TESTO NOVELLATO** **(per i bilanci con esercizi avente data di inizio dall'1/1/2016)** *(NB: le aggiunte sono evidenziate in* ***grassetto****, mentre le parti eliminate sono barrate)*	***Estratto della RELAZIONE ILLUSTRATIVA all'art. 6 "Modifiche al Codice civile" dello schema di decreto legislativo attuativo della direttiva 2013/34/UE***
operazioni che prevedono l'obbligo per l'acquirente di retrocessione a termine; 7) la composizione delle voci «ratei e risconti attivi» e «ratei e risconti passivi» e della voce «altri fondi» dello stato patrimoniale, quando il loro ammontare sia apprezzabile, nonché la composizione della voce «altre riserve»; 7-bis) le voci di patrimonio netto devono essere analiticamente indicate, con specificazione in appositi prospetti della loro origine, possibilità di utilizzazione e distribuibilità, nonché della loro avvenuta utilizzazione nei precedenti esercizi; 8) l'ammontare degli oneri finanziari imputati nell'esercizio ai valori iscritti nell'attivo dello stato patrimoniale, distintamente per ogni voce; 9) gli impegni non risultanti dallo stato patrimoniale; le notizie sulla composizione e natura di tali impegni e dei conti d'ordine, la cui conoscenza sia utile per valutare la situazione patrimoniale e finanziaria della società, specificando quelli relativi a imprese controllate, collegate, controllanti e a imprese sottoposte al controllo di queste ultime;	operazioni che prevedono l'obbligo per l'acquirente di retrocessione a termine; 7) la composizione delle voci «ratei e risconti attivi» e «ratei e risconti passivi» e della voce «altri fondi» dello stato patrimoniale, ~~quando il loro ammontare sia apprezzabile~~, nonché la composizione della voce «altre riserve» ; 7-bis) le voci di patrimonio netto devono essere analiticamente indicate, con specificazione in appositi prospetti della loro origine, possibilità di utilizzazione e distribuibilità, nonché della loro avvenuta utilizzazione nei precedenti esercizi; 8) l'ammontare degli oneri finanziari imputati nell'esercizio ai valori iscritti nell'attivo dello stato patrimoniale, distintamente per ogni voce; 9) ~~gli impegni non risultanti dallo stato patrimoniale; le notizie sulla composizione e natura di tali impegni e dei conti d'ordine, la cui conoscenza sia utile per valutare la situazione patrimoniale e finanziaria della società, specificando quelli relativi a imprese controllate, collegate, controllanti e a imprese sottoposte al controllo di queste ultime;~~ **l'importo complessivo degli impegni, delle garanzie e delle passività potenziali non risultanti dallo stato patrimoniale, con indicazione della natura delle garanzie reali prestate; gli impegni esistenti in materia di trattamento di quiescenza e simili, nonché gli impegni**	*di cui l'impresa fa parte in quanto impresa controllata, nonché il luogo dove e disponibile la copia del bilancio consolidato; la proposta di destinazione degli utili o di copertura delle perdite;* *- la lettera l) aggiunge un comma 2 all'articolo 2427 prevedendo che le informazioni relative alle voci dello stato patrimoniale e del conto economico siano presentate secondo l'ordine in cui le relative voci sono indicate nello stato patrimoniale e nel conto economico.*

TESTO IN VIGORE (per i bilanci con esercizi avente data di inizio anteriore al 1/1/2016)	TESTO NOVELLATO (per i bilanci con esercizi avente data di inizio dall'1/1/2016) *(NB: le aggiunte sono evidenziate in* ***grassetto****, mentre le parti eliminate sono barrate)*	*Estratto della RELAZIONE ILLUSTRATIVA all'art. 6 "Modifiche al Codice civile" dello schema di decreto legislativo attuativo della direttiva 2013/34/UE*
	assunti nei confronti di imprese controllate, collegate, nonché controllanti e imprese sottoposte al controllo di quest'ultime sono distintamente indicati;	
10) se significativa, la ripartizione dei ricavi delle vendite e delle prestazioni secondo categorie di attività e secondo aree geografiche;	10) ~~se significativa~~, la ripartizione dei ricavi delle vendite e delle prestazioni secondo categorie di attività e secondo aree geografiche;	
11) l'ammontare dei proventi da partecipazioni, indicati nell'articolo 2425, numero 15), diversi dai dividendi;	11) l'ammontare dei proventi da partecipazioni, indicati nell'articolo 2425, numero 15), diversi dai dividendi;	
12) la suddivisione degli interessi ed altri oneri finanziari, indicati nell'articolo 2425, n. 17), relativi a prestiti obbligazionari, a debiti verso banche, e altri;	12) la suddivisione degli interessi ed altri oneri finanziari, indicati nell'articolo 2425, n. 17), relativi a prestiti obbligazionari, a debiti verso banche, e altri;	
13) la composizione delle voci: «proventi straordinari» e: «oneri straordinari» del conto economico, quando il loro ammontare sia apprezzabile;	13) ~~la composizione delle voci: «proventi straordinari» e: «oneri straordinari» del conto economico, quando il loro ammontare sia apprezzabile;~~ **l'importo e la natura dei singoli elementi di ricavo o di costo di entità o incidenza eccezionali;**	
14) un apposito prospetto contenente: a) la descrizione delle differenze temporanee che hanno comportato la rilevazione di imposte differite e anticipate, specificando l'aliquota applicata e le variazioni rispetto all'esercizio precedente, gli importi accreditati o addebitati a conto economico oppure a patrimonio netto, le voci escluse dal computo e le relative motivazioni;	14) un apposito prospetto contenente: a) la descrizione delle differenze temporanee che hanno comportato la rilevazione di imposte differite e anticipate, specificando l'aliquota applicata e le variazioni rispetto all'esercizio precedente, gli importi accreditati o addebitati a conto economico oppure a patrimonio netto, le voci escluse dal computo e le relative motivazioni;	

TESTO IN VIGORE (per i bilanci con esercizi avente data di inizio anteriore al 1/1/2016)	**TESTO NOVELLATO (per i bilanci con esercizi avente data di inizio dall'1/1/2016)** *(NB: le aggiunte sono evidenziate in* ***grassetto****, mentre le parti eliminate sono barrate)*	***Estratto della RELAZIONE ILLUSTRATIVA all'art. 6 "Modifiche al Codice civile" dello schema di decreto legislativo attuativo della direttiva 2013/34/UE***
b) l'ammontare delle imposte anticipate contabilizzato in bilancio attinenti a perdite dell'esercizio o di esercizi precedenti e le motivazioni dell'iscrizione, l'ammontare non ancora contabilizzato e le motivazioni della mancata iscrizione; 15) il numero medio dei dipendenti, ripartito per categoria; 16) l'ammontare dei compensi spettanti agli amministratori ed ai sindaci, cumulativamente per ciascuna categoria;	b) l'ammontare delle imposte anticipate contabilizzato in bilancio attinenti a perdite dell'esercizio o di esercizi precedenti e le motivazioni dell'iscrizione, l'ammontare non ancora contabilizzato e le motivazioni della mancata iscrizione; 15) il numero medio dei dipendenti, ripartito per categoria; 16) l'ammontare dei compensi**, delle anticipazioni e dei crediti concessi agli** spettanti agli amministratori ed ai sindaci, cumulativamente per ciascuna categoria**, precisando il tasso d'interesse, le principali condizioni e gli importi eventualmente rimborsati, cancellati o oggetto di rinuncia, nonché gli impegni assunti per loro conto per effetto di garanzie di qualsiasi tipo prestate, precisando il totale per ciascuna categoria**;	
16-bis) salvo che la società sia inclusa in un ambito di consolidamento e le informazioni siano contenute nella nota integrativa del relativo bilancio consolidato, l'importo totale dei corrispettivi spettanti al revisore legale o alla società di revisione legale per la revisione legale dei conti annuali, l'importo totale dei corrispettivi di competenza per gli altri servizi di verifica svolti, l'importo totale dei corrispettivi di competenza per i servizi di consulenza fiscale e l'importo totale dei corrispettivi di competenza per altri servizi diversi dalla revisione contabile;	16-bis) salvo che la società sia inclusa in un ambito di consolidamento e le informazioni siano contenute nella nota integrativa del relativo bilancio consolidato, l'importo totale dei corrispettivi spettanti al revisore legale o alla società di revisione legale per la revisione legale dei conti annuali, l'importo totale dei corrispettivi di competenza per gli altri servizi di verifica svolti, l'importo totale dei corrispettivi di competenza per i servizi di consulenza fiscale e l'importo totale dei corrispettivi di competenza per altri servizi diversi dalla revisione contabile;	

TESTO IN VIGORE (per i bilanci con esercizi avente data di inizio anteriore al 1/1/2016)	**TESTO NOVELLATO (per i bilanci con esercizi avente data di inizio dall'1/1/2016)** *(NB: le aggiunte sono evidenziate in* ***grassetto****, mentre le parti eliminate sono barrate)*	***Estratto della RELAZIONE ILLUSTRATIVA all'art. 6 "Modifiche al Codice civile" dello schema di decreto legislativo attuativo della direttiva 2013/34/UE***
17) il numero e il valore nominale di ciascuna categoria di azioni della società e il numero e il valore nominale delle nuove azioni della società sottoscritte durante l'esercizio; 18) le azioni di godimento, le obbligazioni convertibili in azioni e i titoli o valori simili emessi dalla società, specificando il loro numero e i diritti che essi attribuiscono; 19) il numero e le caratteristiche degli altri strumenti finanziari emessi dalla società, con l'indicazione dei diritti patrimoniali e partecipativi che conferiscono e delle principali caratteristiche delle operazioni relative; 19-bis) i finanziamenti effettuati dai soci alla società, ripartiti per scadenze e con la separata indicazione di quelli con clausola di postergazione rispetto agli altri creditori; 20) i dati richiesti dal terzo comma dell'articolo 2447-septies con riferimento ai patrimoni destinati ad uno specifico affare ai sensi della lettera a) del primo comma dell'articolo 2447-bis; 21) i dati richiesti dall'articolo 2447-decies, ottavo comma; 22) le operazioni di locazione finanziaria che comportano il trasferimento al locatario della parte prevalente dei rischi e dei benefici inerenti ai beni che ne costituiscono oggetto, sulla	17) il numero e il valore nominale di ciascuna categoria di azioni della società e il numero e il valore nominale delle nuove azioni della società sottoscritte durante l'esercizio; 18) le azioni di godimento, le obbligazioni convertibili in azioni**, i warrants, le opzioni** e i titoli o valori simili emessi dalla società, specificando il loro numero e i diritti che essi attribuiscono; 19) il numero e le caratteristiche degli altri strumenti finanziari emessi dalla società, con l'indicazione dei diritti patrimoniali e partecipativi che conferiscono e delle principali caratteristiche delle operazioni relative; 19-bis) i finanziamenti effettuati dai soci alla società, ripartiti per scadenze e con la separata indicazione di quelli con clausola di postergazione rispetto agli altri creditori; 20) i dati richiesti dal terzo comma dell'articolo 2447-septies con riferimento ai patrimoni destinati ad uno specifico affare ai sensi della lettera a) del primo comma dell'articolo 2447-bis; 21) i dati richiesti dall'articolo 2447-decies, ottavo comma; 22) le operazioni di locazione finanziaria che comportano il trasferimento al locatario della parte prevalente dei rischi e dei benefici inerenti ai beni che ne costituiscono oggetto, sulla	

TESTO IN VIGORE **(per i bilanci con esercizi avente data di inizio anteriore al 1/1/2016)**	**TESTO NOVELLATO** **(per i bilanci con esercizi avente data di inizio dall'1/1/2016)** *(NB: le aggiunte sono evidenziate in* ***grassetto****, mentre le parti eliminate sono barrate)*	***Estratto della RELAZIONE ILLUSTRATIVA all'art. 6 "Modifiche al Codice civile" dello schema di decreto legislativo attuativo della direttiva 2013/34/UE***
base di un apposito prospetto dal quale risulti il valore attuale delle rate di canone non scadute quale determinato utilizzando tassi di interesse pari all'onere finanziario effettivo inerenti i singoli contratti, l'onere finanziario effettivo attribuibile ad essi e riferibile all'esercizio, l'ammontare complessivo al quale i beni oggetto di locazione sarebbero stati iscritti alla data di chiusura dell'esercizio qualora fossero stati considerati immobilizzazioni, con separata indicazione di ammortamenti, rettifiche e riprese di valore che sarebbero stati inerenti all'esercizio. 22-bis) le operazioni realizzate con parti correlate, precisando l'importo, la natura del rapporto e ogni altra informazione necessaria per la comprensione del bilancio relativa a tali operazioni, qualora le stesse siano rilevanti e non siano state concluse a normali condizioni di mercato. Le informazioni relative alle singole operazioni possono essere aggregate secondo la loro natura, salvo quando la loro separata evidenziazione sia necessaria per comprendere gli effetti delle operazioni medesime sulla situazione patrimoniale e finanziaria e sul risultato economico della società; 22-ter) la natura e l'obiettivo economico di accordi non risultanti dallo stato patrimoniale, con indicazione del loro effetto patrimoniale,	base di un apposito prospetto dal quale risulti il valore attuale delle rate di canone non scadute quale determinato utilizzando tassi di interesse pari all'onere finanziario effettivo inerenti i singoli contratti, l'onere finanziario effettivo attribuibile ad essi e riferibile all'esercizio, l'ammontare complessivo al quale i beni oggetto di locazione sarebbero stati iscritti alla data di chiusura dell'esercizio qualora fossero stati considerati immobilizzazioni, con separata indicazione di ammortamenti, rettifiche e riprese di valore che sarebbero stati inerenti all'esercizio. 22-bis) le operazioni realizzate con parti correlate, precisando l'importo, la natura del rapporto e ogni altra informazione necessaria per la comprensione del bilancio relativa a tali operazioni, qualora le stesse ~~siano rilevanti e~~ non siano state concluse a normali condizioni di mercato. Le informazioni relative alle singole operazioni possono essere aggregate secondo la loro natura, salvo quando la loro separata evidenziazione sia necessaria per comprendere gli effetti delle operazioni medesime sulla situazione patrimoniale e finanziaria e sul risultato economico della società; 22-ter) la natura e l'obiettivo economico di accordi non risultanti dallo stato patrimoniale, con indicazione del loro effetto patrimoniale,	

TESTO IN VIGORE (per i bilanci con esercizi avente data di inizio anteriore al 1/1/2016)	TESTO NOVELLATO (per i bilanci con esercizi avente data di inizio dall'1/1/2016) *(NB: le aggiunte sono evidenziate in **grassetto**, mentre le parti eliminate sono barrate)*	*Estratto della RELAZIONE ILLUSTRATIVA all'art. 6 "Modifiche al Codice civile" dello schema di decreto legislativo attuativo della direttiva 2013/34/UE*
finanziario ed economico, a condizione che i rischi e i benefici da essi derivanti siano significativi e l'indicazione degli stessi sia necessaria per valutare la situazione patrimoniale e finanziaria e il risultato economico della società.	finanziario ed economico, a condizione che i rischi e i benefici da essi derivanti siano significativi e l'indicazione degli stessi sia necessaria per valutare la situazione patrimoniale e finanziaria e il risultato economico della società. **22-quater) la natura e l'effetto patrimoniale, finanziario ed economico dei fatti di rilievo avvenuti dopo la chiusura dell'esercizio;** **22-quinquies) il nome e la sede legale dell'impresa che redige il bilancio consolidato dell'insieme pia grande di imprese di cui l'impresa fa parte in quanto impresa controllata, nonché il luogo in cui e disponibile la copia del bilancio consolidato;** **22-sexies) il nome e la sede legale dell'impresa che redige il bilancio consolidato dell'insieme più piccolo di imprese di cui l'impresa fa parte in quanto impresa controllata nonché il luogo in cui e disponibile la copia del bilancio consolidato;** **22-septies) la proposta di destinazione degli utili o di copertura delle perdite;**	
2. Ai fini dell'applicazione del primo comma, numeri 22-bis) e 22-ter), e degli articoli 2427-bis e 2428, terzo comma, numero 6-bis), per le definizioni di «strumento finanziario», «strumento finanziario derivato», «fair value», «parte correlata» e «modello e tecnica di valutazione	2. ~~Ai fini dell'applicazione del primo comma, numeri 22-bis) e 22-ter), e degli articoli 2427-bis e 2428, terzo comma, numero 6-bis), per le definizioni di «strumento finanziario», «strumento finanziario derivato», «fair value», «parte correlata» e «modello e tecnica di valutazione~~	

TESTO IN VIGORE **(per i bilanci con esercizi avente data di inizio anteriore al 1/1/2016)**	**TESTO NOVELLATO** **(per i bilanci con esercizi avente data di inizio dall'1/1/2016)** *(NB: le aggiunte sono evidenziate in* ***grassetto****, mentre le parti eliminate sono barrate)*	***Estratto della RELAZIONE ILLUSTRATIVA all'art. 6 "Modifiche al Codice civile" dello schema di decreto legislativo attuativo della direttiva 2013/34/UE***
generalmente accettato» si fa riferimento ai principi contabili internazionali adottati dall'Unione europea.	~~generalmente accettato» si fa riferimento ai principi contabili internazionali adottati dall'Unione europea.~~ **Le informazioni in nota integrativa relative alle voci dello stato patrimoniale e del conto economico sono presentate secondo l'ordine in cui le relative voci sono indicate nello stato patrimoniale e nel conto economico.**	
Art. 2427-bis. (Informazioni relative al valore equo «fair value» degli strumenti finanziari). 1. Nella nota integrativa sono indicati: 1) per ciascuna categoria di strumenti finanziari derivati: a) il loro fair value; b) informazioni sulla loro entità e sulla loro natura;	Art. 2427-bis. (Informazioni relative al ~~valore equo~~ «fair value» degli strumenti finanziari). 1. Nella nota integrativa sono indicati: 1) per ciascuna categoria di strumenti finanziari derivati: a) il loro fair value; b) informazioni sulla loro entità e sulla loro natura, **compresi i termini e le condizioni significative che possono influenzare l'importo, le scadenze e la certezza dei flussi finanziari futuri;** **b-bis) gli assunti fondamentali su cui si basano i modelli e le tecniche di valutazione, qualora il fair value non sia stato determinato sulla base di evidenze di mercato;** **b-ter) le variazioni di valore iscritte direttamente nel conto economico, nonché quelle imputate alle riserve di patrimonio netto;**	*- Il comma 10 interviene sulla disciplina delle informazioni relative al fair value degli strumenti finanziari contenuta nell' articolo 2427-bis.* *Nello specifico:* *- la lettera a) apporta una modifica lessicale alla rubrica dell'articolo 2427-bis;* *- la lettera b) reca un'integrazione dell'informativa degli strumenti finanziari secondo quanto disposto dall' articolo 16, paragrafo 1, lettera c) in presenza strumenti finanziari valutati al fair value. In particolare, si richiede, per ciascuna categoria di strumento finanziario derivato, di indicare: i termini e le condizioni significative che possono influenzare l'importo, le scadenze e*

TESTO IN VIGORE (per i bilanci con esercizi avente data di inizio anteriore al 1/1/2016)	TESTO NOVELLATO (per i bilanci con esercizi avente data di inizio dall'1/1/2016) *(NB: le aggiunte sono evidenziate in **grassetto**, mentre le parti eliminate sono barrate)*	***Estratto della RELAZIONE ILLUSTRATIVA all'art. 6 "Modifiche al Codice civile" dello schema di decreto legislativo attuativo della direttiva 2013/34/UE***
2) per le immobilizzazioni finanziarie iscritte a un valore superiore al loro *fair value*, con esclusione delle partecipazioni in società controllate e collegate ai sensi dell'articolo 2359 e delle partecipazioni in joint venture: a) il valore contabile e il fair value delle singole attività, o di appropriati raggruppamenti di tali attività; b) i motivi per i quali il valore contabile non è stato ridotto, inclusa la natura degli elementi sostanziali sui quali si basa il convincimento che tale valore possa essere recuperato. 2. Ai fini dell'applicazione delle disposizioni del comma 1, sono considerati strumenti finanziari derivati anche quelli collegati a merci che conferiscono all'una o all'altra parte contraente il diritto di procedere alla liquidazione del contratto per contanti o mediante altri strumenti finanziari, ad eccezione del caso in cui si verifichino contemporaneamente le seguenti condizioni: a) il contratto sia stato concluso e sia mantenuto per soddisfare le esigenze previste dalla società che redige il bilancio di acquisto, di vendita o di utilizzo delle merci;	**b-quater) una tabella che indichi i movimenti delle riserve di fair value avvenuti nell'esercizio.**; 2) per le immobilizzazioni finanziarie iscritte a un valore superiore al loro *fair value*, con esclusione delle partecipazioni in società controllate e collegate ai sensi dell'articolo 2359 e delle partecipazioni in joint venture: a) il valore contabile e il fair value delle singole attività, o di appropriati raggruppamenti di tali attività; b) i motivi per i quali il valore contabile non è stato ridotto, inclusa la natura degli elementi sostanziali sui quali si basa il convincimento che tale valore possa essere recuperato. ~~2. Ai fini dell'applicazione delle disposizioni del comma 1, sono considerati strumenti finanziari derivati anche quelli collegati a merci che conferiscono all'una o all'altra parte contraente il diritto di procedere alla liquidazione del contratto per contanti o mediante altri strumenti finanziari, ad eccezione del caso in cui si verifichino contemporaneamente le seguenti condizioni:~~ ~~a) il contratto sia stato concluso e sia mantenuto per soddisfare le esigenze previste dalla società che redige il bilancio di acquisto, di vendita o di utilizzo delle merci;~~	*la certezza dei flussi finanziari futuri; gli assunti fondamentali su cui si basano i modelli e le tecniche di valutazione, qualora il fair value non sia stato determinato sulla base di evidenze di mercato; le variazioni di valore iscritte direttamente nel conto economico, nonché quelle imputate alle riserve di patrimonio netto; una tabella che indichi i movimenti delle riserve di fair value avvenuti nell' esercizio;* *- la lettera c) prevede l'eliminazione dei commi 2, 3 e 4 dell'articolo 2427-bis, in quanto oggetto di spostamento nell'ambito dell'articolo 2426 del codice civile.*

TESTO IN VIGORE **(per i bilanci con esercizi avente data di inizio anteriore al 1/1/2016)**	**TESTO NOVELLATO** **(per i bilanci con esercizi avente data di inizio dall'1/1/2016)** *(NB: le aggiunte sono evidenziate in* ***grassetto****, mentre le parti eliminate sono barrate)*	***Estratto della RELAZIONE ILLUSTRATIVA all'art. 6 "Modifiche al Codice civile" dello schema di decreto legislativo attuativo della direttiva 2013/34/UE***
b) il contratto sia stato destinato a tale scopo fin dalla sua conclusione; c) si prevede che il contratto sia eseguito mediante consegna della merce. 3. Il fair value è determinato con riferimento: a) al valore di mercato, per gli strumenti finanziari per i quali è possibile individuare facilmente un mercato attivo; qualora il valore di mercato non sia facilmente individuabile per uno strumento, ma possa essere individuato per i suoi componenti o per uno strumento analogo, il valore di mercato può essere derivato da quello dei componenti o dello strumento analogo; b) al valore che risulta da modelli e tecniche di valutazione generalmente accettati, per gli strumenti per i quali non sia possibile individuare facilmente un mercato attivo; tali modelli e tecniche di valutazione devono assicurare una ragionevole approssimazione al valore di mercato. 4. Il fair value non è determinato se l'applicazione dei criteri indicati al comma precedente non dà un risultato attendibile. *5. COMMA ABROGATO*	~~b) il contratto sia stato destinato a tale scopo fin dalla sua conclusione;~~ ~~c) si prevede che il contratto sia eseguito mediante consegna della merce.~~ ~~3. Il fair value è determinato con riferimento:~~ ~~a) al valore di mercato, per gli strumenti finanziari per i quali è possibile individuare facilmente un mercato attivo; qualora il valore di mercato non sia facilmente individuabile per uno strumento, ma possa essere individuato per i suoi componenti o per uno strumento analogo, il valore di mercato può essere derivato da quello dei componenti o dello strumento analogo;~~ ~~b) al valore che risulta da modelli e tecniche di valutazione generalmente accettati, per gli strumenti per i quali non sia possibile individuare facilmente un mercato attivo; tali modelli e tecniche di valutazione devono assicurare una ragionevole approssimazione al valore di mercato.~~ ~~4. Il fair value non è determinato se l'applicazione dei criteri indicati al comma precedente non dà un risultato attendibile.~~ *5. COMMA ABROGATO*	
Art. 2428. (Relazione sulla gestione). 1. Il bilancio deve essere corredato da una relazione degli amministratori contenente un'analisi fedele, equilibrata ed esauriente	Art. 2428. (Relazione sulla gestione). 1. Il bilancio deve essere corredato da una relazione degli amministratori contenente un'analisi fedele, equilibrata ed esauriente della	*- Il comma 11 interviene sulla relazione sulla gestione di cui all'articolo 2428 del codice civile, eliminando il riferimento*

TESTO IN VIGORE **(per i bilanci con esercizi avente data di inizio anteriore al 1/1/2016)**	**TESTO NOVELLATO** **(per i bilanci con esercizi avente data di inizio dall'1/1/2016)** *(NB: le aggiunte sono evidenziate in* ***grassetto****, mentre le parti eliminate sono barrate)*	***Estratto della RELAZIONE ILLUSTRATIVA all'art. 6 "Modifiche al Codice civile" dello schema di decreto legislativo attuativo della direttiva 2013/34/UE***
della situazione della società e dell'andamento e del risultato della gestione, net suo complesso e nei vari settori in cui essa ha operato, anche attraverso imprese controllate, con particolare riguardo ai costi, ai ricavi e agli investimenti, nonché una descrizione dei principali rischi e incertezze cui la società è esposta. 2. L'analisi di cui al primo comma è coerente can l'entità e la complessità degli affari della società e contiene, nella misura necessaria alla comprensione della situazione della società e dell'andamento e del risultato della sua gestione, gli indicatori di risultato finanziari e, se del caso, quelli non finanziari pertinenti all'attività specifica della società, comprese le informazioni attinenti all'ambiente e al personale. L'analisi contiene, ove opportuno, riferimenti agli importi riportati net bilancio e chiarimenti aggiuntivi su di essi. 3. Dalla relazione devono in ogni caso risultare: 1) le attività di ricerca e di sviluppo; 2) i rapporti con imprese controllate, collegate, controllanti e imprese sottoposte al controllo di queste ultime; 3) il numero e il valore nominate sia delle azioni proprie sia delle azioni o quote di società controllanti possedute dalla società, anche per	situazione della società e dell'andamento e del risultato della gestione, net suo complesso e nei vari settori in cui essa ha operato, anche attraverso imprese controllate, con particolare riguardo ai costi, ai ricavi e agli investimenti, nonché una descrizione dei principali rischi e incertezze cui la società è esposta. 2. L'analisi di cui al primo comma è coerente can l'entità e la complessità degli affari della società e contiene, nella misura necessaria alla comprensione della situazione della società e dell'andamento e del risultato della sua gestione, gli indicatori di risultato finanziari e, se del caso, quelli non finanziari pertinenti all'attività specifica della società, comprese le informazioni attinenti all'ambiente e al personale. L'analisi contiene, ove opportuno, riferimenti agli importi riportati net bilancio e chiarimenti aggiuntivi su di essi. 3. Dalla relazione devono in ogni caso risultare: 1) le attività di ricerca e di sviluppo; 2) i rapporti con imprese controllate, collegate, controllanti e imprese sottoposte al controllo di queste ultime; 3) il numero e il valore nominate sia delle azioni proprie sia delle azioni o quote di società controllanti possedute dalla società, anche per	*all'informativa sui fatti di rilievo avvenuti dopo la chiusura dell'esercizio, contenuto nel comma 3 dell'articolo 2428, in attuazione delle modificazioni apportate dall' articolo 19 della direttiva. Questa informazione è ora richiesta nell' ambito della nota integrativa (articolo 2427, comma 1, numero 22 quater).*

TESTO IN VIGORE **(per i bilanci con esercizi avente data di inizio anteriore al 1/1/2016)**	**TESTO NOVELLATO** **(per i bilanci con esercizi avente data di inizio dall'1/1/2016)** *(NB: le aggiunte sono evidenziate in* ***grassetto****, mentre le parti eliminate sono barrate)*	***Estratto della RELAZIONE ILLUSTRATIVA all'art. 6 "Modifiche al Codice civile" dello schema di decreto legislativo attuativo della direttiva 2013/34/UE***
tramite di società fiduciaria o per interposta persona, can l'indicazione della parte di capitale corrispondente; 4) il numero e il valore nominate sia delle azioni proprie sia delle azioni o quote di società controllanti acquistate o alienate dalla società, net corso dell'esercizio, anche per tramite di società fiduciaria o per interposta persona, con l'indicazione della corrispondente parte di capitale, dei corrispettivi e dei motivi degli acquisti e delle alienazioni; 5) i fatti di rilievo avvenuti dopo la chiusura dell'esercizio; 6) l'evoluzione prevedibile della gestione. 6-bis) in relazione all'uso da parte della società di strumenti finanziari e se rilevanti per la valutazione della situazione patrimoniale e finanziaria e del risultato economico dell'esercizio: a) gli obiettivi e le politiche della società in materia di gestione del rischio finanziario, compresa la politica di copertura per ciascuna principale categoria di operazioni previste; b) l'esposizione della società al rischio di prezzo, al rischio di credito, al rischio di liquidità e al rischio di variazione dei flussi finanziari. 4. *COMMA ABROGATO* 5. Dalla relazione deve inoltre risultare l'elenco delle sedi secondarie della società.	tramite di società fiduciaria o per interposta persona, can l'indicazione della parte di capitale corrispondente; 4) il numero e il valore nominate sia delle azioni proprie sia delle azioni o quote di società controllanti acquistate o alienate dalla società, net corso dell'esercizio, anche per tramite di società fiduciaria o per interposta persona, con l'indicazione della corrispondente parte di capitale, dei corrispettivi e dei motivi degli acquisti e delle alienazioni; ~~5) i fatti di rilievo avvenuti dopo la chiusura dell'esercizio;~~ 6) l'evoluzione prevedibile della gestione. 6-bis) in relazione all'uso da parte della società di strumenti finanziari e se rilevanti per la valutazione della situazione patrimoniale e finanziaria e del risultato economico dell'esercizio: a) gli obiettivi e le politiche della società in materia di gestione del rischio finanziario, compresa la politica di copertura per ciascuna principale categoria di operazioni previste; b) l'esposizione della società al rischio di prezzo, al rischio di credito, al rischio di liquidità e al rischio di variazione dei flussi finanziari. 4. *COMMA ABROGATO* 5. Dalla relazione deve inoltre risultare l'elenco delle sedi secondarie della società.	

TESTO IN VIGORE (per i bilanci con esercizi avente data di inizio anteriore al 1/1/2016)	TESTO NOVELLATO (per i bilanci con esercizi avente data di inizio dall'1/1/2016) *(NB: le aggiunte sono evidenziate in* ***grassetto****, mentre le parti eliminate sono barrate)*	***Estratto della RELAZIONE ILLUSTRATIVA all'art. 6 "Modifiche al Codice civile" dello schema di decreto legislativo attuativo della direttiva 2013/34/UE***
Art. 2435-bis. (Bilancio in forma abbreviata). 1. Le società, che non abbiano emesso titoli negoziati in mercati regolamentati, possono redigere il bilancio in forma abbreviata quando, nel primo esercizio o, successivamente, per due esercizi consecutivi, non abbiano superato due dei seguenti limiti: 1) totale dell'attivo dello stato patrimoniale: 4.400.000 euro; 2) ricavi delle vendite e delle prestazioni: 8.800.000 euro; 3) dipendenti occupati in media durante l'esercizio: 50 unità. 2. Nel bilancio in forma abbreviata lo stato patrimoniale comprende solo le voci contrassegnate nell'articolo 2424 con lettere maiuscole e con numeri romani; le voci A e D dell'attivo possono essere comprese nella voce CII; dalle voci BI e BII dell'attivo devono essere detratti in forma esplicita gli ammortamenti e le svalutazioni; la voce E del passivo può essere compresa nella voce D; nelle voci CII dell'attivo e D del passivo devono essere separatamente indicati i crediti e i debiti esigibili oltre l'esercizio successivo.	Art. 2435-bis. (Bilancio in forma abbreviata). 1. Le società, che non abbiano emesso titoli negoziati in mercati regolamentati, possono redigere il bilancio in forma abbreviata quando, nel primo esercizio o, successivamente, per due esercizi consecutivi, non abbiano superato due dei seguenti limiti: 1) totale dell'attivo dello stato patrimoniale: 4.400.000 euro; 2) ricavi delle vendite e delle prestazioni: 8.800.000 euro; 3) dipendenti occupati in media durante l'esercizio: 50 unità. 2. Nel bilancio in forma abbreviata lo stato patrimoniale comprende solo le voci contrassegnate nell'articolo 2424 con lettere maiuscole e con numeri romani; le voci A e D dell'attivo possono essere comprese nella voce CII; ~~dalle voci BI e BII dell'attivo devono essere detratti in forma esplicita gli ammortamenti e le svalutazioni;~~ la voce E del passivo può essere compresa nella voce D; nelle voci CII dell'attivo e D del passivo devono essere separatamente indicati i crediti e i debiti esigibili oltre l'esercizio successivo. **Le società che redigono il bilancio in forma abbreviata sono esonerate dalla redazione del rendiconto finanziario.**	*- Il comma 12 apporta alcune modifiche alla disciplina del bilancio in forma abbreviata contenuta nell'articolo 2435-bis del codice civile. Nello specifico:* *- la lettera a) interviene sul comma 2 dell'articolo 2435-bis eliminando la previsione secondo cui dalle immobilizzazioni immateriali e materiali iscritte nell'attivo dello stato patrimoniale debbano essere detratti in forma esplicita gli ammortamenti e le svalutazioni. Viene aggiunto l'esonero dalla redazione del rendiconto finanziario da parte delle società che redigono il bilancio in forma abbreviata stante il disposto dell'articolo 4, paragrafo 1, secondo capoverso, della direttiva;* *- la lettera b) integra i riferimenti alle voci del conto economico raggruppabili ai sensi del comma 3 dell'articolo 2435-bis in considerazione della collocazione delle nuove voci inserite nel conto economico ex 2425 c.c.;* *- la lettera c) abroga il comma 4 dell'articolo 2435-bis per effetto*

TESTO IN VIGORE **(per i bilanci con esercizi avente data di inizio anteriore al 1/1/2016)**	**TESTO NOVELLATO** **(per i bilanci con esercizi avente data di inizio dall'1/1/2016)** *(NB: le aggiunte sono evidenziate in* ***grassetto****, mentre le parti eliminate sono barrate)*	***Estratto della RELAZIONE ILLUSTRATIVA all'art. 6 "Modifiche al Codice civile" dello schema di decreto legislativo attuativo della direttiva 2013/34/UE***
3. Nel conto economico del bilancio in forma abbreviata le seguenti voci previste dall'articolo 2425 possono essere tra loro raggruppate: voci A2 e A3 voci B9(c), B9(d), B9(e) voci B10(a), B10(b),B10(c) voci C16(b) e C16(c) voci D18(a), D18(b), D18(c) voci D19(a), D19(b), D19(c) 4. Nel conto economico del bilancio in forma abbreviata nella voce E20 non è richiesta la separata indicazione delle plusvalenze e nella voce E21 non è richiesta la separata indicazione delle minusvalenze e delle imposte relative a esercizi precedenti. 5. Nella nota integrativa sono omesse le indicazioni richieste dal numero 10 dell'articolo 2426 e dai numeri 2), 3), 7), 9), 10), 12), 13), 14), 15), 16) e 17) dell'articolo 2427 e dal numero 1) del comma 1 dell'articolo 2427-bis; le indicazioni richieste dal numero 6) dell'articolo 2427 sono riferite all'importo globale dei debiti iscritti in bilancio.	3. Nel conto economico del bilancio in forma abbreviata le seguenti voci previste dall'articolo 2425 possono essere tra loro raggruppate: voci A2 e A3 voci B9(c), B9(d), B9(e) voci B10(a), B10(b),B10(c) voci C16(b) e C16(c) voci D18(a), D18(b), D18(c)**, D18(d)**, voci D19(a), D19(b), D19(c)**, D19(d)** ~~4. Nel conto economico del bilancio in forma abbreviata nella voce E20 non è richiesta la separata indicazione delle plusvalenze e nella voce E21 non è richiesta la separata indicazione delle minusvalenze e delle imposte relative a esercizi precedenti.~~ ~~5. Nella nota integrativa sono omesse le indicazioni richieste dal numero 10 dell'articolo 2426 e dai numeri 2), 3), 7), 9), 10), 12), 13), 14), 15), 16) e 17) dell'articolo 2427 e dal numero 1) del comma 1 dell'articolo 2427-bis; le indicazioni richieste dal numero 6) dell'articolo 2427 sono riferite all'importo globale dei debiti iscritti in bilancio.~~ **Fermo restando le indicazioni richieste dal terzo, quarto e quinto comma dell'articolo 2423, dal secondo e quinto comma dell'articolo 2423-ter, dal secondo comma dell'articolo 2424, dal primo comma, numeri 4) e 6), dell'articolo**	*dell'eliminazione delle voci straordinarie del conto economico;* *- la lettera d) modifica gli obblighi di informativa in nota integrativa previsti per le società che redigono il bilancio in forma abbreviata in linea con quanto stabilito dall'articolo 16 della direttiva;* *- la lettera e) interviene su alcune precisazioni in tema di informativa contenute nel comma 6 dell'articolo 2435-bis. Si prevede, da un lato, un'integrazione della previsione sulle parti correlate in linea con quanto stabilito dalla direttiva e, dall'altro lato, si sopprime il riferimento alle operazioni fuori bilancio in quanto disciplinate in modo completo al comma precedente;* *- la lettera f) inserisce un nuovo comma ove si prevede che le società che redigono bilancio in forma abbreviata, in deroga a quanto disposto dall'articolo 2426, hanno la facoltà di iscrivere i titoli al costo di acquisto, i crediti al valore di presumibile realizzo e i debiti al valore nominale.*

TESTO IN VIGORE (per i bilanci con esercizi avente data di inizio anteriore al 1/1/2016)	TESTO NOVELLATO (per i bilanci con esercizi avente data di inizio dall'1/1/2016) *(NB: le aggiunte sono evidenziate in* ***grassetto****, mentre le parti eliminate sono barrate)*	*Estratto della RELAZIONE ILLUSTRATIVA all'art. 6 "Modifiche al Codice civile" dello schema di decreto legislativo attuativo della direttiva 2013/34/UE*
	2426, la nota integrativa fornisce le indicazioni richieste dal primo comma dell'articolo 2427, numeri 1), 2), 6), per quest'ultimo limitatamente ai soli debiti senza indicazione della ripartizione geografica, 8), 9), 13), 15), per quest'ultimo anche omettendo la ripartizione per categoria, 16), 22-bis), 22-ter), per quest'ultimo anche omettendo le indicazioni riguardanti gli effetti patrimoniali, finanziari ed economici, 22-quater), 22-sexies), per quest'ultimo anche omettendo l'indicazione del luogo in cui ê disponibile la copia del bilancio consolidato, nonché dal primo comma dell'articolo 2427-bis, numero 1).	
5.bis Le società possono limitare l'informativa richiesta ai sensi dell'articolo 2427, primo comma, numero 22-bis, alle operazioni realizzate direttamente o indirettamente con i loro maggiori azionisti ed a quelle con i membri degli organi di amministrazione e controllo, nonché limitare alla natura e all'obiettivo economico le informazioni richieste ai sensi dell'articolo 2427, primo comma, numero 22-ter.	5.bis Le società possono limitare l'informativa richiesta ai sensi dell'articolo 2427, primo comma, numero 22-bis, alle operazioni realizzate direttamente o indirettamente con i loro maggiori azionisti ed a quelle con i membri degli organi di amministrazione e controllo, nonché ~~limitare alla natura e all'obiettivo economico le informazioni richieste ai sensi dell'articolo 2427, primo comma, numero 22-ter~~ **con le imprese in cui la società stessa detiene una partecipazione**.	

TESTO IN VIGORE **(per i bilanci con esercizi avente data di inizio anteriore al 1/1/2016)**	**TESTO NOVELLATO** **(per i bilanci con esercizi avente data di inizio dall'1/1/2016)** *(NB: le aggiunte sono evidenziate in* ***grassetto****, mentre le parti eliminate sono barrate)*	***Estratto della RELAZIONE ILLUSTRATIVA all'art. 6 "Modifiche al Codice civile" dello schema di decreto legislativo attuativo della direttiva 2013/34/UE***
6. Qualora le società indicate nel primo comma forniscano nella nota integrativa le informazioni richieste dai numeri 3) e 4) dell'articolo 2428, esse sono esonerate dalla redazione della relazione sulla gestione. 7. Le società che a norma del presente articolo redigono il bilancio in forma abbreviata devono redigerlo in forma ordinaria quando per il secondo esercizio consecutivo abbiano superato due dei limiti indicati nel primo comma.	6. Qualora le società indicate nel primo comma forniscano nella nota integrativa le informazioni richieste dai numeri 3) e 4) dell'articolo 2428, esse sono esonerate dalla redazione della relazione sulla gestione. 7. Le società che a norma del presente articolo redigono il bilancio in forma abbreviata devono redigerlo in forma ordinaria quando per il secondo esercizio consecutivo abbiano superato due dei limiti indicati nel primo comma. 8. **Le società che redigono il bilancio in forma abbreviata, in deroga a quanto disposto dall'articolo 2426, hanno la facoltà di iscrivere i titoli al costo di acquisto, i crediti al valore di presumibile realizzo e i debiti al valore nominale.**	
	Art. 2435-ter. (Bilancio delle micro-imprese) Sono considerate micro-imprese le società di cui all'articolo 2435 - bis che nel primo esercizio o, successivamente, per due esercizi consecutivi, non abbiano superato due dei seguenti limiti: **1) totale dell'attivo dello stato patrimoniale: 175.000 euro;** **2) ricavi delle vendite e delle prestazioni: 350.000 euro;** **3) dipendenti occupati in media durante l'esercizio: 5 unità.**	*- Il comma 13 introduce il nuovo articolo 2435-ter riferito al bilancio delle micro-imprese. comma 1 dell'articolo 2435-ter indica i presupposti di applicabilità della norma. Secondo tale previsione, per poter rientrare in tale regime le società nel primo esercizio o, successivamente, per due esercizi consecutivi, non devono aver superato due dei seguenti limiti: 1) totale dell'attivo dello stato patrimoniale:*

TESTO IN VIGORE (per i bilanci con esercizi avente data di inizio anteriore al 1/1/2016)	TESTO NOVELLATO (per i bilanci con esercizi avente data di inizio dall'1/1/2016) *(NB: le aggiunte sono evidenziate in* ***grassetto****, mentre le parti eliminate sono barrate)*	***Estratto della RELAZIONE ILLUSTRATIVA all'art. 6 "Modifiche al Codice civile" dello schema di decreto legislativo attuativo della direttiva 2013/34/UE***
	Fatte salve le norme del presente articolo, gli schemi di bilancio e i criteri di valutazione delle micro-imprese sono determinati secondo quanto disposto dall'articolo 2435-bis. Le micro-imprese sono esonerate dalla redazione: **1) del rendiconto finanziario;** **2) della nota integrativa quando in calce allo stato patrimoniale risultino le informazioni previste dal primo comma dell'articolo 2427, numeri 9) e 16);** **3) della relazione sulla gestione: quando in calce allo stato patrimoniale risultino le informazioni richieste dai numeri 3) e 4) dell'articolo 2428.** **Non sono applicabili le disposizioni di cui al quinto comma dell'articolo 2423 e al numero 11-bis del primo comma dell'articolo 2426.** **Le società che si avvalgono delle esenzioni previste del presente articolo devono redigere il bilancio, a seconda dei casi, in forma abbreviata o in forma ordinaria quando per il secondo esercizio consecutivo abbiano superato due dei limiti indicati nel primo comma.**	*175.000 euro; 2) ricavi delle vendile e delle prestazioni: 350.000 euro; 3) dipendenti occupati in media durante l'esercizio: 5 unità. Le micro-imprese applicano la stessa disciplina delle società che redigono il bilancio in forma abbreviata, salvo le ulteriori semplificazioni previste nell'articolo 2435-ter. Si segnala in particolare che le micro imprese sono esonerate dalla redazione della nota integrativa se in calce allo stato patrimoniale risultano le informazioni previste dai numeri 9 e 16, comma 1, dell'articolo 2427. Inoltre, alle micro-imprese non si applicano le disposizioni dell'articolo 2423, comma 5 (deroga per casi eccezionali) e dell'articolo 2426, comma 1, numero 11-bis (sulla valutazione dei derivati e delle operazioni di copertura).*

SCHEMI DI STATO PATRIMONIALE E CONTO ECONOMICO[1]

[1] Gli schemi sono tratti dalla "Tassonomia XBRL Principi contabili italiani. Contenuto tabellare del bilancio d'esercizio redatto secondo le disposizioni civilistiche e schemi quantitativi del bilancio consolidato redatto secondo gli art.. 29 e ss. del D.Lgs 127/1991", pubblicato nella sua versione ufficiale del 14 novembre 2016 ed approvato con avviso pubblicato sulla Gazzetta Ufficiale n. 7 del 10 gennaio 2017.
La nuova Tassonomia PCI2016-11-14 è obbligatoria per i bilanci chiusi al 31 dicembre 2016.

STATO PATRIMONIALE

Codice Civile, articolo 2424

Stato patrimoniale
Attivo
A) Crediti verso soci per versamenti ancora dovuti
Parte richiamata
Parte da richiamare
Totale crediti verso soci per versamenti ancora dovuti (A)
B) Immobilizzazioni, con separata indicazione di quelle concesse in locazione finanziaria
I - Immobilizzazioni immateriali
1) costi di impianto e di ampliamento
2) costi di sviluppo
3) diritti di brevetto industriale e diritti di utilizzazione delle opere dell'ingegno
4) concessioni, licenze, marchi e diritti simili
5) avviamento
6) immobilizzazioni in corso e acconti
7) altre
Totale immobilizzazioni immateriali
II - Immobilizzazioni materiali
1) terreni e fabbricati
2) impianti e macchinario
3) attrezzature industriali e commerciali
4) altri beni
5) immobilizzazioni in corso e acconti
Totale immobilizzazioni materiali
III - Immobilizzazioni finanziarie
1) partecipazioni in
a) imprese controllate
b) imprese collegate
c) imprese controllanti
d) imprese sottoposte al controllo delle controllanti
d-bis) altre imprese
Totale partecipazioni
2) crediti
a) verso imprese controllate
esigibili entro l'esercizio successivo
esigibili oltre l'esercizio successivo
Totale crediti verso imprese controllate
b) verso imprese collegate
esigibili entro l'esercizio successivo
esigibili oltre l'esercizio successivo
Totale crediti verso imprese collegate

c) verso controllanti
esigibili entro l'esercizio successivo
esigibili oltre l'esercizio successivo
Totale crediti verso controllanti
d) verso imprese sottoposte al controllo delle controllanti
esigibili entro l'esercizio successivo
esigibili oltre l'esercizio successivo
Totale crediti verso imprese sottoposte al controllo delle controllanti
d-bis) verso altri
esigibili entro l'esercizio successivo
esigibili oltre l'esercizio successivo
Totale crediti verso altri
Totale crediti
3) altri titoli
4) strumenti finanziari derivati attivi
Totale immobilizzazioni finanziarie
Totale immobilizzazioni (B)
C) Attivo circolante
I - Rimanenze
1) materie prime, sussidiarie e di consumo
2) prodotti in corso di lavorazione e semilavorati
3) lavori in corso su ordinazione
4) prodotti finiti e merci
5) acconti
Totale rimanenze
Immobilizzazioni materiali destinate alla vendita
II - Crediti
1) verso clienti
esigibili entro l'esercizio successivo
esigibili oltre l'esercizio successivo
Totale crediti verso clienti
2) verso imprese controllate
esigibili entro l'esercizio successivo
esigibili oltre l'esercizio successivo
Totale crediti verso imprese controllate
3) verso imprese collegate
esigibili entro l'esercizio successivo
esigibili oltre l'esercizio successivo
Totale crediti verso imprese collegate
4) verso controllanti
esigibili entro l'esercizio successivo
esigibili oltre l'esercizio successivo
Totale crediti verso controllanti

5) verso imprese sottoposte al controllo delle controllanti
esigibili entro l'esercizio successivo
esigibili oltre l'esercizio successivo
Totale crediti verso imprese sottoposte al controllo delle controllanti
5-bis) crediti tributari
esigibili entro l'esercizio successivo
esigibili oltre l'esercizio successivo
Totale crediti tributari
5-ter) imposte anticipate
5-quater) verso altri
esigibili entro l'esercizio successivo
esigibili oltre l'esercizio successivo
Totale crediti verso altri
Totale crediti
III - Attività finanziarie che non costituiscono immobilizzazioni
1) partecipazioni in imprese controllate
2) partecipazioni in imprese collegate
3) partecipazioni in imprese controllanti
3-bis) partecipazioni in imprese sottoposte al controllo delle controllanti
4) altre partecipazioni
5) strumenti finanziari derivati attivi
6) altri titoli
attività finanziarie per la gestione accentrata della tesoreria
Totale attività finanziarie che non costituiscono immobilizzazioni
IV - Disponibilità liquide
1) depositi bancari e postali
2) assegni
3) danaro e valori in cassa
Totale disponibilità liquide
Totale attivo circolante (C)
D) Ratei e risconti
Totale attivo
Passivo
A) Patrimonio netto
I - Capitale
II - Riserva da soprapprezzo delle azioni
III - Riserve di rivalutazione
IV - Riserva legale
V - Riserve statutarie
VI - Altre riserve, distintamente indicate
Riserva straordinaria
Riserva da deroghe ex articolo 2423 codice civile
Riserva azioni (quote) della società controllante
Riserva da rivalutazione delle partecipazioni

Versamenti in conto aumento di capitale
Versamenti in conto futuro aumento di capitale
Versamenti in conto capitale
Versamenti a copertura perdite
Riserva da riduzione capitale sociale
Riserva avanzo di fusione
Riserva per utili su cambi non realizzati
Riserva da conguaglio utili in corso
Varie altre riserve
Totale altre riserve
VII - Riserva per operazioni di copertura dei flussi finanziari attesi
VIII - Utili (perdite) portati a nuovo
IX - Utile (perdita) dell'esercizio
Perdita ripianata nell'esercizio
X - Riserva negativa per azioni proprie in portafoglio
Totale patrimonio netto
B) Fondi per rischi e oneri
1) per trattamento di quiescenza e obblighi simili
2) per imposte, anche differite
3) strumenti finanziari derivati passivi
4) altri
Totale fondi per rischi ed oneri
C) Trattamento di fine rapporto di lavoro subordinato
D) Debiti
1) obbligazioni
esigibili entro l'esercizio successivo
esigibili oltre l'esercizio successivo
Totale obbligazioni
2) obbligazioni convertibili
esigibili entro l'esercizio successivo
esigibili oltre l'esercizio successivo
Totale obbligazioni convertibili
3) debiti verso soci per finanziamenti
esigibili entro l'esercizio successivo
esigibili oltre l'esercizio successivo
Totale debiti verso soci per finanziamenti
4) debiti verso banche
esigibili entro l'esercizio successivo
esigibili oltre l'esercizio successivo
Totale debiti verso banche
5) debiti verso altri finanziatori
esigibili entro l'esercizio successivo
esigibili oltre l'esercizio successivo
Totale debiti verso altri finanziatori

6) acconti
esigibili entro l'esercizio successivo
esigibili oltre l'esercizio successivo
Totale acconti
7) debiti verso fornitori
esigibili entro l'esercizio successivo
esigibili oltre l'esercizio successivo
Totale debiti verso fornitori
8) debiti rappresentati da titoli di credito
esigibili entro l'esercizio successivo
esigibili oltre l'esercizio successivo
Totale debiti rappresentati da titoli di credito
9) debiti verso imprese controllate
esigibili entro l'esercizio successivo
esigibili oltre l'esercizio successivo
Totale debiti verso imprese controllate
10) debiti verso imprese collegate
esigibili entro l'esercizio successivo
esigibili oltre l'esercizio successivo
Totale debiti verso imprese collegate
11) debiti verso controllanti
esigibili entro l'esercizio successivo
esigibili oltre l'esercizio successivo
Totale debiti verso controllanti
11-bis) debiti verso imprese sottoposte al controllo delle controllanti
esigibili entro l'esercizio successivo
esigibili oltre l'esercizio successivo
Totale debiti verso imprese sottoposte al controllo delle controllanti
12) debiti tributari
esigibili entro l'esercizio successivo
esigibili oltre l'esercizio successivo
Totale debiti tributari
13) debiti verso istituti di previdenza e di sicurezza sociale
esigibili entro l'esercizio successivo
esigibili oltre l'esercizio successivo
Totale debiti verso istituti di previdenza e di sicurezza sociale
14) altri debiti
esigibili entro l'esercizio successivo
esigibili oltre l'esercizio successivo
Totale altri debiti
Totale debiti
E) Ratei e risconti
Totale passivo

CONTO ECONOMICO

Codice Civile, articolo 2425

A) Valore della produzione
- 1) ricavi delle vendite e delle prestazioni
- 2) variazioni delle rimanenze di prodotti in corso di lavorazione
- 3) variazioni dei lavori in corso su ordinazione
- 4) incrementi di immobilizzazioni per lavori interni
- 5) altri ricavi e proventi
  contributi in conto esercizio
  altri
  Totale altri ricavi e proventi

Totale valore della produzione

B) Costi della produzione
- 6) per materie prime, sussidiarie, di consumo e di merci
- 7) per servizi
- 8) per godimento di beni di terzi
- 9) per il personale
  - a) salari e stipendi
  - b) oneri sociali
  - c) trattamento di fine rapporto
  - d) trattamento di quiescenza e simili
  - e) altri costi

  Totale costi per il personale
- 10) ammortamenti e svalutazioni
  - a) ammortamento delle immobilizzazioni immateriali
  - b) ammortamento delle immobilizzazioni materiali
  - c) altre svalutazioni delle immobilizzazioni
  - d) svalutazioni dei crediti compresi nell'attivo circolante e delle disponibilità liquide

  Totale ammortamenti e svalutazioni
- 11) variazioni delle rimanenze di materie prime, sussidiarie, di consumo e merci
- 12) accantonamenti per rischi
- 13) altri accantonamenti
- 14) oneri diversi di gestione

  Totale costi della produzione

  Differenza tra valore e costi della produzione (A - B)

C) Proventi e oneri finanziari
- 15) proventi da partecipazioni
  da imprese controllate
  da imprese collegate
  da imprese controllanti

da imprese sottoposte al controllo delle controllanti
altri
Totale proventi da partecipazioni
16) altri proventi finanziari
a) da crediti iscritti nelle immobilizzazioni
da imprese controllate
da imprese collegate
da imprese controllanti
da imprese sottoposte al controllo delle controllanti
altri
Totale proventi finanziari da crediti iscritti nelle immobilizzazioni
b) da titoli iscritti nelle immobilizzazioni che non costituiscono partecipazioni
c) da titoli iscritti nell'attivo circolante che non costituiscono partecipazioni
d) proventi diversi dai precedenti
da imprese controllate
da imprese collegate
da imprese controllanti
da imprese sottoposte al controllo delle controllanti
altri
Totale proventi diversi dai precedenti
Totale altri proventi finanziari
17) interessi e altri oneri finanziari
verso imprese controllate
verso imprese collegate
verso imprese controllanti
verso imprese sottoposte al controllo delle controllanti
altri
Totale interessi e altri oneri finanziari
17-bis) utili e perdite su cambi
Totale proventi e oneri finanziari (15 + 16 - 17 + - 17-bis)
D) Rettifiche di valore di attività e passività finanziarie
18) rivalutazioni
a) di partecipazioni
b) di immobilizzazioni finanziarie che non costituiscono partecipazioni
c) di titoli iscritti all'attivo circolante che non costituiscono partecipazioni
d) di strumenti finanziari derivati
di attività finanziarie per la gestione accentrata della tesoreria
Totale rivalutazioni
19) svalutazioni
a) di partecipazioni
b) di immobilizzazioni finanziarie che non costituiscono partecipazioni

c) di titoli iscritti nell'attivo circolante che non costituiscono partecipazioni
d) di strumenti finanziari derivati
di attività finanziarie per la gestione accentrata della tesoreria
Totale svalutazioni
Totale delle rettifiche di valore di attività e passività finanziarie (18 - 19)
Risultato prima delle imposte (A - B + - C + - D)
20) Imposte sul reddito dell'esercizio, correnti, differite e anticipate
imposte correnti
imposte relative a esercizi precedenti
imposte differite e anticipate
proventi (oneri) da adesione al regime di consolidato fiscale / trasparenza fiscale
Totale delle imposte sul reddito dell'esercizio, correnti, differite e anticipate
21) Utile (perdita) dell'esercizio

STATO PATRIMONIALE ABBREVIATO

Codice Civile, articolo 2435-bis

Stato patrimoniale
Attivo
A) Crediti verso soci per versamenti ancora dovuti
B) Immobilizzazioni, con separata indicazione di quelle concesse in locazione finanziaria
I - Immobilizzazioni immateriali
II - Immobilizzazioni materiali
III - Immobilizzazioni finanziarie
Totale immobilizzazioni (B)
C) Attivo circolante
I - Rimanenze
Immobilizzazioni materiali destinate alla vendita
II - Crediti
esigibili entro l'esercizio successivo
esigibili oltre l'esercizio successivo
Totale crediti
III - Attività finanziarie che non costituiscono immobilizzazioni
IV - Disponibilità liquide
Totale attivo circolante (C)
D) Ratei e risconti
Totale attivo
Passivo
A) Patrimonio netto
I - Capitale
II - Riserva da soprapprezzo delle azioni
III - Riserve di rivalutazione
IV - Riserva legale
V - Riserve statutarie
VI - Altre riserve, distintamente indicate
VII - Riserva per operazioni di copertura dei flussi finanziari attesi
VIII - Utili (perdite) portati a nuovo
IX - Utile (perdita) dell'esercizio
Perdita ripianata nell'esercizio
X - Riserva negativa per azioni proprie in portafoglio
Totale patrimonio netto
B) Fondi per rischi e oneri
C) Trattamento di fine rapporto di lavoro subordinato
D) Debiti
esigibili entro l'esercizio successivo
esigibili oltre l'esercizio successivo
Totale debiti
E) Ratei e risconti
Totale passivo

CONTO ECONOMICO ABBREVIATO

Codice Civile, articolo 2435-bis

Conto economico
A) Valore della produzione
1) ricavi delle vendite e delle prestazioni
2), 3) variazioni delle rimanenze di prodotti in corso di lavorazione, semilavorati e finiti e dei lavori in corso su ordinazione
2) variazioni delle rimanenze di prodotti in corso di lavorazione, semilavorati e finiti
3) variazioni dei lavori in corso su ordinazione
4) incrementi di immobilizzazioni per lavori interni
5) altri ricavi e proventi
contributi in conto esercizio
altri
Totale altri ricavi e proventi
Totale valore della produzione
B) Costi della produzione
6) per materie prime, sussidiarie, di consumo e di merci
7) per servizi
8) per godimento di beni di terzi
9) per il personale
a) salari e stipendi
b) oneri sociali
c), d), e) trattamento di fine rapporto, trattamento di quiescenza, altri costi del personale
c) trattamento di fine rapporto
d) trattamento di quiescenza e simili
e) altri costi
Totale costi per il personale
10) ammortamenti e svalutazioni
a), b), c) ammortamento delle immobilizzazioni immateriali e materiali, altre svalutazioni delle immobilizzazioni
a) ammortamento delle immobilizzazioni immateriali
b) ammortamento delle immobilizzazioni materiali
c) altre svalutazioni delle immobilizzazioni
d) svalutazioni dei crediti compresi nell'attivo circolante e delle disponibilità liquide
Totale ammortamenti e svalutazioni
11) variazioni delle rimanenze di materie prime, sussidiarie, di consumo e merci
12) accantonamenti per rischi
13) altri accantonamenti

14) oneri diversi di gestione
Totale costi della produzione
Differenza tra valore e costi della produzione (A - B)
C) Proventi e oneri finanziari
15) proventi da partecipazioni
da imprese controllate
da imprese collegate
da imprese controllanti
da imprese sottoposte al controllo delle controllanti
altri
Totale proventi da partecipazioni
16) altri proventi finanziari
a) da crediti iscritti nelle immobilizzazioni
da imprese controllate
da imprese collegate
da imprese controllanti
da imprese sottoposte al controllo delle controllanti
altri
Totale proventi finanziari da crediti iscritti nelle immobilizzazioni
b), c) da titoli iscritti nelle immobilizzazioni che non costituiscono partecipazioni e da titoli iscritti nell'attivo circolante che non costituiscono partecipazioni
b) da titoli iscritti nelle immobilizzazioni che non costituiscono partecipazioni
c) da titoli iscritti nell'attivo circolante che non costituiscono partecipazioni
d) proventi diversi dai precedenti
da imprese controllate
da imprese collegate
da imprese controllanti
da imprese sottoposte al controllo delle controllanti
altri
Totale proventi diversi dai precedenti
Totale altri proventi finanziari
17) interessi e altri oneri finanziari
verso imprese controllate
verso imprese collegate
verso imprese controllanti
verso imprese sottoposte al controllo delle controllanti
altri
Totale interessi e altri oneri finanziari
17-bis) utili e perdite su cambi
Totale proventi e oneri finanziari (15 + 16 - 17 + - 17-bis)

D) Rettifiche di valore di attività e passività finanziarie
18) rivalutazioni
a) di partecipazioni
b) di immobilizzazioni finanziarie che non costituiscono partecipazioni
c) di titoli iscritti all'attivo circolante che non costituiscono partecipazioni
d) di strumenti finanziari derivati
di attività finanziarie per la gestione accentrata della tesoreria
Totale rivalutazioni
19) svalutazioni
a) di partecipazioni
b) di immobilizzazioni finanziarie che non costituiscono partecipazioni
c) di titoli iscritti nell'attivo circolante che non costituiscono partecipazioni
d) di strumenti finanziari derivati
di attività finanziarie per la gestione accentrata della tesoreria
Totale svalutazioni
Totale delle rettifiche di valore di attività e passività finanziarie (18 - 19)
Risultato prima delle imposte (A - B + - C + - D)
20) imposte sul reddito dell'esercizio, correnti, differite e anticipate
imposte correnti
imposte relative a esercizi precedenti
imposte differite e anticipate
proventi (oneri) da adesione al regime di consolidato fiscale / trasparenza fiscale
Totale delle imposte sul reddito dell'esercizio, correnti, differite e anticipate
21) Utile (perdita) dell'esercizio

STATO PATRIMONIALE MICRO

Codice Civile, articolo 2435-ter

Stato patrimoniale
Attivo
A) Crediti verso soci per versamenti ancora dovuti
B) Immobilizzazioni
I - Immobilizzazioni immateriali
II - Immobilizzazioni materiali
III - Immobilizzazioni finanziarie
Totale immobilizzazioni (B)
C) Attivo circolante
I - Rimanenze
Immobilizzazioni materiali destinate alla vendita
II - Crediti
esigibili entro l'esercizio successivo
esigibili oltre l'esercizio successivo
Totale crediti
III - Attività finanziarie che non costituiscono immobilizzazioni
IV - Disponibilità liquide
Totale attivo circolante (C)
D) Ratei e risconti
Totale attivo
Passivo
A) Patrimonio netto
I - Capitale
II - Riserva da soprapprezzo delle azioni
III - Riserve di rivalutazione
IV - Riserva legale
V - Riserve statutarie
VI - Altre riserve
VIII - Utili (perdite) portati a nuovo
IX - Utile (perdita) dell'esercizio
Perdita ripianata nell'esercizio
X - Riserva negativa per azioni proprie in portafoglio
Totale patrimonio netto
B) Fondi per rischi e oneri
C) Trattamento di fine rapporto di lavoro subordinato
D) Debiti
esigibili entro l'esercizio successivo
esigibili oltre l'esercizio successivo
Totale debiti
E) Ratei e risconti
Totale passivo

CONTO ECONOMICO MICRO

Codice Civile, articolo 2435-ter

Conto economico
A) Valore della produzione
1) ricavi delle vendite e delle prestazioni
2), 3) variazioni delle rimanenze di prodotti in corso di lavorazione, semilavorati e finiti e dei lavori in corso su ordinazione
2) variazioni delle rimanenze di prodotti in corso di lavorazione, semilavorati e finiti
3) variazioni dei lavori in corso su ordinazione
4) incrementi di immobilizzazioni per lavori interni
5) altri ricavi e proventi
contributi in conto esercizio
altri
Totale altri ricavi e proventi
Totale valore della produzione
B) Costi della produzione
6) per materie prime, sussidiarie, di consumo e di merci
7) per servizi
8) per godimento di beni di terzi
9) per il personale
a) salari e stipendi
b) oneri sociali
c), d), e) trattamento di fine rapporto, trattamento di quiescenza, altri costi del personale
c) trattamento di fine rapporto
d) trattamento di quiescenza e simili
e) altri costi
Totale costi per il personale
10) ammortamenti e svalutazioni
a), b), c) ammortamento delle immobilizzazioni immateriali e materiali, altre svalutazioni delle immobilizzazioni
a) ammortamento delle immobilizzazioni immateriali
b) ammortamento delle immobilizzazioni materiali
c) altre svalutazioni delle immobilizzazioni
d) svalutazioni dei crediti compresi nell'attivo circolante e delle disponibilità liquide
Totale ammortamenti e svalutazioni
11) variazioni delle rimanenze di materie prime, sussidiarie, di consumo e merci
12) accantonamenti per rischi

13) altri accantonamenti
14) oneri diversi di gestione
Totale costi della produzione
Differenza tra valore e costi della produzione (A - B)
C) Proventi e oneri finanziari
15) proventi da partecipazioni
da imprese controllate
da imprese collegate
da imprese controllanti
da imprese sottoposte al controllo delle controllanti
altri
Totale proventi da partecipazioni
16) altri proventi finanziari
a) da crediti iscritti nelle immobilizzazioni
da imprese controllate
da imprese collegate
da imprese controllanti
da imprese sottoposte al controllo delle controllanti
altri
Totale proventi finanziari da crediti iscritti nelle immobilizzazioni
b), c) da titoli iscritti nelle immobilizzazioni che non costituiscono partecipazioni
e da titoli iscritti nell'attivo circolante che non costituiscono partecipazioni
b) da titoli iscritti nelle immobilizzazioni che non costituiscono partecipazioni
c) da titoli iscritti nell'attivo circolante che non costituiscono partecipazioni
d) proventi diversi dai precedenti
da imprese controllate
da imprese collegate
da imprese controllanti
da imprese sottoposte al controllo delle controllanti
altri
Totale proventi diversi dai precedenti
Totale altri proventi finanziari
17) interessi e altri oneri finanziari
verso imprese controllate
verso imprese collegate
verso imprese controllanti
verso imprese sottoposte al controllo delle controllanti
altri
Totale interessi e altri oneri finanziari

17-bis) utili e perdite su cambi
Totale proventi e oneri finanziari (15 + 16 - 17 + - 17-bis)
D) Rettifiche di valore di attività e passività finanziarie
18) rivalutazioni
a) di partecipazioni
b) di immobilizzazioni finanziarie che non costituiscono partecipazioni
c) di titoli iscritti all'attivo circolante che non costituiscono partecipazioni
di attività finanziarie per la gestione accentrata della tesoreria
Totale rivalutazioni
19) svalutazioni
a) di partecipazioni
b) di immobilizzazioni finanziarie che non costituiscono partecipazioni
c) di titoli iscritti nell'attivo circolante che non costituiscono partecipazioni
di attività finanziarie per la gestione accentrata della tesoreria
Totale svalutazioni
Totale delle rettifiche di valore di attività e passività finanziarie (18 - 19)
Risultato prima delle imposte (A - B + - C + - D)
20) imposte sul reddito dell'esercizio, correnti, differite e anticipate
imposte correnti
imposte relative a esercizi precedenti
imposte differite e anticipate
proventi (oneri) da adesione al regime di consolidato fiscale / trasparenza fiscale
Totale delle imposte sul reddito dell'esercizio, correnti, differite e anticipate
21) Utile (perdita) dell'esercizio

IL PIANO DEI CONTI

Il piano dei conti si articola in:

Classi	1ª posizione
Raggruppamenti	2ª posizione
Conti di mastro	3ª e 4ª posizione
Sottoconti	(non sviluppato)

CLASSI

1. ATTIVITÀ
2. PATRIMONIO NETTO
3. PASSIVITÀ
4. RICAVI
5. COSTI DELLA PRODUZIONE
6. ONERI EXTRA-PRODUZIONE
7. CONTI DI EPILOGO

RAGGRUPPAMENTI

10. Crediti verso soci per versamenti ancora dovuti
11. Immobilizzazioni Immateriali
12. Immobilizzazioni Materiali
13. Immobilizzazioni Finanziarie
14. Rimanenze
15. Crediti
16. Attività Finanziarie
17. Disponibilità Liquide
18. Ratei e Risconti Attivi

20. Patrimonio Netto
30. Fondi per Rischi e Oneri
31. Trattamento di Fine Rapporto
32. Debiti
33. Ratei e Risconti Passivi

40. Valore della Produzione
41. Proventi Finanziari
42. Rivalutazione di attività finanziarie

50. Costi per materie e merci
51. Costi per servizi
52. Costi per godimento beni di terzi
53. Costi per il personale

54. Ammortamenti immobilizzazioni immateriali
55. Ammortamenti immobilizzazioni materiali
56. Svalutazioni
57. Accantonamenti per rischi e oneri
59. Oneri diversi di gestione
61. Oneri finanziari
62. Svalutazioni di attività finanziarie
64. Imposte sul reddito

CONTI DI MASTRO

10. Crediti verso soci per versamenti ancora dovuti

10.10 Azionisti c/sottoscrizioni
10.11 Azionisti c/versamenti richiamati
10.15 Azionisti c/reintegro
10.20 Azionisti c/apporti
10.50 Soci c/sottoscrizione (srl)

11. Immobilizzazioni immateriali

11.11 Costi d'impianto
11.12 Costi di ampliamento
11.13 Costi di sviluppo
11.15 Brevetti industriali
11.16 Software
11.17 Concessioni, licenze, marchi e diritti simili
11.18 Avviamento
11.20 Immobilizzazioni immateriali in corso e acconti
11.80 Fondo svalutazione immobilizzazioni immateriali
11.91 Fondo ammortamento costi d'impianto
11.92 Fondo ammortamento costi di ampliamento
11.93 Fondo ammortamento costi di sviluppo
11.95 Fondo ammortamento brevetti industriali
11.96 Fondo ammortamento software
11.97 Fondo ammortamento concessioni, licenze, marchi e diritti simili
11.98 Fondo ammortamento avviamento

12. Immobilizzazioni materiali

12.01 Terreni
12.11 Fabbricati
12.12 Impianti e macchinari
12.13 Attrezzature industriali e commerciali

12.14 Automezzi
12.15 Mobili e arredi
12.16 Macchine d'ufficio
12.17 Imballaggi durevoli
12.19 Beni in leasing (prassi internazionale)
12.20 Immobilizzazioni materiali in corso e acconti

12.80 Fondo svalutazione immobilizzazioni materiali
12.91 Fondo ammortamento fabbricati
12.92 Fondo ammortamento impianti e macchinari
12.93 Fondo ammortamento attrezzature industriali e commerciali
12.94 Fondo ammortamento automezzi
12.95 Fondo ammortamento mobili e arredi
12.96 Fondo ammortamento macchine d'ufficio
12.97 Fondo ammortamento imballaggi durevoli
12.99 Fondo ammortamento beni in leasing (prassi internazionale)

13. Immobilizzazioni finanziarie

13.10 Partecipazioni in controllate
13.11 Partecipazioni in collegate
13.12 Partecipazioni in controllanti
13.13 Partecipazioni in imprese sottoposte al controllo delle controllanti
13.14 Altre partecipazioni
13.20 Crediti verso controllate
13.21 Crediti verso collegate
13.22 Crediti verso controllanti
13.23 Crediti verso imprese sottoposte al controllo delle controllanti
13.24 Crediti verso terzi
13.30 Altri titoli
13.50 Strumenti finanziari derivati attivi

14. Rimanenze

14.10 Materie prime
14.11 Materie sussidiarie
14.12 Materie di consumo
14.13 Semilavorati
14.14 Prodotti in corso di lavorazione
14.15 Lavori in corso su ordinazione
14.20 Prodotti finiti
14.30 Merci
14.40 Acconti

15. Crediti

15.01 Crediti v/clienti
15.02 Crediti v/clienti esteri
15.03 Cambiali attive
15.05 Cambiali allo sconto
15.07 Crediti fattorizzati
15.08 Fatture da emettere
15.10 Crediti v/controllate
15.11 Crediti v/collegate
15.12 Crediti v/controllante
15.13 Crediti v/imprese sottoposte al controllo delle controllanti
15.14 Crediti vs altri
15.20 Crediti insoluti
15.25 Cambiali insolute
15.50 Fondo svalutazione crediti (Avere)
15.60 IVA ns. credito
15.61 Crediti per IVA
15.65 Crediti per ritenute subite
15.66 Credito d'imposta
15.70 Imposte c/acconto
15.71 Crediti tributari
15.72 Imposte anticipate
15.80 Crediti v/dipendenti
15.81 Personale c/acconti
15.85 Obbligazionisti c/sottoscrizione
15.90 Crediti diversi

16. Attività finanziarie (non costituenti immobilizzazioni)

16.50 Titoli
16.60 Fondo svalutazione titoli (Avere)
16.70 Strumenti finanziari derivati attivi
16.80 Obbligazioni sociali

17. Disponibilità liquide

17.10 Banca X c/c
17.11 Banca X c/c vincolato
17.12 C/C postali
17.13 Assegni
17.30 Denaro e valori in cassa

18. Ratei e risconti attivi

18.10 Ratei attivi
18.20 Risconti attivi

20. Patrimonio Netto

20.01 Patrimonio netto (azienda individuale)
20.10 Capitale sociale
20.15 Riserva da sovrapprezzo azioni
20.20 Riserva da rivalutazioni
20.30 Riserva legale
20.50 Riserve statutarie
20.60 Riserve straordinarie
20.61 Versamenti in conto capitale
20.62 Riserva contributi c/capitale
20.63 Riserva per operazioni di copertura dei flussi finanziari attesi
20.70 Acconto dividendo
20.80 Utili o perdite portate a nuovo
20.90 Utile o perdita dell'esercizio
20.95 Riserva negativa per azioni proprie in portafoglio

30. Fondi per rischi ed oneri

30.10 Fondo di trattamento di quiescenza e obblighi simili
30.20 Fondo per imposte
30.25 Fondo per imposte differite
30.26 Fondo per strumenti finanziari derivati passivi
30.30 Fondo per rischi su cambi
30.40 Fondo garanzia prodotti
30.50 Fondo buoni sconto e concorsi a premi
30.60 Fondo manutenzioni programmate
30.70 Fondo rischi vari

31. Trattamento di fine rapporto

31.10 Debiti per TFR

32. Debiti

32.01 Prestiti obbligazionari
32.03 Prestiti obbligazionari convertibili
32.04 Debiti per obbligazioni estratte
32.05 Obbligazionisti c/rimborsi
32.06 Obbligazionisti c/interessi
32.10 Banche c/c passivi
32.11 Banche c/ricevute all'incasso
32.12 Banche c/anticipi su fatture
32.13 Debiti per cambiali allo sconto
32.20 Mutui ipotecari
32.21 Debiti verso controllate per prestiti

32.22 Debiti verso collegate per prestiti
32.23 Debiti verso controllanti per prestiti
32.24 Debiti verso imprese sottoposte al controllo delle controllanti per prestiti
32.30 Acconti
32.40 Debiti v/fornitori
32.41 Debiti v/fornitori esteri
32.42 Fatture da ricevere
32.45 Cambiali passive
32.46 Debiti rappresentati da altri titoli di credito
32.51 Debiti commerciali v/controllate
32.52 Debiti commerciali v/collegate
32.53 Debiti commerciali v/controllanti
32.54 Debiti commerciali verso imprese sottoposte al controllo delle controllanti
32.55 Finanziamenti beni in leasing (prassi internazionale)
32.56 Debiti v/factor
32.60 IVA ns debito
32.61 Debiti per IVA
32.62 Debiti per ritenute da versare
32.69 Debiti per imposte
32.70 Istituti Previdenziali
32.71 Debiti v/Fondo Tesoreria INPS per TFR
32.72 Debiti v/Fondi pensione
32.80 Personale c/retribuzioni
32.81 Personale per ferie da liquidare
32.83 Personale c/liquidazioni
32.85 Azionisti c/dividendi
32.86 Azionisti c/rimborso
32.89 Soci c/finanziamento
32.90 Amministratori c/competenze
32.99 Debiti diversi

33. Ratei e risconti passivi

33.10 Ratei passivi
33.20 Risconti passivi

40. Valore della produzione

40.10 Prodotti finiti c/vendite
40.11 Merci c/vendite
40.12 Lavorazioni c/terzi
40.13 Prestazioni di servizi
40.15 Rimborso spese di vendita
40.17 Sconti quantità passivi (Dare)

40.18 Resi su vendite (Dare)
40.19 Premi e abbuoni passivi (Dare)
40.20 Prodotti finiti c/esistenze iniziali (Dare)
40.21 Prodotti finiti c/rimanenze finali
40.22 Semilavorati c/esistenze iniziali (Dare)
40.23 Semilavorati c/rimanenze finali
40.24 Prodotti in lavorazione c/esistenze iniziali (Dare)
40.25 Prodotti in lavorazione c/rimanenze finali
40.27 Variazioni dei lavori in corso su ordinazione
40.30 Costruzioni interne
40.40 Costi di sviluppo patrimonializzati
40.70 Provvigioni attive
40.80 Affitti attivi
40.85 Plusvalenze ordinarie
40.90 Contributi in c/esercizio
40.91 Quota contributi in c/impianti

41. Proventi finanziari

41.10 Proventi da partecipazione
41.20 Interessi attivi v/controllate
41.21 Interessi attivi v/collegate
41.22 Interessi attivi v/controllante
41.23 Interessi attivi v/imprese sottoposte al controllo delle controllanti
41.30 Interessi su titoli
41.40 Interessi attivi bancari
41.50 Interessi attivi v/clienti
41.55 Sconti cassa attivi
41.60 Utili su titoli
41.70 Altri proventi finanziari
41.80 Utile su cambi
41.90 Aggio su prestiti

42. Rivalutazioni di attività finanziarie

42.10 Rivalutazioni di partecipazioni
42.20 Rivalutazioni di titoli
42.30 Rivalutazione di strumenti finanziari derivati

50. Costi per materie e merci

50.10 Materie prime c/acquisti
50.12 Materie sussidiarie c/acquisti
50.13 Materie di consumo c/acquisti

50.15 Merci c/acquisti
50.17 Sconti quantità attivi (Avere)
50.18 Resi su acquisti (Avere)
50.19 Premi e abbuoni attivi (Avere)
50.20 Materie prime c/esistenze iniziali
50.21 Materie prime c/rimanenze finali (Avere)
50.22 Materie sussidiarie c/esistenze iniziali
50.23 Materie sussidiarie c/rimanenze finali (Avere)
50.24 Materie di consumo c/esistenze iniziali
50.25 Materie di consumo c/rimanenze finali (Avere)
50.26 Merci c/esistenze iniziali
50.27 Merci c/rimanenze finali (Avere)

51. Costi per servizi

51.10 Costi di trasporto
51.11 Provvigioni su acquisti
51.20 Lavorazioni esterne
51.21 Energia elettrica
51.22 Gas, metano, acqua
51.25 Manutenzioni e riparazioni
51.26 Spese esercizio automezzi
51.27 Servizi di pulizia
51.28 Servizi di vigilanza
51.30 Consulenze
51.32 Pubblicità e promozioni
51.33 Mostre e fiere
51.35 Spese legali e notarili
51.36 Provvigioni su vendite
51.40 Assicurazioni
51.41 Spese postali
51.42 Spese telefoniche
51.43 Cancelleria e stampati
51.44 Spese di rappresentanza
51.45 Diritti doganali
51.46 Spese d'incasso
51.47 Spese e provvigioni bancarie

52. Costi per godimento beni di terzi

52.10 Affitti passivi
52.20 Canoni di leasing
52.30 Noleggi
52.40 Manutenzioni su beni di terzi
52.50 Royalties per utilizzo licenze, marchi e brevetti

53. Costi per il personale

53.10 Salari e stipendi
53.20 Oneri sociali
53.30 Trattamento di fine rapporto
53.50 Altri costi per il personale

54. Ammortamento immobilizzazioni immateriali

54.11 Ammortamento costi d'impianto
54.12 Ammortamento costi di ampliamento
54.13 Ammortamento costi di sviluppo
54.15 Ammortamento brevetti industriali
54.16 Ammortamento software
54.17 Ammortamento concessioni, licenze, marchi e diritti simili
54.18 Ammortamento avviamento

55. Ammortamento immobilizzazioni materiali

55.11 Ammortamento fabbricati
55.12 Ammortamento impianti e macchinari
55.13 Ammortamento attrezzature
55.14 Ammortamento automezzi
55.15 Ammortamento mobili e arredi
55.16 Ammortamento macchine d'ufficio
55.17 Ammortamento imballaggi durevoli
55.18 Ammortamento beni in leasing (prassi internazionale)

56. Svalutazioni

56.11 Svalutazione immobilizzazioni immateriali
56.12 Svalutazione immobilizzazioni materiali
56.15 Svalutazione crediti

57. Accantonamenti per rischi e oneri

57.40 Accantonamenti per garanzia prodotti
57.50 Accantonamenti per buoni sconto e concorsi a premi
57.60 Accantonamenti al fondo manutenzioni programmate
57.70 Accantonamenti per cause in corso
57.80 Accantonamenti per rischi vari

59. Oneri diversi di gestione

59.10 Imposte e tasse deducibili
59.20 Perdite su crediti
59.30 Arrotondamenti passivi
59.40 Abbonamenti a pubblicazioni
59.50 Compensi ad amministratori e sindaci

59.60 Oneri di utilità sociale
59.85 Minusvalenze ordinarie
59.90 Sopravvenienze passive ordinarie

61. Oneri finanziari

61.01 Interessi passivi su obbligazioni
61.02 Interessi passivi su mutui
61.04 Interessi passivi su finanziamenti beni in leasing
61.20 Interessi passivi v/controllate
61.21 Interessi passivi v/collegate
61.22 Interessi passivi v/controllante
61.23 Interessi passivi verso imprese sottoposte al controllo delle controllanti
61.30 Interessi passivi su factoring
61.31 Commissioni di factoring
61.40 Interessi passivi bancari
61.41 Sconti passivi bancari
61.50 Interessi passivi v/fornitori
61.51 Interessi passivi v/soci
61.55 Sconti cassa passivi
61.60 Perdite su titoli
61.70 Perdite su cambi
61.80 Disaggio da emissione

62. Svalutazioni di attività finanziarie

62.10 Svalutazioni di partecipazioni
62.20 Svalutazioni di titoli
62.30 Svalutazioni di strumenti finanziari derivati

64. Imposte sul reddito

64.10 Imposte correnti
64.11 Imposte relative a esercizi precedenti
64.12 Imposte differite
64.13 Imposte anticipate (Avere)
64.14 Proventi da consolidato fiscale (Avere)

70. Conti di epilogo e transitori

70.10 Conto Economico
70.11 Gestione titoli
71.01 Stato patrimoniale iniziale
71.09 Stato patrimoniale finale
71.50 Banca X c/c
71.60 IVA c/liquidazioni

BIBLIOGRAFIA

- A.A.V.V., *Guida pratica fiscale. Testo Unico Imposte sui Redditi*, Il Sole 24 Ore, Milano 2016.
- A.A.V.V., *La determinazione del reddito nelle imprese del nostro tempo alla luce del pensiero di Gino Zappa,* Atti della giornata di studio nel centenario della nascita di Gino Zappa (Cà Foscari 4 aprile 1981), Cedam, Padova 1982.
- A.A.V.V., *Memento Pratico Contabile*, Ipsoa Francis Lefebvre, Milano, 2017.
- A.A.V.V., *Memento Fiscale*, Ipsoa Francis Lefebvre, Milano 2015.
- A.A.V.V., *Novità fiscali 2008*, Le guide operative de Il Sole 24 Ore, Milano 2008.
- A.A.V.V., *Memento pratico - Lavoro*, Ipsoa Francis Lefebvre, Milano 2015.
- A.A.V.V., *Memento Principi contabili internazionali*, Ipsoa Francis Lefebvre, Milano, 2010.
- A.A.V.V., *Principi contabili internazionali,* IPSOA, Milano, 2016.
- Airoldi G., Brunetti G., Coda V., *Lezioni di economia aziendale*, il Mulino, Bologna 1994.
- Albertinazzi G., *Sostanza e forma nel bilancio di esercizio*, Giuffrè Editore, Milano 2002.
- Amaduzzi A., *Introduzione alle rilevazioni aziendali*, Cisalpino, Milano 1961.
- Amaduzzi A., *L'azienda nel suo sistema e nell'ordine delle sue rilevazioni*, UTET, Torino 1974.
- Ardemani E., *Osservazioni sul capitale d'impresa*, in Saggi di Economia Aziendale per Lino Azzini, Giuffrè, Milano 1987.
- Azzimi L., *Le situazioni finanziarie investigate nella dinamica economica delle aziende*, Giuffrè, Milano 1962.
- Bocchini E., *Il bilancio delle società,* Giurisprudenza d'impresa, Cedam, Padova 1987.
- Bocchino U. (a cura di), *Manuale di controllo di gestione*, Il sole 24 Ore, Milano 2000.
- Bozzolan S., *Bilancio e valore. Metodi e tecniche di simulazione*, McGraw Hill, 2001.
- Brugger G., *L'analisi della dinamica finanziaria dell'impresa*, Giuffrè, Milano, 1980.
- Brunetti G., *L'interpretazione e l'analisi di bilancio*, Giuffrè, Milano, 1997.
- Brunetti, G. Coda V., Favotto F., *Analisi, previsioni, simulazioni economico-finanziarie d'impresa*, Etaslibri, Milano, 1995.
- Capaldo P., "*Il cash flow e le analisi finanziarie nella gestione d'impresa*", in *Rivista dei dottori commercialisti*, 6, 1971.
- Capodoglio G. (a cura di), *La comunicazione economico-finanziaria della fiscalità d'impresa e dei fondi del passivo*, Franco Angeli, Milano 2003.
- Caramiello C., *Il rendiconto finanziario*, Giuffrè, Milano 1993.
- Caramiello C., *Indici di bilancio. Strumenti per l'analisi della gestione aziendale*, Giuffrè Editore, 2003.
- Cattaneo M., *Il bilancio di esercizio nelle imprese, finalità e strutture,* Etas Libri, Milano 1979.

- Coda V., Brunetti G., Barbato Bergamin M., *Indici di bilancio e flussi finanziari: strumenti per l'analisi della gestione*, Etas Libri, Milano 1984.
- Coda V., Frattini G., *Valutazioni di bilancio*, Libreria Universitaria Editrice, Venezia 1981 e 1986.
- Colombo G.E., «Il bilancio d'esercizio», in *Bilancio d'esercizio e consolidato*, in Trattato delle società per azioni, Vol. VII, Utet, Torino, 1994.
- Colombo G.E., *Il bilancio di esercizio, strutture e valutazion*i, UTET, Torino 1987.
- Colucci E., Riccomagno F., *Il bilancio d'esercizio e il bilancio consolidato, analisi e soluzioni tecniche*, Cedam, Padova 1995.
- Comoli M., Corno F., Viganò A. (a cura di), *Il bilancio secondo gli IAS*, Giuffrè Editore, Milano, 2006.
- Comoli M., *Le imposte differite nel bilancio di esercizio*, Giappichelli, Torino 1996.
- Confalonieri M., *Forme, strutture e schemi di bilancio*, Utet, Torino, 1992.
- Coopers & Lybrand (a cura di R. Caramel), *Il bilancio delle imprese*, Il Sole-24 Ore Libri, Milano 1992.
- Copeland T., Koller T., Murrin J., *Il valore dell'impresa - Strategie di valutazione e gestione*, Il sole 24 Ore, 3° edizione, 1991.
- Corbella S., «L'attuazione della IV direttiva CEE: tipologia e classificazione dei fondi di bilancio nel nuovo schema di stato patrimoniale», *Rivista dei Dottori Commercialisti*, n. 511992.
- Corno F., Riccomagno F., Guelfi G., Tettamanzi P., Quaglia S. (a cura di), *Dal bilancio pubblico alla determinazione del reddito imponibile*, Guerini, Milano, 1998.
- Cortesi A., Tettamanzi P., Ciovati F., Martelli M., Montani E., *L'analisi di bilancio: tecniche, strumenti e casi pratici. Bilanci OIC e IAS/IFRS*, Pratica fiscale e professionale, Ipsoa, Milano, Monografie 2014.
- Cortesi A., Mancini C., Tettamanzi P. (a cura di), *Contabilità e bilancio. Le Rilevazioni contabili – la determinazione dei valori di bilancio – le tecniche di analisi e interpretazione*, III Edizone, Ipsoa, Milano, 2015.
- Cortesi A., *Analisi di bilancio. Letture*, Università Carlo Cattaneo, 2007.
- Cortesi A., *L'interpretazione del bilancio d'esercizio. Guida all'analisi dei risultati d'impresa*, Egea, Milano 1996.
- Cotta Ramusino E., Rinaldi L., *La valutazione delle aziende*, Il Sole 24 ore, 2003.
- Devecchi C. (a cura di), *Analisi di bilancio*, Giappichelli, Torino, 1993.
- Dezzani, R Pisoni, L. Puddu, *Il bilancio e la IV Direttiva CEE*, Giuffrè, Milano 1991.
- Fabbrini G., *La certificazione dei bilanci*, Cedam, Padova 1978.
- Facchinetti I., Facchinetti P., *Manuale di contabilità ordinaria. La gestione amministrativa dell'azienda. Piano dei conti e rilevazioni contabili. Oltre 120 casi*, Il sole 24 ore, Milano, 2007.
- Facchinetti I., *Guida al bilancio d'esercizio*, Il Sole 24 Ore Libri, Milano, 1996.
- Farneti G., *I flussi monetari nell'indagine patrimoniale-finanziaria*, Giappichelli, Torino 1993.

- Fazzini M., *Analisi di bilancio - Metodi e strumenti per l'interpretazione delle dinamiche aziendali*, Ipsoa, 2015.
- Ferrari B., Garegnani G. M. (a cura di), *La fiscalità nel bilancio d'esercizio*, Egea, Milano, 2002.
- Ferrero G., Dezzani F., Pisoni P., Puddu L., *Le analisi di bilancio. Indici e flussi*, Giuffrè, Milano, 1988.
- Ferrero G., Dezzani F., Pisoni, P. Puddu L., *Analisi di bilancio e rendiconti finanziari*, Giuffrè Editore, 2006.
- Ferrero G., *Le valutazioni del capitale di bilancio*, Giuffrè, Milano 1988.
- Fornaciari Luca, *Principi Contabili OIC*, IPSOA, Milano 2017.
- Frattini G., *Contabilità e bilancio* Giuffrè, Milano 1994.
- Frattini G., *Contabilità e bilancio, logica delle rilevazioni e delle determinazioni di esercizio*, Egea, Milano 1992.
- Frattini G., *Contabilità e Bilancio, Vol. 1, Le rilevazioni*, Egea, Milano, 2006.
- Frattini G., *Contabilità e Bilancio, Vol. 2, Il bilancio pubblico*, Egea, Milano, 2006.
- Frattini G., *Contabilità e bilancio: principi economici, disciplina giuridica, normativa fiscale,* Egea, Milano, 2001.
- Frattini G., *Contabilitàe Bilancio. Principi economici. Disciplina giuridica. Normativa fiscale*, Egea, Milano, 2003.
- Frizzera B. (a cura di), «Guida Pratica Fiscale», *Imposte Dirette* n. 2/2007, Il Sole24Ore, Milano 2007.
- Frizzera B., Gobbi E., Postal M., «Guida Pratica Fiscale», *Testo Unico Imposte sui Redditi* - n. 4/2007, Il Sole24Ore, Milano 2007.
- G. Bruni, *Le strutture di bilancio*, Isedi, Milano, 1979.
- Gabrovec Mei O., *Sistemi contabili e strutture del conto del risultato economico*, Cedam, Padova, 1992.
- Garegnani G. M., Provasoli A., Viganò A. (a cura di), *Bilancio d'esercizio. Valutazioni e fiscalità*, Egea, Milano, 2001.
- Ghelfi G., *Introduzione alla contabilità e al bilancio*, Ipsoa, Milano, 2006.
- Giannessi E., *Le aziende di produzione originaria*, vol. i, Le aziende agricole, Colombo Cursi, Pisa 1960.
- Giunta F., *L'impiego dei nuovi schemi di bilancio di derivazione comunitaria per le analisi economico-finanziarie d'impresa*, Cedam Padova, 1992.
- Giunta F., Bonacchi M., Savaglio G., *La creazione del valore nel distretto tessile pratese: primi risultati di una ricerca*, Liuc Papers n.86, Serie Piccola e Media Impresa, 6 maggio 2001.
- Gnech E. E., Redaelli F., *Fiscalità immobiliare*, Egea, Milano 2005.
- IASB, IAS 38 *Attività immateriali,* 2004.
- IASC, *Principi Contabili Internazionali IAS 2000*, Il Sole-24 Ore, Milano 2000.
- Invernizzi G., Molteni M., *Analisi di bilancio e diagnosi strategica*, Etas Libri, Milano, 1990.
- Lai C., *Guida alla contabilità e al bilancio,* Ipsoa, Milano, 2004.
- Leo M., Monacchi F., Schiavo L., *Le imposte sui redditi,* Giuffrè, Milano 1993.

- Leo M., Riccomagno F., *La determinazione del reddito d'impresa nel nuovo bilancio*, Ist Editore, Bologna 1994.
- Lizza F., *Le riclassificazioni di bilancio. Parte prima. Il conto economico*, Clua Edizioni, Ancona, 1989.
- Lucianetti L. C., *Bilanci d'impresa e bilanci tipo*, Giappichelli, Torino, 1990.
- Mandriani G., Ribatti A., *Immobilizzazioni immateriali*, Ebc, Milano 1993.
- Marasca S., *Le valutazioni nel bilancio di esercizio*, G. Giappichelli Editore, Torino, 1999.
- Marchi L. (a cura di), *L'applicazione dei principi contabili nei bilanci delle imprese*, Il Sole 24 Ore, Milano 2002.
- Marchi L., Paolini A., Quagli A., *Strumenti di analisi gestionale. Il profilo strategico*, Giappichelli, Torino, 1995.
- Marchi, L. (a cura di), *La contabilità aziendale*, IPSOA, Milano 2007.
- Marchi L., *La contabilità aziendale per il bilancio civilistico, fiscale e gestionale. Casi pratici e check list*, Ipsoa, Milano, 2007.
- Matacena A. - Pasi F., *Il rendiconto finanziario: metodiche di costruzione, contenuti e scopi*, Clueb, Bologna 1995.
- Mella P., *Il rendiconto finanziario*, Isedi, Milano 1987.
- Nessi M., *Contabilità Generale e Fiscale, Professionisti, tecnici e imprese*, Gruppo Editoriale Esselibri - Simone, IV edizione, Napoli, 2007.
- Olivotto L., *La dinamica finanziaria d' impresa*, Angeli, Milano 1984.
- Onida P., *Il bilancio di esercizio nelle imprese*, Giuffrè, Milano 1974.
- Organismo Italiano di Contabilità, «I principali effetti della riforma del diritto societario sulla redazione del bilancio d'esercizio», Documento 1 del 25 ottobre 2004 *Principi contabili*, Banca dati e opera a schede mobili, Ipsoa, Milano.
- Organismo Italiano di Contabilità, «Immobilizzazioni immateriali» Principio contabile 24, Documento del 30 maggio 2005, *Principi contabili*, Banca dati e opera a schede mobili, Ipsoa, Milano.
- Organismo Italiano di Contabilità, «Lavori in corso su ordinazione», Principio contabile 23 *Principi contabili*, Banca dati e opera a schede mobili, Ipsoa, Milano.
- Organismo Italiano di Contabilità, «Le rimanenze di magazzino», Principio contabile 13 *Principi contabili*, Banca dati e opera a schede mobili, Ipsoa, Milano.
- Organismo Italiano di Contabilità, *Guida operativa per la transizione ai principi contabili internazionali (IAS/IFRS)*, Ipsoa, 2005.
- Paganelli O., *Analisi di bilancio. Indici e flussi*, Utet, Torino, 1986.
- Palma A. (a cura di), *Il bilancio d'esercizio*, Giuffrè, Milano 1993.
- Paolone G., *Il bilancio d'esercizio*, Giappichelli, Torino 1992.
- Paris A., *I beni immateriali nel bilancio d'esercizio*, G.Giappichelli Editore, Torino 1996.
- Pezzani F. (a cura di), *Il bilancio di esercizio nell'informativa esterna di impresa*, Giuffrè, Milano 1993.
- Pini M., Vigano A., Mancini C., Pecchiari N., Pogliani G., Basic *Financial Accounting*, McGraw Hill, Milano, 2006 e 2008.

- Pisani M, *Le rilevazioni contabili per il bilancio di esercizio*, Franco Angeli, Milano, 2006.
- Pisoni P. - Puddu L., *Analisi di bilancio. Casi ed esercizi*, Giappichelli, Torino 1992.
- Potito L., *Il rendiconto finanziario nelle imprese*, Giannini, Napoli 1980.
- Pozzoli S., *Valutazione d'azienda - Tecniche operative di misurazione del valore*, Ipsoa, 2010.
- Pricewaterhousecoopers, *Principi contabili internazionali e nazionali*, Ipsoa, Milano 2007.
- Provasoli A. (a cura di), *Bilancio d'esercizio. Letture e casi*, Egea, Milano 2002.
- Provasoli A., *Il bilancio d'esercizio destinato a pubblicazione*, Giuffrè, Milano, 1974.
- Provasoli A., Viganò A. (a cura di), *Bilancio*, Egea, Milano, 2007.
- Provasoli A., Pini M., Viganò A. (a cura di), *Financial Accounting. Rilevazioni per il bilancio d'esercizio e il bilancio consolidato*, McGraw-Hill, Milano, 2010.
- Quagli Alberto (a cura di), *Bilancio e Principi Contabili*, IPSOA, Milano 2017.
- Quagli A., *Bilancio di esercizio e principi contabili*, Giappichelli, Torino 2003.
- Ranalli F., *Sulla capacità informativa delle strutture di bilancio,* Cedam, Padova, 1984.
- Renoldi A., *La valutazione dei beni immateriali*, Egea, Milano 1992.
- Riccomagno F., «Bilancio di esercizio», in *Bilancio di esercizio e bilancio consolidato.*
- *La determinazione del reddito imponibile*, a cura di Corno F., Guerini e associati, Milano, 1999.
- Ross S. A., Westerfield R. W., Jaffe J. F., *Finanza aziendale*, Il Mulino, 1996.
- Russo P., *La dimensione economico-finanziaria nel governo dell'impresa*, Etaslibri, Milano, 1994.
- Salaria V., Rizzardi R., Oneto C., *Il nuovo bilancio di esercizio. Principi civilistici aspetti contabili e profili fiscali*, Ist Editore, Bologna 1992.
- Salvioni D.M., *Il controllo finanziario della gestione*, Giuffrè, Milano 1983.
- Santesso E., Sòstero U, *Principi contabili per il bilancio d'esercizio*, Il Sole 24 Ore Libri, Milano, 1997.
- Sica M., Zito M., *Formazione e riclassificazione dei bilanci d'esercizio*, Giappichelli, Torino, 1998.
- Sostero U. - Ferrarese P., *Il rendiconto finanziario. Logiche di costruzione e suo utilizzo per l'informativa esterna*, Giuffrè, 1995.
- Superti Furga F., *Il bilancio di esercizio italiano secondo la normativa europea*, Giuffrè, Milano 1991.
- Superti Furga F., *Reddito e capitale nel bilancio di esercizio*, Giuffrè, Milano 1991.
- Tami A., *Flussi reddituali e flussi finanziari in situazioni di dinamismi ambientale*, Giuffrè, Milano, 1989.

- Teodori C., *La costruzione e l'analisi dei flussi finanziari e monetari*, Giappichelli, Torino 1994.
- Terzani S., *Le comparazioni di bilancio*, Cedam, Padova, 1996.
- Tettamanzi P., *Bilancio consolidato*, Giappichelli, Torino, 2010.
- Vasapolli G. e A., *Dal bilancio d'esercizio al reddito d'impresa*, Ipsoa, Milano, 2015.
- Viganò A. (a cura di), *Elementi di ragioneria internazionale*, Egea, Milano, 1997.
- Viganò E., "*Analisi e rappresentazione dei flussi finanziari*", in *L'evoluzione della finanza aziendale*, Accademia Italiana di economia aziendale, Clueb, 1985.
- Zappa G., *Il reddito d'impresa*, Giuffrè, Milano 1950.

IPSOA Guide Operative
Contabilità e bilancio
(Cod. 00216983)